穆索尔斯基传
时代·圈子·创作

[英]斯蒂芬·沃尔什（Stephen Walsh）著　秦瑞澜　薛　阳　译

Musorgsky
and His Circle
A Russian Musical Adventure

上海音乐出版社

目　录

"音乐大师传记译丛"总序 / 孙国忠　杨燕迪 *1*
前　言 *1*

第一章　初来乍到 *1*
巴拉基列夫 / 俄罗斯 / 强力集团

第二章　乐派之父 *12*
格林卡和他的歌剧作品

第三章　律师-批评家 *29*
弗拉基米尔·斯塔索夫 / 别林斯基

第四章　军官与医生 *46*
穆索尔斯基 / 鲍罗丁 / 达尔戈梅日斯基 / 师从巴拉基列夫

第五章　论审美及俄罗斯风格 *65*
车尔尼雪夫斯基 / 斯塔索夫及理论 / 民族主义的模式

第六章　新机构 *81*
安东·鲁宾斯坦 / 俄罗斯音乐协会（RMS）与音乐学院——保守思想

第七章　第一步 *98*
《俄狄浦斯王》/《李尔王》/《高加索的俘虏》/ 歌曲与感情

第八章　第三罗马：职员与海军学员 *118*
莫斯科/民歌/赫尔岑/解放/政府部门里的穆索尔斯基/里姆斯基－科萨科夫

第九章　瓦格纳与他的追随者 *136*
瓦格纳在圣彼得堡/谢洛夫与《朱迪斯》/文化圈的回应

第十章　南非女祭司与苏格兰新郎 *156*
公社/《萨朗波》/音乐评论家居伊/《威廉·拉特克里夫》

第十一章　海员之家 *174*
穆索尔斯基的歌曲/里姆斯基－科萨科夫的回归/他的第一部交响曲/《罗格涅达》/《勇士》/巴拉基列夫民歌集/《石客》创作伊始

第十二章　生活研究 *193*
传奇故事与歌曲刻画/穆索尔斯基与政治/巴拉基列夫在布拉格/强力集团命名

第十三章　交响音画与概要 *210*
鲍罗丁的第一首交响曲/《塔玛拉》/《圣约翰的荒山之夜》/《萨特阔》

第十四章　法国客人与石客 *228*
巴拉基列夫在俄罗斯音乐协会/柏辽兹在圣彼得堡/古典主义者/更多歌曲描绘/《石客》与文化圈

第十五章　孩子与取消的婚礼 *244*
穆索尔斯基与孩子们/《同保姆一起》/《婚事》

第十六章　圈外人 *261*
《安塔尔》/柴科夫斯基与圈子/鲍罗丁的歌曲/《罗恩格林》在马林斯基

第十七章　舞台的历史 278
历史剧/《普斯科夫姑娘》创作伊始/《鲍里斯·戈杜诺夫》

第十八章　上演的歌剧与遗弃的歌剧 297
《威廉·拉特克里夫》上演/构思中的《伊戈尔王》/《伊戈尔王》胎死腹中/巴拉基列夫被解雇/《伊斯拉美》/《西洋景》/《育儿室》

第十九章　共享公寓 316
巴拉基列夫的式微/被拒绝的《鲍里斯·戈杜诺夫》/修订的《鲍里斯·戈杜诺夫》/《魔鬼的力量》/《普斯科夫姑娘》/鲍罗丁第二交响曲

第二十章　……与共享佣金 335
里姆斯基-科萨科夫教授/《姆拉达》合集/《石客》搬上舞台/关于《霍万斯基之乱》的研究

第二十一章　三位沙皇与一位暴君 351
《普斯科夫姑娘》搬上舞台/备受期待的《鲍里斯·戈杜诺夫》/《霍万斯基之乱》创作/《安吉洛》

第二十二章　走向新岸 369
《鲍里斯·戈杜诺夫》"完整"上演/戈列尼斯切夫·库图佐夫/《暗无天日》/《图画展览会》

第二十三章　随境转移 391
里姆斯基创作赋格曲和弦乐四重奏/重写《伊戈尔王》/进一步创作《霍万斯基之乱》

第二十四章　死亡之舞 411
理想主义者与酗酒者穆索尔斯基/纳乌莫夫/《死之歌舞》/编者里姆斯基-科萨科夫

第二十五章　歌剧的无序 *427*
《安吉洛》上演/《伊戈尔王》与《霍万斯基之乱》的创作/《索罗钦集市》/里姆斯基的木管室内乐

第二十六章　沉入水中 *444*
强力集团的观点/巴拉基列夫崛起/穆索尔斯基坠落/《五月之夜》

第二十七章　化学家在他的实验室 *464*
随同者穆索尔斯基/同列昂诺娃一起旅行/鲍罗丁的第一首四重奏/《伊戈尔王》创作继续/《霍万斯基之乱》基本完成

第二十八章　随日光而至的消亡 *482*
《在中亚细亚草原上》/《童话》与《小交响曲》/《雪姑娘》/穆索尔斯基最后的日子

第二十九章　继承与反叛 *498*
穆索尔斯基下葬/《塔玛拉》完成/鲍罗丁的第二首四重奏与第三首交响曲/格拉祖诺夫与别利亚耶夫/强力集团时代的结束

后　记　继承者们 *522*

参考文献 *527*

索　引 *533*

"音乐大师传记译丛"总序

孙国忠　杨燕迪

通常讲的音乐家传记（musical biography）主要指作曲家传记，因为西方音乐史构成的基础是作曲家的音乐创作，尤其是那些音乐大师的创作贡献直接影响了音乐发展的历史进程。从这一特定意义上讲，西方音乐的历史就是伟大作曲家的"音乐创作史"。观照作曲家的艺术人生，探寻其生平与创作的内在关系，解读源自创作者内心的"音乐之声"（作品）及其艺术意义，正是音乐家传记的写作主旨和文体要义。

作曲家传记是历史音乐学（historical musicology）领域最重要的学术文体之一。这种传记既不是"音乐史人物"的通俗性介绍，更不是用文学笔法描述音乐大师的"虚构性写作"，而是由专业领域的音乐学家在深入研究的基础上，以学术的姿态、思路、笔触对作曲家的艺术生涯（生活与创作）进行的深入论说，渗透其中的是显现音乐学品格和学问意涵的审思。

学术性的作曲家传记都可以称作"评传"，因为这类学术文体在叙述传主人生经历和"艺术故事"的同时，都在阐释、评价其音乐人生与创作贡献的"独特性"和艺术价值。无论这种"评论"是否具备当代音乐学理论所倡导的那种超越实证主义研究传统的"批评"（criticism）意识或诉求，严肃的传记作者在写作中都会展现出他（她）个人的视界和论域，其表达独立思考并呈现个人观点的"评"与"论"则承载了传记书写人的心境、思绪和立场。以评论为底蕴和显示学术洞见的作曲家传记都是作者（学者）的研究选择和学术态度的反映。因此，历史音乐学领域的学术性传记如同该领域的其他学术性文体，是一种具有作者个人审美取向和研究态度的学术展示，它所具备的学术文体特有的"主观性"成为其评论之价值体现的"基调"。可以这样说，越是有学术价值的作曲家传记，其评论的"主观性"就越明显。当然，这种"主观性"应该有充足的史料支撑、扎实的文献研读为依托，只有这样基于客观性史实解读之上的"主观性"独立评论，传记作者力图建构（或重构）的作曲家艺术人生才能显现学术性文体及文本应有的诠释效力与传记话语的"可信度"。

在西方学界，作曲家传记的写作与出版具有丰厚的传统，十八世纪奠定了这一学术样式的基础，十九世纪则迎来了大作曲家传记写作的兴旺局面：福克尔的《巴赫》（1802）[1]、温特费尔德的《加布里埃利》（1834）[2]、奥托·扬的《莫扎特》（1856—1859）[3]与泰耶的《贝多芬》（1866—1879）[4]是这一专门著述领域最早的经典之作。十九世纪之所以形成作曲家传记写作的蓬勃发展，最主要的原因是这个时代的"音乐经典"（canon）意识不断强化，具体表现为对音乐艺术"伟大性"的敬慕和推崇——对以巴赫、亨德尔、海顿、莫扎特和贝多芬为代表的

---

1. Johann Nikolaus Forker, *Über Johann Sebastian Bachs Leben, kunst und kunstwerke* (Leipzig, 1802; facsimile reprint, Frankfurt am Main: H. L. Grahl, 1950; English trans. by Charles S. Terry, New York, 1920; reprint edition, Charleston: Biblolife, 2009).
2. Carl Winterfeld, *Johannes Gabrieli und sein Zeitalter*, 3 vols (Berlin, 1834; reprint edition, Nabu Press, 2010).
3. Otto Jahn, *W. A. Mozart* (Leipzig, 1856–1859; English trans. by Pauline D. Townsend, London, 1882; reprint edition, Nabu Press, 2010).
4. Alexander Wheelock Thayer, *Ludwig van Beethovens Leben*, ed. Hermann Deiters, 3 vols. (Berlin, 1866–1879); 2nd edition by Hugo Riemann (Berlin: Breitkopf and Härtel, 1907–1915); English version, ed. and rev. by H. E. Krehbiel from Thayer's notes, 3 vols. (New York: Beethoven Association, 1921); rev. by Elliot Forbes as *Thayer's Life of Beethoven,* (Princeton: Princeton University Press, 1964, reprint edition1992).

伟大作曲家及其伟大作品表达高度的认同感与敬仰之意。这种对音乐艺术"伟大性"之强烈渴望的社会文化基础正是"作曲家中心论"（composer-centredness）的确立。因此，十九世纪西方学界对作曲家音乐人生的高度关注和对"音乐经典"之传统建构的努力实践，反映了一个时代的音乐学术走向：一方面强力推进历史音乐学传统中"伟大作曲家"群像的塑造，另一方面则通过多种研究探索提升了音乐家传记的学术品质并巩固其在学术场域中的地位。

十九世纪末至二十世纪上半叶，以作曲家传记文本为典型的音乐家传记写作受到了挑战，这种挑战来自多方的"质疑"和对这一著述传统的不同认知。圭多·阿德勒在他那篇著名论文《音乐学的范围、方法及目的》中的确提到了传记写作与音乐史研究的关联，但他只是把作曲家传记看作历史音乐学领域的一个"辅助学科"，并未强调其参与历史音乐学"大学科"构建的重要性和独特意义。[1]阿德勒对传记写作的这一界定与学科归类无疑影响到之后的相关研究与写作进展。二十世纪上半叶对音乐家传记冲击更大的是主导现代主义音乐思潮及学术探究的"反叛意识"，形式主义音乐分析和实证主义音乐史论从不同的角度强调音乐作品本体的"独立性"，这种有意淡化作曲家个人生活与创作之内在关系的认知和力图遮蔽以"音乐大师"为表征的"经典"光耀的动向，实际上是自律论音乐美学观念在音乐史研究中的一种渗透，它在批判浪漫时代"艺术天才"论的同时，也在新的维度重识作曲家身份、作曲艺术建构、音乐风格样态和音乐历史书写的意义。

---

1. Guido Adler, "Umfang, Methode und Ziel der Musikwissenschaft", *Vierteljahrsschrift für Musikwissenschaft* 1, pp.5–20. 这篇经典论文已有中译文，参见"《音乐学的范围、方法及目的》（1885）：英译本暨历史分析性之评论"，秦思译自艾利卡·马格尔斯通（Erica Mugglestone）的英文本，《大音》第十二卷，萧梅主编，北京：文化艺术出版社，2017年，pp.290–313。

值得指出的是，即便是在这样的严峻氛围中，二十世纪上半叶的作曲家传记写作依然在质疑声与反思中前行，并在文本内涵与书写形式上进行了新的探索。这一时期出现了引人注目的"文献实录性传记"（documentary biography），可见实证主义思潮对作曲家其人其乐探究的深刻影响。这种"实录性"传记写作特别强调作曲家生平探寻和传主形象建构的客观史实，探掘、辨析、梳理、审视、呈现与传主（及相关人物）发生关联的一切文献资料（日记、书信、评论、音乐会节目单、公文档案等各种与传主生活与创作有关的文字记录），不仅成为传记作者的探究诉求与写作基础，而且作为传记本体的重要组成部分重构了作曲家艺术人生展示的话语方式和文本样态。奥托·埃里希·多伊奇是这类传记写作的最早实践者，其代表作《舒伯特生平与创作实录》（1913—1914）可谓奠基之作，对以后的作曲家传记写作影响很大。[1]例如，库尔特·布劳科普夫的重要著述《马勒：生平与创作研究》（1976）就是多伊奇传记写作路向的延续。[2]

耐人寻味的是，二十世纪上半叶至中叶出现了多部卷帙浩繁的作曲家传记，这一现象表明历史音乐学领域学术性传记研究与书写的传统之力依然强劲，反映了伟大作曲家生平与创作的再思和重识在整体性音乐史探究、论说中不可替代的重要作用。作为这一丰厚传统的学术延续，欧内斯特·纽曼的四卷本著作《理查德·瓦格纳的人生》（1933—1947）[3]、雅克·巴尔赞具有深阔文化视野的《柏辽兹与浪漫时

---

1. Otto Erich Deutsch, ed., *Franz Schubert: die Dokumente seines Lebens und Schaffens* (Munich, 1914; English trans. by Eric Bloom as *Schubert: A Documentary Biography*, London: J. M. Dent, 1946; reprint edition, Da Capo, 1977).
2. Kurt Blaukopf, ed., *Mahler: A Documentary Study* (New York: Oxford University Press, 1976).
3. Ernest Newman, *The Life of Richard Wagner*, 4 vols (London: Cassell, 1933-1947, reprint, 1976).

代》(1950)[1]、舒伯特研究的著名学者莫里斯·布朗的权威之作《舒伯特评传》(1958)[2]与音乐学大家保罗·亨利·朗独具洞见的《亨德尔传》(1966)[3]已被公认为探寻这四位音乐大师艺术人生的经典文本，并强有力地促进了二十世纪后半叶音乐家传记写作的发展。H. C.罗宾斯·兰登的五卷本大作《海顿年谱与作品》是迄今为止关于海顿生平与创作最为全面且具史论可信度的"编年体叙事"；[4]一生奉献给马勒研究的亨利-路易斯·德·拉·格兰奇的鸿篇巨著同样为世人贡献了对马勒生平与创作最为详尽的"档案式关注"——他几乎将马勒从出生到去世的人生历程按年月（日）的顺序全部呈现出来。[5]毫无疑问，兰登与格兰奇这两部丰实的传记杰作承载了西方学界探寻、言说作曲家艺术人生的实证主义传统，这种以作曲家个人生活与音乐创作为学术聚焦点的宏大叙事，让我们体悟到音乐家传记书写的厚重感和独特的音乐史学品格。

二十世纪七十年代以来，音乐家传记的写作、出版形成了多元化的发展态势和繁荣局面，这不仅体现在传记文本问世的数量与写作质量上，而且展示出当代学术思潮推动下对音乐家传记性质、样态的反思和呈现新思路、新视界、新格局的写作实践。心理学分析、社会文

---

1. Jacques Barzun, *Berlioz and the Romantic Century* (Boston: Little, Brown&Co., 1950).
2. Maurice Brown, *Schubert: A Critical Biography* (London: Macmillan, 1958; reprint, Da Capo, 1977).
3. Paul Henry Lang, *George Frideric Handel* (New York: Norton, 1966).
4. H. C. Robbins Landon, *Haydn: Chronicle and Works* (Bloomington: Indiana University Press, 1976–1980).
5. 格兰奇的四卷本马勒传记从1974年（法文版）开始相继问世，重新修订的英文版目前已出版了后三卷（第一卷待出版）：*Gustav Mahler. Vol.2. Vienna: The Years of Challenge* (1897–1904) (Oxford: Oxford University Press, 1995); *Gustav Mahler. Vol.3. Vienna: Triumph and Disillusion* (1904–1907) (Oxford: Oxford University Press, 1999); *Gustav Mahler. Vol.4. A New Life Cut Short* (1907–1911) (Oxford: Oxford University Press, 2008).

化（史）考量、批评性诠释和意识形态关注等具有当代理论意涵的学术渗透，为作曲家生平与创作的探究提供了多维度透视和论说的可能性。在深度解读与合理运用涉及传主及其"文化圈"的档案资料、历史文献的基础上，学理性建构作曲家生平与创作的关系并对两者间互动产生的"音乐创造力"（musical creativity）进行深层且有效的阐释，成为当代学术性音乐家传记书写的基本共识和理想目标。

三部在学界受到高度评价的贝多芬传记值得在此一提，因为从中不仅可以清楚地看到同为贝多芬专家的三位学者如何以不同的视角和理路来论说贝多芬其人其乐，还能通过三种个性化传记文本的比较，感知、理解当代音乐家传记写作的不同路向与发展态势。

梅纳德·所罗门的《贝多芬》（1977—1998）堪称贝多芬研究的里程碑之作，已成贝多芬传记的"经典"。[1] 所罗门是一位有着深厚人文学养和宽阔视野的音乐学家，他对贝多芬生平的探索开创性地运用了心理学分析和融入审美态度的史学论辩，这种在丰富的史料、文献基础上形成的独辟蹊径的批评性诠释，为读者展示了祛魅之后作为凡人的"贝多芬形象"。正是所罗门对贝多芬身世、经历、性格、心理、情感、趣味、思想和创作力的深度体察与富于想象力并体现学术质感的"形象"重构，促使我们重读贝多芬，再思其凡人品格与"人性"所造就音乐伟大性的独特意义。

与所罗门将探究重心置于贝多芬生平考察与人生建构的评传路数不同，路易斯·洛克伍德的《贝多芬：音乐与人生》（2003）是一部以作品探析为主体并以此贯穿、带动整个"艺术人生叙事"的作曲家

---

1. Maynard Solomon, *Beethoven* (New York: Schirmer Books, 1977, 2nd ed., 1998). 这部专著已有中文译本问世：《贝多芬传》，田园译，西安：陕西师范大学出版总社有限公司，2013年。但可惜的是此中译本并不是译自英文版原著，而是从德文版译著转译而成。更令人遗憾的是由于放弃了英文版原著中极为重要的大量注释，这一中译本的出版规格和学术含量显然打了折扣。

评传。[1]这种对音乐本身的重视既有传记作者本人"在描绘作曲家肖像时的个人偏好",也隐含着对所罗门《贝多芬》一书中音乐本体论说之薄弱的不满。洛克伍德这部贝多芬传记涉及作曲家绝大部分的创作,对许多有艺术影响和音乐史意义的代表作更是重点分析、深入探讨。例如,关于《第九交响曲》的讨论就是一种显现历史音乐学之"学问力道"的整体性探究,政治背景的呈现、观念变迁的思考、创作史实的解读、作品本体的分析和音乐内涵的释义,这种全方位、多向度的音乐审思在深化作品认知的同时,也以音乐史论的能量加强了"创作承载人生"之言说的话语效力。应该特别提到的是,从洛克伍德在其晚年贡献的这部影响深远的贝多芬研究力作中可以看出,作者对贝多芬音乐所蕴含的艺术意义和人文内涵的阐释是一种既有音乐学传统底蕴又具当代学术气息的研究范式,渗透其中的是彰显开放心态的学术睿智。

严格地讲,威廉·金德曼的专著《贝多芬》(1995—2009)并不是一部传记,至少不是典型的"传记"文本,因为此书的内容明确地展现了作者的写作诉求和研究主旨:以贝多芬一生的创作发展为主要线索,探析作品的艺术特征及涵义,思考作曲家音乐风格的演变及成因,用融音乐分析和审美体验于一体的"音乐学叙事"探究贝多芬音乐创作的艺术深意和人文价值。[2]在此,关联传记文本构架和论说品格的作曲家人生轨迹只是一种便于作者叙事和讨论的"文脉",而让这一"文脉"得以贯通并形成叙事生命力动感的是体现音乐审美姿态和艺术诠释本意的批评理想及探索实践。金德曼的《贝多芬》是学术

---

1. Lewis Lockwood, Beethoven: *The Music and the Life* (New York: Norton, 2003). 参见中文版译著《贝多芬:音乐与人生》,刘小龙译,北京:中央音乐学院出版社,2011年。
2. William Kinderman, Beethoven (Berkeley and Los Angeles: University of California Press, 1995, 2nd ed., 2009). 参见中文版译著《贝多芬》,刘小龙译,北京:中央音乐学院出版社,2015年。

个性相当突出的音乐学写作，其洞见迭出的作品论说和对作曲家性格、情感、思想的深度审视展现出一位杰出学者独具的艺术判断力和美学修养。作者让人耳目一新的音乐释义全都基于详细且明畅的乐谱分析，这就使得贝多芬的创作思维及"绝对音乐"蕴意的解读有了学术的可信度。作为一位身兼钢琴家的优秀学者，金德曼可以将只有亲身投入到表演实践中才能感知的音乐细部特征融入其个性化的分析话语并形成审美观照，这无疑进一步激发了蕴含审美旨趣的诠释活力。尤其值得关注的是，金德曼对贝多芬多部经典作品的考察注重"作曲过程"（compositional process）的探讨，这种基于创作手稿辨析作曲思维体悟和音乐逻辑认知的艺术诠释展现了历史音乐学传统依旧亮眼的学术魅力。当然，我们从这部贝多芬研究专著中也能感受到"新音乐学"（new musicology）研究路向对伟大作曲家形象重构的一些影响。力图在更为宏阔的学术场域中探寻作曲家音乐创作的智识品质和精神内涵，可以视作这部特殊的贝多芬"评传"致意当代音乐学景观的"回音"。

　　鉴于音乐家传记在历史音乐学研究中的重要地位和加深对音乐家传记书写之丰厚传统的认识，策划与编辑一套"音乐大师传记译丛"实属必要。这套丛书旨在译介西方学界有影响的音乐大师传记，为中国读者深入理解西方音乐发展进程中"人"的艺术创造力与历史建构的关系提供有价值的优秀读本。由于每位大作曲家的艺术生涯和音乐创作各不相同，传记作者的写作路数也不一样（不少作曲家都已有多种传记问世），这就需要译丛主编根据具体情况进行综合考虑，优选合适的传记文本纳入译丛，并邀约合适的译者进行翻译。设想中"音乐大师传记译丛"的读者群体是多层面的，主要包括专业的音乐工作者、高等音乐院校与师范类音乐学院（系）的师生、对西方作曲家和音乐艺术感兴趣的人文学者和音乐欣赏水平日渐提升的广大乐迷。

　　对本译丛名称中所用的"音乐大师"（Master Musicians）一词需

作说明。如上文所述，西方音乐的历史从特定意义上可以理解为伟大作曲家的"音乐创作史"，因此，这里的"音乐大师"主要指对音乐艺术发展做出卓越贡献并在西方音乐史上留下深刻印记的伟大作曲家。然而，音乐也是一门需通过表演实践的"二度创作"来展示自身形态和样貌的艺术门类，从事音乐表演的大师对"音乐"及其历史构成的独特作用——对这门以听觉为本的艺术形成"音响化"与"演绎性"的贡献，理应得到一定的学术关注。鉴于此，这套以呈现伟大作曲家艺术人生为主要目的的"音乐大师传记译丛"也会适当考虑对一些音乐表演艺术大师传记的译介。

  非常感谢上海音乐出版社对"音乐大师传记译丛"的高度重视和大力支持。希望这套以"音乐史人物"为学术聚焦点的丛书不仅可以促进我国学界对相关作曲家及其音乐创作的深入研究，也能对日益繁荣的当代音乐生活品质提升起到积极的推动作用。

前　言

十九世纪俄罗斯民族乐派的故事是音乐史中最引人入胜和丰富多彩的故事之一，这些民族主义者所创作的音乐作品在整个古典保留曲目中也是最流行和最具原创性的。这与该时期的社会史和政治史有着直接的联系，原因在于俄罗斯民族乐派的作曲家们会就一些有关社会，以及社会与艺术关系的思想专门作出回应，而这些思想是拿破仑战争结束至1917年革命爆发之间的一个世纪里俄罗斯思想的核心。

尽管这段历史厚重且意义重大，却只有极少的专著侧重于这一主题。俄罗斯历史学家米哈伊尔·泽特林（Mikhail Zetlin）撰写了唯一一本将强力集团（Moguchaya Kuchka）作为整体进行论述的英文专著。该书虽然有趣，但本质上为轶事集，更侧重对气氛的烘托，而不是思想或音乐的表达。还有一些关于鲍罗丁和巴拉基列夫的权威却稍显老派的传记，以及一些穆索尔斯基的精彩小传，包括大卫·布朗（David Brown）的"音乐大师"丛书（*Master Musicians*）中的穆索尔斯基卷、卡瑞尔·爱默生（Caryl Emerson）的一部短篇研究，还有两本分别由杰拉尔德·亚拉伯罕（Gerald Abraham）和米歇尔·卡沃科雷西（Michel Calvocoressi）所著的曾一度不可或缺而如今却已过时的书。这一领域的学术性文献丰富且十分专业化，内容多侧重于原始资料、文本变化、风格问题、对所谓历史性错误的纠正，以及诸如现实主义和民族志学在列的笼统问题。据我所知，没有兼具学术性和可读性的音乐性综合研究。

本书尝试满足这些严苛的标准。进行这样一项研究的理由当然是无可辩驳的。一想到有关瓦格纳和威尔第的文献浩如烟海时，强力集团可用资料的寥寥无几就显得羞于启齿了。即便不能说五人团中任何一位作曲家能与上述两位大师相提并论，我们也有理由提出，他们的作品和思想都值得较目前而言更进一步的关注。暂且撇开以下不争的事实——穆索尔斯基的《鲍里斯·戈杜诺夫》(*Boris Godunov*) 是十九世纪最伟大、最具原创性的歌剧作品之一；鲍罗丁和里姆斯基－科萨科夫的作品包含着一些即使不认识他们的民众也会喜爱的音乐；穆索尔斯基的歌曲，从其创作方式看与任何以德意志传统写成的作品一样出众——仅仅是这些作曲家们在生活和创作中的思想及审美渊源，也非常值得研究一番。

作为一个真实存在的小组——每周会见几次，彼此探讨正在创作的作品，辩论艺术的目标——他们恰巧出现在十九世纪六十年代，即1861年农奴解放之后的知识革命时期。在音乐领域中很少有这类真实的、有创造力的集体，大概是因为音乐不常需要被讨论。对于强力集团来说，至关重要的一点是他们的指导者不是一位音乐家，而是艺术史学家弗拉基米尔·斯塔索夫（Vladimir Stasov），他是文学批评家维萨里昂·别林斯基（Vissarion Belinsky）的拥护者。别林斯基认为提出反映社会现实和政治生活是艺术的任务，用这种精神来诠释艺术也是批评家的差事。当时已经结识了俄罗斯音乐之父格林卡的斯塔索夫，针对如何使这些想法适用于一种具体的民族音乐，制定了一套自己的价值体系。在小组最具个性的作曲家米利·巴拉基列夫的帮助下，斯塔索夫竭尽所能地将这些想法引入他的音乐圈中。

这个小组的业余性常常落人口实，他们确实没能创作出符合常规的、完整的作品，部分原因在于缺乏在专门的学习中积累起来的创作法则和技巧。事实上，他们大多还有其他工作，这显然对音乐创作没有帮助。音乐天才鲍罗丁是一位职业的化学研究员；穆索尔斯基是地主家的小儿子，因解放法令而一贫如洗，受生计所迫不得已进入公务员行列，做着枯燥乏味的工作；只有里姆斯基－科萨科夫，最初是位海军军校的学生，1871年接受了音乐学院的教授职位，成功改变了人生，最终，他使自己成为了一位高产的、自律的、遵守创作规律的音乐工作者，并将革新的创作理念传给了他的学生们，如格拉祖诺夫和斯特拉文斯基（特别是斯特拉文斯基）。

但这并不全是里姆斯基－科萨科夫和强力集团这个整体所要传递的。他们的音乐不仅是斯特拉文斯基从中崭露头角的风格环境的一部分，还对世纪之交两位最重要的法国作曲家德彪西和拉威尔产生了重要的影响；而德彪西在穆索尔斯基音乐中的发现激发了他的创新，这些创新元素也被注入到梅西安的作品中，自此以后影响到布列兹以及其他战后一代的音乐家们。《鲍里斯·戈杜诺夫》、《图画展览会》（*Pictures from an Exhibition*）、《荒山之夜》（*Night on Bald Mountain*），以及许多艺术歌曲，还有尚未完成的问题歌剧《霍万斯基之乱》（*Khovanshchina*），都是穆索尔斯基这位最具独立思想的作曲家的不朽之作。鲍罗丁两部完整的交响曲、两部弦乐四重奏，以及未完成的歌剧《伊戈尔王》（*Price Igor*），展现出一种更传统却很出色的才能，这一才能因圈子的分裂而逐渐消失。里姆斯基－科萨科夫没么引人注目，但他仍具个性的作品，以及巴拉基列夫的钢琴作品和其交响诗《塔玛拉》（*Tamara*）中时不时显现的才华，丰富了这一奇异而有趣的图景。只有第五位成员，小组中的重要人物居伊，没有留下具有持续影响力的音乐作品，尽管他的许多作品正如我想展示的那样，不应像现在这样被后人遗忘。

这群有求知欲又颇具争议的半路出家的音乐家们，从一个曾由外国人所主导的音乐环境中（同前拿破仑时代里俄罗斯的其他艺术一样）崭露头角，这在音乐历史上是一个异常动人又引人入胜的事件。在尝试将其活灵活现地展现在普通读者眼前的过程中，我高度依赖目前已出版的材料，从注释和参考文献中可以看出这一点。很大程度上来说，这本书是一部融合性的作品，虽然它受到我的批判性观点的影响，带有浓厚的个人色彩，但我文责自负。尽管如此，我仍非常感谢圣彼得堡音乐学院的娜塔莉亚·布拉金斯卡娅（Natalya Braginskaya）在俄语语言和语调上的全力帮助，她同丈夫德米特里一起，于2010年3月召开里姆斯基－科萨科夫研讨会期间，在我和妻子访问圣彼得堡时热情地招待了我们。圣彼得堡音乐学院的音乐档案管理人拉里萨·米勒（Larisa Miller）也在此次及随后的访问中帮助我很多。这次研讨会本身就是一次巨大的鼓舞；幸得勤勤恳恳并且高效的组织者莉迪亚·阿德（Lidia Ader）的邀请。我很乐于强调这段时间在游访他们国家时所感受到的俄罗斯人真正的友善与慷慨。

在国内，我也获得了无比珍贵的档案帮助，特别是来自大英图书馆音乐收藏馆馆长尼古拉斯·贝尔（Nicolas Bell）博士、卡迪夫大学音乐图书馆的员工，以及该学校艺术与社会研究图书馆中特别馆藏部门的艾莉森·哈维（Alison Harvey）的帮助。约翰·尼尔森（John Nelson）在卡迪夫大学进行伊拉斯谟博士交流项目时，我与他就里姆斯基－科萨科夫，也有许多有用且有趣的对话。伦敦图书馆中大量的、出奇难找的俄罗斯馆藏，填补了潜在的空缺，图书馆的工作人员用他们不知疲倦的冷静与高效来帮助我将其挖掘出来。我所在的卡迪夫大学音乐学院一直提供研究经费来支持我的研究。安德鲁·梅比（Andrew Maby）花费大量的时间给予我技术支持。我想特别感谢查克·艾略特（Chuck Elliott），感谢他对本书以及之前所有项目给予的支持、耐心及强有力的编辑帮助。

我亲爱的妻子玛丽，一如既往毫无怨言地忍受着所有的一切以使我保持专注，虽然她没有必要这样做。最重要的是，她的建议对于学校资助及评审研究的封闭倾向起到了至关重要的修正作用。现在，她需要阅读本书以验其效。

[第 一 章]

初来乍到

米利·阿列克谢耶维奇·巴拉基列夫（Mily Alexeyevich Balakirev，18岁的年纪，中等身高，身材敦实，年轻的虬髯衬出一颗硕大的圆圆的脑袋）于1855年11月末[1]第一次踏上圣彼得堡的土地。他正随着他的赞助人亚历山大·乌利比谢夫（Alexander Ulïbïshev）旅行。亚历山大是一位有学问、爱音乐的下诺夫哥罗德地主，他资助小米利已有四年，为他支付钢琴课的费用，并允许他自由使用设施齐全的音乐图书馆。那些年，似乎时不时地不知会从哪儿冒出一些年轻的音乐家，几乎就像凭空出现的一样，这个男孩即其中之一。他的母亲会演奏钢琴，并教给了米利所有她会的东西。一次暑期游学，这位小男孩来到莫斯科，曾跟随亚历山大·杜布克（Alexander Dubuque）[约翰·菲尔德（John Field）的学生]学习钢琴。在此之后，他的母亲就去世了，这时米利10岁。

至于米利的父亲则没有多少好说的。阿列克谢·康斯坦丁诺维奇·巴拉基列夫（Alexey Konstantinovich Balakirev）是下诺夫哥罗德市一名微不足道的公务员。但他绝非是个木讷、稳重，偶尔有些腐败

---

1. 所有日期皆为旧式历法（俄历）。（除标明"译者注"外，均为作者原注。）

的市民——也就是那时在乡下政府部门常见的那类人。相反，他是一个不好相处、好与人发生口角的人，脾气急也没有耐心，动不动就与他的同事和雇主为敌。久而久之，米利往往需要为他的父亲托关系使其摆脱麻烦，而一般这是一位父亲可能要为儿子做的。不过，这位年轻人显然是经过阿列克谢·康斯坦丁诺维奇的同意才来到圣彼得堡的，因为，无论这位父亲对音乐多不感兴趣，至少也已经聪明地看出了米利的才能是这个家庭摆脱贫穷的最好机会，这是他所做不到的。

毫无疑问，米利是有天分的。他的母亲肯定是意识到了这点，或是他所展现的才能有力地说服了她，否则她不会早在全国第一条重要的公营铁路开通之前，带着孩子去到两百五十英里（约四百零二公里）之外的地方，跟随一位杰出的老师上三个月昂贵的课程。孩子是个键盘奇才，在十九世纪四十年代，这样一位奇才的重要性堪比当今一位有潜力的年轻足球运动员。但是，在下诺夫哥罗德成立音乐学院整整一个世纪以前，很少有人能在这座城市以这样的天赋在音乐领域脱颖而出。你是一位优秀的钢琴家？那太好了，你能开音乐会赚很多钱。早年在乐器上所显现出的才能可能隐藏或者滋养某种创造性的天赋——不管这天赋是什么——在伏尔加河东岸这座发达的商贸城市里，除了音乐爱好者中最具思考力的人，不太可能打动任何人。谁能责怪他们呢？在1855年，即便是西边的圣彼得堡也没有音乐学院，没有音乐专科学校，鲜少有专业音乐会，更没有任何类型的机构可以激励一位有音乐天赋的少年在可信可靠的乐器演奏这一狭窄道路之外，去发掘他的能力。首都的公共音乐创作仍旧被外国人主导，且受到几乎完全不懂音乐的官僚们的行政管制。俄国音乐家很少受到重视。

尽管如此，对一个即将来到圣彼得堡的有天赋的年轻人来说，这是一个很有意思的时机。尼古拉斯一世，这位专制的罗曼诺夫王朝建立以来最保守的子孙，于1855年2月去世了。那些将俄国的社会和政治体制改革看作这个国家所追求的经济、道德和文化自由之必要条件的人们，在他的儿子亚历山大二世身上寄予厚望。碰巧，同一年，一位名叫安东·鲁宾斯坦的俄国作曲家和钢琴大师，在维也纳杂志《音乐、戏剧及艺术报》（*Blätter für Musik, Theater und Kunst*）上发表了一篇有关俄国音乐现状和特点的评论文章。这篇文章的主旨是论述俄国缺乏建立在民歌基础上的民族音乐。它是通过大众对本土音乐的忽视以及在俄国缺少像样的专业音乐训练这两个现象来论证这一论点的。鲁宾斯坦本人就是个神童。他在十九世纪四十年代早期就以少年奇才的身份周游欧洲，随后在柏林花了两年时间学习音乐理论。显然，他的音乐并非由俄罗斯或其他来源的民间素材写成，他最好的一些作品体现了德奥学派的传统。

当然，鲁宾斯坦的观点在圣彼得堡反响不佳。但无论他对俄国民族音乐的理解有多么含混，我们很难否认，当时确实鲜有俄国作曲家能够在专业技能上与一些外国作曲家竞争，那些外国作曲家的作品仍占据着剧院广场（Theatre Square）[1]上主要的（意大利）歌剧院舞台。直至十九世纪三十年代，几乎所有的俄罗斯歌剧都有歌唱剧和轻歌舞剧类型的影子，它们都由简单的民族性歌曲构成，中间穿插一些对话。少量意大利留学归来的作曲家，创作的是本质上为意大利风格的音乐。而这也就自然而然地印证了鲁宾斯坦的观点——俄国音乐尚以一种世界性眼光来处理风格和技法。

至于俄国作曲家们创作的管弦乐，几乎没有多少，也没有实质性的内容。一个合理的解释是，直到1855年，俄国仍旧没有组织过成熟的系列音乐会或者建立交响乐团。当时剧院演出都被禁止，这类管弦乐音乐会只允许在大斋节（Lent）[2]上演出，而且倾向于演奏西方保留

---

1. 译者注：剧院广场位于莫斯科，因许多剧院聚集于此而得名。
2. 译者注："大斋节"又称"封斋节"，是基督教的斋戒节期，从耶稣受难前四十天至前一天。

曲目，大体就是普通的、临时拼凑的演出。管弦室内乐是存在的，但主要是由为乡间或贵族会客厅中表演的业余表演者们创作的。从来没有俄国人创作过任何与古典维也纳弦乐四重奏在体量和思维上有丝毫相近的作品。在圣彼得堡或者莫斯科没有任何乐团会尝试演出这样的音乐。

在二三十年代，俄国音乐最典型的体裁是德米特里·博尔特尼扬斯基（Dmitry Bortnyansky）的宗教协奏曲，这一体裁是十八世纪的风格，但与西方古典时期教堂音乐不同的是，它只适合人声演唱（因为东正教不允许在宗教仪式中使用乐器）。另一被大量创作的典型体裁是钢琴伴奏的会客厅歌曲（drawing-room songs），这些歌曲采用颇具天赋的业余爱好者所创作的俄语歌词，例如三位亚历山大：阿勒亚布耶夫（Alexander Alyabyev）、古里廖夫（Alexander Gurilyov）、达尔戈梅日斯基（Alexander Dargomïzhsky）。大多数情况下，这些作曲家的浪漫曲（俄国人对抒情歌的称法）旨在提供一个定型的、有韵律的常规音调，并带有一个简单、不突兀的伴奏——或许相当于十九世纪二十年代现代吉他的和弦模进。可能偶尔会模仿民歌；音乐处处都会呈现出一种更自由、更激昂的特点，正如在一些古代的叙事歌中，游吟诗人用竖琴为自己伴奏一样。这类叙事歌的典范是达尔戈梅日斯基早期为莱蒙托夫的诗《乌云》（*Heavenly Clouds*，1841—1842）所作的配乐，在这首诗中，诗人被流放到高加索，他将自己喻为被北风南驱的云朵。在个别情况下，诗歌中的一些元素会促使作曲家使用颇为大胆的和声，例如在同一位作曲家为普希金的诗歌《东方浪漫曲》（*Eastern Romance*，1852）所作的配乐中，开头的诗句"汝生为唤醒诗之想象"采用了一些不稳定的和弦（risky chords），但可惜的是，并没有采用鼓舞人心的旋律。而这些都是理查德·塔拉斯金（Richard Taruskin）曾称为"罗斯城市风格"（urban style russe）的绝佳例子，这是俄国二十、三十和四十年代的歌曲作曲家惯用的风格，其中真正的民歌或者类似的民歌被改头换面精心修饰了一番，使其与受过良好教育的年轻姑娘们更相配[1]。

有这样一个人，他的音乐动摇了鲁宾斯坦悲观的论断，这个人就是米哈伊尔·格林卡。他创作的两部歌剧作品似乎为俄罗斯歌剧建立起了新标准。然而在巴拉基列夫来到圣彼得堡之时，这两部作品备受冷落，演出并不乐观或者根本不上演，未获出版，且在很大程度上无人赏识。1855年格林卡51岁，他因对1842年第二部作品《鲁斯兰与柳德米拉》（Ruslan and Lyudmila）相较而言的失败局面，以及第一部作品《为沙皇献身》（A Life for the Tsar，1836）重新上演时粗制滥造、无人关注的情形大失所望，自那时起几乎放弃了作曲而转向社交。他就像屠格涅夫的短篇小说《多余人日记》（The Diary of a Superfluous Man）中的主人公朱尔卡都林（Chulkaturin）一样，出生即为贵族，是少数拥有土地的上流社会阶层中的一员。他在能培养出具有强烈音乐、艺术天分的环境中成长，但绝不可能将其作为一种职业。格林卡可以尽情地在家里或是叔叔的庄园中表演音乐，他甚至可以为会在这些场合中聚集的形形色色的乐队组合写一些歌曲、钢琴音乐或者室内乐作品。但这仅仅是一种爱好。"无疑，音乐占据了我的生活，"他在其《回忆录》中记录下1826年夏天，"但我真的不知道我完成了什么。"他随后问自己："我在那不勒斯创作过什么吗？""我不记得了。"[2]他既没有需求也没有机会去从事一份职业，并且作为一个生来体弱多病的人——和他这个阶层的许多人一样，他在25岁时遵循医生的建议去国外疗养，在意大利待了三年半，又花了五个月的时间在柏林向杰出的齐格弗里德·德恩（Siegfried Dehn）学习和声与对位，之后于1834年5月，其父亲去世两个月后，回到了他的家乡诺沃斯巴斯科伊

---

1. 例子见 Taruskin, *Defining Russia Musically*，29。
2. Glinka, *Memoirs*, 36, 38.

（Novospasskoye），这个靠近斯摩棱斯克的地方。

正是在这个时间点，格林卡的音乐事业，以及随之而来的整个俄国音乐史，发生了决定性的转折。美国学者林恩·萨金特（Lynn Sargeant）就俄国音乐生活的社会环境展开过一项有趣的研究。这项研究坚称"俄国在十九世纪的前半叶并非处于沉寂状态"，以及"尽管享誉欧洲的杰出作曲家迟迟未现，但俄国的音乐生活依旧充满活力且成就颇丰，满足了参与者们以及民众的需求和期待"。[1]然而关键就在于这个"尽管"。几乎所有的俄国作曲家在十九世纪后半叶都将格林卡视作俄国音乐的开端，这种音乐在国外被接纳并被视为伟大艺术的泥泞之河中一条重要的支流，并不是靠简单的神话编造。或许是因为"充满活力且成就颇丰"，但仅仅到（满足）"需求和期待"这一程度，也是有限且外行的。直到如今，任何其他与格林卡同时期或更早一些的俄国作曲家，没有一部作品进入到国外的保留曲目之中，甚至未能与之沾边。格林卡在返回俄国之前的作品——主要融合了室内乐与歌曲，在更远的西方也是鲜为人知的。让人吃惊的是，这种音乐虽然偶尔质量很高，但即便是对本国作曲家的作品来说，影响也相对较小。正是他的两部歌剧作品，加上几首杰出的晚期小型管弦乐作品，突然如天降一般，为令人喜爱又异乎寻常的杰作和近乎杰作的曲目搭建起了跳板。我们如今将这些曲目视为俄罗斯浪漫音乐的精髓。或许更令人吃惊的是，这些怪异、有别于传统、具有启示性的青涩曲目，给二十世纪的新音乐提供了至关重要的灵感来源，即那种完全不青涩，有时一点都不可爱的音乐，但也有着自己的思想和方法，并最终汇成远离古典交响与歌剧传统的替代主流的音乐。

在这段离奇的历史中，有一个重要角色——这一重要角色乃是

---

1. Sargeant, *Harmony and Discord*, 15.

本书的主题：一群被称作五人团（The Five），在俄国又被称为强力集团——英文为 Mighty Little Heap（有时不太准确地译为 Mighty Handful）的作曲家们。同大多数这类艺术圈子一样，强力集团的起源和成员构成往往比历史所表明的更不明晰。该团体的名称起源于1867年的一篇音乐会评论，作者是这个群体的精神导师——受过音乐训练的艺术史学家和评论家弗拉基米尔·斯塔索夫。这场音乐会仅包含强力集团（历史书中所说的 Kuchka）之中的两位作曲家——巴拉基列夫和里姆斯基-科萨科夫的作品，还有一些格林卡和达尔戈梅日斯基的作品。显然这个名字意在给人一种突击队之感，一群俄国作曲家迫使他们自己行至一个毫无戒备的世界面前，引起人们的注意。但斯塔索夫刻意未指明强力集团的成员。毫无疑问，斯塔索夫本应将五人团的另外三位——鲍罗丁、居伊和穆索尔斯基——如果已经完成的作品，也囊括进音乐会中。但这样一来，他可能要以同样的理由将其他圈子的成员——尼古拉·洛迪岑斯基（Nikolay Lodïzhensky）、阿波隆·古萨科夫斯基（Apollon Gusakovsky）等人算进来。他的目标是在俄国音乐中找出一个新趋势，以格林卡为开端，经由彼时还有几分年轻的达尔戈梅日斯基过渡，进入到一群二三十岁生气勃勃的作曲家们的创作中。强力集团仅仅是他赋予该趋势的一种形象。

事实上，正如我们所见，到1867年为止，这个群体已经有超过十年的历史了，并且作为一个审美一致的团体，已经开始显现出解体的迹象，尽管成员们仍保持着朋友关系，这个圈子照旧时常聚会。可以预料到，当不同的作曲家开始以鲜明的个性出现时，当理想驱使下的职业活动被强烈且个性化的创作行为所替代时，这个团体离解体也就不远了。的确，在这一阶段，要想从他们的音乐中识别出究竟是什么使他们成为一个统一的团体，而不同于那些"圈外人"（outsiders），如柴科夫斯基、亚历山大·谢洛夫（Alexander Serov），甚至安东·鲁宾斯坦本人，这绝不是件容易的事。或许，这只不过是一种防御精神，兼有对某些理论原则的忠诚感，而在实践中——在他们的工作以及生活中——这些原则往往被破坏。即使人们挑出了一些能追溯到格林卡这个共同源头的特性，但这些特性也很少是强力集团所特有的。例如，柴科夫斯基和谢洛夫，他们的创作与强力集团一样都归功于这位《为沙皇献身》的作曲家。另一方面，强力集团的成员塞萨尔·居伊受他的影响却相对较少。此外，他们常常对格林卡作品的相对价值意见严重不一。斯塔索夫不喜欢歌剧《为沙皇献身》，原因在于这部歌剧的主人公是个像狗一样忠诚的农民，毫无意义地牺牲生命以支持腐败暴政；而穆索尔斯基和里姆斯基－科萨科夫赞赏这部作品，因为它为他们自己的创作提供了音乐和戏剧上的启发。斯塔索夫为《鲁斯兰与柳德米拉》辩护，是因为它与《为沙皇献身》不同，且格林卡无论如何都应受到人们的崇拜；但圈子里的一些音乐家喜爱这部作品，是因为它思想丰富，不拘一格，充满魔力与幻想，以及其音响和织体中令人惊奇的独创性。他们原谅了这部作品中戏剧的荒诞、杂乱无章的对白和含糊不清的人物塑造——这些俄罗斯神话故事共有的元素，使得这部作品与他们急于排斥的、西方传统下按部就班的戏剧区分开来。

格林卡是当时作曲家的偶像，无论从意象的角度，还是从象征的角度。毫无疑问，意象是对象征的解释。格林卡的音乐，尤其是他的歌剧，比任何在他之前由俄国人创作的作品都更有力、更出色，以至于人们不可避免地将其视作（俄罗斯音乐的）开端。还有其他人吗？博尔特尼扬斯基、卡特里诺·卡沃斯（Catterino Cavos）、叶夫斯季格涅伊·福明（Yevstigney Fomin）、阿列克谢·维尔斯托夫斯基（Alexey Verstovsky）、阿勒亚布耶夫、古里廖夫，这些眼光狭隘，缺乏独创，甚至是外行的人物，不适合作为任何比教堂礼拜或是咖啡早茶会更激动人心的创作开端。格林卡远超这些作曲家，就如同贝多芬远超于他同时代的施波尔、胡梅尔和克莱门蒂。将格林卡视为几乎与贝多芬等同地位的作曲家，是相当有吸引力的说法；至少格林卡对于那些追随他的俄国作曲家的影响，在某种程度上与贝多芬对其德意志继承者们的影响相当。他既是典范，也是试金石；"俄国作曲家"这一概念从根本上似乎也依赖于他的权威。最重要的是，他是西方作曲家们所无法共享的创作源泉，是意–德学派传统之外，西方作曲家难以企及之领域的路标。

因此，如果我们想要深入挖掘格林卡的后继者们，尤其是强力集团成员们的创造性，格林卡对我们来说是一个必要的入手点。当然也会有一些其他的方向，且不全是音乐方面的，但它们都无法解释强力集团这一现象，只会帮助我们对其进行定位。

亚历山大·乌利比谢夫通过信件与格林卡熟识，尽管他们似乎从未见过面。在将巴拉基列夫带到圣彼得堡的十多年前，他已经发表了一套三卷本莫扎特的生平和分析研究，并且在《鲁斯兰与柳德米拉》首演几个月后寄给了格林卡一套。如此一来他带着自己年轻的门徒来拜访这位伟大的作曲家也就顺理成章了。米利当然熟悉格林卡的音乐，他甚至曾依据《为沙皇献身》中的主题，用李斯特的方式创作过一首钢琴幻想曲。他熟悉并且欣赏《卡玛林斯卡亚》（*Kamarinskaya*）以及两首西班牙序曲——所谓的《阿拉贡霍塔舞曲》（*Jota aragonesa*）和《马德里之夜》[也译作《纪念马德里的夏夜》（*Souvenir d'une nuit d'été à Madrid*）]。他同样也了解《鲁斯兰与柳德米拉》（但或许对这部作品的欣赏程度要少几分）。

这两位"下诺夫哥罗德人"在1855年12月末的一天晚上到达了格林卡的公寓。此时这位作曲家正在为一群朋友举办晚宴，这些朋友包括达尔戈梅日斯基、达尔戈梅日斯基的妹妹索菲亚以及她的丈夫。格林卡自己的小妹妹柳德米拉·谢斯塔科娃（Lyudmila Shestakova）也在场，她描述了那个场合。那正是圣诞节，气氛十分欢乐。格林卡邀请巴拉基列夫弹奏点什么，机智的巴拉基列夫坐到琴凳上弹奏他自己改编的《为沙皇献身》中第一幕最后一场的三重唱。"我哥哥听得聚精会神，"谢斯塔科娃说道，"之后他们一起谈论了很长时间的音乐。"原来这两位年龄相差三十三岁的作曲家，有许多相同的音乐观念，并且这些观念无论在任何情况下都是乌利比谢夫绝不会赞同的。尤其是在俄国音乐上他们找到了共同的立场：关于民间音乐的作用，关于管弦乐创作，关于曲式、美学以及作品演绎。因其作为俄国音乐元老的权威性，格林卡在对话中倾向于表现得和蔼可亲又稍显慵懒，而巴拉基列夫，刚满19岁，偏激且经验不足，谈话中带着自信以及年轻人盲目的笃定。他们似乎处于平等地位。"巴拉基列夫，"格林卡告诉他的妹妹，"是我发现的第一个在关于音乐的所有方面和我的观点如此相似的人……他将在不久的将来成为第二个格林卡。"[1]

在这次会面的几个星期后，乌利比谢夫回到了下诺夫哥罗德，将巴拉基列夫一个人留在首都，任其自由发展。当然他们依然保持着紧密的联系，乌利比谢夫也仍旧在经济上支持这位年轻人，直到一年后他突然过世，赞助才终止。那时，巴拉基列夫已经在众多的音乐会上亮过相，并且结交了一些有影响力的人。在格林卡家，他结识了斯塔索夫、亚历山大·谢洛夫，后者是圣彼得堡最令人敬畏的评论家之一。在一次大学督察菲茨图姆·冯·艾克斯泰德（Fitztum von Eckstedt）的晚宴中，他与军事工程学院一位21岁的学生塞萨尔·居伊成为了朋友。但是同他的父亲一样，巴拉基列夫不擅长社交，并且很讨厌开音乐会。"我必须用尽我全部的意志力在公众场合中演奏或者指挥管弦乐队，"他曾写道，"当然这对我的本性不无伤害。总使我感到恐惧的是，如果你写了点什么东西，除了音乐会，没有其他的方

---

1. D. Brown, *Mikhail Glink*, 279–280. 也见 S. M. Lyapunov and A. S. Lyapunova, "Molodïye godï Balakireva" in Kremlev and Lyapunova, Miliy Alekseyevich Balakirev, 7–71，尤其是第47页之后。

式来让人倾听。这就像告诉警察你所有最隐秘的内心冲动。每次在这样的公众演出之后,我都感到道德败坏。"[1]

因此贫穷而又无名的巴拉基列夫,拒绝了在首都本可能为他带来金钱和地位的唯一方式,有时这似乎很难被他人所理解。如此,他本来很有可能淡出人们的视线,慢慢被人遗忘。但结果并非这样,这是他的人格和天赋的胜利;但最重要的是,这是一次历史机会主义的壮举,此类情形只会出现在那些最倒霉的时候,发生在那些最不利的地方。

---

1. 1863年6月3日写给弗拉基米尔·斯塔索夫的信,收录于 *BSPI*,第211页。(注释中如 "*BSPI*" 等缩略词均为本书的主要文献来源,详见参考文献。)

[第 二 章]

乐派之父

直到1836年的11月,《为沙皇献身》的第一版问世时,格林卡的作品严格说来都是半吊子作品。称其为外行是没有意义的,在他早期的作品中不乏真正具有才华和专业性的作品。但是,可能除了几首歌曲外,这些作品在历史上都没有什么影响力,没有传达新的东西或独特的个性,仅仅印证了孕育它们的这种文化的沙龙性特点。在意大利,格林卡与当时著名的作曲家们有密切来往,包括多尼采蒂和贝里尼,他曾听过他们的音乐并在一定程度上进行模仿。但最终,格林卡开始想念家乡的艺术元素,他受够了自己在审美上的中立以及围绕在他身旁一座又一座意大利歌剧院中的肤浅通俗的音乐(facile lingua franca of music)。"所有我为了取悦米兰居民所创作的作品,"他在他生命的最后写道,"只使我确信我并没有在走自己的道路,而且事实上,我也不可能真的成为一个意大利人。对于家乡的渴望引领着我一步一步去考虑像个俄国人那样去作曲。"[1] 当然,像俄国人那样去作曲意味着什么,还需拭目以待。这是一种无法用现有理论去解释的东西,但和所有重大问题的解答一样,这也有待一位独特的天才实践

---

1. Glinka, *Memoirs*, 82–83.

者来考虑。

当格林卡回到俄国时，他立即给出的解答是构思一部专门采用俄罗斯情节的歌剧；但他要创作的不是喜剧或者民俗性的流浪民谣题材——这种作品已经成为最重要的轻歌舞剧保留曲目。相反，作曲家选择的是农民伊凡·苏萨宁（Ivan Susanin）这一历史悲剧。伊凡·苏萨宁原是罗曼诺夫大家族米哈伊尔·费奥多罗维奇的农奴；1613年米哈伊尔当选为沙皇。不久，一帮波兰人和哥萨克士兵来到农庄，要苏萨宁带路去谋害新沙皇。苏萨宁引导入侵者迷失在茫茫森林中，从而挽救了他的主人，自己却丢掉了性命。

格林卡本身绝不是一个搞政治的人。这个主题似乎是作家瓦西里·茹科夫斯基（Vasily Zhukovsky）将其作为他的短篇爱情故事《小树林里的玛丽》（Mar'ina Roshcha）的替代选项极力推荐给格林卡的，当时格林卡早已开始着手为后者谱曲。如果是这样，则可以说是茹科夫斯基为格林卡提供了机会。过去的八年时间里他一直是年轻的皇子（未来的亚历山大二世）的老师，他谙熟东正教、专制制度和民族性，这些概念在一两年前已由教育大臣谢尔盖·乌瓦罗夫（Sergey Uvarov）大肆宣传，为他所谓的"人民的教育"建立一种经正式认可的意识形态基础。这种后来被称为"官方民族性"（Official Nationality）[1]的学说，其实是一种用以控制先进的民族意识中那些危险能量的巧妙工具，这种民族意识脱胎于1812年击败拿破仑这一事件，它尤其影响了俄国社会中的贵族阶层和知识分子阶层，并在1825年12月反对新沙皇尼古拉一世的十二月党人政变中达到顶点。在主要由

---

1. 译者注："官方民族性"是十九世纪三十年代兴起于俄国的一种保守主义思潮，对彼时俄国的文学、历史等发展起到了不容忽视的影响。乌瓦罗夫是俄国"官方民族性"的创始人，其三原则为"东正教""专制制度""民族性"。参见朱建刚："'官方民族性'与19世纪初俄国民族主义的崛起——以谢尔盖·乌瓦罗夫为例"，《俄罗斯学刊》，2017年第1期，第58—65页。

皇储的秘书乔治·罗森（Georgy Rosen）男爵撰写的格林卡这部歌剧的脚本中，苏萨宁一开始很欢迎波兰士兵（当然他们是罗马天主教徒），邀请他们参加女儿的婚礼；但是当他们悍然不顾婚礼，坚持要苏萨宁为他们指引去往莫斯科的道路时，苏萨宁改变了其曲调（字面上的意思），将其变为一段明显带有俄罗斯东正教圣歌色彩的旋律，高傲地宣称："我们的祖国是伟大而神圣的！……通往莫斯科的路不属于你们外族人。""我不怕死。"他补充道，用歌剧开始时的民歌曲调作为对祖国的呼告（apostrophe）来演唱："我将为神圣的俄罗斯献上我的生命！"

很难想象还有什么能比这部作品更透彻地反映官方民族性三原则的情形或人物刻画。至于什么样的音乐能以同样的方式去迎合它，则不那么重要了。我们可以随意地假设，某种民歌和东正教圣歌的结合可以满足这样的情况。但是即使格林卡产生了这样一种古怪的想法，我们也很难弄清他是怎样在规定的音阶中将其实现的。真正的民歌曲调，比如1790年尼古拉·利沃夫（Nikolay Lvov）和伊凡·普拉奇（Ivan Prach）收集、整理、出版的那些本质上都是短小、表达能力有限的音乐，完美地适应喜剧型轻歌舞剧（comic vaudevilles）的需要［尤其是一个世纪以前，伦敦《乞丐歌剧》（*The Beggar's Opera*）运用的方式］，但对于一部宏大历史戏剧的宽大幕布和嘹亮高音来说是远远不够的。至于东正教礼拜仪式音乐，其优美性和局限性对于任何参加俄国教堂礼拜的人来说似乎都是熟悉的，但事实上这种谱曲形式在十九世纪三十年代是不常见的，那个时期仍旧由无伴奏的古典和声——博尔特尼扬斯基风格占据礼拜仪式的主导。

一开始格林卡似乎将《伊凡·苏萨宁》（歌剧原名）构思为一部没有对话的音乐戏剧。事实上，以前还没有俄国作曲家曾尝试过这种形式，尽管在二三十年代圣彼得堡的歌剧保留曲目中有许多国外的范式：格林卡记录下他观看过凯鲁比尼的拯救歌剧《两天》（*Les Deux Journées*）和梅于尔的《圣经》题材作品《约瑟夫》（*Joseph*），以及其他一些法国作品。之后在德国，他观看了贝多芬的《菲岱里奥》（*Fidelio*），韦伯的《魔弹射手》（*Der Freischütz*），施波尔的《浮士德》（*Faust*），以及凯鲁比尼的《美狄亚》（*Médée*，然而这部作品他既没有理解，也没有记住）。在意大利，他开始熟悉当地那些一成不变的音乐公式：咏叹调、合奏、宣叙调。在米兰，他出席了多尼采蒂《安娜·博莱娜》（*Anna Bolena*）和贝里尼的《梦游女》（*La sonnambula*）的首演。这两部当时极富有戏剧表现力的作品，改变并拓展了戏剧创作公式，将其引向整体性的音乐叙述。格林卡或许厌倦意大利、法国的风格，但当涉及悲剧性的歌剧构建时，这些风格就是他所熟知的了。另一方面，这些风格并不会限制他。归国途中，他在柏林求学于德恩的经历，如今看起来就像音乐学院学生第一年所经历的可怕课程。他花了五个月的时间为巴赫的众赞歌（Chorales）再构和声、创作赋格——这些本质上是日耳曼式的训练，在意大利的歌剧院中没有得到多少发展，但对一位寻求集合自身音乐经验的各种元素，并形成一种新的、具有个人风格的俄国作曲家而言，是非常珍贵的资源。

　　作曲家总是自然而然依据自己的想法作曲，不一定会去衡量是哪些因素使其形成独特的表达模式。他在很大程度上无意识地运用已知的一切来表达他的感受。但是格林卡的情况特殊。他不仅在试图创作一部比之前任何作品规模都大得多的作品，而且他所创作的这部作品完全超出了听众的期待。在圣彼得堡，国外的歌剧巡演剧团已屡见不鲜，且他们的保留曲目通常都是当代的作品，所以听众也自然熟知正在法国、意大利和德国上演的歌剧风格。格林卡很难回避这些模板，这些同样也是他的精神财富。然而与此同时，出于主题的便利性和精神上的追求，他必须使这些模板俄罗斯化。毕竟，苏萨宁的故事是一个关于拒绝外敌入侵的故事，他的歌剧处理至少也要看起来在抵御外来因素。

　　格林卡处理这个问题的方式，对十九世纪俄国音乐的发展进程产生了深远影响。从某种程度上说，这是由于他将明确的俄罗斯元素写进了乐谱里。当然，这些元素给予他的作品一种特性，使其区别于任何此前已有的大歌剧（Grand Opera），无论是俄国观众熟悉的，还是他们不知道的。尤其是，这些元素使其从诸如维尔斯托夫斯基的《阿斯科尔德之墓》（*Askold's Tomb*）之类的作品中脱颖而出，后者是一部带有对白的浪漫主义歌剧，大约一年前它的首演极其成功，但是现在看来似乎是平庸又缺乏独创性的作品，且在很大程度上缺少明显的俄罗斯风格[1]。关键是，格林卡的歌剧在没有彻底地破坏该体裁本身这一基础上做到了这一点。因此，《为沙皇献身》不是一些源自莫斯科公国[2]部族礼仪怪异的民族元素的混合，而被公认为是一部传统意义上的悲剧性歌剧。格林卡在宣叙调、小咏叹调、咏叹调、重唱及合唱这一公式的基础上，汲取了法国、意大利和德国的传统进行创作，而没有直接模仿任何特定的作曲家或作品。

在几声强有力的和弦后，序曲开始了，其慢速的引子由一个双簧管曲调发展而来，这个曲调被塔拉斯金称为"罗斯城市风格"，在该风格中，"俄罗斯的民间音乐音调已经经过了意大利风格的淬炼"[3]。接着序曲很快恢复原状——一个充满活力的奏鸣曲式快板，以赋格发展结束，好比韦伯和施波尔的歌剧中会出现的那样。大幕拉开是一幅农村生活的场景，类似这样的场景也出现在诸如韦伯的歌剧《魔弹射手》以及罗西尼的歌剧《威廉·退尔》（*William Tell*）中。同这些作曲家一样，格林卡利用乡村人民享受生活的场景，使故事本土化，而与

---

1. 《阿斯科尔德之墓》（*Askold's Tomb*）是若干俄罗斯歌剧中的第一部，这些歌剧因其对音乐的无知而闻名。维尔斯托夫斯基本人不满于格林卡的杰出地位，但在了解他的音乐后很快不再较劲。
2. 译者注：莫斯科公国（Muscovy/the Grand Duchy of Moscow）（13—16世纪），首都莫斯科，是罗斯诸公国中最大的封建国家。
3. Taruskin, *Defining Russia Musically*, 29.

他们不同的是，格林卡同时将其音乐也本土化了。一支在多姆尼诺（Domnino）抗击波兰入侵者的游击队，受到村民们的款待。其中一位士兵吟诵出对祖国的呼告，如领唱者一样给出曲调（zapev），并且由其他的游击队员以庄重和谐的方式应和；接着村里的女人开始唱起了充满活力的舞曲曲调，和此前类似，该曲调很像却不是民间正宗的欢迎之歌。但是格林卡接下来进行了极其特殊的处理：他将两种音调用一种复杂的模仿式织体结合起来，听起来像是对德恩所布置练习的巧妙解答，并且完全不像曾经的莫斯科公国的乡村音乐。事实上，格林卡那个时期的农民们——当然沙皇米哈伊尔·罗曼诺夫（Mikhail Romanov）那个时期的农民们也是——经常以复调形式演唱，但那是一种特殊形式的复调，其中不同声部都是同一曲调的变体，演唱者可自由进行个性化处理，无须遵守任何组合规则。（音乐学家们称之为支声复调。）[1] 相较而言，格林卡的合唱创作是很学术也很规范的，而且不得不说，这是一种在正式语境中处理民间素材惊人有效的方式。

总的来看，这种类似民间音乐素材的杂交，在作品余下的部分一直持续。苏萨宁的女儿安东妮达——其婚礼被她极端保皇派的父亲推迟，直至罗曼诺夫当选沙皇，她用介于意大利美声与俄罗斯民族音乐学家们称为长歌[protyazhnaya pesnya（extended song）]这两种唱法之间的方式，以一种高度装饰化的悲惋音色演唱了一段优美的悲歌。其咏叹调的第二部分是一个快速的卡巴莱塔（Cabaletta）[2]，类似《茶花女》中维奥列塔演唱的《永远自由》（Sempre libera），但又带有民歌色彩。安东妮达毕竟是个农村姑娘，尽管她本人有些卖弄风情，这在音乐和节奏明显非民间

---

1. 参见 Swan, *Russian Music and Its Sources*, 25–26。对这种民间支声复调的一种清晰、非技术性的定义，被俄罗斯文化研究者称为附和声（podgoloski）。
2. 译者注：卡巴莱塔（意大利）指篇幅较简短的咏叹调，亦指咏叹调或者二重唱的最后部分。

性的手法中有所暗示。另一方面，苏萨宁的唱段伴随着一段真正的民间曲调登场，该曲调是格林卡从一位卢加（Luga）的马车夫那儿听来的[1]。但是船夫在幕后所演唱的非常动人的歌曲，明显是格林卡自己的创作，船夫载着安东妮达的未婚夫而来，并带来了罗曼诺夫当选的消息。这首歌曲刻意配上了真实的细节，例如旋律在第三乐句结束处下降以及持续的不稳定性，使人分不清——以西方和声语言来说——音乐是在C大调上还是在A小调上[2]。格林卡通常毫无顾忌地采用双倍速度的"巴拉莱卡"（balalaika[3]，实际上是一种拨奏弦乐器）伴奏让即将出现的合唱更富有吸引力，使村民们的期待与桨手们庄严的行进和带来的重大消息形成对比。

我们很难说清，格林卡尽了多大的努力想出了这种巧妙办法，将可辨的俄罗斯风格与歌剧传统融于一体；在创作一部发生在俄国，以俄国历史为主题的西式大歌剧时，又是怎样将其运用为解决自身问题的权宜之计。至少有一种元素是预先计划好的，而这绝不是最具有信服力的。即在波兰法庭上（第二幕），以及后来当波兰士兵进入苏萨宁的小屋并且把他拖走，要求他带领他们找到罗曼诺夫时，格林卡完全用波兰舞曲音乐来描绘这些让人憎恶的外国人：一首波罗乃兹（polonaise），一首勇士舞（krakowiak），一首玛祖卡（mazurka）——一种既使他们丧失个性（所有波兰人都一样），当然也是嘲弄他们（只有一群舞者）的手段。相比之下，俄国人都具有个性化特征，他们的情感得到了探索：安东妮达已在上文探讨过；苏萨宁在对峙波兰人时，一开始装无辜（"噢，先生们！我们怎能知道沙皇愿意待的地方呢？我们住在荒凉的田野里。"），接着俨然一副指责的样子，最后是高傲地拒绝。对于一位技法经验有限的作曲家来说，格林卡以绝妙的

---

1. Glinka, *Memoirs*, 101.
2. 这是一个易变性（*peremennost'*/mutability）——俄罗斯民间曲调和东正教圣歌"易变性调式"特征的例子。例如，参见 Taruskin, *Defining Russia Musically*，132–133。
3. 译者注：这是一种俄罗斯民间乐器，共鸣箱呈三角形，也被译为"三角琴"。

音乐精准度，惟妙惟肖地把握了每一种情绪，将苏萨宁描绘为一个简单却有着执拗的忠诚与勇气的人，一个理想典型，意在表现出真正的俄罗斯灵魂与对专制制度的信任密不可分的原则。在最后一幕的寒冬森林里，苏萨宁意识到波兰人正要揭穿他的骗局时，他实现了一种悲剧式的壮举，同时没有一刻脱离人物角色。他的挽歌中方整的乐句构建，级进的旋律，以及稳定的D小调和声都属于纯朴真诚的英雄展现，仅仅只有些许受到贝里尼歌剧中阿米娜与诺尔玛式的煽情影响，某种程度上格林卡正是为了摆脱这样的影响而离开意大利的。在最后，格林卡没有使用卡巴莱塔——既不太符合角色也不适合这个场景（但意大利听众无论如何仍然会有所期待），而是使苏萨宁在代表他所爱之人的音乐片段中，悲伤地缅怀着他们：安东妮达的抒情短曲（Cavatina），索比宁宣告新沙皇登基，以及其收养的孤儿瓦尼亚的歌曲。

《为沙皇献身》中最后的风格融合部分是红场的尾声场景，人们在此迎接米哈伊尔·罗曼诺夫（看不见，因为舞台上禁止演出沙皇形象）。格林卡为这个场景构思出一个表达胜利的俄罗斯化的合唱赞美诗——这种赞美诗通常用于拯救歌剧（rescue operas）的结尾，诸如《两天》和《菲岱里奥》，并将他的作品建立在十七世纪一种叫作坎特（kant）[1]的被现代化并且实际上被西化了的俄罗斯合唱风格之上。这种合唱风格乔装为古代配以和声的圣歌，实际上十九世纪的俄国也接受此风格，尽管它与古代的关联，以及与很大程度上已被遗忘的东正教兹那门尼圣歌（znamenny chant）的联结是微乎其微的。正如我们将看到的，这是格林卡天赋才能的一部分，使其能够充当一位音乐神话的创造者、体裁和风格的发明者，随后被公认为真正的俄罗斯性

---

1. 译者注：坎特为俄罗斯十七至十八世纪流行的一种多声部歌曲曲调，最早是一种教会歌曲。

（Russianness）的巅峰。这首被后来的歌剧大量模仿的凯旋合唱，或许是他作为整个俄罗斯音乐之父的象征。

听众对1836年11月27日在圣彼得堡翻新的莫斯科大剧院（Bolshoi Theatre）首演的《为沙皇献身》报以极大的热情。人们四处哼唱其中的曲调，格林卡一夜成名。而报刊评论者竟试图将目光越过当下的感染力，将其定位为俄罗斯音乐新纪元的开端——这或许是不可避免的。《北方蜜蜂》(Severnaya pchela/Northern Bee)的音乐评论员弗拉基米尔·奥德耶夫斯基（Vladimir Odoyevsky）亲王，用千禧年的措辞来评论该歌剧："我该如何表达那些真正热爱音乐的人的震惊呢？从第一幕开始，人们就明白，这部歌剧将回答对整个艺术界和俄罗斯艺术至关重要的问题，即俄罗斯歌剧、俄罗斯音乐的存在问题，从根本上说就是民族音乐的存在问题。"他补充道："格林卡的音乐发现了人们长期以来探索但在欧洲没有找到的——一种新的艺术元素。这是艺术历史中一个新时代的曙光——俄罗斯音乐的时代。"[1]格林卡的朋友尼古拉·梅利古诺夫（Nikolay Melgunov）过去曾就俄罗斯民族歌剧可能具有的特点发表过高见。他很高兴格林卡"没有将自己禁锢在对民歌近似的模仿中；不，他深入研究了俄罗斯歌曲的所有曲目……（并且）开创了整个俄罗斯旋律及和声的系统，这个系统根植于人民的音乐，并且不与任何主流乐派的音乐相似"[2]。

自然，人们会期待格林卡将紧随《为沙皇献身》创作另一部体现俄罗斯民族精神的歌剧。但即便在他获得巨大成功的时刻，格林卡也没能表现得像一位专职作曲家。在首演后不久，他开始琢磨一个点子，想根据普希金早期叙事诗《鲁斯兰与柳德米拉》（下文简称"鲁

---

1. V. F. 奥德耶夫斯基："关于格林卡的歌剧《为沙皇献身》致一位音乐爱好者的信"，收录于Campbell, *Russians on Russian Music*, 2–3。
2. 引自 D. Brown, *Mikhail Glinka*, 88–89; also 44–45。

斯兰")创作一部歌剧。除了诗体小说《叶甫盖尼·奥涅金》(*Yevgeny Onegin*)之外,所有普希金的故事中,"鲁斯兰"是其时篇幅最长,结构最松散的;像这位大师所有的童话故事一样,这是部轻微反讽的作品,将游吟诗人的传统视作讽刺与模仿的一个切入点,同时也视其为风格与体裁问题上有所偏离的托词。从这部作品中提取出一个连贯性的歌剧情节,本该是对一位叫作博伊托(Boito)[1]或名叫霍夫曼斯塔尔(Hofmannsthal)[2]的人的考验,然而格林卡却根本就没有设法去找脚本作者。在他的《回忆录》中,他宣称曾想与他熟识的普希金一起设计一个剧本提纲,但是这位诗人于1837年1月在一场决斗中丧生,使这一想法成为泡影。一段时间后,在一场晚宴上,格林卡演奏了为"鲁斯兰"写好的部分音乐,另一位诗人康斯坦丁·巴赫图林(Konstantin Bakhturin)"承诺要为该歌剧做一个计划,然后在醉酒中花半个小时写下概要——没想到吧?——这部歌剧就是这样写成的!"[3]在预计的进程中,各式各样的作者插手其中,提出了他们自己的想法,而格林卡悠然地创作着他自己的音乐,不管手头上有无相关的文本。很少有具有重大意义的歌剧是以这样一种随意的方式编汇而成的。但幸运的是,"鲁斯兰"的重要性并不取决于其连贯性。

　　普希金的诗歌讲述了基辅罗斯公国骑士鲁斯兰和他年轻的新娘,公主柳德米拉的故事。柳德米拉在他们的婚床上被邪恶的矮人契尔诺莫尔(Chernomor)劫走。愤怒于鲁斯兰的疏忽,柳德米拉的父亲承诺将公主的姻缘以及半个王国赐予找到并且带回她的人。从某些方面

---

1. 译者注:阿里戈·博伊托(Arrigo Boito,1842—1918),意大利剧作家、作曲家。
2. 译者注:胡戈·冯·霍夫曼斯塔尔(Hugo von Hofmannsthal,1874—1929),奥地利作家、诗人,1920年与马克斯·赖因哈德一起创办"萨尔茨堡音乐节"。.
3. Glinka, Memoirs, 136. 格林卡可能有意或无意夸大了剧本脚本创作的业余性。脚本在格林卡手上保留不了多少,如果真要做的话,巴赫图林的创作计划之后,脚本就完全更改了。见D. Brown, Mikhail Glinka, 185–186。

来看，后面的内容就是对俄罗斯童话故事的戏仿，其中男主角被派去完成看似不可能完成的任务，并且在平安带着他的荣誉回来之前，在各种术士、女巫、巨人、竞争追求者，以及传说中的怪物的手里遭受了一系列越来越复杂与奇异的阻碍和不幸。巴赫图林的剧本纲要必要地删减了大量冗杂的事件，并且简化了这些事件的顺序，但是所有的必要因素还是依照普希金的叙述——也就是说没有试图将其杂乱的戏剧编排合理化，或者来弥补其精神层面的空虚。在歌剧中，柳德米拉实际是在婚宴上被劫走（因此不归咎于鲁斯兰），竞争追求者从三位减少到两位，并且另一个最怪诞的因素是柳德米拉偷走并戴上了契尔诺莫尔的魔法帽，防止再次被抓，以及鲁斯兰的被杀与重生都被删掉了。但是格林卡保留了契尔诺莫尔哥哥巨大的被砍下的头颅，鲁斯兰在一个古老的战场上遇见他，后者以一种原始的瓦格纳式的方式，向鲁斯兰透露了可用以战胜契尔诺莫尔的魔法剑；格林卡还保留了契尔诺莫尔的长胡须，当他们在空中飞行时，鲁斯兰紧紧抓住胡须，并一下将其砍断，从而摧毁了矮人的力量。

对那些将《为沙皇献身》视为探寻真正的俄罗斯风格歌剧过程中的一个里程碑的人们来说，《鲁斯兰与柳德米拉》可能像是一种倒退。它缺少了几乎所有使前者被定义为明确的、当代的俄罗斯风格的特征。该作品没有采用基于真实历史的现实主义戏剧题材，呈现出一个荒唐、缺乏戏剧活力与不合情理的童话故事，由一些硬纸板似的角色表演出来，他们缺少道德高度，并且在面对魔法和命运时无能为力，没有明显的政治或国家的意指。至于音乐，它几乎完全抛弃了使前一部歌剧充满活力的民歌模式。显然只有两段旋律来自民间，而且都不是斯拉夫的：一个是术士费因（Finn）的叙事曲的主要主题，格林卡于1829年在芬兰靠近伊马特拉（Imatra）的地方从一位马车夫处记录下来；另一个是在女巫纳依娜（Naina）的魔法城堡里的波斯语合唱主题，同年格林卡从一位波斯使馆官员处获得。表面上看，相较于《为沙皇献身》，"鲁斯兰"更少偏离法国－意大利的风格，这种风格仍构成后者的基础。例如，柳德米拉的抒情短曲，特别是她接下来的卡巴莱塔，都明显比安东妮达的唱段更具贝里尼式风格。虽然不能完全确定，我们几乎可以说如果年轻的瓦格纳在1833年决定基于普希金的童话故事（而不是戈齐[1]的童话剧）来创作他的第一部歌剧，可能与格林卡的作品风格不会有什么本质的不同。

尽管如此，对格林卡的俄国继承者们来说，"鲁斯兰"所产生的影响与《为沙皇献身》完全相当。"没有任何明显的新事物在这部歌剧的任何地方出现，"阿尔弗雷德·斯旺（Alfred Swan）写道，"但音乐语言整体是格林卡的品位、方式和均衡创作的呈现。此外，古俄罗斯遗留下来的隐秘腔调充斥其中……这里没有一种编排是人们不能在浪漫主义的宝库里找到的，然而整体效果却使人大开眼界。"[2] 斯旺可能低估了格林卡的一些古怪想法的力量。没有哪个西方作曲家会冒险将巴扬（Bayan，叙事曲歌手）冗长的预言放在开头，或者将费因延长生命的故事放在第二幕开头。但是这些精心设计的单一呈现体现了某种特殊的东方性以及古代风格——格林卡一定是想要暗示久远的、不可改变的事实，尽管从音乐上说，其中包含的是舒伯特或者罗西尼都可能会写的乐句。在第一幕后半段有一段赞颂斯拉夫爱神莱尔（Lel）的齐声合唱，采用一种很不同寻常的 $\frac{5}{4}$ 拍节奏，并带有刺耳的重音，在此之中酝酿着灯光突然熄灭，柳德米拉被两个衣着褴褛的怪物匆匆带走的戏码。格林卡极好地刻画了这点，随后出现的所有契尔诺莫尔的鬼魂或者他的爪牙们，都伴随着一组响亮的下行全音音阶，该音阶完全对称，打破了音乐的庄重感，从而暗示了音乐常规法则的中止。

诸如此类的细节所表明的是一种对待传统语言的另类态度。这常

---

1. 译者注：卡洛·戈齐（Carlo Gozzi），意大利剧作家。
2. Swan, *Russian Music,* 68.

常被归因于格林卡在专业技法上的缺乏；但一个更好的解释可能是，在追寻一种个人化的本土风格时，并没有特别的本土传统手法来支持他，他被迫采用一种实用主义和机会主义的方法，来处理任何手头可得的材料。他既有超乎寻常的天赋，似乎还厚脸皮，最后探索出了其他人未曾创作的相当简单的音乐。波斯合唱就是他从整个稀松平常的材料中创造风格的范例。这一借取而来的旋律本身以任何标准来说都是普通的；其显著的特征在于，每一个乐句都有一个强拍起始和一个阴性终止（feminine ending），结合一个催人入眠的重复节奏，以及枯燥乏味、没有变化的和弦。不过，和弦转至关系小调（这里为E大调上的关系小调升C小调）——这种效果隐约暗指不道德的结果（其中一位求爱竞争者拉特米尔（Ratmir），被年轻的女孩们诱入纳依娜的城堡中）。

然而，格林卡的配器或许最为明显地体现出他对传统手法的大胆处理。他实际运用的是普通的管弦乐队，除了有一些带有异域风情临时使用的乐器（extras）[例如在契尔诺莫尔的花园里，美丽的姑娘们用魔法食物诱惑柳德米拉时，玻璃琴（glass harmonica）演奏出叮当诱惑的声响]和舞台上的管乐队——格林卡实际上也没有具体说明其确切的编制。[1] 真正异乎寻常的是格林卡的配器风格。本质上他所继承的剧院管弦乐团相当模式化。他这个时代的意大利作曲家们几乎无一例外将其用于为歌手提供功能性的支持——以弦乐为基础，间或木管独奏，按需增加舞台乐器；法国歌剧更富冒险精神，部分受到在大革命期间起支配地位的乐队音乐的影响；但在1840年，贝多芬的作品是毫无拘束地将管弦乐作为整体资源来处理的主要典范，尤其是他的"合唱"交响曲；还有柏辽兹，他的《幻想交响曲》管乐器部分记谱

---

1. 格林卡所说的玻璃琴究竟为何物尚不明晰。它或许是一种用槌子敲击玻璃条或玻璃板的键盘乐器。见 der Mar, *Anatomy of the Orchestra*, 493。目前常用的是钢片琴（celesta），它也用在第四幕神奇之舞（*Magic Dances*）的钟声上。舞台音乐的配器由巴拉基列夫和里姆斯基-科萨科夫于1878年为总谱出版而作。

夸张并对铜管和打击乐器写作了详尽的说明。实际上格林卡当时还不可能了解这些。[1]同样，在这部作品里，格林卡自己的写作步骤暗示了一种实用主义的方法。考虑到标准的管弦乐团分为不同的乐器组——弦乐（弓弦及拨弦）、木管、铜管、打击乐——为什么不能平等地使用它们，尤其是在一部有关奇遇与邪恶魔法的歌剧中？为什么受限于古典管弦乐团的混合与平衡？为什么不创造出用来配合荒诞角色和奇妙事件的声响，使其代替看似连贯或貌似合理的叙述？因此，契尔诺莫尔的登场，格林卡选择舞台上由木管乐队演奏刺耳、未掺杂其他乐器的声响，并与偶尔出现的高音木管乐器、钟琴以及拨奏弦乐器相交替。"土耳其"舞者们在低音弦乐演奏的丰富织体中进入，由管乐器（再一次）主导整个管弦乐队进行对答。"阿拉伯"舞曲实际上是一曲华尔兹，最初是为弦乐在三个八度间谱曲的，这种气势恢弘的音响后来被柴科夫斯基所用，但其应为格林卡的创作。不胜枚举的其他细节都展现了格林卡将管弦乐团作为一种富有想象力的资源进行运用，毫不逊色于旋律、和声或者节奏。格林卡以钢琴和竖琴代表巴扬的古斯里琴（Bayan's gusli）——俄国农民的齐特琴[2]，由钢琴和竖琴演奏，产生了一种绝妙的成功效果（且可能是首次将钢琴作为一件管弦乐队乐器，而不是与管弦乐队同台的独奏乐器来演奏）。追求者拉特米尔，来自东北部高加索的可萨王子[3]（Khazar prince），他的咏叹调由一支英国管（cor anglaise）伴奏，其撩人的音色在某种程度上使人想起中东地区的肖姆管（shawm）。一页接着一页的音乐都由独奏或者合奏的管乐器主导，违背了基于弦乐音响的古典传统手法。当弦乐被充分使用

---

1. 柏辽兹的《幻想交响曲》于1845年出版，并且在1842年以前没有在法国以外的国家演出过；格林卡于1844年首次游访法国，他可能已经知道了1834年出版的李斯特为钢琴独奏而作的改编本。
2. 译者注：齐特琴，一种匣形弦乐器，用手指或塑料拨子演奏。
3. 译者注：可萨，七至九世纪时的西突厥属汗国。

时，往往产生奇特的效果，正如最后一支东方舞曲——列兹金卡舞曲（lezghinka）壮丽的尾声，自然和声（在空弦上演奏的和声）与快速进行的木管音阶相交替，创造出一种由近乎失控的乡村乐队疯狂即兴的效果。

"鲁斯兰"于1842年11月27日在圣彼得堡莫斯科大剧院首演（《为沙皇献身》首演的六周年），人们对其褒贬不一，一位评论家写道：

> 有些人在格林卡的歌剧中发现许多能保证作曲家百年不朽的因素；另一些人，不想等待这么长时间，在此刻便授予他不朽的桂冠；第三类人不客气地视这部作品为失败品，且没在其中发现任何值得称颂的东西；第四类人最冷酷，认为该歌剧有不少优点，但也有许多缺点，指出其成功的极大的阻碍是在音乐中过度渲染抒情性以及剧本完全缺乏戏剧动力，使其就大多数人的审美而言是乏味无趣的——然而，这相当不公平。总的说来，人们对《鲁斯兰与柳德米拉》的看法差异很大；但每一位看过这部歌剧的人都认同 M. I. 格林卡是位极具天赋的作曲家。[1]

第一晚观众们的反响相当冷漠；但这很可能是由于演员阵容不强，包括一位没有经验的替补演员饰演拉特米尔——从音乐上看（与柳德米拉的唱段）是歌剧中最庞大的部分，与标题不符。在最后谢幕时，格林卡"在总监的包厢向杜比特总监求助，说道：'他们似乎发出嘘声，我要谢幕吗？''当然，去吧，'总监回复道，'基督比你遭受得更多。'"[2] 不过后来的演出好了一些，而且这部歌剧保留在了圣彼得堡

---

1. 在 *Russkiy invalid* 中的匿名评论，引自 Orlova, *Glinka v Peterburge,* 169.
2. Glinka, *Memoirs*, 172.

的演出剧目表上，然后是莫斯科（的保留剧目），直到1848年。至此，在格林卡的有生之年，这部歌剧都没有在俄国任何地方完整上演过。

之后他也没有再尝试创作新的歌剧作品。或许他受到这两部作品的命运的打击；但更可能的是他不能积聚起创作所需的精力。常年身体欠佳，又时常旅行，仅间歇性创作；他得以完成的作品几乎总是为了留下碰巧的观感而作，并且刻意避免了长篇大作的复杂方式。曾经，他根据果戈理的《塔拉斯·布尔巴》(Taras Bulba)创作交响曲。他以C小调写出第一乐章呈示部的部分草稿，"但因为我那时没有精力或动力去设法在展开部中摆脱德国式的规矩，于是我放弃了整部作品"[1]。一些留存下来的歌曲和钢琴作品提醒着我们这位沙龙音乐大师的天赋异禀；此外还有少量短小的管弦乐作品，特别是其中两部，将对俄罗斯音乐产生深刻影响，远远超出了它们切切实实又自我受限的价值。这两部作品，《卡玛林斯卡亚》与《卡斯蒂利亚的回忆》(Recuerdos de Castilla，后来扩展为《马德里之夜》)，都于1848年创作于华沙。在那儿，格林卡因没有通行护照而滞留了几个月。两部作品都完全基于民歌曲调：《卡玛林斯卡亚》基于著名的同名俄罗斯舞曲，并结合了一首婚礼歌曲《群山之后的高山》[Izza gor, gor vïsokikh (From behind the mountains, the high mountains)]精心编成；《马德里之夜》中的四个曲调都是格林卡三年前游历西班牙时习得的。两首作品都没有以任何传统的方式来展开材料。其高明之处全然在于作曲家在色彩运用和对音乐蒙太奇手法上的天赋，就像许多他的交响音效一样，本质上是他自己的发明。他似乎是很随意地发现了创作带有民歌曲调音乐的方法，这将为后来的——毫无疑问也是更伟大的——作曲家们提供一种技术指南。《马德里之夜》中奇异的电影般的音乐镜头，在大约

---

1. Glinka, *Memoirs*, 234.

六十年后德彪西创作《伊比利亚》(*Ibéria*)时，可能（或者实际上已经）出现在了他的脑海中；而《卡玛林斯卡亚》中不断变化的乐队及和声色彩在将来某个时候会让柴科夫斯基作出夸张的评判：

> 他只是顺带地，丝毫没有打算根据一个简单主题，一个有趣的小片段，去创作比这更好的作品——这个人（无中生有地）带给我们一部短小的作品，其中每个小节都是伟大创造力的产物。自那时差不多已过去了五十年，许多俄罗斯交响乐作品被创作出来，现在我们可以说存在一个纯粹俄罗斯的交响乐派。那结果是什么呢？结果是所有东西都体现在《卡玛林斯卡亚》这部作品中了，这同整棵橡树（的精华）在橡子里是同样的道理！俄国作曲家们将会长久地从这一丰富的源头汲取灵感，但要耗尽这部作品所有的财富还需要更长的时间和更大的力量。[1]

---

1. Lakond, The *Diaries of Tchaikovsky*, 250–251.（1888年6月27日条目）原文中有所强调。

[第三章]

律师-批评家

圣彼得堡精神生活的本质决定了它是通过志同道合的实干者和思想者群体而成形发展的：法国人称之为cénacles，即文学或艺术圈。这一倾向并非俄国特有，却在圣彼得堡发展得尤其繁盛，这无疑是源于尼古拉一世的强权，迫使作家及艺术家闭门造车，将他们最具冒险性的思想妥善锁藏。

尽管如此，对于音乐家们来说情况稍有不同。对他们来说，讨论思想从来不是艺术活动的中心，作为表演实践者，思想对他们来说更是无关紧要。他们要么单纯讨论技法，要么甚至连这个话题也不聊：对于十九世纪四五十年代的俄国音乐家们来说，技术没什么好谈的，因为他们的音乐知识很简略，并且他们没有可以获取与共享这些知识的制度环境（institutional context）。巴拉基列夫的钢琴才能似乎是与生俱来的天赋，就像适时击球或者直击移动目标的能力，他有着卓越的音乐记忆能力和极灵敏的听觉［音乐家们称之为"精通音律"（a good ear）］。他是一位绝佳的钢琴即兴演奏者，也是一位通过本能判断音乐曲式好坏的裁判——无论从字面还是比喻意义上看都是。但他几乎不具备理论知识，并难以用语言去解释其判定，只能演示出来。这将成为他与其他音乐家交往中的一个关键特征，这些音乐家在巴拉基列夫来到圣彼得堡的头几年里逐渐融入到他的圈子中。

在这些音乐家中，弗拉基米尔·斯塔索夫的情况完全不同。他生于圣彼得堡，1836年在帝国法学院建立大约一年后，他以12岁之龄入学。尽管称作法学院，但这个学校严格来说并不是法学院，而是一所为高度集权的帝国输送公务人才的直属学校，是俄国仅有的为权贵阶层提供就业的民办机构；斯塔索夫家族和格林卡家族一样，都属于这个阶层。人们可能设想，这一类的学校会严格按照务实的要求管理，以培养有条理却无想象力，尤其是俯首听命的行政人员和官僚为目的。然而，并不完全是这样。学院的创立者奥尔登堡的彼得王子（Prince Peter of Oldenburg，尼古拉一世的侄子）是一位热情的音乐爱好者，他坚持让每一名学生学习一门乐器，参与有一定强度，甚至有质量的音乐创作课程。这些为这所现代专业院校带来了荣耀。校长谢苗·普什曼（Semyon Pushman）自己就是个业余音乐家。学校招募了最优秀的外国教师。斯塔索夫师从著名的德国钢琴家及作曲家阿道夫·亨泽尔特（Adolf Henselt），从他后期与巴拉基列夫的合作来看，似乎他也向亨泽尔特或另一位学校的音乐教师——名叫卡雷尔（Karel）的芬兰人——学习了一定的理论知识。卡雷尔将伟大作曲家们的肖像挂在音乐教室的墙上，他也有间小型却精心整理过的音乐图书馆，涵盖历史和理论专著，允许其学生进入。

斯塔索夫想成为一名职业音乐家的愿望并不比成为一名公务员强烈。他很像一位来自英国天主教合唱学校的男孩，并非出于自己的意愿吸收音乐并获得了坚实的教育。斯塔索夫家族更多倾向于视觉艺术。弗拉基米尔的父亲瓦西里·斯塔索夫（Vasily Stasov）是那个时代最著名的俄国建筑师，是圣彼得堡主显圣容大教堂（Preobrazhensky）和伊兹麦洛娃大教堂（Izmaylovsky cathedrals）的设计者以及丰坦卡河边那座十八世纪宫殿的修复者，他建造了这座法学院。弗拉基米尔自己本想去艺术学院，但后来也从未对他父母送他去法学院的决定而感到遗憾。他对美术教学怀有并一直保持着几乎病态的敌意：这种思维方式在法学院很少受到质疑，这里绘画和雕塑几乎不被提及，并且艺术教育仅局限在几堂仓促的绘画课上。不管怎样，斯塔索夫算不上一位职业律师，他的天赋更多地在历史和批评上。首先，他是一位饥渴的读书人。在学童时期他已经广泛阅读了当下关于艺术和音乐的批评文献，还有文学批评，既有俄国的也有外国的作品。其阅读的一部分仅仅是当时——未必是十四五岁的——普通教育的通识性读物。当然，弗拉基米尔和他的朋友们也阅读了普希金的作品，并且为他的去世而感到悲痛；他们在月刊《祖国纪事》[1]（*Notes of the Fatherland*）上仔细研读莱蒙托夫的诗歌；他们在1842年果戈理的《死魂灵》（*Dead Soul*）出版时更是如饥似渴地阅读，互相讨论果戈理文体（Gogolese）。弗拉基米尔本人，从幼年起就通晓数国语言，阅读了雨果和大仲马，可能还有莎士比亚的法语译本，霍夫曼和让·保尔的德语文本，以及沃尔特·司各特和菲尼莫尔·库珀（Fenimore Cooper）的俄语译本。

或许比他熟知这些十九世纪早期流行的文学巨匠们更重要的是，他开始对这些作品的批评文学产生越来越大的热情。这种热情不仅仅是促使受教育的现代人翻到日报评论版块的那种偶然兴趣。斯塔索夫成长于批评注释大规模发展的新时代，最杰出的批评大师们开始在远超他们着手谈论的主题之外发挥影响。在巴黎，沙尔-奥古斯丁·圣伯夫（Charles-Augustin Sainte-Beuve）正在编写他所谓的《批评与文学肖像》（*Critiques et portraits littéraires*），其中包括多篇详尽的文章，这些文章将自传与批评融合为综合性的、小册子体量的研究，每一篇探讨一个作家或重要历史人物。海因里希·海涅长期为德国读者报道巴黎的音乐与艺术信息。在圣彼得堡，维萨里昂·别林斯基在三十年

---

1. 译者注：别林斯基主持的评论栏。

代中期，开始接连写作一长串文章和评论，这些文章和评论将会彻底转变人们对文学与社会之间关系的哲学认知。斯塔索夫肯定也阅读了海涅十九世纪四十年代早期在《沙龙》(Der Salon，在俄国被禁) 上的评论。海涅关于艺术的评论，是以一位学者、观察者和机敏的语言大师的身份，在不装腔作势或者修饰美化，也无吹嘘技法的情况下，对一幅画或一首交响曲的风格表达感受或进行描绘。确切地说，他像一位敏锐的观察者，将种种技法细节理解为表象的一方面，透过表象他感受到了图像和声音。"在《沙龙》里再没有别的画。"他在评价德拉克罗瓦的《自由引导人民》(Liberty Leading the People) 这幅画时写道："像德拉克罗瓦的七月革命一样将色彩浸染得如此浓厚。然而，表面光泽的缺失，加上如灰色蛛网一般包围着这些人物的烟和灰尘，这些被晒干的颜色看起来像是在渴望一滴水，所有的这些似乎都使这幅画具备真实、现实和独创的品质。"[1] 而在音乐批判中，他说："没有什么比音乐理论更不足以作为评判标准的了。不可否认它有以数学为基础的法则。然而，这些法则都不是音乐，只是其中的条件；正如设计艺术与色彩理论，甚至像调色板与铅笔一样，都不是画作，但却是绘画的必要手段。音乐的本质是启示，它不容分析，真正的音乐批评是一种实验性的科学。"[2]

斯塔索夫后来回想起来，他被海涅这些观点的深度和清晰度所触动，尽管"他几乎不了解艺术技法，且与专业批评家绝无相似之处"[3]。这是新批评的一个重要方面：它可以弥合作为职业的艺术与表意的艺术之间的鸿沟，这道鸿沟在过去难以跨越。尽管如此，海涅作为一位批评家仍有一些浅薄之处。归根结底，他所阐述的——正如他

---

1. 参见 Sharp, *Heine in Art and Letters,* 44。
2. 同前，第1页。
3. 引自 Karenin, *Vladimir Stasov,* 140。

所默认的——仅是他能部分理解的东西。就别林斯基而言，情况则完全不同。别林斯基是一位书写作家的作家。尽管他自己不是一位具有创造性的艺术家——既不是诗人、小说家，也不是剧作家——但他理解这些作家们的写作材料的本质，并且具备绝佳的能力完成独特的阐释程序。这套程序由他自己创造，需要在隐藏的心理、社会和政治意涵方面，尤其对故事、小说，以及诗歌进行细致的分析。如今我们已如此习惯将小说当作我们生活和时代的拟像，书评则作为这种关系的揭露，以至于我们很难想象在某个时代这样的做法竟是例外而非惯例。将艺术作为一种对社会的写照，而以该角度进行的艺术批评紧跟其后。在音乐领域，人们或许会将亨德尔一部关于古罗马的歌剧与莫扎特的《费加罗的婚礼》（*Marriage of Figaro*）相比较，后者通过扭曲一种旧习俗犀利地讽刺了社会。作家霍夫曼自己也是一位作曲家，他在将过程与内涵作出明确区分的一篇评论汇总中提出，贝多芬明显认为音乐能够被理解为，或许至少应该被部分理解为心理叙事。但对别林斯基来说，即使是这样详尽的解读，似乎也不比无根据的猜测好多少。对他来说，一件艺术作品不仅反映了孕育它的世界，而且应该有着一种积极的义务，以让这个世界成为一个更好、更人道的世界。当然，别林斯基的世界——十九世纪三十年代和四十年代的圣彼得堡（他逝世于1848年，其37岁生日前夕），即便是依照当时欧洲普遍并不算高的标准看，也是一个前途渺茫、乌云蔽日的地方，且在尼古拉一世的统治下，全俄国可说是一个糟糕透顶、惨无人道、禁锢自由、野蛮独裁的地方，这驱使着别林斯基把其本质上是道德说教式的艺术解读当作一种为变革社会和政治的加密机制。斯塔索夫说，别林斯基在其《祖国纪事》刊登的每月专栏文章对他及其同伴的教育所起的作用，比他们所有的课堂、课程、书面作业和考试加起来的还要大。"别林斯基的巨大影响，"他总结道，"绝不局限在文学方面；他培养了我们的性格，他一下子冲击了整个俄国迄今为止阴魂不散的父权偏见。"[1]

别林斯基特殊的影响以多种形式呈现。他确信艺术最重要的是应如实地反映普通人所经历的生活现实——无论实情有多令人不快，这种信念在他坎坷的职业生涯中出现得相对较晚。在1841年他写给其作家朋友瓦西里·博特金（Vasily Botkin）的一系列信件中，该观点以特别强烈的清晰度和力量感首次表现出来；接着在他同年所写但于身后才发表的一篇文章中，对该观点的表达趋向温和，他写道："艺术是对真理的直接思考，或是一种在意象中的思考。"[2]在那之前的一段时间，他受困于不怎么温和的亲黑格尔唯心主义（pro-Hegelian idealism），这诱使他客观地——也就是说被动地——接受现实；他向博特金坦言道："黑格尔将生命的真谛转变为鬼魂们握着骨头似的手，在公墓上空舞动。"[3]但即便在他短暂地偏向黑格尔派哲学之前，他的评论也以非凡的独创性和充满想象的力量，洞察了所评作品的心理结构。例如，他评论普希金的一些长文，其中第一篇可以追溯到1837年作家去世之前，不仅有助于建立普希金作为现代俄罗斯文学之父的声誉，而且为文本的细致研读设定了自此后难以超越的标准。

某种程度上人们不得不将别林斯基的哲学从他日复一日的批评文章中分离开来。这是俄国十九世纪三十年代的现状特点，有思想的人们会留心西方的一些理念，并且对它们要么接受、要么拒绝（常常带有同样的激烈言辞），以寻求一种社会或政治理论来解决本国庞大而无活力的专制统治下的生活困惑。他们从德国的唯心主义、法国乌托邦式的社会主义与英国的实用主义中汲取他们认为有用的东西，更不

---

1. 参见 Karenin, *Vladimir Stasov*, 134。
2. 别林斯基《哲学选集》（*Selected Philosophical Works*）中的"艺术观念"（The Idea of Art），第168页。"意象"翻译自 *obraztsakh* 一词，严格说是"类型""模式"的含义。例如见 Taruskin, *Musorgsky*, 11。
3. Belinsky, *Selected Philosophical Works*, 149.

用说西方的政治和经济体系。可想而知，穿越思想丛林的道路有时是曲折和不明的；在林下灌木丛中，你永远不能确定你将会遇到什么人——朋友抑或敌人，即便假设你能分清他们。从气质上看，别林斯基一直都是西化论者，也就是一位改革派，主张沿着十八世纪早期由彼得大帝倡导的西欧路线使俄国社会重新现代化。他是沙皇彼得的一位钦慕者。他反对斯拉夫派的神秘主义倾向，反对该派别信仰的古俄罗斯的精神价值、东正教会，反对俄国农民穿着沾满污泥的粗缝鞋；然而他仍旧是一位热切的爱国者，坚定拥护"国家"概念〔强调的是民族（natsional'nost'）——而不是种族（ethnic group）的特性〕，反对不明晰的、难以定义的部族（narodnost'），[1] 这一概念带有民粹主义（popularism）、民族主义（nationalism）以及黑土地（black earth）的弦外之音。接着在四十年代，他转向了社会主义，或至少是一种过于个人主义以至于不乐于与新共产主义结盟的社会意识（然而还是不足以阻止这一情形的发生；通过选择性阅读，所有后继的同路人，包括苏联人民都将别林斯基视为父亲般的人物）。

经历了所有这些曲折，他内心仍旧相信艺术即真理，相信批评是对真理的揭露和阐明。在诠释中自然就需要评论家的偏好和偏见来发挥作用。但别林斯基从本质上并不是一位宣传者；他从未主张将艺术挪用为意识形态服务的工具。一本书或者一首诗的真理是固有的——对斯塔索夫来说，这或许是别林斯基最惊人的教导。"至今所有艺术领域的批评都包含这样的言论：这是好的，这是差的，这不合适，这里服装上有这样那样的错误，那里比例上有这样那样的不对，等等。

---

1. 译者注：民族这一概念在俄罗斯语境中有三个词：Национальность (natsional'nost')，译为民族、民族性（英译为"nationality"）；народность (narodnost')，译为部族，或非主体民族；нация (natsiia)，带有"公民民族"的意涵。"natsional'nost'"相对"narodnost'"概念更广。

做出这类的批评不需要任何天赋，只需要以某种特定方式培训学习，因此任何人……都能够写出这类批评。但是我们应该对艺术创作要求什么？这些艺术又是为了什么？它们并不以部分的形态存在，而是为了创造一个整体，这个整体滋生的所有部分、所有要素在某一点上联结起来……因此，每个真正的艺术作品自身即怀有它的**意义**和**意图**；为人类揭示这个意义和意图即为批评的目的。"[1] 毫无疑问，斯塔索夫也被别林斯基思想和个性的其他方面所吸引。他的个人主义对年轻学生们一定很有吸引力，他们在努力地平衡热忱的艺术兴趣与对帝国法律和行政系统的枯燥学习。斯塔索夫同样也乐于接受别林斯基1840年后的社会意识。这并不是说他有任何强烈的政治兴趣。在尼古拉一世统治下，俄国几乎所有的社会思想，甚至是非常传统主义的斯拉夫派思想，都朝着解放和自由的方向发展；人们探讨政治时，几乎不可能不向往废除农奴制，结束如同人格侮辱般剥削经济的系统，或者清除这个国家僵化、低效和腐败的国家官僚主义。于年轻的斯塔索夫而言，对德国、法国、英国以及俄国文学的广泛涉猎，自然在任何情况下都会使他向外看，而这势必意味着对进步的思考，即使你阅读的是费希特和谢林的文字。别林斯基思维的广度与斯塔索夫的文化素养相协调。最重要的是，别林斯基动人的文采、善辩的才华、坚持非正统观点的大胆以及——这一点同样重要——激烈的斗志，无疑给这位自信、嘴快、坚定的法学生留下了深刻印象。

1843年从法学院脱颖而出的斯塔索夫，是个有知识、教养良好的19岁少年，阅读广泛，有着高度发达的，或许可能是过度突出的艺术和音乐品位，以及对欧洲（包括俄国）文学与思想的广博知识。在学

---

[1]. 1844年1月1日的信件，被杰拉尔德·亚伯拉罕引用到他为琼斯（F. Jones）的《弗拉基米尔·斯塔索夫：论文选集》(*Vladimir Stasto: Selected Essays*) 一书所写的前言中，第9—10页。

校里，相较于法学，他的确花费了更多的时间在音乐、艺术与阅读上。他在那里最亲密的朋友（在1840年他离开学校之前）是另一位比他年龄稍微大点的音乐家——亚历山大·谢洛夫，他们绝大多数的音乐经历（不过绝不是所有喜好）都是共同的。谢洛夫是位德国音乐爱好者，喜爱包括韦伯和梅耶贝尔（Giacomo Meyerbeer）的音乐，然而斯塔索夫在这一方面的喜好仍大致停留在巴赫以及晚期贝多芬的作品上，尽管他也曾抱有并保持着对舒曼的热情。或许是受他对意大利绘画的情结所影响，他对意大利音乐也有所倾向——但一开始对文艺复兴时期音乐的喜爱要少于那些近期的歌剧作曲家们：罗西尼、多尼采蒂和贝里尼。对他们俩来说，肖邦是个天才，而李斯特仅仅是个秀技者，空泛地搬运壮丽却单调的华彩经过句及琶音，从艺术上看无足轻重。当然，那时他们还没有听过李斯特的演奏。当他们实实在在听到李斯特1842年第一次在圣彼得堡音乐会上的演奏时，他们立即着迷，并不全是对其高超技巧而是对他纯粹的艺术表现与力量着迷。尽管李斯特只演奏了改编曲以及歌剧幻想曲，以一位屹立在贵族会议厅中央的职业拳击手的姿态出现。"在那场音乐会之后，"斯塔索夫指出，"谢洛夫与我都像疯了一样，我们仅交流了只言片语，就冲回家以最快速度向对方写下我们的感触、我们的梦想、我们的欣喜若狂……我们都神魂颠倒了，像沉浸在爱情中的人一样！而这不足为怪。因为在我们一生中从未听过任何像这样的音乐；我们也从没处在这样一个辉煌夺目的、热情四溢的、魔鬼似的氛围中……李斯特的演奏绝对是令人难以抵挡的。"[1]

斯塔索夫就这场音乐会撰写过一则乐评，但未能发表。他后来写道，他极度渴望让人们理解李斯特的艺术重要性，就好像一两年之前，

---

1. "李斯特、舒曼与柏辽兹在俄罗斯"，见《弗拉基米尔·斯塔索夫：论文选集》，第121页。

他曾写过一篇文章评论卡尔·布留洛夫（Karl Bryullov）为圣以撒大教堂（St Isaac's Cathedral）的《使徒》（Apostles）镶嵌画所作的大型素描，他因为该作品缺少大众认知很生气（这是他自己的表达，也是其特色）；这篇文章也未曾发表，保留在他的抽屉里。直到1847年他才得以发表一篇重要的文章，一篇对当年音乐事件的评述，冗长且偏执，但同时有着引人入胜的可读性，该文发表在别林斯基的旧报纸《祖国纪事》上。[1] 但是一个人很难依靠间或撰写报刊文章生存下来，与十九世纪俄国许多作家和艺术家一样，斯塔索夫一从法学院毕业就被迫接受政府职位，学校正是为这种职位培养学生的。1843—1851年，他先后在参议院地界司、纹章部和司法部工作。不用说，这些都是官僚体系里的例行公事，既不鼓励也不奖励个人的主动性。但他们给斯塔索夫留出时间，让他得以或多或少地以他喜欢的方式追求其艺术热情。他经常出入于冬宫博物馆（Hermitage Museum）[2]，参观大量的绘画、版画和雕塑藏品；他靠花言巧语进入雕刻部馆长尼古拉·乌特金（Nikolay Utkin）的办公室，那时馆长正在为华沙藏品做编目——这批藏品为1830年波兰叛乱期间的没收品，他应该非常惊讶于这位19岁少年的专业性（斯塔索夫从小便仔细研究过巴黎的《博物馆年鉴》）。他也开始经常光顾俄罗斯国立图书馆（Imperial Public Library），无论当时还是现在，对一位热衷于盎格鲁-撒克逊图书的书虫来说，这都是一个比它的名字给人的感觉要丰富得多的机构。该图书馆不仅收藏了大量书籍，包括叶卡捷琳娜大帝所获的伏尔泰和狄德罗的合集以及从波兰扎武斯基图书馆（Zafuski Library）搬来的近五十万册书籍；那里

---

1. "muzikal' noye obozreniye 1847"，收录于 *SSM1*，第23—38页；在琼斯的《弗拉基米尔·斯塔索夫》中被译为"1847年音乐事件回顾"，第15—37页。斯塔索夫曾为一些外国书籍写过少量简短的书评，还为同一份报刊刊登的有关艺术、建筑和音乐的短篇匿名作品写过评论。
2. 译者注：亦译"艾尔米塔什博物馆"，或"隐宫博物馆"，位于圣彼得堡的涅瓦河畔。

还保存着大量的手稿、绘画和工艺品，但所有这些都摆放混乱，大量未编目，且处于亟待修复的境地。对斯塔索夫来说，在这样的情形下进行认真研究问题不大；在这里他也积极投身于建立人际关系，这对他后来的艺术观点以及他最终的工作机会都很重要。

1851年他担任极度富有的俄国侨民实业家阿纳托利·杰米多夫（Anatoly Demidov）王子的旅行秘书，后者的庄园在靠近意大利佛罗伦萨的圣多纳托（San Donato），拥有一座出色的图书馆和令人艳羡的艺术收藏品。斯塔索夫跟随杰米多夫待在国外——主要是意大利的三年，尤其对丰富他在文艺复兴绘画和建筑方面的知识至关重要。这段时间也巩固了他对艺术问题的品位和判断的信心，无论它们有多偏离正统或者有时是多么教条主义。在留存下来的一封他于1852年写给母亲的妹妹安娜·苏什科娃（Anna Suchkova）的非同寻常的信件中，他以非常详尽的细节，且带着无法掩饰的骄傲，描述了他将圣多纳托的天主教堂修整为俄国东正教风格的计划。"并不是，"他赶紧向她保证，"不是因为这对我有任何要紧的影响——对我来说真的无所谓，你知道的——而是因为一旦我可以介入的话，我习惯性想要所有事物（甚至是非常小的事）都尽可能正确，按照它们实际上应当有的那个样子来。"[1]

在去往意大利的路上，他们绕道去往伦敦参观了正在举办的万国工业博览会；并且在1851年夏天或秋天在巴黎度过一段时间。根据斯塔索夫苏联传记作家们的描述，在那里他与（未透露姓名的）革命激进分子取得联系，并参与了一些社会主义政党的会议。[2]人们可能会怀疑他是否真这样做过。对苏联时期的批评家们来说，维护他们通常赞赏的人物的政治资质理所当然是非常重要的，斯塔索夫很明显

---

1. 1853年4月18/30日的信件，引自 Karenin, *Vladimir Stasov*, 184。原文中有所强调。
2. 见 Lebedev and Solodovnikov, *Vladimir Vasil'yevich Stasov*, 50。

"享"有这方面的权利，只要考虑到他受惠于别林斯基以及后来的尼古拉·车尔尼雪夫斯基（Nikolay Chernïshevsky），这些左派思想者们的艺术观便"影响"了他的经历。然而，在一些政治问题上，他的定位确实不够清晰。作为一位思想自由的不可知论者，他几乎不支持在东正教之上的斯拉夫派，尽管如此，他还是与他们有一些相同的历史观点，并被他们创造的意象所吸引。他赞同赫尔岑的朋友瓦迪姆·凯尔西耶夫（Vadim Kel'siyev）后来将革命社会主义与顽固派（the Old Believers）建立联系的尝试。"无论在异教还是天主教的时代，"他在寄给巴拉基列夫一封关于凯尔西耶夫的长信中津津乐道地说道，"真正的俄罗斯，骨子里就是民主的。"[1] 然而，这可能既是一种政治回应，也是一种美学回应，在某种程度上反映了五六十年代的知识界对激进观点的不解。如果斯塔索夫真的于五十年代初期在巴黎参加了一些革命会议，他肯定一踏上俄国的土地就会被监视，且很可能会被拘捕。但似乎这些都没发生在他身上，至少这一次没有。

杰米多夫与斯塔索夫于1854年春天离开意大利返回俄国，途经维也纳时，斯塔索夫第一次观看了瓦格纳的《罗恩格林》(Lohengrin)。这是另一件对他有重要意义的经历，其带来的诸多影响伴随了他的一生，并且随着时间的推移很大程度上并未消减。像许多他反感的对象一样，他对瓦格纳的厌恶受到间接因素的促使似乎与他对音乐的直接反应一样多。他显然开始讨厌后来他所称的"瓦格纳毫无逻辑、神秘主义和道德说教的情节"[2]，也可能讨厌他冗长不堪、妄自尊大进行理论建构的写作，且这些理论似乎与搬上舞台的那些作品（当时还没有多少部）八竿子打不到一块。虽然仍沉浸在意大利艺术的迷人光彩中，

---

1. 3月21日的信件。更多有关凯尔西耶夫的信息，见 Herzen, *My Past and Thoughts*, 101–116（该片段是未经删减版）。
2. "过去二十五年我们的音乐"（"Nasha muzïka za posledniye 25 let"），收录于 *SSMIII*，第168页。

但他可能对《罗恩格林》中节奏缓慢的德国式沉闷与乏味的象征主义感到厌烦了，"骑士们（斯塔索夫概括道）从天而降出现，然后又回到天上，仅仅因为在人世间有人问他们究竟是谁"[1]。在意大利时，他见到了罗西尼，并且在罗西尼身上发现了"一个精美简洁的艺术之魂"；他在教会乐长弗朗西斯科·萨迪尼（Francesco Santini）的收藏中接触到了一大批复调经文歌和牧歌，"十足的金矿银矿，成山的钻石宝石"[2]。由于读到李斯特一篇赞扬瓦格纳的文章（我们不知道哪一篇），他瞬间反感他过去十年的伟大英雄，并打算写一篇反驳的文章投递给《新音乐杂志》（*Neue Zeitschrift für Musik*）的主编弗朗茨·布伦德尔（Franz Brendel）。幸运的是，或许是考虑到以后与李斯特的关系，这篇文章没有写。但斯塔索夫反瓦格纳主义的思想遗留下来成为其教条中的重要负面因素之一，这些教条对后来十五年的俄罗斯音乐产生了强有力的影响。

回到圣彼得堡时，斯塔索夫30岁了，急需有酬劳的工作。因为一些不确定的原因，他与杰米多夫之间的友谊结束了。他仍是严格意义上的单身，尽管在去意大利之前他的生活因为一系列风流韵事以及至少两个私生女而复杂不堪。从另一方面来说，他的生活确实是稳定而安宁的。斯塔索夫家族是个紧密团结的家族，居住在同一屋檐下［或者更准确地说，是多个屋檐下，他们在圣彼得堡北部十英里的帕哥洛沃（Pargolovo）共享一座乡间别墅］，甚至对家族成员的通婚情况偶有不满。当他的哥哥德米特里1861年成婚时，弗拉基米尔在给巴拉基列夫的信中愤怒地写道：

---

1. "Pis'ma iz chuzhikh krayev"，收录于 *SSMII*，第209页。这篇文章叙述了1869年3月瓦格纳的《莱茵的黄金》首演前后的情形。
2. 1833年11月18/30日写给格林卡的信件，收录于Karenin, Vladimir Stasov, 211。也见Stasov, *L'Abbe Santini*。

在半年或一年间，他将成为一个完全不同的人，我们肯定会认不出他了。他会有一个全新的圈子，被另一些人围绕着，他将会染上他们的味道、他们的品位和色彩。但该来的都会来的。我只是对他不太在意与我们家族分离这件事而有点儿生气；我知道他现在很爱他的妻子，我也知道我们所有人不可能永远一起生活在一个像诺亚方舟似的地方——然而，破裂就是破裂，多说无益……我认为米佳（Mitya）[1]的这场婚礼就如同家族的消亡。[2]

这在未来对另一个不同的家族来说也有着特殊意义。但是对所有斯塔索夫家的人来说，钱很紧缺。弗拉基米尔尽他所能与政府部门联系。没有什么是现成的。他回到国立图书馆，现在该图书馆正逐渐转到极度高效而思想开明的新馆长莫杰斯特·科尔夫（Modest Korff）男爵的手下。在那里，他果然很快建立了人际关系，获得一系列差事，继而在适当的时候取得了一个职位。斯塔索夫在这里的工作始于1855年，并且同时承担一个无报酬的任务——为图书馆庞大的俄国文献（Rossica）部分进行编目。因其典型的细致品行，他不单单完成了任务，还在这个过程中逐步发展出一种合宜的编目系统；当然，与此同时他还阅读了大量书籍。与乌特金和杰米多夫一样，科尔夫很快意识到斯塔索夫有着非凡的才能，1856年末安排他做了自己的全职私人助手。就这样，这个对艺术报以最广博热情的年轻人，把所有对个人发展、职位高低或是对国家公务员的职业阶梯上任何常规身份象征的考虑抛在身后，第三次在他的人生中交上了好运。正如法学院给予

---

1. 译者注：斯塔索夫的哥哥德米特里的小名。
2. 1861年7月24/25的信件，收录于 *BSP1*，第153—154页。

了他在沙皇俄国几乎没有任何学校能给予的智识自由，正如为杰米多夫的效劳让他在恰当的时候接触到了大量在国内鲜少能接触的艺术经历，现在他发现科尔夫是个少有的思想自由的上司，纵容他宽泛的，有时甚至反复无常的兴趣，且对他令人震惊的才智反应热烈。

当他就这样一边开启图书馆职业生涯一边拓宽艺术知识时，斯塔索夫绝没有冷落自己对音乐的兴趣。早在1849年，他就通过谢洛夫认识了格林卡，并从那个春天开始参加格林卡的音乐晚会，但这些晚会因格林卡出国，在当年秋季就停止了，而当格林卡1851年回到圣彼得堡时，斯塔索夫又正在意大利；到了1854年，斯塔索夫再次成为了格林卡的"兄弟"，这位伟大的作曲家喜欢这样呼唤他的音乐挚友，像一个秘密组织在密谋抗议首都人们对他音乐的普遍忽视。这个圈子很小，并且整体氛围上有点半吊子。除了弗拉基米尔·斯塔索夫和他的律师哥哥德米特里，圈子里还有谢洛夫——那时他已是一位活跃且具有影响力的音乐批评家，还有达尔戈梅日斯基，另一位作曲家尼古拉·博罗兹金（Nikolay Borozdin），音乐出版商康斯坦特·维勒布瓦（Constant Villebois），以及格林卡各式爱好音乐的朋友们。瓦西里·索波什奇科夫（Vasily Sobol'shchikov）——国立图书馆艺术部门部长兼一位像样的钢琴家，有时也会出现，甚至馆长科尔夫本人也会带着全家人一起来。聚会上会有弦乐四重奏以及管弦乐和歌剧选段（包括格林卡的作品）的双钢琴改编作品，有时会表演八手联弹，虽然更多时候是四手联弹。正是这种形式的音乐创作，反映出十九世纪五十年代圣彼得堡专业音乐的密度很低。因为没有既定的管弦系列音乐会，了解管弦乐最好的方式就是通过沙龙改编版本。室内乐几乎完全是一种业余爱好者的消遣，除了最近的一些表演曲目显然具有专业特性，如贝多芬晚期四重奏——不管怎样格林卡的晚会还是尝试演出了（这位大师自己演奏中提琴）。至于格林卡的歌剧，在五十年代中期几乎唯一能好好聆听它们的方式就是通过钢琴或器乐合奏改编，或者偶尔以音乐片段的形式表演。当时有传言说格林卡与弗拉基米尔·斯塔索夫要创办一个音乐会协会，由格林卡担任主席。但这件事情，如果说它真的不仅仅是一种闲聊的话，那也因格林卡在1856年4月前往柏林而中断，并因其九个月后去世而终结。

在格林卡离开前，斯塔索夫与巴拉基列夫在格林卡起居室的会面被证明是俄罗斯音乐具有深远标志性意义的瞬间。无论将格林卡放在全世界范围内会得到怎样的评价（斯塔索夫就是位有保留的钦慕者），无可置辩的是，他是第一个其作品真正值得国外音乐家关注的俄国本土作曲家。柏辽兹在评论《鲁斯兰与柳德米拉》时曾说，它的作曲家或许"有很好的理由在他这个时代的杰出作曲家中占有一席"[1]。李斯特将"鲁斯兰"视为杰作。现在在这位作曲家壁炉旁会面的是俄国这一代人中音乐与艺术头脑最敏锐的两位，他们是思想者和行动者，与其时圣彼得堡最火的音乐圈子的业余氛围形成鲜明对比。尽管斯塔索夫并不是一位职业音乐家，且伴随着一股强烈的激情，但他为音乐圈带来了深厚的知识，不仅是对音乐曲目的熟悉，而且还有对艺术史演进的了解，这些都是从他对艺术史的专业学术研究中顺便学到的。很可能没有任何一位他同时代的职业音乐家能够通过在罗马对教堂乐长萨迪尼的拜访中学到这么多东西。据杰拉尔德·亚伯拉罕所说，他自掏腰包获得了大约四百件萨迪尼藏品中的手稿，不是为了演奏，而是为了研究。[2]他非常了解民间音乐、素歌以及东正教会音乐，他具有足够的音乐鉴赏能力，能从技法层面来探讨这些内容，以及足够的历史学积淀来阐述它们的美学与历史背景。他还知道怎样提倡它们与现代艺术音乐的结合。他是个天生的组织者和天然的分类学家；而他也有——必须承认这一点——教条主义的心态与这些天赋同时存在。他

---

1. 1845年4月16日《论坛杂志》(*Journal des debats*)，引自 D. Brown, *Mikhail Glinka*, 315。
2. Jones, *Vladimir Stasov: Selected Essays* 中的前言，第6—7页。

阅读了艺术哲学领域所有重要的内容，从诸如别林斯基这些非音乐家最近的文学理论中进行适当调整，并且逐渐地（即便曲折地）在他自己的脑海里发展出一套俄罗斯音乐哲学。政治上，他具有足够的左翼倾向以进步的、社会学的角度来看待艺术，这似乎是时代精神的需求，但同时又不够左翼，以至于没有发现自己会被放逐——与那么多他的前辈和同辈一样——至西伯利亚或高加索地区。

巴拉基列夫是他最好的陪衬。作为一位具有高超才能却不爱表演的表演者，巴拉基列夫不得不将他的音乐能量转向其他方向。其中一个方向便是作曲。然而，作曲也仅能部分地满足他；为了填满这创造力的空缺，他将自己化身为其他作曲家的导师，尽管他非常缺乏技术层面的知识（确实缺乏，甚至不及斯塔索夫）以至于无法以术语的规约意义去教他们。不过这同样也可能是偶然发生的，毕竟自身缺乏专业知识，他无法将这一点强加于人。因此，这两个强烈个性的结合所形成的特征，与人们预想会诞生一种新俄罗斯音乐的必要环境大相径庭。简而言之，新俄罗斯音乐是依靠天赋才能与祖先崇拜勉强维持的，并且由哲学作支撑。即使最后的结果与西方音乐的学术传统毫无共同之处，我们也不应该感到惊讶。

[第四章]

军官与医生

1856年早秋的一天,两位年轻人,一位近卫军官和一位住院外科医师,共同在圣彼得堡第二军事医院的连部办公室执勤。这位17岁的军官,中等身高,相貌平平,却傲于自己那身崭新的墨绿色普列奥布拉任斯基军团(Preobrazhensky Regiment)[1]制服,他的头发卷曲并且抹上了发油,指甲被精心修剪过,这个画面有些过于优雅与精致。那位医生的日常打扮更为轻松自在且切合实际,他年长军官五六岁,高挑苗条,已是外科医学院一名优秀的毕业生,他以一种觉得好笑的淡然心态打量着他这位同事幼稚的装腔作势。

他们都对例行的值班感到厌烦,要出勤,但大部分时间却无事可做,他们很快便交谈起来。不久,他们发现他们有着比从外表看上去更多的共同点。尤其是,他们都是热诚的音乐家和钢琴家,且每个晚上都会在那位乐于为他的女儿安排晚宴的医院首席医疗官家里再度相见。在晚会上,这位医生更挑剔地观察他年轻的同事:"他有着优雅的、贵族式的风范,在谈话时也是一样,夹杂着法语的华丽辞藻从他的口齿间流出。他有一些纨绔子弟的习气,但不偏激。他特别有礼貌

---

1. 译者注:普列奥布拉任斯基近卫军团是1691年由彼得大帝亲自成立的,曾参加过北方战争、1812年卫国战争等。

且有教养。女士们过分体贴他。他在钢琴边坐下,轻佻地抬起手,演奏《游吟诗人》《茶花女》等选段,音色十分温柔、优美。这时,他身边的人们齐声呼喊着'迷人(charmant)、美妙(délicieux)'。"[1]

这个穿着帅气制服、彬彬有礼的时髦青年就是莫杰斯特·彼得洛维奇·穆索尔斯基(Modest Petrovich Musorgsky)。他的医生同事是亚历山大·波菲里耶维奇·鲍罗丁(Alexander Porfiryevich Borodin)。穆索尔斯基是卡列沃(Karevo)一个地主的小儿子,卡列沃位于普斯科夫州,距离圣彼得堡南部两英里(约三点二公里)的地方,莫杰斯特1839年3月9日出生在那里。他10岁的时候,父母带着他和他的兄长菲拉尔特(Filaret)来到首都,并将他们送入彼得罗巴甫洛夫斯克中学,后来在科马罗夫预备学校了(Komarov Preparatory School)学习了一年后,他们进入了警卫军校。在遇见鲍罗丁的时候,莫杰斯特刚刚从军校毕业,成为普列奥布拉任斯基后备军的一员,但在10月后备军遣散的时候被调回。警卫军校与法学院非常相似,军校中有着严格的等级划分,与在二十世纪依旧保留的英国学校中低年级听从高年级的传统类似。低年级士官生日常要遭受高年级士官生各种残酷的羞辱,还在要求得不到满足的时候受到鞭笞。高年级士官生大多将闲暇的时间都花在酗酒和玩弄女性上,这些被视为成为一名合格的近卫军官至关重要的部分。对知识和艺术追求的培养绝不在他们的日程中。可以想象,莫杰斯特对历史和哲学的偏好会引得学校管理者亚历山大·苏特戈夫(Alexander Sutgof)将军询问:"你想成为什么样的军官,我亲爱的?"

毫无疑问,从某种程度上说这种庸俗是一种伪装。苏特戈夫本人是一位受过良好教育、正派的语言学家和历史学家,至少也尊重艺术。穆索尔斯基自从来到了圣彼得堡,他就开始向安东·赫克(Anton

---

[1] 引自 Dianin, *Borodin* (1960), 39–40; 参见 Dianin, *Borodin* (1963), 18。

Herke）学习钢琴，赫克是斯塔索夫的老师亨泽尔特的学生；苏特戈夫的女儿也跟随赫克学习，据穆索尔斯基哥哥所说，穆索尔斯基也在场并且有时还加入课堂。无论如何，一位好的钢琴家在喜好跳舞、喝酒的文化中总是能够助兴的，并且一位随时能坐下来弹奏或者歌唱的音乐家，即使在最闹腾的饮酒作乐的人群中也会大受欢迎——或许尤其是有这些人的场合。作为一个年轻人，穆索尔斯基已经充分展现出他快速迎合身边人的音乐需求的才能，这项才能将在不久后使他在非常不同于普列奥布拉任斯基士兵们的社交圈中获得一席之地。但是天资是一件危险的礼物，它使人们为了自己的目的利用你，与此同时也会成为勤奋学习和应用的障碍。穆索尔斯基无疑是毫不费力的。他能视奏或听音弹奏；他能移调；他能和着自己的伴奏很好地演唱——或许他的声音并不具有很高的辨识度，但他有人物塑造和模仿的天赋，远远弥补了他在独特动人的声音和精湛技术方面的缺憾。他喜欢在键盘上即兴创作，并且能够创作出各种各样的风格作品，就像一位娴熟的咖啡厅钢琴家。但是他实际没有真正写下来的作品。在所有他以愉悦同伴为目的，匆匆赶出来的波尔卡和华尔兹中，只有一首留存下来，被冠以神秘名字的《"步兵团骑手"波尔卡》。这首曲子在1852年穆索尔斯基30岁的时候曾出版过，显然是他父亲的提议，这是我们如今还能保存着的原因。然而，这首曲子尽管毫无个性，但在创作技巧上是如此完善，以至于让人对它稍稍有些怀疑。这首作品肯定经过了整理和誊写，要么是他的父亲，要么是赫克，即便我们不需要按字面意思理解尼古拉·库姆拉涅耶夫（Nikolay Kompaneysky）的回忆——年轻的莫杰斯特没有"一丁点关于怎样将他的想法铺陈纸上的概念，也完全不了解最基本的音乐规则"。[1]

---

1. 引自 Dianin, *Borodin* (1960),2。斯塔索夫表示："赫克高兴地准备出版（这部作品）。"他所获得的信息可能是穆索尔斯基自己提供的。*MOB*, in Ogolevets, V. V. Stasov, 32.

透过各式各样夸大和具有争议性的回忆，很难真实感知这位不寻常的近卫军官的性格。传记作者对名人成熟期的成就以及其后受到何种评价的熟知，往往会影响回忆录的撰写。穆索尔斯基自己透露，在卡列沃，母亲曾很好地教授他弹钢琴，使得他7岁时便能弹奏李斯特短小的作品，9岁时能弹奏约翰·菲尔德的协奏曲。据库姆拉涆耶夫所说，赫克坚持只教德国曲目，但作品并没有严格限制，即使排除了一切俄罗斯元素。毕竟，当时的俄国音乐在歌剧和歌曲领域之外鲜有重要作品。穆索尔斯基告诉我们，他首批创作的即兴曲是由卡列沃的保姆所讲的俄国童话故事启发而来，这对后来热忱的民族主义者来说是相当适宜的启发。但是大体上，这位年轻人在音乐和哲学领域的知识取向可能是德意志化的。正如他这一阶层众多的俄国孩童一样，穆索尔斯基也曾有过德意志家庭女教师，并能很好地阅读德文，流畅地说德语；在彼得罗巴甫洛夫斯克中学时也是，绝大多数老师都是德意志人，也用德语授课。因此，喜欢哲学的他自然会主要阅读德意志理想主义者们的作品，他们的作品自十九世纪二十年代起主导了俄国思想界。他会阅读未经翻译的原著。我们并不知道他具体读了些什么，但可以推测其中包括谢林、费希特，或许也有黑格尔的作品，因为这些都是在俄国文化圈中流行的作者。我们并不确定，在追随当时的思想潮流之外，他是否在这些人身上学到过什么。那时他正创作的作品显然与一些特定的知识趋向相关，这些趋向具有一种完全相反的推力。然而，当创作欲望开始在他的心中激荡时，赫尔德或谢林作品中暗含的艺术哲学将他引向了原始的、古怪的，甚至令人不快的个人主义观念。在某种意义上，这种观念契合德意志教师绝不可能赞同的创作倾向：对传统学院派的摈弃。

事实上，这位在1856年秋与鲍罗丁共享一间医院办公室的年轻军官，其时尚显青涩，还未完全形成自己的个性，且本质上仍不自信。装腔作势与完美无缺的礼仪，做作的言谈，以及时不时蹦出的法语语句，都是一种面具，掩藏着某些更局促不安、更不易接近的东西。他那时创作的音乐同样也是一种套式：作品内外个性相符。当时，鲍罗丁仅看到表面；对许多人来说，穆索尔斯基的性格仍然是肤浅的，或者至多有些神秘，他太容易被更有力的意见所影响，很难坚持自己的想法。如果说他的音乐能够在一定时候证明这种看法是完全错误的，那么他的生活却只会给这种看法提供太多的支持。

除了他们都对音乐怀有热情，穆索尔斯基与鲍罗丁少有直接的共同点。或许他们的个性是彼此互补的。穆索尔斯基给人印象不成熟、忸怩，而年长五岁的鲍罗丁看起来似乎更协调、更成熟、更从容。穆索尔斯基没有清晰的职业定位，而鲍罗丁却可以声称拥有两种职业。作为一个音乐家，鲍罗丁不仅仅是个像样的钢琴家，尚可的大提琴手，而且已是一位创作了多部作品的才华横溢的作曲家。无可否认，这些作品是一些稀奇古怪的大杂烩：以俄国浪漫派作曲家阿勒亚布耶夫和古里廖夫的抒情、多愁善感的方式创作的少量歌曲，但在伴奏中加入了大提琴；三四首海顿或门德尔松风格的室内乐；还有一些青少年时期的钢琴作品。其中许多作品并未完成，部分是因为鲍罗丁的创作环境纯属业余，没有特别委约表演的作品，而最重要的原因是他另一份作为化学研究者兼大学教师的全职工作。这份工作对他提出的无法抗拒的高要求将在余生中持续困扰他的音乐创作。鲍罗丁在10多岁的时候，就在家中自己的房间里建起了一座小型的实验室，当他遇见穆索尔斯基的时候，他已经在外科学院完成了长达六年的自然科学、解剖学和化学课程，并着手写作博士论文，题目简洁有力：《砷酸与磷酸在化学和毒理学反应中的相似性》(*On the Analogy of Arsenic Acid with Phosphoric Acid in Chemical and Toxicological Behavior*)。

那时，他俩不过是点头之交，有过两到三次交集，而后他们的交集因所行之路不同而终结。鲍罗丁到国外去做了几个月的博士研究，当他1857年末回国的时候，又一度忙于博士论文的写作以及他在学院所担任的助理教授的工作。1859年底,他们才在鲍罗丁一位同事的家中再度相遇,这时穆索尔斯基为了全身心投入音乐创作,已经辞去近卫军官的职务。他现在正出入一些新的音乐圈子,他的想法也开始反映出这些新的影响。他的观点中一种教条式的冲击力尤其令鲍罗丁印象深刻,某种程度上仍是鲍罗丁的英雄的门德尔松,被纡尊降贵地对待:当主人邀请他们以四手联弹的钢琴改编形式来演奏门德尔松《A小调交响曲》时,穆索尔斯基表现得很不情愿,直到说好给他"免去行板这一完全没有交响性的乐章,只是一首《无词歌》被改编为了乐队版本,或诸如此类的东西"[1],他才同意演奏。另一方面,他热烈谈论舒曼,一位对鲍罗丁来说陌生的作曲家,并且演奏了其《第三交响曲》的一些片段,在这之后他演奏了自己创作的谐谑曲,其中带有他称之为"东方"(Oriental)的三声中部(或许是他上一年创作的《降B大调管弦乐谐谑曲》,其中部有一个单调持续的低音,有些格林卡《鲁斯兰与柳德米拉》中的风格)。所有这些对敏感的鲍罗丁有着很大的影响。"我极其震惊,"他后来记录道,"对我来说,这是音乐中从未听过的新元素。它们甚至在一开始并没有取悦我,而是因其新奇让我感到摸不着头脑。但是在更聚精会神地听了一会后,我开始享受它了。"[2]

在这第二次偶遇后不久,鲍罗丁再一次出国去追求他的科学研究,在海德堡定居,但也在鹿特丹、巴黎工作过,最终到了比萨工作。在他们第一次会面后的那几个月里,穆索尔斯基自己的生活是怠懒、没有重心的。他尽职尽责地完成近卫军官的本职工作,但是当他1858年申请退役时,他坦言道,他没有执行过什么特别的任务,没有

---

1. Dianin, *Borodin* (1960), 41; Dianin, *Borodin* (1963), 20.
2. 同前。

主动承担过什么，也没有获得特别的功绩。[1]他对军事服务完全不感兴趣。1857年夏，他在乡村度过了四个多月的假期，很可能是待在卡列沃，无疑是以家庭事业为托词。他的音乐活动似乎也是同样的毫无条理。他对一两首简短的作品修修改改。有这样一首歌曲《你在哪，小星星？》(Where Art Thou, Little Star?)创作于4月，这首作品一度被视为华丽俄罗斯民歌风格的一种预现，这种风格也被称为"悠长的歌曲/长歌"(protyazhnaya)——"延绵不绝"的风格——直到理查德·塔拉斯金证明，所谓的原版实际上是后来对更传统配乐的一种古里廖夫或者阿勒亚布耶夫式的改编版。[2]六个月后，穆索尔斯基创作了一首短小的钢琴小品，神秘地命名为《童年的回忆》(Souvenir d'enfance)，或许这首作品是基于他孩童时期的创作而来，但却没有明显稚气的特征。练达的旋律隐隐让人想起格林卡的"东方"风格（如在《鲁斯兰与柳德米拉》中的波斯合唱），同样有种无处可去之感。在很多时候，穆索尔斯基运用持续低音——一个不变的低音B——来支撑这首乐曲，与右手变化着的和声相互冲突，这是他从钢琴即兴中拿来运用的一种最喜欢和方便的手法。[3]

两年后，穆索尔斯基形容自己这时已经"处于重病缠身的情况，而这为我待在乡村的这段时间带来强大的力量。这是种神秘主义——掺杂着对神灵的怀疑"[4]。他的意思究竟是什么？我们在他几个月后的回忆中可窥见一斑。他描述之前的状态为紧张易怒，部分原因是手淫会

---

1. 参见他的"退役申请"，收录于 MLN，第270—271页。
2. 参见"小星星：一首民歌风格练习曲"收录于 Taruskin, *Musorgsky: Eight Essays*, 38-70。
3. 术语"持续"(pedal)一词来源于教堂管风琴的脚键盘(pedal board)，在脚键盘上管风琴家可以在双手即兴自由演奏的过程中用脚无限地保持住一个音。持续音具有连接上部和声的效果，不管其特征如何。当然，钢琴不能以这种方式来支撑和声，但可以通过重复音型来表现这样的效果。
4. 1859年10月19日写给巴拉基列夫的信件，收录于 MLN，第46页；收录于 MR，第21—22页。

引发这个状态，他在说明这点时没有一丝丝尴尬："但主要是这些——青春，过度热情，对无限知识的可怕的、无法抗拒的渴望，过分夸张的批判和理想主义的反思，相当于将自己的梦境具象为了图像和行动。"[1] 与他的症状一样引人注目的是，他乐于在这些坦诚又难堪的细节中去分析这些症状。内省式的提问可能会变成由人们自身真实的存在而产生的焦虑。"我所观察到的可能、可信的'我'的概念，是与那些我每天遇见的体形匀称、干劲十足、适应环境的人相比较而存在的吗？他们都有着固定的职能和有用的才能，无论他们是进行田园劳动的农民，进行人文思考的聪明的知识分子，还是艺术家、政治家，或者仅仅是彼此相处融洽的平凡、友善的人，而我像是个双头怪物或者蓄胡女一样闯入了他们之中，是这样吗？另一方面，这种意识一直纠缠着我：我实际上是一个会作出不平凡贡献的特殊的人，然而我显然且肯定没有作出过贡献。"这种处境集中体现在十九世纪早中期少数俄罗斯贵族身上，仅仅几年前，屠格涅夫在他的作品《多余人日记》中巧妙地提及并描述过这种处境。"多余人"朱尔卡都林（Chulkaturin）叹道：

> 在我一生中，我总是发现我的位置被占据了，可能是因为我没有找对我应待的位置。我像所有多病的人一样，忧心忡忡、缄默不言且暴躁易怒。再者，或许因为过分的忸怩，又或者源于我性格中得罪人的一面，这些存在于我的思想和情感表达中，是一种无法言说的，不合逻辑的，且完全不能逾越的障碍；无论何时我下定决心强迫自己战胜这一困难，

---

1. 1860年2月10日写给巴拉基列夫的信件，收录于 MLN，第48页；收录于 MR，第23—24页。后来的苏联版本中删掉了"手淫"，但在早年由安德烈·里姆斯基-科萨科夫编辑的俄文版中曾出现。参见 Rimsky-Korsakov, *M. P. Musorgskiy*: 55。

打破这一壁垒，我的姿势，面部表情，我整个人就会呈现出一种受到痛苦束缚的样子。我不仅仅看起来是这样，我的确完全变得不自然和矫揉造作了。我意识到这样的自己，并赶紧缩回自己的壳子里。接着心中产生一种可怕的骚动。我从上一个话题来分析自己，将自身与他人对比，回忆我细微的眼神、我的笑容，和我对尝试着敞开心扉的人所说的话语，把所有事都弄得糟糕，恶毒地嘲笑自己"和任何其他人一样"的标榜——突然，在我的笑声中，我彻底陷入黑暗，陷入荒诞的沮丧中，然后又如从前一样开始——事实上，我像转笼上的松鼠，一圈圈地转。整日都在这样烦扰又无效的练习中度过。那么现在，请告诉我，这样的一个人对谁有用，有什么用？为什么这样的情形发生在我身上？为什么会让这样的小事消磨着我？——谁知道呢？谁能告诉我？[1]

朱尔卡都林被诊断为得了绝症，因此谈到他自己时用的是过去式。相比之下，穆索尔斯基只不过面对着没有目的和野心的黯淡前途。10月，他从乡下回到了军职上，但情况变得更糟糕了。他变得近乎病态地敏感，在处理与他人的关系上容易生气，并且对死亡与身后事感到焦虑。作为小儿子，他无权继承家产，俄国的体制也没有为他提供军队、教堂或者公务员以外的选择。与斯塔索夫不同的是，他并没有开辟另一条不寻常之路的热情。在18岁这个年纪，他是随波逐流的。

在他年轻时这样的低起点上，穆索尔斯基认识了将会改变他一生的人。通过普列奥布拉任斯基军团中另一位音乐之友费奥多·凡利

---

[1] 伊凡·屠格涅夫:《多余人日记以及其他故事》(*The Diary of a Superfluous Man and Other Stories*)，康斯坦斯·加内特（Constance Garnett）译（London: William Heinemann, 1894）。

亚斯基（Fyodor Vanlyarsky），他结识了作曲家亚历山大·达尔戈梅日斯基，并受邀参加在作曲家公寓举办的音乐晚会。那个时候，1857年的秋天，达尔戈梅日斯基可以说是在世的最杰出的俄国作曲家了。格林卡已经去世九个月了。[1] 阿列克谢·维尔斯托夫斯基的歌剧《格罗莫比》（*Gromoboy*）不久前已经搬上莫斯科的舞台，但相比这位作曲家大概二十年前在圣彼得堡上演的《阿斯科尔德之墓》而言没有什么新的东西；亚历山大·古里廖夫已经创作了一些杰出的歌曲，但其他体裁的作品不多。达尔戈梅日斯基也创作了许多优美有趣的歌曲，但最重要的是他创作了两部歌剧，其中，于1856年5月在圣彼得堡的首演取得些许成功的第二部作品《水仙女》(*Rusalka*)，在评论界被认为具有标志性意义，这尤其要感谢斯塔索夫的老朋友谢洛夫在《歌剧与戏剧》（*Muzikal'nïy i teatral'nïy vestnik*）上发表的一篇包含十个部分的赞赏性乐评。

从表面看，《水仙女》是一部传统、浪漫的民间歌剧，讲述的是一个磨坊主的女儿变成美人鱼，把她不忠的情人拖到第聂伯河底的故事。许多音乐建立在标准的合唱、咏叹调、二重奏、三重奏这些歌剧体裁形式上，有着简朴、迷人的旋律，简单的节奏型和朴素却有效的记谱。让谢洛夫感兴趣的是其他的东西，似乎达尔戈梅日斯基并没有完全意识到：他的音乐与普希金的诗剧文本之间不同寻常的亲密关系。当然，他知道在将这一诗剧改编为歌剧剧本的过程中，尽可能地贴近了原著，有时甚至使用普希金原本的诗句。他似乎并没有理解他自己相对新奇的技巧在于以一种自由流动、戏剧性的宣叙调来为原文诗句谱曲，音乐围绕字词的自然诵读塑造，就像歌手尽管用一种激昂的风格，实际上是把这部剧说了出来。谢洛夫曾阅读过瓦格纳的歌剧理论文章（尽管他尚未观看过瓦格纳任何一部歌剧），并且吸收了瓦

---

1. 斯塔索夫将穆索尔斯基与达尔戈梅日斯基的相遇时间错记为1856—1857年间的冬季，其时格林卡尚在人世，却身在国外。参见 *MBO*，第35—36页。

格纳关于流动的文字配乐和从音诗（vocal-poetic）词句中衍生出乐思的这些理论。奇怪的是，谢洛夫质疑瓦格纳对于音乐、诗歌和舞台布局应处于平等地位的主张，而现在他却恰恰赞赏《水仙女》中音乐最顺从于文本的部分。他热烈赞扬这样一个场景，磨坊主因失去女儿而被逼疯，他相信自己变成了渡鸦，在河堤旁偶遇了女儿的情人王子，并要求将女儿还给他。语篇的对话性反映在对交响思维非正式的继承中，有时重复语句，有时强调人物的音调，但是几乎不在主题上做文章。这些准确地说都不是革新，但是也的确为俄国音乐引入了一种技巧，即在适当的时候能使意料之外和无法预料的结果同时出现。不可忽视的是谢洛夫影响了达尔戈梅日斯基，使其关注自身的成就。"昨晚深夜，"作曲家写信给批评家道，"我读了您对磨坊主与王子二重唱的分析。衷心地感谢您，与其说感谢您的赞赏，不如说感谢您对我内心深处甚至无意识的这些想法极为深入的洞察。事实上我从未曾想过我的二重唱这样成功……"[1]

　　穆索尔斯基在1856年《水仙女》巡演时有没有看过这部作品，我们不得而知。斯塔索夫说没有：他向我们保证，格林卡的两部歌剧还有《水仙女》对这位年轻的近卫军官来说是未知的。[2]然而，如果穆索尔斯基在1857年11月或12月去过达尔戈梅日斯基家，却无法讨论——最好是夸奖——主人最新的歌剧作品，他很可能会受到冷淡的接待，因为达尔戈梅日斯基看到观众反响一般而感到愤愤不平，且极度愤懑于格林卡（他所认为的）被夸大的名声。他会不断地抱怨自己所遭受的不公正待遇。要是俄国最重要的评论家没有把《水仙女》夸上天呢？要是他没有在其中凸显一些甚至伟大的格林卡都不曾想到的

---

1. 1856年秋的信件，收录于 *ODR*，第258页。我十分感激塔拉斯金为这段文字提供的大量信息。
2. *MBO*，第34页。

进步元素呢？但哪里有官方的认可？《水仙女》接受过少许邀演，但很快沉寂了。似乎除了谢洛夫外，没有人意识到它的意义所在。当然，尽管如此，他亚历山大·谢尔盖耶维奇·达尔戈梅日斯基也会勇往直前。"我不会自欺欺人，"正当穆索尔斯基出现在他的圈子里时，他向歌手柳博芙·卡玛琳娜（Lyubov Karmalina）写信道，"我在彼得堡的艺术地位是不值得羡慕的，这里大多数音乐爱好者和新闻工作者没有从我身上发现任何灵感。他们惯常的态度是找寻能唤醒人耳的旋律，而我并不追求这些。我无意为了他们把我的音乐降低为一种消遣。我想要直接表现字句的声音。我想要真相。"[1]

尽管未受到圣彼得堡官方的认可，达尔戈梅日斯基已从《鲁斯兰与柳德米拉》的作曲家那里继承了音乐先锋性的衣钵。他举办的那些晚会都由格林卡的歌剧以及《水仙女》中的片段所主导，毫无疑问，其中有著名的磨坊主之歌，第三幕中王子的抒情短曲，或许还有谢洛夫所探讨的"现实主义"对话，所有这些达尔戈梅日斯基都会演唱并伴奏，不一定优美却追求生动、戏剧性的效果。这是穆索尔斯基第一次经历这样一种环境，在这种环境下，音乐受到重视，它不仅仅被当作娱乐或展示的工具，而且是作为争论的话题和思想的传播途径。巴拉基列夫是其中一位常客，他仅仅长穆索尔斯基两岁，不仅是位极具天赋的钢琴家，还是位健谈的年轻人，对音乐有着强烈的个人观点并随时准备用论据来支撑这些观点。另一位就是塞萨尔·居伊（César Cui），一位毕业于维尔纽斯[2]的年轻工程师，经乌利比谢夫的介绍，他与巴拉基列夫相识于格林卡家。同穆索尔斯基一样，居伊是一位军官，一位军事工程师，但他也是一位作曲家，已经完成了少量歌曲以

---

1. 1857年12月9日写给L. I. Belenitsïna（卡玛琳娜的父姓）的信件，收录于Pekelis, *A. S. Dargomïzhsky*, vol. I, 53。
2. 译者注：今立陶宛首都。

及钢琴小品的创作，目前开始基于普希金的叙事诗《高加索的俘虏》（*A Prisoner of the Caucasus*）创作一部歌剧。

除了通晓防御工事和高性能炸药外，缺乏专业知识的穆索尔斯基没有写过任何超过三分钟的音乐，仅仅是尝试写这类作品都让他觉得是一种极大的、荒诞的野心。即便是音乐成就远超他们任何一个人的巴拉基列夫，在他当时的创作中，一部基于三首俄罗斯民歌的管弦乐序曲已算是最自命不凡的了；或许作为讨论的一部分，他们涉及了（即使是一部很短的）管弦乐写作中的一些问题，巴拉基列夫提出要对穆索尔斯基进行非正式的作曲指导。他将会解释——正如他之后向斯塔苏夫解释的——他不足以胜任教授穆索尔斯基音乐理论；他的讲解将通过对伟大作品的仔细研究并加以实践展示和阐释的方式进行。在此基础上，两位年轻的音乐家从1857年11月初开始频繁地聚会。

这时，巴拉基列夫已经在圣彼得堡待了两年了，尽管长期缺少经济来源，但他也没有认真招收学生，并且，他给穆索尔斯基上课，尽管后者绝不缺钱，也常常是无偿的。这样的安排反映出巴拉基列夫心灵的纯洁，至少足以弥补他所缺少的资历，尽管事实上钢琴课这一他肯定具备教育资质的课程或许是穆索尔斯基既不需要也不想学的课程。从一开始，巴拉基列夫教育的基础是他对自己正确的音乐判断力强烈的自信。坦率地说，他专横且不容置喙；具有在片刻形成观点的能力，将其视为一种绝对真理，且对于自己这些立场，他鲜少违背（如果说曾有过的话）。诚然，他常常都是对的。在五十年代圣彼得堡狭隘落后的氛围中，舞台被意大利歌剧主导，而当地的音乐文化主要集中于歌舞杂耍表演（叙事歌剧）以及私人晚会，在这种情形下，巴拉基列夫对于学习伟大作品的坚持，对于俗气二等作品的无情拒绝，对于在彼得堡所上演音乐的强烈批判，所有这些作为一种态度，对穆索尔斯基具有巨大的刺激作用，即便这种态度所导向的判断有时是古怪的，或者坦率地说是带有偏见的。

看来他们最初是在巴拉基列夫的公寓里认识的。但巴拉基列夫最初的一条指导建议便是让与母亲和哥哥同住的穆索尔斯基需有一架属于自己的像样的钢琴;随后,一架崭新的贝克尔琴(Becker),于圣诞节前几天按时运送到丰坦卡河另一边位于格雷博茨基街(Grebetsky Ulitsa)的公寓中。接下来的课程时常是在穆索尔斯基的公寓中展开。课程很频繁,但有时不得不因为穆索尔斯基的值守任务而取消,这一情形毫无疑问让一个想法逐渐在他脑海中生成,也就是音乐和从军不能混为一谈,这也直接导致他在1858年的春天申请了退役。7月中旬他退役成功。其时巴拉基列夫已离开圣彼得堡去下诺夫哥罗德消夏。他们得以建立起了一种稳定的学习方式。他们会一起演奏钢琴四手联弹,弹的都是伟大的古典主义作曲家莫扎特、海顿、贝多芬和舒伯特的作品,还有更早的大师诸如巴赫和亨德尔,以及最新的、可获得的柏辽兹、李斯特和舒曼的作品。根据巴拉基列夫之后的回忆,穆索尔斯基到这时已经熟悉格林卡和达尔戈梅日斯基的重要作品了(大概要归功于他们在达尔戈梅日斯基晚会中扮演重要角色),[1]因此这些就略过了。我们知道在早期的一节课上,他们弹奏了贝多芬的《第二交响曲》。不久巴拉基列夫将舒曼的交响曲介绍给了穆索尔斯基;在莫杰斯特7月最早寄去下诺夫哥罗德的其中一封信件中,曾提及他和哥哥正在学习弹奏舒曼的头两部交响曲,正如我们所看到的,他将在不久用《第三交响曲》,一部那时创作不到十年的作品来逗乐鲍罗丁。最后,我们可以认为他那时对门德尔松居高临下的态度,同样也是向巴拉基列夫致敬。

从音乐角度来看,这些所谓的课程一定是使人大为惊奇的。我们知道穆索尔斯基是一位具有天赋的钢琴家和杰出的视奏者;巴拉

---

1. 参见他给M-D.卡沃科雷西的信件,收录于Montagu-Nathan, "Balakirev's Letters", 147–160。

基列夫是一位真正的演奏家。正是在此前不久，1858年的2月，巴拉基列夫曾为沙皇亚历山大二世和他的哥哥康士坦丁大公在被称作彼得堡音乐协会的地方演奏了贝多芬的《"皇帝"协奏曲》("*Emperor*" *Concerto*)，至于巴拉基列夫如何评价这部音乐，我们只能猜测。巴拉基列夫的教学方法被里姆斯基-科萨科夫在他的回忆录中有点讽刺地记录下来（我们须知，在写下这些文字时，里姆斯基-科萨科夫已经在音乐学院做了三十五年的教授了）：

> 那时，在舒曼作品的影响下，旋律上的天赋并不受欢迎……几乎所有贝多芬交响曲的基本想法都被视为是无力的；肖邦的旋律，甜美且女性化；门德尔松则是酸涩和世俗的。然而，巴赫赋格曲的主题无疑都是重复的……大多数情况下，一首曲子由其各个元素来评判，可以说开头四个小节非常好，接下来八小节变得疲软，主旋律无丝毫用处，而由其走向下个乐句的连接句则很优美，等等此类。一首作品从其美学意义上来说从未被视作一个整体。[1]

巴拉基列夫本人后来告诉卡沃科雷西，他"向（穆索尔斯基）解释了各种各样作曲的曲式结构"。但基于他拒绝掌握理论知识，严格来说这是不可能的。古典主义曲式有赖于和声、对位、节奏和句法结构之间一种微妙且复杂的相互作用。它不能简单地用这块砖，然后用那块砖来形容，就像人们可能形容一堵墙而忽视将其组装在一起或者分开的引力力学。巴拉基列夫可能指出一些主题联系，或者他可能仅

---

1. *LMMZ*，第24—25页；*MML*，第28—29页。但是，根据居伊在他给巴拉基列夫所写的讣告中称，肖邦在圈子里评价很高，参见 "Ts. A. Kyui o M. A. Balkireve," *birzheviye vedomosti*, 1910年5月18日，再版于Gusin, *TS. A. Cui: Izbrannïye stat'i*, 548–550。

仅将注意力放在一些引人注目的细节上，并尝试解释为什么这些是不同寻常的。《"皇帝"协奏曲》开头的降E大调和弦为什么不同于《"英雄"交响曲》开头的降E和弦，或舒曼《"莱茵"交响曲》引子中的这些和弦呢？对这些细节的小题大做在寻求速成的门外汉看来是极其迂腐的；但这正是天才不断更新一种看似过时的音乐语言过程的核心。又或者说，巴拉基列夫是在泛泛而谈的基础上为自己的偏见辩护吗？贝多芬，一位在创作规模和宏伟性上的革命者；门德尔松，柔弱、阴柔、学院派；柏辽兹，不受标准规则的束缚；李斯特，空洞的炫技者，却是一位本能的革新者；瓦格纳，一位夸夸其谈的德国人。他的教学似乎一直都是将学究和过于笼统的概括怪异地混合起来。人们可以想象，这种混合因只有具备强烈音乐头脑的人才有的敏锐感知而更为有趣。

学究式教学体现在巴拉基列夫用家庭作业的形式为穆索尔斯基布置的任务上。首先他要创作一个快板乐章，可能是两手或四手弹奏的钢琴作品，并且明显采用奏鸣曲式。这根本不是穆索尔斯基喜欢的课题，在2月末他公开反抗并说道："这个快板乐章让我无聊到恶心。"之后，巴拉基列夫让他将《鲁斯兰与柳德米拉》第三幕中的波斯人合唱改编为钢琴二重奏。这让他花了四到五天的时间，在完成之后他花了几天给自己的歌曲《你在哪，小星星？》配器。在这之间，他考虑给索福克勒斯的《俄狄浦斯王》(*Oedipus the King*)配乐，并且在7月初创作了序曲的全部或者其中一部分。然而关于这些课题仍有随意的成分存在。已经完成第一部歌剧的塞萨尔·居伊已经开始计划他的第二部歌剧了，他对巴拉基列夫开玩笑道："莫杰斯特可能像往常一样，半天思考他明天将会做什么，另外半天思考他昨天做了什么。"[1]莫杰

---

1. 1858年6月18日的信件，收录于 Gusin, TS. A. Cui: Izbrannïye pis'ma, 46; 也见 *MDW*, 第66—67页。

斯特自己对这一性情的描述是"注意力分散"——不能一次专注于一件事。[1] 米利在莫斯科和下诺夫哥罗德不再"碍事"时,他为古里廖夫创作了另外两首浪漫主义风格的歌曲:《亲爱的姑娘,告诉我为什么》(Tell Me Why, Dearest Maiden) 以及《心中的渴望》(The Heart's Desire——海涅诗歌《我心中的向往》的俄罗斯版本);他开始创作,并可能完成了一首降E大调的钢琴奏鸣曲,也开始了但或许没有完成另外一首升F小调钢琴奏鸣曲。两首奏鸣曲都没留下任何片段(当然,除非它们被用到接下来的作品中),除了在8月寄给巴拉基列夫的信件中,穆索尔斯基写下的《降E大调奏鸣曲》的三个主题。最后,在秋天,他创作了另外两部谐谑曲,一部(降B大调)为管弦乐而作,另一部(升C小调)为钢琴所作,并且将格林卡《马德里之夜》改编成了钢琴二重奏。

　　这些留存下来的作品显示出了他的才能,但尚不具有个人特点。那几部谐谑曲(还有一部《降E大调奏鸣曲》)暗示了巴拉基列夫敦促他创作快速的音乐,或者至少是具有持续推动力的音乐。歌曲都受速度所限却由固定节奏音型持续推动。《亲爱的姑娘,告诉我为什么》是一首缓慢的华尔兹,以跃动的八分音符伴奏;《心中的渴望》以二拍子写成,也有均等的八分音符,但在中部却以一种缓慢的帕凡舞曲风格出现。人们或许推测巴拉基列夫给了他一些范例。《亲爱的姑娘,告诉我为什么》这首作品, 正如塔拉斯金指出的,很可能是以古里廖夫的歌曲为原型,《少女的悲伤》(A Maiden's Sorrow) 以同样的语汇开始,也是一首速度较慢的华尔兹。同样,《升C小调谐谑曲》听起来像舒伯特F小调《音乐瞬间》(Moment Musical) 的呈现。巴拉基列

---

1. 参见他1858年7月12日至8月13日写给巴拉基列夫的信件,收录于MR,第9—13页。MR中将"rasseyannost'"一词翻译为"心不在焉的(absentmindedness)";但穆索尔斯基并没有提及健忘这点。

夫或许也作了更具体的贡献。升C小调的这部作品有两个版本，都写于1858年，其中第二版看上去非常像管弦乐谱的钢琴改编曲。因此，巴拉基列夫或许指导了穆索尔斯基为原始版配器，并同时建议修改，包括要在中部的基础上添加尾声。巴拉基列夫的传记作者爱德华·加登（Edward Garden）认为穆索尔斯基本人可能创作了整个尾声或者其中一部分。无论如何，这一修订版反映出他的对称平衡感以及他的成长。在第一版中A-B-A的曲式粗糙地以第一个A部分的完全复制而结束；第二版修改了重复部分并加了个缓慢的尾声，使得该曲以一种出乎意料却自然的方式呈现。当然，构思是古典的，穆索尔斯基从未以任何像这样时尚的方式组织他成熟的曲式结构。但他确实学到了一课，那就是好的曲式不是某样预先计划好的事物，而是一种最终产物：一个结果，而非一种材料。

如果不是它们揭示了穆索尔斯基几乎白手起家的早期发展，并且告诉我们（或者至少暗示了）巴拉基列夫的教导方式，那么这些作品都不值得严肃探讨。对任何系统学习过音乐的人来说，这整个过程看起来是极度站不住脚的。但这对穆索尔斯基有用。巴拉基列夫不能弥补他学生性格上的缺陷，但他能把天才的作品放到学生面前，穆索尔斯基又能很快理解到他所需要的，并拒绝他不需要的东西。穆索尔斯基在他的老师不在时，仍无疑是依照老师要求，学习了格鲁克改革后的歌剧、莫扎特的《安魂曲》，还有他从未听过的各种贝多芬的奏鸣曲［包括作品27号"幻想曲一般的"（Quasi una fantasia）中的一个或两个乐章］。巴拉基列夫的训诫不止于音乐。或许正是在他的建议下，他们一起阅读拜伦的《曼弗雷德》（Manfred），或许还有赫尔岑的小说《谁之罪？》（Who Is to Blame?）。"我太想成为曼弗雷德了！"一天当他们一起走到萨多瓦雅街时，穆索尔斯基脱口而出。"我那时完全就是个孩子，"他后来坦言道，"并且看起来命运足够仁慈，实现了我的愿望——我确实'曼弗雷德化'了，我的灵魂杀了我的身体。现在我不得不喝下每一种解药。"[1]因为"曼弗雷德化"——对拜伦笔下饱受罪恶感折磨却不思悔改的浪漫主义主角的自我认同——或多或少流行于那个时期的俄国作家和艺术家们之间,这就很容易理解为什么19岁的穆索尔斯基会受到影响,就像去理解为什么他在(快到)21岁时会看到对"解药"的需求。但是人们仍旧不能从他的音乐中推断出他认为的"解药"将会以什么形式出现。

---

1. 1860年2月10日写给巴拉基列夫的信件,收录于 *MLN*,第48页;收录于 *MR*,第23页。

[第 五 章]

论审美及俄罗斯风格

在穆索尔斯基遇见鲍罗丁的前一年,圣彼得堡大学一位27岁的研究生已经出版了他题为《艺术与现实的审美关系》(The Aesthetic Relations of Art to Reality)的硕士论文。

尼古拉·车尔尼雪夫斯基是萨拉托夫一位东正教神甫的儿子,这座城市位于莫斯科西南五百英里(约八百零四公里)伏尔加河下游。以守旧的俄国神职人员的通常标准来看,他的父亲虽说不上受到过良好教育,但一定格外开明。尼古拉在萨拉托夫神学院学习了四年后,于1846年到达圣彼得堡,不仅以优异的成绩考入了圣彼得堡大学历史与语文学系,而且还在他父母的允准下放弃了宗教学习。

如果能预见到他的学习的明确方向,他的父母是否还能欣然同意,这是一个没有答案的问题。不久之后,他便沉浸在法国空想社会主义者傅立叶、圣西门、普鲁东等人的作品中;他还曾致力于学习德意志理想主义哲学家们的思想,从黑格尔到谢林,最终到费尔巴哈;此时,他已全然抛弃了基督教信仰,成为了一名人类学理论——人类作为自己命运的决裁者以及自身精神追求中心的理论——的坚定信徒。与此同时,他逐渐成为一名激进的,甚至革命的政治家。在四十年代晚期，他与（从现在标准来看）略带左倾思想的彼得拉舍夫斯基小组（Petrashevsky group）[1]有过粗浅的接触，但在小组成员1849年所遭受的假处决和西伯利亚流放中未受牵连。流放者中包括年轻的陀思妥耶夫斯基。到1855年在车尔尼雪夫斯基的"审美关系"（全称《艺术与现实的审美关系》）一书出版时，他已经具有明显的左翼政治倾向。那年，他成为别林斯基的老牌杂志《现代人》（The Contemporary）的文学编辑，开始向刊物投稿，他的文章把别林斯基所强调的社会和心理的导向性阐释转向一种更加专注于政治的激进主义。文学的根本任务，进一步说，艺术的根本任务是为推翻俄国专制统治，这个观点第一次清晰地出现在车尔尼雪夫斯基的文章中。尽管别林斯基是激进主义者，但他从不赞同文学受此类政治纲领支配。1857年，当车尔尼雪夫斯基将他的编辑工作转交给21岁的同事尼古拉·杜勃罗留波夫（Nikolay Dobrolyubov）时，意味着将火炬传给了政治激进主义的极度拥护者，与此同时，他明确将这一观点与革命和虚无主义政治联系在一起。

在"审美关系"一书中，几乎还没有出现任何政治因素。这本书所暗含的是一种坚定的唯物主义思想，与政治激进主义者完成任务的决心完美匹配。里面花了大量的篇幅来反对黑格尔的观点，即艺术作为美的完美呈现，其在物质世界中总是被污染的或者是昙花一现的。相反，它论证了现实常常比艺术更美，艺术只是现实的苍白复制品。车尔尼雪夫斯基问，复制品怎能比原版更美呢？艺术家怎能想象出比他自己所见更美的面孔和身体呢？幻想出来的玫瑰怎能与真花完美比拟呢？艺术是短暂的，而大自然不断在自我更新。艺术中的美是死气

---

1. 译者注：彼得拉舍夫斯基小组是1845—1849年圣彼得堡俄国进步知识分子的组织，政治上要求消灭封建农奴制，思想上受十二月党人、别林斯基、赫尔岑等的影响，包括以彼得拉舍夫斯基、迈科夫、蒙贝里为主的激进民主派，和以别克列米舍夫、陀思妥耶夫斯基为代表的自由派。后组织被沙皇政府破坏，领导人遭流放。

沉沉、单调乏味的，而现实生活中的美却是生机勃勃、不断变化的。艺术中的美需要发挥想象力，而生活中的美是可以立刻、自然地被认识和理解的。甚至车尔尼雪夫斯基认为最不成问题的艺术形式——文学（诗歌和散文），与现实中相应的形象相比，其意象也变得"无力、残缺、模糊"。确实，书写下来的文字比其他艺术提供的信息更多，它能描述角色和思想，也能讲述一个复杂的故事。但所有这些内容也在现实中出现。当然，作者能利用一些修辞效果来强调各种细节。但这将导致言过其实或过于简化。车尔尼雪夫斯基抱怨道，一般小说都是由对话和人为编造的动机所架构起来的；这些小说也迎合了某种人性的弱点——否认现实：对好人或坏人角色的需求，对美满结局或让悲剧人物落得个不好的下场的需求，催人泪下的感伤情调的喜爱。

　　车尔尼雪夫斯基不是音乐家，同大多数将自己的观点武断地应用到音乐上的思想家们一样，他很快在音乐领域陷入困境。显然，除了在某些特例中，音乐不是对现实的模仿；所以，很难依据那样的观点将音乐视为现实的次级产物。但如果音乐不是搜寻我们周遭世界中美的产物，那它是什么？虽然车尔尼雪夫斯基是位作家，他却在歌唱艺术中找到了答案，即歌词解释音乐。他认为，歌唱与美无关，而与情感表达有关。一位歌手歌唱，正如一只狗吠叫，或一个孩子啼哭。这看起来避实就虚，因为从表面上看歌手就与作曲家不同：他不是创作者，而是中间人。车尔尼雪夫斯基将民歌定为最正统的声乐，以此来解决这一问题，在他的书中，民歌远胜歌剧和艺术歌曲"矫揉造作"的歌唱；众所周知，严格说来民歌并不是创作出来的，仅仅是任其自由发展而来的，就像一株植物或者一棵树自然生长那样。他总结道，从这层意义上看，歌唱（或者有人坚称为声乐）完全不是如绘画或诗歌般的高雅艺术，而是一种实用性的艺术，像耕作和木匠活一样。这显然与他的总体思想相近，因为这使他得以将某种音乐类型看作一种自然现象——现实的一面，而艺术音乐暗暗被谴责为一种对该现象无力

（无用）的复制。器乐音乐最初为歌唱伴奏，后来独立出来，部分原因在于人声的局限性。但是它仍保留着对歌唱的粗劣模仿，正如艺术性的歌唱仍旧是作为"大自然造诣"的歌唱的拙劣替代品。

我们没有必要去细想这一论断中的谬误。车尔尼雪夫斯基十分清楚艺术并不仅仅，甚至主要也不是关乎传统意义上的美，而是与人们对于周围世界的认知有关，显然这是某种不可知的东西。他摸索着的是这样一个艺术理论，可以说，是一个脚踏实地的理论，摒弃了黑格尔有关美与共相（universals）的抽象概念，转而支持个人主义、特殊主义，以及一种认为是客观事物与人决定了我们的情感与审美反应的世界观。[1]或许，他错在过于简化了。他似乎真的在论证艺术本身是无关紧要的。屠格涅夫对此书的真知灼见是："在他的眼中，艺术只是对现实、对生活的替代，且从本质上只适合不成熟的人。无论你采用何种方式看待艺术，这一观点对他来说是一切的基础。但依我看，这是一派胡言。"[2]有时人们会疑虑，车尔尼雪夫斯基是否曾近距离观察过伦勃朗的肖像画，是否仔细聆听过巴赫的组曲或者贝多芬的弦乐四重奏。车尔尼雪夫斯基似乎意识不到，艺术自身或许代表着被天才的想象力所美化的现实，正如从更普遍的层面上看，梦境和幻想会改变但绝不会忽略我们日常的生存经验。具体而言，他的音乐观念似乎只值得轻描淡写地一瞥。而另一些时候，似乎可以很清楚地看到，当他在谈论生活时，他指的是超越基本物质之外的东西。他说："真正的生活是心灵与精神的生活。""美即生命，美是置身于我们设想的生活中的，展现生命或令我们想起生命的客体就是美的。"[3]

尽管车尔尼雪夫斯基的专著只是一篇硕士论文，但它似乎至少已

---

1. Walicki, *A History of Russian Thought*, 191–194, 我感激其中许多现成的讨论。
2. 1855年7月25日写给V. P. Botkin和N. A. Nekrasov的信件，收录于Turgenev, *Polnoye sobraniye sochineniy I pisem*, vol. 2, 300–301。
3. 引自Walicki, *A History of Russian Thought*, 192。

被五十年代中期的艺术学界认真研究过了。弗拉基米尔·斯塔索夫那时是否读过这篇论文不太确定，但他晚年所写的一篇自传性笔记中，将别林斯基、车尔尼雪夫斯基，以及无政府主义者德米特里·皮萨列夫（Dmitry Pisarev）称作其导师。[1]即便不谈记忆的问题，我们也并不清楚这样的指导在什么阶段起过作用，又是通过哪些作品起作用的。这三人都与过文学和美学作品，这些属于斯塔索夫感兴趣的领域。车尔尼雪夫斯基后来还出版了一部有影响力的小说，但他和皮萨列夫作为政治激进分子的身份更为有名，且他们成年后人生很大一部分时间（皮萨列夫比较短暂）都是在狱中或者流放中度过的。他们都曾被列宁高度赞扬，后来被视为革命的先知。因此，撰写斯塔索夫传记的苏联作者们利用了斯塔索夫自己与这两位建立起来的联系，并把这种联系作为他"正确的"原始马克思主义观点的证明。例如，人们说他"将车尔尼雪夫斯基视为六十年代革命民主运动真正的领导者，并将他的教导评价为那个时代最具前瞻性的教导"。同一部传记继续写道："斯塔索夫尤其高度肯定了车尔尼雪夫斯基对艺术评判生活的要求，艺术为压抑和摧残人民的社会表征与形式打上印记，与此同时主张进步的民主理想。"他号召"艺术积极参与到争取人民解放和历史进步的斗争中，并让艺术服务于解放运动"。[2]

创作斯塔索夫传记的苏联流亡作家，移居美国的苏联问题专家尤里·奥尔霍夫斯基（Yuri Olkhovsky）对这些论断不屑一顾，这是可以理解的。他指出："在苏联，车尔尼雪夫斯基的这些观点都被视为俄国前马克思主义唯物主义者的社会哲学以及美学思想的顶峰。当人们认为弗拉基米尔·列宁的许多观点都是以车尔尼雪夫斯基的作品为基础时，他们开始意识到与车尔尼雪夫斯基相比，别林斯基对苏联意识形

---

1. Karenin, *Vladimir Stasov,* 162.
2. Lebedev and Solodovnikov, *Stasov,* 62–63.

态的影响更少。"[1]奥尔霍夫斯基甚至怀疑斯塔索夫是否真的曾读过任何车尔尼雪夫斯基的作品,尽管他也认为斯塔索夫熟悉车尔尼雪夫斯基的观点。这似乎将怀疑主义运用至不必要的程度。可以肯定的是,斯塔索夫在1863年读过车尔尼雪夫斯基刚出版的小说《怎么办?》(*What Is to Be Done*?),因为巴拉基列夫在那年4月写给斯塔索夫的信中赞扬了这部作品,却没有点出作品名。不管怎么说,斯塔索夫都是一位对艺术类的书本和文章如饥似渴的读者,并且不会像10多岁时忽略了别林斯基在《现代人》中最新发表的重要文章那样,忽视五十年代美学领域的重要作者。甚至奥尔霍夫斯基也承认,斯塔索夫很可能读过车尔尼雪夫斯基1856年在《现代人》上发表的《果戈理时期俄罗斯文学概览》。也许人们可以假定斯塔索夫那时非常熟悉车尔尼雪夫斯基的作品,而不需要将后者的政治倾向以这样那样的方式强加给斯塔索夫。

重点在于,斯塔索夫本质上就不是一位政治思想家。他对革命或者"解放人民"的政治目标不感兴趣,尽管他支持任何有益于艺术的社会改革。因此,同许多鲜少担忧此类政治问题的知识分子一样,他的观点可能存在前后非常不一致的情况。和他这一代的大多数人一样,他厌恶所有独裁体制施加在艺术与文学上的条条框框。他喜欢俄国古代民主机构的想法,从乡村公社到人们所猜想的中世纪诺夫哥罗德的选举民主。但他不太热衷于现代民主体制,这种体制最后往往将权力让渡给由无知和没有教养的人组成的委员会。在现代术语中,他可能被粗浅地定义为精英主义者。他本质上只喜好一流的艺术,对二流艺术通常是轻蔑的态度,并且看不出他对存在于十九世纪俄国的流行或通俗艺术有任何兴趣。他是通过西方音乐和文学巨著,以及西方

---

1. Olkhovsky, *Vladimir Stasov*, 139.

绘画——尤其是意大利和法国的杰出作品，领悟到了其中重要的美学思想；除了一些新近的文学和建筑，或许还有格林卡的歌剧，俄国艺术鲜少能拿出哪怕有一点可比性的东西。这是让斯塔索夫感到遗憾，并从五十年代开始希望改变的事。在别林斯基和车尔尼雪夫斯基的影响下，似乎在艺术内容，而非艺术风格或方法上追求这一目标是很自然的。如果重要的艺术被理解为一种对社会——艺术由这个社会且为这个社会所创造——的直接反映，那么俄国主题是实现俄罗斯性的最好方式；而如果俄国艺术的重要性将依据其对于社会及其问题意识的贡献来评判，那么最重要的主题，正如1834年别林斯基所写，将会是"俄国生活场景的真实描绘"[1]。这个观点并没有什么特别的新奇之处，俄国知识分子熟知并且赞赏狄更斯和巴尔扎克的作品；果戈理的《死魂灵》出色地讽刺了农奴经济的荒诞与堕落；亚历山大·赫尔岑（Alexander Herzen）的小说《谁之罪？》以僵化的俄国社会结构来构建一个爱情故事，将痛苦和困惑作为情感解放的必然结果。但总体而言，批判社会的俄国小说在1859年仍处于萌芽阶段，这一年有伊凡·冈察洛夫（Ivan Goncharov）的《奥勃洛莫夫》（*Oblomov*）以及屠格涅夫的《贵族之家》（*Nest of Gentlefolk*），一年后还有阿列克谢·皮谢姆斯基（Alexey Pisemsky）的《一千名农奴》（*Thousand Souls*）。至于绘画——斯塔索夫这一熟悉的领域——几乎超越了阿列克谢·维涅齐昂诺夫（Alexey Venetsianov）的《打谷场》（*Threshing Floor*，1822）对农民的刻画，以及布留洛夫的《庞贝的最后一天》（*Last Day of Pompeii*）以意大利风格绘制的生动戏剧性。

绘画和故事中的现实主义问题只要搁置着，其解决方式就会不证自明，至少理论上是这样。但正如车尔尼雪夫斯基所发现的那样，音

---

1. Belinsky, *Selected Philosophical Works*, 86.

乐又是另一个问题。把唱歌当作一种如风和雨一般的自然现象是一回事，但你怎么能在贝多芬的交响曲或者弦乐四重奏中谈论现实主义呢？在该媒介的惯例所施加的明显限制之下，你可以说歌剧中有历史主题或者社会现实，你可以谈论歌曲或者合唱曲中生动的描述：舒伯特《美丽的磨坊女》（*Die Schöne Müllerin*）中转动的水车与潺潺的流水，巴赫《B小调弥撒》中的"复活"。但这样的意象通过词汇才能被理解，在音乐中已形成惯例。音乐自身仅仅只能使其碎片化来描绘图像，通过拟声法或那些神奇的代替心声的过程，我们方能理解在钢琴上琴键从左到右的运动为"升"，或者重复的音乐意象为"机械"。这些只有在最外围的意义上才能被称为音乐。

　　对于斯塔索夫而言，该问题的一个解决方法在于标题音乐概念。这个想法也没有什么新鲜之处。诸如贝多芬的《"田园"交响曲》和柏辽兹的《幻想交响曲》这些明显的管弦乐例子，人们要么熟悉要么也听说过（尽管在圣彼得堡，柏辽兹融合人声的交响曲《罗密欧与朱丽叶》比《幻想交响曲》更为人所知）。但内心无疑怀揣着别林斯基批评观的斯塔索夫，想要超越这类作品的明显意图，解读这些外部表现全然抽象的器乐作品中的标题性。"贝多芬这些序曲的主体是什么？"他后来写道："如果不是'标题音乐'的话，他晚期四重奏作品的某些部分是什么？他诸多的钢琴奏鸣曲是什么？贝多芬从《第三交响曲》开始的所有交响曲又是什么？"[1]1858年末马克斯（Adolf Bernhard Marx）关于贝多芬的书出版后，他当即就阅读了这本书，并且十分喜欢，斯塔索夫告诉巴拉基列夫，他发现马克斯和他有着相同观点，即《第三交响曲》的末乐章描绘了一群人，一个热闹的节日，其中不同的人群一个接一个出现：时而是普通人，时而是士兵，时而

---

[1]. "25岁以下年轻人的音乐作品"（*Nasha muzika za posledniye 25 let*），收录于*SSMIII*，第151页。

是女人，时而是孩童——所有这些都以乡村风光为背景"[1]。然而，在阅读马克斯的书之前，他至少曾在舒曼的钢琴五重奏中发现了叙事的本质，这部作品不像《"英雄"交响曲》，作曲家没有安排任何标题性的暗示。"你注意到了吗，"他问巴拉基列夫，"怎样使一个音乐细节管控作品中的所有要素？是音阶——明示或隐含的音阶。"他列举了一些音乐例子，接着说道："在我看来，这种音阶进行，这种持续向上的运动不是偶然，而一定是表达了某种'奋进'之感，某些精神或心理的冲动。从我第一次听到这首五重奏（或者几乎可以说是交响曲），让我震惊的是其中就有一些标题因素。标题中的主要角色就是'奋斗'。"[2]

很难证实斯塔索夫曾阅读了多少近期关于标题音乐的德意志文献，而且并不能建立起这些文献与俄国新音乐的推动力量之间的联系。他在马克斯的《贝多芬》出版后如此迅速地上手阅读这一事实表明，他也会精读弗兰茨·布伦德尔的《意大利、德国与法国音乐史》(*History of Music in Italy, Germany and France*)，该书 1852 年第一次出版，且是连接标题音乐与瓦格纳所谓"未来音乐"的核心文本，布伦德尔称之为"新德意志乐派"(New German School)，一个有些随意的（并不全然来自德意志的）对柏辽兹、李斯特和瓦格纳的分组。该书的论点是，把音乐作为肖像或描绘或叙述，可以将它从古典曲式及和声的陈规中解放出来，并开创音乐声响与意义的新前景。对布伦德尔来说，这一过程的顶点是新近李斯特所作的交响音诗。柏辽兹很杰出，但太拘泥于布伦德尔所谓的"诗学观念"，他思想中的音乐性不

---

1. 1858 年 11 月 18 日的信件，收录于 *BSP1*，第 84—85 页，参见 Marx, *Ludwig van Beethoven: Leben und Schaffen*（Berlin, 1859）。出版文字中的一条注释解释了马克斯的这本书，尽管标注的出版时间为 1859 年，实际 1858 年已经推出，并且当年已经被列入圣彼得堡公共图书馆的购买清单。据我所知，马克斯的解读并没有贝多芬的授权。
2. 1858 年 7 月 19 日的信件，收录于 *BSP1*，第 63—69 页，斯塔索夫所强调的内容。

够。瓦格纳仍然只是《汤豪瑟》(*Tannhäuser*)和《罗恩格林》这两部作品的作曲家，以及一系列有关歌剧、理论上具有先锋意义的文章的作者，这些文章的音乐成果尚处于未知之中。但李斯特已经成为作曲家的榜样，他从文学或绘画主题中提取新的、自主的音乐曲式，并用生动、大胆且具有独创性的音乐来填充。

对斯塔索夫来说，伴随着自由曲式而来的是他想要在俄罗斯音乐中发展的另一种趋势：对于理论和学院派权威的合理的厌恶。就此而有种强烈的吃不到葡萄说葡萄酸的情绪。由于俄国没有音乐学院这样的机构，一位俄国音乐家想要获得任何高等音乐训练的唯一方式是去国外学习——德国、法国，或者意大利。而这就不可避免地施加了程式化的约束以及斯塔索夫认为难以与俄罗斯精神相协调的西方色彩。诚然，格林卡曾在柏林师从德恩学习对位。但他在其《回忆录》中有些痛苦地弱化了这些学习的重要性，他说米兰音乐学院的校长曾用错综复杂的对位法折磨他，"但我有活力的幻想不会受此类干瘪无味、毫无诗意的作品支配，很快我就放弃了他的课程"。斯塔索夫记录道："随后，达尔戈梅日斯基也是非常快速、精准地掌握了这一技术……（并且）达尔戈梅日斯基之后的继承者和同伴们并没有像德国人那样无意义地花费多年时间，而像学习其他语法一样快速且轻松地掌握了它。"[1]

斯塔索夫本人或许了解足够多的音乐理论，当然，在十九世纪八十年代他也足够了解相关的作曲家，知道这一评价是完全不真实的。他知道作曲家完成这些创作时所遇到的所有困难，缺少规范性和技术上的不够成熟，以及缺少连贯性与合逻辑的推动力，这在五六十年代大多数俄国音乐中都存在。只是承认这点与他的观点不符。毫无

---

1. *SSMIII*, 147. 参阅 Glinka, *Memoirs*, 60。

疑问，格林卡是对的，过多运用对位法会限制想象力，但适当地运用会使其恰如其分地释放出来。一切都有赖于教学方式。但是，由于十九世纪五十年代或六十年代早期没有特别好的俄国作曲老师，那时的情况很可能是这样：国外引入的教员的严厉教导摧毁了本土天才开出的娇嫩脆弱的花朵。无论如何，这不可能与斯塔索夫心里所持的、适合一种新兴民族音乐的特定素材和主题相匹配。

因此，斯塔索夫对学习系统音乐理论的反对，使其自然而然地想起了别林斯基的一句话——"纯粹的民族主义只有在人们都从外来的外国影响中解放出来时方能达到"。[1] 音乐理论本质上是德意志人创造的；因此拒绝接受音乐理论就是反德意志，并且进一步暗含了对主流德意志音乐文化的排斥，尽管斯塔索夫个人对该文化表现出巨大的钦佩。如别林斯基，尽管他热爱西方文学，但他发现要想创造出俄罗斯文学自身的特性，必须将其从法国和英国小说碾压性的影响中分离出来。这其中有一个重要的不同之处。对别林斯基来说，坚持民族文学与社会和政治改革的想法是相关联的，但其相关性又有些含糊。1841年，他写道："尽管民族与历史发展和国家的社会形式紧密关联，但这两件事不能混为一谈，也不是同一件事；……彼得大帝改革和他所引入的欧洲主义都没有改变，也不能改变我们的民族，只是用一种新的、更具生命力的精神来使其重现活力，为其提供无限的表现和活动领域。"[2] 别林斯基将俄语词汇"部族"（narodnost'）与外来词汇"民族"（natsional'nost）加以区分，他将前者定义为人类堕落前，种族融合意义上的民族，将后者理解为含义更丰富、广义上的"民族"，即"所有社会阶层与条件的集聚体"：

---

1. Belinsky, *Selected Philosophical Works*, 86.
2. 同前，第111页。

人民中可能没有民族，但是民族包含着人民。基尔沙·丹尼诺夫（Kirsha Danilov，一位十八世纪的巡游音乐家及民歌收集者）的歌曲带有人民性；普希金的诗歌是民族的……具有部族性……以某种静止的、永久扎根的事物为先决条件，并没有向前推进；这仅代表了既定状态下人们的实际表现。相反，民族不但包含着它曾是什么，现在是什么，还包含将来是什么，或者能够成为什么。民族在其自身演变中，将极端对立的事物聚集到一起，其所有意图和目的都不能被预知或预言。[1]

尽管具有一致性和纯洁性，部族（Narodnost'）是彼得大帝出现之前俄国的冰封状态，此后彼得大帝将其融解并使其汇入一条流动的河水。这条河水有支流，有汇流，并且最终通往伟大宽广的海洋。

斯塔索夫可能原本会同意别林斯基的历史分析，但他对别林斯基的成果不太感兴趣。对他来说，部族拥有一种文化的本真性，这种本真的重要性远超任何社会或政治落后状态的结合。同亲斯拉夫派一样，他将前彼得时期俄国的独特性——本质上的非欧洲性——视为某种救赎，尽管他更强调民俗和农民文化，而不是东正教。对斯拉夫人来说，东正教是将古俄罗斯社群精神与西方不断发展的唯物主义和个人主义之间区分开来的关键。事实上，斯塔索夫是个不可知论者，他对俄国教会和俄罗斯精神的兴趣主要是美学上的。他会谈论"俄国人民（narod）有血有肉的深层性格"，由此谈论"人的成长并汲取力量"。[2]他对教会调式——唱诗礼拜仪式的各种音阶有着极大的兴趣，并向巴拉基列夫解释这些调式，指出它们的不同以及它们也出现在俄罗斯民歌中这一事实。斯塔索夫对这些调式将为一位现代作曲家提供的可能

---

1. Belinsky, *Selected Philosophical Works*，第112、114页。
2. 1860年6月12日写给巴拉基列夫的信件，收录于 *BSP1*，第106页。

性感到兴奋,他敦促巴拉基列夫通过运用来了解这些调式,而不只是学习。他写道:"想象一下,你会带回来怎样有力的武器(巴拉基列夫在下诺夫哥罗德)。除了新音乐的两种音阶(大调和小调)……你突然有了整整八个调式!对旋律及和声来说真是个新源泉!"[1]

斯塔索夫也逐渐对俄罗斯民间传说着迷,不因其为社会变革提供范式,而是因其体现了一种本质上与任何西方传统不同且不相关的精神:一种从性格和起源上完全俄罗斯的精神。实际上他并不急于将这一观点变为关注的焦点。1857年,斯塔索夫在《俄罗斯公报》(*Russkiy vestnik*)上用三期连载一篇关于格林卡的长篇纪念文章,他在其中提出当民族的精髓"并非包含在旋律里,而是包含在总体特性以及各种各样范围广阔的总体条件里"时,[2]《为沙皇献身》的力量由于其对民间故事原型的依赖而被削弱。但如塔拉斯金所述,这是一种极富偏见的抨击,这种抨击偏袒《鲁斯兰与柳德米拉》,且特别赞扬了该作品中许多戏剧性的荒诞与离题,这恰好符合斯塔索夫当下的思想,即歌剧的真实性——假装传统歌剧具有现实主义意义——已经消亡了。这个观点仅仅是为了一时之便。很快,他试图引起巴拉基列夫对商人萨特阔这一古老故事的兴趣:萨特阔沉到海底,与海王之女结婚,但他在婚礼上演奏索尔特里琴(psaltery),引发了狂热的舞蹈而使风暴大作,海王国消亡,萨特阔回到他的故乡诺夫哥罗德,他真正的妻子身边。斯塔索夫对这个故事曲折的细节以及怪诞的情形感到兴奋,又相当不

---

1. 1860年8月20日写给巴拉基列夫的信件,收录于*BSP1*,第114—115页。但斯塔索夫的计算是没有凭据的。要么有六种调式[或七种,包括纯理论的洛克利亚调式(Locrian mode)],或十二种调式,如果算上所谓的副调式。大调与伊奥尼亚调式相同,但小调有三种,其中两种(和声小调和上行的旋律小调)的调式并不平均。下行的小调音阶为爱奥尼亚调式。因此斯塔索夫可能让巴拉基列夫接受十四条音阶,甚至十六条音阶,包括洛克利亚调式和变格洛克利亚调式。
2. *SSMI*,第231页。参见理查德·塔拉斯金对其详细分析的文章,文章收录于*ODR*,第6—13页,斯塔索夫所强调的内容。

喜瓦格纳、海顿和费里西安·大卫（Félicien David）作品中所有水手、牧羊人、自由民唱段中"难以忍受的粗俗"部分。他承认，"这可能是格鲁克《奥菲欧》的姊妹篇，但有着完全不同的主题以及俄罗斯性格"。

> 任何人想要理解俄罗斯艺术、古俄罗斯生活，必须抛下任何类似希腊奥林匹斯或者希腊众神、古罗马海神（Neptune）等人物的想法。对我们来说，一切都是不同的，音调不同、情形不同、角色不同、背景不同、风景不同。海神住在木屋（izba）中！海神及海王的舞蹈！海神是古斯里音乐（gusli music）的爱好者！所有这些与希腊诸神的脾气如此不同，这与欧洲民众，以及那些模仿欧洲人的我国民众的喜好与品位是如此相悖！同时主题又是这样新鲜新颖、色彩丰富。在海王岛屿上具有俄罗斯特征的舞台造型是多么引人入胜，从一开始在船上，接着在人与神共存的婚宴上，那些异教古迹、古代崇拜和我们古代生活的主题是多么鲜明。还有最后，在结尾处，古老的诺夫哥罗德和沃尔霍夫河的舞台造型，在我看来是绝妙主题。[1]

斯塔索夫对人与众神的观点反映出别林斯基同样描述过的前彼得社会架构，但他认为这一架构被彼得大帝富有成效地替换了。在彼得之前，他解释道："最卑微的村庄农夫的婚礼同最尊贵的波雅尔[2]一样，不同之处仅在于食物的丰富程度与服饰的价格问题上——简言之，就

---

1. 1861年1月13日写给巴拉基列夫的信件，收录于 *BSP1*，第121—124页。
2. 编者注：波雅尔（boyar）是中世纪俄国封建大贵族的称号，享有特权。彼得大帝时被废除。

是重要性与花费总额。同样的笞刑悬在农夫与波雅尔头上,对他们来说这是一种不幸而并非耻辱。农奴很容易理解他的主人,即波雅尔,而不需要运用一点智慧;波雅尔不需动脑也能理解他的农奴。同样的玉米白兰地(corn brandy)鼓舞了双方的心······"[1]彼得大帝是个英雄,因为他为这死气沉沉的体系注入生气,给了它改革的潜力,即便当时的局面并不友好。但斯塔索夫的自由主义是肤浅的、非政治的。他被他心目中神话般的俄国平等主义特征所吸引,而他真正喜欢的是本真的俄罗斯性,古代仪式与魔法的气息,多彩的童话故事,以及随古老民间故事使人着迷的特性而来的漫无边际的无理性。这是部族的精髓,并且这就是部族,如果他是完全忠诚的,这将使他热血沸腾,无论如何他会站在改革者的一边,民族在他的心里、他的对话里、他的友谊中。

对民间神话和仪式的入迷自然将斯塔索夫导向另一个偏狭的关注点,人们称之为东方联系。在《鲁斯兰与柳德米拉》这部他所喜爱的格林卡歌剧中,背景设定在基辅罗斯;但当鲁斯兰与他的同伴追求者出发去找寻被掳走的柳德米拉时,他们带有暗示性地向东行进——进入一片陌生的土地,那里魔法遍地,善恶之战永无休止,波及任何莽撞闯入这条路上的生命。当然,对于"东方"需隐喻性地理解,它可以指1800年以来附属于俄国的任何领土,包括(南至)高加索,东到黑海的大部分中亚地区,甚至西北至芬兰。这是思想上的东方,但非常有影响力。实际上,它的总体性格是伊斯兰的,而非中国的,那里气候闷热,易于陷入沉睡,使人欲望膨胀,是个充满吸引力,却充斥着不理性与健忘的危险之地。尽管如此,斯塔索夫用一种学术性的观点来看待这些无知的特性。他认为,俄国文化本质上起源于亚洲,其语言、服装、风俗、建筑、器具、装饰,甚至故事和游吟诗歌,旋律

---

1. Belinsky, *Selected Philosophical Works*, 112–113.(翻译进行了校正。)

及和声——所有都来自东方，无论是来自中亚、印度和波斯，还是奥斯曼帝国，或者拜占庭帝国。[1]

这一带有其明显缺陷与偏见的论断（斯塔索夫对东方和声一无所知；俄语是东方与西方元素的结合，且其字母是希腊式的），毫无疑问是基于他所了解的东方艺术的一个深思熟虑的推论。这一结论在音乐上的应用受到更大程度的猜疑，就其本身来看也不是很有用。但这给了他一个额外的支点，以此支撑其对德意志音乐的敌视，这种音乐离异域东方要多远有多远。相比之下，东方属于俄国。对一个俄国人来说，东方既陌生又熟悉。他眺望着东部（或者可能的话，南部）边界，那里令人心动，却迷蒙又神秘，高山环绕，暗海冲刷，事实上众多俄国人还不识其地理特征。难怪这么多俄国作家曾唤起帝国这些边疆的记忆：普希金的《高加索的俘虏》和他的诗体童话《沙皇萨尔坦》(*Tsar Saltan*)及《金鸡》(*The Golden Cockerel*)；莱蒙托夫的《当代英雄》(*A Hero of Our Time*)；托尔斯泰的《塞瓦斯托波尔纪事》(*Sevastopol Sketches*)。显然这些作家都在描绘和唤起人们的记忆；这些地方不是仿造出来的。实际上，斯塔索夫想要俄罗斯音乐吸取东方元素，正如他后来夸张声明的那样："每一个身怀天赋的欧洲建筑家、雕刻家以及画家都曾尝试复制东方独一无二的形式。"他抱怨道，只有音乐拖了后腿。莫扎特作品中的那些土耳其选段以及贝多芬的作品都不过是做做样子，并不具有真正的意涵。这可能将是俄国新一代作曲家的重任，去创造一个新的风格，即将东方主义作为一种有机元素纳入可辨认的民族性音乐语言，以民歌为基础，从俄国历史或神话、东方传说或俄国现实生活中汲取题材。这是只有俄罗斯人才能完成的任务，而一所音乐学院所教授的东西并不能帮助他们完成这个任务。

---

1. Karenin, *Vladimir Stasov*, 306–307.

[第六章]

新 机 构

在车尔尼雪夫斯基出版他具有影响力的硕士论文的同一年,安东·鲁宾斯坦(Anton Rubinstein)的文章《俄国作曲家》(*Die Componisten Russland's/The Composers of Russia*)在维也纳杂志《音乐、戏剧及艺术报》上发表。这个题目实属枯燥无趣。说实话,这篇文章仅仅相当于一篇对圣彼得堡狭小圈子的简单调查,附上了作曲家名录及作品的简要概览,俄国之外的专家们对此几乎一无所知。然而,这篇文章却在俄国被广泛传阅,或至少被报道过,而且引起了纷争。

鲁宾斯坦本人是俄国人,这解释起来有点复杂。他的父母是改变了信仰的犹太人,居住在德涅斯特河沿岸的乌克兰语区,位于德涅斯特河的俄国一侧。那时,德涅斯特河分隔着沙皇俄国与说罗马尼亚语的比萨拉比亚。这个地区是所谓的栅栏区(The Pale of Settlement),是主要居住非俄国人的边缘地带,1791年后,法律将帝国中的犹太人限制在该区域内。然而,鲁宾斯坦一家在安东还是个婴儿时就已改变信仰,因此不再受困于栅栏区。1834年前后,鲁宾斯坦一家在安东四五岁时,举家迁往莫斯科。他在莫斯科学习钢琴,以难以置信的速度进步着,不久就在他的老师,亚历山大·维卢安(Alexander Villoing)的陪伴下以少年天才的身份展开欧洲巡演。1839—1848年,大部分的时间他都在国外生活,居住在巴黎、柏林和维也纳。他结识了李斯特、肖邦、门德尔松、梅耶贝尔。在柏林，他师从格林卡以前的老师齐格弗里德·德恩学习音乐理论。他只在1848年回过俄国，也是为了躲避那年蔓延西方的革命[1]。

接下来在圣彼得堡的六年对鲁宾斯坦来说是至关重要的，这六年他确立了自己作为一位炫技钢琴家和作曲家的地位。他受到尼古拉一世寡居的嫂子叶莲娜·帕夫洛夫娜（Yelena Pavlovna）大公夫人的赞助；有几部歌剧被搬上舞台，还指挥了其作品《"海洋"交响曲》的首演，并多次以一位独奏钢琴家的身份登台。1854年，鲁宾斯坦离开圣彼得堡前往欧洲举办音乐会巡演之时，他在俄国的声誉——至少作为一位钢琴家和指挥家而言——是绝对稳定的。但不可否认，他的音乐影响并不大，他是有能力的，音乐是流畅的，却不具有引人注目的特性，且往往当他自己演奏时才取得最好效果。一定是因为面对俄国公众和批评家，他无法在作曲方面取得稳扎稳打的进步，抛开别的不说，这增加了他对整个圣彼得堡音乐圈的不满。不过，在维也纳发表的这篇文章没有详述此类问题，而是尝试评价在俄国进行创作的作曲家，以及由他们的最佳作品所引发的创造性问题。正是这一点使他造成了无心的冒犯。

文章的第一部分局限于以鲁宾斯坦的理解来大致描述俄国的音乐生活及其根基。他向读者保证，在俄国，无论你去到何处都能听到音乐——或歌唱或演奏出来的音乐，为各种活动、工作或消遣伴奏。至于作为一门艺术的音乐，他将其归功于叶卡捷琳娜大帝，她建起了首批音乐学校（安娜女皇实际上比她做得更早）。他并未提及这些早期的学校本质上都是宫廷歌手（court singer）的训练场，也肯定不是为了提供任何理论基础教育而建。叶卡捷琳娜派遣一些俄国音乐家出国

---

1. 译者注：指1848年欧洲革命，当年在欧洲多国爆发了一系列资产阶级民族、民主革命。

学习，其中最有影响力的是年轻的德米特里·博尔特尼扬斯基，他于意大利学成回国，受命为帝国宫廷教堂的乐长，并创作了大量弥撒、诗篇配乐和经文歌，这些成为东正教保留曲目的主要内容，并且最终，这些作品与其继任乐长费奥多·利沃夫（Fyodor Lvov）的作品一起，形成垄断局面，在鲁宾斯坦那个时代，用其他作曲家的音乐去替换他们的教堂音乐是非法的。

他解释道，东正教礼拜仪式中禁止使用乐器，作曲家仅可以自由处理一个四声部的合唱团。在这些限制下，博尔特尼扬斯基运用其所接受的西方训练，能够以一种本质简单、纯粹的风格创作出许多动听的音乐，即便他的作品难以匹敌罗马天主教仪式的伟大杰作。鲁宾斯坦此处提出了有关俄罗斯民歌的问题。尽管俄罗斯民歌非常独特，他也从中发现了某种千篇一律的东西，那是一种持续的悲哀与忧伤，影响旋律和节奏的方方面面。作为一整部歌剧的材料，这让人很难忍受，特别对外国听众而言，那些可能促使俄国作曲家以民歌材料为基础创作音乐的动因，他们并不感兴趣。

关于这点，鲁宾斯坦并没有提及任何作曲家的名字。他开始文章第二部分的写作，这一部分于两周后出版，其中却有这样一个说法："格林卡是第一个拥有创作一部民族歌剧这一英勇而不幸的想法，并将其实现的人。"他坚称，格林卡的两部歌剧受其民歌思想的影响显得单调乏味，他认为格林卡意识到了这个问题，并尝试引入其他地方的民族元素——《为沙皇献身》中的波兰舞曲及《鲁斯兰与柳德米拉》中各种各样的东方主义，来缓解这一问题；不幸的是，这不过是在原来的单调上增加了新的单调，因为它仍让整幕场景局限于当时所选的风格。鲁宾斯坦赞赏格林卡"不仅为最重要的俄国作曲家之一，还在最杰出的国外大师名列中占有一席之地"，来努力软化上述这些评论。说到格林卡的歌曲，鲁宾斯坦将格林卡称作"俄国的舒伯特，格林卡将俄国歌曲转变成了一种艺术形式，他并不满足于向世界传递用简单琶音伴奏的歌词配乐"——曾作为会客厅歌曲的标准传统。他认为格林卡的《卡玛林斯卡亚》（并没有点出作品名）是"无论俄国或非俄国音乐中最优美及最丰富的作品"，此类让人愉悦的小型交响作品的地位高于两部伟大歌剧之上，使得它们的创作者成为之后所有俄国作曲家的明灯。

鲁宾斯坦的文章总结得出这一论点，坚称俄国"有民间音乐和民间舞蹈，但严格说来没有民间歌剧"。歌剧的一些典型的情感要素是世上每个人所共有的，而为这些普遍存在的情绪所配的乐曲须有一种世界音调，而非民间音调。由于气候、宗教、社会习俗的不同，以及其他常见的影响，在西方音乐与东方音乐之间存在一种明显的区别。"正如人们不会尝试写一部马来西亚或日本歌剧，而会创作一部东方的歌剧，同样，人们不应该创作一部英国、法国或俄国歌剧，而应写一部欧洲歌剧（仅论及音乐方面）。"[1]

格林卡似乎不曾读过鲁宾斯坦的文章，但他肯定读过作曲家兼批评家卡尔·弗里德里希·贝托尔德（Karl Friedrich Berthold）发表在德语版《圣彼得堡报》上的关于这篇文章的报道。贝托尔德特别引用了其中对《为沙皇献身》的抨击，并以此为基础，驳斥了鲁宾斯坦关于民歌材料具有局限性的观点。他认为，正因来源于民族性格的真实性，"这些作品获得了……一种普世性特质，其风格与独创性使它们成为世界历史的一部分，变得不朽"。与此同时，贝托尔德却忽略了这一事实，即《音乐、戏剧及艺术报》上鲁宾斯坦的这篇文章的其余部分是相当支持俄国音乐的。因此，鲁宾斯坦显然是想要真诚地向他的德国读者介绍他所认为的本国同胞最好的作品，而在俄国首都他受到了直截了当的攻击。格林卡告诉他的朋友瓦西里·恩格尔哈特

---

1. 安东·鲁宾斯坦："俄国作曲家"，刊载于维也纳杂志《音乐、戏剧及艺术报》（维也纳：1855年5月11日，5月25日，6月8日）。

（Vasily Engelhardt）:"犹太佬鲁宾斯坦从他的角度向德国人介绍我们的音乐,并且在文章中偷偷抹黑我们,对待我的旧作《为沙皇献身》也非常无礼。"[1]正如我们所见,格林卡由于近期重演的版本不佳而对自己的第一部歌剧感到焦心。毫无疑问,他不仅同恩格尔哈特交流了自己对鲁宾斯坦文章的反应,还向他音乐圈子里的其他成员有所表达,包括已经进入音乐圈的弗拉基米尔·斯塔索夫,几周后米利·巴拉基列夫也将进入这个圈子中。

鲁宾斯坦仅仅只是暗示了俄国音乐的现状。他提到在圣彼得堡上演的歌剧被意大利歌剧所主导;他又问道,当意大利歌剧为首都带来了最好的歌手和最好的音乐时,谁又会对此发出抱怨呢?尽管如此,不可否认的是这对俄国作曲家们来说是个难事,他们被爱好意大利文化的大众所忽视,因此不得不与三流歌剧公司合作。当然,出现了一批耀眼、年轻的天才;但他们都不写歌剧,创作器乐作品的也只有少数。"部分原因在于公众不太能理解这一类型的音乐,还因为必要的教育机构在这个国家无处可寻。"他完全可以补充一点,很少有音乐会有演出此类音乐作品。音乐会主要在大斋节期间举办,这一时期剧场依法关闭,歌剧院的器乐演奏家们才因此得到短暂的空闲。鲁宾斯坦没有向他困惑的维也纳读者提到最后一个原因,即在一个所有社会和政治关系都由地位等级[或采用专门的俄语词汇:官衔（*chin*/чин）]来定义的国家,俄国音乐界否认自由艺术家的身份;他们不像其他艺术门类杰出的从业者那样,能获得与其身份地位相符的特权,如税收优惠和免除兵役;事实上,音乐家在官僚系统中压根不受认同。在别处,鲁宾斯坦讲述了他自己在圣彼得堡的一段痛苦经历,在他成为闻名世界的钢琴家并且跻身俄国各艺术领域中事业成

---

1. 引自 Ridenour, *Nationalism, Modernism and Personal Rivalry*, 83。

就最为突出的艺术家行列之时，一位喀山大教堂的神职人员还坚持将他登记为"二等商人之子"（三个商人等级的中间等级）。[1]

尽管在维也纳发表的这篇文章绕过了这些问题，但我们知道这些问题让文章作者耿耿于怀。五十年代初期，他已经想到在圣彼得堡解决这些问题的方法。1852年10月，他写信告诉母亲，他正着手计划建立音乐学院："这个计划准备好了，今天我将会交给大公夫人呈递沙皇。这对俄国音乐的未来、对我或许都会有很大影响。"[2]鲁宾斯坦基于自己对巴黎和维也纳的这些音乐学院以及对柏林音乐学会的了解，事无巨细地制定计划。但他恰不逢时，对于具有自由特点的新思想，尼古拉一世是有史以来最不开明的一位君主，并且他对当时紧张的政治局势越来越忧心忡忡，这种局势在几个月内将会爆发为克里米亚战争。在鲁宾斯坦三年欧洲巡演结束之际，他于1856—1857年间的这个冬天待在尼斯，与叶莲娜·帕夫洛夫娜商讨这个问题。"关于建立一个俄罗斯音乐协会和一所音乐学院的想法就诞生于此。"他在自传中写道："叶莲娜·帕夫洛夫娜也对此感兴趣。"[3]1858年鲁宾斯坦回到俄国，开始在她的政治和经济支持下，将想法付诸实践。

自他三年前离开，这个国家经历了一次巨大变革。尼古拉一世于1855年2月去世，王位由他的儿子亚历山大二世继承，人们都期望（显然有些站不住脚）他成为一名更开明的沙皇。实际上，亚历山大首要的考验在于试图取得克里米亚战争的胜利，该战争自1853年起一直僵持不下，很大程度上对俄国造成了灾难性的影响；随后，当人们清楚地意识到获胜希望渺茫时，他要设法终结这场战争。《巴黎和约》于1856年3月签订。此后，亚历山大才能将注意力放到目前人们对土

---

1. 参见 Ridenour, *Nationalism, Modernism and Personal Rivalry*, 28, 完整对话的英文版。
2. 1852年10月15日的信件，引自 Taylor, *Anton Rubinstein*, 38。
3. 引自前例，第30页。

地改革的迫切需求上，尤其强调农奴制的废除、乡村经济的现代化以及与之相关的政治举措。显然，这些举措背后是自由主义思想，尽管主要的动机是提高效益和劝阻叛乱，但这些举措在一定程度上给社会整体带来了一个更开放、更包容的氛围。而在这样一个习惯性保守的环境中，探寻建立起新机构的道路必须十分谨慎。鲁宾斯坦的策略，似乎是由他的朋友瓦西里·科洛格里沃夫（Vasily Kologrivov）提议而来，即将新的音乐协会作为前交响协会的复兴版，前交响协会在尼古拉一世时期曾偶尔举办器乐音乐会。根据更新的章程来组织音乐会，该协会从形式上将音乐会转变成了日常活动。将"发展音乐教育"纳入"复兴"机构的主要目标中，为鲁宾斯坦长久以来想要在圣彼得堡建立音乐学院的切实愿望奠定了基础。

经过包括弗拉基米尔·斯塔索夫的律师哥哥德米特里在内的董事会的大量游说及积极募集资金，俄罗斯音乐协会（RMS）最终于1859年11月成立，伴随着在贵族集会大厅（Hall of the Assembly of the Nobles）中上演的十场系列交响音乐会，拉开了第一乐季的序幕。这个风险项目的重要性绝非夸大其词。管弦音乐会在首都一度罕见。帝国剧院在歌剧季垄断了音乐表演，似乎只有鲁宾斯坦能够通过叶莲娜·帕夫洛夫娜躲避剧场指导委员会的禁令，这也使他能够吸引到剧院乐队里最好的演奏家，并且能够聚集一支乐团，演奏远胜任何之前在圣彼得堡所听到的音乐。这是第一次，圣彼得堡人能在名副其实的演出中听到西方经典保留曲目。不过，鲁宾斯坦也很机智地在每次曲目单中引入俄国作曲家的音乐，尽管历来音乐会的缺失意味着此类本土保留曲目明显薄弱。鲁宾斯坦演奏了格林卡、达尔戈梅日斯基、穆索尔斯基（《降B大调谐谑曲》），以及居伊（《F大调谐谑曲》Op.1）等作品。自然，他也演奏了自己的音乐《G大调钢琴协奏曲》（No.3）。但是，上演的许多俄国作品不过是装装样子，就像给一点甜头（sops to Cerberus[1]）。这个情形恰好说明了他另一个伟大计划最终旨在解决的问题。

　　建立新的音乐学院仍旧是鲁宾斯坦的主要目标；但在这一点上，他开始遭到更强烈的反对。教育部断然否决了他将该学院既宏大又趋奉地称为帝国音乐学院的提议，认为这无论如何都是不必要的。受这典型麻木的官僚主义答复所激，他再一次在刊物上发表文章。这一次他的文章刊载在俄语报纸《世纪报》（Vek）上，直接抨击俄国音乐的基本状况。其核心观点是，拒绝给予音乐家官方地位意味着只有上流社会才能够负担得起音乐学习，其他任何有音乐抱负的人都不得不先为自己找到某个除音乐外的赚钱工作，这一需求剥夺了其投入音乐的时间和精力，而若没有这种集中努力，期盼有价值的艺术成果就是空想。鲁宾斯坦并不掩饰他对最终主导了俄国音乐圈的业余性的极度蔑视。业余爱好者只不过是半吊子，永远掌握不了他假装培养的这门艺术的基础。他认为如果一个人写了一首浪漫曲，尽管粗糙又缺乏技巧，他就可以自称为作曲家了，他将自诩为音乐名流，将同一首曲子翻来覆去创作，并且"开始主张音乐中只有旋律是有价值的，其余都是德意志式的卖弄学究；他最终将会创作出一部歌剧"。

　　确实有学习音乐理论的业余爱好者，但他们表现得也不像真正的艺术家。他们重视的不是规则，而是例外；在将这些例外吸收后，他们便再也不会放弃。例如，在一位伟大作曲家的些许作品中，我们可以偶然碰到不常见的和弦进行。业余爱好者将会采用这样的和弦进行，并将其转为他自己创作的定则，只写与众不同的和声，而忽略了这样一个事

---

1. 译者注：原意为"给刻耳柏洛斯的面包片"。刻耳柏洛斯是古希腊神话中的冥府看门狗。该习语常用来表示"买路钱""贿赂"或"甜头"。

实——就伟大作曲家而言，这类和声是其灵感洋溢的结果，是绝望或狂喜的呼喊，也是整个创作的逻辑体现。

他继续谈道，许多业余爱好者想要学习，但不能负担学习费用。因为俄国人没有接受音乐教育，音乐又不是可供生存的职业，所以俄国本土音乐教师几乎不存在，这意味着准学生必须能说法语或德语。

但是，我们能够做什么来解决这一令人悲伤的境况呢？我告诉你，唯一的答案是建立一所音乐学院。

人们会反驳，伟大的天才很少出自音乐学院；我同意，但谁能否认优秀的音乐家来自音乐学院呢？那正是我们这偌大的国家所必需的。音乐学院永远不会阻止一位天才在学院之外发展，与此同时，每一年音乐学院将会产出俄国的音乐老师、俄国的管弦音乐家，以及俄国的男女歌唱家，他们将会以此方式工作——将艺术视为生计，视为获得社会尊重的钥匙，视为功成名就的方法，视为把全身心奉献给内心神圣召唤的方式，以及作为一个尊重自己和自己艺术的人去创作。[1]

鲁宾斯坦没有指名道姓：这更像是一个"如果符合情况，就对号入座吧……"的例子。确实有不少人都觉得这话说的就是自己。任何人都认为阿勒亚布耶夫和古里廖夫是被嘲笑为只写出一首浪漫曲的作曲家。至于那位认为和声规则都是德式学究，最终还创作了一部歌剧的歌曲创作者，可能是达尔戈梅日斯基，或甚至（但愿不是）是格林

---

1. 鲁宾斯坦："关于俄国的音乐"（"O muzike v Rossii"），刊载于《世纪报》；英文翻译收录于 Campbell, *Russians on Russian Music*, 64–73。

卡？接着就是因怪异的和声而成就职业生涯的业余天才，该"荣誉"的候选人有许多，其中如居伊和穆索尔斯基，都已经有作品由俄罗斯音乐协会演出了。从某种程度上说，这是伤害性最大的一句刻薄话，因为它撕破了恰恰是专属于俄罗斯式的独创性，这种独创性将从教科书般的条例和古典范式中脱离出来，创造一种全新的语言。对弗拉基米尔·斯塔索夫来说，这一切实在太过分了。他告诉巴拉基列夫："事实上，安东写下这篇文章是出于对俄国的嫉妒以及纯粹的故意作对，依我看，这篇文章危害不小。我想——只要仍有某种可能性——去制止这件事，或者至少让那些像忙碌的蚂蚁四处乱转的人，和那些尝试让那位天才音乐大师指出方向、推动他们前进的人，思考一下他们要做什么。"[1]他的公开回复正好出现在《北方蜜蜂》上，并为接下来三十年影响俄国音乐生活的争论奠定了基础。[2]

斯塔索夫的文章一开始带着讥讽，这成为后来强力集团对待鲁宾斯坦的标准。他认为，鲁宾斯坦"是一个外来者，既不了解我们民族特色之所需，也不了解我们艺术的历史进程"。当然，鲁宾斯坦生来是俄国公民，但人种属于犹太民族，其母语要么是乌克兰语，要么是意第绪语。斯塔索夫似乎是在附和人们惯常的反犹主义观点［瓦格纳在他的《音乐中的犹太性》(*Judaism in Music*)中近来颇具恶名地提出］，即犹太人是通过学习才了解欧洲语言和文化的，这些并非与生俱来，因此对其核心奥秘只是粗浅理解。另一方面，斯塔索夫想争论的是：被鲁宾斯坦谴责为业余主义的东西，实际上是俄国人本能对使人变得呆滞的西方学院主义的厌恶。他所抱怨的更弱的业余性与任何领域的浅薄涉猎并无二致；它可以产生坏的结果，也可以带来好的结

---

1. 1861年3月1日的信件中，收录于*BSP1*，第125—126页。
2. "俄罗斯音乐学院：关于鲁宾斯坦文章的注释"，《北方蜜蜂》，1861年2月24日，再版于*SSMII*，第5—10页；英文翻译收录于Campbell, *Russians on Russian Music*, 73–80。

果，无论在哪种情况下都不会有明显的危害。问题是，送音乐家去音乐学院，为他们提供社会地位会让事情变得更好吗？其所提供的地位无疑会是各类乌合之众的诱饵，这让他们获得资历与更好的生活，而在艺术上却没有完成任何有价值的东西。毕竟，斯塔索夫认为："我们的文人从未被授予任何地位或头衔，而一种深具民族性的文学已经壮大，并在我们国家繁荣起来。"至于音乐学院，难道鲁宾斯坦不知道欧洲普遍认为的观点，即此类机构"仅是无能之人的滋养地，并助长在艺术中建立有害见解与品位"吗？实际上，很久以前外国音乐老师就遍布俄国了，如果学院派的指导能解决鲁宾斯坦指出的这些问题的话，那么问题早就得到解决了。

的确，鲁宾斯坦倾向于以一位深受西方正统训练的音乐家的观点来看待俄国音乐界，并且本能地怀疑俄国作曲家的离经叛道——他们唯一的壮志似乎就是维护自己与其他人的不同，无论这对他们的艺术会带来什么样的代价。我们知道鲁宾斯坦很少与柏辽兹，甚至瓦格纳这样特立独行的西方人待在一起，并且他对李斯特作为钢琴家及伟人的赞誉多于其作曲家的身份。考虑了所有因素，我们仍旧很难认真对待斯塔索夫关于学习之恶以及创造本能之美的观点。情况很可能是这样，在与斯塔索夫关系亲近的作曲家朋友们的特殊例子中，鲁宾斯坦建议的这类学习确实是无关紧要的东西。鲁宾斯坦自己也承认天才是一种例外，学院对此无法解释。但是，所有其他的音乐家呢？那些演奏家、（脚本）作家、教师，甚至那些不错的小作曲家呢？斯塔索夫以文学领域作为例子有些虚伪，因为作家能从普通的大学课程中，或者仅仅通过实践练习学习自己的行当。同时，写作作为一种职业所涉及的支持机构要简单得多，或许除了剧场以外——而即便是表演，无论技巧多么娴熟，都不需要像音乐表演那样深入地训练（或者同样数量的受训人员）。基础设施根本没有可比性。至于斯塔索夫所说的西欧开始反对音乐学院，这就像专门编造的说辞。巴黎音乐学院仍然是有抱负的法国音乐家的圣地,甚至对柏辽兹本人,或半个世纪以后,假装轻视其箴言的德彪西来说也是如此。维也纳音乐学院不久就会将马勒和沃尔夫收编为学生,把布鲁克纳聘为其老师。此外,斯塔索夫忽视了开销和语言的整体问题,这对他那个阶层的人来说不成问题,但对没有那么多特权的普罗大众来说却很关键,如包含鲁宾斯坦在内的犹太人群体。

无论斯塔索夫的批评有着多大的偏见,其他人都附和他的这些观点。巴拉基列夫显然有着同样的想法。穆索尔斯基在开往莫斯科的列车上读到了《世纪报》上的文章,并向巴拉基列夫特别抱怨了鲁宾斯坦关于业余主义的观点:

> 他说俄国没有,也从未有过音乐艺术家,但过去和现在都有音乐业余爱好者;他的理由是,真正的艺术家不为别的,只为荣誉和金钱创作,然后他将其观点总结为,对于任何一生中创作少于三四部佳作的人,我们不可能称其为艺术家,或者颂扬他的天才。鲁宾斯坦凭什么如此狭隘——只看重荣耀、金钱、数量而非质量。[1]

这也反驳了鲁宾斯坦的论点,其本质上是说,不需靠创作(或表演、教学)为生的业余爱好者将会成为一个创作不连续,并且永远无法完全掌握自己这门技艺的半吊子:金钱不是对质量的检验而是一个必要前提,数量是其自然的伴生物。但是,很容易看出来,对于穆索尔斯基这个对作曲概念模糊,缺乏专业技术知识,仍旧具有不确定性的学生而言,这篇文章代表着某种威胁。斯塔索夫的老校友亚历山

---

[1]. 1861 年 1 月 13 日的信件,收录于 *MR*,第 31 页。

大·谢洛夫的情况就截然不同，谢洛夫如今不仅是一位颇具经验且直言不讳的音乐批评家，也是一位未来的作曲家，他从未认真尝试将其作品展示给公众，显然原因正是在于鲁宾斯坦所描述的俄国音乐生活状态。

谢洛夫并未对鲁宾斯坦《世纪报》上的文章发表任何评论，相反，他以仅在一年后名为自由音乐学校（Free Music School，FMS）的新项目的开办，作为对俄罗斯音乐协会及其创始人恶意的攻击。创办自由音乐学校的是一位名叫加夫林·洛马金（Gavriyil Lomakin）的指挥家的主意，他曾以德米特里·舍列梅捷夫伯爵（Count Dmitry Sheremetev）私人合唱团的指挥身份建立名声，却有着将合唱训练作为基础音乐教学框架的这一想法。这与音乐学院的概念完全不同，甚至可能是由鲁宾斯坦那些著名的反对者向洛马金提出的建议，特别作为对鲁宾斯坦所建立机构的反击。巴拉基列夫肯定是早期参与此计划的人员之一，他提供一些想法并担任自由音乐学校乐团的指挥。洛马金负责合唱训练。在任何大型的业余合唱团中，大多数歌手都是未经专业音乐训练的爱好者，即便有谱子，他们读谱也很困难，他们喜欢用对未受过教育的人唯一可行的方式，也就是歌唱来做音乐。显然，这所学校提供了关于音乐理论、视唱以及童年乐器课附带的那些令人恐惧的内容的基础指导。另一方面，成年人以极大的热情欢迎这些课程，这种热情是很晚才发现自我提升的巨大乐趣之人所具有的。洛马金显然是一位才华横溢的合唱指挥家和颇具天赋的交际者，他很快将学校的音乐会打造成圣彼得堡大事记中主要的音乐活动，从早到晚的课程也吸引了俄国中年和老年那些想成为业余音乐家的人。

自由音乐学校于1862年4月开门，谢洛夫立即借此向鲁宾斯坦发起猛烈攻击。概括说来，他认为俄罗斯音乐协会本质上是一个冒牌机构，由一位无能却很有背景的外来大师强加在软弱的俄国公民身上，洛马金的合唱音乐会（前自由音乐学校）却是真正表现了俄罗斯精神的，仅从最好的意义上来说，业余者"由这位俄国指挥家、技艺精湛的大师集结指导，没有任何外部援助"。而预期于9月开幕的新音乐学院，相较于自由音乐学校，则被描述得耸人听闻：

> 除了明确的危害，俄国本身不对这个机构抱有任何期待，正如任何建立在谎言、欺骗、忽视、目光短浅、自私自利上的事物一样……我重申一下，我们本可以看到这些危害，或许我们确实看见并意识到了这点，但……我们在自己的斯拉夫式冷漠中假寐。然而，我们的"扬克尔们"（Yankels）并没有沉睡。相反，他们在圣彼得堡和莫斯科两地持续不断的演出限制中维持着所有的音乐活动。不久，随着音乐学院的建立，他们渴望自己成为培养没有天赋的音乐从业者的温床，开始以专横之势在已取得影响力的地区耀武扬威，试图羞辱任何并非来源于他们"扬克尔"阶层的俄国音乐人才。出于对所有俄国事物的愤恨，他们正尽其所能，将任何俄国音乐人才真实而自然的发展扼杀于萌芽之中。[1]

"扬克尔"在果戈理的《塔拉斯·布尔巴》中是一位犹太旅店老板和放贷人，当塔拉斯·布尔巴请求他帮忙从波兰人手中救出自己的儿子时，他首先想到的是布尔巴项上人头的悬赏金，可他竭力"将其对金钱的欲念压下去，这种欲念像蛆虫似地盘绕着犹太人的灵魂"。谢洛夫称鲁宾斯坦成立音乐学院的动机是贪婪且利己的。但他的这种暗示与鲁宾斯坦对"俄国人才"怀有敌意这一指控一样荒谬。实际上，在音乐学院开放前的几个月里，必要的资金是如此缺乏，以至于鲁宾

---

1. 引自 Campbell, *Russians on Russian Music*, 82。

斯坦及其支持者不得不对潜在的赞助者毕恭毕敬，甚至沦落到上街募集资金。在他早期独自管理的五年间，他自掏腰包捐献了一大笔钱来资助十分贫穷的学生。与此同时，他所承担的密集的教学与管理工作常常阻碍了他更有赚头的演奏家和作曲家事业。至于他的所谓反俄罗斯性（anti Russianness），如果鲁宾斯坦曾想要阻碍俄国人才，他不太会将时间和精力浪费在一所俄国首都的音乐学院上，浪费在与无知的独裁者们和自大的公职人员无休无止的争论上，浪费在大量怀有恶意的新闻对他的谩骂上。

尽管谢洛夫无疑具备成为杰出批评家的能力，但在论及鲁宾斯坦时，其动机部分出于嫉妒，部分出于纯粹的反犹主义，部分出于个人沮丧的情绪。鲁宾斯坦是犹太人这一事实无疑使得他的成功更难以让人接受。和斯塔索夫一样，谢洛夫选择将他视作外来者，这位外来者开启了在艺术上取得成功的系列音乐会，创作、表演、指挥显示出其卓越的才华，创建并经营了一所音乐学院；而谢洛夫，一位具有作曲抱负的圣彼得堡最重要的音乐批评家，既没有收到商议请求，也没有受邀加入其中任何一个组织的董事会。与此同时，在俄国音乐生活的现状下，他几乎很难以其公众活动为生。他的苦楚或许是可以理解的。更让现代读者吃惊的是其所展现出的坦率性。他很少尝试去隐藏他的憎恨，很少以条理清晰或合情合理的方式为他的观点辩驳，丝毫没有假装客观或公正。因此，真正反对鲁宾斯坦的言论很大程度上没有说清楚。他自己是个独断专行、说一不二的人。他坚持按自己的想法处理所有细节，进行威逼式的管理还不情愿放权，使其同事与支持者产生反感。他自己的音乐，尽管吸引人也写得好，但是缺乏个性，然而却在无意中成为了那些未经训练的俄国作曲家难以企及的优秀范例。如我们所见，鲁宾斯坦不是进步主义者，他不喜欢西方音乐中的现代潮流并且不鼓励他的学生们竞相效仿。门德尔松是他的标杆，这位作曲家已去世十五年，麻烦的是，他也是一位犹太人。在俄国人眼中，让这样一个人物独自引领着最天才和易受影响的年轻音乐家们的思想和方法，绝不是件理想的事情。

斯塔索夫与谢洛夫有所不同，驱使他的不是怨恨，而是信条。他私底下似乎与鲁宾斯坦保持着尚可的关系，而且当然要强于谢洛夫粗鲁、感情用事的反犹主义。对斯塔索夫来说，称鲁宾斯坦为外来者是一个手段，目的在于将音乐学院的定位排除在他所定义的真正的俄国音乐学院之外，而如果这牵涉一定程度的笼统的反犹主义，那也只好如此了。正是在这个时候，斯塔索夫对古罗斯，对其神话故事与音乐的热忱达到顶峰。斯塔索夫对萨特阔这个故事的热爱恰恰与他对鲁宾斯坦的攻击以及为俄国业余爱好者的辩护相符。几个月后，他批判格林卡对在柏林向德恩学到的某些和声套路的依赖，却赞赏他对古老俄罗斯童话的理解，斯塔索夫称他甚至比普希金或莱蒙托夫理解得更深刻。他认为谢洛夫所缺乏的正是这种热爱，这种孤注一掷的美学派别偏见：各种事件、人际关系、大众品位都对他的观点有所影响。这其中有一定的道理。例如，谢洛夫支持自由音乐学校而反对音乐学院；但不久以后，当他意识到巴拉基列夫与洛马金来往密切，他也反对自由音乐学校了，他在大约一年前与巴拉基列夫曾因后者对其歌剧《朱迪斯》（*Judith*）的看法而闹翻。这种随时随地都很常见的无法将意识形态与个人敌意分开的情况，盛行于六十年代圣彼得堡的这个小圈子中。

鲁宾斯坦一直连任音乐学院的院长，直至1867年，政府当局拒绝保证他仍旧将其视作个人领地的控制权，因此他辞职了。与此同时，他也交出了俄罗斯音乐协会的领导职位。圈子里的人都欣喜若狂。穆索尔斯基向正在布拉格当指挥的巴拉基列夫写信说道："圣彼得堡音乐学院正在分崩离析，音乐将军图宾斯坦（Tupinstein）与音乐学院的小集团产生争执，打算辞职——可怜的教授们灰心丧气，你现在可以在街上看到他们穿着粗布衣裳，齿间叼着便宜的忏悔雪茄（替代手里的蜡烛），头上满是灰烬（来自他们的雪茄）——当你看到他们时心一紧。"[1]在音乐学院，尼古拉·扎伦巴（Nikolay Zaremba）接替了鲁宾斯坦，他是另一位被圈子所厌恶的理论家。然而，俄罗斯音乐协会的新任指挥却偏偏定为巴拉基列夫，这个任命显然得到了鲁宾斯坦的支持，甚至或许是他推荐的。

---

1. 1867年1月23日的信件，收录于 *MLN*, 第80页；收录于 *MR*, 第76页。"图宾斯坦"是强力集团为鲁宾斯坦所取众多绰号之一，Tupoy 在俄语中是"愚笨"的意思。

[第七章]

第 一 步

莫杰斯特·穆索尔斯基向巴拉基列夫学习,他们追求的是一条不同寻常的道路。一方面,他是一个顺从、听话的学生,打算臣服于老师的音乐、才智与精神,尽管这位老师仅比他大两岁。另一方面,他更加急于证明自己。在1859年10月穆索尔斯基写给巴拉基列夫一封复杂的自我剖析的信中,人们从字里行间觉察出了一些意见分歧,对此穆索尔斯基感到有些悔恨,似乎这些分歧反映出他性格中一些尚未解决的迷茫。近期,他们一直在讨论耶稣基督,以及"以眼还眼,以牙还牙"的摩西律法(Mosaic Law)[1],显然这个讨论变得很激烈,因为穆索尔斯基凌晨回到家,不得不立马写一封解释信。第二天,穆索尔斯基又写了一封信,向巴拉基列夫保证自己对他的遵从,同时也请他原谅自己偶有的暴躁。"自我们相识之初我就必须向您解释我的行为。——起初我以您为先,在我们的讨论中,我看到了您更清晰和稳定的观点。无论有时我对自己或对您发多大的脾气,也不得不承认

---

1. 译者注:《摩西律法》又称为《摩西五经》(《创世记》《出埃及记》《利未记》《民数记》《申命记》)。"以眼还眼,以牙还牙"出自《申命记》第十九章"证人",原文为:"所以对恶人不可手软,要:以命抵命,以眼还眼,以牙还牙,以手赔手,以脚偿脚。"(参见冯象译注:《摩西五经》,生活·读书·新知三联书店,2013年,第365页。)

这一事实。由此看来，显然我的自尊使我在讨论时，以及在与您的交往中执着于自己的观点。"[1] 穆索尔斯基会很自然地对专制者巴拉基列夫所认为的对其缺乏应有尊重的行为致歉。不过，其他人能够认识到这种品质的可贵之处。弗拉基米尔·斯塔索夫的女儿索菲亚·福图纳托（Sofia Fortunato）回忆道："他是多么善于捍卫自己的信念，同时尊重其他人的观点！"[2] 我们在后面将会看到，他的态度变得温和起来，有时那种尊重甚至会完全掩盖掉他自己的信念。

毫无疑问，争论是一回事，艺术方向又是另一回事。穆索尔斯基厌倦巴拉基列夫给他安排的这些谐谑曲和快板写作，相反，他以更具建设性的方式效仿巴拉基列夫。1858年春末的某个时候，斯塔索夫建议巴拉基列夫为即将于亚历山德林斯基剧院（Alexandrinsky Theatre）上演的莎士比亚剧目《李尔王》（King Lear）创作配乐；尽管有斯塔索夫的敦促，但剧院并没有委托写作，且巴拉基列夫无论如何都不太可能在12月戏剧开演时及时完成，然而他还是在继续创作，从第五幕前的幕间曲开始，接着吃力地创作序曲。穆索尔斯基一定知道这个创作计划；1858年6月，在一封从下诺夫哥罗德寄给斯塔索夫的信中，部分与《李尔王》的创作构想有关，巴拉基列夫特别提议穆索尔斯基可以阅读他们之间的来往通信。[3] 此时，穆索尔斯基正开始着手为索福克勒斯的《俄狄浦斯王》写作序曲，这是另一部有关一位自我放逐的君王的著名戏剧。

这首序曲从未出现，尽管穆索尔斯基在脑海中完成了该曲的创作，并于同年6月演奏给斯塔索夫听过。[4] 然而，六个月后，他完成

---

1. 1859年10月18日和19日的信件，收录于 *MLN*，第46—47页；收录于 *MR*，第20—22页。
2. Gordeyeva, *M. P. Musorgskiy*, 179；参阅 Orlova, *Musorgsky Remembered*, 39。
3. 1858年7月25的信件，收录于 *BSP1*，第72页。
4. 据穆索尔斯基1858年7月12日写给巴拉基列夫的信件，收录于 *MR*，第10页。

了一首合唱作品，将其命名为"悲剧《俄狄浦斯在雅典》中的神殿场景"。这首合唱作品有好几个版本流传下来，最终被穆索尔斯基用到其第一部歌剧《萨朗波》(*Salammbô*)中，这首合唱还被视为最早的——不管多么细微——预示作曲家在《鲍里斯·戈杜诺夫》和《霍万斯基之乱》中的创作。[1]尽管我们并不清楚这到底是首怎样的作品。最初的手稿包含舞台说明，这让人联想到歌剧，或者戏剧中可能包含的合唱音乐；但是，这与索福克勒斯两部有关俄狄浦斯的戏剧中的任何一部[2]之间没有具体的联系，除了都会出现俄狄浦斯的孩子安提戈涅（Antigone）和波吕涅科斯（Polynices），如《俄狄浦斯在科罗诺斯》中的那样。或许穆索尔斯基从创作配乐入手之后，发现自己并没有过分依赖戏剧主题，且与之没有任何实际的联系。在之后的一些手稿中没有再出现舞台说明，这或许反映出他没有弄清究竟将音乐用到哪部戏剧上。杰拉尔德·亚拉伯罕首次提出，《俄狄浦斯在雅典》是亚历山大诗体（Alexandran）[3]剧作家弗拉季斯拉夫·奥泽洛夫（Vladislav Ozerov，1804）所作的一部戏剧。然而，第二版合唱将讨论中的悲剧明确地认定为"索福克勒斯所创作的《俄狄浦斯王》"，而第三版仅指

---

1. 根据1869年9月26日写给巴拉基列夫的信件（收录于 MR，第25—26页），穆索尔斯基接连开始创作另外两首《俄狄浦斯王》合唱，但我们并不清楚这两部作品的相关信息。杰拉尔德·亚伯拉罕看似合理地认为这两首作品与《萨朗波》中的其他音乐一致。参见卡沃科雷西：《穆索尔斯基》，第97页。
2. 译者注：索福克勒斯创作了两部与俄狄浦斯这一人物相关的戏剧，分别是《俄狄浦斯王》(*Oedipus the King*)、《俄狄浦斯在科罗诺斯》(*Oedipus at Colonus*)。
3. 译者注：此处原文为"Alexandran"。译者未找到剧作家奥泽洛夫及剧目《俄狄浦斯在雅典》的有关文献，根据米尔斯基《俄国文化史》（上卷）第四章《诗歌的黄金时代》第九节"戏剧"中的第一句话："用亚历山大诗体写作的古典主义三幕悲剧在奥泽洛夫之后便已经消亡。"推测此处可能意指亚历山大诗体（Alexandrine couplet），疑似原文有误。（参见德·斯·米尔斯基：《俄国文学史》（上卷），刘文飞译，人民出版社，2013年，第149页）该诗体源于歌颂马其顿王亚历山大的法国古诗，多为六音步，偶句押韵，是大型古典主义文学作品的基本格式之一。（参见德·斯·米尔斯基：《俄国文学史》（上卷），刘文飞译，人民出版社，2013年，第71页译注1。）

的是"《俄狄浦斯王》中的人民合唱"。十三年之后，穆索尔斯基向柳德米拉·谢斯塔科娃描述这部作品——"为索福克勒斯的悲剧《俄狄浦斯王》所作的音乐：俄狄浦斯入场前，在欧墨尼德斯[1]神庙中的一段合唱。"或许那时，无论是哪种（说法）都已经不重要了。

无论其意图是什么，关于这首三分钟的合唱有两点可说。风格上，这首作品完全缺乏个性；如果其歌词不是由俄语写成的话，甚至很难将其视作一位俄国作曲家的作品。它可能出自威尔第早期的歌剧作品；事实上，相较于希腊戏剧的结构强度与庄重氛围，舞台说明更多地暗示了《旧约》中的异教，比如《纳布科》（Nabucco）中有大祭司、祭祀仪式和胆战心惊的百姓。人们都带着一种焦急的期待感聚集在庙宇中；这里正要进行一场献祭。俄狄浦斯和他的孩子们出现了，而"人们惊恐地后退。大祭司手拿祭典之剑入场，身旁伴着另外两位神职人员。一声闷雷响起，人们都呆若木鸡……"。索福克勒斯的戏剧中，俄狄浦斯之死是救赎，但在唱词中，他的血是无罪的，不是戏剧中"做出可怕罪行之人"的血。

尽管风格常见，但这首合唱显示出作曲家在音乐中进行戏剧性描绘的显著天赋。第一句低声、带有喘息的齐唱和突然越来越强的恐惧表现出了百姓的焦虑；结尾是柔和且虔诚的，仅有一处细节带来紧张——升高的四级音（用还原B音替代了常用的降B音），使自然的终止失去其和声效果，留下最后的问题悬而未决——"无辜之人将会拯救我们吗？"靠着一种对情境的敏锐直觉，穆索尔斯基避免了长篇大论，很快结尾，好像沉寂是对民众绝望最有力的回应。这种生动的戏剧感和戏剧心理是穆索尔斯基很难从巴拉基列夫处学到的，巴拉基列夫对于舞台音乐的经验并不比穆索尔斯基多。1859年1月，在穆索尔

---

1. 译者注：欧墨尼德斯（Eumenides）是希腊神话人物"复仇女神"，意思是"仁慈的人"（希腊人对复仇女神十分敬畏，直接说出他们的名字会给自己带来厄运）。

斯基完成了他的第一版俄狄浦斯合唱之时，巴拉基列夫正在为创作他的《李尔王》序曲而备受煎熬，他仅仅创作了简短的幕间曲，并将其中的音乐素材用作序曲的基础。在1860—1861年初之间，他紧接着完成了三首幕间曲和一首游行圣歌（processional）。但同时期的剧制早已上演又落幕，而巴拉基列夫的配乐在其有生之年注定不会在任何剧院中演出了。

不管怎么说，这不是一部极富戏剧性的作品。除了第一幕李尔王首次登场时的游行圣歌（一反常态运用三拍子），以及第四幕中李尔王苏醒的音乐之外，序曲和这些幕间曲显然都是帷幕音乐（curtain music），且它们或多或少有着明显的交响性模式。尤其这些都是外国音乐：确切来说是德国式的，只有一处带有英国的特性，或者至少是英式的幻想曲。巴拉基列夫为了自己这首序曲，显然学习了舒曼的交响曲和戏剧序曲。他和穆索尔斯基常常以四手联弹的方式演绎这些曲目，这些曲谱早几年就出现了。有时作品模式是如此相近，甚至配器也相似，以至于人们很可能认为自己听到的是一部由莱比锡大师创作的失传作品，不过巴拉基列夫的创作更方整，更重复乏味，更依赖于模仿和模进重复。几乎看不到受格林卡影响的迹象。相反，令人惊讶的是，受轻视的门德尔松的形象通过他的配乐《仲夏夜之梦》（*A Midsummer Night's Dream*）在各处显现。由于某种原因——或许与莎士比亚相关——这部作品是个例外，巴拉基列夫不再用寻常居高临下的态度看待门德尔松。或者巴拉基列夫仅仅是为他自己的莎士比亚音乐找到一个便利的模板，尽管文本并不相同。第三幕的幕间曲中某处，实际非常接近借用了（在幕间曲的结尾巴拉基列夫为弄人所写的顽皮的民歌曲调）门德尔松为工人所写的乡村曲调。然而，事实上情况要比这复杂得多。

弗拉基米尔·斯塔索夫偶尔习惯给巴拉基列夫写些长信，信中满是其近期在音乐上有所发现的兴奋。我们已经讨论过这样的一封信，是有关舒曼钢琴五重奏中的音阶旋律的。但这碰巧仅是斯塔索夫对《李尔王》计划的兴趣所引发的诸多交流的一部分。在他主动提出插手亚历山德林斯基（剧院）的事务后，他开始为巴拉基列夫的创作提供实际上的主题建议。他在信中誊抄了一段曲调，称之为"一首非常古老的英国歌曲，其音乐为格洛斯特郡的英国农民们至今仍传唱的一些关于诺曼入侵英国的叙事曲，（歌词）用一种老得如今几乎无法完全理解的英文写成"。接着他援引"莎士比亚《皆大欢喜》（*As You Like it*）中的小丑之歌"，他声称，"在莎士比亚一生的英国戏剧创作中，（这部作品）就是用于此目的"。他所援引的曲调结果与门德尔松的主题相近——事实上如此相近以至于德国音乐批评家曾推测"门德尔松一定在英国之旅中知道了这首歌并将其运用到《仲夏夜之梦》中"。最后斯塔索夫引用了第三个更为抒情的曲调，他又一次声称（这个例子没么可信）该曲调充当了莎士比亚时期精灵的音乐。他鼓励道："我希望你喜欢它。"然而，这一次巴拉基列夫没有领会这一暗示，他偏好更伤感的"英国主题"，似乎这一主题是为他量身定做的，他将其优美地创作到"轻音乐"中，为戏剧第四幕李尔王在科迪莉亚的帐篷中醒来作伴奏。[1]

整体来看，这是一部技巧娴熟、具有吸引力的作品，值得被大家更好地了解。但是，就像穆索尔斯基的《俄狄浦斯王》一样，该作品几乎没有任何明显的俄罗斯形象。即使巴拉基列夫吸收了民歌材料，它也不是俄罗斯的，且处理方式具有紧跟和声教科书，附加一些装饰

---

1. 1858 年 7 月 19 日，斯塔索夫写给巴拉基列夫的信件，收录于 *BSP1*，第 63—69 页。根据爱德华·戈登所说，斯塔索夫的消息来源为 William Chappell, *Collection of National English Airs*［1838—1840，扩展为《旧时代的流行音乐》（*Popular Music of the Olden Time*；1855—1859）］。戈登推测巴拉基列夫第四幕的曲调要么取自于查普尔，要么取自于之前丢失了的斯塔索夫的信件。参见 Garden, *Balakirev: A Critical Study*，第 42 和 46 页，注释 16。

性的调式连接的特点。事实上，第四幕的音乐让人好奇之处在于，它与沃恩·威廉姆斯（Vaughan Williams）及其之后这代英国田园派作曲家们的抒情风格有多么相近——当然，好奇的原因在于巴拉基列夫尽管处于法国阵营当中，却为一部发生在肯特郡的英国戏剧创作音乐，还因为沃恩·威廉姆斯再过十几年才出生。这或许是整部作品中一个真正的创新点。除此之外，人们需要记住，尽管巴拉基列夫在年轻的同僚们面前具有权威，但他自己还只有20出头的年纪，风格尚未成熟且创作技法有限。他以前的作品，除了一部活泼（但不太西班牙化）的《西班牙进行曲主题序曲》（Overture on a Spanish March Theme），还有一部散乱、混杂的《三首俄罗斯民歌主题序曲》（Overture on Three Russian Themes），要么是为他自己的乐器创作，要么加入了作为重要角色的钢琴。作品几乎没有明显的个性化的东西。一部早期的升F小调单乐章钢琴协奏曲创作于他第一年来到圣彼得堡的时候，且在1856年2月一场大学音乐会上单独演出，后来消失成为压箱底之作；一部同一时期创作的《降B小调钢琴奏鸣曲》第一乐章引用了民歌材料，除此之外还深受李斯特的影响。在巴拉基列夫的一生中这两部作品都没印刷出来。相反，他首先出版的是在为《李尔王》配乐的间隙创作的一套十二首歌曲集，以莱蒙托夫、阿列克谢·科利佐夫（Alexey Koltsov）等诗人创作的抒情诗歌为词。这些歌曲在阿勒亚布耶夫和古里廖夫的浪漫风格中算是讨人喜欢却中规中矩的作品，这种风格将民歌的简易朴实搬上台面，并赋予其如今可能被称为"态度"的某种温和的情感张力。大体来说，眼下巴拉基列夫相较于创作人声作品而言，对创作钢琴作品更感兴趣。他几乎完全避免了花腔式的创作，这种俄罗斯作曲家们所支持的长歌（protyazhnaya）式的"持久"风格，让斯拉夫情结涌动，而与真正的民歌和育儿歌音节式的创作不同。这些作品中没有一部为俄罗斯音乐开辟了新的方向。充其量它们宣告了一位有才华的年轻人，将四十年代欧洲的趋势翻译成了一种纯粹的、有趣的本土对等的作品。

1859年11月，《李尔王》序曲首次由乐队在一场大学音乐会上演出，但在此之前，一定在巴拉基列夫或者居伊处，以穆索尔斯基在9月该作品完成后当即改编的钢琴四手联弹版本排演过。这些夜晚，三位年轻的作曲家时常齐聚一堂，至少同斯塔索夫和其他朋友一起，度过了漫长的春冬；展示他们近期创作的作品或尚未完成的作品，得到彼此的赞同或反对，已成为聚会的惯例。有时我们知道他们的反应；更多时候我们并不知道。穆索尔斯基曾在斯塔索夫家表演了他的《俄狄浦斯王》序曲，并向巴拉基列夫（他没有在场）汇报斯塔索夫喜欢这部作品。[1]很遗憾的是，他似乎是即兴演奏的，或是凭借记忆来演奏，未曾将音乐记录下来。当然，有合唱部分，但我们不知道他是什么时候演奏的，也不知道他是否演奏过，如果演奏过，观众又有什么反应。[2]1859年2月的一个晚上，有一个此类的重要活动。由留存的一张手作海报可见这是一个私人演出，在居伊新婚的岳父母家中上演果戈理的戏剧《官司》(The Lawsuit)，以及居伊自己创作的名为《满大人之子》(The Mandarin's Son)的独幕喜歌剧。海报上列出了演员名单。居伊年轻的妻子玛尔维娜·班贝格（Malvina Bamberg）扮演女高音耶蒂（Yedi）这个角色。耶蒂是客栈掌柜的女儿［同斯美塔那尚未创作的《被出卖的新嫁娘》(Bartered Bride)一样］，被逼违背自己的意愿出嫁，结果发现爱人变成了当地满大人走失已久的儿子时，她与爱人终成眷属。穆索尔斯基演唱满大人的唱段，据斯塔索夫所言："他用活力与欢乐，用声音、咬字、姿态、动作的技巧和戏剧性，让所有朋友和同僚们相伴的时光充满欢声笑语。"[3]

---

1. 1858年7月7日的信件，收录于 *MDW*，第66页。（但日期错误地记为6月了。）
2. 当里姆斯基-科萨科夫第一次登场时，他将《俄狄浦斯王》列为"（巴拉基列夫）圈子唯一认可的穆索尔斯基的一部作品"(*LMMZ*，第27页；*MM*，第31页）。但那已经是在1861年了。
3. *MBO*，第42页。

这是居伊的第二部歌剧。如我们所见，在他与穆索尔斯基初次相遇的时候，他正在写一部基于普希金的叙事诗《高加索的俘虏》的浪漫主义歌剧，在1858年完成了两幕的总谱，并提交帝国剧院指导委员会审议。作品已经到排演的阶段，但在不久就被拒绝了，可能原因在于无能的编排。[1] 与此同时，他根据维克多·科里洛夫（Viktor Krïlov）的剧本创作了《满大人之子》，这是一部远没有雄心壮志的作品，由一些被对话分割开的音乐片段所组成，采用如韦伯《阿布·哈桑》（*Abu Hassan*）之类的德国歌唱剧（Singspiels）或者奥柏的法国喜歌剧的创作方式。音乐展现了他的才能，但正如有人预料到的那样缺少个性。耶蒂和她的爱人，仆人穆里（Muri）有一段优美的华尔兹二重唱唱段，带有些古诺式的元素（正好是《浮士德》巴黎首演的前一个月）；歌剧中有为与耶蒂有婚约，奥斯明（Osmin）般的人物佐伊桑（Zay-Sang）所写的一首表现愤怒情绪的歌，还有为耶蒂、为满大人痛失儿子所写的优美咏叹调。然而，除了也许是不太受欢迎的部分，作品中还有一些音乐上的惊喜：比如在人们预期会出现东方主义风格的部分，居伊却（为客栈掌柜和满大人）创作了一首波罗乃兹，以及（为最后的五重唱）创作了一首波尔卡。没有明显的缘由，在满大人出场时，响起了一首轻快（且颇为讨人喜欢）的进行曲，而这首曲子在序曲开头就已经出现过了。从这位未经训练的24岁青年的轻松之作中，人们预测他未来将会成为一位成功的轻歌剧作曲家，不过很难想像他会成为俄罗斯民族主义离经叛道的先锋小组中的一员。然而，《高加索的俘虏》是一个更有趣的例子。

对于究竟是什么促使这位24岁从事防御工事工作的人开始着手写作如此悲剧性的歌剧，还只是臆测。也许是以达尔戈梅日斯基的《水仙

---

1. *ODR*，第341、343页。这部作品原本只有两幕结构，过于简洁，可能也是个问题。参见 Gusin, Ts. A. Cui: *Izbranniye pis'ma*，第533页，注释4。

女》为范例，这部也是基于普希金的叙事诗，一年前在圣彼得堡首演。作品的脚本作者显然又是科里洛夫（但在出版的总谱中没有署名），逐字逐句照搬普希金的一到两段原文再改编其他部分，同时大体上密切遵从原文的叙事大纲。与《水仙女》不同，诗歌中没有超自然或魔法，但创作该作时的普希金是在克里米亚度假（与居伊差不多的年纪），他生动地唤起了南方帝国俄罗斯民族与异族冲突之地的氛围，这种冲突通过隐含被吞并领土尚未开化的文化来展现。作品设定的场景是在高加索的一个切尔克斯人（Circassian）营地，并与毗邻的哥萨克人处于部落斗争之中。一位俄罗斯囚犯受困于荒野，处于欣喜、疲惫不堪又意识模糊的境况。在诗歌中他与一位美丽的高加索姑娘成为朋友，姑娘给他吃喝并照顾他恢复健康，还终于向他表达了爱意，但他告诉姑娘他在故土爱着一位俄罗斯姑娘，不能回报她的感情。最终，姑娘精心为他策划了逃亡，突然他请求姑娘同他一起离开；姑娘拒绝了，后又似乎要答应；但当他游过河获得自由时，姑娘投身河中沉入河底。

对居伊来说，这个故事有一个大问题，需要充实情节与主要角色，并创造一些新角色来呈现舞台。他给姑娘取名叫法蒂玛（Fatima），将她的一位伙伴命名为玛利亚姆（Mar'yam），父亲命名为卡泽贝克（Kazenbek），还有一位值得尊敬却让人不解的未婚夫阿布贝克尔（Abubekar）。我们对这位"高加索的俘虏"知之甚少，他是无名之辈，而且他的俄罗斯女孩只在与法蒂玛最后的二重唱中有所提及，因此法蒂玛不愿随他逃走让人难以理解。然而，在歌剧中她没有这样做，而是留下来，在面对愤怒的切尔克斯人时，刺向了自己。[1]毫不意外的是，居伊无法真正捕捉诗歌氛围，这种氛围从某种程度上看是普希金的角色所带来的讽刺性的超然，但也切实沉浸于他们生活和

---

[1]. 塔拉斯金断言在歌剧中她投身入河，同诗歌中一样，这是一个明显又毫无特性的错误，参见 *ODR*，第354页。

行动的世界中：高加索壮美的风景，囚徒乏味的生活，他的俘获者们的日常活动。这个脚本多多少少就是个传统意义上东西文化碰撞的情节剧，并不算引人入胜，仅仅偶尔出现一些异域性的地方色彩。这些角色都是呆板的，音乐设计也循规蹈矩。作品没有规划，只有少许增二度和增四度，以及一些跺脚的合唱节奏局限性地体现出其"东方主义"风格。作品的现实主义是纸糊的，其俄罗斯性也微不可见。在原版的两幕结构中，只是相当简略、仓促地从第一幕半路俘获囚徒推进至第二幕法蒂玛的婚礼和最后与他在一起的场景。1881年，居伊为了出版，添加了一个全新的第二幕，还增加了一些切尔克斯人的舞曲构成第三幕，同时他修改了整个总谱，尤其修改了配器，因此他在1857年所作的努力很难在今天清晰地展现出来。

尽管如此，这作为居伊的第一部歌剧展现了他的天赋。如今，人们常常将居伊贬为一个门外汉，在他的圈中同伴中显得缺乏个人天分。但就像许多类似的评判一样，这样的论断总是在随意忽视他的创作后作出的。《高加索的俘虏》显然不是一部有着强烈个性的作品（这怎么可能呢？），既不够创新也不够古怪到像格林卡的歌剧。事实上，同《李尔王》一样，这部作品令人惊奇地未受任何形式的格林卡主义的影响。卡泽贝克一个反复出现的动机突出运用了降六度的旋律，这是一种类似格林卡建立起来的异国情调（居伊于1881年创作的第二幕有很多这样的运用）。但总的来说音乐的优点是更不显眼了。其风格和方法大体属于德意志浪漫歌剧传统，只是将背景转移到了俄国的场景中。法蒂玛有一个非常适合演唱的D小调咏叹调，带有一个意大利风格的简短的卡巴莱塔结尾，来拒绝她被安排好的婚姻；在一首非常动人的升F大调四重唱之后，刚被俘虏的囚徒（男高音）在一首意味深长的挽歌中告别他的自由，这个风格或许容易让人联想到喜歌剧，但它的出现无疑是悦耳优美的。事实上，创作抒情性的人声旋律是居伊的强项之一。是的，他的句法方整，并常常套用严格的诗节格律，即便是在歌词没有取自一如既往将格律用作分隔工具的普希金时，这对一位作曲家创作悲剧歌剧是很难得的。有人可能会将居伊的作品形容为一种沙龙悲剧：易于接受，精心创作，有时令人动容，但与其心理和感情来源范畴是绝不对等的。平心而论，这既不是第一部也不是最后一部普希金的歌剧存在这样的真相。

将这些年轻的、典型的俄罗斯激进派的各种各样戏剧性或类似戏剧性的作品作为整体考虑，令人震惊的是它们鲜少背离最佳的西方模式。毋庸置疑这些作品展现了天赋。在某种程度上，这些作品甚至显示出专长；至少从这些谱子中看不出班门弄斧的传统样貌，这种问题至多从那些终生庸碌的作曲家20和22岁时创作的其他不计其数的作品中体现出来。同样的情况出现在当时更短小、更不具野心的作品中。1857—1861年间，居伊创作了大量歌曲——三首浪漫曲套曲（Op.3），以及六首浪漫曲套曲（Op.5），以莱蒙托夫、普希金、科里洛夫等人的作品为词。同歌剧中的大量唱段一样，这些都是细腻的人声作品，其风格让人想起舒曼的艺术歌曲——节奏、和声平实，大多为音节式的配乐，它们紧扣诗歌韵律，鲜少探索任何尤其个性的东西，要么放在歌词中，要么在伴奏中。这种音乐服务于业余市场并且服务得像模像样：既不拙劣，也不是最小程度的开拓创新，甚至没有明显的俄罗斯特色；从某种意义上说，巴拉基列夫的歌曲都是俄罗斯风格的。

穆索尔斯基也花费了一些时间创作歌曲，这些歌曲反映出他熟悉德意志保留曲目。尽管这些歌曲稀少，但作品的某些点在可见的情形下，甚至是平庸的诗歌中，暗示了更广阔的音乐眼界以及独特的天赋。他仍旧为巴拉基列夫作键盘改编：贝多芬《C大调拉祖莫夫斯基四重奏》的行板乐章、他老师的《李尔王》序曲。他也为自己写作钢琴作品，充满希望地命名为[《孩子的恶作剧》（*Ein Kinderscherz*）以及《热情即兴曲》（*Impromptu passioné*）]，但实际只比沙龙音乐好一点。随着他可以随意处置词句，音乐开始变得更生动。科利佐夫的

《欢乐时光》(*The Happy Hour*)被创作为一首粗犷的饮酒歌,或许音乐很普通,但其中的意象异常生动:钢琴前奏中玻璃杯的叮当碰撞声;在"唱出你们的所有,伙伴们"一句的骤强(subito fortissimo);尤其以降六音(A大调离调至F大调)的温润调式展现中部"明天我们就死去"极度醉酒的状态。他仅有另一首在1859年创作的歌曲《树叶悲伤地沙沙作响》(*The Leaves Rustled Sadly*),音乐和描绘同样引人注目。在阿列克谢·普列谢耶夫(Alexey Pleshcheyev)的诗中,一位无名的自由战士正被埋葬,只有树叶在为他哀悼。(普列谢耶夫是彼得拉舍夫斯基小组的成员之一,被流放西伯利亚十年。)[1] 穆索尔斯基又一次描绘了诗中场景:灰暗的橡木林,仅有月光照耀;叶子沉甸甸的重量被夸张地表现出来;男低音忧郁、挽歌般的坎蒂莱那(cantilena)。从音乐上看,穆索尔斯基作品中大多数元素都能从舒伯特的晚期作品中找到。但意象的密集使用程度是俄罗斯式的:不仅有暗黑、冷酷的抒情主义人声声部,还有沉重的、警钟似的钢琴声部,在歌曲的最后——歌手与其他恭顺的哀悼者分别很久后缓慢而反复地鸣响。这还不是车尔尼雪夫斯基所理解的现实主义,或者还不是穆索尔斯基本人开始理解的现实主义。其描绘场景的动机手法本质上是德意志式的。但是,如果从音乐上看还不是原创的话,其描绘性的作答则与众不同,并且从某种程度上说是具有预示性的。

人们可能已经期望着一位能创作出同样好作品的青年作曲家(他也只有20岁)迅速成长,创作出更有价值、更具原创性的作品。但显然在这点上,穆索尔斯基受生活环境所累,其性格的分裂开始严重地妨碍他的创作。正如我们所见,他与巴拉基列夫的关系开始出现问题。根据对他于1860—1861年间创作的作品的了解,我们可以推

---

1. N. Basmajian, "The Romances", in M. H. Brown, *Musorgsky in Memoriam*, 38.

断巴拉基列夫仍依靠他进行器乐写作和配器。他是（或者至少据说他是）完成了于1859年开始创作的《升F小调钢琴奏鸣曲》，但明显这部作品目前已经杳无踪影了。他创作了一首《C大调钢琴二重奏》的快板乐章，想象着——正如巴拉基列夫1860年12月向他们的钢琴家朋友阿夫多京·扎克海日娜（Avdotya Zakharina）所说的."他已经为普世艺术，尤其是俄罗斯艺术作出了重要的贡献。"[1]关键在于穆索尔斯基刚恭敬地向他的老师声明他想要创作声部进行［声部写作（part writing）］："（我）就从三声部的作品写起；我能做一些有价值的事情并且切中要害；这能很好地激励我去思考我和声写作中的荒诞之处，那些不可能但却已经写成这样的地方。"[2]不久，1861年1月，在游访莫斯科的途中，他正创作一部《D大调交响曲》，16日之前他就告诉了巴拉基列夫，谐谑曲乐章——"一个长大的交响性乐章"——除了第二个三声中部都完成了（即便如此，他在12月的信中，还在请求不要写作这些谐谑曲）。他计划写作一个升F小调的行板乐章。该交响曲在1862年间仍停滞不前，也没有留下一个音符，或许除了一个B大调（谐谑曲假定的调）上的四小节片段，穆索尔斯基将其写进了1月13日给巴拉基列夫的信件中，但没有具体指出是什么。

如果这些仅仅是穆索尔斯基在六十年代初期的创作空白，有人可能会忍不住责怪巴拉基列夫利用他恭顺的性格与自我贬低的倾向，强迫他参与到不适合的教学项目中。但除此之外还有其他很多原因。1860年夏，他为他的《俄狄浦斯王》计划创作了两首合唱曲，并且开始计划他所谓的"《荒山》上的整场演出"［来自门登的戏剧《女巫》

---

1. 1860年12月31日的信件，收录于 *MR*，第28页。
2. 1860年12月25日，并未注明时间，后据邮戳记得来信件的日期，收录于 *MLN*，第51页；收录于 *MR*，第27页。这个语境下的"声音"是一个有关"声部"的技术术语；声部进行是将音乐分几个部分写作的技法，并没有特指人声。

(*The Witch*)]。一场女巫们的安息日聚会，巫师们各自独立的情节，为所有这些污秽之物而举行的一场庄严的游行，一个末乐章——门登对安息日的赞颂都体现了对《荒山》上整个节目的把控。他也写了一个被命名为《我主之日》(*Lord of My Days*)的人声四重唱。这些明显都是引人联想的项目，很可能与巴拉基列夫无关。但就目前所能确定的而言，这些作品一个音符也没有留下。杰拉尔德·亚拉伯罕依据良好直觉却缺乏确凿证据地推测出，《俄狄浦斯王》合唱曲随后找到了它们存在的方式，与神庙场景一起出现在《萨朗波》中。至于《荒山》，所有细节的想法十分接近最终成为穆索尔斯基最杰出的那部管弦乐作品，以至于难以将两者作本质区分。尽管这部作品像是声乐作品，或许更像配乐或舞台音乐。[1]事实上，这个话题——或者非常类似的话题——曾在之前的两次圣诞节，在穆索尔斯基的兄弟们，巴拉基列夫以及另外一到两个伙伴之间谈论将果戈理的故事《圣约翰节前夜》(*St. John's Eve*)改编为一部三幕歌剧的可能性时，就被提了出来。[2]像之前一样，(作品的)形象化是引人注目的，好像穆索尔斯基发现他很容易描绘出他想要写的作品，不过迄今还没想好怎样去写它。这一构想的标题性模板可能是柏辽兹的《幻想交响曲》末乐章。但对穆索尔斯基这样经验不足的俄国作曲家来说，这个模式很难在音乐上有所帮助。

接下来三年的大部分时间中，他几乎没写出任何有重要意义的作品，并且几乎没有他准备保留并署名的作品。1862年，他实际没有创作任何作品，除了他可能加到那部命运多舛的交响曲中的内容，还有

---

1. 人们恐怕不知道门登的戏剧。格奥尔基·门登(Georgiy Mengden)只是穆索尔斯基的一名同学，但门登家族是波罗的海地区一个家喻户晓的贵族家庭，或许格奥尔基的父亲或者他的门登-奥滕沃加(Mengden-Altenwoga)家族的兄弟姊妹之一曾做过编剧。收录于 *MLN*，第50页；*MR*，第25页。
2. 1858年12月25日条目，收录于 *MDW*，第71页，能稍微解答这一讨论的疑惑。一个更为清晰的文献是 Calvocoressi, *Musorgsky*, 20。

对贝多芬弦乐四重奏（Op.130）的钢琴二重奏的改编曲。他甚至拒绝在1860—1861年间这个冬季俄罗斯音乐协会可能举办的一场演出中上演《俄狄浦斯王》神庙合唱，他告诉俄罗斯音乐协会委员会成员德米特里·斯塔索夫，这个合唱节奏太快、篇幅太短，以至于无法独立表演，他还向巴拉基列夫吹嘘以此作品表达对鲁宾斯坦的嗤之以鼻。看起来他对作品的演出效果感到紧张，并且不愿意直面他的政敌的嘲笑。但如果这是恐惧的话，仅仅是他抑郁不乐的表现之一，这种表现显然影响了他生活的各个方面。

正如我们在第三章中所看到的，穆索尔斯基曾经历了一段忧虑的时期，他自己回溯分析为推迟的青春期。在他写给巴拉基列夫的信中，他用令人困惑的坦率描述了这一症状。但他对病因含糊其词，或许是因为像大多数青年人一样，他不确定病因是什么。现代的学术界就没那么缄默。穆索尔斯基被断然地贴上了性冷淡、同性恋、受虐狂的标签，甚至相当令人沮丧的是，他还被贴上了谨言慎行的异性恋者标签。实际上没什么证据能够证明这些诊断。[1] 在他为人所知的行为举止中，没有丝毫同性恋的痕迹，人们只能将这种臆断归因为某种现代趋势——将性的自由裁定权视为决定性的证据，证明人们不允许再称其为异常。目前为止，他最可能是一位紧张于身体上承诺的忧虑型异性恋者。他似乎曾被年轻的女性所吸引，但逐渐竖起一堵墙，用礼貌性的玩笑隔绝那个区域中任何直接的感情纠葛的威胁。显然，他在面对年长，可能已经结婚了的女士时感到更为舒适，在他有时间建起必要的屏障之前，由此产生的安全感或许不时让他处于一些有些苦恼的情形中。

---

1. 例如，参见Turner, "Musorgsky", 153-175。有关作曲家所谓的同性恋和受虐狂（sadomasochism）的状态，作为建立在不可靠证据上的例子，从两封夸张地向阿尔谢尼·戈列尼斯切夫–库图佐夫示爱的信得出的判断或许是某种成果展示。

1859年春末和夏初，当他在朋友斯捷潘·希洛夫斯基（Stepan Shilovsky）和他的妻子玛利亚的庄园度过5月和6月的几周时，发生了类似的事情，庄园位于格雷博沃（Glebovo）村，莫斯科河靠近沃斯克列先斯克（Voskresensk）的地方。玛利亚·希洛夫斯卡亚（Maria Shilovskaya）是一位业余歌手，达尔戈梅日斯基曾是她的老师，她喜爱邀请音乐家们到庄园长住。在她结婚之前，据《解读穆索尔斯基》（*The Musorgsky Reader*）的编辑所述说，她曾追求过"沙龙歌手这样一个花哨的职业，其间，她涉猎作曲并训练其他不够精通的才能，这让她获得了'她那个时代最迷人的女性'称号"[1]。当然，潜台词就是她向穆索尔斯基暗送秋波，而穆索尔斯基这个比她小了九岁且经验极少的年轻人，不出所料地拜倒在石榴裙下了。事实上，甚至从当时他所写信函的字里行间也不能得出这样的结论。在一封写给巴拉基列夫的信中，他描述了在格雷博沃的情形，并且为这个地方描绘了一幅生动却逼真的图景。房子奢侈地坐落于俯视自家农场的小山上，且被一种英式的公园所环绕，"正如您所想，一切都是那么华丽，因为希洛夫斯基富得流油。""男主人和女主人都非常友好，"他补充道，"而且希洛夫斯卡亚对她的客人们非常殷勤。"[2] 这里有一个家庭合唱团，排演博尔特尼扬斯基的作品以及《为沙皇献身》中的合唱曲，这场演出（很可能）计划由希洛夫斯卡亚扮演安东妮达，并由康斯坦丁·里亚多夫（Konstantin Lyadov）指挥。穆索尔斯基将会与他们合作。

希洛夫斯卡亚当时或后来真的对他有意吗？而他有回应吗？（有人认为颠覆性的解读是难以接受的。）充其量，只是间接证据。之后不到两年，弗拉基米尔·斯塔索夫写信给巴拉基列夫让他劝说穆索尔

---

1. 收录于 *MR*，第15页，注释23。
2. 1859年5月12日的信件，收录于 *MLN*，第42—43页（这里很可能错记日期为6月12日），收录于 *MR*，第15—16页。

斯基"直奔玛利亚，在她哭泣前跪倒，让泪水打湿他的头发，爬进她的裙子里，向她献殷勤：只为迫使她想方设法请求（康斯坦丁·）里亚多夫，并且迫使他演出"鲁斯兰"第三首幕间曲"。[1]这个富有影响力的假设方式奇特，比实际情况更具建设性，因为它暗示了名望。而穆索尔斯基也曾经给巴拉基列夫回信，提醒他："我又一次陷入泥潭了，不是在音乐上，而是在道德上——我爬出去了；但有一天你将会知道这是怎么一回事——如果我们的谈话需要提及这点——这跟一个女人有关。"[2]这个女人是玛利亚·希洛夫斯卡亚吗？多年以后，当穆索尔斯基将从达尔文《人类的由来》（Descent of Man，他那时正阅读的书）时，将这本书令人窒息的压迫感比作热恋情人的钳制，他脑海中想到的会是她吗？

> 如果一位强大，富有激情且充满爱意的女人紧紧将她爱的男人抱在怀里，他可能感受到的是暴力，但不愿从她的怀抱里离开。因为这种暴力"越过了幸福的边界"，因为从这样的暴力中，"年轻的血液突然燃烧起来"。我并不羞于比较，无论你多么歪曲事实，任何经历过爱情的自由和魔力的人，都活得很优雅，并会记住他曾优雅地活过，他以前的幸福也不会蒙上阴影。[3]

第二年夏（1860），穆索尔斯基再一次去到格雷博沃，并且停留

---

1. 1861年2月13日的信件，收录于 *BSP1*，第121页。强调斯塔索夫的观点。里亚多夫〔作曲家阿纳托利·里亚多夫（Anatoly Lyadov）的父亲〕曾在格林卡的歌剧上演时删掉这个幕间曲。
2. 1861年1月19日信件，收录于 *MLN*，第56—57页；收录于 *MR*，第34—35页。
3. 1872年10月18日写给弗拉基米尔·斯塔索夫的信件，收录于 *MLN*，第140—141页；收录于 *MR*，第198—200页；强调穆索尔斯基的观点。

了更久的时间。他5月末到达那里，乘坐火车途经莫斯科，到9月中旬似乎都还没离开。正是在这次旅行中，他修改了关于门登那部作品的创作计划，并且为《俄狄浦斯王》创作了其他合唱曲。除此之外，我们对他是怎样在安静、沉闷的俄国乡村中度过了漫长的仲夏知之甚少。或许他创作了浪漫曲《对你来说情话是什么？》(*Shto vam slova lyubvi*？，亚历山大·阿莫索夫作词)，题献给玛利亚·希洛夫斯卡亚。

> 对你来说情话是什么？
> 你称之为谵妄。
> 对你来说我的泪是什么？
> 眼泪，你也不会明白的。

音乐始于焦虑不安，但中途转向一种迷蒙的情绪，重复的和弦让人联想起舒曼的《莲花》(*Die Lotosblume*)。这时这位诗人提到第三个人："我单恋着她，就像我爱生命，我爱光明。"回到圣彼得堡后，穆索尔斯基告诉巴拉基列夫他大半个夏季以来都病着："我只有在短暂的间隙中投身于音乐；从5月到8月，大部分的时间里我脑子糊涂且极度易怒。"他的一生中时常提到紧张不安，但也没弄清是否患了什么病症。这种特殊的时刻很容易影响他的心理状态，因为一些情感或者甚至性干扰都会使他无力集中精力在创作上。但最终这些都仅是推测。

无论穆索尔斯基心理问题的诱因是什么，他的朋友们都很严肃地对待这些问题。最终，巴拉基列夫给他写了一封诚恳的信，责备他更喜欢与巴拉基列夫所谓的"有限人格"为伴。[1]穆索尔斯基那时候

---

[1] 这封信已经不存在了，但其内容可由穆索尔斯基于1861年1月19日的回信中准确无误地推断出来，收录于 *MR*，第34—35页。

在莫斯科，居住在希洛夫斯基位于德格蒂亚里尼街（Degtyarini）的房子里，且多半是他们不住这里的时候，因为他与一个名叫休卡洛夫（Shchukarov）的朋友共享这套住所，这是个巴拉基列夫曾抱怨过的人。他明显不会照顾穆索尔斯基的情绪；穆索尔斯基形容他的文字"热心又急切"。"至于我深陷泥潭，"他回复道，"正要被拉出来，我只说这点——如果我有才华——我将不会在大脑受刺激时深陷其中。" 另外一段话说出了言外之意："至于我对有限人格的偏爱，只有一个答案，'告诉我你爱谁，我会告诉你你是谁'。因此，从逻辑上讲，我也一定是被困住了。"他坚持认为他的朋友们都是有教养且有才智的。但也正是这样，有一天这些朋友们会撇下他。

92

[第八章]

第三罗马：职员与海军学员

1859年6月，在从格雷博沃回家的路上，穆索尔斯基曾短暂地参观了莫斯科。这是他第一次了解这座古都，他的朋友尼古拉·博罗兹金是一位住在那里的业余作曲家、法律职员，为了纪念这座城市纯粹的古典性而给古都起了耶里哥（Jericho）[1]的名号。在一年前的游访中，巴拉基列夫曾用抒情的语句来形容这座城市。"在我的灵魂里，"他告诉斯塔索夫，"诞生了许多美好的感受，我无法向你形容。在这里，我为自己是个俄罗斯人而感到骄傲。"[2]现在穆索尔斯基似乎是在呼应巴拉基列夫的信，就像斯塔索夫曾经向他展示的。"甚至当我靠近耶里哥，"他写道，"我注意到它的独创性，它的钟楼和圆顶塔散发着古典的味道……壮美的克里姆林宫——我怀着油然而生的崇敬之心走进它。红场之中，发生了如此多非凡而混乱的事件……这是神圣的古物……我爬上了伊凡大帝的钟楼，领略莫斯科的壮丽景观……"但是，脏乱程度对他的触动同其壮美一样多："这些乞丐和骗子就如同这个世界从未被开蒙……总的来说莫斯科将我带入了另一个世界，一个古代

---

1. 译者注：耶里哥是犹太人历史上极其重要的一座城市，可与耶路撒冷和伯利恒相提并论，据说是最古老的城市。
2. 1858年7月5日的信件，收录于 *BSP1*，第62—63页。

世界（一个尽管肮脏，不知为何对我却有着正面影响的世界）……你知道我是个世界主义者，但现在好像经历了重生，所有俄罗斯的东西对我来说都变得亲近了。"[1]

莫斯科是第三罗马，是1453年君士坦丁堡陷落以来自成一派的东正教精神之都。所有彼得大帝尝试要根除的俄罗斯生活都在此有根可寻：教权、落后与粗野、庄严而缓慢的生活方式，文化的地方风格，亚洲和东方的一隅。正是这座古老的木头城市莫斯科城被蓄意付之一炬让拿破仑走向溃败。从很大程度上看，莫斯科曾经是并且仍然是俄罗斯性最深沉的象征，甚至对那些适应在圣彼得堡生活的人来说也是这样。"莫斯科根植于我们所有人，"普希金的朋友菲利普·维格尔（Filipp Vigel）写道："并且俄罗斯不能抹掉莫斯科的痕迹。"[2] 毕竟，莫斯科是斯拉夫人的精神故土，一群哲学家不认同解救俄罗斯要靠模仿西欧的工业、经济和文化。他们认为，与之相反的是，俄罗斯需要坚持自己的传统——东正教传统以及古代乡村制度，如农村公社（village-commune/obshchina）。在莫斯科，斯拉夫人感觉他们更接近俄罗斯的土地，更接近集体主义——他们杰出的思想家阿列克谢·霍米亚科夫（Alexis Khomyakov）曾定义为聚合性（sobornost）的教会精神，而远离了他们所认为的根植于西方社会中，对俄罗斯人来说西化的、按照西方模式规划的圣彼得堡所象征的物质主义、理性主义与个人主义。

斯塔索夫在近几年逐渐对古老的俄罗斯感兴趣。不久之后，当他在写作有关这一时期的艺术变迁史时，他想要表达这样一种印象，在十九世纪六十年代早期"一个独立的、独特的、意义深刻的民族协会

---

1. 1859年6月23日写给巴拉基列夫的信件，收录于 *MLN*，第43—44页；*MR*，第17—18页。
2. 引自费吉斯：《娜塔莎之舞》，第162页。

已经形成"。[1]然而，他只能够引用一些早期作品中糅杂的保留曲目来支持这个观点——巴拉基列夫的《三首俄罗斯民歌主题序曲》以及他的《李尔王》序曲，他和居伊早期的歌曲，鲁宾斯坦在俄罗斯音乐协会第一乐季中指挥的穆索尔斯基和居伊的谐谑曲：一系列既不独立也不深刻的曲目合集，且非常缺乏任何可识别的"民族"特征。

事实上，1860年俄罗斯学派的概念仍处于襁褓之中。格林卡的所有歌剧都很难定义为非常特别的作品，并且不管怎么说，还有对这些作品的象征意义持反对意见的声音；关于这些，斯塔索夫本人也很难拿定主意。在1857年，他于作曲家去世后即刻仓促写成的格林卡传记中，贬低了《为沙皇献身》中的民族元素。在三十年代的时候，他曾认为：

> 人们认为，艺术家为了让他的作品带有民族特性，不得不在一个新的场景中放入某些已经存在于人民之中的场景，激发人们天然的创造本能。人们想要也需要这种不可行性：将旧材料与新艺术融合；他们忘记了旧材料属于他们自己特殊的时代，而已经成功找到其形式的新艺术，也需要新材料。[2]

要想深入驳斥他在此之后的观点，即"为了变得民族化，为了表达一个民族的精神和灵魂，（音乐）必须对准人们生活的根本"是很难的。"俄罗斯音乐家们，"他这时强调，"不再是局外人，而是自在周游于由我们民族旋律组成的世界中。的确，斯拉夫旋律绽放了光芒，因此他们能够自由地运用这些旋律，并且真实、有力地展现出它们的色彩、个性和特点。如今，格林卡的成就广为人知且受人认可。他开辟了一条新的道路；他创造了一部民族歌剧，其形式在欧洲其他

---

1. "过去二十五年我们的音乐"，收录于 *SSMIII*，第159页。
2. *SSMI*，第231页。

任何地方都不会出现。"[1] 但在1860年时，还无法看到这条道路。这儿还有什么呢？达尔戈梅日斯基以梅耶贝尔方式创作的大歌剧《埃斯梅拉达》（*Esmeralda*）已经消失无踪了。他的《水仙女》有一些民歌元素和小说式的词句处理，但很少有转折；自那以后，他闷闷不乐，没有再完成任何舞台作品。

在巴拉基列夫和穆索尔斯基对莫斯科的反应中，有人察觉到一个新的惊人内幕，某种程度上让他们大吃一惊的事情。对于巴拉基列夫而言，这至少与他近期的阅读有关。同许多在十九世纪五十年代末接受到教育的俄国人一样，他沉醉于谢尔盖·索洛维约夫（Sergey Solovyov）的巨著《最古老的俄罗斯历史》（*History of Russia from the Most Ancient Time*）的卷本中，这些卷本自1851年后每年重印。就索洛维约夫而言，他对尼古拉·卡拉姆津（Nikolay Karamzin）未完成的十二卷本"历史"[2] 起到修订和扩展的作用，其强调了伟人的推动作用。巴拉基列夫和斯塔索夫曾讨论过索洛维约夫，特别是在一篇有关他的文章当中——"东方异教徒时期斯拉夫人的礼仪、风俗和宗教"，这篇文章正好写于1860年夏天，巴拉基列夫开始到伏尔加河采集民歌之前。俄罗斯真正特性的源头在于学习人民和他们的生活方式，这个观点成为人们关注的焦点，并恰好在越来越急迫地需求独特的艺术方向时呈现出一种新的强度。

在卡拉姆津之前，实际上并不存在俄国历史编纂学，他的作品在他的同胞作为俄罗斯人的身份认同感上产生了惊人的影响，其时正值1812年战胜拿破仑之后，民众意识极易受到影响。在很大程度上，卡拉姆津是一位"史官"。他实际上是依据沙皇来弄清俄罗斯的历史的；

---

1. "过去二十五年我们的音乐"，收录于 *SSMIII*，第149页。
2. 编者注：卡拉姆津（1766—1826）为俄国历史学家。他的《俄罗斯国家史》先后出版了十一卷，第十二卷未及完成即因病去世。

但是，与此同时，他也收集了大量关于俄罗斯人民的背景信息，因此一种基于民族志的历史观点甚至在他尚未完全意识到的时候已经在他的作品里萌芽了。直到1855年尼古拉一世去世，国家还处在独裁统治下，历史学家们对农民日常生活的兴趣不可避免地带上了政治色彩。因此，当如巴拉基列夫和斯塔索夫之类的智者们讨论索洛维约夫或他同时代的历史学家尼古拉·科斯托马洛夫（Nikolay Kostomarov），抑或康斯坦丁·卡维林（Konstantin Kavelin）的作品时，他们最终讨论的是人民的历史角色、政治制度，当然还有他们的艺术。例如，在科斯托马洛夫的作品中，他们发现了一种差异，这种差异存在于他们所谓的"两个俄罗斯民族"，大俄罗斯和小俄罗斯（乌克兰人）之间，类似的差异也存在于科斯托马洛夫所认为的俄罗斯人集权的治国本能与乌克兰人对当地机构的倾向之间，或者公民大会［veche（assembly）］与基辅罗斯联邦城市所假定的民主结构之间。

或许正是类似这样的冲动让巴拉基列夫在1860年5月从下诺夫哥罗德前往伏尔加河沿岸，这是他首次踏上夏季之旅，经历几次旅程后最终于1866年出版了一部民间音乐改编版合集。我们对这次伏尔加之行知之甚少，原因在于他的信件全都丢失了。但从他在之后（未收集的）从罗斯托夫的顿河流域（1862）去到高加索（1863）的旅程叙述中可以看出，他不仅游说当地人唱歌给他听，还对他们的生活方式感兴趣。"我去到市场，"他向在罗斯托夫的朋友亚历山大·阿尔谢尼耶夫（Alexander Arseniev）写信道，"寻找乌克兰人并与他们交谈……我努力尝试去调查他们的生活；总之，我想走进他们并看看他们都是怎样的人。"[1]有人这样刻画这位年轻的作曲家，手上拿着笔记本，询问一些六十年代时髦的问题，这些问题包括土特产、农耕方法及分配方

---

1. 1862年6月3日写给亚历山大·阿尔谢尼耶夫的信件，引自 *BSP1* 引言，第26页。

式、当地政府的类型、交通方式等。这明显需要一种友好、开放的态度。但是，巴拉基列夫将诸多他所看到的内容视为某种在大都市所不喜的品位。"太可耻了，"他告诉斯塔索夫，"顿河流域这广袤无垠的肥美土壤，属于像顿河哥萨克这类令人厌恶的人，东斯拉夫俄国这最令人厌恶的部族。"他煽动性地补充道："他们甚至大多数是顽固派。"他将俄罗斯人"聪明、善良的头脑"，他们的"多才多艺"和"荣誉感"与乌克兰人的懒散和蠢笨相比。[1]这是所有人轻而易举就能推翻的判断。一两年之后，俄罗斯人已经变得"笨拙（如果曾是聪明的）、丑陋、无耻，甚至更甚"。他承认："我用乐观的态度来看待他们。"[2]但事实上巴拉基列夫并不是天然喜好仁慈，而他那六十年代自由主义者的形象很快就消失了。

巴拉基列夫绝不是第一个收集（民间音乐）的人，他踏入俄罗斯乡村，在数月的农民生活中记录下乡间曲调，并出版了带有钢琴伴奏的可演出的集子。事实上，他的作品《三首俄罗斯民歌主题序曲》中的旋律都是取自该出版的合集，其中只有一段旋律是最新的。当然，在这方面，俄国人与十八世纪晚期和十九世纪早期西方收集（民间音乐）的人没有本质上的不同，他们出版了以会客厅歌曲形式写成的所谓的民歌。此类民歌将当代城市高雅艺术风格元素与原始曲调的民族特色结合起来。最近的研究显示出这种风格怎样不时地回溯到民歌习俗上，甚至到了民族性与城市性几乎难以解绑的程度。[3]然而，在十九世纪六十年代，此类改编开始被视为古代俄罗斯农民"纯"音乐的堕落，并且很可能是由对古代莫斯科的了解尚不成熟，对索洛维约夫的

---

1. 1862年6月25日的信件，收录于 *BSP1*，第188—189页。
2. 1864年7月10日写给斯塔索夫的信件，收录于 *BSP1*，第229—230页。
3. 参见 Taruskin, *Defining Russia Musically*, 17-24。十八世纪的匈牙利情况与之类似，导向了下个世纪关于什么是、什么不是"真正的"匈牙利人的困惑。

阅读尚浅的巴拉基列夫，至少按照重新探索该音乐的"自然"风格这一想法着手收集的。正如我们所见，他自己的改编方法确切地暗含了一些这样的意图，却偏离了任何可能被称为真正的民间音乐的配乐。

巴拉基列夫和斯塔索夫对古代俄罗斯音乐与神话的热忱都与政治自由没有多大的关系，尽管这两者很容易混淆。斯拉夫派也曾对这样的事感兴趣，且他们的政治倾向在大多数情况下都非常保守。[1]他们拒绝接受西方的理性主义和个人主义，他们认为这类思想妨碍了社会精神上的完整性，（通过彼得改革）危害了俄罗斯，并且破坏了现代生活与当地文化、传统之间的联系。他们鄙视罗马天主教中称之为争辩性、推论式的特点，以及由之带来的持续动荡；又坚持将东正教作为一个君主专制政体中道德、精神和智慧稳定的保障。当然，所有这些想法大多是不切实际的。他们设法忽视此类社会中一些压抑性的方面，尽管他们被这些因素所包围，且不时受其迫害。他们"在东正教的保护下谈论俄罗斯社会自然的、不受限的发展"[2]，也公开表达了对帝国行政结构的一些想法，抽象地将其划分为所谓的"国有产业"［state business（gosudarego delo）］以及"土地产业"［land business（zemskoye delo）］。

在这点上他们多少与自由派的思想相吻合。"土地产业"的机构是村委会（obshchina），即古代的农村公社机构，扮演着当地合作社的角色，来管理土地分配、税收支付，以及其他村庄管理的重要事务。然而斯拉夫派喜欢将农村公社作为俄罗斯社会稳定的象征，是与土地不可分割的连接。西化派的自由主义者和空想社会主义者们也被这样一种集体的、土地所有的模式，即切断私人所有与私人营利的资产阶级概念的模式所吸引。亚历山大·赫尔岑提出了对这一交叉问题

---

1. 作为最著名的斯拉夫派人物，伊凡·基列耶夫斯基（Ivan Kireyevsky）于1856年去世，而康斯坦丁·阿克萨科夫（Konstantin Aksakov）与阿列克谢·霍米亚科夫都于1860年去世。
2. 参见Raeff, *Russian Intellectual History*, 197. 有关基列耶夫斯基。

最为尖锐的观点。赫尔岑是一位早期社会主义思想家,两次因政治观点而遭到流放,并最终背井离乡去到巴黎,后又(自1852年)去到伦敦,在那里他创办并编订了一本左翼杂志,名为《钟声(沙皇钟)》[*The Bell* (*Kolokol*)]。对所有俄国社会主义者来说,赫尔岑思想的最高层面是最具仁爱和最具批判性的。他与霍米亚科夫和康斯坦丁·阿克萨科夫这样的斯拉夫派相处得很好,但在分析他们的哲学思想时并不会让步。正如他在其自传中写道:

> 他们以一种非常粗暴的方式回馈人民……把人民视作某种完整和已经完成的东西。他们认为分享人民的偏见意味着成为他们其中的一员,这是牺牲了他们自己的理性而去发展人民的理性的一种伟大的谦逊行为……回到乡村,回到工人协会,回到米尔[1](农村公社)的集会,回到哥萨克体系是另一回事;但是,我们必须回归这些,不仅是为了他们能够尽快与根深蒂固的亚洲文化缩影绑定到一起,还为了发展并释放他们所发现的这些元素,从所有外来和扭曲的元素中,从过度解读的赘生思想中净化他们。

"诺夫哥罗德之钟,"他补充道,"过去常常用来号召市民们回到古代的辩论会,它不仅被彼得大帝熔炼为一门大炮,还曾被伊凡三世从钟楼上取下;农奴制不仅在彼得大帝的普查下得以确立,还被鲍里斯·戈杜诺夫引入。"[2]因此所有这些精神上的扭曲不全是彼得大帝的错。

斯塔索夫曾经是,并且仍然是一位赫尔岑的赞颂者,事实上他认为——没有充分证明——自己是相当开明的。这里再一次面对的困难

---

1. 译者注:米尔(mir),一种沙俄时期的村社。
2. Herzen, *My Past and Thoughts*, 301–302.

是苏联惯于夸大其文化英雄的社会主义倾向，再加上斯塔索夫年迈时自然会夸大他与伟人过去的联系。如二十世纪七十年代列别捷夫（A. K. Lebedev）和索洛多夫尼科夫（A. V. Solodovnikov）在记述1862年两人于伦敦的会面时，强调了两位作家对彼此的尊重；而斯塔索夫的侄女瓦尔瓦拉·科玛洛娃-斯塔索娃（Varvara Komarova-Stasova）在斯大林插手苏联知识分子生活之前，于1927年以弗拉基米尔·卡列宁（Vladimir Karenin）为笔名所出版的关于她叔叔的长篇且细致的传记中，仅仅顺便谈及赫尔岑。[1]8月初到达伦敦时，斯塔索夫写信给赫尔岑想去拜访他，赫尔岑回以热情的邀请，但也警示他本人以及他的来访者都会处于沙皇的监视之下。尽管如此，斯塔索夫仍拜访了赫尔岑两三次，他们谈论了艺术和社会。斯塔索夫在返回圣彼得堡的途中，于俄国边境遭遇搜身，他的一些书籍与文章都被没收了。"在那时，"他告诉他的侄女，"我一样爱着他……（且）赫尔岑也非常喜欢我，还告诉我他非常重视我。"[2]然而有人发现赫尔岑作品合集中没有重点提及斯塔索夫，甚至在赫尔岑七卷本自传中也根本没有提及他。"友情啊，"赫尔岑学者艾琳·凯莉（Aileen Kelly）告诉我，"似乎很大程度是斯塔索夫的一厢情愿。"[3]

尽管原因不同，斯拉夫派与西方派同样都渴望废除农奴制，至少在1861年2月19日，这一天到来了。对于斯塔索夫、巴拉基列夫和居伊之列没有土地的贵族阶层来说，解放的实际后果至少在短时期内是微不足道的，只是满足了他们的情感与知识基础。但是对于莫杰斯特·穆索尔斯基来说，影响甚为严峻。他的父亲于1853年去世，但他

---

1. Lebedev and Solodovnikov, *Stasov*, 50–57；也见Karenin, *Vladimir Stasov*，多处。
2. 1888年8月9日的信件，收录于Karenin, *Vladimir Stasov*, 598, 注释1；强调斯塔索夫的观点。
3. 2009年5月29日的私人会面，凯莉博士详细解答了我就一般细节的关系以及观察到她缺失重要参考文献的询问。

的母亲仍旧生活在位于卡列沃的家庭庄园中，并且他与哥哥都完全依靠庄园维持生计。根据解放法令，所有农奴即刻不再受他们地主的约束，这就意味着他们不再被迫去耕种，三分之二的土地仍留作庄园的物产，而剩下的三分之一可供之前的农奴们用百分之八十的价格以政府按揭的方式赎买。至于现金，一切都好说。但从管理的角度来看，这无疑是场灾难。自此以后所有劳工都需支付酬劳且所有租金都要纳入预算。果戈理在《死魂灵》中讽刺的这类账务混乱会从那时起导向实际的贫困，并且许多的或许大多数的地主仍对怎样将这些问题梳理清楚没有头绪。农民似乎也不太可能为此来改善境况，例如通过即时付款或有效的生产性劳动来提供帮助。

穆索尔斯基的生活立刻变成了一场又一场会议，为解决在卡列沃建立起良好的商业基础的需求。1861年，他几乎一整个夏天都待在那儿了。在春季和秋季的某些时候，因为他所谓的"我们的生意"，不得不取消了一些社交计划。大多数单调乏味的苦差都由他年长的哥哥做了，但穆索尔斯基也不能完全逃脱，从之后两年的夏季他在邻市托罗佩茨（Toropetz）所写的信件中可以明显看出，在那里，在两年的过渡期结束之际，他帮忙进行最后的安置。他在给居伊的信中写道：

> 我想让自己忙些有价值的事情，但这里有人进行了调查，做了咨询，还走访了许多警方以及非警方当局……我们这儿有着，或者说在我们这里的都是什么样的地主啊！什么样的种植园主啊！他们都乐于在城中开一个俱乐部，实际每天都聚集在那里大声喧哗。从贵族先生们的演讲、声明开始，实际上时常伴随着警察的呼喊在暴乱中结束……所有这些都会在贵族们集会时发生，你每天都会碰见这些人，每天他们都会饱含失去权利、彻底毁灭的热泪烦扰着你……唉声

叹气还恶意中伤。[1]

与此同时，他告知巴拉基列夫："农民比地主更能做到自律——在会议中他们直切要害，并会以自己的方式有效地讨论他们的利益；但是，地主在他们的会议上争吵、发怒——将他们会议的目的和事项抛诸脑后。"[2]

菲拉列特·穆索尔斯基不在这些好口角的地主之列中，而是冷静且一视同仁地面对他曾经的农奴们。甚至在解放法案之前，他和莫杰斯特就曾解放了其中一位家奴和他的整个家庭，还给了他们二十俄亩（大约六十英亩，约合二十四公顷）免租的肥沃土地。[3]菲拉列特显然是一位很好的经营者，但是尽管如此，要让他和他的弟弟遵照法令，并想出足够的办法来维持他们自己和母亲从前舒适的、习以为常的地主阶层的生活是不可能的。"我的这些事太糟糕了，"莫杰斯特从托罗佩茨写信给巴拉基列夫道，"非常糟糕！"

> 我，我这个大罪人，为庄园四处奔走，并逐渐得出结论——不可能依靠这些人的收入来维持生计，而为了喂养和呵护我娇弱的躯体，有人必定要踏入公务员生涯。这是我该在彼得堡做的事，我将要参加工作了。[4]

---

1. 1863年6月22日，收录于 MLN, 第70—71页；收录于 MR, 第55—57页。穆索尔斯基强调的内容。
2. 1863年6月10日的信件，收录于 MLN, 第70页；收录于 MR, 第54页。穆索尔斯基强调的内容。
3. 参见 Novikov, *U istokov velikoy muziki*, 158。更多有关解放时期托罗佩茨农民们的处境细节，参见 Obraztsova, "Fakti k biografii Musorgskogo," 83–88。她描述这些农民生存于极端的贫困中，吃住条件糟糕，并且当地没有医疗中心。在解放法令宣布后，农民拒绝支付免役税或者做劳役，"骚乱被严厉镇压"。她发现："难以置信穆索尔斯基不知道这些，并且……不受这些事件所扰。"苏联历史学家一如既往地认为，有必要考虑到可能存在偏见。
4. 1863年6月10日的信件，收录于 MLN, 第70页；收录于 MR, 第54页。

1863年12月初,他正式成为交通部工程中心的一名职员,公务员的职务等级等同于大学秘书;他的余生,虽然有短暂的中断,但一直持续着这个工作,直到十六年后他最终被解雇。《鲍里斯·戈杜诺夫》的作曲家在各个部门都处于卑微的地位:填写表格、检查库存、归档文件、撰写报告。诚然,公务员制度是相当宽松的,部分原因无疑是因为,自从中央集权的帝国系统为知识分子团体提供即便有也很少的可供选择的出路之后,像穆索尔斯基这样贫穷的知识分子和被剥夺了土地的地主使得其在岗人员远远超编。政府不期望这类人展现出主动性或者事业心,仅仅希望他们每日打卡,几小时内在纸上动动笔,并且压制住他们不快的情绪。说来也奇怪,穆索尔斯基似乎很好地应对了这些没有活力的冗杂事物,或许是受到了那些认识到他具有非凡才能的好心上级的帮助。但是,这并没有帮助他用尚未发展的技术处理创作音乐这样棘手的差事,也没有保护他免于在太容易焦虑的性情中内耗——正如他自己所承认的——由夜间创作带来的孤独恐惧。

1861年秋的一个星期天晚上,一位17岁的海军学员第一次出现在巴拉基列夫公寓中的晚会上,由他的钢琴老师、法国钢琴家西奥多·卡尼勒(Théodore Canille)介绍而来。这位学员的名字叫作尼古拉·里姆斯基-科萨科夫(Nikolay Rimsky-Korsakov),显然在卡尼勒的坚持下,他带来几首自己创作的音乐。这些都是钢琴作品,一首谐谑曲以及一首夜曲,还有别的唤醒巴拉基列夫教学热情的作品——在卡尼勒指导下,里姆斯基-科萨科夫所写的一首《降E小调交响曲》片段。关于这些钢琴曲,我们一无所知,都不曾保留下来。但交响曲还存留着,幸得里姆斯基-科萨科夫自己的回忆录,我们了解到不少关于这部作品的创作起源以及它怎样由这位年轻作曲家带到巴拉基列夫晚会上的一些片段发展而来。作品的调性本身就让人疑惑。为什么会在创作第一部作品时就采用带有六个降号的远关系调,对大多数的乐器来说难于演奏、难于写作、难于读谱的调性?奇怪的是,这正是巴拉基列夫喜欢的降号和升号较多的调性，他还敦促学生们使用这些调性。他自己的两首钢琴奏鸣曲都是降B小调（五个降号），还有他的小型钢琴作品中也不成比例地运用了远关系调。另一方面，或许重要的是，他创作于六十年代中期的《第一交响曲》，是以C大调（不升也不降）写成，他（之后）的《第二交响曲》建立在D小调（一个降号）上。作为一位杰出的钢琴家，巴拉基列夫能够感受到他指尖下黑键的"色彩"，但他是个够实际的音乐家，并不希望这样的偏爱投放到交响乐上。

这位年轻的学员既不是位杰出的钢琴家,也不是位有实际经验的音乐家。我们有他自己的话为证。在卡尼勒的指导下他的键盘技巧得以提高，只是有些费劲，至于任何作曲方法，对他来说则是一片空白。"我一点也不知道对位；和声方面，我甚至不知道导向七级的基本原则，不知道和弦的名称。我有些费力地将我所演奏的格林卡、贝多芬和舒曼的音乐片段整合起来，编出一些浅薄、基础的音乐。"[1]巴拉基列夫没有被如此琐碎的考虑因素吓到，他立即安排他有条不紊地创作自己的交响曲，从第一乐章开始，接着继续写作谐谑曲乐章和末乐章。与此同时，在晚会中，如果还有什么令人惊讶的事，那就是他吸收了巴拉基列夫关于作曲家的权威意见——这些作曲家的作品是他在进入音乐圈前几个月才开始了解的。他有些惊讶地观察到巴拉基列夫独特的批判分析方法。"一部作品的审美性从未被视作一个整体，"他写道：

> 巴拉基列夫所熟悉的圈子里的新作品一如既往都由他来演奏片段，一小节接着一小节，甚至逐渐零碎地演奏，首先是结束部，接着是开头，这常常产生让局外的聆听者——碰巧发现自己身处这个圈子之中的听者产生一种奇怪的印象。

---

1. *LMMZ*, 第13页；*MML*, 第17页。

像我这样的学生不得不在作品尚处于萌芽状态时向巴拉基列夫展示创作计划，哪怕是以其最初四个或八个小节的形式。巴拉基列夫很快进行更正，指导怎样来重造这样一个尚处萌芽阶段的作品；他会批判，会赞美前两个小节又谩骂后两个小节，取笑这些小节，并且试着让作曲家也对其感到厌烦。[1]

交响乐的第一乐章就以这样的方式写出来了，一部分是在回应巴拉基列夫的建议，一部分无疑是靠他的直觉。里姆斯基-科萨科夫不太知道该怎样为他所创作的作品配器，巴拉基列夫在这方面也帮助了他，不久之后，里姆斯基-科萨科夫就在某些作品上进行这一神秘科目（配器）的操作。"在巴拉基列夫和其他人的眼里，"他告诉我们，"我证明了自己具有配器的天赋。"[2]

在这个男孩的背景中，并没有巴拉基列夫周六家中那样具有浓烈艺术性又没有规则束缚的氛围。他的父亲是个退休的民政官员，居住在一个叫作季赫温（Tikhvin）——圣彼得堡东边大约一百英里（约一百六十公里）的小镇上。他的母亲来自奥廖尔（Oryol）——莫斯科南部的地主家庭，屠格涅夫《猎人笔记》（*Sportsman's Sketches*）所写的地区。他们都是较为年长的父母（尼古拉有一位年长他二十二岁的哥哥）。总的说来他们很传统，尼古拉称他们为"十九世纪二十年代的人，极少接触那些时期的文学与艺术生活"[3]。音乐在他们的生活中占有一席之地，但他们并不认为这是一种适合或牢靠的职业——当然，至少在当时的俄国，这是正确的。然而有些事是难以避免的，老里姆斯基-科萨科夫变得一贫如洗，他的儿子告诉我们，"一些不正当的朋友

---

1. *LMMZ*，第25页；*MML*，第29页。
2. *LMMZ*，第18页；*MML*，第22页。
3. *LMMZ*，第21页；*MML*，第25页。

诓骗他交易庄园，向他借钱，诸如此类"[1]。碰巧有一位叔叔，尼古拉·彼得罗维奇·里姆斯基-科萨科夫曾是一位杰出的海军司令，小尼古拉的哥哥沃恩就跟随他的叔叔进入海军并凭自己的本事成为了一名出色的海员。因此轮到尼古拉时还有什么能比出海更自然而然的事呢？在他遇见巴拉基列夫的时候，他正要从海军学校毕业成为一名海军候补军官，之后他将踏上"见习"巡航之路：一个很长的实习期，似乎要持续两到三年。让他来选择的话，尼古拉会放弃这一舒适的职位，以及随之而来的海军事业的任何前景。但他的哥哥不接受他的意见。有什么证据能证明在他那普通的钢琴演奏和一两部微不足道的作品中有任何可能从事的与音乐相关的职业——是一种无论如何在圣彼得堡非常少有的职业吗？尼古拉后来从未为此事责怪过他的哥哥。他向沃恩承认"妈妈非常不喜欢这个职业，同样也不喜欢我和巴拉基列夫还有其他人联系"[2]。之后他写道，沃恩"将我视作半吊子再正确不过了：我就是一个半吊子"[3]。

这位年轻的海军候补军官在1862年10月中旬扬帆远航，开始了他的世界巡航，这时他加入巴拉基列夫的圈子还不到一年的时间。但一个刚走，另一个就来了。9月，穆索尔斯基的医生旧识亚历山大·鲍罗丁终于从他的异国之行归来，并在11月接受了圣彼得堡医学院副教授这样一份全职学术岗位。在德国和意大利期间，鲍罗丁创作了一些新的弦乐作品（大多也是未完成的），并带回了一位妻子——名叫叶卡捷琳娜·谢尔盖耶夫娜（Yekaterina Sergeyevna），原姓普罗托波波娃（Protopopova）的钢琴家。叶卡捷琳娜是个美丽的女人，也是一位出色的音乐家（鲍罗丁很震惊地发现她有绝对音高）；但后来的事实证明她是一位难搞的妻子——对于焦头烂额的化学家、作曲家来说，

---

1. *LMMZ*，第18页；*MML*，第23页。
2. 1863年4月13日的信件，引自 *TDM*，第105页；*MDW*，第106页。
3. *LMMZ*，第20页；*MML*，第24页。

她相当于他的第三份职业：她不仅身患肺结核和慢性哮喘，这最终迫使她每年一半的时间都得居住在气候较干燥的家乡莫斯科，她还患有无法治愈的，具有神经质倾向的失眠症，这也需要她亲爱的丈夫陪伴她度过一个个不眠之夜。在这种情形下，她长期的缺席对他已经具有双重重压的生活来说也是某种放松；也因为他每隔两到三天就给在莫斯科的妻子写信——这些篇幅长大、信息丰富、坦率真诚、洞察深邃的信件，都留存了下来并毫无删节地出版了出来——这些信件对历史学家们了解当时的俄国的生活和音乐也有巨大的价值。

当他们在巴拉基列夫的医生谢尔盖·博特金（Sergey Botkin）——也是在鲍罗丁家里演奏大提琴的老朋友的公寓里相识时，鲍罗丁已经29岁了，他比巴拉基列夫年长三岁。在发现鲍罗丁的音乐家潜质后，巴拉基列夫自然邀请鲍罗丁参加他的下一场晚会。在那里，鲍罗丁再一次遇见了穆索尔斯基，这大概也是他第一次遇见居伊和斯塔索夫。像往常一样，晚会上有大量的音乐。穆索尔斯基和巴拉基列夫演奏了里姆斯基-科萨科夫交响曲的末乐章，鲍罗丁"被有才华、灵性、能量的表演，还有作品的美所触动"。他们告诉他该作品的作曲家是一位18岁的海军预备军官，这一刻正漂在北海的某个地方，毫无疑问这让他感到震惊。"你有机会写音乐吗？"穆索尔斯基或许如此询问过，回忆他们在此之前讨论过其他人的音乐。鲍罗丁必定承认自己写过；当别人力劝他走向钢琴并弹奏一些他自己的音乐时，他先是去了接着就紧张地退缩了。"我非常害羞，"他之后回忆道，"并直截了当地拒绝了。"[1]

他可能会为他们演奏什么呢？实际上有许多选择，因为尽管大部分他的器乐作品无论怎么看都是未完成的，但大多数情况下，缺失的是整个章节，或者至少一些乐段，而不是其中的一些部分或结尾。鲍

---

1. *MR*, 第46页。

罗丁没有巴拉基列夫这样的习惯：给乐章打个草稿，之后根据记忆来演奏这些乐章，甚至数十年都未将其写下来。几周之前，巴拉基列夫曾向里姆斯基-科萨科夫演奏了他的《降E大调钢琴协奏曲》的第三乐章，这位听众将拳头砸在桌子上，信心满满地断然说道："比《李尔王》更好。"[1]但是，仅第一乐章被记谱留于纸上，其余两个乐章如果真有的话，都只是留存于作曲家的脑海里，当他坐下来从脑海中提取出来演奏时，这两个乐章可能以同样的曲式出现，也可能不同。[2]相比之下，鲍罗丁根据自己的意愿，完成一部五乐章的《F小调弦乐四重奏》的大部分记谱，并在20岁时创作了一部《G大调弦乐三重奏》（为两把小提琴与一把大提琴所作）的两个乐章，《D大调钢琴三重奏》的三个完整乐章，《弦乐六重奏》的两三个乐章，最新的《C小调钢琴五重奏》，以及三乐章的《B小调大提琴奏鸣曲》的大部分内容，还有许多迷人的歌曲。与他新结交的巴拉基列夫的朋友们不同的是，他成年之后都在演奏室内乐，甚至为了加入弦乐组还去学习演奏大提琴。例如，弦乐五重奏有两个大提琴声部（类似舒伯特的五重奏，而与莫扎特的五重奏不同），甚至有些部分还让大提琴独奏。这些歌曲作品中也有大提琴和钢琴演奏的部分。在海德堡，鲍罗丁很快结交了一些爱好室内乐的友人，还创作了更多作品供他们演奏。但他懒于准确地写下手稿；毕竟，没有其他人会演奏他的音乐，出版就更少了。并且他还有其他事情要操心。因此，三重奏中没有末乐章，六重奏也缺少末乐章，有可能还缺少慢乐章的结束部。在夏天创作的钢琴五重奏（很可能打算作为一部管弦乐作品）[3]，据说已经完成，不过作品的三个乐章

---

1. 1862年10月2日写给斯塔索夫的信件，收录于 *BSP1*，第191—192页。
2. 巴拉基列夫仅在1906年开始写下这些曲谱，甚至之后在他1910年去世前都没有成功完成这件差事。完整版是由他的学生谢尔盖·利亚普诺夫（Sergei Lyapunov）完成的。参见 Garden, *Balakirev*, 254。
3. 见 Dianin, *Borodin* (1963), 41, note 2。

都异常平衡：一个民间曲调的行板和谐谑曲，还带着一个比其他两个乐章加起来更长大的末乐章。无论如何，大多数流传下来的曲谱都是可以演绎的。只有大提琴奏鸣曲从某种程度上看是零散的。

整体来看，这些曲谱都是天赋异禀的作品，显然他能够以被朋友们一致认可的古典和早期浪漫音乐风格将它们写得非常优美，供他和他的朋友们在每周的私人聚会上演奏。这些作品受到了门德尔松的影响，却是轻微的，并没有任何草率模仿之感。相反，要想听到个性化的声音，其运用旋律的形式既不能相当德意志化，也不能是典型的俄罗斯风格，而应是简单和个人的。例如，将他的大提琴奏鸣曲构筑在巴赫《G小调小提琴奏鸣曲》的赋格主题之上（从海德堡毗邻的公寓中碰巧听到）这样的奇怪想法，对于作曲家来说既注意到传统又不受其限制；事实上，在所有这些早期的室内乐作品中，正是奏鸣曲包含了最多属于鲍罗丁个人的曲调。[1]在一些合奏作品中也有一种器乐化的写作之感，这得归因于一夜又一夜地演奏这一体裁杰作的经验，无论好坏。在这个阶段，也许不太容易出现的是有机设计的概念——奏鸣曲式的想法是通过和声的张力和解决来发挥作用的。鲍罗丁的曲式都是精心编创而非循规蹈矩的，并有其模式基础——对于一位未曾系统学习、未曾在严格审议下创作的作曲家来说，这是不足为奇的。然而，他的音乐常常在跃动、舞蹈，很少徘徊不前或陷入音乐盲巷。只有在像十九世纪五十年代的俄国这样的国家，本土器乐音乐的理念犹如格陵兰岛上的棕榈树般罕见，才能让如此天才的作曲家在快30岁时还没有认真考虑以音乐为生。

---

1. 但人们需注意，奏鸣曲是在鲍罗丁的草稿基础上由苏联作曲家米哈伊尔·戈尔茨坦（Mikhail Goldstein）完成的，戈尔茨坦以前就有伪造"古"音乐的前科。在四十年代后期，戈尔茨坦曾创作了一部《第二十一交响曲》，声称是由一位（真正的）乌克兰人于1810年以奥夫亚尼克-库里科夫斯基（Ovsyaniko-Kulikovsky）的名义创作的。有人说鲍罗丁的材料是完整的草稿形式，但我本人还没有看到。

[第九章]

瓦格纳与他的追随者

1861年圣诞节的前几日,米利·巴拉基列夫庆祝自己的26岁生日。值得庆祝的事情有很多。在过去的一年里,他招募到两位新的助手,并安排他们开始用他那独特的方式创作交响曲。在他的指导下,年轻的里姆斯基-科萨科夫在出海执行世界巡航任务前完成了其《降E小调交响曲》三个乐章的大部分创作,此时正在与一个慢乐章作斗争,这个慢乐章基于巴拉基列夫提供给他的,一首被称作《鞑靼俘虏》(*The Tartar Captivity*)的俄罗斯民歌而作。只写过歌曲与室内乐作品的鲍罗丁,开始着手创作一首《降E大调交响曲》,并于这年年末已经写出了足以让他在莫斯科的妻子面前演奏的第一乐章。与此同时,穆索尔斯基正挣扎于创作那部据说已经花了整整两年时间来写的《D大调交响曲》,除了贝多芬弦乐四重奏配器练习和钢琴改编之外,他摒弃了其他任何创作。

在他们职业生涯的这个阶段,这些交响曲计划似乎就像一堵高墙,矗立在作曲家和他们的未来之间。里姆斯基-科萨科夫四年都在写交响曲,鲍罗丁用了五年的时间,并且在这期间他们几乎没有创作其他任何作品。穆索尔斯基不久就完全放弃了交响曲创作,此后,他再没有尝试创作任何与古典曲式或体裁类似的作品。相反,他于1863年初的某些时候创作了一部有些古怪的钢琴作品,他有些讽刺地将其命名为《古典风格间奏曲》(*Intermezzo in modo classico*)。多年后他告诉斯塔索夫，这个题目反映了他"那时在音乐上的一些关注点"，这可能与他尝试创作一部交响曲有关。[1]事实上，推测该间奏曲可能为这些尝试的产物是有一定依据的。居伊写信给里姆斯基-科萨科夫道："莫金卡[2]说出了某种四不像的音乐形式——据说是他谐谑曲中的二声中部……冗长的礼拜圣歌以及莫金卡惯常使用的踏板方式等，所有这些都是不清晰的、怪异的、毫无技巧的，但绝不会是三声中部。"[3]这很可能是间奏曲的一种形容，他多次反复的主部主题是一个圣歌似的齐奏旋律，有点《伏尔加船夫之歌》(*Song of the Volga Boatmen*)的风格，并且该主题无疑是运用了钢琴上能够展现的踏板效果。几周之后，穆索尔斯基告诉巴拉基列夫他计划给这首间奏曲配器，"并让其成为一首独立的作品"。这会在其原来的曲式之上创作出一个怪异的三声中部；不过，如果穆索尔斯基曾抽出时间来完成这样一个作品的话，他或许已经写完一部奇怪的交响曲了。

他最终于1867年为这首间奏曲写作了配器，极大地延展了这部作品并在原有的曲式上为其增添了一个三声中部。同时（或者有人猜测），他将作品原始版的记录交给了斯塔索夫，相较于原版，这份记录似乎更适用于延展了曲式的版本——事实上其记谱的准确性显然值得怀疑。斯塔索夫提到1861年冬，穆索尔斯基已经与他的母亲一起定居乡下了。

> 一个阳光明媚的冬日———一个假日——他看见一群农民穿过田野，双腿深深地陷入雪堆；他们中的许多人跌入雪地

---

1. *MBO*，第48页。
2. 编者注：Modinka，穆索尔斯基的名字莫杰斯特（Modest）的昵称。
3. 1863年4月22日的信件，收录于Gusin, *Ts. A. Cui: Izbranniye pis'ma*, 57。

又很艰难地从中挣脱出来。穆索尔斯基说道:"这幅画面既美丽生动,又肃然有趣。突然间,不远处出现一群年轻的女人,带着欢歌笑语径直走来。这幅画面以音乐的形式闪入我的脑海中,没想到,音乐自己变成了巴赫音乐中首次出现的'上上下下'的旋律;这些快活、欢笑的女人以音乐的形式出现在我面前,我后来将其创作为中部,或者说三声中部。"[1]

如果这件事确实发生过的话,或许发生于1862年3月,并且发生地不在卡利沃,而是在沃洛克(Volok)村,托罗佩茨北部几英里的地方,穆索尔斯基与他的远房堂姊妹娜塔莉亚·库谢洛娃(Natalya Kushelova)一起待在那儿。他因为身体的原因留在那里,并被女主人孩子的德国私人教师骗着硬是穿过了齐腰深的雪堆,他认为穆索尔斯基处于所谓的"半恍惚"状态,"因为环境恶劣",于是他的肌体需要"持续地刺激直到变得更强壮"[2]。或许他站在斯塔索夫的角度所描绘的更细节的图景是一段将这些步子渲染过的记忆。无论如何,其戏剧性的特点是值得注意的,这也是对"古典风格"的戏谑(也是他在管弦乐版本中将"clssico"改为"antico"的原因)。当然,这部作品展望了创作于十多年后的《图画展览会》的生动初稿,甚至钢琴声部预示了这部作品:沉重又有些笨拙的音调,像《牛车》(Bydlo)或《古堡》(The Old Castle)那样。穆索尔斯基是一位有造诣的钢琴家,因此一定要注意他有时写作管弦乐作品时与钢琴风格相反(antipianistic)的手法,这或许是一种追求强烈的视觉意

---

1. *MBO*,第47—48页。
2. 1862年3月31日写给巴拉基列夫的信件,收录于*MLN*,第61页;收录于*MR*,第41—43页。穆索尔斯基所强调的内容。

象而忽视"机械的"键盘技巧的方式。当然，这表明当他在初次创作这部作品时脑海中就有画面了，当他在修改作品时情况与之截然相反，他完全不确定应怎样改。[1]

在1863年冬末，圣彼得堡首要的音乐大事就是理查德·瓦格纳将于2月到来，指挥一系列音乐会，包括他自己的音乐作品和四部贝多芬的交响曲。2月中旬至4月初，他在首都共举行了多达六场音乐会，还有三场于莫斯科上演，节目由他迄今为止创作的除了《莱茵的黄金》（*Das Rheingold*）外，所有成熟的歌剧作品片段构成。[2] 瓦格纳的音乐在当时的俄国几乎不为人知；他的歌剧一部都不曾在这里上演，仅有少数选段曾出现在音乐会节目单中。但他因参加1849年德累斯顿革命、有关歌剧的理论文章《未来的艺术品》（*The Artwork of the Future*）及《歌剧与戏剧》（*Opera and Drama*），而在有思想的德语区音乐家之间变得臭名昭著，还因将剧院与革命政治联系起来而人所共知。

不用说，所有这些意味着他是以名人的身份来到圣彼得堡的；但这也意味着除了音乐以外，其他方面都对他戒备森严。在1863年圣彼得堡杰出的音乐家中，只有安东·鲁宾斯坦和亚历山大·谢洛夫可以说足够了解瓦格纳歌剧从而可以发表明智的言论，但即便是他们，也对解释这些音乐戏剧的理论几乎一无所知，因为这些作品没有一部曾搬上过舞台。无论如何，鲁宾斯坦对他所知的瓦格纳的音乐基本都深恶痛绝。但谢洛夫在1858年听过《汤豪瑟》的德国巡演，1859年听过一场在魏玛上演的《罗恩格林》之后，就成为了一名炽热的瓦格纳

---

1. 更多有关穆索尔斯基在沃洛克停留的细节，包括他给娜塔莉亚的孩子（其中一位之后成为一名杰出的革命者以及卡尔·马克思的联系人）教授钢琴，见Obraztsova, "Fakti k biografii Musorgskogo; 也见Novikov, *U istokov velikoy muziki*, 158–161。
2. 目前为止有关瓦格纳俄国之行及其反响的文献资料为巴特利特（Bartlett）:《瓦格纳与俄罗斯》（*Wagner and Russia*）。

崇拜者。谢洛夫的拥护在十九世纪六十年代早期的圣彼得堡是利弊并存的事情，并且尤其对巴拉基列夫的圈子来说，很明确的是他们对瓦格纳严重拒斥，他们本能地讨厌他的理论与其德国性。他们刻意不重视他的音乐会。居伊与巴拉基列夫出席了第一场音乐会，居伊向里姆斯基-科萨科夫报告道，瓦格纳是"一位杰出的指挥家"，但是巴拉基列夫已经成为了一位更出色的指挥，因为他听到了瓦格纳的音乐。[1]居伊也为这场音乐会写了乐评，这是他第一篇批评文章，但这篇文章并没有出版也没有保留下来。[2]穆索尔斯基和鲍罗丁似乎都没有出席这次的任何一场音乐会；至少他们各自的通信对此话题缄默不言。至于斯塔索夫，难以相信他会对这样一个他一定知道其重要性的事件完全置身事外，无论他怎样看待瓦格纳的音乐，他曾于1854年在维也纳听过《汤豪瑟》，对瓦格纳的音乐有一定了解。在瓦格纳离开之后的一个月左右，他在给巴拉基列夫的信中表达了这一观点，"瓦格纳没有丝毫写作宣叙调的天赋"，他"完全就是个纯粹的管弦乐、交响乐作曲家。他不了解人声，也不想去了解。对他来说这些仅仅是一种调味品和一个（写作的）由头"。[3]如果他没有机会听到瓦格纳近期的音乐的话，很难写下这样的话。但是这封信主要讨论了对谢洛夫的歌剧《朱迪斯》的攻击，这部作品刚在马林斯基剧院首演。最重要的是，对斯塔索夫来说，谢洛夫已经成为阻碍公平评价任何有关普通的当代音乐和特殊的俄罗斯音乐的主要人物。

---

1. 1863年5月5日的信件，收录于Gusin, *Ts. A Cui: Izbranniye pis'ma,* 58; 居伊所强调的内容。他没有提及瓦格纳在其管弦乐队，这一对当时的俄国指挥家来说很新奇的事物上所取得的成功。见巴特利特：《瓦格纳与俄罗斯》，第1页。有人怀疑斯特拉文斯基是否记得居伊的这一观点，当时他说布里顿是"一个笨拙的……伴奏者"，见Stephen Walsh, *Stravinsky: The Second Exile* (New York: Knopf, 2006), 620, note 7.
2. 参见他于1863年2月26日写给斯塔索夫的信件，邀请他来"听我所描绘的理查德"；Gusin, *Ts. A Cui: Izbranniye pis'ma*, 56.
3. 1863年5月17日的信件，收录于*BSP1*，第206页。

有关谢洛夫、斯塔索夫以及巴拉基列夫圈子之间关系的整个背景，因目前难以理顺和更难理解的个人因素而复杂化。谢洛夫和斯塔索夫曾是同学，也是有很多相同音乐品位的亲密好友。直到五十年代晚期他们仍保持着良好的关系，谢洛夫还时常出现在斯塔索夫、居伊以及巴拉基列大都会出席的晚会上，并向在场的所有人分享他们关于俄罗斯音乐、古典与早期浪漫派大师们各自的优点，以及这些在正式教学中是否可取。1857年格林卡去世之后（他们之间）首次出现了不和的迹象，这时斯塔索夫在《俄罗斯公报》上发表了一篇讣告，这篇讣告包含了对《为沙皇献身》的恶意攻击以及对《鲁斯兰与柳德米拉》极具倾向性的评价，有意识地否决了《为沙皇献身》是一部民族艺术的杰作，而《鲁斯兰与柳德米拉》是一部不幸离题的作品这样权威性的观点。[1]十八个月后，《鲁斯兰与柳德米拉》最终在历经十五年的舞台沉寂之后复兴，谢洛夫抓住这一机会推翻了斯塔索夫的评判，并转变为以牺牲《鲁斯兰与柳德米拉》为代价而达到对《为沙皇献身》的卖弄性赞颂，他称《鲁斯兰与柳德米拉》这部作品是"个性化的非凡创见以及辉煌、深邃的音乐之美的凝结，这些都以某种方式被串联在世界最令人惋惜的歌剧脚本之上"[2]。轮到斯塔索夫时，他马上在一封给《俄罗斯公报》的长信中予以回应，信上对《为沙皇献身》展开了新的攻击。[3]事情到十九世纪六十年代愈演愈烈，谢洛夫讥笑斯塔索夫和他的朋友们是"鲁斯兰主义者"，并且一直持续到1871年他去世。斯塔索夫比谢洛夫多活了三十五年，他继续向后人表达他自己对曾经的朋友和敌人的意见，他的观点以让读者确定他（在证据不足的情况下）假定

---

1. "米哈伊尔·伊凡诺夫维奇·格林卡"，刊载于《俄罗斯公报》，刊号为20, 21, 22, 24（1857年10月至11月），再版于 *SSMI*，第175—351页。
2. 引自 *ODR*，第16页。塔拉斯金对争议的描述是详细且具有权威性的。
3. "我们这个时代的烈士"（*Muchenitsa nashego vremeni*），刊载于《俄罗斯公报》，再版于 *SSM1*，第389—398页。

其受害者（谢洛夫）说了实话的方式来表达，但是最终凭着良心他没有公开谴责谢洛夫。他写道：

> 谢洛夫是一位作曲家，更是一位音乐评论家。在这两个领域他显露出惊人的天赋、广博的学识，还有他的成熟、力量及才华。但在这两个方面他缺乏一些最重要、最好的品质。他的作曲天赋二流且缺乏个性；批判的天赋全然缺乏深度和可靠度；主要特征是他的信念永远处于一种不稳定和反复无常的状态。因此，他的音乐和他的评论文章都没有留下浓墨重彩的一笔，并且这些作品无法影响俄罗斯音乐未来的命运。从另一方面来说，这些作品确实在他们所处的时代产生了很大的影响。[1]

在十九世纪的欧洲，俄国音乐协会绝不是唯一将其艺术评判映射到个人或知识分子间的积怨之上的组织。但这也确实是个极端的例子。就十九世纪五六十年代的音乐而言，圣彼得堡是个微不足道的地方，它鲜少给有抱负的作曲家或未来的批评家提供滋养，每一丁点认可都要饥不择食般地争取。加上俄罗斯音乐家们迫切需要在一个半世纪以来理所当然地认为外国音乐是唯一值得考虑的音乐的群众心中证明自己的存在，有时候他们之间的争吵会变得恶毒，他们之间的分歧会变得绝对也就不足为奇了。来看看赫尔岑对别林斯基的形容：

> 当他感到刺痛，当他所珍视的信念都受到质疑，当他脸上的肌肉开始颤抖并突然发出声音，那么他是值得一看的。

---

1. "Nasha muzika za posledniye 25 let"，收录自 *SSMIII*，第163页。

他像黑豹一样抓住他的竞争者,将他撕成碎片,让其成为一个荒唐愚蠢、令人怜悯的对象,他顺便用不寻常的力量与诗意发展自己的观点。争端常常以鲜血了结,血液从病人的喉咙中淌出;他脸色苍白、喘着粗气,眼睛紧紧盯在正与之交谈的人身上,他的手颤抖着将手帕举到嘴边。身体虚弱使他极度窘迫和崩溃。[1]

毫无疑问,在谢洛夫这个案例中鲜血是隐性的,但毕竟隐性地流过。

不管以何种标准来衡量,谢洛夫都是一个难相处、好口角的人,他总是让那些与他有着密切接触的人反感并最终闹得不愉快。从另一方面来看,斯塔索夫倔强固执,无论他的观点是如何不理性且站不住脚,他随时准备为自己争得一席之地。这是一场不幸的比试。关于格林卡的纷争是他们本身就喜欢论战的话题,并且不会以此作为结论。要不是发生了两件事——一件有关音乐,另一件显然与之无关——成为横亘于心的隔阂,即便谢洛夫在1858年转变了对瓦格纳的看法并从此热衷于瓦格纳主义,也不会破坏他们的私人友谊。

关于这件(大抵)与音乐无关的事件,我们只知道含糊不清、隐晦不定的细节。斯塔索夫的信件中有一些吊人胃口的提示。1858年5月初他给巴拉基列夫捎信:"周四我在你那儿时,亚历山大·尼克尔(谢洛夫)做了一些导致米佳(德米特里·斯塔索夫)最终与他断交,也与其余牵涉其中的家人断交的事情。一切都是那么令人作呕、让人厌恶!或许你也不再纯粹、乐观、美好、尊贵。"[2] 大约两年后:"谢洛夫又寄了封让人倒胃口的信,虽然没有直接提到我,但显然是以辱骂米佳为目的……想想所有这些龌龊事首当其冲的责任人是索菲亚·尼

---

1. Herzen, *My Past and Thoughts*, 241–242.
2. 1858年5月3日的信件,收录于 *BSP1*,第57页。

克（尼古拉耶夫娜·谢洛娃）[Sophia Nik（olayevna Serova）]，没有她一切本该不同，亚历山大·尼克（谢洛夫）或许要很久之后才会成为一个全然的无赖。"[1]索菲亚是谢洛夫的妹妹，弗拉基米尔·斯塔索夫的前任和他的女儿娜杰日达的母亲，但那是很久之前的事了。无论谢洛夫曾说了什么或做了什么，巴拉基列夫自然都是站在斯塔索夫这边的，当谢洛夫1861年仍向他展示其新歌剧的第一幕时，他只轻蔑地评价了谢洛夫的配器，随便恭维了一下这一幕轻柔、安静的结尾，这是谢洛夫修饰得最为精妙的地方之一。对谢洛夫来说巴拉基列夫的刻意为之是最后一击，自那时起这个情形已成定局。尽管斯塔索夫才是对两者的友谊更加不留情面的人，1856年谢洛夫在母亲的葬礼上，向斯塔索夫握手言和，希望重修旧好。斯塔索夫拒绝了。

在这种情形下，巴拉基列夫的圈子极有可能毫无顾忌地蔑视《朱迪斯》。毕竟，谁是这部作品的作曲家呢？不过是个妄自尊大的音乐评论家，除此之外还是个瓦格纳的追随者，一个德国音乐和大肆宣扬又备受嘲笑的未来音乐（zukunfismusik）的信徒。他比鲁斯兰主义者糟糕得多：他是一个未来主义者，并且巴拉基列夫沙龙的年轻大师们都非常清楚他是个无能又虚伪的人。"这部瓦格纳的产物（Wagners Kindchen）总共就五幕，"穆索尔斯基向远在高加索，错过了首演的巴拉基列夫汇报道，"无一处让你深有感触，也没有一个片段让人停下来做一番思考。更重要的是剧本糟糕透了，也缺乏俄语诵唱；只有某些地方的配器有点意思，尽管有时候又太复杂了。"[2]对斯塔索夫来说，似乎谢洛夫的作品是"人为构建出来的，这个人毫无天分，任何的思绪都妥协于大众的品位"，他就像"某种罕见的手套，任何人的手都

---

1. 1860年2月16日的信件，收录于*BSP1*，第100—101页。
2. 1863年6月10日的信件，收录于*MLN*，第64页；收录于*MR*，第48页。

绝对能套进去"。[1]

无论真假，谢洛夫并不是作曲的新手。长久以来他都怀揣着写作歌剧的雄心壮志，实际上他考虑了大量主题，甚至创作了大量音乐片段，却几乎把所有这些内容都毁掉了，包括一部根据果戈理的故事《五月之夜》(*May Night*)所写的歌剧作品中"差不多二幕"的内容。显然他前期的作品都存在着基本的问题，即塔拉斯金所说的"他完全缺乏实用技能"[2]。至于《五月之夜》，谢洛夫是"因其风格而不满意这部作品，作品当中一会受格林卡影响，一会受德国古典模式的影响太明显了"[3]。之后他以一位音乐评论家的身份活动，这让他好几年没有作曲。但他一直怀揣着这种对创作的渴望，显然1858年他对瓦格纳产生了类似圣保罗大马士革之行般的信仰转变（Damascene conversion）[4]更加剧了这种渴望。他又一次开始寻找合适的主题，并于1860年末找到一个其形式不太像意大利戏剧的作品，由保罗·贾科梅蒂（Paolo Giacometti）根据朱迪斯和赫罗弗尼斯（Judith and Holofernes）[5]的虚构故事而作。

---

1. 1863年5月17日写给巴拉基列夫的信件，收录于*BSP1*，第202页。
2. *ODR*，第36页。在这一卷中，塔拉斯金所述有关谢洛夫的杰出篇章，几乎是唯一公正看待其作品集的英文文献。也参见杰尔拉德·亚伯拉罕"谢洛夫的歌剧"，收录于Westrup, *Essays Presented to Egon Wellesz*, 171–183。据亚伯拉罕所言（引用该作曲家的俄国传记作者V. S. Baskin），谢洛夫1845年还完成了一部轻歌剧《玛丽之夜》(*La Meuniere de Marly*)，但这部作品除了序曲都未留存，序曲似乎还出版过，并且尼古拉·芬德森（Nikolay Findeisen）将"一些对诗"复制到他的《谢洛夫的一生》中。
3. 谢洛夫："A. N. 谢洛夫真正自传性的笔记"(*Podlinnaya avtobiographicheskaya zapiska A. N. Serova*)，收录于谢洛夫《特色文章》(*Izbranniye stat'i*)中，第69页。
4. 译者注：出自《圣经》，圣保罗在去大马士革的路上遇耶稣显圣而改信基督教。后用来说明改变信仰等。此处表示谢洛夫转而追随瓦格纳。
5. 译者注：《圣经》中《朱迪斯记》(*Book of Judith*)中的人物。朱迪斯是以色列女英雄，在亚述大军围攻其家乡伯图里亚（Bethulia）时，她与女仆潜入亚述军营，获得了亚述统帅赫罗弗尼斯的信任与爱慕，在赫罗弗尼斯醉之后斩下其首级，与女仆返回伯图里亚，亚述军队也因此溃败。为早期的"美人计"。

谢洛夫甚至在阅读瓦格纳的理论之前就已经撰写过与音乐戏剧相关的文章，更别说在看到或听过瓦格纳的任何歌剧作品之后了。1851年，他以一篇关于加斯帕雷·斯蓬蒂尼（Gaspare Spontini）的冗长而充满敌意的讣告文章，引发了一段长期的对音乐与歌剧的其他元素，尤其与剧本之间恰当关系的专题讨论。"在启发音乐戏剧的过程中，"他主张，"格鲁克是第一个领会到音乐戏剧的主要原则是与戏剧相同的人，即音乐戏剧首先必须是戏剧。"[1]但实际上，格鲁克受限于十八世纪的传统风格，如救世主、戴着扑粉假发的希腊英雄等等，并且自那时起歌剧开始迎合大众的品位。在据说是音乐戏剧的世界中心巴黎，不管是何主题，每一部歌剧都得有一段芭蕾舞；甚至韦伯的《魔弹射手》在法国的首都上演时也会为观众献上一段芭蕾舞。至于所谓的大歌剧［像梅耶贝尔的《先知》（*Le Prophète*）或者奥柏的《浪子》（*L'Enfant prodigue*）］，这些仅仅是为那种没有音乐性的法国人所钟爱的喧闹的狂欢盛宴找借口的创作，作品为五幕混合场景（allsorts），有舞蹈、马群、骆驼群，还有如《先知》中用电力产生阳光照耀的特殊效果。对谢洛夫来说，他对于舞台音乐真正的兴趣并不在于这些事物上，"而在于深层的心理学层面，在于剧中人物与观众心与心的对话，在于情绪，在于时而热情、时而温柔的感情迸发。总而言之，在于一切构成**内心活力**的事物上"[2]。

不久之后，当他阅读瓦格纳的《歌剧与戏剧》时，他一定很快意识到他们在歌词与音乐的关系问题上的不同，因为谢洛夫的观点暗示着文本最终必须遵从戏剧的需求以及音乐的步调，而瓦格纳对理论写作的观点是文本与音乐的地位完全是平等的。当谢洛夫发现瓦格纳总是用自己写作剧本的方式来解决这一问题时，他对此感到钦佩，但也

---

1. "我的音乐之路"（*Spontini i ego muzika*），收录于谢洛夫《特色文章》，第371页。
2. 同前，第373页。

意识到他永远不可能这样做，因为他完全不具备作诗的能力。对于《朱迪斯》这部作品，他起初计划在意大利脚本作者的帮助下坚持保留剧本的语言，后来他又改变了主意，自己用俄语写出一个详细的散文草稿，其中部分基于克里斯蒂安·弗里德里希·黑贝尔（Christian Friedirich Hebbel）的德语剧本，然后又委托一位新的脚本作家洛瓦诺夫（D. I. Lobanov）将其改编为诗节。与此同时，他正在根据他那最为特别的散文梗概创作音乐，因此该作品最终演唱的版本是在没有歌词文本的情况下创作出来的。正如塔拉斯金指出，这部作品非常接近格林卡在《鲁斯兰与柳德米拉》——一部谢洛夫自己曾痛斥过，尤其痛斥其蹩脚剧本的作品——中所做的尝试。[1]

　　在所有这些情形下，《朱迪斯》的惊人之处不仅在于它通过了帝国剧院委员会吹毛求疵又墨守成规的遴选，还在于事实证明，它是一部精致美好且趣味盎然的作品。这部作品在那时是获得认可的，但后来因为一些原因被遗忘了，以至于人们可以把谢洛夫当作一个纯粹具有历史意义的人物而不去了解他的作品。诚然，这并不容易，因为他的音乐早已绝版，不再演出。唱片也几乎没有了。当然，听众们根据所听到的来反应，而历史学家则根据所读到的作出反应。因此《朱迪斯》倾向于被认为是瓦格纳风格的分支，尽管它在某些方面看起来像瓦格纳《指环》之前的一些歌剧，最明显是它的声部写作、配器以及一些和声细节。它表面上更明显的一些原型正是谢洛夫在他于斯蓬蒂尼讣告上所抨击的作品：带有舞蹈（谢洛夫在他的第三幕和第四幕中都安插了芭蕾舞）的五幕大歌剧，舞台上安排骆驼，一些喧闹、壮观的合唱，当然，还有一个至少暗含了神力干预的美好结局。"因此你看，"他写信给朋友道，"已经有五幕了——明确的是，无论你模仿什

---

1. *ODR*，第 46—47 页。

么，大多数人最终都是做自己。"[1]

这在某种程度上并不公平。《朱迪斯》确实追求的是大众效果，但这些效果绝不全是华而不实的。主要的合唱，清唱剧似的第一幕具有真实的力量以及真正庄严的时刻，特别在赞美诗般的经过句中，在其中描述了叛变的亚述人阿奇尔（Achior）包围犹太人，他怎样尝试向亚述人的首领赫罗弗尼斯解释他们的神（朱迪斯在第三幕与赫罗弗尼斯谈论阿奇尔时重复这段音乐）。独唱的场景也都在音乐上让人印象深刻，即便真正的人物塑造是基础的，而且歌词的设定——考虑到谢洛夫的作曲方法也不惊讶——充其量是笨拙的。总而言之，谢洛夫的音乐风格可能不像《朱迪斯》这类作品描绘的那样很大程度上受到巴黎学派的影响。尽管梅耶贝尔是来自柏林的德国人，但他的声乐风格源自意大利美声，转变为一种图画式的风格，这种风格是法国宫廷芭蕾改革后的版本。谢洛夫人声部分的写作更接近德国浪漫主义歌剧，一种富有表现力的咏叹调与长线条的抒情主义的结合，很像韦伯的《魔弹射手》和瓦格纳的《汤豪瑟》。这两部作品正如我们所知，谢洛夫近期曾在德国听过数次。一般的对话也是德语式的，一定程度上是通谱体的，但乐章间仍有幕间休息（这也部分适用于《汤豪瑟》），还有德国作曲家或许不会想象到的一些触动点，例如第一幕静静地结束，这是其中谢洛夫很自豪的一个细节以及巴拉基列夫圈子所赞赏的地方，亚述人舞蹈中略显苍白的东方主义以及赫罗弗尼斯行军粗犷的壮丽，明显受到格林卡的《鲁斯兰与柳德米拉》的影响。

《朱迪斯》中两方面引人注目。一方面就其时空而言是可预见性的歌剧，一种现代歌剧体裁的俄罗斯化，是一位曾花了大量时间在剧

---

1. 引自 *ODR*，写给瓦尔瓦拉·耶菲莫夫娜·朱科娃（Varvara Yefimovna Zhukova）的信件，第69、72页。塔拉斯金简单地将谢洛夫去世后斯塔索夫无休止的争论归咎于他的作品后来受到忽视。

院并且理解它需求的作曲家用一些专业知识所处理的。另一方面作品的力量很粗陋，有些或许是故意的，有些无疑是由于谢洛夫缺乏经验与技法学习。就像居伊，他有时陷入在方正的韵律节奏上勾勒出音乐的韵律文字设定：某种音乐打油诗。他的配器也相当粗糙与原始，却时常给人留下印象；尤其他为铜管所写的声部又一次让人联想到瓦格纳的大胆，而且偶尔联想起他自己抱怨斯蓬蒂尼的"铜管乐器的不足"。[1]《朱迪斯》不是一部"对话"歌剧，像谢洛夫在开始他自己歌剧创作仅仅四年前曾极力吹捧的达尔戈梅日斯基《水仙女》的那些部分。这里有各种宣叙调：无伴奏的、无伴奏（有乐队和弦）、有伴奏的、小咏叹调的（像瓦格纳歌剧中的荷兰人独白，或者汤豪瑟的罗马叙事）。但很难有任何在音乐散文上的尝试——将音乐遵循台词的自然轮廓插入音乐。当然，谢洛夫不赞同瓦格纳关于音乐与文本具有同等地位的观点。但无论如何《朱迪斯》所创造的方式——音乐先于文本——规定了这种类型的配对。这些所有仅仅只会提醒我们理论与实践之间的鸿沟；甚至在某些方面最具理论性的作曲家瓦格纳，也极少在实践中遵循自己的规定。与其说谢洛夫是理论家不如说他是批评家，他似乎也很少尝试。

无论它的缺点是什么，《朱迪斯》在圣彼得堡六十年代早期总体无特色的歌剧生活中算是一个重大事件。穆索尔斯基与弗拉基米尔·斯塔索夫参与了5月16日的首演，并向远在高加索的巴拉基列夫汇报："《朱迪斯》是自《水仙女》以来俄国舞台上第一部认真演绎的歌剧。"实际上他的描述（6月10日）是如此冗长且细致，并且带有这般相对准确的音乐引证，看起来似乎他在写这部作品前听过数次了。确实他的报告很大程度上是刻意贬低的。序曲是"无趣、嘈杂、没有

---

[1] "我的音乐之路"（*Spontini i ego muzika*），ODR，第380页。

实现其意图";作品的诵唱是"荒唐的";阿夫拉米（Avra）哀求朱迪斯"别向赫罗弗尼斯求助"的二重唱"品质是极糟糕的";赫罗弗尼斯与朱迪斯的第一个场景是"如此差劲与无才的，以至于都不值得详细描述"，等等。但字里行间也有一些引人入胜的正面评价。穆索尔斯基用大量的篇幅赞颂了配器，并且承认发现第一幕安静结尾的美好与真实。赫罗弗尼斯的斩首场景是"戏剧性的，却非常有效"。谢洛夫的音乐戏剧作法激发了他的职业兴趣。引用第一幕的开头——在E小调上的一个忧郁的乐句"描绘了人们疲倦地躺在舞台上的状态"——他批判谢洛夫没有发展这个主题：

> 我本该坚持的，我本该增加一些活力（一种穆索尔斯基最喜欢的意象），并且在这个乐句的发展与运动中，我本该构建年长者的宣叙调。——人们不应该忘记舞台上有什么：犹太人因缺水而疲惫不堪，他们躺在那里，身边无声寂静但内心喧嚣难安，而谢洛夫忘记考虑他们——他在之后因为某些十分拙劣的赋格（fugato）才需要这些人。让合唱团保持沉静的概念是真实的，但谢洛夫没有掌控这一点。人们的思想在管弦乐队间迷失，但如果他曾以不一样的方式来处理的话——这点将变得新鲜且有趣。[1]

之后他沉思赫罗弗尼斯醉酒谵妄和他企图诱惑朱迪斯的场景。"第三与第四幕，"他抱怨道，"展现了谢洛夫完全缺乏天赋与热情……赫罗弗尼斯酩酊大醉并且开始出现幻觉……一个狂欢作乐的好色之徒对音乐家来说创作空间是多么广阔，将管弦乐用于幻想场景配乐本来会多

---

1. 1863年6月10日写给巴拉基列夫的信件，收录于 *MLN*，第64—70页；收录于 *MR*，第48—55页。最后两句话为原版的一条边注（marginal note）。

么有趣,——什么都没有,仅在瓦格纳式的小提琴凄嚎声的伴奏下演绎了一段乏味的法国情节剧(French melodrama)。"

穆索尔斯基必定在第一次演出时曾对这些问题保持沉默,这点可从斯塔索夫在第二天写给巴拉基列夫的信中对他的评论来判定。斯塔索夫渴望与巴拉基列夫讨论这部新歌剧,但不得不将其放入长信中,这是一封,下一封写于两个月后。为什么这部作品如此令人着迷?因为他也认清了无论谢洛夫个人对他来说有多可恨,也无论多么怀疑他的才能,《朱迪斯》中也具有不可否认的品质,让他从一个花架子成为重要角色。毕竟这部作品展现了他的才能,即在不时髦的主题上用五幕抓住了心思散漫又兴趣索然的普通大众的注意力。当然,同梅耶贝尔一样,所有的效果都是浮于表面的,而没有内在的。但这正是如此让人担心的地方,谢洛夫将会具有影响力,而(仍旧致敬的)瓦格纳却不会有。穆索尔斯基虽然看似赞成,却也表达了"没有一个想法,没有一个词是源于真正有深度的理解,或者源于深受刺激、深感焦躁的内心。在他那里,一切都是无力且苍白的。在我看来他是个彻头彻尾的白痴"[1]。另一个可能的解释是穆索尔斯基认为这部作品比他敢于承认的更为优秀——似乎斯塔索夫并没有这么想。

巴拉基列夫在皮亚季戈尔斯克(Pyatigorsk)也作出了同样的回应。[2] 他记得谢洛夫将《朱迪斯》交给他时第一幕的写作,还记得一些主题,足以把它们引用给斯塔索夫听。这更像一部清唱剧,而不是歌剧,他回忆道,并且所有都很缺乏独创性:他提及柏辽兹、梅于尔、凯鲁比尼,甚至亨德尔——这是对斯塔索夫讨厌的人如梅耶贝尔和阿列维(Jacques François Halévy)等的精致组合。巴拉基列夫自己远离了这些烦扰,他在自己的信徒的陪伴下旅行穿过了格鲁吉亚,在"极

---

1. 1863年5月17日的信件,收录于 *BSP1*,第203页。
2. 1863年6月3日的信件,收录于 *BSP1*,第208—212页。

具智慧、禀性宽厚的农民身上，还有一张张切尔克斯人精致、忠诚的面容中"找到了养料，并且享受着厄尔布鲁斯山（Mount Elbrus）的风光，"灿烂的繁星、悬崖与峭壁、绵延的雪山以及高加索壮丽的绝壁——这是我目前的生活"。他曾观赏了某种巴拉莱卡音乐（balalaika music）伴奏的切尔克斯人的舞蹈，这让他回忆起了俄罗斯与西班牙的民歌。尽管他没有提及，或许他还聆听过普希金所谓的"格鲁吉亚悲歌"，带有他们怪异的装饰性旋律以及隐隐所现的一种东方式慵懒。或者是在高加索时，或者是在夏末他返回圣彼得堡不久后，他创作了为普希金著名诗篇而作的配乐，该配乐实际上基于一种格鲁吉亚民歌曲调，是由格林卡的一位学生唱给他听的。巴拉基列夫的《格鲁吉亚歌曲》采用他最喜欢的降B小调调式，是一首精美的，颇为理想化的挽歌，在钢琴伴奏中充溢着装饰性的颤音（rulades），在声音中具有相对单一且升高的七度音（sharpened sevenths）的自由流动的装饰音：事实证明，这是不久后圈子共同建立起来的"东方"风格的模型。

这首小小的杰作与巴拉基列夫其他常常乏味的、音节化的小曲之间的对比至少可以说是惊人的。对莱蒙托夫的《为什么？》和《如果我听到了你的声音》的配乐都像添加了人声的钢琴小曲；对拜伦的《希伯来歌曲》中《我的灵魂是黑暗的》（My Soul Is Dark）莱蒙托夫版本，他为诗句"噢！快一点弹起那琴弦/我还能忍受聆听"找到了一种戏剧性的姿态，与有些冷淡的舒曼配乐非常不同（他当然知道这一点），然而奇怪的是整体风格上是舒曼式的。到目前为止他最好的莱蒙托夫的歌曲是邪恶的《金鱼之歌》（Song of the Golden Fish），其中一条美人鱼用萦绕于怀、不可言喻的优美摇篮曲引诱一位孩童到了海底。这里巴拉基列夫显然被声音的概念所鼓舞，这一富有表现性的武器能够一次传达两种或者三种含义——文字的浅显意涵，人声的情意绵绵，以及邪恶的暗示或者至少能根植于各种音调抑扬，各种和声之中的威压。巴拉基列夫的自传作者爱德华·加登略微夸张地将其视为"位列世界最伟大的歌曲之一";如果不是因为俄罗斯语言,尤其是西里尔字母对大多数歌手来说太深奥,这首歌肯定会更出名。

正如我们所知的,当巴拉基列夫探索高加索的风景与文化时,穆索尔斯基消失在了卡列沃的家族庄园中,那里解放政策的最终安排正在落实中。与此同时他也创作歌曲,但不是因为事务太让人分心,让人无法集中精力开展任何实质性的创作("多亏了庄园的管家,"他告诉居伊,"我的脑子在警察局里呢。")[1],就是因为放弃了他近两年来没有创作的交响曲,他缺乏一个让他全情投入的项目。对他来说,他将诗集向歌德开放,并且特别是在《威廉·麦斯特》(Wilhelm Meister)中一首哈珀的歌:《我想潜入大门》[《老人之歌》(Song of the Old Man)]。接着在瓦西里·库罗奇金(Vasily Kurochkin)的《但如果我能遇见你》中短暂回归他的浪漫风格后,他再次转向拜伦,并创作了他的"最后战役前的索尔之歌"[《沙皇索尔》,由帕维尔·科兹洛夫(Pavel Kozlov)翻译]。

如同巴拉基列夫的格鲁吉亚歌曲在俄罗斯的东方思想中拓展出了新的音乐领域,穆索尔斯基对歌德和拜伦的配乐也唤起了一幅生动的、戏剧性乡间景色,部分是戏剧性的,部分是心理的,可能甚至会惊着作曲家自己。歌德笔下的哈珀眼瞎,并且忍受着挨家挨户乞讨食物时的罪恶感,这向他暗示了一种意象,并使他行动起来。"一个乞讨者,"他向居伊直言不讳地写道,"能够心安理得地唱我的歌(无论他可能犯下过何种罪过,都是在这首歌虚构的框架中)。"[2]同巴拉基列夫一样,舒曼在某些方面是他的音乐后盾。他自己为这首诗所作的优美配乐有着同样蹒跚的步态,以同样的方式引导男低音声部紧密跟随由钢琴标出的路径前进。但穆索尔斯基的歌曲有舒曼所欠缺的一种宗

---

1. 1863年6月22日的信件,收录于 MLN,第71—72页;收录于 MR,第567页。
2. 同前。

教色彩，一种行乞者的灵性，并且这似乎源于旋律的调式特征，是爱奥尼亚调式的（在钢琴上从A到A的白键，尽管穆索尔斯基的特点是运用黑键，采用降E小调）。甚至钢琴在这首三十五个小节的歌曲中只在五小节内偏离了调式。最终，在一个简短的尾声后（另一舒曼的影响），在吟唱般的声线以及伪合唱式的伴奏强调的忏悔式风格之后，以钢琴之神秘的、不具有终止性的七和弦结束。

拜伦的诗歌激发了一种全然不同的画面。《圣经》里的扫罗（Saul）——粗陋、武断、暴力，但以不屈不挠的英雄主义直面死亡——穆索尔斯基对一位能够让他的指挥官在战败的情况下杀死他的骁勇战士，用了某种勉强赞美的口吻来描绘他。[1]事实上，1863年的配乐是一种更粗糙、不够完善的版本，相较而言目前时常演唱的是六十年代晚期的修改版（科兹洛夫翻译的不同版本）。这版有更大胆的和声，更参差不齐的乐句，以及一个更大、更长的钢琴声部。开头是颇为典型的：原版有一个五小节的钢琴引子，由两小节四四拍紧跟三小节三四拍节奏构成，带着小号的号角与一些全音和弦的高音喇叭声响，尽管修改版去掉了高音喇叭和三四拍的节奏，并迅速进入跑动的八分音符，伴随着人声的进入。在原版中，对前两个词"领导人！"（拜伦的"勇士与酋长"）[2]，也是与诗句的其他部分偏离，让其更加傲慢，更加做作。在修改这首歌曲时，穆索尔斯基似乎有些丢失了他的勇气（或者向他的出版商妥协）并缓和了效果，同时总体上谨慎地减少了歌曲的长度。之后他也为修改后的版本配器。但原版粗犷的方式不知什么原因更让人激动。[3]

---

1. 两年前巴拉基列夫曾将扫罗（Saul）视为一个可行的歌剧主题。参见1861年2月14日写给斯塔索夫的信件，收录于 *BSP1*，第124页。
2. 大卫·布朗的提议；参见 D. Brown, *Musorgsky*, 46。
3. 因为原版的手稿中已经包含了一些总谱的标识，可见穆索尔斯基似乎常常想要为歌曲配器。

要撇开这首歌所留下的印象很难，谢洛夫为赫罗弗尼斯所作的音乐仍旧在穆索尔斯基的脑海中萦绕。显然他的扫罗王是个男高音或者高音男中音（在降E小调中有一些高音降A，在升C小调的修订版中变为升F）的角色。但这些人物肖像有许多共同点。男低音赫罗弗尼斯在《朱迪斯》第二幕中的"处处荣耀的胜利之歌"引入了号角，与宣布扫罗向他的将军们宣唱的号角声相同，谢洛夫用传统时尚的方式个性化地解决了不和谐的结束，而穆索尔斯基依旧是典型的，留下悬置，未解决的音响。两位长官接着进入到刺耳的、战争似的进行曲中，旋律及节奏都相似，但在和声中常常差别显著，因为谢洛夫几乎很少偏离文本，而穆索尔斯基可以忽视规则且反而将伴奏视为一种扫罗英雄性的舒适背景而不守规矩。

　　有人或许会推测穆索尔斯基在这种毫无根据的专制力量下，受到了米哈伊尔·萨里奥蒂（Mikhai Sariotti）所饰演的臭名昭著的赫罗弗尼斯的影响——这是夏里亚宾时代及以后激昂的、矫揉造作的俄国男低音的一个蓝本。但如果是这样，穆索尔斯基的哈珀范例一定在别处，在抒情的低音中由伟大的奥西普·彼得罗夫（Osip Petrov），格林卡第一位苏萨宁的扮演者来集中体现。[1]无论如何，这两种风格在穆索尔斯基开始考虑舞台音乐时，会很快被证明其重要性。

---

1. 更多内容参见 *ODR*，第66—67页。

[第十章]

南非女祭司与苏格兰新郎

穆索尔斯基在1863年9月回到了圣彼得堡,并且搬进了格里勃耶多夫运河(Griboyedova)上库库什金桥(Kokushkin)旁的大公寓中,距离干草市场不远的地方。这间公寓由罗基诺夫(Loginov)三兄弟承租,还有另外两位朋友——尼古拉·洛巴科夫斯基(Nikolay Lobkovsky)和穆索尔斯基军官学校时期的朋友尼古拉·列瓦绍夫(Nikolay Levashov)共享。他们都以公社风格(commune-style)一起生活,灵感来自车尔尼雪夫斯基的小说《怎么办?》,该书在这年年初问世,被彼得堡的知识分子们如饥似渴地阅读。

这部小说或多或少算是一本小册子,现今勉强可读,其中有关新的进步社会——车尔尼雪夫斯基自五十年代中期起在他的政治和哲学写作中所阐述的观点,也正是这方面的写作曾让他在前一年被关押到彼得堡罗要塞(Peter and Paul Fortress)[1],他在那里写作了《怎么办?》。正如小说的主人公,薇拉·帕夫洛夫娜·罗萨尔斯基以及她的丈夫德米特里·谢尔盖耶维奇·洛普霍夫一样,每位罗基诺夫兄弟以及他们的三位房客都有各自的房间,谁都只有在房间主人的允许下方能进

---

1. 译者注:圣彼得堡的古建筑,开始具备军事功能,1717年失去其军事意义后成为国家监狱。

入他的房间。有一间公共休息室以供晚间社交活动：阅读、创作音乐、交流会话。不用说这样的形式仅仅是一种姿态，与各个时期职业群体所标榜的自由主义一样浅薄。毕竟穆索尔斯基一生里从未拥有或者租住过一间属于自己的公寓，却常常迫不得已或心甘情愿地与他的母亲、哥哥，或者个别朋友共同居住，某种程度上很难看出罗基诺夫的安排与之有什么本质上的不同。其他本质上的车尔尼雪夫斯基元素（薇拉·帕夫洛夫娜办起了缝纫集体作坊，改变了丈夫们，任何方面都表现得像一位理智的新女性，与一些理智的新派男性等人交往）似乎都与罗基诺夫公社无关。

如今的这个地方，自苏联解体以来，在先纳亚街（Sennaya）周围，沿着萨多瓦亚街头和格里勃耶多夫运河区域，是圣彼得堡最糟糕的地方之一。在萨多瓦亚，道路崎岖不平，以至于有轨电车的轨道也变得弯曲且不可用，在站头等车的乘客们不能确定他们的电车是否会来，如果会来，具体在哪儿。部分拆毁的房屋遗留下来成堆的废墟，让街道两旁几乎无法通行，人们自由穿行于院子里的瓦砾、水坑或冰面。这个广场本身不再是什么干草市场，而是成为了一个永久性的建筑工地，从这里逐渐出现现代商店、报亭，最终与一个巨大崭新的地铁站构成复杂的网络。在穆索尔斯基时代，这里准确地说应该是学生拉斯科尔尼科夫（Raskolnikov），陀思妥耶夫斯基《罪与罚》中主人公的领地，他在斯托利亚尼亚巷（Stolyarniya）的一幢大公寓楼里有一间简陋的小房间，正在库库什金桥之上，从这里他走730步就到了年老的放债人阿廖娜·伊万诺夫娜（Alyona Ivanovna）四层楼的公寓，并用一把从他自己房子门房处偷来的小斧头谋杀了她。

陀思妥耶夫斯基正好在穆索尔斯基1865年5月搬出罗基诺夫公寓后开始《罪与罚》的创作。但这位小说家实际曾是公社的邻居，在马拉亚–梅尚斯卡亚（现为卡兹纳奇斯卡亚）街头，在这片地区的街道与酒吧一定时常碰见他。他新近写的书很可能就在公社的阅读清单上，尤其是《死屋手记》(*The House of the Dead*)，这部作品只在 1862 年以印刷本的形式出现。但公社成员并没有将自己局限于俄罗斯文学，也没有局限于当时俄罗斯作家在别林斯基和车尔尼雪夫斯基之后所擅长的社会现实主义。他们在开始公社生活之初阅读的是一部法国小说，古斯塔夫·福楼拜的《萨朗波》，这部作品在法国出版还不到一年，1863 年夏，《祖国纪事》就以两期连载发表了它的俄语译本。《萨朗波》特别地将他们从先纳亚街的肮脏和潦倒中解救了出来，将他们安置在了公元前三世纪迦太基的狂热与动荡中，那是第一次布匿战争结束时未获得哈米尔卡酬劳的雇佣兵反叛的时候。关于女祭司萨朗波以及由雇佣军首领马托从莫洛克神庙盗走神圣纱衣的异域故事，似乎引起了这些受到刺激的年轻人的共鸣。但穆索尔斯基尤其（乐于）以让人惊异的愉悦来回应，并马上投入小说的歌剧版本创作。在 12 月中旬他创作了一整场，包括偷盗神衣场景的钢琴谱。那时他已经在通信部（中央工程部）工作了整整两周。

　　按他的标准，这是创造力的一次迸发。这并不是有条不紊进行的。他显然在开始创作时没有任何清晰全面的计划，没有一个合适的剧本大纲，甚至肯定没有歌剧脚本，这也是这部作品不曾由他或其他人完整创作的一个原因。他的处理方法似乎与《扫罗王》大致相同，只是具有更大规模。他把小说中的那个场景描绘成一个独立的画面，并想象出与之相配的音乐：萨朗波独自在神庙中守卫着神衣；她在塔尼特女神（Tanit）[1] 的神像与神圣的莲花前撒下花瓣，然后在舞台后向塔尼特祈祷的合唱声中沉睡；马托和他的仆人斯潘丢思在黑暗中出现；马托被萨朗波的美貌所倾倒，但还是伸手抓住神衣并带着神衣逃走了，萨朗波、其他女祭司、士兵以及人们的咒骂声紧随其后。这作

---

1. 译者注：塔尼特是古迦太基的一位女神。

为一部二十五分钟的音乐会康塔塔或许已经足够了，但事实上穆索尔斯基的意图更多，正如我们从巴拉基列夫向里姆斯基-科萨科夫讲述的内容中了解到的，在完成神庙场景的前一天，"穆索尔斯基还想要根据《萨朗波》写一部歌剧"。巴拉基列夫自己在构思一部有关火鸟传奇的歌剧；居伊也正沉浸在他下一部歌剧中，基于海涅的悲剧《威廉·拉特克里夫》（*William Ratcliff*）的创作，这部作品于年初的俄罗斯音乐协会的音乐会上已由鲁宾斯坦编排了选段。居伊的两位伙伴，从自身经验出发告知里姆斯基-科萨科夫："都在冒险写歌剧。关于穆索尔斯基我没什么好说的，但巴拉基列夫会需要鼓励。"巴拉基列夫最需要的是一个脚本，许多版本都被他拒绝了，而只能创作一小部分片段。

对穆索尔斯基来说真正的问题是他到底想要冒险写作哪种类型的歌剧。他的模板明显仍旧是《朱迪斯》。像谢洛夫的歌剧一样，《萨朗波》中有一支围攻的军队，许多祭司，以及一些野蛮的仪式；它有一位虔诚的女主角，伪装进入敌军指挥官的营帐（试图去找回神衣）；它带有一种异域的"东方"风情，还有壮观的人群、动物、鲜血与暴行。对一位有经验的剧院作曲家来说，这可能是公众与私人、大场景与黑暗内里的一种鼓舞人心的结合。福楼拜的小说始于在墨伽拉（Megara）哈米尔卡的花园里雇佣军庆功宴上喧闹场景的生动描绘。之后都是些触目惊心的战斗和毛骨悚然的屠杀。残暴的一幕（毫不隐晦的津津乐道）是迦太基人将他们的孩子献祭给莫洛克神，这时雇佣军们打到了城墙边上，作者将一种野蛮的精彩与暴力的氛围用最恐怖逼真的细节呈现出来。要以歌剧合理性来完成这样的场景，就需要梅耶贝尔《新教徒》和奥柏的《波尔蒂契的哑女》般的操作。穆索尔斯基从一开始就避开这些，相反直接切入故事的叙事核心，给作为女祭司的萨朗波既以装饰性的方式描绘她美丽动人，同时又很大程度上展现其个性或人物特点的缺乏。其后所接的向塔尼特唱的赞美诗同样优美而宁静。在马托和斯潘丢思登场并偷走神衣后，气氛适度活跃起来；但他们在舞台上停留的时间短暂，马托与萨朗波的眼神交汇仅仅是在教堂中的偶然一瞥。实际上整场最有活力的部分是恐怖与追求的最终合唱，它是四五年前《俄狄浦斯王》神庙合唱的改编版。

在完成这一场之后几周，穆索尔斯基似乎把这部歌剧放到一边了。他一定是受到在政府部门的公职工作影响导致精力分散了——有一次他因为太忙而推迟了拜访巴拉基列夫，另一次他以自己的老毛病"神经过敏"回避在马林斯基剧院上演的阿列克谢·利沃夫（Alexey Lvov）的《温蒂尼》（*Undine*）。他接着开始处理科利佐夫的诗歌《狂风呼啸》（*Winds Are Blowing, Wild Winds*），将这首诗变成了男低音的一首杂乱却生动的歌曲，在其原始的力量与忧郁的音色间，触及了传统浪漫之外的经验领域。同《老人之歌》一样，这部作品的许多方面都是模板，或许这让人好奇的无可挑剔的品质来源成为了穆索尔斯基作品的一个烙印；同时钢琴上的八度音型带来了一种横扫一切的能量，这种能量可能具有扫罗王"我的一切都是厄运"的同等效果。其中最有趣的是穆索尔斯基愿意加入一些颠覆性的细节，这些细节违背了教科书的规定，但显然不是无知或无能的产物。一个显著的例子出现在歌曲的最后，在升C小调上的一个普通变格终止后，钢琴增加了一个响亮的升F–升G音，像对最后两个和弦的某种嘲弄的效仿，或者一扇被经过的风撞得砰砰作响的门。

类似这样的效果可能是即兴表演时被细致地记住了。穆索尔斯基常常在圈子聚会时演奏或者哼唱他的歌曲，且有大量的证据证明，他像巴拉基列夫一样有时会现编现唱歌曲，要么是因为这些曲目还没有写下来，要么只是因为他感觉在情绪的驱动下有权利修改它们。这也很可能是《扫罗王》存在两个明显不同版本的原因，尽管正如我们所知，可能是由于出版商贝塞尔（Bessel）的干预导致后一版的简化。一个更好的例子是普希金的诗歌《夜》（*Night*），穆索尔斯基1864年4

月首次写下这首作品，比《狂风呼啸》晚了大约两周，这首歌以两个截然不同的版本保存了下来，它们的复杂程度大致相同，都是在同样的基本框架上构建起来的（并且显然是在同一年中）。各种细节暗示了这是一种即兴表演。[1] 两个版本中，开头用震音演奏的一些钢琴和弦（主导），可以看作是伴奏者心烦意乱的陈词滥调（选用普希金的"打破之后的寂静/黑暗的夜晚"），同时音型频繁变化，听起来像变化着的言语表象的即兴反应："在我床边/悲伤的蜡烛燃烧着"一句中慢悠悠的八分音符三连音，"我的辞藻/交错交织又喃喃自语/涌动"一句中潺潺的十六分音符三连音，等等。最后，穆索尔斯基在歌曲的第二版中修改了普希金的诗歌，让其变得冗长的同时删掉了一些意象（包括悲伤的蜡烛），这暗示了他对艺术作品像一种不可触碰的圣像一样的常规不耐烦。顺便说一句，更改普希金的诗句，这在六十年代（及之后）的彼得堡是极其糟糕的事，这会让穆索尔斯基陷入一个更出名或更引人注目的麻烦当中。

在完成了原版的《夜》之后，他又回到《萨朗波》的创作中，并将他的注意力放到一些合唱场景问题上。他首先创作的是一首激昂的男声合唱《利比亚人战歌》（War Song of the Libyans），该曲目可能是也可能不是作为在哈米尔卡花园狂欢活动的一部分——大概在歌剧的第一幕，或者也仅仅可能在第二幕第一场中（推测）为雇佣军们包围迦太基而唱的一部分。据斯塔索夫所言，主要主题是一段穆索尔斯基曾在他的庭院中无意听到"一位犹太邻居在祷告时"哼唱的犹太旋律[2]。穆索尔斯基从未曾抽出时间来标明这优美、适宜、奔放的短歌的准确位置，人们不禁怀疑，他在创作这曲目时没有任何它将去往何处

---

1. 这是南希·巴斯马吉安的观点；M. H. Brown, *Musorgsky in Memoriam*, 43–44。
2. 鲍里斯·施瓦茨辨别出该曲调为十八世纪哈西迪曲调（Hasidic niggun，哈西迪为犹太教虔修派别和神秘主义团体；niggun 为一种犹太宗教歌曲）。见"穆索尔斯基对犹太文物的兴趣"，同前，第89—92页。

的清晰想法。另一首他几个月后所写的作品,《巴利阿里群岛居民之歌》(*Song of the Balearic Islander*),根据帕维尔·拉姆(Pavel Lamm)的说法,这首歌通常也被认为想要用在第一幕中,尽管在小说中唯一的巴利阿里歌曲是在雇佣兵首领绍萨斯割开一位迦太基守卫的喉咙,饮他的血之后所唱。但穆索尔斯基的版本是一首爱情歌,"在一个年轻女孩的怀里……我忘记了刀光剑影",特征类似东方风格(出于某种原因),也明显受到《朱迪斯》第三幕中赫罗弗尼斯女奴们的合唱的影响。

这些片段都丝毫没有解决《萨朗波》作为一个歌剧主题的关键问题:怎样将群众和战斗进程作为不强调爱情的故事背景。它们都是可分离的片段,没有与戏剧以任何方式交织在一起。穆索尔斯基后来在收录他早期歌曲的集子里囊括了《巴利阿里群岛居民之歌》,并以《青年时代》(*Youthful Years*)为题,该作品集的签名手稿封皮约在1908年的巴黎被发现[1]。至于《利比亚人战歌》,这首作品经受了一系列的修改与扩张,最终版迟至1877年创作出来,并且被冠以完全不同的标题《耶稣·纳文》(*Jesus Navin*),纯粹作为独唱、合唱以及管弦乐的一部音乐会作品存在。这对他假定的剧本中的两个完整场景是严重打击:在莫洛克神庙中盗取神衣后的场景,祭司和人民呼唤上帝为他们报仇,但又恐惧他的怒气向他们发作,短暂的雷雨先是证实了他的愤怒,后又给他们希望,接着萨朗波决心去到马托的营帐并偷回了神衣(穆索尔斯基将此标记为第三幕第一场);还有在马托被拷问及处决前关押在狱的一个场景(第四幕第一场),完全是由穆索尔斯基虚构的片段。

这些是连续性音乐的大幅度延展,总共正好三刻钟的时长,并且该作品的大部分都非常好,以至于穆索尔斯基后来发现值得将其改编

---

1. 参见 D. Brown, *Musorgsky*, 35–36。

（有时没有实质性的改变）成一部有着完全不同情节与背景的歌剧《鲍里斯·戈杜诺夫》。在神庙场景中，人们的哀歌都被设为块状和声式的东正教赞美诗，而主祭司悲叹迦太基命运的音乐将在之后用于描绘鲍里斯对"可怕的审判者的右手伸向罪恶灵魂"的恐惧[1]。有人认为这整个情形在希伯来文的《朱迪斯》中有其源头。有人指出穆索尔斯基向巴拉基列夫抱怨在这些场景中缺乏行动力，而谢洛夫为犹太祈祷仪式用上了基督教的音乐习俗（是时候停止使犹太人皈依基督教或让他们成为天主教徒）[2]也恰好在《萨朗波》中得到印证，使血腥的、献祭儿童的异教徒改信俄罗斯东正教，这也明显缺乏动作性。但不可否认的是，穆索尔斯基为这一场景创作的音乐探索了谢洛夫未曾想到的领域，这个领域超出了和声与良好织体的常规边界，即使是谢洛夫，尽管缺乏正规的训练，但他知道怎样尊重这个边界，却并不知道怎样打破这个边界。

这里穆索尔斯基的风格可以有些大胆地追溯到他的想象中的某种重要成分。其中一些已经有所提及：东正教圣歌作为一种思考旋律的方式；调式和声，在一些特定区域中将和声"困住"，从这些地方和声"被迫"进入到新的领域，而没有规范的传统调与调之间的转调。说来也奇怪，这种和声方法，尽管在某些方面有所限制，却在另一些方面有所解放。它允许将不和谐视为一种调式因素，是该领域的一部分，而不是作为某种必须证明和纠正的偏差（用教科书的说法就是"准备与解决"）。它不鼓励从巴赫到贝多芬（最终至时人知之甚少的瓦格纳）的德意志古典传统中那种丰富的对位发展，这就像在书面与口语中的一些长句与段落，依赖于一套复杂的语法系统来保持连贯；它确实鼓舞了生动的戏剧性与诗意的对比，一种仪式的质感，强大的

---

1. 杰拉尔德·亚伯拉罕："《鲍里斯·戈杜诺夫》中的地中海元素"（"The Mediterranean Element in *Boris Godunov*"），见 Abraham, *Slavonic and Romantic Music*, 188–194。
2. 1863年6月10日的信件，收录于 *MLN*，第69页；收录于 *MR*，第53页。

群众效应，一种粗糙感与生活的色彩感。这种方法的一大症结为凸显齐奏和平行和弦，不仅在合唱中，还在伴奏中（穆索尔斯基没有为这一场景配器）；另一点即当人们接受祭司"用我们霹雳般的致命之箭击打傲慢无礼的敌人"或者在随后的雷雨中大发雷霆，这里超自然力量的干涉具有狂暴的全音和声（就像《鲁斯兰与柳德米拉》的诱拐场景）以及急速的半音音阶的特点。

这些音乐大部分都引人注目且富有个性，令人费解的是它们缺乏真正的戏剧效果。原因或许在于穆索尔斯基没有成功改变场景的节奏，即在开场几乎暴躁的风格中缓慢进入，大多数以慢速或中速，伴随着萨朗波决定去取回神衣仅有的一次突然的快板节奏，以及合唱劝阻她的简短尝试。另一处显然的失败是萨朗波自身，她从来都是端庄的女中音祭司形象，而不是后来（在穆索尔斯基没有安排的一场戏中）在帐营里屈服于马托的那种弱不禁风、多愁善感却缺乏经验的姑娘，也不完全像朱迪斯那样精于算计。在监狱场景中，马托对待自己的方式表面上看是更有野心的。穆索尔斯基为他写了一段长篇独白，这等同于对小说所有事件的总结，他这个时候（1864年11月）大概已经绝望了，再也不想把这事件写进可以上演的歌剧中。这次写作又一次是相当不同寻常且极富个性的，并且又一次没有火起来。马托就像鲁斯兰，是一个沉闷的男低音，远非潇洒的指挥官的形象，他手拿偷来的神衣，冒险捕捉萨朗波的双眼，触摸她甜美的双唇。更糟糕的是，我们一点也不了解他的想法，因为他的行动就像萨朗波一样没有上下文。他在地牢中像一尊木制雕像，就像没有贝多芬优势的弗洛雷斯坦[1]一样。穆索尔斯基或许本可以通过创作必需的早期场景来补救，最好是先创作这些场景。但事实上他从未创作过这些场面。

---

1. 编者注：弗洛雷斯坦是贝多芬歌剧《菲岱里奥》中的一个角色，女主角菲岱里奥的丈夫。

在1864年末他大概意识到《萨朗波》没有着落了。他仅仅只多写了一场——另一个固定风格的片段——在萨朗波见到马托遭受可怕的折磨死亡后,因悲痛而亡前女祭司们的合唱,这是他的另一虚构。那是在1866年2月,不久之后,他修订"战歌"并为其配器,他还在某种程度上为《巴利阿里群岛居民之歌》以及监狱场景配器。在这之后,作品就被束之高阁了,成为了他未来作品的创作素材。偶尔他会在巴拉基列夫或者居伊的晚会上演奏一些选段。"这些片段,"里姆斯基-科萨科夫告诉我们,"一方面促使人们对它们的主题与思想之美给予最高的赞赏,另一方面又对其无序与混乱给予最严厉的指责。"[1]但穆索尔斯基一定很早就知道《萨朗波》对他来说是一个错误的方向,正如他告诉尼古拉·库姆拉涅耶夫的,"在《朱迪斯》中已经有足够多的东方色彩。艺术不是游戏。时间是宝贵的"。[2]事实上他已经开始去探寻离家园更近的风景。

在前一年冬天,巴拉基列夫曾创作了一部有关俄罗斯主题的第二序曲,这是他主要根据自己还未出版的《俄罗斯民歌集》(*Russian National Songs*)中的曲调创作的(这本歌曲集中有三种曲调;序曲中的第四种是新创作的)。这是部相较于之前更老练的作品,尽管像众多民歌曲调类交响化(quasi-symphonic)的处理一样,在实际旋律与它们被赋予主题的实际创作之间存在太过明显的界限,但它超越了格林卡《卡玛林斯卡亚》或巴拉基列夫自己的第一首序曲的简单重复设计。它几乎立即在自由音乐学校1864年4月6日的音乐会上被演出,由巴拉基列夫自己指挥,并且四个星期后由鲁宾斯坦指挥,于俄罗斯音乐协会的音乐会上上演,穆索尔斯基肯定出席了这两场音乐会。无论如何,他一定了解巴拉基列夫的民歌集,并且知道了相关的一些改

---

1. *LLMZ*,第59页;*MML*,第64页。
2. 引自 Orlova, *Musorgsky Remembered*, 4–5。

编。在将它们改为声乐与钢琴作品中，巴拉基列夫特意尊重了曲调的调式特点，让伴奏多数保持留白和低调，而不是将它们装扮为有丰富织体与和声的沙龙浪漫曲。他也曾关注它们不时无拘无束的韵律以及装饰性的模仿，并且避免常规地将它们勉强塞入固定的三拍子或四拍子，以及四小节乐句中。这样做的总体效果是把民间风格的某些特点带出来，而这些特点往往会在传统的编曲中被抹平：像旋律与节奏的特色（比如基督教圣咏）并不符合标准的学术程序。

或许正是对这些创作手法，也是对序曲本身的回应，穆索尔斯基在那个5月创作了他的歌曲《卡利斯特拉图斯卡》（*Kalistratushka*），并标以"民间风格练习曲"（*Etude in folk style*）。这首歌是涅克拉索夫（Nikolay Alekseevich Nekrasov）一首伪民谣诗的背景，讲述的是一个青年人过上了他母亲所预言的愉快生活而他的妻子却埋头苦干、衣衫褴褛。作为一首地道的民歌，这类故事本应该由一个多节的短小曲调来讲述（在巴拉基列夫的集子中有许多这种类型），但穆索尔斯基用改变旋律和色彩的方式去配合变化的情绪来将其做艺术化的处理，而不是寻常用一连串相近的旋律来讲述故事。

然而，其中有些旋律非常坦率地说是源于巴拉基列夫民歌集的曲调。歌曲的第一个主题接近集子的第一首《未曾起风》（*Ne bilo vetru*），这也是巴拉基列夫序曲的第一个主题，而这首歌的第二主题不那么像集子的第二首《去吧，去吧》（*Poydu, Poydu*）也出现在序曲中，但明显同源。在这之后，歌曲渐渐疏远集子，却从未失去亲属关系。穆索尔斯基到处模仿长歌（protyazhnaya pesnya）——朗朗上口的抒情农民风格，其中个别词汇都在一些旋律音上"拖长"，韵脚反映出了歌唱的乐句，而不是颠倒过来。配乐的第一句是这种类型的：一小节七拍（为"nado"——"over"这两个音节），后跟两小节六四拍和一个四四拍的小节演唱"妈妈为我歌唱"（*Mama sang over me*）七个音节。总的说来旋律风格就像民歌调式的一种延展，但又带着半音色彩以及一些不像真正民歌的跳跃。在第一乐句结尾，一个全音的收束是非常自然地道的［它甚至有一个技术性的名称："易变性"（peremennost'／mutability）］。[1]通常有人听一首民谣或许会带有发散性思维，但他的根仍旧在他的乡村土壤中。穆索尔斯基严格说来对改编民谣没那么感兴趣，但他很快就学会了将这种风格运用得更好。

当穆索尔斯基正在与迦太基苦苦斗争时，塞萨尔·居伊也已投身于背景设在苏格兰的新歌剧创作。实际上他想要根据海涅《威廉·拉特克里夫》创作一部歌剧的想法要追溯到1860年。但他创作的方法并没有比穆索尔斯基更系统。根据这部歌剧最好的英语研究的作者理查德·塔拉斯金的说法，居伊从海涅第二幕第一场（小酒馆场景）开始创作，随后在1862年的某个时候转向序幕的写作，接着留下这幕的最后一场，而到了1863年某个时候开始创作最后一幕的开场，如此等等。[2]在1864年穆索尔斯基正与《萨朗波》较劲时，居伊正在创作他第二幕中关键性的一场：拉特克里夫谋杀了他深爱的女子的前两任丈夫，正在谋杀第三任时失败了。像他年轻的朋友一样，居伊似乎要搁置这个项目了——然而，不是出于任何热情或信念的减退，而仅仅是因为作为一位强化训练的教师，他对收入的需求太迫切了。"因为我所拿到的工薪，"他后来写道：

> 不足以维持生计，妻子和我为想要进入工程学校的年轻人开设了一个寄宿制预备学校，并且，除语言科目外，我自己承教指导所有的科目。甚至到夏天放假时都不清闲，相反，放假还是最紧张忙乱的预考时期。除此之外，我们还得抚养这些寄宿者们，不仅仅是指导他们学业。因此我们所有

---

1. 参见页边码第18页，第二章注释6。
2. *ODR*，第341—403页。

时间都是在一起的，就像一个大家庭，在乡间吃住、散步、划船等等，都在一起。在这样的情形下我只能断断续续地创作是可以理解的。我没有按次序从第一场到最后来依次写作歌剧，而是以不同幕单独的场景来写作，但无论如何我每次写作时都全情投入。[1]

似乎这所学校还不足以糊口，居伊也开始为《圣彼得堡公报》的音乐版块写作，一开始是不定期的（从1864年3月开始，每月一到两篇长文），后成为特约撰稿人。作曲暂时退居后位似乎并不令人惊讶，正如塔拉斯金所说，他并不需要以忙碌的生活为借口来证明间歇性创作的合理性。居伊从1857年毕业后就一直以这样的方式创作，巴拉基列夫与穆索尔斯基虽情况不同，但就这一问题而言也是相同的。[2] 塔拉斯金称其为一种习惯；其他人则将其视为纯粹的业余。但至少部分原因可能在于缺少明晰的艺术方向，在道德上（如果不是技术上的话）很容易与德国或者法国的主流相提并论的情况下，需要有意识地找到一种俄罗斯审美的替代品。居伊不像穆索尔斯基，最终完成了他的歌剧。他在1867和1868年下决心重新开始这部作品的创作，该剧于1869年2月在年轻的爱德华·纳普拉夫尼克（Edward Nápravník）[3]指挥下登上马林斯基剧院的舞台。这部完成的作品《威廉·拉特克里夫》倾向于支持"主流"观点，它具有相当多优点并且绝不是无足轻重的，但在风格、技法或者内容上，都远未能称得上是俄罗斯的代表作。

一部有关苏格兰的德国戏剧怎么看都不能说是往这方面努力的尝试，即便有一个俄语译本（居伊自己根据穆索尔斯基《树叶沙沙作响》

---

1. 引自 ODR, 居伊"作曲家的第一步（previye kompozitorskiye shagi）"，第359页。
2. ODR, 第420页, 注释6。
3. 译者注：爱德华·纳普拉夫尼克，捷克作曲家、指挥家，长期旅居俄罗斯。

歌曲的激进诗人阿列克谢·普列谢耶夫的翻译改编）。这部海涅早期的悲剧（1822）挖掘了司各特的小说《威弗利》和《拉美莫尔的新娘》（*The Bride of Lammermoor*）中的浪漫精神，但是又带有对苏格兰作为荒野之地，（其）阴沉的山脉、疯狂的贵族、忧郁的民谣，以及咯咯笑的巫师们的一种麦克白式的意象。威廉·拉特克里夫，被地主麦克格雷戈的女儿玛丽拒绝，在祭坛前等待时曾两次谋杀玛丽的新郎，现在打算杀死第三位，大幕拉开时正在举行婚礼，但拉特克里夫在随后的战斗中受伤，并且当他面色苍白、心慌意乱地出现在玛丽卧房时，玛丽突然意识到自己对他的爱；但事件背后隐藏着罪恶的背景，威廉的父亲曾爱着玛丽的母亲，但被玛丽嫉妒的父亲杀死了，当威廉进入玛丽的卧房时，玛丽的保姆正在讲这个老故事，而威廉仿佛看到一对神秘的夫妇互相伸出手臂；他一下子化身为复仇者。他拿起剑，杀死了玛丽、她的父亲和他自己。

从一开始，居伊就以德国浪漫主义歌剧的精神来处理这部骇人的歌剧——韦伯、马施内（Heinrich Marschner），以及《吉诺维瓦》（*Genovena*）的作曲家舒曼——去掉了社会讽刺（新郎道格拉斯疲倦地谈论的伦敦生活）以及体裁细节（偷东西的酒馆老板教他的小儿子主祷文），并且将暴力的场景设定在传统的歌剧框架下。他首先创作的许多体裁——第二幕的酒馆场景和第一幕的婚礼场景——是合唱，这种合唱本会招致瓦格纳对"风景已经学会了行走与歌唱"的厌恶。但对戏剧性动作而言，他逐渐发展出一种准交响乐风格，瓦格纳或许更愿意赞同这种通谱体风格。无论瓦格纳认为居伊对于技术的掌握体现在哪里，这对他自己设定的任务而言是足够合理的，但与当时的杰作《特里斯坦与伊索尔德》或者甚至威尔第的《命运之力》（*Forza del destino*）相比，这部在1862年11月或许居伊还在创作第一幕时就在圣彼得堡首演的作品，就显得薄弱了些。像瓦格纳（居伊第一次接触他的音乐是在1863年初圣彼得堡的一些音乐会上），居伊采用了同一种类的主导动机（leitmotif）来结合音乐剧，尽管从没有瓦格纳那样丰富与复杂。在一两个例子中，动机作为重要的反复出现的主题，在管弦乐队以及人声中发展，它们大多是简单回忆性的主题，唤醒对一个人物或者在另一种语境下的情形———一种在一部歌剧中高度依赖于过去事件叙述的某种重要的方法。

目前我们很难确定《威廉·拉特克里夫》在剧院中的效果，因为近些年来（或者在西方任何时候）都没有上演过这部作品。音乐本身是有趣的，有时候强烈且富有情调；柴科夫斯基在真正听过（如果他确实听过的话）了演出后评价道："我每天仔细研究居伊的歌剧而且非常高兴。我没有想到这部歌剧会这样好。"[1]这是他告诉巴拉基列夫的。我们甚至可以欣赏巴拉基列夫圈子对这部作品的重视，他们渴望在歌剧上取得成功（尤其因为圣彼得堡的音乐会生活如此有限），但现实是他们没有在这一领域取得实质性进展。不太容易接受的是这部作品的象征性地位是塔拉斯金在他的章节标题中称之为（或许讽刺性的）"实践中的'强力主义'（Kuchkism）"。如果我们通过"强力主义"来理解斯塔索夫、巴拉基列夫及其朋友们所认为的一种可辨认的俄罗斯风格之定义属性的话，那么《威廉·拉特克里夫》一点也不具有强力主义性（kuchkist）。从一方面来说它寻求创造一种在歌词与音乐之间的紧密联系，后者被认为是前者的一种衍生，这似乎（向所有人）反映了谢洛夫对达尔戈梅日斯基的《水仙女》中那些场景的分析，在这些场景中，音乐被紧密映射到普希金诗句的轮廓上，这个想法后来对强力集团来说变得很重要。尽管绝不总是，但它也频繁地将普列谢耶夫的俄语按原样设置（配乐）。节奏与重音模式实际上主要是传统的，而有时正如塔拉斯金所展示的，甚至违反了俄语的自然韵律。居伊达

---

1. 1869年10月28日的信件，见Kremlev and Lyapunova, *Miliy Alekseyevich, Balakirev*, 140–141。

到自然主义效果的少数例子都被受早期浪漫歌剧常规技巧所影响的许多篇幅所抵消。

说实话,有关《威廉·拉特克里夫》最具强力主义性的地方是其创作方式很随意。当然居伊没有刻板的俄罗斯主义意图,否则他不会去选择一个精神上和地理上如此遥远的主题。在这个主题中,唯一有民族或异域色彩风格的是偶尔出现的苏格兰促音(Scotch snap)和一个简单的、有点不协和的苏格兰民歌,《格伦家的蒂比·富勒》(*Tibbie Fowler O' the Glen*),由斯塔索夫提供,居伊将其设定为在道格拉斯的结婚盛宴上的(大概是)男声合唱。在麦克格雷戈描述玛丽的前两任未婚夫,麦克唐纳和邓肯在他们的婚礼上缺席的段落中,有对格林卡《鲁斯兰与柳德米拉》的致敬。但总而言之,《威廉·拉特克里夫》与《朱迪斯》相比是一部不太明显的俄罗斯作品,它对格林卡更明显的模仿部分在于通谱体这一形式,使用主导动机,并且没有让俄语变得更糟。具有讽刺意味的是,在1864年底放弃歌剧创作之后,居伊作为音乐批评家这个新角色的第一个举动就是发表了一则对谢洛夫的公开批评,有人发现模板来自里姆斯基-科萨科夫对巴拉基列夫分析方法的描述,赞扬或这或那的简短段落,批评的段落,就像一位音乐考官在十分中为每个表演打分一样,而且通常从赞扬过渡到责备。"观众对《朱迪斯》普遍的印象,"他最后抱怨道,"是一部让人痛苦的作品,从第二幕开始疲倦感就来了,并且不断加剧,直到歌剧结束。"然而"谢洛夫先生的努力让他创作出了一部值得尊重与赞扬的作品,与那些正在国外或者俄国创作的长篇垃圾截然不同"。[1]当《威廉·拉特克里夫》最终登上舞台时,谢洛夫不失时机地回击了他:"一位真正的艺术家,"他开始了在《声音》上的乐评,"常常是一位批评家,但这并

---

1. 1865年1月26日,《圣彼得堡公报》(*Sanktpeterburgskiye vedomosti*);英文翻译收录于Campbell, *Russians on Russian Music*, 145–151。

不能由此得出结论,任何老音乐记者仅仅通过许愿就能成为一位真正的艺术家……艺术会报复那些诽谤它的人。"——正如塔拉斯金所观察到的,这等同于"向他自己的玻璃房子扔了一块巨大的石头"。[1]

因此在1864年临近尾声时,巴拉基列夫的圈子已经进入到一个成熟的阶段。许多年后,圈子里最年轻的成员安坐在圣彼得堡音乐学院教授的椅子上,却轻易不能对这个圈子进行嘲讽。"迄今三十年已经过去了,"里姆斯基-科萨科夫在1897年写道,"自从斯塔索夫在1860年的某日写下这个名称后,俄罗斯学派即表现活跃——(尼古拉)洛迪岑斯基(六十年代中曾短暂是圈子里的一员)写过一首浪漫曲,鲍罗丁在想些什么,巴拉基列夫正计划改写点什么等等。"[2]居伊正在搁置一部歌剧,穆索尔斯基搁置了另一部;鲍罗丁仍旧在改进他的《降E大调交响曲》(去年是慢乐章,这年是谐谑曲),在公海上的里姆斯基-科萨科夫,陪伴他的是《降E小调交响曲》;而巴拉基列夫自己开始着手写一部在C大调上体量巨大的交响曲,这首曲子直到三十三年后才完成,也就是里姆斯基-科萨科夫写回忆信件的这一年。在他们的音乐晚会上,他们按时来了又走了,尤其是穆索尔斯基在连续消失了几周以后,接着又会莫名其妙地再次出现;但这究竟是否反映了创作的紧张度、他在衙门里的职责,或者社会情态的变化无常,完全没有人清楚。那些日子里他与几位被称作奥波齐宁(Opochinins)的兄弟姐妹走得很近,并且花费很多时间和他们在一起,这让巴拉基列夫很不满。("莫金卡,"他向居伊嘀咕道,"或许正被拴在奥波齐宁家储藏室的皮带上。")[3]莫金卡甚至可能爱上了年龄稍大的娜杰日达·奥波齐宁娜(Nadezhda Opochinina),他的几部作品包括《夜》都是题

---

1. 引自 *ODR*,第395页。
2. 写给谢苗·克鲁格利科夫的信件,引自 Taruskin, *Stravinsky and Russian Traditions*, 33。
3. 1864年7月20日的信件,见 Gusin, *Ts. A. Cui: Izbranniye pis'ma,* 498;*MDW,* 第118页。

献给她的。

  一种特定的模式已经形成，有人可能会随着效仿对象的改变或者生活的需要，用其知识分子玩世不恭的态度来作调整。就像众多艺术上志同道合的人一样，这样的团体将会持续下去直到其成员完全成型并且不再需要它的保护，那么之后它基本上只会留存于历史的想象中。

[第十一章]

海员之家

1864年末，穆索尔斯基为了看望他在卡列沃的母亲，请了一个月的假；尽管他母亲只有50岁，但她显然又累又病，十多年来一直寡居，看上去比她实际的年龄要苍老。莫杰斯特正在创作一首《祈祷者》(Molitva)，这本是莱蒙托夫为一个小孩向圣母所写的祷词的配乐，却被作曲家献给了自己的母亲："我祈祷，不为我这空寂的灵魂，不为我这个人世漂泊者受苦的心，我要把一个纯真无邪的少女，交给这冷漠尘世中热忱的保护人。求你把幸福赐给这颗受之无愧的心，求你体贴入微的人们伴她终生，让她那颗善良的心有个希冀的天地，让她享受青春的光辉和暮年的宁静。"[1]但在来年的3月17日，这首简单、虔诚的歌曲完成不久之后，尤利娅·伊万诺夫娜（Yuliya Ivanovna）就过世了，留下他的儿子为她创作悼文，一首悲伤、普通的钢琴小品，名为《保姆和我》(Nanny and Me)，怀旧的副标题为"童年的回忆"。

母亲去世几周后，穆索尔斯基搬出了过去二十个月曾是他的家的公社，住进了他哥哥在克留科夫运河（Kryukov）旁的公寓中。他曾受周期性精神问题的困扰，似乎是他的嫂子塔吉亚娜·帕夫洛夫娜

---

1. 译者注：该诗句翻译转引自顾蕴璞译本。

（Tatyana Pavlovna）有些违背他意愿地劝说他来一起居住。[1]后来，一家人到卢加附近一个叫明基诺（Minkcno）的农场度夏时——圣彼得堡南部大约一百英里（约一百六十公里）的地方，他自然也跟着去了。这里，在奥列杰日河畔平坦、湿软的农田间，他又创作了两首不太有激情的钢琴小品：《遐想》（Rêverie），基于二名公社兄弟之一的维雅切斯拉夫·罗基诺夫（Vyacheslav Loginov）的一个主题，以及一首乏味的《A小调谐谑曲》（La Capricieuse），根据巴拉基列夫一位钢琴学生的一个相当不成型的六音主题。关于这类音乐唯一奇怪的是，像穆索尔斯基这样有天赋的作曲家本应不屑于写这类作品，除非是为了向其借用主题的朋友们表示敬意。歌曲《弃妇》（The Outcast Woman）更有趣，如果只是因为有关诗歌的选择或被处理的某些事实，该诗是最近刚被流放到西伯利亚的著名革命家伊凡·霍尔兹－米勒（Ivan Holz-Miller）的作品，作品本身一点也不具有革命性，但它确实在刻画一名苍老的娼妓的形象中，暗示了人们描绘社会底层人士的一种热情。穆索尔斯基为其添加了一个名为"宣叙调中的一种实验"的副标题，这可能让人期待一种非常自由，或许可以戏剧性的方法来唱出节拍与重音。实际上这个实验走向了另一条路，配乐都是完全音节式的（每个音节对应一个音），很大程度上又与其时值一致，因此强烈的俄语音节重音被弱化为一种谨慎的节奏重音。重要的是在对苦难的观察中既没有愤怒也没有厌恶，仅仅是一种让人亲切的超然态度，就像一个导游指出宜人小镇中一些不够宜居的方面。

在明基诺的那个夏天，穆索尔斯基似乎没再创作别的作品，尽管他之后向斯塔索夫描述了他的一次经历，那次经历最终引发了他对人类苦难更加深刻的研究。

---

1. *MBO*，第71页。

一天（斯塔索夫记录道），他站在窗户旁，被眼前的喧闹吓了一跳。一位不幸的傻瓜向一位他喜爱的年轻姑娘表达爱意，他向她祈求，又羞于自己又丑又惨的条件；他自己明白在这世界上没有什么是为他存在的，至少所有爱情的欢乐。穆索尔斯基被深深地震撼了，这个古怪的形象以及整个场景都印刻在他的脑海里，立即让他想起令他不安的意象化身，形成与众不同的曲式和声响。[1]

但又过了整整一年，穆索尔斯基才创作了《美丽的萨薇日娜》(*Darling Savishna*)，而这是一首不同寻常的悲歌，一首奥斯特洛夫斯基的戏剧《司令官》(*The Voyevoda*) 中摇篮曲的配乐。一位老人以某种前契诃夫式的心境哄他的孙子入睡：在这个世界上有痛苦，但"你小小的灵魂在天堂飞翔"。穆索尔斯基的"摇篮曲"反映出了这种对比：首先是忧郁与坚忍，接着是到最后的欢快与昏睡。实际上他在这首歌第一版所附的演奏指示（在他四或五年后修改并缩短这部作品时因为一些原因删掉了）表明祖父自己正努力保持清醒但最终还是睡着了，因此最后的光芒相当于梦境与现实的对比。音乐从一个纯粹的降B小调（多利亚）调式中发展了"老人之歌"的表达风格，相当暗淡，经过奇怪的、游动的半音到一个踌躇、没那么确信的降B大调。正如在歌德的诗歌中，一种礼拜式的音符是明显的。旋律中的大部分像装饰性的素歌，时不时因对劳作的沉思而陷入混乱："让人厌恶的、陌生的、繁重的、永恒的、残酷的、艰难的。"同时，和声频繁地从调性伴奏中逃离常规的进行，要么通过简单的人声加倍，要么通过扩展平行和弦，或者不那么反常，通过在根音位置上的传统和弦模进。

---

1. *MBO*，第 73 页。

这一切的结果就是削弱了调式和声最重要的基础：不同声部的独立运动。无论穆索尔斯基是有意识地在寻找一种新的表达方式，还是仅仅跟随一种不受任何对传统过分尊重约束的直觉，事实是这首优美、动人且独具特点的歌，谨慎地指向了一条在他探索之前没有人走过的道路。

穆索尔斯基在9月从明基诺回到圣彼得堡，同月，年轻的里姆斯基-科萨科夫，现在是一位21岁就环游了世界的年轻人，终于从喀琅施塔得岛上的堡垒回到了首都，他在那里度过了一个夏天，帮助巡航快艇退役。在这次航行中，音乐并不重要，但他在巴拉基列夫的信件指导下，设法完成了他的交响曲。正如我们所知，巴拉基列夫曾为他提供了一种称为"鞑靼俘虏"的俄罗斯民间曲调，将其作为那时还没有写的慢乐章的主要主题，之后寄给他修改版，里姆斯基-科萨科夫尽职尽责地将其吸纳了进去。他在自传中告诉我们，最初写这首曲子是在1863年初停泊在格雷夫森德（Gravesend）的时候。[1]此后，这部交响曲被封存起来，直到他返回圣彼得堡，那时他离开前所创作的谐谑曲仍然缺少一个三声中部。巴拉基列夫不久之后强迫他写这部作品并为整部作品重新配器。里姆斯基-科萨科夫又一次按照他说的做了。作为奖励，巴拉基列夫在那年12月的自由音乐学校音乐会上指挥了这部作品。居伊在其乐评中写道："这是这位年轻的海军军官作品的首次公开演出，他身着制服出现向观众鞠躬，令观众们感到惊讶。"[2]

许多年后，里姆斯基-科萨科夫对整部作品做了彻底的大幅修改，包括对末乐章大刀阔斧的改编。不过，虽然最后一版更加紧凑，完成度更高，但不能说它更好或者更有个性。相反，他似乎从一开始就对

---

1. *MML*，第41—42页。曲调是非常自由的。
2. "自由音乐学校举办的第一场音乐会"（Perviy kontsert v pol'zu besplatnoy muzikal'noy shkoli），Cui, *Izbranniye stat'i*, 66–71. 居伊自己或许也身着制服。

交响曲创作有种天然的感觉，不像穆索尔斯基，他习惯与既定的传统惯例作斗争。里姆斯基-科萨科夫在学习影响力强大的模式中，他常常能找到旋律以及和声的个性化新趋势，即使缺少任何惊人的创意，仍能辨别出他的音乐。第一乐章是典型的。缓慢的引子可能属于舒曼的一部失传的交响曲，且影响持续到了快板乐章，该乐章的主要主题是《"春天"交响曲》主要主题的一个苍白的后续。但里姆斯基-科萨科夫将之放入他乐章的方式是通过动机发展规规矩矩的经过句而使得乐段变得完美，没有牺牲任何动力或兴趣，是完全俄罗斯式的，或许也像学生式的，可以在一些非常伟大的、最老练的交响曲中发现同样的传统（最著名的柴科夫斯基的"悲怆"以及斯特拉文斯基的《三乐章交响曲》）。

居伊则把注意力立即放到舒曼的影响力上，例如，他的三重奏（最后创作的音乐）与舒曼的序曲、谐谑曲和终曲谐谑曲中的对应部分相似。但他也正确坚持将格林卡作为一种对立的模式，尽管他认为格林卡（很少或者没有写交响乐）是具有更强大影响力的，这种影响力是一种带有明显意识形态动机的夸大。格林卡的音乐主要局限于管弦乐色彩和少数旋律及和声的半音化缠绕：在音乐突然从听起来德意志式的变成听起来完全俄国式的各个时刻。可以理解的是，居伊一直在设法寻找一位被寄予希望的非德意志化的作曲家，而他迅速地在这部娴熟、才华横溢但一点也不具有挑战性的新交响曲中发现了此人，创作这部交响曲的作曲家几乎没有写过其他作品。里姆斯基-科萨科夫的音乐有着人们已经知道的所有优点，以及少数个人的怪癖，一种似乎与生俱来的才华，以及本土美。其音乐缺乏极端原创性的缺点，是俄国评论家和（较少程度的）观众——很像他们其他国家的同行——总是要非难的一点。

里姆斯基-科萨科夫迅速地恢复了与巴拉基列夫圈子的联系，再一次成为他们晚会上的固定成员。巴拉基列夫在某种程度上已经对交响曲有所贡献，他与穆索尔斯基曾在11月的一场晚会上用四手联弹的方式演绎了一遍。也是在巴拉基列夫家，这位年轻的海军学院学生第一次结识了鲍罗丁，尽管他们有着十一岁的年龄差，但他们相处得很好并且很快成为了密友。鲍罗丁住在涅瓦河上铸造厂桥北端医学院（他是该院的教授）的一个底层公寓中，这里可能是余生都会困扰他的职业与家庭环境的奇怪组合，十之八九，导致了他的英年早逝。他的传记作家谢尔盖·迪亚宁（Serge Dianin）的母亲是鲍罗丁领养的女儿，他也在这间学院公寓中被抚养长大，对这间公寓进行了令人毛骨悚然的描述。

> 公寓非常宽敞但并不方便，因其分散在许多办公区域间：厨房在地下室，公寓的其他部分都在底层并被一条带有通向实验室和办公室的走廊分隔开来，因此不断能听到一些学生和工作人员碎步疾跑的声音。还有许多其他不便之处。对亚历山大·波菲里耶维奇来说家里没有一个安静的角落可供他创作，并且他那时甚至没有一个自己的私人工作室，像他之后设法去安排建立的那种工作室。[1]

里姆斯基-科萨科夫自己已经搬到了瓦西列夫斯基岛上一间单间配套的住房中，他前去拜访住在医学院的鲍罗丁，并且偶尔会留宿。有时圈子里的其他成员也会在那儿碰面。他们会谈论音乐，鲍罗丁会向他们展示自己交响曲的草稿，至少其中有三个乐章都有不同程度的残缺（第一乐章稍显完善，曾由作曲家自己和卡尼勒在1865年初的一场晚会上进行过一次完整演出）。里姆斯基-科萨科夫报告道：

---

1. Dianin: *Borodin* (1960), 63; *Borodin* (1963), 44.

鲍罗丁是一个特别温暖又有教养的人，一位合得来的伙伴，风趣又真实。当我拜访他时，我时常发现他在其公寓旁边的实验室工作。当他坐在这些充满了无色气体的曲颈甑[1]（retort）旁，并通过一个试管从一个容器中提炼进另一个容器时，我会告诉他，他正在从空瓶子注入到更空的瓶子中。完成工作后，他会与我一起回到公寓，我们开始忙活一些音乐活动或者进行音乐交谈。在这个当中，他会一下跳起来并跑回实验室以确保那里没有东西被烧坏或者沸溢，同时让走廊里充斥着不可能的九级或七级模进。[2]

鲍罗丁平静的性情是能够让他在工作和婚姻生活中生存下来的因素之一。作为一名教授，他不得不从事他的研究工作，像任何现代大学教师一样，他有着繁重的教学压力与费时费力的行政任务安排。他的妻子叶卡捷琳娜迷倒了所有遇见她的人，据里姆斯基-科萨科夫说，她"崇拜丈夫的（音乐）才能"，但很少鼓舞他发挥这一才能。她长期待在莫斯科，与母亲或医生们会面时，她的丈夫正在圣彼得堡过着单身生活，尽他最大的努力抵挡杂乱无章和过度劳累的冲击。当她回到圣彼得堡时，她常常会带一个或多个亲戚留住在他们已经混乱不堪的公寓中。迪亚宁从容地用轻描淡写的方式对所有这些作出评价："对鲍罗丁一家来说，处境变得尴尬，他们有时实际上处于水深火热中，因为他们认为有义务去帮助所有需要帮助的人。"让事情更糟糕的是，失眠的叶卡捷琳娜会迟迟无法入睡，并且也会让她的丈夫熬夜。不出所料，创作往往停滞不前。"音乐，"他有一次鼓起勇气给巴拉基列夫写信道，"仿佛沉睡了；阿波罗的祭坛之火被熄灭了；上面的灰烬冷

---

1. 译者注：化学实验的一种仪器。
2. *LMMZ*，第53页；*MML*，第57—58页。

却；灵感在哭泣，而围绕在他们旁边的是一些盛满眼泪的缸子，眼泪溢出缸沿汇集成流，水流潺潺并悲伤地宣示着我如今对艺术的冷漠。"[1]有时比较特别的，他会责怪居伊前一天给他作为晚餐的那只鹅。唉，这种情形几乎每天都在上演。

  与此同时，勤劳的谢洛夫已经创作了第二部歌剧并且让该作品在1865年10月末登上了马林斯基的舞台。《罗格涅达》（*Rogneda*）似乎是一次创造一种真正俄罗斯音乐的尝试。故事源自基辅罗斯古代编年史中的一个情节，并大量注入已经出版的俄罗斯民歌集或其仿制品的简单旋律。杂乱无章的脚本有部分是根据米哈伊尔·扎格斯金（Mikhail Zagoskin）的小说《阿斯科尔德之墓》中的一些片段改编的（扎格斯金自己将其改编为与维尔斯托夫斯基歌剧同名的剧本），围绕基辅城的创立者，弗拉基米尔·斯维亚托斯拉维奇大公皈依基督教展开。他被一位年轻的名叫鲁阿尔德的基督徒从正在掠食的熊爪下拯救出来，而他的妻子罗格涅达在异教徒之神佩龙（Perun）的大祭司的指示下企图刺杀他，但失败了。谢洛夫加入了所谓的本土主义小组（*pochvenniki*），一个亲俄思想家们的小派别，他们与斯拉夫派有着共同的信念，即俄国的未来根植于自身本土的历史与文化。以自己独特的方式，《罗格涅达》就俄罗斯民族的觉醒方面可以说是《朱迪斯》的某种翻版：它处于异教与正教之间的边界上；用普通人朴实的现状与古代的英雄主义与理想主义（扭曲或其他）进行比较。它提出了一个问题，即俄罗斯作曲家在这个时代需要创作什么样的歌剧。当空气中弥漫着这样或那样相互对立的社会或政治宣言时，没有一种宣言能在可预见的未来有明显得以实现的机会。

  这一切在《罗格涅达》的音乐中呈现出令人吃惊的表情。实际情

---

1. 1864—1867年间一封未注明日期的信件，收录于 *PB1*，第62页。

节浅浅分布在五幕中，以理性传统的措辞来表达：许多流畅的宣叙调以及咏叹调，后《罗恩格林》式的，有着丰富的减七和弦主导的标准半音和声——十九世纪的音乐同二十世纪五十年代连环漫画中让人害怕的泡泡差不多。另一方面，篇幅长大的体裁场景——舞曲以及弄臣的小曲、朝圣者们的合唱、猎人的饮酒歌——将一种自然天真、具有民族性的，甚至原始的方式，采用全音阶以及重复到乏味的地步，几乎刻意避免了任何之前所知的术语性的音乐趣味。看来，谢洛夫意图将《阿斯科尔德之墓》更崇高的版本搬到大歌剧舞台上。理查德·塔拉斯金曾经提出谢洛夫对维尔斯托夫斯基歌剧的分析可以一项项地与《罗格涅达》联系在一起，且该作品不仅仅是更高层次的杂耍，而且在某种程度上贬低了格林卡作为俄罗斯歌剧开创者这一地位。[1]当然，斯塔索夫愤怒了。在《罗格涅达》登上舞台之前，他就已经向巴拉基列夫开炮了：

> 谢洛夫的一位朋友曾向我讲述他近期的一些言论，我简直不敢相信。例如，谢洛夫（据说）在他的讲座上以及无数次的谈话中提到在格林卡的作品中压根没有俄罗斯音乐，只有一些带着外国技艺的俄罗斯主题，比如《卡玛林斯卡亚》和《鲁斯兰与柳德米拉》的大部分；要是维尔斯托夫斯基能有格林卡的天赋与他所受的音乐教育，完全会成为一个更具有俄罗斯性的作曲家，并向我们展示出民族音乐应该是什么样。但还没有人做过这样的尝试，即必须在《罗格涅达》中揭示真正的俄罗斯音乐应该是什么样的，不仅仅在其主题上，而且要在其精神、氛围、技艺以及一些最微小的细节

---

[1] ODR，第105—106页。塔拉斯金有关《罗格涅达》的整个章节（第78—140页）是十九世纪六十年代俄国音乐历史中有关这一引人入胜篇章的独特财富。

上。从这个意义上来说,"斯科莫罗基之舞"自然是对《卡玛林斯卡亚》的控诉与纠正。在我看来,这些都是谢洛夫与《时代》(Epokha,杂志)同谋的结果。[1]

巴拉基列夫圈子最大的担忧恰恰是《罗格涅达》有没有为未来真正俄罗斯歌剧指出方向。当然,他们对谢洛夫在这方面成为先驱完全没有兴趣,无论他的音乐好与不好。但毫无疑问,他们都去看了他的这部新作,并以这样或那样的方式作出了反应。据里姆斯基-科萨科夫所言,官方的态度是嘲弄的,并且轻描淡写地表示对一两处无足轻重的片段的赞同。穆索尔斯基高傲地嘲讽"这位受过良好教育的音乐家,在一首俄罗斯史诗中将佩里塑造为在基辅森林里的大祭司和朝圣者。就音乐与历史的关联而言,他比维尔斯托夫斯基还逊色:在弗拉基米尔的宴会上,他先引出一首现代的酒馆之歌,并让女孩们跳起舞来,完全把弗拉基米尔当作了赫罗弗尼斯。"[2]居伊自然抓住了在他的《圣彼得公报》乐评中攻击谢洛夫的机会,讽刺其情节并奚落其自命为戏剧。"没有任何一幕不是遵照各种各样的技巧构建起来的——女巫、大祭司、猎人、狗、马、死亡场景、送葬的队列、舞蹈、梦境、月光——没有什么不在这部歌剧中!如果这些效果都是从主题本身出发,它们可以很精彩。但如果主题被塑造来追求这些好像强迫而来的效果,那么这算不上艺术。"[3]

但里姆斯基-科萨科夫很久之后承认"《罗格涅达》让我很感兴趣,大部分我都喜欢,例如这些女巫、祭祀神像的合唱、在宴会厅中的合

---

[1]. 1865年3月30日的信件,收录于 *BSP1*,第240—241页。《罗格涅达》中的一些选段在1864年间的音乐会上曾上演,包括"斯科莫罗基之舞"(*Dance of the Skomorokhi*)。
[2]. 1867年7月15日写给里姆斯基-科萨科夫的信件,收录于 *MLN*,第92—93页;收录于 *MR*,第96—97页。
[3]. 引自 *ODR*,1865年11月9日,第94页。

唱、斯科莫罗基之舞、猎人序曲、四七拍的合唱、尾声，以及许多其他小场景"，恰恰都是居伊所嘲笑的内容。"我不敢，"他继续说道，"在巴拉基列夫圈子里承认所有这些。甚至作为一个真诚地为圈子献计献策的人，我还在熟人面前表演了这部歌剧……我记得这让我哥哥颇为惊讶，他喜欢《罗格涅达》。"[1] 他甚至坦白在自己的创作中曾融入了谢洛夫歌剧的一些理念。他尤其提及了在他的第二交响曲《安塔尔》中的三连音音型，但塔拉斯金注意到了许多其他细微的借鉴之处，包括里姆斯基-科萨科夫《萨特阔》的开头（不久将会创作的交响诗），就是一种对谢洛夫歌剧最开始大幕拉开时音乐的明显回应。[2] 穆索尔斯基也向他的朋友抱怨在《萨特阔》中的一个乐句让他想起《罗格涅达》中的女巫音乐，并且祈求里姆斯基改掉它（他没有改）。[3]

我们可以合理地推测，《罗格涅达》之所以让圈子里的人感到烦扰，是该作品事实上非常接近他们自己合意的创作方向，而他们自己并没有清楚地意识到。谢洛夫间或使用民歌的方式，尤其是对民族主题的创造与处理，都是接近他们的音乐之父格林卡的一种意象——尽管谢洛夫自己否认。虽然在歌剧的主题中并没有多少"现实主义"的成分——该作品确实与数不清的浪漫主义歌剧有着同样古老、虚假的中世纪精神，包括韦伯的《欧利安特》，梅耶贝尔和舒曼的以致瓦格纳的《汤豪瑟》和《罗恩格林》——但毫无疑问，其处理手法，尤其是合唱，使普通群众焕发生机，不管人们对谢洛夫的音乐有何看法。这是他本土主义思想中的一方面。同样令人印象深刻——或者说让人不安的，这取决于你的观点——另一方面，他在利用所有这些准民粹主义的材料来服务于一个"崇高"主题，即建立基督教基辅国家，以

---

1. *LMM*，第 64 页；*MML*，第 69—70 页。
2. *MML*，第 116—117 页。
3. 1867 年 7 月 16 日的信件。

对抗巫术、异教，以及其他各种各样的邪恶。当然在世界歌剧舞台上关于这类题材并没有什么新鲜的内容。但这对巴拉基列夫圈子来说是非常令人恼火的。他们尚没有一部以他们集体的名义创作的歌剧，现在被一名作曲家兼批评家抢了风头，出于与他的音乐不完全相关的原因，他们选择鄙视他。

这一烦扰很快在圈子中最善良的成员所创作的一部讽刺轻歌剧中显露出来。大约谢洛夫的歌剧首演之后的一年，维克多·科里洛夫（居伊歌剧的词作者）邀请鲍罗丁为一部名为《勇士》(The Bogatyrs)的歌剧（Bogatiri——俄罗斯神话中英雄性的骑士）创作音乐，预定该作品将在1867年的秋天于莫斯科大剧院上演。但因为像往常一样，鲍罗丁不可能及时创作出一部完整的总谱，他将从《罗格涅达》，从梅耶贝尔、罗西尼、威尔第的作品，以及从奥芬巴赫的轻歌剧中借来的东西拼凑在一起，制作了一段精细的蒙太奇片段，意图通过坦白的讽刺，把一些真正的鲍罗丁音乐联系在一起，还用比《罗格涅达》更荒诞的情节将其围裹起来。《勇士》仅上演过一次（1867年11月6日），从未出版过，且仅仅以手稿的形式保留在马林斯基剧院出了名的严密档案中。但即便对于莫斯科的听众来说，这种滑稽的模仿很大程度上也是不可理解的；或者确切地说，正如迪亚宁所说的，他们未能把握作品的讽刺意图，而是"简单地将其视为他们所喜爱曲调换汤不换药的集合"，这当然让他们无意间落入被讽刺的情状。如今这些曲调仅仅只有一半，当然没有一个是来自谢洛夫的，能够完全被认可。[1]

亚历山大·达尔戈梅日斯基是他们组里唯一一位稍有名气的歌剧作曲家，自从十年前对《水仙女》感到失望以后，他一直保持着相对低调的态度。他仍旧保留着他自己的音乐晚会，但这些晚会主要都是

---

[1]. 有关《勇士》(The Bogatyrs)的信息来源于Dianin, *Borodin* (1963), 47-53，并收录于 *ODR*，第121—124页和第450—490页，包括塔拉斯金一如既往丰富的谱例。

为他的学生们开设,而斯塔索夫和巴拉基列夫已经不再参与了。这时,在1865年年底,《水仙女》终于复活,并且在《罗格涅达》的阴影里,它成为了圈子里谈论的焦点。与谢洛夫歌剧中受欢迎的现实主义相反,他们用一种绝妙的讽刺来设定达尔戈梅日斯基作品中对话的现实主义,而这实际上已经被谢洛夫自己向作曲家指出了。正如一位批评家带有幻想色彩地说,这两位作曲家都"受到同样理想的启发,他们力争艺术中的真理,试图将其从粗糙的唯物主义中提纯出来。唉,在我们这个时代,这种唯物主义还占据着统治地位"。[1]居伊在《公报》中评论了《水仙女》,并且采取了不同的立场。"在《罗格涅达》中,"他指出,"我们在所谓的'有机戏剧'的标志下遭遇了一种纯粹外部效应的低俗的过载,(而)《水仙女》,这是一部没有任何象征的简单、真实、令人惊叹的戏剧。"然后,为了反驳任何他可能有点夸张的说法,他补充道,当达尔戈梅日斯基处于宣叙调和朗诵音乐的最佳状态时,他"在合唱和纯音乐短歌方面更弱些,这就需要发展音乐思维和精通曲式,而这些一般而言都不曾达到。"[2]在乐评发表几天后,达尔戈梅日斯基出现在斯塔索夫的生日宴会上,并立刻就《水仙女》中一些咏叹调中的管弦乐插曲,不知为何斯塔索夫不喜欢的部分与他展开争论。达尔戈梅日斯基,这位合乎情理在意他个人作品的作曲家,坐在钢琴上演奏其中的一段插曲,然后站起身来,"暴躁地合上琴盖并结束了讨论,好像在说:'如果你不欣赏,就没必要继续和你交谈了'"。[3]

尽管有这次的遭遇,达尔戈梅日斯基却开始更频繁地出现在该圈子的音乐晚会上,包括周一固定在格林卡妹妹,柳德米拉·谢斯塔科娃家里的音乐会。柳德米拉因1863年她年幼的女儿奥尔加夭折而一度

---

1. *ODR*,第262页。作者并未署名。
2. 同前。
3. *LMMZ*,第66页;*MML*,第72页。

处于不与人往来的状态，如今也走了出来。她在1月初斯塔索夫的生日宴上现身，并在那里遇见了穆索尔斯基、里姆斯基-科萨科夫，或许还第一次会见了居伊。起初她似乎还局限在邀约音乐家们（相当古怪，因为音乐绝不是唯一的娱乐；打牌也是流行的娱乐活动）。不管怎样斯塔索夫不在最初的客人名单之列，他是自己要求加入的。应巴拉基列夫的请求，她也开始邀请鲍罗丁。因此正是在俄罗斯音乐"姑姑一样的人物"的有些稳重的指导下，这个圈子最终获得了全面发展的形式，有一到两个冒头的，但在这种情形下，该圈子终归以一种不太可能的现象被载入史册，一个由志趣相投的艺术家组成的有凝聚力的美学小组：强力集团（Mighty Little Heap），或者简单地称为，五人团。

诚然，任何人在1866年初随意翻阅该团体成员的近期的或手头正创作的作品，都看不出明显的一致性。你或许会在离开某一场晚会时，将之看作是一种交响化的倾向。里姆斯基-科萨科夫的第一部作品刚刚上演，鲍罗丁正在展示他《降E大调交响曲》的一些片段，而巴拉基列夫则以一种相当先进的状态在完成他的《C大调交响曲》篇幅长大的第一乐章，尽管明显备受煎熬，并且可能将乐谱藏在抽屉里了。许多交响性的音乐都以改编为四手联弹的方式演绎出来。或者你可能会将他们与歌剧结合在一起：居伊在《威廉·拉特克里夫》这部作品上进展顺利，巴拉基列夫正在漫不经心（尽管很难）地创作他的《火鸟》，而穆索尔斯基还没有放弃《萨朗波》的写作。当然，问题在于这些作品中的大多数都和以往一样，处于一种严重的未完成状态。晚会上还有歌曲。里姆斯基-科萨科夫回忆起某一次佐托娃（S. I. Zotova，巴拉基列夫的朋友知名女高音柳博芙·卡玛琳娜的妹妹）演唱着巴拉基列夫的《金鱼之歌》，或许她也唱过他最近的一两首歌，没有一首与他的水平相当，或者也演唱达尔戈梅日斯基最近的歌曲。这位作曲家曾在因《水仙女》这部作品而闷闷不乐时花时间创作了一些浪漫曲，包括一首对库罗奇金《老兵》(*The Old Corporal*)的精美梦幻的配乐，一首茹科夫斯基的《圣骑士》(*Paladin*)，以及以普希金的诗体小说《石客》为源写的其中一首西班牙浪漫曲。他还创作了两部简短的、记谱生动的，且音乐不复杂的管弦乐队幻想曲［《巴巴-亚嘎》(*Baba-Yaga*)和《卡扎切克》(*Kazachok*)，第三首《芬兰幻想曲》(*Finnish Fantasy*)尚未完成］。但所有这些创作，没有一首能称得上是一种艺术宣言，即便把穆索尔斯基在过去一年曾写下的一些歌曲也算进去。

为了探索他们作为一个小组的发展趋势，你需要去倾听他们说了什么，就同了解他们演奏或者歌唱了什么一样。你必须看清他们之间的私人恩怨，这刺激着他们去嘲弄实际上与他们自己宣称的抱负相一致的作品。按理说他们应该欢迎《罗格涅达》，认为它是俄罗斯歌剧的一次认真尝试，对经验如此有限的一位作曲家而言，是一项了不起的成就。然而他们取笑这部作品，因为他们无法容忍这位作曲家，并且都坦率地嫉妒他的成功。同样地，他们的音乐表现通常都受自己偏见的支配，这就很难清楚地了解其背后的标准，例如，为什么舒曼值得敬佩而门德尔松却没有，赞颂柏辽兹却不看好瓦格纳，等等。人们如今在一些词典和历史书中所发现对强力集团原则的清晰阐述是由斯塔索夫多年后捏造的，甚至在小组不复存在很久以后。在当时，你得从大量知识分子的糟粕中将他们筛选出来。他们对学院派方法与系统学习的持久厌恶肯定是显而易见的；拿鲁宾斯坦和他的音乐学院开涮的笑话成为流行的标准。他们对俄罗斯历史与神话的广泛热情应该也很明显，尤其当斯塔索夫在场，或者弗拉基米尔·尼科尔斯基（Vladimir Nikolsky），这位1866年开始频繁出席柳德米拉晚会的历史学家出现时。但究竟就艺术而言这意味着什么仍旧很不清晰：《威廉·拉特克里夫》和《萨朗波》到底与俄罗斯性有什么关系呢？而那一年，迷雾确实开始有些散开了，且艺术方向开始断断续续地替代零散的偏见。

巴拉基列夫把在六十年代早期沿伏尔加河之旅所搜集到的歌曲整理成册,以期于这年(1866)末在奥古斯特·约翰森公司出版。像之前的收集者一样,他改编了人声和钢琴的曲调,但他显然意识到需要以一种新方法来营造和声与织体以配合那些要么没有伴奏,要么只有一个简单的节奏或嗡嗡声的曲调。一些老的作品集[特别是我们知道他曾研究过的利沃夫/普拉奇,丹尼尔·卡申(Danigil Kashin)和丹尼洛夫的作品集,他曾请斯塔索夫从公共图书馆为他借过]曾将民歌曲调当作普通的"创作"歌曲,需要按照当时的风格进行常规限制和协调,像海顿和贝多芬受乔治·汤姆森(George Thomson)委约创作的民歌改编曲。正如我们在上一章所述,巴拉基列夫在寻找一种与曲调固有特征相匹配的伴奏风格。这意味着要遵照每个曲调所设定的调式来创作钢琴部分,而不使用经过性的半音阶变化以及人们认为在古典调性音乐中理所当然的标准终止;这有时意味着不规则的小节与歌曲多变的节拍相匹配——某种古典作曲家解决为两拍子、三拍子或者四拍子的固定模式;并且这偶尔也意味着将伴奏缩减为一个持续性的和声或者一个简单的旋律线(尽管巴拉基列夫采取了全新的方式而后给出了有着形象的音型和简短钢琴引子的这样一种更加钢琴化的伴奏)。有时,他会在晚会上演奏他的这些改编曲,无疑也会谈论他的方法。当这些歌曲在12月出版时,居伊写了一篇长篇乐评,探讨了民歌改编这个问题并且尝试去解释巴拉基列夫在风格问题上超越他的前辈们的程度。甚至谢洛夫,就这个问题在《音乐季刊》(*Muzikal'niy sezon*, 1869—1871)上发表了一篇由三部分组成的文章,将巴拉基列夫赞颂为首位"对于该问题采取明智且明确(如果还不具批判性)的观点"的编者。尽管他随后典型地从赞扬到指责摇摆不定,并且回过头来又补充道:"巴拉基列夫先生将别人提出的理论原则付诸实践,并在某种程度上取得了成功。我们马上可以看到巴拉基列夫的民歌集作为一部作品集，是非常不到位的，并且还掺杂着大量各种低级的错误——但是，作为走上一条新的道路而迈出的第一步，这是一次非常了不起的努力。"[1]

这条新路将会引向何方，谢洛夫或者其他任何人都无从而知。甚至不清楚他是在思考新的艺术方向，还是仅仅在考虑就民歌的收集与分类而言一条更加本真且学术性的方法。里姆斯基–科萨科夫的灵感来自同斯塔索夫待在一起的夜晚，他们聆听这些新的改编并讨论创作方法，但他即刻创造性地响应，创作了一首有关俄罗斯主题的序曲，这首序曲是他自己用心谱写的，但在作曲上原始地照搬了巴拉基列夫的序曲。似乎还没有人要从改编曲背后的原则中发展出一种激进音乐风格的想法。这仅仅是从一套钢琴伴奏的歌曲跨越到一首为管弦乐而作的混合曲。

当这一切都在进行的时候，达尔戈梅日斯基透露了有关他自己的一个不同寻常的计划的消息，至少看起来部分受到了《水仙女》重新上演的意外成功的鼓舞，可能尤其是受到居伊在他的《公报》乐评中对该作品的激励。他首次提及将逐字逐句改编普希金的《石客》为一部歌剧的想法是在1866年6月写给柳博芙·卡玛琳娜的一封信中。但他肯定也在1月巴拉基列夫或者谢斯塔科娃的晚会上谈论过此作品，因为在那个月末巴拉基列夫写信给斯塔索夫，向他抱怨达尔戈梅日斯基选择去看"鲁斯兰"的演出，而他应当"和我们共度一天，并给我们表演他的'唐璜'"[2]。仅仅四个月后，斯塔索夫热情地回信说，《石客》几乎已经完成了。[3]但毋庸置疑，它远远没有完成；实际上它从未到完全完成的程度。更有可能的是，达尔戈梅日斯基曾谈论了这一想法，

---

1. Serov, *Izbrannïye stat'i*, vol: I, 102.
2. 1866年1月30日的信件，收录于 *BSP1*，第245—246页。
3. 1866年5月17日写给巴拉基列夫的信件，收录于 *BSP1*，第245—246页。

也许还演奏过一两个片段，他的朋友们都迫不及待地想听听整个作品是什么样子的。斯塔索夫完全相信了，巴拉基列夫则不那么确定。"我不怀疑，"他曾说道，"他创作的"唐璜"会包含一些与众不同的东西，但我也相信本该有的东西必然是不会有的。"[1]无论如何差不多又过了两年，这个工程才有了实质性的进展。

达尔戈梅日斯基之后声称，大约从1863年开始，他就一直将普希金的这部著名短剧当作一个可能的主题来思考，但都"从如此庞大的任务中退缩了"。[2]这是不是斯塔索夫那年8月写给巴拉基列夫的信中所提到的同一项计划，我们无从得知。但在1866年，这和谢洛夫也有关。"《朱迪斯》的一大好处，"斯塔索夫写道，"就是让达尔戈着迷了，这促使他很快就开始着手于他那喋喋不休了这么久的（喜）歌剧。"[3]这说的是普希金的歌剧吗？如果是的话，那这可能会告诉我们达尔戈梅日斯基的最初想法是什么吗？不像其历史上的"先声"（甚至包括莫扎特的《唐璜》），这部剧无论事实上还是体裁上都不是喜剧，尽管它有着其讽刺性的一面，尤其在莱波雷洛这一角色的塑造上。普希金称他的四部短剧为"小悲剧"，其中实际上《石客》是最长的，且他的作品中一如既往混合有大量的讽刺。无论如何，达尔戈明显没有认真考虑这点。"如果你看到达尔戈梅日斯基，"巴拉基列夫在1865年5月指示斯塔索夫，"代我问候他，并将他捧上天，然后他就会创作了。"[4]

当《石客》真正进入创作时，这部作品最让他们感到兴奋的是它或多或少是按照原剧来设置剧情的，歌词在某种程度上控制着音乐的流动，至少在知性上和艺术性上是平衡的。这是对车尔尼雪夫斯基所

---

1. 1866年1月30日的信件。
2. 1868年4月9日写给柳博芙·卡玛琳娜的信件，引自 *ODR*，第263页。
3. 1863年7月27日至8月15日写给巴拉基列夫的信件，收录于 *BSPI*，第219—220页。
4. 1865年5月29日的信件，收录于 *BSPI*，第243页。

坚持的艺术首先应该追求现实这一观点的新回应：不是行动的现实主义，当然也不是本土主义的现实主义——或者其他情况——而是语言与姿态的现实主义；没有任何咏叹调或可拆分的短歌（除了情节需要，如第二场中劳拉的歌），而且没有美声，没有精彩的华彩段，没有装饰音，整部作品仅仅只有一个音节对应一个音，就像我们说话一样。这是某种非常贴近俄语语言的东西，严格说来远离教科书式的公式，如此全然的"真实"，以至于它很快并且很容易地在斯塔索夫的议程中占据了一席之地。这种音乐真正是什么样子还有待观察，但他们深信不疑，这将是全新的、令人震惊的，并且最重要的是，它是属于俄罗斯的音乐。

[第十二章]

生活研究

整个圈子对达尔戈梅日斯基的创作十分着迷,但他们并没有立即尝试做同样的事业。里姆斯基-科萨科夫受到佐托娃演唱巴拉基列夫的《金鱼之歌》的启发而创作了一系列歌曲,并且如人们所期望的,他的配乐受到美好的爱情和优美的嗓音的启发,他的歌曲是对这种嗓音的回应,而不是如车尔尼雪夫斯基对歌唱所描述的"像对话一样……是一种实际生活的产物,而不是艺术的产物"[1]。他的歌是阿勒亚布耶夫、格林卡,甚至是达尔戈梅日斯基沙龙浪漫传统中抒情旋律的载体。

1866年间,里姆斯基-科萨科夫创作的大约十二首歌曲在方法上没有什么突破。他的配乐主要是音节式的,并且尊重诗歌的节奏和韵律,这或多或少都是达尔戈梅日斯基对普希金诗歌戏剧所持的观点。尽管如此,它们仍然是通常意义上的"艺术"歌曲。可以说,这些配乐都是根据诗歌中的形象定型的,而不是逐行逐句地对诗句进行评判。列夫·梅伊(Lev Mey)的《摇篮曲》[出自他的剧本《普斯科夫姑娘》(*Pskovityanka*)]带有连续的摇摆伴奏;海涅的《从我的眼泪中》

---

1. Chernïshevsky, *Selected Philosophical Essays*, 346.

(*Aus meinen Tränen*，米哈伊洛夫最近出版的译本），在高音中出现了细微的半颤音，暗示着"从我的眼泪中涌出的芬芳的花朵"；尼古拉·舍尔比纳（Nikolay Shcherbina）的《南方之夜》（*Yuzhnaya noch*）中有竖琴琶音；科利佐夫的《东方浪漫曲》（*Vostochniy romans*）具有标准的东方主义；等等。这些都是理性的、优美的、写得很好的歌曲，对于一个没有经验的作曲家来说，这些都是非凡的成就。但是在体裁上，他们是传统的。他们不是为了新颖而努力，而是为了追求卓越，有时，他们在一定的限度内实现了这一点。

甚至穆索尔斯基也在年初花了很多时间来写浪漫曲，或者投身于漫无边际的《萨朗波》的创作中。从那时起，他为普列谢耶夫和海涅所作的配乐以一种利于交际的表情令人感到愉悦；[1]可以想象它们深情的三度和六度半音在谢斯塔科娃的晚会上所引起的共鸣。但有趣的是，斯塔索夫不喜欢海涅的歌《欲望》（*Desire*），因为它带有奇怪且令人费解的献辞，"献给娜杰日达·彼得罗夫娜·奥波齐宁娜，以纪念她对我的评价"——有两个信息是相互关联的，即穆索尔斯基可能一度爱上了奥波齐宁娜，而巴拉基列夫和斯塔索夫很不喜欢这种依恋（无论它是什么）。斯塔索夫回忆起这首歌的失败之处，它创作于"4月15日至16日晚上，在一个特别激动的时刻，如原始手稿中的注释所示"，加上前述的迷恋之情，他指出穆索尔斯基早期的《热情即兴曲》也是在一种激动的状态下写成（尽管斯塔索夫没有提及这首作品是献给奥波齐宁娜的），这是由赫尔岑的小说《谁之罪？》中的贝尔托夫和柳巴之间的爱情场面所引起，不过也被"证明其影响微不足道"。[2]

---

1. 普列谢耶夫的《噢，为何你的双眼有时严肃地凝视着我》（*Ah, why do your eyes gaze at me at times so seriously*）以及海涅的《我想倾诉我的痛苦》（*Ich wollt' meine Schmerzen ergössen*）。
2. *MBO*，第74页。

斯塔索夫暗示，穆索尔斯基对奥波齐宁娜假想的激情在上述两首作品中都阻碍了他的创作灵感，尽管创作时间相隔了六年半。诚然，《热情即兴曲》并不是穆索尔斯基唯一无感的钢琴作品，也可以说《欲望》虽然很传统，但绝不是斯塔索夫所谓的失败之作，但他的主张本身是很重要的，因为它可能反映了巴拉基列夫圈子中的说法：穆索尔斯基对奥波齐宁娜的感觉不仅仅是柏拉图式的，总的来说，他的情感依恋是可疑的或不合适的，并且对他的音乐不利。斯塔索夫本人有过风流韵事，也育有女儿，但从未结过婚，他厌恶朋友们深陷感情旋涡，有时对他们的婚姻反应很糟糕。他曾说道："早婚，就像过早上床睡觉，将会在半夜醒来。"[1]他对居伊23岁便结婚有些恼火，对巴拉基列夫抱怨道："我们必须与他告别了，除非他和玛蒂尔达吵架分居，当然这不可能发生。"[2]正如我们所看到的，1861年，他对哥哥德米特里的婚姻也反应过度。然而，就穆索尔斯基而言，他不必担心这一点；对其天才的威胁来自一个截然不同的方面。

奥波齐宁娜事件后没几天，不管怎样，反正他精神亢奋地写信给巴拉基列夫，谈到他写了两个截然不同的作品。[3]其中之一是《萨朗波》中《利比亚人战歌》的修订版，他称其为"新的小品"，尽管它与两年前的作品没有什么实质性区别，只是他现在制作的是一首管弦乐乐谱。另一个是旧曲套新式，穆索尔斯基称其为《女巫》。这一创作可回溯到他从门登的戏剧《女巫》中吸收的戏剧性场景。实际上，他或许是按照1860年9月写给巴拉基列夫的信中所概述的原始草稿进行创作的，所以该作品与《圣约翰的荒山之夜》相似，尽管没有证据表明门登曾创作过任何音乐。更直接的灵感可能是安东·赫克在1866年3

---

1. 1858年8月11日写给巴拉基列夫的信件，收录于*BSP1*，第78页。
2. 同前。居伊的妻子名叫玛尔维娜（·班贝格），他们并没有分开。
3. 1866年4月20日的信件，收录于*MR*，第66—67页。

月鲁宾斯坦指挥的俄罗斯音乐协会音乐会上所演出李斯特钢琴—管弦乐作品《死之舞》(*Totentanz*),显然这是在俄国的首演。[1]李斯特的作品中没有女巫,但有大量恶魔和骨头嘎嘎作响的元素;而且穆索尔斯基被李斯特《末日经》(*Dies Irae*)中狂热的变奏所打动的音乐证据是不可磨灭的。[2]

他是在多久之前开始《圣约翰的荒山之夜》惊人的开场写作,而这与当时的俄罗斯音乐完全不同?手稿中没有历经的时间,但他4月寄给巴拉基列夫的信证明,他对作品的开头已经有了一个很好的想法,后来他称其为"女巫的集会",但是他对一个部分,"恶魔"与撒旦随从的写作尚无头绪。那年,他在巴甫洛夫斯克的一家别墅度过了夏季。但是在8月中旬,他再次写信给巴拉基列夫,想乘一小时左右的火车回到圣彼得堡,与他谈谈彼时仍命名为《女巫》的创作。他再次回到歌曲创作,包括他迄今为止最具原创性的两三首歌。因此,很容易得出这样的结论:此时,他再次被困在管弦乐的创作中,转而将他的恶作剧发泄在一种他更擅长的素材上,在这种素材上,他知道该如何以创新的方式打破常规。

他的第一次转变是在为塔拉斯·舍甫琴科(Taras Shevchenko)的史诗《哈恰达玛基》(*Haydamaki*)中一段声音–钢琴配乐:一位老人在乌克兰鲁特琴(kobza)的伴奏下,唱并跳起了快速的"戈帕克"(Gopak),这是一种不间断的舞蹈,对基本旋律和节奏进行不间断的重复,在某种程度上有格林卡《卡玛林斯卡亚》的风格。这是迄今为止穆索尔斯基最具民歌性的作品;曲调和节奏都粗糙却真实,并带有泛音色彩和狂野的弹奏:"那么欢呼起来吧,更多欢呼,更多欢呼!"

---

1. 李斯特是在前一年完成了《死之舞》的最后版本。
2. 里姆斯基–科萨科夫甚至回想起穆索尔斯基最初创作的版本与李斯特为钢琴和管弦乐队创作的版本相似。但在1867年完成的总谱中没有钢琴部分,也没有其他证据证明他刻意安排了一个独奏部分。参见 *MML*,第73页。

歌手兼旁白诠释着不同的角色：老人自己是个暴躁且粗鲁的人；泼妇似的妻子将他拽出酒吧，让他去收小米，并悄悄提醒他，当她曾是个年轻的女孩时，是如何把围裙扔在窗台上，边制作花带边向每一个经过的谢苗和伊凡点头。

这与巴拉基列夫和里姆斯基-科萨科夫序曲中亲切的民歌改编相距甚远，而且确实与他们任何歌曲创作都相距甚远。有人可能会猜测，穆索尔斯基的精神世界在某种程度上仍处于撒旦狂欢的状态中，甚至巴拉基列夫也已经建议他写一首舞曲，作为对管弦乐作品的研习。其相似之处是值得关注的。当然两首作品都很热情，且和声自由。歌曲回答了这样的问题，如何让一个快节奏的舞蹈持续相当长的时间而不单调。"戈帕克"（两小节乐句的重复）中简单的民歌概念提出一种处理魔怔的"恶魔"形象的方法，从规整、轻松的旋律开始，逐渐变得像醉酒后的疯癫，增加了半小节表现出似老妇人癫狂的喊叫"就是这样！"（Vot kak！）和"就是那样！"（Vot shto！），反过来反映了舞者在歌曲的开头和结尾处的呼喊："嘿！"，甚至主题还有相似之处。例如，妻子的话"自从你结婚以来，你就是撒旦"处单簧管和巴松主题［逐渐加速（poco accelerando）］，预示了荒山上撒旦的队列。当然，歌曲中的这些撒旦元素都是喜剧性的。但是穆索尔斯基在他的《女巫的安息日》（*Witches'sabbath*）中也看到了喜剧因素，正如我们可以从他在作品完成后对里姆斯基-科萨科夫的描述中得知。[1]

在8月底创作完"戈帕克"之后，他对海涅的《从我的眼泪中》进行了配乐，相较里姆斯基-科萨科夫，此曲运用了许多重复的和弦，更具舒曼性［但比舒曼《诗人之恋》（*Dichterliebe*）中的小作品长得多，也更精致］，最终将注意力转向了他在去年夏天从明基诺的窗户观察

---

1. 1867年7月5日的信件，收录于 *MR*，第85—88页。

到的悲伤情景。《美丽的萨薇日娜》是他首次认真尝试从生活中描绘音乐肖像。然而，在这首作品中，"生命"与达尔戈梅日斯基关于由韵律控制声线的概念有所不同。确切地说，它是这种观念的一个特例，表达出了完全不同的意图。至少在穆索尔斯基的记忆中，这个傻瓜（人们称他为"上帝的伊凡"[1]）像一个疯狂的机器一样吸引萨薇日娜，语速飞快而平衡，几乎喘不过气来，恳求、敦促、唠叨、威吓。有人猜想萨薇日娜想要逃脱；也许"上帝的伊凡"抓住了她的手臂，也许她只是站了起来嘲笑他。这不仅是时间中的生命，而且是空间里的生命。声中有画，话外有音。值得注意的是，这是穆索尔斯基的典型特点。他的声乐作品几乎都具有这种极为逼真的特点，我们会一次又一次地遇到。

在音乐上，《美丽的萨薇日娜》是改编民歌使其赋予艺术需求的绝佳例子。"上帝的伊凡"是个愚人，以五四拍的节奏演唱，而且每个小节在节奏上相同，五个均匀的四分音符连音，速度非常快没有休止——这是后来被伊戈尔·斯特拉文斯基称为"节拍器"装置的原始示例。唯一的节奏变化是在钢琴声部中，它将每个小节的第二拍（包括引子和除最后一小节以外的尾声）分成两个八分音符。从旋律上来说，这首歌是第一小节的五拍子节奏的变形，仿佛伊凡一直在重复自语，但音高和紧迫感在持续变化。整体的曲式结构也是不自由的。实际上，作品有四个声部构建在A-B-B-A结构上，A段为D多利亚调式，B段转到F多利亚，低声部转到暗沉的音调上以展现伊凡悲惨的状态，而外声部主要展现他对萨薇日娜的爱。整个构思的简单性并不是歌曲最动人之处，它没有作一点感性或谦逊的暗示；这一场景为人所察，有观察者在旁经过；伊凡离开了人们的视野，但就我们所知，他的祈

---

1. 译者注：Vanya-of-God。

求仍在继续。

穆索尔斯基9月回到圣彼得堡后，在"来自生活"的另外两个场景:《哦，你喝醉了！》(*Akh tï, p'yanaya teterya!*)"和《神学院学生》(*Seminarist*)中发展了这种风俗画技巧。两部作品都是对人类堕落的研究，是根据穆索尔斯基本人撰写的文本而创作的，如《美丽的萨薇日娜》(有人犹豫是否将其称为诗歌)一样。第一首歌中的醉汉显然是他在柳德米拉家遇见的历史学家弗拉基米尔·尼科尔斯基，他们很快就成为了密友，他有一个神秘但典型的斯塔索夫式昵称"帕克霍米什"(Pakhomich)。在歌曲中，他于黄昏醉酒归家，并受到妻子用炉叉威胁。毫无疑问，这个故事后续还有内容，但毕竟是一个私人玩笑。我们知道这一点是因为，穆索尔斯基在1870年审查员禁止《神学院学生》后，他竭尽全力地让它得以出版，甚至去德国出版，再由朋友偷运回俄国，但他似乎从未采取行动公开出版帕克霍米什的这首讽刺作品，直到1926年安德烈·里姆斯基-科萨科夫发现并将之出版，才为人所知。

就像《美丽的萨薇日娜》的风格来自喋喋不休的普通人，《哦，你喝醉了！》的灵感来自唠叨的妻子，快板乐章的八分音符持续进行，当她到了愤怒的顶点时，就需要使用四分音符了(也许这是帕克霍米什试图在旁边说上话而未成功的时刻)。旋律风格是童谣韵律和笨拙扭曲的音调高度融合，大概是由于情景压力所致。但是到目前为止，整首歌中最吸引人的是钢琴部分，如果有什么比帕克霍米什夫人更让人不满的话，那就是意想不到的节奏上出现的突强(Sforzando)，并且很快爆发出和声，这或许会让拘谨的塞萨尔·居伊感到紧张。

穆索尔斯基的技术很简单，但却非常有效。他的和声以"正确"的准备和解决为框架。例如，尽管钢琴的织体有点不合常规，但开头的D小调是结束在完满的终止上的。歌曲在正确的调上结束，诸如此类。但是在这两者之间，和声变得越来越任性，部分跟随声音，部分探索着自己的途径，人们怀疑是通过键盘上的手的形状和位置对它们进行尽可能多的定向。最终，在妻子因帕克霍米什抛弃儿子而对他感到愤怒的时候，钢琴在属音、主音上持续敲击，这是一个只有钢琴家才能设计出的极致的相互指责。

穆索尔斯基是否将这种写作视为对更大的，也许是戏剧作品的研究，我们永远不得而知；但这确实达到了目的。这首歌的某些特征也在他的歌剧《鲍里斯·戈杜诺夫》中重新出现，包括某些实际音乐，这又是他无意发行这首歌的证据。演绎到一半时，妻子不再责骂，而变为流泪恳求："我曾向你祈求，帕克霍米什；亲爱的，我曾责备过你吗？"此时，女性声部的旋律在左手钢琴的低音上奏出，也许正是这种突然的低沉提示人们音乐素材的重复，正如垂死的鲍里斯告诫儿子抵制波雅尔密谋的场景。"不要相信波雅尔的煽动诽谤，"他敦促说，"留意他们与立陶宛的秘密往来。"这里是由低沉的男低音唱出，不再是滑稽的泪流满面，而是充满威胁和冷酷。

在完成《哦，你喝醉了！》几天后，穆索尔斯基又根据他自己的文本撰写了《神学院学生》，如《美丽的萨薇日娜》一样，这也是个人观察而来的。一位年轻的新手正在朗读第三格阳性的拉丁名词（"Panis, piscis, crinis, fins / Ignis, lapis, pulvis, cinis"），但他的心里想的却是一个女人，谢苗神父的女儿斯蒂奥什卡，一位身材匀称的女性。这位善良的父亲发现他在前几天偷瞄女儿斯蒂奥什卡，打了他三巴掌，并用蹩脚的拉丁语惩罚了他。他说道："这就是我身上发生的事情，我品尝了主殿里的爱之果实。"

相应地，文本是现代语同拉丁语的混合：拉丁文名词以助记符的形式，与俄语中的反常思维交替出现。穆索尔斯基也自然地将对比变得音乐化：在拉丁语的一两个音符上运用快速的机械敲击，在游荡的思想表达上运用了类似于民歌的旋律，但是决不允许打破固定的速度。好像听众以一种生动的穆索尔斯基般的方式"看到"的是一个不断低头看语法书的新手，而音乐将我们带入他的头脑，并揭示了他的实际想法。就像在帕克霍米什的歌曲中一样，钢琴有自己游荡的思想，和声有时表现得很自如，有时又有些偏离。当然，我们置身于教堂中，因此和声（如前一年在为歌德作品的配乐）是教会式的，根音是块状和弦，像东正教礼拜的圣咏，尤其体现在这位新生正在想象斯蒂奥什卡的乳房和他强烈渴望亲吻她身体的每个部分的时候。简而言之，当谢苗父亲拍下一巴掌时，和弦为全音震颤，好像音乐本身瞬间被击打。和以前一样，穆索尔斯基采用钢琴和人声同时发声，或者用平行和弦，似乎是故意避免常规的和声。最后，他通过运用下行半音阶创造了一种分解效果，在新生背诵这些名词时音乐逐渐消失。

在巴拉基列夫家和谢斯塔科娃家尝试演出这首歌之后，穆索尔斯基认为这首歌太长了，在提交审查前进行了修改和大幅削减，但审查员还是未让它通过。作曲家告诉斯塔索夫："因为神学院学生在结尾忏悔他'在耶和华的殿内受到了恶魔的诱惑'。"[1]这是个奇怪的假设，可能是穆索尔斯基的猜测，因为这首歌原版的结尾（如上文所述）采用完全相同的音乐，形式温和，没有提及魔鬼或诱惑。此外，从斯塔索夫的信中可以清楚地看出，作品在莱比锡印刷时遇到了麻烦，最终只能限量发行十本，分发给指定的个人。且审查员肯定已经禁止了这首歌的修订版（否则在德国的出版将是不必要的了）。如果这么简单的更改就能使这首歌得以在俄国公开发行，那穆索尔斯基为什么不考虑（或选择）这么做呢？

从这三首歌对于生活的探究产生了一个更有趣的问题，即穆索尔斯基在写它们时究竟想表达什么？通常，几乎没有必要在音乐领域提出这样的问题，但在这种独创性的背景下，这些问题就会不请自来

---

1. 1870年8月18日的信件，收录于 *MLN*，第118—119页；*MR*，第152页。

了。显然，穆索尔斯基开始着迷于视觉与音乐之间的联系，即所见与所闻。这几乎不是什么新鲜事：歌曲通常依赖于某种联系，无论是贝多芬在《致远方的爱人》（An Die Ferne Geliebte）中的山坡上向他遥远的爱人寄送信件，还是舒伯特音乐中的流浪汉与《美丽的磨坊女》里的小溪交流，甚至还有普通的《白蜡森林》（Ash Grove）或《春日已降临》（Sumer Is Icumen In）。但是这些大多是自负的（可悲的谬误），而且是常规的歌词配乐，恰好具有很强的视觉内容，或者带有某种拟声词。穆索尔斯基却似乎有一种新的意图。一方面，他几乎总是从某种特定的讲话方式开始——傻子般的恳求，家庭主妇的唠叨，新生念诵——以此让整个场景鲜活起来，但并未与最初想法脱节，坚持用音乐保持这种联结。某些特征伴随这种方法而来。最明显的是作品中的大部分非正式特征，缺乏对标准教科书公式的服从，对平衡、联结和闭环等正常规则的蔑视。对于穆索尔斯基而言，图像的精确度开始优先于形式美或表达的优雅。旋律成为情境和心理的结果，而不是其本身的抒情本质。美被抛到了九霄云外，而现实主义，这个被滥用、被歪曲的概念，出现了。

并不是说穆索尔斯基不受美的影响。1866年底，他为舍甫琴科的《哈恰达玛基》（Haydamaki）创作了一段阴沉而有力的配乐，这是亚雷马亲王向第聂伯河祈求，带领哥萨克人与波兰人作战的情节。在这里，作曲家采用了乌克兰史诗（bïlina）（或民谣）的形式结构和表达，缓慢地进行了引人入胜的前奏和尾奏（基于一首真正的乌克兰民歌），中间是一个有力的、奇怪的跳进旋律：增四度（取代了纯四度）与大小二度交替，并用小七度替代纯八度。配乐的整体特征是"史诗"，有强劲的旋律、方正的节奏和旋律，但又奇怪地柔和，尤其是伴奏，即使在人声很强的情况下，伴奏也很少能超越极弱。声音好像是从很远的地方传来，但是歌手可以通过某种个性的魔力，像电影配乐上还有画外音一样，将这种距离拉近。

关于学者称之为"穆索尔斯基的现实主义美学"[1]的文章已经写了很多，但实际上，穆索尔斯基在1867年之前的书信中，几乎没有证据表明他对现实主义作为美学目标有任何明确的概念性兴趣。一般作曲家很少真正在创作前就理论化（瓦格纳是个例外）。毫无疑问，穆索尔斯基他们都读过车尔尼雪夫斯基。但是将其关于音乐非常有限的想法运用到自己的作品中，他们似乎甚至没有讨论过这个问题。正如我们在第二章中看到的那样，斯塔索夫接受了别林斯基的艺术观念，即"对真理的即时沉思，或对图像的思考"[2]，但当时他将其解释为一种批评的方法，而非创造性的工作。甚至达尔戈梅日斯基也只能从谢洛夫对《水仙女》的评论中找到他现在正在从事的艺术"真相"。穆索尔斯基1866年创作的歌曲很可能是受到达尔戈梅日斯基当时沉迷于他的《石客》创作实践这一事实的影响。但是，当他用"自然画卷"作为《神学院学生》的副标题时，我们肯定能理解其讽刺意味，或者至少是出于对"自然"一词的双重理解：不仅是人类没有浸染的现实世界，还有驱使我们内心反抗既定的正常的文明生活。

如果穆索尔斯基在这些歌曲中没有表现出任何审美爱好，那么无疑地，他更没有表现出任何社会政治意义。当理查德·霍普斯（Richard Hoops）将作曲家的民间生活作品（narodnïye kartinki）描述为"社会批评之歌"时，他正是在质疑这些作品背后的动机和主题。[3] 霍普斯引用了斯塔索夫关于穆索尔斯基和画家瓦西里·佩罗夫（Vasily Perov）（斯塔索夫拿穆索尔斯基与之进行比较）本应对"他们在周围

---

1. 理查德·霍普斯："穆索尔斯基与民粹主义的时代"，见 M. H. Brown, *Musorgsky in Memoriam*, 278. 更老练的研究为 Igor Glebov (Boris Asafyev), "Muzïkal'no-esteticheskiye vozzreniya Musorgskogo"，见 Keldïsh and Yakovlev, *M. P. Musorgskiy*, 33–36.
2. "艺术观念"，见 Belinsky, *Selected Philosophical Works*, 168。
3. 霍普斯："穆索尔斯基与民粹主义时代"，见 M. H. Brown, *Musorgsky in Memoriam*, 283。

世界中所看到的事物"有"疼痛感"的评论，但他没有指明这是"臭名昭著"的修正主义者斯塔索夫在穆索尔斯基去世两年后的1883年写的。实际上，尽管穆索尔斯基歌曲的主题通常是穷人和被剥夺者的生活，但它们很少有政治立场。毕竟，在十九世纪六十年代末，穷人和被剥夺者构成了俄国绝大多数人口。很难想象可以从《美丽的萨薇日娜》《哦，你喝醉了！》和《神学院学生》中提取出什么激进的社会信息，但这并不能阻止将其描述为"对社会不平等持极端批评或讽刺态度的现实主义体裁场景"[1]。

事实是，穆斯塔夫斯基和斯塔索夫一样，根本上不是政治动物。他支持理论上的解放（几乎与他所在阶层里的所有人一样），尽管这在实践中对他不利。他对解放时其他地主的行为也感到震惊。他是一个人道的人，但这并没有使他成为政治激进分子。当然，他着迷于俄国的街头生活的怪诞和流浪汉风格。毫不奇怪，他在城市和乡村看到了粗俗的一面，肮脏的孩子和粗鲁的工人。就艺术题材而言，这比起他在社交和职业场合面对的舒适的资产阶级和小众的贵族更有趣。毫无疑问，善良的他希望他们的生活变得更好。但是他真正喜爱的恰恰是对他们来说生活中最难以忍受的那些部分。正是出于这种冲突，他在适当的时候创作出了自己最伟大的作品。

当穆索尔斯基忙于研究俄国人性格中的异常之处时，巴拉基列夫一直把目光投向他的斯拉夫兄弟。柳德米拉·谢斯塔科娃邀请他去布拉格监督她哥哥的歌剧制作，他于1866年6月初正式出发，并于12日左右到达捷克首都。时间安排得很不凑巧，两天后，普奥战争爆发，普鲁士人向布拉格挺进，巴拉基列夫突然变成了难民。但是在离开布拉格之前，他目睹了大批受伤的捷克士兵乘火车抵达。他看到人们同

---

1. M. H. Brown, *Musorgsky in Memoriam*, 280。

情在普鲁士人枪炮下受伤的这些斯拉夫人，他受到触动，这种情感也传递给了他这个斯拉夫人。最后，当他写信给父亲时，他还"沉浸在这座城市的悲伤中，在两天的时间内这座城市对我来说不亚于圣彼得堡和莫斯科般珍贵"[1]。

这两天对他在艺术和情感上都产生了影响。他曾讨论过上演格林卡歌剧的可能性，而且他必须说服临时剧院（Provisional Theatre）的董事会，特别是指挥扬·内波穆克·迈尔（Jan Nepomuk Maýr），这些作品足够优秀，值得登上捷克的民族舞台。从年底他回到布拉格之前的一段时间起，剧院新任命的首席指挥贝德里赫·斯美塔那（Bedřich Smetana）就已在那里上演了《为沙皇献身》。当巴拉基列夫于圣诞节前回到布拉格时，这是他所见到的第一件事。但是，如果两天的时间足以夸赞作品的优点，那么显然他们没有足够的时间来阐明作品的特色。"我终于在这里看到了《为沙皇献身》，"他写信给柳德米拉，"这是多么可怕啊！我还没有完全清醒过来。序曲也就那样。但当帷幕升起时，哦！恐怖，什么服饰。农民们挥舞着尖顶的帽子，穿着带有白色纽扣的大衣，他们留着胡须，但不是俄罗斯胡须，而是犹太胡须！"[2]

巴拉基列夫认为演出遭到斯美塔那的破坏，（歌手告知他）"斯美塔那故意在表演中给他们错误的节奏，以拖延演出，让他们离开。"斯美塔那应该已与当地的大波兰社区结盟（巴拉基列夫可能会原谅他们不喜欢波兰人被如此妖魔化的作品），据说当作品最终恢复上演时，他组织了职业观众"为了在《为沙皇献身》在舞台上时发出嘘声"。站在柳德米拉的角度，他补充道："我不会再和斯美塔那说话。我们只互相鞠了个躬。"[3]

---

1. 1866年6月16/28日于布拉格的信件，见Kremlev and Lyapunova, *Miliy Alekseyevich Balakirev*, 79。
2. 1866年12月28日/1867年1月9日的信件，引自Garden, *Balakirev*, 72-73。
3. 1867年1月11/23日，见同前，第73页。

确切地说，在两位作曲家之间发生的事情我们并不清楚，但似乎不像巴拉基列夫所说的那样，问题是单方面的。如我们所见，他本人显然是很独断的，可能以错误的方式惹恼了新任命的斯美塔那。也许正如约翰·克拉彭（John Clapham）所说的那样，他没有试图掩饰自己对《为沙皇献身》的呈现方式的不满。[1]他可能首先也没有充分考虑到当地的种族和政治问题，新解放的捷克民族主义的敏感性，斯美塔那作为讲德语的捷克人，其音乐以鲁钝的现代主义而闻名，德语媒体的保守主义又让他的地位变得模棱两可。另一方面，斯美塔那似乎确实对他的俄国客人表现出一种怪异而不友好的态度，最突出的是在一次关键的彩排之前，《鲁斯兰与柳德米拉》的声乐乐谱神秘消失，这如果是一次故意破坏，但却没有成功，因为巴拉基列夫能够记下整个乐谱。

无论巴拉基列夫在临时剧院董事会上遇到什么麻烦，无论他与音乐家们遇到多少数不清的困难（在给居伊的信中都作了详尽的阐述）[2]，"鲁斯兰"在2月4—16日的演出十分成功。他在写给斯塔索夫的信中说："你无法想象，'鲁斯兰'整部作品所产生的惊人效果。"[3]第一幕从花坛场景就让观众落泪，演出结束后，他们在街上演唱巴扬的歌曲。甚至德语媒体也很友好，尽管巴拉基列夫很快将其归因于他们迫切希望不背离大众的观点。这次连制作都令他满意。他向柳德米拉汇报说："窗帘升起了，我自己都惊呆了。在我的眼前，是真正的俄罗斯服装和装饰，一点也不差劲。"[4]（难道没有进行彩排吗？）他一共指挥了四次"鲁斯兰"的演出，每次都取得了不小的成功。在第三次演出之后，经理说服他指挥一次《为沙皇献身》，他必须准备一次排练，先

---

1. Clapham, *Smetana*, 34-35.
2. 1867年1月30日的信件，见Gusin, *Ts. A. Cui: Izbranniye pis'ma*, 501-502。
3. 1867年2月10/22日的信件，收录于*BSP1*，第247—250页。
4. 2月6/18日的信件，引自Garden, *Balakirev*, 74。

前的一次被取消了,因为没人参加。毫不奇怪,演出令人沮丧,但似乎没人介意,因为"鲁斯兰",人们全都成为了支持格林卡的人。巴拉基列夫告诉斯塔索夫,他自豪地接受了来自公众的两个花环,上面写着的是"代表格林卡和俄罗斯音乐"[1]。

他在2月中旬离开布拉格,对捷克人民充满了热情("他们是地地道道的斯拉夫人,"他说,"不要通过报纸来评判他们。"),但对俄国在更广阔的欧洲世界中的地位并不抱幻想。布拉格的波兰语报纸声称,格林卡歌剧之所以能上演,只是由于俄国政府付了五万卢布的回扣。他告诉斯塔索夫:

> 但我不会对此进行详细介绍。因为在国外经常遇到的所有这些事情对你来说都是胡言乱语。你对一些事情最初的看法,随着时间的流逝而变得陈旧,你无法看清事物的真实面貌,因此你要以世界性的眼光来观察一切。但是我还没有对你感到绝望。从欧洲发生的事情来看,我们可以预料将会有可怕的动荡,这会很快引发一个问题:俄国——存在还是毁灭。[2]

巴拉基列夫从布拉格归来后的几周内,1867年4—6月,莫斯科马涅日(Manezh)前亚历山大骑术学校举行了俄罗斯民族志展览。俄罗斯在其多民族帝国和更广泛的欧洲背景下的身份认同问题成为展览的焦点。

> 进入马涅日广场,访客被带入一个虚拟的帝国,一个象

---

1. 2月10/22日的信件。
2. 同前。

征性的空间，由其居民的多样性来定义。从阿拉斯加的阿留申群岛到波兰中部的玛祖尔，帝国的人民像镶嵌画中的瓷砖铺满各地，描绘了俄罗斯的广袤辽阔和人文多样性。精心设计的三百多个人体模型传达了独特的身体特征，是此次展览的重点。人体模型分为近六十个国家和地区组，穿着纯正的原住民服饰，并被日常生活艺术品所围绕，其中大部分是由当地爱好者直接从该地区送来的。[1]

为了对这一事件表示赞赏，毫无疑问，结合最近在捷克的经历，巴拉基列夫于5月中旬在圣彼得堡杜马举行了自由音乐学校的"泛斯拉夫"音乐会。他自己的贡献是他在布拉格组编的捷克主题序曲。他还说服里姆斯基－科萨科夫为此场合撰写了一部新作品，即《塞尔维亚主题幻想曲》，这是对其所提供的主题（不用说）的迅速反应。此外，该音乐会还包括格林卡的《卡玛林斯卡亚》、达尔戈梅日斯基的《卡扎切克》、莫纽什科（Stanisfaw Moniuszko）歌剧（代表波兰）中的一些咏叹调，以及李斯特的《匈牙利幻想曲》。出于泛斯拉夫音乐会的目的，《匈牙利幻想曲》被认为实际上是基于斯洛伐克的主题。巴拉基列夫的序曲是一首引人入胜、制作精良的作品，与他的俄罗斯序曲非常相似，但里姆斯基－科萨科夫的作品更为平实，演出效果取决于他壮观的配乐（二十年后，作曲家在修改这部作品时对乐谱进行了大量润色）。

斯塔索夫在《俄罗斯商业日报》上发表了大量的评论，对现场进行了描述：那里有五颜六色的帷幔和旗帜，有成排的斯拉夫来访者，还有温暖而赏心悦目的氛围。当更重要的斯拉夫人代表在与公共启蒙

---

1. Knight, *The Empire on Display*, 1.

部长共进晚餐后晚些时候到达时，他们受到一阵阵掌声和欢呼声的欢迎，直到他们向观众郑重鞠躬之后，掌声才平息下来。不过，斯塔索夫还是特别关切地以一句让大家注意到俄国贡献的重要性结束了评论，他希望令一些来访者为此感到惊讶，却在无意中给巴拉基列夫的圈子起了一个流传至今的雅号。

他写道："我们以一个愿景来结束我们的话，愿上帝保佑我们的斯拉夫客人永远不会忘记今天的音乐会，愿上帝保佑他们永远记住俄国音乐家的诗歌、品位、才华和技艺，这些音乐家虽然人数不多，但已经很强大（moguchey kuchki）了。"[1] 强力集团从此得以存在，并将一直存续。

---

1. "Slavyanskiy Kontsert g-na Balakireva"，收录于 *SSMII*，第110—112页。俄国的"强力集团"以（moguchey kuchki）属格的形式出现。由于某种原因，通常英语翻译往往为"mighty handful"。或许还需要强调的是，斯塔索夫最初将这个术语应用于包含格林卡和达尔戈梅日斯基的作曲家群体之上，但不包含鲍罗丁、居伊或穆索尔斯基。

[第十三章]

交响音画与概要

没有人会否认格林卡确实是一位杰出的音乐家,虽然由于国内外的情况,他无法成为俄罗斯歌剧的奠基人;但这还不够好!他必须立即被提升为总司令,音乐元帅,取代他国音乐家的位置:你可以相信,他们没有这样的音乐。马上就有人提到一些"厉害"的本土天才,他们的作品只是对外国二流作曲家的可怜模仿——二流作曲家最容易模仿。没有什么喜欢的,确实如此!哦,可怜的愚蠢的野蛮人,他们不懂艺术中的传统是什么意思,还以为艺术家就像强人拉波,"外国人,"他们说,"一只手只能举起十三块石头,而我们的男人能举起二十六块!"[1]

1867年3月6日,伊凡·屠格涅夫在参加圣彼得堡贵族大会的自由音乐学校音乐会时刚刚出版了他的小说《烟》(*Smoke*),并第一次见到了弗拉基米尔·斯塔索夫。斯塔索夫记得屠格涅夫的反应。"多么可怕的音乐!这纯粹的虚无,纯粹的平凡。为这样的'俄罗斯学校'

---

1. Turgenev, *Smoke*, 117–118.

来俄国根本不值得！他们会为你演奏任何你喜欢的那种作品：在德国、在法国、在任何音乐会上……没有人会注意到一丁点儿……但马上这里全都会是伟大的作品，一所原汁原味的俄罗斯学校！俄罗斯的，原始的！"[1]音乐会结束后，他写信给波林·维奥多尔（Pauline Viardot）："今晚我去看了一场关于未来俄罗斯音乐的盛大音乐会，那不是梦幻。但却绝对是可怜的，音乐缺乏思想或独创性。它只是对德国音乐的拙劣模仿。我们的文明缺失使我们更加妄自尊大。每个人都被扔进同一个袋子里——罗西尼、莫扎特，甚至贝多芬……来吧！真可怜！"[2]

在某种程度上，屠格涅夫只是表达了老于世故的西化主义者的成熟意见，他半生在法国和德国度过，另一半的时间待在俄国的乡村庄园，只是偶尔短暂到过圣彼得堡或莫斯科。这也是他在《烟》中的另一个自我，索松·伊万尼奇·波图金的观点。尽管如此，他还是遭遇了不幸。自由音乐学校3月的音乐会原计划包括格林卡的歌剧，但在出版商费奥多尔·斯捷洛夫斯基（Fyodor Stellovsky）的坚持下不得不在短时间内撤回，因为巴拉基列夫拒绝支付费用。这使得一场散乱的演出更加萧索，其中包括自由音乐学校的创始人加夫林·洛马金的俄罗斯民间主题幻想曲，鲍里斯·菲京戈夫-谢尔（Boris Fitingof-Shel）的歌剧《恶魔》中的修女合唱，以及尼古拉·阿法纳西耶夫（Nikolay Afanasyev）的合唱——居伊在对音乐会的评论中描述作品"太糟糕了，甚至不值得谈论它们"[3]。《为沙皇献身》中的赋格合唱被来自达尔戈梅日斯基未完成的歌剧《罗格达那》所替代，以及巴拉基列夫的《李

---

1. Petrova and Fridlyand, *I. S. Turgenev*, 102. 斯塔索夫于幕间休息后落座于屠格涅夫后排，屠格涅夫似乎在演奏《李尔王》序曲时，转头发表了这些评论。
2. 1867年3月5/17日至3月6/18日的信件，见Granjard, *Queleques Lettres d'Ivan Tourgénev*, 138（原文为法语）。
3. "Kontsert besplatnoy shkoli"，见Gusin, *Ts. A. Cui: Izbrannïye stat'i*, 88-93。

尔王》序曲替代了"鲁斯兰"中的舞曲。然后是巴赫的合唱，柏辽兹的《罗马狂欢节》序曲，以及穆索尔斯基的新合唱《西拿基立的毁灭》（*Porazheniye Sennakheriba*），这是拜伦诗歌的配乐。无论以何标准衡量，这场音乐会最终都一团糟。但最重要的是它所体现的纯粹地域主义态度——甚至允许带有天然的偏见——居伊对巴拉基列夫的序曲大加赞赏，却忽略了《罗马狂欢节》。他认为《罗马狂欢节》是"有效和有趣的"，但终归不是很好。难怪屠格涅夫对这所新俄罗斯学校的形象感到困惑。

与穆索尔斯基自己最近的歌曲相比，他的合唱很传统，但制作精良，可唱度高。居伊发现它与《朱迪斯》中的亚述音乐相似，并诙谐地补充说："如果将它包含在《朱迪斯》中，它将成为至高荣耀，并获得最好的成绩。"[1]但他发现这首缓慢的赞美诗般的背景配乐有问题，将死亡天使与犹太颂歌相提并论——这是一种风格或品位上的错误，具体是哪种错误目前尚不清楚。（无论如何，穆索尔斯基似乎都同意这一批评，并在六年后修改合唱时完全重写了中间部分，包括文本。）我们可以合理地将《西拿基立的毁灭》视为对《鲍里斯·戈杜诺夫》和《霍万斯基之乱》合唱的一次演练。作曲家对群众性的音乐冲动有着本能的感知，但它几乎没有暗示将在这些歌剧中出现的心理紧张。那首著名的开场白"亚述人像狼一样倒下"的恐怖之处，与轻快、略带不安的降 E 小调进行曲，以及 B 大调/升 G 小调的合唱相匹配——温暖了巴拉基列夫的心，但尚不足以将这首曲子当作屠格涅夫嘲笑的"未来俄罗斯音乐"的信号。

当然，没有人会认真地期待一部六分钟的合唱作品不仅仅是谋生的音乐。对屠格涅夫的真正回应必须通过大型管弦乐或戏剧作品来实

---

1. "Kontsert besplatnoy shkoli"，见 Gusin, *Ts. A. Cui: Izbrannïye stat'i*, 91。

现，但与巴拉基列夫圈子一样，公共平台上几乎没有任何此类作品的痕迹。一如既往，圈中不乏创意。里姆斯基-科萨科夫创作了B小调快板和降E大调谐谑曲，用于《B小调第二交响曲》；居伊大约已经完成了他的歌剧《威廉·拉特克里夫》的一半；巴拉基列夫再次搁置了他自己的歌剧《火鸟》以及《C大调交响曲》，但有一段时间他一直在谈论计划根据莱蒙托夫的诗歌《塔玛拉》创作一首交响诗。[1]巴拉基列夫习惯于在晚会上演奏正在创作作品的节选，甚至只是演奏主题部分。里姆斯基-科萨科夫记得他演奏的旋律是三四年前从高加索带回来的，包括一首名为《伊斯兰》的曲调。1866—1867年的那个冬天，他经常（再次根据里姆斯基-科萨科夫的说法）演奏大量的《塔玛拉》片段，显然是即兴创作的，没有任何记录。[2]他还有另一个根据作家莱蒙托夫的诗《姆齐力》(Mtsyri)创作交响曲的计划，但这也被搁置了。[3]《姆齐力》中的音乐是否穿插于《塔玛拉》中，这是一个猜测。

目前已完成的一部重要作品，尽管圈外的任何人都不知道，是鲍罗丁过去五年一直在创作的《降E大调交响曲》。他完成的确切时间并不确定，可能是在1866年底的圣诞节假期。大约在那个时候给巴拉基列夫的一封未注明日期的信中宣布了这部作品的完成，并邀请他担任它的"教父"——毫无疑问，他的意思是过来检查乐谱。"我每天都有空"，鲍罗丁一反常态地宣布，迪亚宁（信件的编辑者）巧妙地从中推断出当时是假期。[4]巴拉基列夫后来告诉斯塔索夫："（交响曲的）

---

1. 在回忆录中，里姆斯基-科萨科夫声称B小调快板乐章仅仅写到了展开部部分，但后来面对巴拉基列夫及其他人的批判就放弃了。参见 *MML*，第85页。回忆录俄文原版的编辑安德烈·里姆斯基-科萨科夫引用了一封写给鲍罗丁的信件，作为快板乐章实际上已经完成的证据，但随后被毁掉了。《第三交响曲》则运用了降E大调谐谑曲乐章。
2. *MML*，第65—66页。
3. Garden, *Balakirev*, 54—55.
4. *PB1*，第89页和第343页，注释3。

每个小节都经过我的检查和批评。"[1]但这可能是夸大其词，因为鲍罗丁（就像巴拉基列夫本人一样）没有系统地写下他的音乐的习惯，而是倾向于仔细考虑，即兴演奏，而不一定按照它们的最终顺序演奏，只在他偶尔闲暇时或卧病在床时才会写下来。他们的关系明显不像巴拉基列夫与穆索尔斯基的关系，这或许是因为鲍罗丁总是被其他麻烦所纠缠。

尽管如此，这首《第一交响曲》还是有一些熟练的东西，它开始时，就像里姆斯基-科萨科夫的交响曲和穆索尔斯基的合唱一样，从巴拉基列夫式的降E小调开始，然后更传统地在大调中安定下来。与里姆斯基-科萨科夫一样，这种形式有一个很好的方面，每个小节，每个调式都正确放置，乐器之间有大量的对话动机，乐章之间的主题联系，平滑地过渡等等。舒曼的手法有时也很重要，尤其是在压轴上，其主题有点过于明显，这是德国大师交响曲中最喜欢的模式的变体（第一交响曲的第一乐章，第三、第四交响曲的末乐章）。虽然他的意图明确，要在一定模式和一定规则的基础上尽可能地写好，但在这些限制中，其音乐仍得以完成，还是令人惊讶的。

从交响曲的开头就可以明显看出，他是凭着绝对的才华才做到了这一点的。鲍罗丁的想象力出现在第一乐章快板部分的开头，切分的主旋律引发了二拍子和三拍子的冲突型节奏，他有时将伴奏明确在三四拍节奏中，但有时允许移到六八拍（两个长节拍而不是三个）。鲍罗丁显然很喜欢这些强烈的节奏感。第二主题提出了四拍子的问题，每拍都以沉重的下弓演奏，对演奏者来说，这是身体的运动过程，包括重新举弓（将弓带回弓根），并保证演奏过程中的力度。（一个类似的著名例子是贝多芬的《爱格蒙特序曲》的第二主题：节奏本身是相似的。）在末乐章中，第一主题及其扩展可能是派生的，但第

---

1. 引自 D. Lloyd-Jones，奥伊伦堡缩略谱的前言。

二主题在节奏上再次具有特殊性，带有半小节重音，有效地将四拍一小节的节奏重新分为四拍和八拍的乐句。这个想法有点自我意识，看起来像是一种精心设计的尝试，使完美的规则旋律复杂化。但这当然更能证明鲍罗丁对有节奏实验的可能性有多么了解。

第二乐章谐谑曲为这个想法提供了一个来源。闪亮的、精密布局的主题，显然归功于柏辽兹的《麦布女王》(Queen Mab)，其模式基本上是规则的。但二声中部又是另外一种情况。这里采用的是民歌的模式，以及长歌的不规则节拍特征。前两个乐句各延长一拍，成为下个乐句额外的弱拍。第三个乐句缩短了一拍，而第四个乐句在第一次（双簧管）陈述中没有修改，但在第二轮（长笛）演奏时缩短了一拍。这些看似微不足道的修改，对后来的俄罗斯音乐产生了如此显著的影响，以至于它偶尔出现在六十年代的音乐中是非常值得注意的。相比之下，第三乐章行板的抒情主旋律就比较普通了。虽然不是没有个人的润色（尤其是一些类似东方因素的装饰音），但它可能不太值得鲍罗丁给它盛大的结尾，这可能还是受柏辽兹的《罗密欧与朱丽叶》的影响。

对《塔玛拉》而言，很难确切知道巴拉基列夫在这一时期创作了多少（如果只是即兴创作）。里姆斯基谈到"《塔玛拉》中的一个重要部分"是在1866—1867年即兴创作的，但他没有说是哪部分。[1]十二年后，巴拉基列夫花了三年左右的时间再次创作草稿后，斯塔索夫告诉鲍罗丁："几天前，巴拉基列夫为我们演奏了整首《塔玛拉》，直接插入了新的长大的插部和美妙的诗意介绍，描绘了荒凉的风景和河流的安静噪音。这是无与伦比的！现在只需要最后构建和编排。"[2] 所以很长且高度原创的开场——完整作品的前四五分钟——是在七十年代

---

1. *LMMZ*, 第61页；*MML*, 第66页。
2. 1879年6月17日的信件，见 Diannin, *Borodin* (1960), 216。

后期才添加的。不过，出于同样的原因，很明显主要的快板，里姆斯基-科萨科夫说，是根据他和巴拉基列夫收集的由斯帕勒尔纳亚大街（Shpalernaya）皇家军营的卫兵在巴拉莱卡琴上演奏的旋律而来，斯塔索夫也知道它，并且可能自早期即兴创作起一直将之当作该作品的一部分。至于其他插部，推测它们从何而来似乎是无用的。《塔玛拉》本质上是一部情境作品，在某种程度上，它吸收了莱蒙托夫对高加索公主的邪恶小插曲的元素——"美丽如天使，邪恶如恶魔"——她引诱旅行者进入她俯瞰捷列克河的塔楼，经过一夜热恋后，将他们谋杀，尸体扔进河里。这是一部结构相当随意的作品，一种围绕着两个主题的自由幻想，代表着塔玛拉自己。可以说，作品从诱惑经历激情，到死亡和丢弃，变化无常。人们可以想象巴拉基列夫为这种情况绘制了越来越丰富多彩的图像，并将它们拼接到作品中，其构图是如此巧妙，以至于事后看来几乎不可能重建整个作品的时间顺序。

  这个问题不仅仅有学术意义，因为《塔玛拉》是强力集团的一部关键创作，显然在它被正式写下来之前就对他们产生了影响。在某种意义上，巴拉基列夫为一种特殊的、感性的，所谓的东方主义发明了一套完整的音乐语汇。（捷列克河位于巴拉基列夫的出生地下诺夫哥罗德的正南方，而莱蒙托夫是莫斯科人。）你只需将《塔玛拉》与里姆斯基-科萨科夫更为人所知的《舍赫拉查德》进行比较，后者是在巴拉基列夫的交响乐最终首演之后的1883年创作的。不仅里姆斯基-科萨科夫所作的几个主题，还有节奏、器乐和装饰的想法，都是从《塔玛拉》毫无顾忌地复制过来的，至少在异国情调的东方音乐概念上，这反过来又要归功于格林卡的"鲁斯兰"。这些想法大多根本就不是"东方的"，而只是代表了东方使西方人害怕或引诱的那个方面，那个"神秘"的方面，即西方人所不知道的文明方式。在音乐上，这可能意味着奇怪的半音旋律，如《塔玛拉》中的双簧管第二主题，或者可能是器乐音色的问题，如吹奏的高音巴松管（第一主题中的第四赋格，第二主题的反复）或柔和的手鼓伴奏同样的双簧管和巴松管旋律。几乎从头到尾主导的快板节奏或许是狂野的"斯基泰"（Scythian）复合节奏。所有这些特征在《舍赫拉查德》中重新出现，有时并没有太大改变。但不仅如此。鲍罗丁也知道如何使它们适应自己的需要。他们可以通过俄罗斯音乐追溯到《春之祭》，甚至更远。

这些元素中的大部分（虽然显然不是管弦乐队的色彩）都将出现在巴拉基列夫六十年代后期的即兴创作中。我们可以对此进行测试，因为它们已经部分出现在他不久之后创作的名家钢琴作品[《伊斯拉美》（*Islamey*）]中，并且里姆斯基-科萨科夫回忆说，当《塔玛拉》首次演奏时，其主要主题是巴拉基列夫键盘曲目的一部分。换句话说，1867年，他们圈中的聚会非常活跃。巴拉基列夫如何将这些元素融合成一个连贯的整体，这在当时并不明显。毕竟，大型曲式的问题通常会回到奏鸣曲结构上，这对于交响曲或序曲来说都非常好。但可能不适合像《塔玛拉》这样的作品，它的叙事基础最终会影响音乐设计，特别是如果主人公是李斯特，他的交响诗是自成一体的形式，即便不是取自真实的故事，至少也是从一个故事中衍生出来的概念。巴拉基列夫似乎用了十五年的时间通过一种复杂且经过深思熟虑的速度转换（一种后来被称为转换节拍的技术）来解决这个问题。例如，在第一个快板主题（注定的旅行者）进入到塔玛拉本人的诱惑音乐中时，巴拉基列夫进行了巧妙的过渡，从十二个八分音符（四个小节）到六个带有三连音的八分音符，它与快板节奏保持联系，同时以结构化的方式控制节奏。他巧妙地设计了场景变化而不失动感。但是，由于其未编纂的形式，这本质上是一种即兴的技巧——一种从一件事顺利过渡到另一件事的方式——很可能是由巴拉基列夫1867年在他公寓里，或者在居伊或谢斯塔科娃家，坐在钢琴前时试验这些体裁的连续性而来。《伊斯拉美》同样也可证明他是这样做的。

当《塔玛拉》仍处于半成品状态时，穆索尔斯基回到了他的《女巫》创作。当年年初，他患上了流感，又患了旧疾神经性发热。4月底，由于某种原因，他失去了他的工作，在他从大学秘书晋升为名义上的辅导员后仅四个月，就被解雇了（这也说明了俄罗斯帝国文官制度的一些问题）。当然，这让他比以往任何时候都更加依赖他的哥哥，他们仍然住在一起，并于6月一起返回明基诺。但即使有菲拉尔特的支持，他也发现自己无法在首都过上正常的生活。8月短暂返回圣彼得堡后，他被迫再次启程前往明基诺，在那里度过了9月和10月。"我的收入缩水了，这是真的，"他在回复巴拉基列夫的一封信时焦虑地写道，

> 但还没有完全剥夺我独立生存的可能性。虽然我已经习惯了安逸和有些奢侈的生活，但在我现在的情况下，未来似乎还没有完全定下来，这弄得我愁眉苦脸；恐怕任何人处在我的位置上都会有同样的反应。我很理解你友好的信中所流露出的惊慌，并对它的真实性深信不疑。但我这样做恰恰是出于诚意，我不是请求，而是恳求你为我的缘故让自己冷静下来，让我所有亲爱的人冷静下来，因为他们对我的情况的惊惧给我带来了难以承受的沉重负担，而我的处境不值得你们这样。这对我来说更痛苦，我最害怕欺骗。相信我，我亲爱的米利，这两年我住在一个家庭里已经完全习惯了，与其说是受到限制，不如说被宠坏了，我完全适应了我的家庭生活方式，不得不好好考虑如何在经济拮据的情况下行事。在认真讨论此事并对我的财务状况进行计算后，我得出的结论是，资金短缺使我失去了从10月初（如我所愿）住在彼得堡的可能，请允许我跳过这个月的彼得堡预算……关于工作，如果我费心的话，会找一个固定的职位（因为更安全），但只能在过年之后才能想这样的事情，因为在新年之前，所

有部委都会裁员和动荡……[1]

在这种情况下,他花了一年多的时间才在林业部门找到了一个岗位。在此期间他得以自由创作。

他在明基诺的第一个任务是完成《圣约翰的荒山之夜》,这是因为女巫的片段而获得的称谓。他究竟带去乡村多少片段实际上还远未确定。正如我们所看到的,他在一年前写了第一部分,但另一方面,他在1867年7月早些时候告诉里姆斯基-科萨科夫,乐谱已经完成,而且他是在6月中旬的两周内写的,直接进入没有草稿和"没有任何草图"的清稿。但是措辞有点模棱两可,例如,他说"写"(napisal),这可能意味着"写了",而不是"创作"(sochinil);没有草图可能只是意味着没有配器的草图。但这一切都相当费力,并且可以合理地得出结论,他在这两周内将大部分作品直接创作成了管弦乐谱,"晚上不睡觉,正好在圣约翰前夜完成作品"(6月23日)[2]。

如果不是因为他以前几乎没有为管弦乐队创作过任何重要的作品,那么这些细节都没有任何意义。《萨朗波》的大部分内容都没有乐谱,他为巴拉基列夫创作的交响曲可能也是如此。他为他的各种合唱作品写谱——《俄狄浦斯王》《利比亚人战歌》《西拿基立的毁灭》;他创作了不起眼的《降B大调谐谑曲》(无疑是在巴拉基列夫的帮助下配器的);精心为他的"小星星"歌曲配器。现在,他正在写一部丰富多彩的十二分钟的管弦乐作品,并将其直接谱成管弦乐谱,而不是作为钢琴曲,然后再进行编曲。如果结果彻底失败,也不足为奇,这是在穆索尔斯基去世后很久,里姆斯基-科萨科夫以这种冷酷无情

---

1. 1867年9月24日的信件,收录于 *MLN*,第93—95页;*MR*,第98—100页。
2. 1867年7月17日写给弗拉基米尔·尼科尔斯基的信件,收录于 *MLN*,第89页;*MR*,第90页。

陈述他无能的典型例子："荒谬的，不连贯的和声，丑陋的声音连接，有时是非常不合逻辑的转调，有时是与乐器演奏不符的配器，大体上是某种无礼、浅薄的自我满足，有时又有技术和技巧，但更多时候显得生硬。"[1]在里姆斯基-科萨科夫编辑的所有穆索尔斯基作品中，《圣约翰的荒山之夜》是他最为激进重构的作品。他的版本混合了1867年乐谱上的元素和后来穆索尔斯基为插入戏剧作品而制作的两个版本，而这两个版本本身从未完成。这是近一百年来唯一为音乐会观众所知的版本。而当穆索尔斯基自己的原创乐谱在二十世纪七十年代首次上演时，普遍的反应是，里姆斯基-科萨科夫的判断并没有大错特错。

毫无疑问，最初的交响诗，正如穆索尔斯基最初在手稿扉页上描述的那样是"综合媒介的"（intermedia），然后用粗铅笔划掉了这个词——是一部有缺陷的作品。结尾绝对是敷衍了事。结构问题在他的歌剧《索罗钦集市》中的合唱间奏中得到了更好的解决，该版本以早晨的钟声和冉冉升起的太阳破云而出结束，里姆斯基-科萨科夫为他自己的版本改编了这个结尾，而穆索尔斯基满足于结束部，就像柏辽兹用女巫的安息日完成他的《幻想交响曲》一样，但没有完全找到超越前面音乐的狂热。完成乐谱后，他向里姆斯基-科萨科夫描述了构想：女巫集会，撒旦到来和追捕，撒旦的荣耀，最后是安息日。他还详细讨论了音乐，甚至提供了关键结构的细节（也许是出于学生般的愿望来证明他的资格），并包括音乐示例，这些例子实际上表明，6月完成的作品随后再被修改了，因为引用的段落都没有出现在尚存的手稿中，这可能是由于巴拉基列夫的负面评论。正如我们从穆索尔斯基9月的信中了解到的那样，他对这部作品做出了"回避"的反应，显然它的设计受到了批评，他试图让他的年轻伙伴对其进行修改。"不

---

1. *LMMZ*，第218页；*MML*，第249页。

管你是否同意，我的朋友。我的《女巫》的上演，"穆索尔斯基回答说，"也就是说，无论我是否听到它们，我都不会改变与场景内容密切相关的总体构想和处理方式，我会真诚地执行，不作假或模仿。"[1]巴拉基列夫没有指挥这部作品，穆索尔斯基也从未听到过任何关于这部作品的记录。

鉴于巴拉基列夫曾准备指挥上演那些较劣等的作品，人们想知道是什么让巴拉基列夫反对它。可能是形式不令人满意；但是音乐包含了如此多的精彩和原创，以至于人们得出这样的结论：他只是不想在公共舞台上冒险。从头到尾，穆索尔斯基的写作是完全无所畏惧的。他显然对李斯特在《死之舞》中的对恶魔的绝对描写印象深刻，同时他通过一系列变奏来探索这一性质，可以这么说，这使他不需要不断地发明新的材料——毕竟这也从来都不是李斯特的强项。《圣约翰的荒山之夜》同样是主题的一系列变奏，这些主题产生了新的元素，同时从不偏离开篇的材料。但穆索尔斯基的变奏技巧极其混乱，他不断想出新的方式来处理他的材料，毫无疑问，他想到了女巫和她们的性恶作剧（shashni）[2]，而不太关心正式的过程。记谱与织体的变化也让人想起格林卡在《卡玛林斯卡亚》中使用的方法。但是格林卡从来没有尝试过这种规模的管弦乐作品，也没有如此与传统相悖。

穆索尔斯基的独创性，里姆斯基-科萨科夫认为，最好不要用变化去考量，与其说是作品的结构（他毫无疑问地改进了），不如说是细节。里姆斯基-科萨科夫为了实践音乐学院良好的训练，部分地牺牲了穆索尔斯基开场猛烈的音色，包括定音鼓调到临近升G、A、降B三个音，并且圆号在低音A上咆哮。总的来说，里姆斯基的配乐偏

---

1. 9月24日的信件。
2. 1867年7月12日的信件。（Shashni）是各种淘气的恶作剧，但在女巫安息日的时候，他们不单只是拉扯彼此的头发似乎也是合理的。

向于表现良好的分工，而不是穆索尔斯基对撕碎小节的刻板、格林卡式的聚焦。例如，原作第13小节（里姆斯基版第12小节）的狂野断奏对比主题，穆索尔斯基分配给长笛、双簧管、短号和小号，而里姆斯基-科萨科夫完全改为木管乐器和弦乐（带低音鼓）演奏，除了所需的关键效果之外，在各个方面都是"更好"的解决方案。总的来说，1886年里姆斯基-科萨科夫几乎按管弦乐手册中"辉煌"一章选择最佳配器，而穆索尔斯基，正如他告诉巴拉基列夫的那样，他的脑海中总是有具体的音画，并将他看到的声音写下来。

诸如此类的标准同样运用在音乐中，尤其是旋律及和声部分。从本质上讲，穆索尔斯基的变奏技巧和格林卡的一样，都是基于不断修改重复的思想。但是，格林卡倾向于在正常的音调语法限制内创作，在保持曲调形状的同时改变和声及织体，而穆索尔斯基对旋律进行了修补，采用一种随心所欲的方法来处理对比旋律（"下方"声部），并且似乎经常让和声偏离。这方面一个很好的例子是他对原始乐谱图4中源自民歌的第二主题的处理，即里姆斯基-科萨科夫版中的排练号B部分。穆索尔斯基不断地调整这个旋律，把降音还原，还原音变成升音，显然是随机的，就像一个小学生为了好玩而从不同的角度佩戴他的帽子。他还将小节从四拍延长到六拍，大概是为了适应女巫的尖叫声，比如"就是这样！"的喊声，以及在舍甫琴科"戈帕克"中的"就是那样！"。此类构思超出了里姆斯基-科萨科夫的理解范围，他总是"纠正"临时记号以适应音调织体，调整小节长度以适应常规。但穆索尔斯基也没有过多关注音调织体。在图5之后的九小节，他让旋律与两个对比旋律反向进行，一个半音上行，另一个半音下行。而"和声"由踏板固定在一起（重复），由圆号和短号在D音上持续。里姆斯基-科萨科夫通过删减一个对比旋律来简化乐段，并确保持续音朝着合乎逻辑的结尾移动，乐段结尾有清晰的G小调和声（排练号E；原版图6）。所有这些都是一个很大的改进，如果你想要的是一个有序的构思，就可以普遍地按照它所说的去做。然而，如果你想要的是一个混乱的农神节上的音乐形象，那么穆索尔斯基几乎不需要改进。在这种情况下，天才实际上是不会犯错的。天才有自己的规则，用帕斯卡（Blaise Pascal）的话来说就是，规则无处不在。[1]

当时，早在成为音乐学院教授之前，里姆斯基-科萨科夫就对穆索尔斯基的交响诗更加同情，无可否认，他只能从作曲家自己的描述和对开头几页早期演奏的记忆中了解这首作品。他们的交流很有启发性。"在一般的作曲过程中，"穆索尔斯基写道，"我会做很多新的事情，例如在创作"肮脏的赞美"（filthy glorification）时，塞萨尔（居伊）会把我送去音乐学院。"（此处他所引的十多个小节在最后的总谱中一半都找不到）；后来他描述了一个序列，"他们会把我从塞萨尔放逐我的音乐学院开除"。他谈到了（广泛）使用他所谓的"化学音阶"（chemical scale），他指的是格林卡的全音阶，在这里特别用于从一个场景到下一个场景的转场。他总结道："在我看来，《圣约翰之夜》一定会给有思想的音乐家留下很好的印象，因为它有很多新意……请允许我不会重写它；不管它生来有什么缺陷，只要它能活着，它就会活着。"[2] "撒旦的荣耀，"里姆斯基-科萨科夫回答说，"肯定是最肮脏的，因此各种和声及旋律的不清晰是允许且适合的，并且没有理由将你送到音乐学院去。音乐学院当然会被你吓坏，但他们自己也写不出任何像样的东西。"[3]

在过去的几个月里，这圈子里两个最年轻的成员靠得更近了，并且可以自由地交流他们的作品信息。随着交响诗的完成，穆索尔斯基现在正在为他的《古典风格间奏曲》配器，并创作新的中部，该部分应该代表在雪地里唱歌和大笑的年轻女孩。"这首曲子本身，"他向

---

1. "感情自有其理，理性难以知晓。"（Le coeur a ses raisons que la raison ne connaît point），《思想录》（Pensées），IV，第277页。
2. 1867年7月5日的信件，收录于 MLN，第86—87页；MR，第85—87页。
3. 1867年7月10日的信件，收录于 RKP，第291—292页；MR，第91页。

里姆斯基-科萨科夫保证（没有提及所谓的计划），"只不过是对德国人的致敬。"与《圣约翰之夜》相比，这句话表明他从圣彼得堡的音乐传统习语层面上看显得有些尴尬。[1] 他匆忙着手制定与波迪布拉德（George of Podebrad）有关的管弦乐作品新计划，波迪布拉德是十四世纪胡斯派领袖和波希米亚的摄政王（又一次刺向德国人，他以神圣罗马帝国和德意志国王的形象出现，后驱逐了波希米亚人）；在继续讨论里姆斯基-科萨科夫自己最新的管弦乐创作之前，他详细描述了音乐并引用了几个主题。

这是斯塔索夫根据诺夫哥罗德会演奏古斯里的商人萨特阔的传说创作的作品，是旧构想迟来的实现。正如我们所看到的，斯塔索夫最初将这个故事交给了巴拉基列夫，后者最终将其传递给了穆索尔斯基，穆索尔斯基似乎已经考虑了一段时间，然后失去了兴趣，向里姆斯基-科萨科夫提出了这个故事。强力集团的这种传递是他们依赖彼此对他们创作的看法的另一种表现。这既反映了他们对自己完成大型项目的能力缺乏信心，也反映了他们愿意放弃或至少搁置工作——就像穆索尔斯基刚刚所做的那样——这是其他人都不赞成的。但里姆斯基-科萨科夫可能在这方面受到的影响最小，他正在迅速成为圈子中可以决定写一部作品，然后继续写下去，并迅速使得作品上演的唯一一个成员。不可否认，他对修订的嗜好并不比穆索尔斯基少（例如，他的《萨特阔》音诗存在三个不同的版本）。但这主要是因为他在27岁时成为音乐学院教授，此后他倾向于以某种教学上的严苛来看待他年轻时的过错——正如我们所看到的，他也将这种严苛应用于他已故同伴的作品中。

十二分钟的《萨特阔》展现了他日益增长的自信。他于1867年6

---

1. 1867年7月15日的信件，收录于 *MLN*，第90页；*MR*，第94页。

月下旬在芬兰维堡（当时是沙俄的一个省）附近他兄弟的家中开始写这部作品，尽管他不得不在芬兰湾的海军巡航舰上度过整整一个月，但他还是在9月底完成了总谱。到7月的第二个星期，他已经能够向穆索尔斯基详细描述前两个部分，其调式和音阶结构、配器和几个音乐示例都相当令人满意。[1]在作品开始时（在巴拉基列夫心爱的降D大调中），萨特阔已经从平静的船上被抛入海中，在木板上随波浪起伏。然而，很快，他就被拖到海底，要在海王女儿的婚礼上演奏他的古斯里琴。我们想象着海浪汹涌的画面，以轻柔旋转的弦乐形象生动地描绘出来，然后是超自然力量介入的瞬间，萨特阔螺旋式地下降，坠入深海，那里正在进行一场高雅的婚礼盛宴，D大调的谐谑曲，展现四肢摆动和睫毛的飘动。作曲家接着勾勒出他对作品其余部分的构想。萨特阔的古斯里琴演奏（又是降D大调）引发了一场激烈的特列帕克舞（trepak），舞蹈很快变得猛烈，引发了一场风暴，沉没了许多船只。在作品高潮时，水手的守护神圣尼古拉斯拜访萨特阔，要求他停止演奏并打破了他的古斯里琴。里姆斯基-科萨科夫为这一刻准备了一个"教堂主题"（他引用了它）。但是穆索尔斯基反对这个主题并恳求他的朋友修改。[2]最后，圣尼古拉斯的想法被放弃了；毕竟，里姆斯基承认，"萨特阔本人也可以有意识地粉碎古斯里……而尼古拉斯会以他的教堂主题破坏舞蹈的印象，而且他在异教世界中出现确实有些荒谬"[3]。[尽管这正是原始史诗（bïlina）中发生的情况。]

作曲家煞费苦心地将所有这一切所涉及的技术放入作品中。[4]起初，波浪的旋律形象及和声起起落落；当萨特阔下到海底时，音乐将他带到另一个"化学"音阶中，就像柳德米拉被绑架或穆索尔斯基的女巫

---

1. 1867年7月10日的信件，收录于 *MR*，第91—93页。
2. 1867年7月15日的信件，收录于 *MR*，第95—96页。
3. 1867年10月8日的信件，收录于 *RKP*，第302页；*MR*，第102页。
4. 7月10日的信件。

所使用的全音阶，但这次是更复杂的半音全音交替，八度有八个音，而不是七个——因此它的现代名称是八声音阶（里姆斯基-科萨科夫将其称为 gamma ton-poluton，即"全音-半音阶"）。与格林卡一样，这个想法是一种分裂和迷失。全音阶缺少将我们指向主调的半音，实际上是无调性的，在音乐上没有重叠和方向。另一方面，里姆斯基-科萨科夫的音阶具有相同数量的全音和半音，分布均匀，因此半音会将我们指向四个可能的方向。它牺牲了失重感，以换取复杂性。我们在一个正方形的房间里，每面墙中间有一扇门，所有这些门都可能带我们到达未知的目的地。里姆斯基-科萨科夫似乎已经明白，这种模式具有全音阶所没有的和声可能性，可以说，这是一个没有任何门的房间。和声来自方向感，无论有多么模棱两可；对于方向，我们需要选择，以及选择的标准。

同穆索尔斯基一样，里姆斯基-科萨科夫在《萨特阔》中的许多创作都是有意识地向李斯特致敬。李斯特的音乐中充斥着水的意象，尤其是流动的水，既是流动的又是不变的。圣尼古拉斯在海底造访萨特阔的构思令人无法抗拒地回忆起李斯特的《保拉的圣方济各在水面上行走》，但最引人注目的衍生是技术性的。早在李斯特之前，八声音阶就出现了（塔拉斯金在斯卡拉蒂和巴赫中发现了八声音阶），[1] 但李斯特似乎是第一个系统使用它们的人。在回忆录中，里姆斯基-科萨科夫承认李斯特的第一首交响诗《山间所闻》(*Ce qu'on entend sur la montagne*) 的贡献，虽然他避免提及音阶，只提到了它的一个特性，即通过下降小三度来进行和声运动。他还顺便列举了一些其他引用，包括巴拉基列夫的《金鱼之歌》、达尔戈梅日斯基的《水仙女》和李

---

1. Taruskin, *Stravinsky and the Russian Traditions*, 266-269. 塔拉斯金的发现是李斯特的技术影响到强力集团最细节性的注释。

斯特的《第一梅菲斯特圆舞曲》。[1]阅读所有这些就像在窃听忏悔。这位年迈的大师对他年轻的作品非常严苛：他认为它是衍生的、不平衡的、短促的，但他称赞材料的新鲜度和"管弦乐的色彩，被奇迹抓住了，尽管我在配器方面对音乐的无知令人印象深刻"。整个印象是，如果年轻的见习官有里姆斯基-科萨科夫教授的教导，一切都会好起来的；当然，这同样适用于穆索尔斯基。

无论其技术新颖性，优点和缺陷如何，《萨特阔》都不会在其主题之外掀起波澜。像他的交响曲一样，但以更个性化的方式实现了它所追求的目标，是具有吸引力的，表面和风格优雅，其中一些源于1892年的修订版。它完全没有《圣约翰的荒山之夜》的粗糙感，但也缺乏那种作品纯粹的冒险和危险感。毫无疑问，这是一部更好的作品，但局限性更大。当巴拉基列夫于1867年12月9日在俄罗斯音乐协会音乐会上进行首次演出时，它受到了好评，至少，观众们也并不总是因作品激进而表示肯定。里姆斯基-科萨科夫显然属于那种低调显示自己才华的人，能很好地迅速适应已知的风俗和方法，同时又增添了足够的个性，从而成为超越普通人的作曲家。里姆斯基曾以其典型的坦率回忆道，巴拉基列夫"对我的作品表达了某种崇高的敬意和鼓励的赞赏，但将我的作曲天性描述为女性，需要外来音乐思想的渗透"[2]。这一次，大师有可能是对的。

---

1. *LMMZ*，第73页；*MML*，第78—79页。
2. *LMMZ*，第79—80页。这段话在第一版俄罗斯版本中并不完整。

[第十四章]

法国客人与石客

巴拉基列夫出现在俄罗斯音乐协会的指挥舞台上是圣彼得堡教区音乐界迅速发展取得成功的结果。

鲁宾斯坦于1867年夏天辞去音乐学院院长和俄罗斯音乐协会指挥的职务,这并不令人意外。一段时间以来,他一直在抱怨官方对音乐学院管理的政治干预,并且至少从1月开始就公开表示要离开。但是,尽管巴拉基列夫圈子都在为他即将离开而议论纷纷,却似乎没有人相信他会离去,而且在他于7月在德国宣布他无意在秋天返回俄国首都之前,没有人准备替代他。[1] 权力的橡子随即出现,这恰恰说明了鲁宾斯坦辞职的原因。俄罗斯音乐协会董事会由达尔戈梅日斯基担任总裁,董事会成员包括德米特里·斯塔索夫和鲁宾斯坦的朋友瓦西里·科洛格里沃夫,他们同意任命巴拉基列夫在下一季俄罗斯音乐协会音乐会指挥。但是,可惜的是,他们的决定需要得到叶莲娜·帕夫洛夫娜大公的批准,她承认自己只是一名业余音乐家,但碰巧最近听到了巴拉基列夫在自由音乐学校音乐会上的指挥,在她看来,他表现得相当糟糕,不愿意让他参加四场以上的冬季音乐会。其余的,她坚

---

1. 参见 Taylor, *Anton Rubinstein*, 119-122, 以及 Ridenour, *Nationalism, Modernism and Personal Rivalry*, 第145页及后续部分,提供这些或者其他细节。

持要任命一位国际知名的音乐家来指挥，向俄罗斯音乐协会副会长德米特里·奥博伦斯基（Dmitri Obolensky）亲王建议："这样我们就能满足公众对新奇事物的渴望，让人们更容易忘记鲁宾斯坦缺席。"[1]

对于巴拉基列夫来说，要接过俄罗斯音乐协会的指挥棒，乍一看似乎是一颗苦药。他不喜欢作为音乐家的鲁宾斯坦，不喜欢他选择的曲目，不喜欢俄罗斯音乐协会过去的整个形象。与一些外国大师分享那个特殊舞台的想法几乎不会缓解这个不脸红的仇外者的情绪。但另一方面，他急需这笔钱。当然，这也是推广他自己圈子音乐的好机会，无法抗拒。因此，他接受了这个职位，条件是他可以为他自己指挥的音乐会选择曲目；同时，他对海外名人的话题表达了强烈的兴趣。选择的结果很可能落在李斯特身上。事实上，决定邀请的是柏辽兹，根据里姆斯基－科萨科夫的说法，这是巴拉基列夫的坚持。[2] 对于强力集团来说，柏辽兹是现代音乐至高无上的象征，一个在德意志人的游戏中击败了他们的天才，他创作了打破学院派的精彩交响曲，没有伪装成瓦格纳音乐剧的戏剧作品，以及德意志人无法比拟的轻盈和幻想的声乐作品。作为乐团的原创大师，他是西欧最接近格林卡的人。他是一位杰出的指挥家，尤其指挥他自己的音乐；尽管他的音乐声名狼藉，但除了他之前在十九世纪四十年代访问俄国时有所影响，在帝国内还远未广为人知。

柏辽兹于1867年11月中旬正式抵达圣彼得堡，一直待到来年的2月中旬，并于1月上半月短暂前往莫斯科。在圣彼得堡，他总共指挥了六场音乐会，主要以他自己的音乐、贝多芬和格鲁克的作品为基础。"赫克托·柏辽兹，"里姆斯基－科萨科夫在他的自传中写道，"来到我们这里时已经是个老人了，指挥时很警觉，但因疾病而不堪重

---

1. 1867年夏天的信件，引自 Ridenour, op. cit., 145。
2. *MML*，第81页。

负，因此他对俄罗斯音乐和俄国音乐家的态度完全无动于衷。"[1]这本回忆录是在约四十年后写成的，也许反映了某种愿望，即淡化斯塔索夫所说的新俄罗斯学派在复杂世界眼中的想象的重要性。但大卫·凯恩斯（David Cairns）已经表明这是完全不真实的。柏辽兹当然是年老体弱，但他显然因与这些热情的新听众接触，并因再次指挥如此贴近他内心的音乐而重新焕发了活力。他发现管弦乐队非常出色，对他的音乐的了解比他担心的要好得多，他对自己受到的欢迎感到兴奋，他写道，这激励他"像我以前可能从未指挥过的那样进行指挥"。[2]很明显，他花了很多时间与年轻的俄国音乐家在一起。他与巴拉基列夫一起精心为音乐学院合唱团排练，巴拉基列夫把合唱团作为他的新职责之一。至少他们中的一些人参加了俄罗斯音乐协会12月11日为他举办的生日晚宴。柏辽兹不时会在他位于米哈伊洛夫斯基宫的公寓里接待来访者。晚餐前几天，斯塔索夫发现他躺在床上，"一具真正的尸体，呻吟和喘息着，可以立即埋葬了"。但在其他时候，这位伟大的作曲家的状态要好一些。他的访客当然包括居伊和鲍罗丁，可能还有穆索尔斯基和里姆斯基－科萨科夫。[3]当然，他们还去看了他的音乐会。居伊在《俄罗斯商业日报》为音乐会撰写评论，并且在对某些曲目发发牢骚（"莫扎特的三首非常弱的作品"；贝多芬的"田园"，"现在已经失去了很多新鲜感和新奇感，也许被认为是贝多芬最不成功的交响曲"），但仍赞扬柏辽兹的指挥：

> 艺术发展的最高阶段是简单，即使是最快乐的自然规律也很少上升到这个阶段。柏辽兹所拥有的这种无价的品质

---

1. *LMMZ*，第74页；*MML*，第82页。
2. 引自 Cairns, *Berlioz: Servitude and Greatness,* 763。
3. 同前。

是最高的。在他的表演中最引人注目的是完全没有做作或夸张，而是对细微差别进行最精致、多样、多彩的表达。没有人会比柏辽兹更虔诚地尊重别人的想法。没有人会因为他人作品中概念或表达方式的切割、改动、扭曲而更加愤怒，没有人会更忠实地表演，更能理解作品的精神，或更完整地保留作者的所有细微差别……多么朴素的举止，多么清醒，同时又多么精准的手势，多么谦虚！当他演奏完第一首曲子后，观众大声呼喊柏辽兹时，他出来了，并以迷人的姿态表明表演的功劳属于管弦乐队，而不是他。在彼得堡听过的所有指挥家中，毫无疑问柏辽兹是最伟大的……[1]

在所有这些混乱中，巴拉基列夫自己的四场系列音乐会不可避免地显得低调。作为指挥家，他似乎具备了很多居伊称颂柏辽兹的美德：

简洁，准确地观察作曲家的所有指示，不允许任何形式的夸大、过分强调或不恰当的加速或减速……他没有虚假的表达、自命不凡或做作。他的节奏是正确的、准确的、无与伦比的。但他的表演从不枯燥或毫无生气。他天性的温暖传递到他的表演中，同时又不减损它们的高尚艺术价值。[2]

然而，他的节目单是俄国作曲家（几乎占了一半）的作品——比如这年早些时候激怒了屠格涅夫的作品——和西方作曲家作品的特殊混合体，这些作曲家碰巧得到了巴拉基列夫的高度认可和选择。所以

---

1. "Chetvyortïy I pyatïy kontsertï Russkogo Muzïkal'nogo Obshchestva. Gektor Berlioz," in Gusin, *Ts. A. Cui: Izbrannïye stat'i*, 118–126.
2. Lyapunov，引自 Garden, *Balakirev*, 82。

有贝多芬但没有海顿、莫扎特或其他更早的任何作品，有舒曼但没有门德尔松或舒伯特，有李斯特但没有瓦格纳，除了瓦格纳早期的、不具备特征的《浮士德》序曲，出于某种原因巴拉基列夫很欣赏。俄国作品通常是杂乱无章的组合，包括"鲁斯兰"和达尔戈梅日斯基的《水仙女》的选段、格林卡和巴拉基列夫本人的歌曲以及斯拉夫音乐会上的两首"明星"作品，里姆斯基-科萨科夫匆忙创作的《塞尔维亚主题幻想曲》和巴拉基列夫的《捷克主题序曲》。

在这个圈子里，《萨特阔》作为一个重要而实质性的新奇事物大放异彩。居伊（他并不总是对强力集团的同僚显得大度）认为它表明"科萨科夫的天赋正在迅速成熟和强化；在不到两年的时间里，他给我们带来了四部优美的管弦乐作品，其中最近的《萨特阔》明显优于其他作品，在当代交响乐作品中占有非常突出的地位"[1]。甚至谢洛夫也称赞里姆斯基-科萨科夫的音乐材料和他作品中对管弦乐队的处理（"无限的财富不仅是普通的斯拉夫语，而且是真正的俄罗斯语……作曲家的调色板闪耀着独特而原始的丰富性"），但随后将其长篇评论的其余部分用于攻击这位年轻的作曲家选择了萨特阔传奇中的一集而不是创作整部史诗——人们可能会认为，这是《朱迪斯》作曲家的一个奇怪抱怨。[2] 与此同时，最近任命的、极端保守的《声音》（*Golos*）的音乐评论家亚历山大·法明岑（Alexander Famintsïn），以《萨特阔》音乐会为借口，公开反对所谓的民族主义音乐，特别是巴拉基列夫圈子。"许多人，"他写道，"似乎认为我们已经拥有俄罗斯器乐音乐，甚至称其为'民族'。但音乐是民族的，仅仅因为它用于创作琐碎的舞蹈曲调的主题，这些曲调总会提醒人们沙龙里那些令人作呕的

---

1. "Sed'moy kontsert Russkogo Muzïkal'nogo Obshchestva," in Gusin, Ts. A. Cui: *Izbrannïye stat'i*, 118–126.
2. *Muzïka i teatr*, no. 15 (1867), 引自 Campbell, *Russians on Russian Music*, 186–190。

场景，它就具有民族性吗？……如果那是'民族主义'，那么我们确实可以夸耀俄罗斯的民族器乐，因为我们有很多这种形式的特列帕克舞。"[1]巴拉基列夫的《捷克主题序曲》和里姆斯基-科萨科夫的《萨特阔》都包含有特列帕克舞。

法明岑本人是（在莱比锡）受过音乐学院培训的音乐历史学家、圣彼得堡音乐学院的历史和美学教授，并且本身也是一位作曲家。当巴拉基列夫在9月被任命为俄罗斯音乐协会指挥时，法明岑曾在《声音》中称其为"一位年轻且非常有才华的作曲家和指挥家"，但这可能部分是因为他希望说服这位才华横溢的指挥家将他最近创作的席勒的《威廉·退尔》配乐排期。法明岑在他对12月音乐会的评论中也谨慎地对待了巴拉基列夫的《捷克主题序曲》。两个月后，巴拉基列夫在一次私人俄罗斯音乐协会的试演中正式指挥了法明岑的作品，其中还包括对鲍罗丁《降E大调交响曲》的激情演奏。但这位好教授对新俄罗斯音乐的评论让穆索尔斯基无法接受，他立即以歌曲的形式将一首音乐讽刺诗写进了他称之为"古典主义者——关于法明岑先生的一些音乐文章"的文本中。

作为鲁宾斯坦的专业上的同事和实际上的盟友，法明岑自然反对他所认为的新俄罗斯学派的浅薄主义，以及鲁宾斯坦本人在包括瓦格纳和李斯特在内的所谓新德意志学派的作曲家中所拒绝的现代主义。但是他喜欢什么样的音乐呢？穆索尔斯基有他自己的答案。"我很简单，"他代法明岑宣称，"我很清醒，我很谦虚，有礼貌，我很漂亮……是一个纯粹的古典主义者。"音乐有一种踌躇不定的魅力，就像一位自信的访客走进十八世纪的客厅，直到歌曲的中间部分，礼貌变成了对"最新技巧"和"所有创新"的愤怒，尤其是（伴奏提醒我们）

---

1. 引自 Ridenour, *Nationalism, Modernism and Personal Rivalry*。

对里姆斯基-科萨科夫《萨特阔》。《古典主义者》(*The Classicist*) 不是一首好歌，但也不是一首失败的歌曲。对法明岑的戏弄现在当然和历史上那个人物所占据的位置一样毫无意义；但在某种程度上，这种讽刺是通用的——对那些相信音乐随着贝多芬而结束或希望它结束的人（仍有待发现）进行了巧妙而诙谐的嘲讽。

穆索尔斯基之所以能够如此准确地击中这位自我意识的纯粹主义者，原因之一是他自己一直在基于简单喜剧和儿童喜剧作一系列研究。它们包括《萨薇日娜》中的傻瓜、《神学院学生》中的新生和《哦，你喝醉了！》中的丈夫，这些悲剧性幽默接踵而至。即使是浪漫的《犹太之歌》，是对《所罗门之歌》第二章开头诗句的非常自由的释义，也保留了一种慵懒的纯洁，竖琴伴随着古老的民间旋律，色彩明显是自由的。梅伊的诗将《圣经》文本改编为男女恋人之间的对话，这肯定不是穆索尔斯基的手笔。穆索尔斯基仍然依赖他的哥哥和嫂子为他提供栖身之所，便将这首精美的歌曲献给了他们。

《犹太之歌》(*Jewish Song*) 创作于1867年6月，就在穆索尔斯基一家抵达明基诺之后，在作曲家完成《圣约翰的荒山之夜》之前。夏天剩下的时间里，他创作了三首歌，它们具有独创性的风格和精确的目标和技法，让人看不出他是在缓慢或懒散地创作。所有这三首都是对固定节奏的研究——以单一的、不变的节奏单位组成，就像《美丽的萨薇日娜》中愚人的节拍一样。然而，在这里，愚人被儿童和农民所取代，他盲目的绝望变成了非常年轻的和生活受自然和规则支配的人所钟爱的仪式咒语。因此，《喜鹊》(*Strekotun'ya beloboka*) 中的喜鹊一开始就变成了模仿游戏的托词，而在《采蘑菇》(*Po gribi*) 中，机械计数节奏成为传送带，用来对从事收集工作的年轻女孩进行一些任性的长篇大论。

喜鹊之歌尽管语气幼稚［它的副标题为"玩笑"(*A Joke*)］，却是一首微妙而复杂的作品。文本融合了普希金两首完全不同的诗，以这样的方式完成，创造了意义的模糊性，穆索尔斯基随后将其用作音乐交叉的基础。普希金关于喜鹊的八行诗歌片段已经将看似无关的图像拼凑在一起：门口的一只鸟儿、客人的预言、想象中的钟声、晨光把白雪皑皑的大地映得银装素裹（也许他打算将这首诗扩展成一个连贯的叙事，尽管事实上押韵的方案很好）。另一首诗［《晨钟在响》(*Little Bells Are Ringing*)］响起钟声，加上一个鼓手、一群人，还有一个小吉卜赛女孩，她挥舞着手帕上下跳跃。对穆索尔斯基来说，这一系列的图像就像是一首附加的民间诗歌，它不连贯之处只是历史的一个方面；但同时，这些联系是暗示性的。人们是（假设）预期的客人；吉卜赛女孩可以是喜鹊，她也跳上跳下，预知未来，并称自己为歌手。

音乐反映了这种合逻辑和非合逻辑的模式。喜鹊的喋喋不休（断奏八分音符）很快就被钢琴上的钟声（十六分音符）增添了色彩；但是当玫瑰色的黎明在雪地上闪闪发光时，声音像教堂的钟声一样清脆，甚至被第二首诗的钟声占据，并像稳定的钟声一样贯穿始终，直到最后的对句，此时音乐增强为吉卜赛女孩庄严的结束语："我是歌手。我是算命的女主人。"然后重复整个过程（有一个删节）。将世俗观察与教堂钟声联系起来就像民间智慧的神化一样，有些神秘。它本质上是一个斯拉夫主义的想法：在农村人民的生活中寻求神圣。但只有穆索尔斯基——不是斯拉夫主义者，也不是一个普通的基督徒，而是一个没有包袱的艺术家——才能意识到它独特的音乐潜力。

梅伊的《采蘑菇》更明显是连贯的。采蘑菇的姑娘年纪虽小，但结婚年龄还不算太小，她似乎打算毒死公婆，毒死丈夫的祖父（大概），最后毒死丈夫，守寡时躺在他身边。但穆索尔斯基通常不将其视为戏剧，而是将其视为角色研究。很明显，这女孩不会杀人，她只是因为家里发生了一些争吵而感到愤怒，一边想着毒药一边采摘食物来发泄怒火。这是音乐无情的欢乐的唯一可能，随着女孩低声说着黑暗的威胁，并且（想象中的）以不必要的激烈态度折断蘑菇，阴险的半音和声逐渐消失。与穆索尔斯基一贯的风格一样，游走的和声是富有表现力的，而不是句法上的，强化了一个活泼但没有杀心的女孩的形象。她会回家做一顿完美可口的晚餐，这首歌的结尾与它开始时一样充满另类的弹性节奏。

这些夏末歌曲中的最后一首是科利佐夫的一首名为《盛宴》（*Pirushka*，亦译《小盛宴》或者《农民盛宴》）的诗配乐。穆索尔斯基为这诗加上了副标题"故事"（*Rasskaz*），但重点再次不是叙事而是对场景的描绘。客人（显然这是目前关注的焦点）到达后，被庄严地带进屋子，在圣像前祈祷后，享用自制的苦酒和用自制雕刻勺子盛烈性啤酒。这首歌就像佩罗夫的一幅风俗画：场景丰富朴素，热情好客的虔诚仪式的形象，主人和女主人以及他们的女儿"以少女般的善良"在分发蜂蜜时的魅力——对于所有这些细节，穆索尔斯基找到了一种能够捕捉到他们的正直和永恒尊严的音乐。

他为这首歌感到自豪的事实表明，他不仅在给里姆斯基-科萨科夫的一封信中提到了它，而且还引用了它的主题并将其描述为特别的俄罗斯歌曲。作为回应，里姆斯基-科萨科夫拒绝对这首曲子进行评判，"直到我能听到整首歌"。然而，从某种意义上说，整首歌——正如穆索尔斯基所描述的那样，"它的整体风格"已经出现在主题中，它庄严的十一拍节奏（恒定的6+5），以及不间断的四分音符节奏，让歌手保持律动，而不是在每个乐句的末尾添加杂散的半拍，因为关于稳定的流动和不合理的节拍计数的要点是否认寻常的趋势，即音乐从A通过某种高潮和修辞终止进行到B。穆索尔斯基的《盛宴》既没有达到正常意义上的高潮，也没有结束。当客人离开时，就像他到达时一样平静，它只是在铿锵的节奏中（阿门）戛然而止。

回到圣彼得堡后，12月和1月他又创作了五首歌曲，其中四首（包括《古典主义者》）是与夏季作品相同意义上的对生活的研究。《被驱逐者》（*The Ragamuffin*）与早期的歌曲不同，它是为穆索尔斯基本人的歌词（同样，人们很难称它为一首诗）配乐，其中的每行或半行大部分是五声调的，因为主题是一个调皮的小男孩取笑一个老妇人，音乐主要是以快速的五四拍，孩子气的咒语出现。这是《美丽的萨薇日娜》概念的延伸，后者具有强迫性的、幼稚的五拍子，而《小盛宴》中六拍子和五拍子也是这首诗对联式的严格音节设置的结果。但正如在语言游戏中，孩子会故意扭曲正常的口音以保持机械性的模式，因此穆索尔斯基的顽童有时会错误地将五拍子划分为2+3，无论自然口音落在哪里，或可扩展无重音的音节以创作一个明显随机的六拍小节。作曲家想要绘制的图画影响着歌词文本的设定。

在歌曲《孤儿》（*Sirotka*）中，情况也是如此，但另一种意义上，这也是作曲家创作的一段文字。一个无家可归、饥肠辘辘的男孩向一个富裕的路人乞求施舍，整首歌曲［几乎按巴洛克情感风格（Affekt）的方式］被第一句的强拍节奏所支配："拜托，好先生，请仁慈一点。"这种在俄语和英语中都已经很重的口音因孩子的绝望而加剧，穆索尔斯基不仅通过持续的节奏动机强调这种口音，而且几乎每个小节都强调动态——无论是人声强拍还是钢琴强拍，然后是渐强和渐弱，结果形成了一幅非常生动和凄美的音乐画面。几年后，屠格涅夫出席了伟大的低音歌剧演员奥西普·彼得罗夫的晚会，后者的妻子安娜在晚会上演唱了《孤儿》，屠格涅夫在向波林·维奥多尔的记述中称自己被"感动得流下了眼泪"[1]。

相比之下，《公羊比利》（*The Billy Goat*）更像是一场猜谜游戏，人们可以想象穆索尔斯基在现场会即兴表演。歌词也是他自己创作的，但现在有一个简短的叙述——一部讽刺喜剧，五十年后，它可能会成为一个讽刺小品。作曲家将其副标题起为"社会故事"。一个女

---

1. 1874年6月3日的信件，见 Zviguilsky, *Ivan Tourgénev: Nouvelle Corréspondance inédite*, 211–212.

孩走在田野里"炫耀自己"（A大调优美的、轻快的旋律），但遇到了一只可怕的老山羊比利（脾气暴躁的C小调），她立马逃跑并躲在灌木丛中（又是A大调，但速度更快，钢琴上运用快速的十六分音符）；不过很快，这个女孩就结婚了（一开始是优美的A大调音乐），她嫁给了谁？自然是一只脾气暴躁的老山羊（升C小调）。当然，她这次没有逃跑，而是依偎在他身边，发誓忠诚，等等（以轻快的A大调结束）。从音乐上讲，这首歌在某种程度上是微不足道的，但穆索尔斯基处理得绝对简洁，就像连环画一样。

这些生活研究的唯一例外是科利佐夫的另一首诗《沿着顿河花园盛开》（*Po-nad Donom sad tsvetyot*）。严格来说，这是一首融合了作曲家现实主义手法的浪漫故事。诗人窗外的花园小径上，有一个姑娘在散步。但这首歌更多的是关于她的感情而不是她的外表，是同理心造就了浪漫：她的脚步纤巧，她失恋的叹息，她用感情浇花的暗语。这是里姆斯基-科萨科夫眼中"（穆索尔斯基）天赋的理想一面，但后来他自己却在泥潭中被践踏了"，并且"缺乏适当的晶莹剔透的完成和优雅的形式……尽管他有偏见，但他确实继承了这种美丽和流畅，他是多么高兴！我不止一次目睹了这一点"[1]。

里姆斯基-科萨科夫自然会有偏见，因为他自己的爱好恰恰是他遗憾穆索尔斯基罕有的方向。他自己这一时期的歌曲是精致细腻的浪漫故事，完全是传统的性格，如普希金抒情诗《我对你说话的声音甜美而慵懒》（*Moy golos dlya tebya*）流畅的配乐，这是于1867年作为作品7出版的四首歌曲之一，或者与莱蒙托夫慵懒东方主义的浪漫曲《你的目光像天空一样闪耀》（*Kak nebesa, tvoy vzor blistayet*）在同一组。然而，如果将里姆斯基-科萨科夫的这种抒情性质视为必然敌视任何

---

1. *LMMZ*，第68页；*MML*，第74页。

一种激进的思想，那就大错特错了。

"达尔戈梅日斯基委托我在星期三晚上（5月1日）邀请你去他家，他们会唱他迄今为止所有为《唐璜》[1]谱写的作品。"[2]

斯塔索夫在给巴拉基列夫的信中强调了"唱歌"这个词，这可能表明之前的《石客》采样更像是钢琴片段的性质，也许是达尔戈梅日斯基九声呻吟的这些部分；或者它可能只是一个关于作品语言旋律构思的温和而讽刺的玩笑。事实上，似乎可能根本没有提供多少真正的音乐，圈子对作品的了解主要是通过对潜在思想的讨论。1868年1月，达尔戈梅日斯基写信给他的朋友康斯坦丁·维利亚米诺夫（Konstantin Velyaminov）："我现在又回到了《石客》中，"并补充说，"这不仅让居伊-巴拉基列夫圈子非常高兴，也让（他的音乐家朋友）普戈尔德姐妹、（歌手尤利娅·）普拉托诺娃（Yulia Platonova）高兴。"[3]但他们在那个阶段实际听到了多少仍然是个谜。

达尔戈梅日斯基的健康状况严重恶化，很可能是因为他意识到自己的心脏病正在慢慢地夺走他的生命，这使得创作他念叨已久的歌剧任务变得紧迫。从1月底到4月初，他写下了第一幕的大部分内容（普希金四个场景中的前两个）。"尽管我的病情很严重，"他告诉柳博芙·卡玛琳娜："我已经开始了我的绝唱；我正在写《石客》。这是一件奇怪的事情。我的紧张状态唤起了我一个又一个的想法。我几乎没有任何努力。两个月的时间我写了以前一整年写的东西……当然，这部作品不会为很多人而写，但我自己的音乐圈对我的劳动感到满意。"[4]

---

1. 译者注：也称作《石客》。
2. 1868年4月26日斯塔索夫写给巴拉基列夫的信件，收录于 *BSP1*，第254页。
3. 1868年1月24日的信件，引自 *TDM*，第148页，*MDW*，第160页。
4. 1868年4月9日的信件，引自 *ODR*，第263页。

事实上，3月初在达尔戈梅日斯基的公寓里至少有过一次重要的工作磨合。这是第二个场景的表演，其中大部分是劳拉（普希金作品中的唐娜·埃尔维拉）和她的情人唐·卡洛斯之间的对话。斯塔索夫邀请巴拉基列夫参加的5月演练将包括前两个场景，至少有唐璜在第二幕的出场以及结束场景的与唐·卡洛斯的致命决斗。

到目前为止，达尔戈梅日斯基一直是谢斯塔科娃晚会的常客，但据里姆斯基-科萨科夫所说，他身边围绕着"由业余爱好者或音乐家组成的崇拜者，尤其稍弱于他的人"[1]。里姆斯基-科萨科夫暗指达尔戈梅日斯基宁愿未完成也不愿意完成失败的作品，他的《水仙女》遇到巴拉基列夫圈子中有强烈批判性思维和有抱负的人，正如我们所知，他们在评价彼此的作品时可能会很无情。当达尔戈梅日斯基的老歌剧芭蕾舞剧《巴克斯的胜利》（*Triumph of Bacchus*）最近在莫斯科首演没有成功时，穆索尔斯基在给巴拉基列夫的一封信中为它的失败而幸灾乐祸。[2]但现在《石客》进展迅速，在强力集团遥远的赞许声中，作曲家开始感到有信心在他们的团体中展示自己的作品并公开讨论。因此，他抛弃了他的大部分业余爱好者，而是再次邀请了巴拉基列夫、斯塔索夫和他们圈子里的其他人。在他以前的伙伴中，只有两个姐妹留下来：娜杰日达·普戈尔德，一位天才钢琴家，穆索尔斯基的老师安东·赫克的学生，以及她的姐姐亚历山德拉，一位才华横溢的优秀钢琴家、女中音。

达尔戈梅日斯基注定永远不会听到他的最后一部歌剧在舞台上或与管弦乐队一起演出了。但是，钢琴的演绎一定以自己的方式表现出了高度的戏剧化。"这几乎不可能，"斯塔索夫后来写道，"有人能在剧院里听到达尔戈梅日斯基伟大作品的如此完美的表演。"[3]作曲家自己

---

1. *LMMZ*，第80页；*MML*，第86页。
2. 1867年1月26日的信件，收录于*MR*，第78页。
3. *MBO*，第82页。

会"用一个老人的嘶哑声音"[1]，来演绎唐璜这个角色，但却具有生动的戏剧效果。穆索尔斯基扮演莱波雷洛和唐·卡洛斯，亚历山德拉·普戈尔德演唱劳拉和唐娜·安娜，维利亚米诺夫演唱低音部分——第一幕中的僧侣和最后一幕中的指挥官。娜杰日达·普戈尔德一直是钢琴家，"我们亲爱的小管弦乐队"，她后来逐渐为人所知。这并不是声音鉴赏家的场合。穆索尔斯基本人是一位体面的歌手，他的男中音悦耳动听，他在这个部分的主要才能是当一名声乐演员。他的品质反映了他最具特色的歌曲。他有能力以喜剧或悲剧的机智和精确度让他正在演唱的角色足够真实，可以让他的观众笑或哭，有时两者兼而有之。莎夏·普戈尔德同样在角色中发挥了最好的作用。斯塔索夫回忆说："她在表演正式歌剧咏叹调方面没有什么天赋，但另一方面，她对所演作品的逼真和生动性是无与伦比的，其突出的品质展现了作品的真实性、现实主义和灵魂的热情，无论喜剧还是幽默。"[2]

达戈梅日斯基的作品很好地发挥了这些才能。从将普希金的小剧本或多或少逐字逐句配乐的想法开始，他采用了一种完全避免传统声乐的风格。取而代之的是，人声线条是语音轮廓和歌唱的抒情要求之间的折衷。他们几乎总是尊重俄语口语的自然口音，从不陷入任何类型的声乐展示：没有装饰音，没有圆舞曲或华彩，也很少有极端的音域。因此，例如，尽管唐璜这部分是为男高音而写的，但它几乎不会偏离高音谱号定义的范围：从低音D到高音G——对于歌剧男高音来说，这是一个极其有限的音域。其他角色也是如此。但是这种（显然是故意的）对歌手天生运动能力的限制与文本的音节设置相匹配，同样限制了任何表达性发声的倾向。音乐，就像普希金的诗句一样，在稳定、均匀的价值中前进，通常没有作曲家有充分理由强加给他们设

---

1. *LMMZ*，第80页；*MML*，第87页。
2. *MBO*，第81页。

定的歌词文本的各种节奏和律动。文本让歌手可以自由地对歌词进行细微的调整。但它几乎没有为歌剧演员所习惯的那种表达自由提供任何空间，同时它也剥夺了被演员视为理所当然的时间自由。从表面上看，《石客》具有音乐和语言的所有缺点，而没有它们中的任何优点。

显而易见的问题是：达尔戈梅日斯基认为通过以这种有意识的限制方式来为普希金的戏剧配乐会获得什么？正如他告诉卡玛琳娜的那样，他的口号是"真实"。但它是以高度专业化的方式定义的真理，即根据口语来定义，这似乎不是判断音乐真实价值的最明显标准。还不如用音乐性来评价口语的"真实性"，而这显然是荒谬的。穆索尔斯基和任何人一样对《石客》背后的想法感到兴奋，他实际上一直在研究一个有点不同的假设，即音乐可以通过隔离语音的某些特定方面将我们带入个人或情况的核心或声音并将其转化为音乐动机：愚人喘不过气来的宣言、新手无意识的变态、孤儿恳求的指尖、蘑菇采摘者复仇的喃喃自语。最后，所有这些都被视为音乐材料。当然，对于达尔戈梅日斯基而言，歌剧改革的概念还有其他方面。就像他之前的格鲁克和瓦格纳（瓦格纳的理论已经知道，他的相关作品还不为人知），他想摆脱传统歌剧的人为因素：声乐表演、大咏叹调，从瓦格纳"风景式演唱的巨大合唱团学会了行进和唱歌"。他希望音乐能以一种完全证明佛罗伦萨乐团（Florentine Camerata）的旧标签方式与文本结合在一起：有音乐的戏剧（dramma per musica）。但他也受到车尔尼雪夫斯基艺术理论的影响，认为艺术是对现实状况的渴望。他认为，通过使音乐与口语文本保持一致，使其仍然是音乐，他就会创作出更真实的东西。因此，毫无疑问，他在艺术上将更胜一筹。

面对作品本身，这种论点很难站得住脚。《石客》在音乐上是一部令人沮丧的作品，既不像围绕它的理论那样激进，也不像人们所期望的那样枯燥乏味。塔拉斯金在这个问题上引用了保罗·亨利·朗的看法：在《水仙女》和《石客》中，朗断言，"纯音乐元素完全淹没在抽象的戏剧结构的教条中,而抒情戏剧变成了一种令人生畏的、枯燥单调的新的宣叙调风格,尽管这宣叙调偶尔会达到相当丰富的地步"[1]。但朗可能没有听过这两部作品。《石客》几乎没有什么令人生畏的地方。正如塔拉斯金所展示的,它的主要基调是抒情的,如果它的音乐有时确实是单调的,但这与枯燥无关,而与达尔戈梅日斯基强加给自己的表达范围的简单限制有关。如果他是一个更伟大的作曲家,他可能会从他的根本概念中提炼出一些令人吃惊的东西,哪怕只是有时会忽略它,就像瓦格纳十年前在创作《指环》时所做的那样。事实上,他创作的是一个小曲,虽然绝不是毫无价值的乐谱,但在某种程度上被其概念所困。正如我们将看到的,更伟大的作曲家需要付出更大的努力,通过教自己如何忘记这个概念,才能释放出这个想法中的艺术潜力。

---

1. Lang, *Music in Western Civilization*, 947;部分引自 ODR,第267页。

[第 十 五 章]

孩子与取消的婚礼

3月的那个晚上,在达尔戈梅日斯基家,普戈尔德姐妹们密切观察着穆索尔斯基。这是他们的第一次见面,据纳迪娅说,她们以前对他一无所知,如果是这样的话,可能达尔戈梅日斯基没有在自己的圈子里宣传巴拉基列夫这个圈子。她的回忆并不过分讨好。"穆索尔斯基的个性是如此独特。"她写道:

> 一旦你见过他,就不可能忘记他。他中等身材,体格健壮;有一双优雅的手,美丽匀称的波浪形头发,一双大大的、微微突出的浅灰色眼睛。但是他的五官一点也不吸引人,尤其是他的鼻子,正如他解释的那样,鼻子总是很红,因为它曾经在游行中被冻伤。穆索尔斯基的眼睛一点也不富有表现力,甚至可以说几乎像罐头一样。总的来说,他的脸不太灵活,也没有什么表情,好像隐藏着什么谜团。在谈话中,穆索尔斯基从不提高声音,而是将他的讲话降低到几乎是耳语。他的举止文雅,富有贵族气质,人们在他身上看到了一个有教养的上流社会的人的样子。[1]

---

1. Gordeyeva, *M. P. Musorgsky*, 96. 穆索尔斯基很可能是为了这些女士才解释他那五彩斑斓的鼻子。

但穆索尔斯基的个性"让我和姐姐都印象深刻。难怪他是如此有趣、如此原始、如此有才华和神秘"。莎夏·普戈尔德尤其受到了打击,事实上,她爱上了这个难以捉摸的年轻人。可她虽然漂亮,才华横溢,却似乎从来没有穿过他的感情防线。很快纳迪娅就会在她的日记中提到萨夏"只看到一个冷漠的男人,只要他对她表现出一点兴趣,这个男人就会激发她的热情。她没在他身上看到自己想的东西,就夸大其词,把他的态度说成近乎仇恨,还说他连她的歌声都不喜欢,他的来访也不是为了她"[1]。然后说:"我还是不太明白他和萨夏的关系。不管怎样,在我看来,他对她很感兴趣,他认为她是一个令人费解的、独特的、反复无常但具有强大天性的女性。但他是否能够被她吸引,爱上她,我不知道。他是个自我主义者,一个了不起的自我主义者!"[2]

正如我们所看到的,对这种不可理解的情状的解释是,穆索尔斯基是同性恋,但是这方面的证据很少。纳迪娅描述的一切都暗示了性压抑,这当然可以通过他终生偏爱年长的,通常是已经结婚的女性以及其他一般情况下对男性陪伴的偏爱得到证实。姐妹们对他的昵称是"Yumor"("幽默"——她们称里姆斯基-科萨科夫为"Iskrennost"——"真诚"),这可能表明,在这种情况下,他习惯于用轻浮来回避与他人的情感接触。"他有自己独特的头脑,"纳迪娅记录道,"独创且非常诙谐。但他有时会滥用这种智慧。这可能是一种姿态,以表明他不像其他人,也可能只是他本来的样子。前者更可信……"[3] 穆索尔斯基对语言的使用似乎强化了他巧妙保护自己真实感情的想法。"简单、平庸的话语让他反感。他甚至想方设法改变和篡改姓氏。他的信件风格异常新颖和风趣;他的绰号机智、幽默和精确得让人发笑。在他生

---

1. *MR*,第154页。
2. *MR*,第155页。
3. 同前。

命的最后几年，这种别出心裁的风格已经变得矫揉造作了。……（并且）顺便说一句，到那时，这种矫揉造作和不自然有时不仅表现在他的信件中，而且表现在他的整个行为方式中。"[1]

穆索尔斯基的信中这种明显令人费解的特质最引人注目的一点是，它与人们对普通俄语语言的自然特性产生的强烈且日益增长的兴趣相吻合。到目前为止，他一直在刻画肖像，将语言习惯视为某种特殊情况的一个方面：愚人或孤儿的恳求、新手的背诵、衣衫褴褛者的嘲讽。根据普通言语的轮廓来设置词语的想法一定是由达尔戈梅日斯基在《石客》中的做法所暗示的。然而这并不是达尔戈梅日斯基所作的。毕竟，普希金的剧本是用（无可否认是没有形象的）诗句写成的，作曲家的任务——或者至少达尔戈梅日斯基认为他的任务——是找到一首抒情诗——相当于背诵它。文本是逐字逐句地配乐的，但几乎不像是正常的对话。穆索尔斯基唱完这首歌，毫无疑问与作曲家讨论了哲学问题，得出一个略有不同的结论。如果有必要的话，他会选择自己写的散文，并尝试真正地以一种音乐形式捕捉其精确的细微差别，这种音乐形式每个音节只用一个音高表示，而在语音中，音高通常在音节内不断变化。你可以自己试试这个，说出最简单的一句话："我的票丢了。""门口有个人。""几点了？"无论采用何种表达方式，音高都是无法定义的。当你试图在每个音节上保持音高的那一刻，你就会唱歌，无论你的歌声多么糟糕，这都适用。穆索尔斯基现在似乎已经下定决心，要在不脱离歌唱的前提下，尽可能接近这种意义上的语言。这看似微不足道的决定的后果，在适当的时候会被证明是重要的。

从一开始，这个想法似乎就在他的脑海中与孩子们联系在一起。也许这个发现是偶然的。在达尔戈梅日斯基家的晚会后一两个星期，

---

1. Gordeyeva, *M. P. Musorgsky*, 97.

他为尼古拉·涅克拉索夫创作了一首伤感的小摇篮曲,《埃雷莫什卡摇篮曲》(*Yeryomushka's Lullaby*),在这首歌曲中,一个孤儿的摇篮在摇晃,伴随着世俗的忠告:要想在生活中获得成功,需要巴结正确的人。不久之后,他又写了两首关于儿童的歌曲,一首是为梅伊创作的小诗配乐,名为《儿童之歌》(*Detskaya pesenka*)(或作"幼儿之歌"),以及另一首更精致的基于穆索尔斯基本人创作的文本《同保姆一起》(*With Nyanya*),其中一个小男孩缠着他的保姆给他讲故事。后一首歌和涅克拉索夫的摇篮曲被写在同一个笔记本上,并献给"音乐真理的伟大导师亚历山大·谢尔盖耶维奇·达尔戈梅日斯基"。

穆索尔斯基喜欢孩子,和他们在一起感到自由自在。虽然倾向于让成年人,尤其是情感上要求高的人,与孩子保持一定距离,但他可以放松地用孩子的语言与他们交谈。从那时起,德米特里·斯塔索夫的女儿瓦尔瓦拉就对他记忆犹新。

> 他经常来我们家,要么是在城里,要么是在靠近帕尔戈洛沃的扎马尼洛夫卡的别墅里,因为他不和我们装模作样,也不像大人在父母的朋友家里跟孩子说话那样,用做作的语言跟我们说话,我们不仅很快就爱上了他,甚至开始把他当作我们中的一员。……作为最年长的我,穆索尔斯基经常和我谈论"严肃的事情"。因此,他是第一个向我解释星星被划分为不同星座的人,许多单独的星星,就像星座一样,都有自己的名字。……我们这些孩子一点也不害怕他,经常会跑到他面前,把我们所有的废话都说出来,甚至是对我们的一些"戏剧性冲突"进行"判决"。[1]

---

1. Gordeyeva, *M. P. Musorgsky*, 109–115.

穆索尔斯基会为他们唱歌和演奏儿歌。瓦尔瓦拉回忆说，他们会笑"看到一个成年人在钢琴前唱着我们的保姆通常会唱的'歌曲'……但直到后来我们才意识到'为儿童创作的歌曲'和艺术歌曲之间的区别"。不过，穆索尔斯基本人可能倾向于模糊这种区别。浪漫的世界，有玫瑰和夜莺，有叹息和眼泪，有沙沙作响的树叶和荡漾的小溪，他都不再感兴趣。但在以儿童为题材时，他丝毫未淡化对生活的认真。相反，一定是孩子们本质上的严肃让他很容易认同他们。这不是逃避轻浮的情况。关于孩子们的问题不在于他们愚蠢或有趣，尽管他们经常如此；关键是他们是自然的，不受强迫的。观察他们使人接近一种真实的行为和感觉，不受客厅礼仪或复杂情感的影响。他们是真实艺术的现成起点。

我们需要转变观点。《埃雷莫什卡摇篮曲》既是一首成人的歌曲，也是一首摇篮曲，因为孩子的焦虑恐惧而增色，却不受孩子自身恐惧的影响。相比之下，《儿童之歌》似乎是一首真正的儿歌，是一首童谣。花园里长了一棵覆盆子树；阳光温暖它，雨水珍惜它。娜宁卡在塔里长大；爸爸爱她，妈妈爱她（对偶，以及时态的转换，都是民间诗歌的特征）。虽然这首歌很迷人，但它在简单中仍然带有一丝技巧，它以未解决的七和弦结尾，在这种情况下，感觉像是一种修辞手法。只有在第三首歌曲《同保姆一起》中，穆索尔斯基才令人信服地进入了孩子的脑海中，创造了一部情节和音乐似乎完全由孩子的逻辑控制的微型剧。他一定已经意识到在这首歌中迈出了重要的一步，因为他很快又创作了更多同样的歌曲，并将它们收录在名为《育儿室》（*The Nursery*）的套曲中出版。[1]

---

1. 根据诺维科夫（A. A.Novikov）所言，《同保姆一起》的灵感来自1868年3月末去往穆索尔斯基位于卡列沃的老宅的一次短暂游访。参见 Novikov, *U istikov velikoy muziki*, 141–142.

197　　每个人都曾经有过或不得不照顾像《同保姆一起》中那样的孩子。他（或者可能是她）恳求告诉他关于可怕的妖怪的故事，那个把孩子们拖到森林里并咀嚼他们骨头的人。是因为他们不服从自己的爸爸妈妈吗？不，不要告诉我那个故事。告诉我那个一瘸一拐的沙皇和那个总是重感冒，每次打喷嚏都会砸碎窗户的皇后。

　　穆索尔斯基以前的每一首儿歌，就像他的角色歌曲一样，都依赖于一种至关重要的语言模式，音乐的核心主题材料就是从这种模式中汲取的。现在的手法略有不同。作曲家文本的背后是一个未说明的风格场景，保姆可能正在铺床或做晚饭，而孩子则在玩他的玩具或画画。与此同时，他要求别人给他讲故事只不过是表面上的喋喋不休，因为保姆显然不是在给他讲故事，也可能没有打算讲故事。所以这首歌的特点不是来自一项必不可少的活动，而是来自一项无关紧要的活动。就好像穆索尔斯基在暗示，归根结底，就是真正的现实是由琐碎或不重要的事情组成的。更宏大意义上的现实，比如柏辽兹的《赴刑进行曲》或柳德米拉的被绑架；或者象征意义上的现实，比如舒伯特在冬季风景中被拒绝的情人或贝多芬在山坡上的远方爱人，对于某种形式的程式化的构图来说，这一切都很好。但是如果你想了解人性的本质，你必须在它每天休息的时候抓住它，这意味着听它不假思索的话语，它的闲聊，它的面包和黄油语言，因为当我们最不考虑自己时，我们才能最充分地了解自己。

　　所以才会有这个小男孩喋喋不休地讲故事。自然而然，他的喋喋不休是无形的和飘忽不定的，因为他的心思全神贯注于其他一些活动。但对穆索尔斯基来说，这正是他的兴趣所在。他希望他的音乐能够反映孩子多变的思想、他进进出出的焦点，正如他说话的不同节奏和重点所表达的那样。所以："告诉我，尼亚努什卡，告诉我，亲爱的，关于那个人，关于可怕的食人魔。"就像孩子会做的那样，重音被夸大了，而无重音或半重音的音节或多或少会被扔掉，俄语和英语一样。例如，nyanyushka 和 milaya 通常带有第一个音节的口音，但由于它们是儿童常见的说话方式，因此它们只保留了轻微的重音。最重要的是，重音是不规则的，穆索尔斯基并没有试图将它们整理成一个规则的韵律方案，而是让孩子用均匀的四分音符唱歌，通过微小的旋律高潮和渐强来标记重音。所有这一切的结果是形成一个由口音控制的不断变化的节拍。这首歌从 $\frac{7}{4}$ 拍开始，但很快，几乎每个小节的拍号都发生了变化，而且由于孩子几乎不停下来喘气，因此休止主要用于强调（例如，"strashnovo"——"horrible"之前的八分休止符）。在第一节的结尾，小男孩把食人魔对孩子们所做的所有不愉快的事情都罗列出来之后，终于停顿了一下，然后更加犹豫和狡猾地继续说道："尼亚努什卡！这就是食人魔吃他们的原因么，那些孩子，因为他们惹恼了他们的保姆？"所有这些穆索尔斯基都非常精确地捕捉到了。他希望他的音乐反映出孩子心绪的变幻不定，能准确地感觉到他戏弄的欲望，也许是轻微的激怒。他会不会来找我，是潜意识里的想法，因为我讨厌故事吗？"这就是他吃他们的原因吗……nya-nyushka？"

音乐对孩子的认同是绝对的，这会产生一些有趣的后果，其中不规则的节拍是最明显的。曲调在某种程度上也遵循口音，但它也回应了孩子描述事物的表达方式。因此，在"pro tovo, pro buku strashnovo"中，每个单词的最后一个音节的声音都会下降，好像食人魔可能是一个黑暗的秘密，最好在轻声耳语中提及。目前，流行的旋律音程是三全音或增四度，通常是非人声音程，在这里和其他地方用来表达恐惧。总的来说，穆索尔斯基很少关注旋律的正常规则，就像他不关心正确的和声一样。这种和声本质上是多趣闻风格的，为孩子的心理图景和他谈论的方式添色。不协和音用于增强画面，并不总是以严格的语法方式写作，尽管肯定不是无调性的；相反，音色设计非常随意。歌曲以降 G 大调开始，但倾向于降 B 大调（它结束的调）。但穆索尔斯基使用像书挡这样的节奏，来支撑介于两者之间的一些轻松的事件序列。

有时孩子会唱一些可能是民歌的片段，例如关于沙皇和皇后"住在海对面的一座富丽堂皇的城堡里"，这是一幅近乎抒情的画面，然后他想起沙皇一瘸一拐，无论沙皇在哪里跌倒，跌倒的地方就会长出蘑菇。这样，音乐总是反映当下的意象，这当然只是孩子说话的方式。

如此分析，《同保姆一起》听起来可能有些混乱。事实上，这只是一个清脆的小场景，很快就结束了，伴随着一首开场音乐，一段模拟戏剧性的节奏，一段柔和的钢琴尾声，仿佛在为孩子的淘气道歉。最重要的是，他对时间的掌握和对人物性格的本能揭示了其为天生的戏剧作曲家。1868年4月末，当穆索尔斯基在普戈尔德家演奏这首歌时，达尔戈梅日斯基应该说："嗯，那比我更胜一筹。"尽管这无论是在恭维的意思上，还是在"如果没有别的"的意思上，我们并不是完全清楚。无论如何，它确实做到了。《石客》的新颖性一直被夸大，它的古怪也被夸大了。从技术上讲，他所做的并没有比瓦格纳在他尚未为人所知的《指环》中做得更出色、规模更大，而且其吹嘘的现实主义只不过是对现有戏剧逐字逐句的设定，如果它真的被作为剧本提供，几乎不会引起人们的注意。相比之下，《同保姆一起》似乎确实从字面上理解了车尔尼雪夫斯基关于艺术应追求现实的告诫，尽管这样做也显示了理论的局限性。毕竟，这件作品必须作为一个成功的独立的实体，一个具有特定边界的对象，封闭在虚拟空间中。认为那种看一个孩子玩三四分钟在任何情况下都是一种可比较的（更不用说是优越的）体验的想法，与其说是明显错误的，不如说是绝对荒谬的。这当然是为什么车尔尼雪夫斯基在谈到音乐时，不得不将他对"现实"的想法限制在民间歌唱作为一种自然现象的概念上。尽管如此，穆索尔斯基有一段时间确实相信，单纯的对生活的模仿可以成为有价值艺术的蓝图，但要让他相信事实并非如此，需要一个比这首简短的歌曲更大的实验。

下一步跟随达尔戈梅日斯基并根据现有剧本创作一部歌剧，是合乎逻辑的。但是这部剧必须是散文，比如《同保姆一起》，这就有效地排除了普希金，或者例如格里鲍耶陀夫（A. S. Griboyedov），他著名的《智慧的痛苦》(*Woe from Wit*) 同样是诗歌。自然，穆索尔斯基的选择是果戈理，他的三部戏剧都是散文喜剧。穆索尔斯基后来告诉斯塔索夫，将《婚事》(*Marriage*) 改编成歌剧的想法——三部戏剧中最不为人知的一部——是达尔戈梅日斯基提出的"一个笑话"，而居伊却认为这"不是一个玩笑"[1]。他正式开始创作第一幕是在6月初，很快就写了足够多的东西，可以在圈子里演奏并征求他们的意见。[2] 三周后，他和他兄弟的家人去了他们位于莫斯科以南约100英里（约161公里）的拉普特沃附近的希洛沃新别墅，在那里他在一间木屋里工作了两个多星期，他有生以来第一次在没有钢琴的情况下，谱写了歌剧第一幕的剩余三场。屋外倾盆大雨；屋内音乐倾泻而出。"所以天气和我，"他告诉居伊，"齐头并进。"[3]

与果戈理的《钦差大臣》(*Revizor*) 相比，《婚事》中的喜剧性更依赖于俄国乡绅阶级的平庸、腐败，尤其是懒惰的本性。主角是一个名叫伊凡·波德科廖辛的小公务员，一段时间以来一直不情愿地考虑结婚，不是因为对任何人有感情上的依恋，而是因为，正如他在开场白中解释的那样，在某种程度上，考虑到各方面因素，他可能应该这么做。一个媒人（一个名叫菲奥克拉·伊万诺夫娜的女人）正在处理此事，并且有一个合适的人选阿加菲娅·蒂霍诺夫娜。不幸的是，他不仅有竞争对手（另一个追求者），还有一个竞争对手的媒人。波德科廖辛的朋友柯奇卡廖夫是菲奥克拉的前客户，他在戏剧的两场长剧中将菲奥克拉的其他追求者送走，安排了婚礼，完成了接待客人，但在午餐时被波德科廖辛晾在了一边，后者在最后一刻失去了结婚的勇

---

1. 1873年1月2日的信件，收录于 *MR*，第203—204页。
2. 帕维尔·拉姆《婚事》的前言，收录于 Musorgsky, *Complete Works*, Vol. 23 (New York: Edwin F. Kalmus, n.d.)。这个时期他们的观点尚不可知。
3. 1868年7月3日的信件，收录于 *MLN*，第98页；*MR*，第109页。

气，从阿加菲娅家的一楼窗户逃走了。

很容易理解为什么达尔戈梅日斯基，他自己的"现实主义"歌剧——如果不是它的处理方式的话——在其主题上得到了提升，在提出将这个漫无边际的闹剧作为歌剧主题时，他只是半认真的。莫扎特可能可以把它写得很精彩；但恰恰是十九世纪的人不喜欢莫扎特的题材中滑稽且玩世不恭的元素（演奏了《唐璜》，但没有令人沮丧的最后六重奏，更不用说《费加罗的婚礼》，而《女人心》更是几乎没出现）。另一方面，对于穆索尔斯基来说，反浪漫的基调非常适合他目前的需求，因为它迫使他想象一种音乐，这种音乐会尽可能地接近日常讲话的拟像，而不需要浪漫主义更崇高方面的干预。写实是对奇幻或非凡的生动写照，对丑恶的修炼，对节目音乐的构思；瓦格纳的交响散文，穆索尔斯基知道但又不知道。就像达尔戈梅日斯基为普希金的《石客》创作的配乐一样，《婚事》逐字逐句地配乐，给音乐离题的机会更少，并且是为人物音乐量身定制的，正如穆索尔斯基很快向柳德米拉·谢斯塔科娃解释的那样：

> 在舞台上说话，就像活生生的人说话一样，但也使戏剧人物的性格和语调力量，在管弦乐队的支持下，由他们说话方式的音乐轮廓组成，直接实现他们的目标，即我的音乐必须是对人类语言最细微的艺术再现，也就是说，人类语言的声音，作为思想和情感的外在表现，必须毫不夸张或不暴力地转化为真实而精确的音乐，但（这意味着）艺术性的，高度艺术性的。[1]

---

1. 1868年7月30日的信件，收录于 MLN，第100页；MR，第111—112页。穆索尔斯基所强调的内容。最后一句"但是"一词被穆索尔斯基再三强调，并注星号脚注（此处"这意味着"括号中的一句）。

当穆索尔斯基为这个其实很简单的想法炮制出有点复杂的解释时，他已基本上完成了他为《婚事》创作的所有音乐。他已经为这部剧的整个第一幕设置了包括平淡无奇的、诙谐的所有细节，只有很小的删节，主要是即使对于他思虑周全的情感来说也太平凡的名词，例如，波德科廖辛关于靴子如何让人长鸡眼的思考，以及柯奇卡廖夫为婚宴准备的饮料清单。他已经写了大约40分钟的音乐，涵盖了大约两幕剧的五分之一，并且一定已经开始意识到，按照这个速度，完成的歌剧最终会比《鲁斯兰与柳德米拉》更长，那可已经是一部出了名的冗长作品。确实，他告诉所有人他正在考虑他的第二幕（果戈理的第一幕，第二场），尽管措辞有些谨慎。7月底，他写信给谢斯塔科娃，正在"考虑第二幕"；但两周后，他在给居伊的一封信中仍在思考这件事，"还没有开始写下来。我觉得我必须等待时机"[1]。"第二幕，"他在同一天告诉里姆斯基-科萨科夫，"仅作为一个想法和一个计划——现在写出来还为时过早！"[2]但那时他已经告诉居伊："第一幕在我看来，最终能够作为一个在歌剧中对话的实验（达尔戈梅日斯基对现有戏剧配乐的术语）。"确实，7月初的时候，他仍然在创作第一幕，并希望"在冬天完成（它）；然后我们就可以评判和定稿了"[3]。

所有这些模棱两可的关键词都是"实验"。他突然对自己在做什么变得高度自觉，并且可能开始意识到，就像任何实验一样，这个实验可能行不通。这个问题从第一幕开始就很明显。通常情况下，规划一部歌剧是一个相当复杂的过程。剧本要么是自己创作，要么是从现有故事中提炼出来的：无论如何，它必须提前设计好，其结构、事件顺序和人物特征都要满足特定的音乐需求，这显然与口语

---

[1] 7月30日写给谢斯塔科娃的一些信件，收录于 *MLN*，第101页；*MR*，第111页；以及8月15日写给居伊的一些信件，收录于 *MLN*，第105页；*MR*，第118页。
[2] 1868年8月15日的信件，收录于 *MLN*，第106页；*MR*，第119页。
[3] 1868年7月3日的信件，收录于 *MLN*，第97—98页；*MR*，第108页。

化剧的要求相去甚远。只需想想格林卡的"鲁斯兰"与它所依据的普希金的诗之间的关系,或者威尔第的《弄臣》与其来源维克多·雨果的戏剧《国王寻欢作乐》(两部歌剧穆索尔斯基都非常熟悉)之间的关系,就可以看出媒介的变化是体裁的变化。相比之下,穆索尔斯基只需要拿出一部果戈理的剧本,打开书,开始创作。就好像他只是一时冲动决定大声朗读这出戏,这个决定本身并没有重大到足以保证得出一个重要的结果。

于是,他回到第一页,创作了六小节无关紧要的引子(为钢琴而作——他从来没有参与过配器),并拉开了波德科廖辛的序幕,反思了中介婚姻的利弊,并唠叨他的男仆斯捷潘,谈论他的新燕尾服和靴子上的光油。就像《同保姆一起》一样,音乐基本上受歌词文本约束。穆索尔斯基非常注意可能被说出的词语轮廓,牢记果戈理肖像画中的讽刺元素,他通过用音高的急剧升降和尖锐的力度来增强俄罗斯口音。俄罗斯人丢弃弱尾音节的习惯正好被精准地抓住了,例如,"da takaya, nakonets, | skvernost' stanovitsya"(最后真是太恐怖了),在"takaya"的重音高音 E 上有一个和弦,在"nakonets"(无人伴奏)和"stanovitsya"上减弱的八分音符三连音重音实际上是错位的,但非常微弱以至于无法注意到(正确的是"nakonets"和"stanovitsya")。然而,这种影响是临时的,而不是引人注目的。在果戈理的作品中,波德科廖辛的慵懒和优柔寡断与斯捷潘听天由命的单音节回答很有趣,因为对纽扣眼的关注和对军衔的痴迷完全可笑地无关紧要("无论你怎么看,法庭顾问都等于上校!只是没有肩章而已")。但是放到音乐上,甚至是对话中,它们只是变慢了;如果音乐追求语言的状态,听众可能会想为什么不干脆坚持说话。后来,穆索尔斯基的回答是[与德国理论家格奥尔格·戈特弗里德·热尔维努斯(Georg Gottfried Gervinus)相呼应],既然"人类的言语受到音乐法则的严格管制",音乐以原始、真实的形式恢复和重申这一

维度是合乎逻辑的。[1]1868年时，他似乎不太可能读过热尔维努斯，后者对音乐和语言理论的主要贡献，来自一本名为《亨德尔与莎士比亚：从美学到音乐》(*Hündel und Shakespeare: Zur Aesthetik der Tonkunst*)的书，同年仅在莱比锡出版。对《婚事》的明显冲动仍然是对现实主义或"真实"的追求，这是围绕《石客》的讨论所引发的，也是穆索尔斯基最近歌曲创作中生动肖像的极端版本。

撇开理论不谈，他在《婚事》中的创作方式使得音乐几乎完全是片段性的。它对语言和情境作出反应，但除了对戏剧经常有的荒谬的情节提供配乐之外，几乎没有结构。主导模式伴随着宣叙调。抒情旋律几乎完全没有。取而代之的是音乐化的语言，被巧妙而机智地组成，但很少有真正的音乐趣味。正如塔拉斯金所指出的那样，如果没有文字，大部分音乐将毫无意义。[2]伴奏偶尔会加入人们所谓的情绪音乐的内容：感伤的抒情片段（例如，当菲奥克拉描述阿加菲娅时——"就像一块糖！白色、玫瑰色，健康的画面。我无法告诉你有多甜蜜"——钢琴提供了一个暗示性的片段，它告诉我们，当然，这是一个谎言，而阿加菲娅绝不会是一朵端庄的壁花，尽管穆索尔斯基从未创作过她的音乐）；不和谐的和声触及角色的姿态，但无济于事；菲奥克拉和柯奇卡廖夫不耐烦地让波德科廖辛结婚，这与后者的拖延形成鲜明对比。一个人物会成为一种回忆的动机；脾气暴躁的开场音乐又出现了几次，提醒人们波德科廖辛难以忘怀的单身生活。但这些是参考，不是主题；瓦格纳的音乐，甚至是巴拉基列夫所理解的音乐发展都没有。

当他完成他所谓的第一幕时，穆索尔斯基已经在希洛沃待了两个多星期。天气不好，他大部分时间都在室内作曲。随着演出的结

---

1. Musorgsky, *Avtobiograficheskaya zapiska*（1880年6月），收录于 *MLN*，第270页。
2. *ORD*，第314页。

束,天气好转了,作曲家走到阳光下,环顾四周。他开始在乡下漫步,享受他所谓的乡村生活。他帮忙割干草、做果酱和泡菜,观察当地农民。也许是第一次,他开始写下自己的感想,甚至把农民讲话的语调写成音符。他研究了他们的脸,把他们想象成书中的人物。其中一个让他想起了莎士比亚的《尤利乌斯·恺撒》(*Julius Caesar*)中的马克·安东尼,"一个非常聪明的农民,心怀恶意的原创角色"。[1] "俄罗斯大自然中有多少新鲜的方面,没有受到艺术的影响,"他对柳德米拉说,"哦,有多少!多么多汁、美妙的东西……生活给予我的一小部分,我用音乐形象描绘给我亲爱的人,并与那些亲爱的人谈谈我的印象。如果上帝给了我生命和力量,我会说些大话。"[2] 对尼科尔斯基——臭名远扬的醉汉帕克霍米什——他说:

> 假设通过艺术手段再现人类语言及其所有最微妙和最反复无常的细微差别,一个自然的肖像,正如一个人的生活和心态所要求的那样——这是否接近于对人类语言天赋的神化?而如果可以用最简单的方式抓住心弦,同时又严格遵从艺术本能去探求人声的音调,那么音调不应该起作用吗?如果同时一个人能以恶习俘获理智,那么投身于这样的任务难道不合适吗?没有准备,你就不能煮汤。这意味着:在为这项活动做准备时,即使是果戈理的《婚事》,这个音乐中最反复无常的事情,难道不是在做一些好事,即更接近人生的目标吗?对此人们可以说:为什么只准备自己——是时候做点什么了。我在小事上做好了准备,在婚姻上也做好了准备,但最终什么时候能做好呢?对此只有一个答案:必然的力量;

---

1. 1868年8月15日写给居伊的信件,收录于 *MLN*,第105页;*MR*,第118页。
2. 1868年7月30日的信件,收录于 *MLN*,第100页;*MR*,第111页。

也许有一天它会准备好。[1]

因此,《婚事》也只是一次尝试,一次预演,很可能到 8 月中旬,他不再将其视为正在进行的项目,尽管他有了钢琴再次可供他使用,他可能会修改他已经谱写的内容。[2]诸如"词的神化""抓住心弦""在恶习中捕捉智力"等概念听起来不像波德科廖辛和他对燕尾服的焦虑。它们具有更宏大、更抽象但也更理论化的味道。与此同时,对农民及其思维方式和说话方式的突然热情似乎是果戈理戏剧的一个相当间接的分支,果戈理戏剧的角色是城市商人、公务员和他们的追随者。我们似乎更接近托尔斯泰《战争与和平》中普拉东·卡拉塔耶夫的世界,这位农民士兵在妻子的不忠和彼得堡社会对法国入侵的空洞反应的破坏性影响中恢复了皮埃尔·别茹科夫对人类精神的信仰。无论穆索尔斯基是否在一两年前在《俄罗斯日报》上读过《战争与和平》的前两卷书的连载部分,在他对尼科尔斯基的评论中,流露出一种准备好进行一项规模相当的计划的意思,一个将个人生活置于重大历史事件背景之下的计划。[3]

穆索尔斯基在 8 月底回到圣彼得堡,由于他哥哥的家人一直住在

---

1. 1868 年 8 月 15 日的信件,收录于 *MLN*,第 102—103 页;*MR*,第 122 页。
2. 两份留存下来的独立手稿中,后者有许多细节上的变化,特别是伴奏部分。有关这些谱例的详细讨论,参见 Ye. Antipova, "Dva varianta Zhenit'bï," *Sovetskaya Muzïka* 28, no, 3 (1964 年 3 月), 77–85。安提波娃(Antipova)声称这些修订"部分是根据达尔戈梅日斯基和居伊的建议"进行的。但她没有引证出处。穆索尔斯基在他 1868 年 7 月 3 日(安提波娃错记为 6 月 3 日)从希洛沃寄出的信中,告诉居伊当他在没有钢琴的情况下创作时,他会回到圣彼得堡"将所有内容进行有序整理"。他还提到根据达尔戈梅日斯基和居伊的建议所作出的更改。但是这些仅能应用于第一场,而之后手稿中的修订覆盖了整幕。或许在 8 月末和 9 月初作出的全面修订,是穆索尔斯基在钢琴上亲身演奏的结果。参见 *MR*,第 108 页。
3. 第一卷《战争与和平》于 1865—1866 年连载,但剩下卷本(包括卡拉塔耶夫的部分)在小说于 1869 年完整出版的时候才问世。

希洛沃,他现在和娜杰日达·奥波齐宁娜和她的弟弟亚历山大一起搬进了他们位于丰坦卡运河上所谓的工程师城堡的公寓里。像往常一样,他回避了任何关于他可以自己或与朋友定期建房的建议。大约一个月后,《婚事》在居伊家的一个晚会上尽可能完整地完成了,作曲家本人扮作波德科廖辛,萨夏·普戈尔德扮作菲奥克拉,达尔戈梅日斯基扮作柯奇卡廖夫,纳迪娅·普戈尔德则是钢琴演奏者。这种安排在各方面都很有特点。现场一片欢声笑语,斯塔索夫回忆说:"因为果戈理喜剧天才的准确语调在每一个角落都被如此真实地捕捉到了。"[1]斯塔索夫后来声称喜欢这部作品,因为它"具有令人震惊的表达真实性,接近于人们普通、日常的话语,这不能不被认为是艺术领域的一大进步"。[2]私底下,他称其为"一件不成功的作品,一种夸张、怪异的作品,对穆索尔斯基来说是一次失误"。[3]思想纯洁的里姆斯基-科萨科夫喜欢这些宣叙调,但"对某些和弦及和声进行感到困惑"。[4]鲍罗丁告诉他(在莫斯科)的妻子,这部作品"是一件不寻常的事情,奇怪而自相矛盾,充满新奇,有些地方非常有趣,但作为一个整体不可能进行表演"。[5]巴拉基列夫(第一轮演出时没有在场)和居伊本人"在《婚事》中看到的仅仅是一种带有有趣宣叙调的好奇"[6]。

在内心深处,穆索尔斯基很可能同意他们的看法。但他对这部作品仍然情有独钟,从不完全拒绝它,尽管他同样从不尝试完成它,甚至没有为他所写的东西进行编排。1873年初,他将手稿作为59岁生日礼物送给了斯塔索夫。"拿我年轻时根据果戈理《婚事》所写的作品,"

---

1. Gordeyeva, *M. P. Musorgsky*, 39.
2. *MBO*,第92页。
3. 1901年写给A. M. Kerzin的信件,引自*ODR*,第325页。
4. *LMMZ*,第91页;*MML*,第100页。
5. 1868年9月25日的信件,收录于*PB1*,第108—109页。
6. *LMMZ*,第92页;*MML*,第100页。

他写道,"研究一下这种音乐口语的尝试,将它与《鲍里斯·戈杜诺夫》进行比较,将1868年与1871年对比一下,你会发现我无可挽回地把自己献给了你……我无法忍受黑暗,我认为对于鉴赏家来说,《婚事》会揭示我的音乐胆量。你知道我有多珍惜这部《婚事》。……所以,亲爱的,带上我,随你怎么处置我。"[1]

---

1. 1873年1月2日的信件,收录于 *MLN*,第144页;*MR*,第203—204页。《鲍里斯·戈杜诺夫》的修订版出现在1871年。

[第十六章]

圈 外 人

当穆索尔斯基与孩子和农民一起消磨时光时,里姆斯基-科萨科夫已经从海底到达叙利亚沙漠的中心和帕尔米拉的古城遗址。在完成了《萨特阔》的创作后,他转向了幻想破灭的贝都因王子安塔尔的冒险经历,这个故事是由在波兰出生的东方学家奥西普·先科夫斯基(Osip Senkovsky)[又名布拉姆伯斯男爵(Baron Brambeus)]在1832年所讲述的。

与《萨特阔》一样,这个主题由巴拉基列夫通过穆索尔斯基传递给他,尽管在这种情况下,也并没有迹象表明最初的建议是以任何形式来自斯塔索夫的。毕竟,先科夫斯基的故事不是基于传统故事,而是他自己的创造,模糊地借鉴了古老阿拉伯史诗的浪漫观念,但没有指向具体的真实人物[它显然与六世纪诗人安塔拉·伊本·沙达德(Antarah ibn Shadad)没有任何关系]。这并不完全是斯塔索夫的领地,尽管他似乎对最后的结局足够满意。它至少与他的两个偏好相吻合:它提供了一个详细的计划,并且它的背景被设定在俄罗斯人认为的东方。

先科夫斯基的主人公(安塔尔)是一位阿拉伯酋长,他放弃了自己的部落,转而在沙漠中过着游牧生活。他"已经永远离开了人类。他为他们流了血,牺牲了自己的财产,为他们倾注了他的爱和友谊——而他们背叛了他!"后来我们发现,他小时候被指定的监护人骗走了他的遗产。但现在奇怪的事情发生了，他看到一只瞪羚，就追了上去，想要杀死它；却突然有一只巨大的猛禽出现在他头顶上，追逐着瞪羚，正当它要抓住瞪羚时，安塔尔的保护本能战胜了他嗜血的欲望，他将长矛刺入了怪物的喉咙。瞪羚原来是美丽的仙女古尔纳扎尔伪装的。帕尔米拉古城遗址被改造成一座精致的宫殿，安塔尔在绸缎沙发上醒来，由奴隶和太监以及"五十名蒙着白纱的少女"伺候，古尔纳扎尔被图案丰富的红色帷幕所掩盖，她用人生的三大乐趣来回报他：复仇、权力和爱（在故事的结尾，谢幕的时候，她的自我揭露）。安塔尔尝到了复仇的滋味，但又因"人血的咸味……和死亡的香气"而苦恼地回到了帕尔米拉。他尝到了权力的滋味，但回来时"被怀疑、危险和背叛的幽灵所困扰"；最后他享受到了古尔纳扎尔的爱情，却又害怕"甜蜜蒸发时"的心底毒药。他恳求她"在你意识到痛苦开始蔓延的那一刻"结束他的生命。有一天，她确实注意到他的思绪在徘徊，他对她的魅力感到厌烦，随后"在她的最后一吻中，他的灵魂充满了危险的气息，并将其与她自己的灵魂结合在了一起"[1]。

  这则奇谈与莱蒙托夫的《塔玛拉》之间有一些惊人的相似之处：美丽的公主、被她的魔法困住的旅行者、爱与死的主题。很容易假设里姆斯基-科萨科夫可能已经表达了对某些此类主题的热情，而巴拉基列夫则从他自己的研究"仓库"中提供了适当的帮助。区别在于细节，尤其是细节的数量。莱蒙托夫的诗是十几个短四行诗中的小插曲，而先科夫斯基的故事是二十页的中篇小说，用叙事性的古语装饰（"沙姆的沙漠的美，位于其中的塔德穆尔废墟的美"，等等），但也充满了图画和对话的细节：追捕瞪羚，射杀可怕的乌卡鸟，将帕尔米拉的遗址改造成奇妙的古尔纳扎尔宫殿，她对塔德穆尔城起源的长篇叙

---

1. Osip Senkovsky, "Antar: An oriental tale," in Korovin, 229–250.

述，以及安塔尔的爱与死的最后故事。

1868年1月，里姆斯基-科萨科夫按照柏辽兹《幻想交响曲》和《哈罗尔德在意大利》的精神，正式开始了四乐章叙事交响曲的创作。他描绘了安塔尔，在阴郁的F小调主题中，忧郁地审视着这座古城的巨大废墟；他描绘瞪羚和俯冲的鸟、箭的飞行和受伤的鸟的离开。一周之内，他创作了完整的第一乐章，讲述了安塔尔在古尔纳扎尔宫中的觉醒以及她对三大"甜蜜的事"的承诺。在这一点上，人们可以感觉到一瞬间的犹豫。他正式的想法是为每一种乐趣安排一个乐章，但如何处理第一个"复仇"，这并不明显，因为先科夫斯基对安塔尔复仇的对象和性质含糊其词。例如，我们了解到他"杀死了那些诽谤我的人，然后坐在他们中间，就像沙子随着他们的血冒烟，像与知音一样与他们交谈"。但是叙述细节突然地、痛苦地缺失。与第二个乐事"权力"类似。安塔尔描述了统治每一个人和一切事物的乐趣："没有什么，"他承认，"比看到成千上万像你一样的生物按照你的话行事更令人愉快的了，从你意志的共同泉源中汲取他们的意志，快乐地牺牲他们的思想、财产和生命来实现你的愿望。"但再一次，这里没有被赋予任何细节。在没有揭露（细节）的情况下，两种乐事都以苦涩结束。

或许是因为情节缺乏重点，里姆斯基-科萨科夫转向第四乐章，第三件乐事："爱情"。这里先科夫斯基涉及了更多的细节，当然主题本身更显然在音乐上。到2月中旬，这个结局已经完成，里姆斯基-科萨科夫将注意力重新转移到复仇乐章上。他迅速创作了一首轻快的、略带险恶的B小调四分钟谐谑曲，以旋转的八分音符颤音为基础，在长号上演绎了具有威胁性的格言主题，但是这部分很单薄，并且当里姆斯基-科萨科夫在一个春天的晚上在鲍罗丁的公寓里演奏这三个乐章时，穆索尔斯基或许指出过他无意中采用了其在《圣约翰的荒山之夜》中用过的主要颤音主题。在回忆录中，里姆斯基-科萨科夫只指出，这一乐章"被证明完全失败了"，即使没有这种相当明显的致敬行为，它也很可能会失败。他坚持认为，其他乐章"赢得了我朋友的称赞"，尽管他承认巴拉基列夫只是"有保留地"喜欢它们：这些可能是什么，我们将在适当的时候来考虑。[1]

他还是感到有些气馁，要么是由于普遍的反应，要么是因为前两种有点抽象的甜蜜所带来的问题。在接下来的三个月里，他把这项工作搁置一旁，转而专注于编配舒伯特的四手联弹作品《大型英雄进行曲》(*Grande Marche héroïque*, D. 885，出于某种未知原因，舒伯特于1826年"在俄罗斯帝国皇帝尼古拉一世陛下加冕之际"作曲)，为巴拉基列夫5月在米哈伊洛夫斯基剧院指挥的一场音乐会做准备。里姆斯基-科萨科夫坦率地报告说，这是"比编配我自己想象的作品更困难的任务"，并且"乐器出来时毫无生气、苍白、一无是处"[2]。3月在达尔戈梅日斯基举行的晚会上，《石客》第一次正式演出，这是里姆斯基-科萨科夫与普戈尔德姐妹的第一次相遇，也是与穆索尔斯基的第一次相遇；与穆索尔斯基的相遇会对他产生更多、更直接的影响。当月晚些时候，他们还遇到了一位来自莫斯科的年轻作曲家，他出现在巴拉基列夫的晚会上并演奏了他的《G小调交响曲》的第一乐章。

彼得·柴科夫斯基是1865年新成立的圣彼得堡音乐学院的首批毕业生之一，但他于1866年初就前往莫斯科的新音乐学院任教，因此未曾与巴拉基列夫圈子有过密切接触，否则他可能会受到他们的影响。作为一名音乐专业的学生，他一定知道这个圈子的活动。1865年12月，他参加了里姆斯基-科萨科夫《第一交响曲》的首演，十天后，他自己的毕业大合唱《为席勒〈欢乐颂〉配乐》(*K radosti*)在音乐学院的一场公开考试音乐会上首演，遭到了居伊尖酸的评价。但没有任何证据表明两人有过实际会面。大卫·布朗声称柴科夫斯基在柏辽兹

---

1. *LMMZ*，第82页；*MML*，第90页。
2. *LMMZ*，第82页；*MML*，第90—91页。

访问俄国期间见过斯塔索夫,但他对细节含糊其词。[1] 柴科夫斯基第一次接触这个圈子是与巴拉基列夫的接触。巴拉基列夫于1868年1月前往莫斯科参加柏辽兹音乐会,遇到柴科夫斯基,并讨论了将柴科夫斯基的《干草少女之舞》(*Tantsï sennikh devushek*)纳入在圣彼得堡举行的俄罗斯音乐协会音乐会的可能性。他们很快就这个主题和其他内容进行了通信。所以当柴科夫斯基在3月底到圣彼得堡时,巴拉基列夫很自然地邀请他参加晚会并鼓励他演奏他的一些音乐。

《G小调交响曲》在圣彼得堡并非完全不为人知;一年前,在尼古拉·鲁宾斯坦指挥的一场俄罗斯音乐协会音乐会上演出了中间的慢板和谐谑曲乐章。但是第一乐章对于这个音乐圈子来说是全新的,并让他们大吃一惊。毕竟,这部作品的作曲家是音乐学院的毕业生,因此是巴拉基列夫派的怀疑对象。他可能拥有的任何才能显然都被那些犹太钢琴家或德国教授败坏了。然而他们听到了什么?一段美丽、优雅的旋律,没有引子,以最自然、最不受影响的方式流入一个同样有吸引力和有趣的第二主题:将奏鸣曲原则转变为轻松抒情的写作。里姆斯基-科萨科夫报道说,他们这个圈子很喜欢这部作品,他们也喜欢它的作曲家,"令人愉快的伙伴,一个懂得如何简单行事,总是真诚和热情地说话并且富有同情心的人"[2]。这种感觉肯定是相互的,因为柴科夫斯基之后继续与巴拉基列夫友好地通信,并且在圣彼得堡时经常参加巴拉基列夫的晚会。巴拉基列夫时不时地为他提供音乐修正方面的建议,就像对待强力集团的朋友一样。他们会就结果进行通信,柴科夫斯基经常会听从这位比他大三岁的同行的意见。然而,在艺术上,他往往有些看不起强力集团,认为他们公认的才能被粗糙或有限

---

1. D. Brown, *Tchaikovsky: A Biographical and Critical Study*, vol. 1 (London: Gollancz, 1978), 124–125.
2. *LMMZ*,第69页;*MML*,第75页。

的技术所束缚。他自己自然是倾向于西方传统的；他通常会根据一些非俄罗斯文学主题创作交响乐、协奏曲、弦乐四重奏、芭蕾舞或歌剧。[1]他一般（或许不总是这样）也会完成已经开始了的工作。并不是他对俄罗斯题材不感兴趣：他会写普希金或奥斯特洛夫斯基的歌剧，有时会借用民间曲调或东正教圣歌；他的许多歌曲几乎都有俄语文本。但他的俄语作品本质上仍然是欧洲音乐语言的一种方言。这正好符合他的特殊天赋，他不需要为了充分定义作品本身而拒绝传统、技术或影响。柴科夫斯基是幸运的艺术家之一，他的个性是如此自然，以至于永远不必考虑风格和技法。强力集团对风格和技法无休止的苦恼对他来说是陌生的。他无法理解这种状况，在他的意识中，也很轻视这种状况。

柴科夫斯基交响曲的流畅性很可能困扰着里姆斯基-科萨科夫。后者正在创作他认为是交响曲的作品，但显然很难将交响曲的程序与他对作品的要求相协调。6月，他报复性地再次尝试，这一次想出了一个原创的主题形象，并具有必要的毒辣，即使该乐章在其他方面与被废弃的乐章没有本质区别：形象与格言交替，以及明显的趋势是绕圈子而不是开辟新的领域。解决了一个问题，他无疑还是很高兴的，于是他动身前往普尔戈德姐妹那里，普戈尔德一家1868年夏天在特维尔省的列斯诺耶（Lesnoye）度过。也许他已经被妹妹娜杰日达所吸引，但奇怪的是，他在列斯诺耶创作的两首歌曲所传达的信息是，此刻注视着他的是姐姐萨夏。他将《夜》（*Noch*）献给纳迪娅，是对夜间声音和气味的简单唤起，足够讨人喜欢，但绝不是暗示性的。另一

---

1. 然而，在这个特殊的时刻，他正在根据奥斯特洛夫斯基的戏剧《伏尔加之梦》（*Dream on the volga*）创作一部歌剧，最终成为《司令官》（*The Voyevoda*）这部作品。柴科夫斯基毁掉了总谱，但这部作品遗留下来的部分被重新构建，并在他的作品集中出版。他的下一部歌剧作品《水妖》（*Undina*）[德国作家富凯（Fredrich de la Motte-Fouqué）原作]，都只是些片段。但柴科夫斯基很快摆脱了强力集团早期的影响。

方面，专门献给萨夏的《秘密》(*Tayna*)是一首有所坚持的情歌，是阿达尔贝特·冯·沙米索（Adalbert von Chamisso）（舒曼的《妇女的爱情与生活》的诗作者）的匿名俄语译本。[1]"我亲爱的朋友，当你吻了我的嘴，星星在夜里独自闪烁时。……谁泄露了我们的秘密？"还是里姆斯基-科萨科夫本人在进行欺骗？

在列斯诺耶度假结束后不久，里姆斯基-科萨科夫在伊凡·洛迪岑斯基（Ivan Lodïzhensky）的特维尔庄园度过了三个星期，他是25岁作曲家尼古拉的哥哥，尼古拉·洛迪岑斯基几年前就已经参与到巴拉基列夫的晚会中。同穆索尔斯基一样，他在解放运动强加给地主的毁灭性条款下遭受了许多噩运。作为一名作曲家，可以肯定的是，他只不过是一个业余爱好者。他似乎是一位才华横溢的键盘即兴演奏家，但没有写多少作品，也几乎没有完成任何作品。尼古拉晚年成为了一位受人尊敬的外交官。但在六十年代，他把自己塑造为有点古怪、反建制的形象，睡在光秃秃的木板上，穿着最脏的旧衣服去忏悔，行为举止古怪，不可预测。人们可能会将他视为强力集团的一个彻底失败的典型人物：有天赋、没有受过教育、没有动力、没有专注力，也可能相当懒惰。根据里姆斯基-科萨科夫的说法，他至少即兴创作了一部歌剧（《伪德米特里》）、一首或多首交响曲片段，以及"根本没有归宿的音乐片段"。"所有这一切，"他继续说，"仍然如此优雅、美丽、富有表现力，甚至在技术上是正确的，以至于它立刻获得了我们所有人的关注和共鸣。"[2] 唉，这一切除了一套1873年出版的六首歌曲外，其余的每一个音符都消失得无影无踪。

鲍罗丁也在1867年重新开始写歌，在中断了十二年多之后，虽然

---

1. 诗歌《背叛的爱》(*Verratene Liebe*)并不是沙米索所作，而是由他将一首匿名现代希腊诗的法语译本翻译成德语的作品。舒曼本人为该诗配乐，为第40号作品第5首（op. 40, no. 5）。参见 Sams, *The Songs of Robert Schumann*, 148–149。
2. *LMMZ*，第70页；*MML*，第76页。

他的题材在类型上更接近里姆斯基-科萨科夫而不是穆索尔斯基，但他显然不那么依赖于抒情的刻板印象。像穆索尔斯基一样，他喜欢自己写歌词文本，与其说是为了描述他的年轻同事因感兴趣所观察到的现实，不如说是为了在他想要居住的魔法世界中实现某种形式和意象的精确性。因此（在1867年）他写了一首《睡美人》(*Spyashchaya knyazhna*)，睡美人的白马王子永远不会出现，在一片黑暗的森林，唱着自由与武力之间的古老战斗。然后，在接下来的夏天，有一个《海公主》(*Morskaya tsarevna*)，像塔玛拉一样，将年轻的旅行者引诱到深海，这首很可能是海涅创作的诗歌配乐[《错音》(*The False Note*)]有关爱情的虚假保证。最后一首是关于有毒的爱情作品，(《我的歌声充满毒药》——"Otravoy polnï. moi pesni"），实际上是海涅的诗歌。配乐也许缺乏穆索尔斯基的新鲜感和生动性，但它们永远不会陷入单纯的常规。迪亚宁将1868年的歌曲与鲍罗丁对洛迪岑斯基婚姻不幸福的妹妹安娜·加里宁娜（Anna Kalinina）的感情联系起来，安娜·加里宁娜在夏天爱上了他，他们在秋天建立了亲密的关系。在给莫斯科妻子的长信中，他痛苦地详细描述了这一点。[1]但无论是文字还是音乐，都无法支持迪亚宁的说法，即它们"反映了他正经历的事情，并揭示了他与妻子关系中的轻微紧张因素"[2]。

出于某种原因，两位公主——睡觉的公主和引诱的公主——都产生了相同的音乐形象：基于未解决的大二度的固定和弦，一种静谧不安的音调，可能暗示着睡眠的神秘或诱惑的魔力，但可能是鲍罗丁对音乐的直接痴迷，他只是想找一个借口。《睡美人》也大量使用了全

---

1. Dianin, *Borodin* (1963), 55. 迪亚宁称其为"不正当的关系"，但似乎没有理由怀疑鲍罗丁自己的说法，即他对安娜的感觉本质上是柏拉图式的、保护性的，全无耽于声色或激情。他坚持认为："她完全不是我的情人。"（1868年10月25日的信件，收录于 *PB1*，第134—135页。）
2. Dianin, *Borodin* (1963), 55.

音阶，而并没有像人们想象的那样描绘不间断睡眠的消散，而是描绘了沉睡者周围无法唤醒她的活动：女巫和妖精，一个即将到来的英雄的（虚假）谣言。另一方面，《海公主》中令人紧张的一个元素是降六度的和弦（F大调中的降D音），它与主音和弦交替出现，提醒人们格林卡喜欢把这种和声作为一种表现异国情调的设计。但完全相同的和弦（降E大调中的降C音）打开了海涅之歌，它大概代表着恋人痛苦而无法解释的怨恨（"我心里有很多蛇，也得把你装进心里"），这是海涅最喜欢的主题。鲍罗丁自己写的《错音》这首诗本身就是对海涅相当明显的模仿："她向我保证了她的爱，我不相信她"——这里的和声张力暂时更大了，尽管人们可能会觉得这首歌反映了叶卡捷琳娜·鲍罗丁娜（可能）至少与她丈夫一样的感受。

这些歌曲最不寻常的地方在于它们的结构。《海公主》和《错音》似乎都不完整，一个显然是缺乏结束句来适应音乐回归主调，另一个是舒曼式的拒绝爱人的谎言；此处，就像舒曼作品中经常出现的那样，钢琴自己结束了这首歌。《我的歌声充满毒药》(*My Songs Are Full of Poison*) 基于三小节乐句模式，同样每次都以额外的钢琴小节结尾。这些节奏效果一定是经过深思熟虑的试验，因为鲍罗丁自己写了两首诗，而海涅——如此简短和不屑一顾——有一个人们可能认为是内在的省略，诗人的特征是拒绝告诉我们究竟是什么让他对他爱的女人如此怨恨。

然而，这些歌曲中最有趣的也是最简单的，《黑森林之歌》(*Pesnya tyomnogo lesa*) 是一首颇具吟唱性质的模仿民谣的诗，鲍罗丁完全用支声复调配乐——一种轮唱模式，其中各部分相互游离但永远不会完全失去联系。正如人们所料，声部分得越开，这首诗越变得更加戏剧化，力量压倒了自由。这首歌的另一个显著特点是基本上没有变化的五四拍，然而，鲍罗丁通过将每组三个五拍重新分配为5+3+7来掩盖原来的节奏。后来又用5+6让人想起穆索尔斯基的《小盛宴》，创作时间大致相同（1867年9月）。但是，穆索尔斯基仅仅是对诗歌韵律的回应，而鲍罗丁则通过添加休止符或任意小节线来创造他的不规则性。这本质上是现实主义者和理想主义者之间的区别，或者，如果你愿意，也可以说是实用主义者和理论家之间的区别——尽管后一个术语不太适合鲍罗丁。关键似乎是鲍罗丁对诗歌实践的构成有一个想法，并重新创造了它；穆索尔斯基只是按照他发现的方式来处理他的材料。

1868年8月上旬回到圣彼得堡，里姆斯基-科萨科夫终于完成了《安塔尔》的收尾工作。第三乐章"力量"仍未完成，他还计划缓慢地引入第四乐章，从"力量"的D大调结尾转调到终曲的降D大调。他在写给远在希洛沃的穆索尔斯基的信中描述了他在第三乐章的写作。"我描绘的是东方君主的处境，而不是抽象的感觉，"他解释道，"你所知道的开始只有木管乐器和铜钹演奏。A大调的第二个主题（后宫），在手鼓和钹上有相当原始的伴奏，有几分东方的风情，然后是'力量'（《安塔尔》中大张旗鼓的F大调主题）。"[1]

在鲍罗丁一家都去避暑之前，他至少已经在鲍罗丁家演奏了第三乐章的一部分，而且按照真正的强力集团风格，他们对作品的走向进行过很多讨论，也有一些分歧。里姆斯基-科萨科夫告诉他们，他正在写一首交响曲，但巴拉基列夫显然抱怨它不够具有交响性，并希望他将"力量""作为一个大型快板乐章，其主题以宏大的交响乐形式展开"[2]。另一方面，穆索尔斯基对任何这样的建议都感到恼火。他说，交响乐的发展就像德国口味的汤（Milchsuppe或Kirchensuppe）："对我们来说是一场灾难，但德国人喜欢它。简而言之，从技术上讲，交响乐是由德国人制造的，就像他们的哲学一样，现在已经被英国心理

---

1. 1868年8月7日的信件，收录于 *RKP*，第308页；*MR*，第116页。
2. 同前。

学家和我们自己的特洛伊茨基（Matvey Troitsky）抛弃了。一个德国人，当他思考时，首先是分析，然后论证，而我们的（俄国）兄弟从论证开始，然后才通过分析来取悦自己。"¹ 同样的道理，穆索尔斯基反对里姆斯基-科萨科夫在结尾引入调性的想法。"还有什么比这更具诗意的，"他问道，"在D大调，声音轻快……比一个忧郁的降D大调直接，没有任何预备？……为什么要向德国人借爱？……你毁了多少好东西！"²

可怜的里姆斯基-科萨科夫！天生就是一个传统的思想家，他的本能是用传统的方法来发展出丰富多彩的想法，他直接跌入了圈子不同成员之间形成的知识鸿沟。巴拉基列夫已经在他的俄罗斯民歌和捷克主题序曲中表明，在某种程度上可以想象沿着交响乐的路线来追求格林卡的民歌处理风格。在适当的时候，《塔玛拉》会表明"民族"风格不必害怕良好的音乐学院实践，即使它确实如此，也不要从字面上坚持它，不管它的作曲家对音乐学院有什么看法。然而，这是穆索尔斯基永远无法接受的。他的艺术仇外心理仍然难以渗透。他渴望朋友们能与他完全一致，他不明白为什么他们不能。对他来说，音乐已经成为一种经验性的活动，而对公认的形式和程序不再有丝毫兴趣。这并不是说他对更普遍、更实用主义意义上的艺术提炼或形式漠不关心。他的作品《婚事》可能教会了他，不能仅仅依靠自然现象来创作艺术，可以从周围世界的语调开始，但最终一切都取决于艺术家对这些语调做了什么。他如何选择、剪裁和构图，他如何将一种元素与另一种元素联系起来。但是里姆斯基-科萨科夫担心在不经过转调情况下用降D大调跟随D大调，这对他来说是非常陌生的，如果不是真的很荒谬的话。"创造本身，"他认为，"有其自身的提升法则，由内在

---

1. 1868年8月15日的信件，收录于 *MLN*，第106—107页；*MR*，第120—121页。
2. 同前。

的评判来验证，应用这些法则是艺术家的本能。没有这种评判和本能，就没有创造性的艺术家；如果有一位有创造力的艺术家，那么必须同时拥有这两者，艺术家是他自己的法则。"[1]

这些争论可能给里姆斯基-科萨科夫留下了深刻的印象，也可能没有，然而很明显的是，他进行了思考。无论他当时对穆索尔斯基的技术有什么看法，他都尊重穆索尔斯基的艺术判断，在灵巧缓慢地以一个持续的号角A（D的属音）转到降A（降D的属音）尾声的开头之后，他放弃了整个想法，直接在优美的降D大调结尾主题上添加了英国管的独奏。这个旋律是达尔戈梅日斯基偶然给他的，非常和谐，达尔戈梅日斯基是在一本出版的阿拉伯旋律集中发现了这个曲调。[2]但问题仍然继续困扰着他，当他在1897年修改《安塔尔》时（那时他是音乐学院的作曲教授），他恢复了转调模式，尽管形式略有不同。他也开始再次担心这部作品作为交响曲的地位，直到他在1903年的最后一次修订中，决定完全放弃这个名称，而重新命名为"交响组曲"——他同时也给他的《舍赫拉查德》（1887年）贴上了这个标签。

在他的自传中，他试图解释："我错把《安塔尔》称为交响曲。我的《安塔尔》是一首诗、组曲、童话、故事或任何你喜欢的东西，但不是一首交响曲。"他继续阐述这一点，虽然第一乐章是"对故事一个情节接一个情节的自由音乐描绘……但被安塔尔的主题的反复出现所困扰"。第二乐章或多或少是单主题的。而第三乐章，尽管主题对比鲜明，但本质上仍然是一个插曲进行曲，"有一种中部和一点展开的"两个主要主题。尾声是"简单的回旋曲式，带有一个主题和副部乐句。……（还有）一个安塔尔和古尔纳扎主题的长大尾声"。此外，他补充道："这种形式是在没有外界影响或暗示的情况下产生的。"因

---

1. 1868年8月15日的信件，收录于 *MLN*，第106—107页；*MR*，第120—121页。
2. 不稳定的属音（假设是对主音的解决），相较于主音本身是一个更好的中心音。

为毕竟这是一个叙事和抒情的任务，允许"音乐结构的完全自由"[1]。言外之意，交响曲没有这种自由。也许巴拉基列夫会赞同，但人们会觉得这些复杂的，甚至可以说是自我辩解的说法，如果出自这位特立独行的强力集团最初的成员，多少有些奇怪。

无论巴拉基列夫对《安塔尔》最初的看法如何，他都立即将其编入即将到来的俄罗斯音乐协会赛季的节目单中，并在1869年3月正式进行了首次演出。根据里姆斯基-科萨科夫的说法（包括巴拉基列夫本人），它表现得很好，[2]尽管居伊在三年后回顾第二场演出，记得它在1869年的反响是"冷的"，并祝贺观众"音乐理解能力提高了"。[3]无论如何，关键是——和以前一样——里姆斯基-科萨科夫正在创作适合表演的音乐，而他的老伙伴们仍然深陷未完成的、早期的、支离破碎的大作中。这些作品可能会满足他们先锋英雄主义的感觉，但几乎没有机会登上舞台或音乐会平台。诚然，经过七年艰难的时间管理，居伊终于完成了《威廉·拉特克里夫》，并于2月在马林斯基剧院上演，也就是《安塔尔》首演前一个月。与此同时，穆索尔斯基放弃了《婚事》，开始了一个全新的、更加雄心勃勃的歌剧项目。里姆斯基-科萨科夫本人也一直在考虑创作类似的曲目。巴拉基列夫的《火鸟》至少在理论上仍然是一个持续写作的状态。1869年4月，该圈子的人收到斯塔索夫的卡片，建议鲍罗丁为十二世纪俄罗斯史诗《伊戈尔远征记》（*The Lay of Igor's Campaign*）创作歌剧。

任何熟悉强力集团过去完成作品记录的人都可能以惊愕的怀疑态度看待这些活动。这正是典型的在他们会走之前就想跑的案例。但歌

---

1. *LMMZ*，第85—86页；*MML*，第92—94页。
2. *MML*，第103页。
3. "Vtoroy kontsert besplatnoy shkoli"（1872年1月11日），Gusin, *Ts. A. Cui: Izbranniye stat'i*, 191–193.

剧对强力集团成员来说是一个巨大的诱惑，就像对其他地方的民族主义者来说一样。它经过多次验证，已成为一种特别的俄罗斯音乐；它给出了一个广阔的叙事背景，可以容纳历史冲突的潮起潮落，个人与公众的冲突，民族和神话或异国情调、色彩以及幻想的生动描绘——所有这些东西，通过确定的时间和地点，激发出一种属于他们而不是其他任何人的音乐。这种音乐采用的是他们的题材，源于他们或不源于他们的形式、类型和语言。如果器乐在传统上是德国的，在本质上是国际性的，那么歌剧就是卓越的特殊主义流派。毫无疑问，德国人从未真正把它变成自己的，尽管有一些很好的尝试。应该记住，莫扎特并没有受到强力集团的高度评价，无论如何，他最著名的歌剧是意大利歌剧。瓦格纳，他们中的大多数只知道他的名声，在音乐会上听到一些流血的片段。他们认为，他们完全可以忽略他或辱骂他。

　　这种情况在1868年10月上旬突然改变了，当时瓦格纳歌剧第一次在圣彼得堡的舞台上上演。根据里姆斯基-科萨科夫的说法，康斯坦丁·里亚多夫领导下的马林斯基学院排练的《罗恩格林》（*Lohengrin*）"受到了我们完全的蔑视，而达尔戈梅日斯基则以无穷无尽的幽默、嘲笑和恶毒的辱骂来面对"[1]。巴拉基列夫错过了第一晚的演出但观看了一场后来的表演，抱怨说这让他头疼，他整晚都在做梦。[2] 居伊在《俄罗斯商业日报》适当地回顾了这部作品，但毫不掩饰他对这部作品（"一部他从未听过的更乏味的歌剧"）或作曲家（"完全没有天赋，没有创造能力"）的蔑视。[3] 不过总的来说，这部歌剧在媒体上很受欢迎，可以预见的是，谢洛夫在法语期刊《圣彼得堡》给瓦格

---

1. *LMMZ*，第92页；*MML*，第101页。
2. 1868年11月3日写给斯塔索夫的信件，收录于*BSP1*，第258—259页。或许相较于瓦格纳的作品，巴拉基列夫对自己的作品是敝帚自珍。
3. "Loengrin, muzïkal'naya drama R. Vagnera," *Sanktpeterburgskiye vedomosti*, 1868年10月11日。

纳的一封公开信中热情地欢迎它,随后在《新报》(*Novoye vremya*)上发表了更为传统的评论,他声称《罗恩格林》"取得了完全的胜利,完全没有遇到任何反对",并补充说"这是斯拉夫艺术编年史中的一个非凡事件,对俄罗斯音乐戏剧的命运具有重大意义"[1]。所有这一切都超出了弗拉基米尔·斯塔索夫的承受能力,他很快就给谢洛夫写了一篇冗长的回信,包括对瓦格纳剧本的俄语翻译[康斯坦丁·兹万采夫(Konstantin Zvantsev)所作]的长篇批评,但最后以猛力谴责谢洛夫的瓦格纳主义和对瓦格纳之于俄国作曲家重要性想法的轻蔑否定而结束。"起初,"他写道,

> 公众去看《罗恩格林》是因为好奇地想看一位新作曲家的歌剧,人们长期以来一直在谈论他,相信他是一位天才的艺术改革者;但随后,当最初的好奇心过去后,他们开始更加懒以或不情愿前往观看《罗恩格林》,因为它不合任何人的口味。无聊!无聊!难以想象的无聊!有人说。更有人说,荒诞的题材,无能的音乐!另一批人说,好吧,这没什么,仅此而已,这是那些害怕以某种方式错过对伟大天才的评价并显得不够时髦的人。所以这是彼得堡意见的总和,是对瓦格纳《罗恩格林》的全部评价。或许除此之外,还有像谢洛夫先生和兹万采夫先生这样的人,在他们看来,瓦格纳的音乐是人类天才的顶峰,他的歌剧是当代创造力、智慧和诗歌的最后推动力……谢洛夫先生几乎噙着泪水向瓦格纳抱怨说,他的歌剧在舞台上的表演有点过于现实和平淡。可怜不幸的谢洛夫先生!对我们所有人来说,他是一个典范,他

---

1. 引自 Bartlett, *Wagner and Russia*, 38。

展示了与"一位著名的朋友"(正如谢洛夫先生在他的信中称瓦格纳的那样)的艺术风格可以走多远,正如他像蜡一样能在任何邮票上留下印记。

不,不。请不要让谢洛夫先生用他的观念和指导毁掉我们的艺术家,不要让他把他们与一些可怕的德国人的意见混为一谈。这些德国人对他来说就是法律,让他不要认为瓦格纳的音乐能够在我们心中扎根,或者更像是一个笑话,"瓦格纳在俄国的成功(!)对我们音乐戏剧的命运和我们公众的音乐教育具有重大意义",这一成功是"一个在斯拉夫艺术和文明史上扮演着重要的角色的事件"。不,我们不需要谢洛夫先生的这些想法和预言。[1]

强力集团对《罗恩格林》的愤怒之处在于,它在许多方面都坚持了他们自己关于俄国作曲家和歌剧发展方向的想法。一部具有大型合唱场景和明确民族主义背景的历史剧(在第一幕中,海因里希呼吁布拉班特人"捍卫帝国的荣誉……让任何自称德国的土地集结军队,这样任何人都不会再次侮辱德意志帝国了"),它还在某种程度上演绎了符合强力集团关于文字和音乐之间关系的创作方式。例如,瓦格纳自己撰写剧本,显然他对文本和音乐的仔细契合,应该会让居伊这个巴拉基列夫圈子里所谓的歌剧专家感到高兴,他批评了谢洛夫的《罗格涅达》在这方面的不足,并且认为瓦格纳在《罗恩格林》第二幕开始时的奥特鲁德和泰拉蒙德的对话,以及第三幕的叙述中所创作的"旋律性朗诵"(正如他所说的那样)效果非常强烈。居伊也应该认可瓦格纳在戏剧动作中合唱的丰富参与,包括合唱分成对唱组并对位回应的复杂段落。"在我们(俄

---

[1] "Kompozitorskoye pis' mo," *Sanktpeterburgskiye vedomosti*, 1868年12月4日, 再版于 *SSM2*, 第142–143页。

国）的歌剧中，"他在 1864 年写道，"合唱比其他任何形式都发挥着更重要的作用。演唱者不再是一群纯粹为了唱歌而聚在一起的没有头脑的人，而是一群有意识和独立行动的人；由此，音乐获得了深度和广度的新元素。"[1] 换句话说，它不再是歌唱，而是行进着的风景。

最重要的是，居伊可能会称赞《罗恩格林》对"在丰富的历史或流派背景下展开的激烈的个人戏剧"的处理。[2] 当然，这个想法并没有什么特别新鲜的地方。这是梅耶贝尔以及意大利学派各种歌剧的基础，但居伊却因其他原因对意大利歌剧嗤之以鼻。事实是，即使瓦格纳可以创作《石客》，他仍然会受到强力集团的辱骂，因为他们对他的厌恶（恐惧），就像他们对谢洛夫的厌恶（恐惧）一样，是一种与实际品位或无私的批判价值观无关的信念。幸运的是，这意味着他们可以不动声色地从瓦格纳的作品中获取他们需要的东西，也可以从谢洛夫的作品中获取，但对瓦格纳和谢洛夫的辱骂丝毫不会因此而收敛。

穆索尔斯基决定为普希金的莎士比亚式戏剧《鲍里斯·戈杜诺夫》创作歌剧的确切时间尚不确定，但有充分的理由推测是在那个 10 月看过《罗恩格林》之后。这个想法似乎来自尼科尔斯基，毫无疑问，这是对穆索尔斯基在 8 月从希洛沃寄来的信中所称"什么时候能最终准备好？"的回应。尼科尔斯基是柳德米拉·谢斯塔科娃晚会上的常客，谢斯塔科娃本人显然也参与了关于可能的歌剧主题的讨论，因为正是她向穆索尔斯基提供了一本普希金的《鲍里斯》抄本，里面的空白页让他能够直接在剧本上编写他的脚本。这时可能是在 10 月底。[3] 到 11 月 4 日，他完成了第一幕（在新圣女修道院的院子里），十天后，加冕仪式部分也完成了。"这是必要的力量"，他曾告诉尼科尔斯基，这将启发他为《婚事》和后续的歌曲创作作一切准备，以一雪前耻。

---

1. "Opernïy sezon v Peterburge," Gusin, *Ts. A. Cui: Izbranniye stat'i,* 37.
2. 这是塔拉斯金的构想，收录于 *ODR*，第 236 页。
3. MDW，第 177 页，在这篇文章中，特别提到了 26 日，但没有说明原因。穆索尔斯基自己在这份抄本上的注释也只是提到了这个月。

[第十七章]

舞台的历史

人们可能会认为,由于巴拉基列夫和穆索尔斯基在1859年对老莫斯科赞不绝口,斯塔索夫在六十年代初无休止地谈论索洛维约夫和科斯托马罗夫的历史,以及"我们心爱的诺夫哥罗德,你和(巴拉基列夫)本能地爱了这么久",强力集团花了惊人的时间来创作历史题材的歌剧。[1]正如穆索尔斯基本人所说,从某种程度上来说,这可能是一个准备程度的问题。对我们来说,一部符合斯塔索夫现实主义要求并将俄国人民提升到统治阶级水平的历史歌剧将采取何种形式,现在似乎很明显了。我们知道最终的解决方案,但在十九世纪五六十年代,历史剧仍然意味着法国和意大利舞台上的浪漫史诗:维克多·雨果的戏剧、梅耶贝尔壮观的大歌剧以及多尼采蒂和威尔第的以歌手为基础的准历史歌剧。的确,格林卡在《为沙皇献身》中提供了一个看起来更好的先例,但对于斯塔索夫来说,这绝不是一个合适的模式。他认为《为沙皇献身》中俄国人民的形象是一群谄媚且快乐的农民;至于苏萨宁本人,远非英雄,他只是一个"卑微的农奴,忠诚如狗,狭隘如猫头鹰或斗牛犬,为一个他没有理由爱的顽童牺牲自

---

1. 1861年3月21日写给巴拉基列夫的信件,收录于 *BSP1*,第128页。

己,没有必要去营救,而他似乎从未见过谁"[1]。

斯塔索夫的历史理想是中世纪的公民大会(veche,音译"维切",中世纪斯拉夫人部落的民众大会,有立法权,十五世纪废止),即在诺夫哥罗德、普斯科夫和基辅等独立城市的管理中充当一种临时议会的人民议会。"在异教时代和基督教时代,"他在同一封信中向巴拉基列夫保证,"俄罗斯的核心和本质是民主,它不断分裂成数以百万计的碎片、家庭和地区。"他坚持认为,俄罗斯人对单一君主制原则充满敌意,就像他们(他同样坚持)在宗教问题上反对中央集权专制一样。对他来说,诺夫哥罗德和普斯科夫的公民大会已被十五世纪末和十六世纪初的莫斯科原沙皇消灭了,这是他们这个时代专制沙皇的祖先——至少在名义上是这样的。尽管他们在俄国经济和农村生活自由化方面作出了微弱的努力,但他们仍然在限制独立的思想和表达。然而现阶段并没有太多迹象表明,这些想法可能会成为歌剧甚至交响乐处理的基础。他甚至可能同意谢洛夫的看法,"音乐由于其开放、坦率的性质,只是政治和外交阴谋的拙劣阐释者"[2]。作为音乐题材,他显然在俄罗斯民间故事中看到了更多的未来,它们的色彩和魔法,它们的神秘和浪漫光环。

与此同时,圣彼得堡的正统剧院突然充满了关于俄罗斯历史题材的戏剧,这无疑是受到了索洛维约夫历史著作稳定出版的启发。1867年2月,阿列克谢·托尔斯泰的《伊凡雷帝之死》(*Death of Ivan the Terrible*)与亚历山大·奥斯特洛夫斯基的《僭主德米特里与瓦西里·舒伊斯基》(*Dmitry the Pretender and Vasily Shuisky*)几乎同时上

---

1. 1861年3月21日写给巴拉基列夫的信件,收录于*BSP1*,第130页。塔拉斯金在他的长篇文章"过去的现在"(*The Present in the Past*)中相当详细地讨论了整个问题,见**Musorgsky: *Eight Essays*, 123–200**。也参见Taruskin, *Defining Russia Musically*, 38。
2. 1866年8月写给O. 诺维科娃的信件,引自Taruskin, *Musorgsky: Eight Essays*, 128。

演。托尔斯泰很快又创作了两部续集,即《沙皇费奥多尔·伊凡诺夫维奇》(*Tsar Fyodor Ioannovich*,1868年)和《沙皇鲍里斯》(*Tsar Boris*,1870年),第一部立即被禁止演出,实际上在十九世纪从未上演过,而第二部则被帝国剧院的董事会直接阻止了。列夫·梅伊的《普斯科夫姑娘》,是一部关于伊凡雷帝1570年来势汹汹但最终和善地进入普斯科夫的故事,于1859年出版,但在1868年仍处于舞台禁令之下。普希金的《鲍里斯·戈杜诺夫》虽然在1831年以最终定稿形式出版,但仅在1866年才获得演出许可,直到1870年才登上舞台。据报道,这部作品的制作非常糟糕,而且被大量删减。强力集团在十九世纪六十年代末期几乎一致决定开始创作历史歌剧,其中一个引人注目的事情是,他们创作的剧本要么是已经被审查机构禁止的,要么是最近才被禁止的。另一个更容易解释的是,就像上面提到的所有戏剧一样,这些作品专门针对罗曼诺夫王朝之前的沙皇。只要是历史剧,就像学校教授历史一样,总会提到"国王和王后",这是不可避免的,而让罗曼诺夫王朝的成员登上舞台严格上说是非法的(十九世纪的沙皇也属于该王朝)。[1]

偶然的是,第一次大胆尝试的是里姆斯基-科萨科夫而非穆索尔斯基,在1868年夏天,前者开始创作梅伊的《普斯科夫姑娘》歌剧版。他可能很早就知道这出戏了,因为两年前他就将第一幕中的一首摇篮曲单独谱成了一首歌(Op. 2, No. 3)。奇怪的是,他在自传中说,歌剧的想法——就像《安塔尔》的想法——实际上来自穆索尔斯基和巴拉基列夫,如果属实,这可能意义重大,因为它表明直到1868年春天,穆索尔斯基自己都没有想到要创作这样一部作品。当然,这自然不妨

---

1. 当然,这就是为什么米哈伊尔·罗曼诺夫(Mikhai Romanov)没有出现在格林卡关于拯救他生命的歌剧中。顺便一提,这也是为什么叶卡捷琳娜大帝在柴科夫斯基的《黑桃皇后》中,她抵达舞会之时没有出现在舞台上。

碍他和圈内其他人干涉作曲的过程。从一开始，这个项目就是小组会议讨论的主题，显然得到了里姆斯基－科萨科夫的同意，他在提到巴拉基列夫的"尖锐的父权专制主义"时，没有丝毫讽刺意味，与此同时，他承认这种"尖锐的父权专制主义"开始让他紧张起来。[1]对于这部歌剧，最初的问题在于剧本。想必，随着《石客》的不断上演，他们一直在谈论如何将戏剧原封不动地搬上舞台。但也有一个独立的剧本，最初由弗谢沃洛德·克列斯托夫斯基（Vsevolod Krestovsky）为安东·鲁宾斯坦所写，并由柴科夫斯基传递给里姆斯基－科萨科夫，这可能是他们春天在巴拉基列夫家中会面的结果。[2]从里姆斯基－科萨科夫的叙述中看出，强力集团是否考虑过克列斯托夫斯基是不清楚的，他毫不含糊地断言："当时的想法是，我会在需要时自己写剧本！"[3]感叹号似乎表达了怀疑，但最终他还是这样做了，以克列斯托夫斯基的版本作为起点，但更广泛地基于梅伊的诗句，不可避免地进行了删减和压缩，并在适当的时候将穆索尔斯基提供的民歌文本纳入一些合唱中。

　　梅伊的戏剧，其背景和关键事件具有历史意义，这些事件虽然构成了虚构的人类悲剧的框架，然而，这可能有助于解释已知历史的某些令人费解的方面。1570年，沙皇伊凡雷帝将诺夫哥罗德市夷为平地并屠杀了数千名居民，作为对波兰－立陶宛阴谋的惩罚。沙皇伊凡雷帝带着类似的意图向普斯科夫进军，当地居民深感恐惧。结果，伊凡只待了很短的时间就平静地离开了，尽管普斯科夫比诺夫哥罗德离他非常害怕的立陶宛更近，而且离伊兹博尔斯克也很近，前一年那里有明显的背叛（以及随之而来的报复）。梅伊想象了一个浪漫的对普斯科夫幸免的解释。几年前，在访问这座城市时，伊凡与该市市长尤

---

1. *LMMZ*，第82页；*MML*，第90页。
2. 参见 Abraham, *Pskovityanka*, 58；也参见 Taruskin, *Musorgsky: Eight Essays*, 151 and note 69。似乎没人知道柴科夫斯基是怎样得到这个剧本的，为什么得到了这个剧本。
3. *LMMZ*，第82页；*MML*，第89页。

里·托克马科夫王子的嫂子维拉·谢洛加有染。伊凡不知道的是,维拉生下了一个名叫奥尔加的小女孩,在维拉死后,她被托克马科夫当作自己的女儿抚养长大。在伊凡第二次访问时,托克马科夫正计划将奥尔加嫁给一位名叫尼基塔·马图塔的年长波雅尔,但她却深爱着波萨德尼克(市长)的儿子米哈伊尔·图查。唉,就在伊凡到来时,托克马科夫和人民决定"用面包和盐来欢迎他",而图查和几个年轻人选择游击战术,逃到周围的森林里。在普斯科夫,伊凡遇见了奥尔加,并从托克马科夫的解释中意识到她是他的女儿。他立刻宣布:"让上帝保佑普斯科夫吧!"但是图查不知道情况发生了变化,袭击了城外伊凡的营地,在随后的枪战中被枪杀。在绝望中,奥尔加自杀了。

不难想象,这个圈子兴高采烈地讨论着这一切可创作为歌剧的可能性。作为一个主题,它需足够传统,以至于他们能够将它与现有的西方歌剧联系起来,这些歌剧以历史事件为背景,展现了强烈的人性,同时它又具有纯正的俄罗斯风格,因而更具吸引力。不同于明显的先例《沙皇的一生》,它让人民反对独裁者,表现出他们的畏惧和默许,但这只是出于对自己生命的恐惧;沙皇伊凡不得不为他习惯性的残忍付出代价,他刚刚开始爱的女儿因为那些认为他会以一贯方式行事的人的行为而死亡。也许是圈子里的人在秘密会议上决定奥尔加不应该在歌剧中自杀,而应该在交火中被抓住并被意外射杀。作为一个团体,他们当然要为删减梅伊第一幕的决定负责,这一幕涉及的是奥尔加出生时的维拉·谢洛加(克列斯托夫斯基也删除了这一行为)。[1]由于其余的情节发生在伊凡第二次访问普斯科夫时,其效果是将某种伪亚里士多德的时间和地点的统一强加给了戏剧,这至少适合它的悲剧结局。

---

1. *LMMZ*,第82页;*MML*,第89页。

该剧剩下的一个方面一定让斯塔索夫感兴趣，并通过他激发了圈子里的所有其他成员，就是第二幕中的维切议会场景，在该场景中，市民们聚在一起讨论如何应对沙皇的即将到来。斯塔索夫非常清楚，伊凡雷帝的父亲瓦西里三世在六十年前废除了普斯科夫的维切议会（同时废除的据说还有由图查的父亲担任的波萨德尼克的头衔）。正如梅伊认为将这个想法作为戏剧显然是太好了，不能以乏味的历史理由拒绝一样，它的音乐潜力对歌剧作曲家来说也有种不可抗拒的吸引力。里姆斯基-科萨科夫在为剧院写作方面极其缺乏经验，对于现阶段他处理这样的场景是否有任何清晰的印象思路，令人怀疑。但这无关紧要，无论如何，《安塔尔》这部作品仍然躺在他的办公桌上被要求完成，普斯科夫美丽的姑娘不得不等待轮到创作她的时候。

它是以典型的强力集团做派通过零零碎碎的曲调和片段组合起来逐渐形成的。1868年6月中旬，他刚刚完成了《安塔尔》的第二乐章，当时尼古拉·洛迪岑斯基给他写了一封信，邀请他去他们的特维尔庄园，他的脑海中突然浮现出后来被称之为"对俄罗斯民间生活，对她的过去，特别是对普斯科夫姑娘的无限热爱"。他在钢琴前坐下，迅速即兴创作了歌剧原版第三幕中欢迎合唱的主题[1]——大概只是主题，而不是整个相当复杂的乐章。他开始认真地创作是在8月《安塔尔》完成后。出于某种原因，他在第一幕结束时开始了奥尔加和图查的长二重唱，然后又回到了这一幕的前半部分，奥尔加的女佣弗拉斯·耶芙娜讲述关于察列夫娜·拉达的奇怪故事（或者更确切地说，没有开始讲，因为她被图查的到来打断了），以及之前的体裁场景，接球（gorelki）游戏和女佣之间关于诺夫哥罗德事件的对话，中间穿插着女孩们采摘覆盆子和黑醋栗的合唱诗句。9月下旬的一个晚上，他在居

---

1. （1985年）修订的总谱中的第二幕场景一，这个版本如今总是上演。参见 *LMMZ*，第89页；*MML*，第97页。

伊家演奏了这些音乐的部分或全部，毫无疑问，强力集团成员们都在欢呼。"嗯，"鲍罗丁向他的妻子报告说："我可以告诉你，这是一种如此芬芳、如此年轻、如此清新、如此美丽的东西——我只是高兴得软弱无力。这人多有才华啊！他是多么轻松地在创造啊！"[1]

就在同一天晚上，穆索尔斯基为他们演奏了《婚事》，居伊演奏了《威廉·拉特克里夫》的最新部分。但里姆斯基表述的是完全不同的东西——既不是像穆索尔斯基那样的实验，也不是像居伊那样重磅的老式情节剧。里姆斯基-科萨科夫显然将《为沙皇献身》及其民间曲调和舞蹈片段作为他的角色模型；他从达尔戈梅日斯基那里学到了关于咏叙调（arioso）风格的俄语配乐。然而，总的来说，这些《普斯科夫姑娘》片段的风格和戏剧结构都是新的。还没有俄罗斯作曲家，甚至可能还没有非俄罗斯人，能如此流畅自然地将对话、故事和体裁融合在一起：女孩们在玩接球游戏，女佣们在讨论奥尔加的父亲和诺夫哥罗德的恐怖事件，而女孩们则伴随着美妙的民间曲调《沿着接骨木，沿着醋栗》（"Po malinu, po smorodinu"）采摘水果，曲调讲述的是将长发缠绕在野果丛的危险灌木丛中。当谈到二重唱时，里姆斯基-科萨科夫表明，他可以毫不费力地提升情感张力，而不会从根本上改变习语。图查在台下用一首关于黑暗森林中的杜鹃的歌有点霸道地宣布自己；当奥尔加跑到他面前时，他们唱了一首二重唱，达到了达尔戈梅日斯基既没有做到也似乎没有想要的效果。从咏叙调（伴奏朗诵）到抒情歌曲的平稳进行，因此从这一幕开始到（几乎）结束，关注焦点从原始电影蒙太奇般的体裁场景转移到森林边缘痛苦的恋人强烈、集中的感觉。在音乐方面，仍可以看出是从早期民间元素中衍生出来的，并将巴拉基列夫

---

1. 1868年9月25日的信件，收录于 *PB1*，第293页。

收藏系列中一首真正的民歌《哦，我的田野》("Uzh tï, pole moyo"，No.25）作为其主题。[1]

里姆斯基-科萨科夫于1869年的1月完成了第一幕，最后一幕是奥尔加假想的父亲托克马科夫王子，向她厌恶的未婚夫马图塔承认她不是其女儿，而是侄女。同时向在灌木丛中窃听的奥尔加本人透露了这一事实。她的父亲是谁，托克马科夫不知道。在这一幕结束时，钟声响起，宣布了维切会议开始，在这个原始版本中，这将构成整个第二幕。（当修改作品时，里姆斯基-科萨科夫将相当明显的两个场景放在一起。）"听起来似乎不太妙，"奥尔加唱道，"他们在埋葬我的幸福。"

不幸的是，他们也暂时埋葬了里姆斯基-科萨科夫的作品《普斯科夫姑娘》。1869年1月5日早些时候，达尔戈梅日斯基在与心脏病的长期斗争后终于去世了，他的代表作《石客》还没有经过编排，甚至连一些音乐线索都没有了。前一天晚上，巴拉基列夫指挥了鲍罗丁的《第一交响曲》（以及《普斯科夫姑娘》的欢迎合唱，现已完全作曲和编排）的第一场正式演出，而达尔戈梅日斯基"焦急等待着音乐会进行的消息，但不幸的是，我们没有人在音乐会结束后打电话给他，因为害怕在这么晚的时候打扰一个生病的人……到第二天早上，达尔戈梅日斯基已经不在了……"[2] 他总是说："如果我死了，居伊会完成《石客》，里姆斯基-科萨科夫会为它配器。"[3] 这种来自坟墓之外的命令是无法拒绝的，无论它们看起来多么令人遗憾；所以，可怜的里姆斯基-科萨科夫第一次，但绝不是最后一次，不得不放下自己的作品，去完成别人的作品。诚然，有过一些小先例，包括去年5月改编舒伯

---

1. 在七十年代末以及九十年代中期修改这部歌剧的时候，里姆斯基-科萨科夫修改了这些早期场景中的许多细节。现在的讨论自然是基于原始的版本，作为全集的前两卷出版。现在即便在俄罗斯也很少上演。
2. 1888年9月25日巴拉基列夫写给斯塔索夫的信件，收录于 *BSP11*，第142—143页。
3. *LMMZ*，第92页；*MML*，第100页。

特的作品，以及为《威廉·拉特克里夫》在马林斯基剧院举办的夏季音乐会编排婚礼合唱，居伊声称他没有时间来完成。这两件事都给他带来了麻烦，在他看来，结果并不令人满意。他现在必须从头开始，为另一个人一个半小时的杰作作评判。这将是一个很好的练习——也许比他知道的还要好。但正如他所说，这让他自己的工作慢了下来，就像蜗牛一样。

当穆索尔斯基在1868年10月下旬为自己的新歌剧落笔时，他脑海中已经浮现出《罗恩格林》和《普斯科夫姑娘》第一幕的部分内容。瓦格纳可能是一个负面影响，一个触发因素而不是一个模板，但里姆斯基-科萨科夫的作品肯定让他沿着《罗恩格林》的音乐路线思考，甚至可能是他决定创作《鲍里斯·戈杜诺夫》的一个因素。相似之处很明显。普希金笔下的君王痴迷于权力，恐惧而偏执，手上沾满鲜血，但内心深处有着对家庭的热爱。就像在梅伊的诗歌中一样，个人因素与广阔的历史背景相映成趣，其中包括一些人群场景，虽然内容并不丰富，但对于准备接受暗示并扩展的作曲家来说是具有启发性的。当然，这意味着要背离普希金的文本，而仅仅三个月之前，穆索尔斯基才向谢斯塔科娃解释如何让《婚事》保持现状，他将"把果戈理固定在他的位置，让演员代替他……用音乐的方式说出来，这样你就不能用任何其他方式说出来，也不能像果戈理的人物想说的那样说"[1]。但他自己承认，《婚事》是一项实验，而且——在8月——他曾向里姆斯基-科萨科夫坦白，这个实验有冒着"语调单调"的风险。同一天，他向尼科尔斯基形容这是一种"准备"[2]。人们可能会看到它是一种必要的训练，就像生活课是学习绘画的一种方式；学生不会总是

---

1. 1868年7月30日的信件，收录于 *MLN*，第10页；*MR*，第112页。
2. 1868年8月15日写给里姆斯基-科萨科夫的信件，收录于 *MR*，第119页；8月15日写给尼科尔斯基的信件，收录于 *MR*，第122页。

画人体，但技术学习既能净化人，又能丰富人，在适当的时候，还能完成该学科未曾设想过的作品。

1868年，普希金的《鲍里斯·戈杜诺夫》并未上演，有人认为它不适合上演。虽然在某些方面明显模仿了莎士比亚的历史剧，但它在诗意和语言上也同样丰富，并且似乎故意回避了莎士比亚戏剧的关键方面。首先，在该剧已出版的二十三个场景中，主角只出现在六个场景中，其中两个场景他的出现是转瞬即逝的。此外，戏剧性的结构是松散的，就像连环画一样，其中的叙述以一系列离散的图像展开，并且事件的顺序很难辨别，除非像普希金可能的目标受众一样，你已经知道了（来自卡拉姆津的历史记述）关键的细节。[1]

例如，你已经知道鲍里斯·戈杜诺夫是伊凡雷帝智力不全的儿子沙皇费奥多的妻兄，他在伊凡死后掌控大权；费奥多的同父异母兄弟，9岁的德米特里，在1591年的一天被人发现割喉而亡，人们普遍怀疑是鲍里斯下令谋杀了他。[2] 戏剧一开始（1598年），费奥多本人已经死了，鲍里斯被敦促接受皇位，而他可能出于谋略上的原因而表示不接受。修道士皮缅几乎完成了俄罗斯东正教历史的编年，并向年轻的修道士格里戈里描述了他是如何出现在乌格利奇看到尸体，听到凶手指控鲍里斯的。格里戈里与流浪僧侣瓦拉姆和米赛尔一起逃往波兰，打算以德米特里沙皇的身份死而复生。在边境的一家旅馆里，格里戈里侥幸逃脱了抓捕。在克拉科夫，他得到了波兰的支持和野心勃勃的玛丽娜公主（她很清楚他的骗局）的帮助，条件是他成为沙皇。与此同时，鲍里斯虽然在他的家庭圈子里很轻松，很有权威，但被德米特里坟墓出现奇迹的描述和他可能回归的报道吓坏了。突然，他莫

---

1. Emerson and Oldani, *Modest Musorgsky and Boris Godunov*, 30.
2. 现在对此已有完全不同的结论，但这与普希金的戏剧无关。相关信息参见Taruskin, *Musorgsky: Eight Essays*, 186。

名其妙地去世了，将继承权传给了自己的儿子费奥多。但在最后一幕中，费奥多被忠于伪德米特里的波雅尔杀害。

或许有强力集团的帮助，或许没有，穆索尔斯基从这个复杂的情节中汇编了七个场景。在某些情况下，从多个场景中选取了一些元素，使用在剧中的十个场景中。最引人注目的是，他完全省略了普希金的四个波兰场景，以及所有后来出现的伪德米特里的场景，因此格里戈里在从穆索尔斯基第四幕的立陶宛边境酒吧窗口跳出后就从戏剧中消失了（除了作为一个看不见的威胁），另一方面，他保留了鲍里斯本人出现的所有剧中场景的基本元素，并以沙皇的死结束（普希金没有），他确保了对主角角色更加敏锐的关注。他还对鲍里斯的性格进行了重大改变。普希金隐晦地表示他笔下的鲍里斯对谋杀皇子德米特里的罪行是有责任的，但尽管舒伊斯基对孩子未腐烂的尸体的描述和大牧首对墓旁奇迹的描述使人动摇，沙皇依然保持着镇定，孩子的死与这些被揭露的内情没有直接联系。相比之下，对于穆索尔斯基来说，鲍里斯是一个因内疚而精神错乱的角色，他对被谋杀的孩子有幻觉（不仅仅是普希金的比喻"眼里血淋淋的男孩"），在波雅尔会议上表现得精神失常，在听到奇迹后崩溃而死。事实上，他在这部歌剧的第一版中对鲍里斯的处理是他的歌剧对话实验的高潮，从果戈理琐碎的礼仪喜剧转变为悲剧统治者史诗般的胡言乱语。

总的来说，普希金的肖像画很酷，他的戏剧结构也很随和。他对待他的角色就像国际象棋中的棋子，在鲍里斯和他的孩子们在一起的场景中、在鲍里斯死亡的场景中、在伪德米特里的场景中、在舒伊斯基或是波雅尔的普希金场景中，时不时会出现一种更深层次的心理。但心理发展却因动作中的某种脱节而受到抑制，情节的不同"区域"似乎彼此独立存在，甚至可能以不同的顺序交织在一起。

对于穆索尔斯基来说，这种中立性很可能是该剧作为歌剧主题的一个特别吸引人的地方。这意味着他可以将自己的音乐需求强加于普希金提供的模板上。这无疑是他对《婚事》中果戈理的态度的转变。在那里，他让自己受剧本文本的限制，只创作独白和对话，并刻意避免通常赋予音乐意义的特定事物：歌曲、咏叹调、合奏、合唱、乐章、管弦乐色彩。相比之下，他对《鲍里斯·戈杜诺夫》的处理立刻恢复了音乐的首要地位。他创作的第一个场景——新圣女修道院外的人们在警察的催促下恳求鲍里斯接受皇位——是剧中两个小场景的合并，其中三个人简要提到了鲍里斯的拒绝。而在第二个场景中，同样的人（大概）描述了人民"嚎叫，在波涛中沉没，一排排，越来越多"，而"人民"本身只有两行"哭泣和哀号"的内容。对于作曲家来说，这是一个不容错过的好机会，穆索尔斯基适时地将其变成了一个巨大的合唱舞台。他创造了人与人之间的游戏，并引入了野蛮、挥着鞭子的警察普里斯塔夫的形象，人们似乎与他有着一种奇怪的矛盾关系，几乎是亲密的关系。剧中的内容只不过是口头的舞台指导，一下子被转换成音乐作品，相当于一幅广受欢迎的画布，就像新生的巡回展览画派（Peredvizhniki）这个现实主义画家团体很快要绘制的画布一样。

总的来说，穆索尔斯基从普希金相对随意的普通人形象中构建了三个实质性的场景。事实上，他的加冕场景（第二场）以著名的"荣耀"民歌的大量合唱为基础，是基于剧中的一个简短场景，鲍里斯在大牧首和波雅尔在场的情况下接受了皇冠，而人们根本没有出现。歌剧第一版中的第三个合唱场景，即所谓的圣巴西尔场景，在文字上与普希金的第十九场相当接近，但合唱的角色和走出合唱的个人角色，大大扩展了。穆索尔斯基似乎没有考虑过与普希金的最后两个场景有什么相似之处。在这两个场景中，与作者同名的人以"合法的"沙皇德米特里的名义向人民讲话，而沙皇费奥多和他母亲在克里姆林宫广场向人群宣布了他的死讯。也许作曲家对戏剧已出版版本的最终舞台指导印象深刻，这是为了回应波雅尔莫萨尔斯基的命令，让他们为德米特里喊道："人们沉默了。"如果他知道这出戏最初是以人们按照指示大喊大叫结束的，他是否会在开场场景中接受这种巧妙的平衡，我们可能永远不会知道。更有可能的是，考虑到他对普希金作品的总体态度，他会避免以如此整洁的方式来串联线索。

显然，让他感兴趣的是如何将他的果戈理式的台词设置方法转化成合唱的写作。正如我们所看到的，普希金用人群边缘的个人声音来描述他们的行为。但对穆索尔斯基来说，重要的是进入人群并捕捉其血肉能量，去表现它的行为，而不仅仅是描述它。而他处理这件事的方式是天才之举，让《鲍里斯·戈杜诺夫》成为一部全新的、新鲜的作品，在众所周知的歌剧中几乎没有先例。起初，人们在普里斯塔夫的煽动下，虔诚地跪下，恳求鲍里斯接受皇冠，就像他们可能向上帝祈祷以拯救他们的灵魂一样。这种风格本质上是民歌的风格，长调（protyazhnaya），带有由口头重音形成的不规则音节，以及根音位置的简单块状和声（低音中的主音）。很快人群就被驱散了，打趣取代了虔诚的赞美诗。然而，现在管弦乐队调整了节奏，人声也融入其中，以二、四、六为一组（穆索尔斯基以数字表示），大部分时间用均匀的八分音符唱歌，但在每个小节中不规则地放置，所以在结构紧凑的框架内实现了自发对话的感觉。

但是，在《鲍里斯·戈杜诺夫》中，最令人震撼的是独唱部分的写作，穆索尔斯基设计了一种方式，与《婚事》中的口头对话截然不同。一旦听到结果，原因就很明显了。在果戈理歌剧中，人物被讽刺性地刻画；他们的本质存在是单一的，代表着懒惰、贪婪或多管闲事。他们很有趣，因为他们是如此绝对。他们就像《终成眷属》(*All's Well That Ends Well*) 中的帕罗莱斯：正是他们的存在让他们变得鲜活。音乐能给他们带来更多的东西，除了取笑他们（罗西尼可能做得很出色），或者将他们演绎成小插曲，就像《美丽的萨薇日娜》中的傻瓜或《神学院学生》中心烦意乱的新手。普希金笔下的人物邀请作曲家进行一种非常不同的音乐处理方式。即使形象还不够丰满，他们的心理特征也会很鲜明；他们被混乱的动机和激情所驱使，他们的罪恶感和恐怖感是巨大的，他们的野心令人发指，他们的精神存在是强烈的。在这里，音乐是它的元素，但它必须作为音乐；它不能袖手旁观，让文字告诉它该做什么。它必须深入了解人物和情境，并照亮隐藏的情感领域，在这些领域中，文字尽其所能，却力不从心。

《鲍里斯·戈杜诺夫》中第一个暗示来自第二场庆祝活动中刚刚加冕的沙皇的简短独白。但作为一种技巧，它在第三个场景中完全发挥了自己的作用。在原始版本中，该场景专为修士皮缅和他的助手格里戈里的独唱而创作。[1]从场景刚开始，管弦乐队就对结构进行控制，始终保持节奏，就像一条稳定流动的河流，声音像浮木一样漂浮在上面，有时赶上小溪，有时撞上岩石或浅滩。在声乐方面，写作在技术上被称为"乐器化的"，或者更好的说法是伴随着宣叙调。声音必须适合伴奏的速度和节奏，但可以在该方案中自由分配自己的乐句。这听起来像是对瓦格纳在《歌剧与戏剧》中对技术的描述，或者其在《指环》中的实践。但穆索尔斯基的管弦乐作品并不是瓦格纳意义上的交响乐。它有主题和动机（反复出现的主题），其中一些充当代表人物甚至概念的主旋律，但它们很少被论述或展开。放弃河流的形象，人们可能会听到这种伴奏是一种滚动的背景，作为风景，奇迹般地改变了反映歌词的情绪和意象。

因此，一段接着一段，是文本支配着音乐话语，而声音则是逐字逐句地作出反应。对于老修士皮缅来说，这是一个冷静、反思的过程。只有在回忆起乌格利奇的可怕事件时，他才变得焦躁不安，重温了那一夜的恐怖。年轻的修士格里戈里从一开始就更容易激动，当他突然经常做的从高塔上俯瞰莫斯科的梦中醒来时，他潜在的不稳定情

---

1. 修订版的总谱中增加了幕后的合唱。

绪通过快速、急促的语句显露出来。然后，当他观察到皮缅仍在写作时，他变得更冷静、更像修士了，直到他想起皮缅早年在立陶宛和喀山围城时的经历，这时他的音乐中侵入了一个不合时宜的高音。这种对比是穆索尔斯基在《鲍里斯·戈杜诺夫》第一版中采用的方法的命脉。它们当然反映了他在《婚事》中煞费苦心的文字设定，但没有了那部作品中冷酷无情的语言节奏和旋律轮廓。事实上，这个场景中的文字，以及接下来客栈中的场景，与普希金的关系就像《婚事》与果戈理的关系一样接近，在音乐中体现了其丰富性。

  人们可以通过鲍里斯本人在辉煌的克里姆林宫的场景来追溯整个技巧，穆索尔斯基在修改歌剧时完全重写了这个场景（包括剧本），但在其原始版本中，它仍然是一个将歌剧对话转化为既可以作为音乐又可以作为戏剧说话的音乐典范。在这里，普希金的文本被更自由地处理，有各种添加和压缩。例如，鲍里斯的"我已经获得了最高权力"在剧中没有对应的台词，这往往避免了令人反感的独白。尽管如此，该设置仍然基本上是有节制的宣叙调。人声部分被严格地映射到一个有韵律的规则伴奏上，但具有自己独特的内部节奏，反映了俄语的极端强弱重音。一般来说，和以前一样，音乐思想的流动是由管弦乐队控制的。有时人声做主导，有时各声部演奏同一条旋律线，通常声部间的旋律线略有不同，比如那些山间小路的一条，莫名其妙地分道扬镳又重新连接，甚至像支声复调类型的民间复调。[1]结果证明这是一种非常灵活的音乐戏剧形式。它可以以多变的速度改变角色性格：从鲍里斯对寡居的女儿秋莎温柔、深情、简洁的安慰话语（主要是规律的四分音符），到他独白中更宽广的音域和更大的强度，以及他与老谋深算的舒伊斯基会面时近乎歇斯底里的情绪。这些对比主要是通过音

---

1. 参见第17页，注释1。

符在速度和力度上的变化实现的：力度越强，变化越大——"对话歌剧"，但有严格的音乐控制。

其中一些片段具有抒情性。正如我们所看到的，合唱对话中穿插着广泛表现力或仪式性的固定片段，暗示着民歌甚至是礼拜圣歌，就像圣巴西尔教堂外向鲍里斯恳求面包的人群（"父亲的恩人"）——不用说，同样的人群，至少是那些在五分钟前还兴奋地谈论伪德米特里，并叫嚷着要鲍里斯的鲜血的人。这一幕也包含了整部歌剧中最伟大的抒情时刻，傻瓜的美妙哀歌。首先是普希金关于月亮和小猫的胡说八道的诗句（略加长），然后是关于俄罗斯及其人民的悲伤的台词——普希金没有写这些诗句。但最初的《鲍里斯·戈杜诺夫》并非主要是抒情作品。可以这么说，宣叙调通常会插入在简短的歌谣式片段中，忽隐忽现。但是，这样的独唱歌曲在很大程度上是缺失的。一个明显的例外是，修士瓦拉姆关于喀山遇袭（与皮缅不同，他显然没有在场）的吟唱是醉酒后的爆发，为他的性格打开了一扇窗，但完全缺乏抒情性；更确切地说，它是在几乎完全由纯音乐对话主导的背景下爆发出来的：现实生活中的酒吧歌曲。在普希金的作品中，瓦拉姆多次闯入歌曲，穆索尔斯基也给了他第二首歌曲（"他如何继续"），比第一首更醉人、更荒谬，然而，这首歌的戏剧性的目的是掩盖格里戈里谨慎地询问女房东关于前往立陶宛的路。[1]这是第一版歌剧中仅有的两首真正的民间曲调之一（另一首是加冕场景中的"荣耀"旋律）。但将歌曲作为装饰或体裁元素，没有特定的戏剧功能，第一个版本或多或少是无辜的。

穆索尔斯基用了一年多的时间创作和编排了第一版《鲍里斯·戈杜诺夫》，约两个半小时。对于一个以前创作时长从未超过《荒山之

---

1. 关于这些歌曲的普希金和穆索尔斯基的歌词来源的复杂问题，参见Taruskin, *Musorgsky: Eight Essays,* 291–296; 也见 Dunning et al., *The Uncensored "Boris Godunov,"* especially p. 472, note 90。

夜》的十二分钟的作曲家来说，这是一个非凡的集中努力的壮举。更重要的是，在创作它时，他有效地发现了自己是一位富有创造力的艺术家。他以前写的几乎所有东西，要么是小规模的，要么在某种意义上是实验性的，要么是理论性的，要么只是风格上的未成形，例如《古典风格间奏曲》或《萨特阔》（其中一些他能够融入到鲍里斯最后的死亡场景中）。当然，他最好的歌曲非常出色，但它们在某种程度上都是风格草图，是对单一形象的探索，更像是对器乐研究的方式。《荒山之夜》是一个孤立的例外，是一种迹象，而不是实现了更广泛和更深入的概念。另一方面，《婚事》本质上是一种理论音乐，即基于音乐应该是什么样子的想法，而不是音乐冲动本身，例如，音乐是社会现实的反映，音乐是"以艺术媒介再现人类语言及其所有最精致和反复无常的细微差别，这是人类生活和思想所要求的自然再现"[1]。

还有值得注意的是，穆索尔斯基在创作《鲍里斯·戈杜诺夫》时和创作完成之后，没有像写《婚事》那样，向他的朋友们讲述他的故事。他只是作曲，而且比平时更加独来独往。"穆索里亚宁，"斯塔索夫曾在给里姆斯基-科萨科夫的一封信中写道，"显然不能用任何一种姜饼来引诱他离开他的巢穴。"（就像普戈尔德姐妹可能提供的那样）[2] 从开始创作到1869年7月，这个时间段中的穆索尔斯基的任何信件都没有保存下来，只有一封是他在开始创作后几个月为歌剧配器时写的，那封信（给巴拉基列夫）与歌剧无关，甚至没有提到它。[3] 尽管如此，他有时还是会出现在圈子的晚会上。他于11月15日在达尔戈梅日斯基家中，参加了作曲家称之为《石客》的第一次完整排练（尽管它实际上还没有完全完成），并演唱了莱波雷洛和唐·卡洛斯的部

---

1. 1868年8月15日写给尼科尔斯基的信件，收录于 *MLN*，第102页；*MR*，第122页。
2. 1868年11月11日的信件，引自 *TDM*，第167页；*MDW*，第177页。
3. 未标注时间的信件（1869年9月27日），解释了他拒绝作为伴唱参与自由音乐学校演出舒曼的《浮士德》场景的排练；*MR*，第131—132页。

分。他去参加了音乐会，包括可能在11月底的一场音乐会。斯塔索夫回忆起，在音乐会上，他把瓦尔拉姆的喀山歌曲文本给了他，并评论说"在音乐会演出期间，他当时在大厅里，就非常急切地开始浏览它"[1]。他把正在进行的工作带到晚上，他自己唱了所有的男性角色，而萨夏·普戈尔德则以某种方式演绎了女性角色。当然，他们都为之狂喜。结束时，斯塔索夫告诉他的哥哥德米特里："皮缅的故事（在死亡场景中）是如此精彩，可以与芬恩的民谣（在《鲁斯兰和柳德米拉》中）相媲美，并且《鲍里斯·戈杜诺夫》第一幕和第二幕中最精彩的地方，也就是说，最受欢迎的一场戏是鞭笞之下妇女哭泣和哀号的场景，以及与警察一起在旅馆里的场景。"[2]

关于《鲍里斯·戈杜诺夫》所谓的政治倾向，人们已经说了很多，也写了很多，很容易将穆索尔斯基突然对大众言论和个性化人群的兴趣解释为出于对自由、博爱和平等的热爱。对穆索尔斯基美学最全面的研究受到这样一个假设的玷污，即这些研究"完全受他对社会目标和音乐问题的社会伦理观点的制约"。[3]但作曲家自己对这个主题的评论和音乐本身的证据是，他对人的兴趣更多是人类学的，而不是意识形态或社会学的。他的灵感来自类型而不是理论。《鲍里斯·戈杜诺夫》有很多东西表明他着迷于像这样贫穷、衣衫褴褛的人，但几乎没有或根本没有迹象表明他有为他们提供食物或衣服的政治计划。总的来说，他笔下的人民胆怯和野蛮，有时举止恶劣。他们无知、虔诚、迷信。没有像托尔斯泰笔下的普拉顿·卡拉塔耶夫那样的贵族农民，也没有像陀思妥耶夫斯基的索尼娅·马尔梅拉多娃那样的圣人。即使是癫僧

---

1. *MBO*，第98页。
2. 1869年7月18日的信件，*SPR*，第46页；引自 *MR*，第131页。
3. Igor Glebov (Boris Asafyev), "Muzïkal'no-esteticheskiye vozzreniya Musorgskogo," in Keldïsh and Yakovlev, *M. P. Musorgskiy*, 34.

（yurodivy）（圣愚），虽然精神纯洁，但态度粗暴，他不是为人民说话，而是为上帝说话；他是贫困的倡导者，而不是贫困的敌人。如果穆索尔斯基为俄罗斯悲叹，那么让他悲伤的是俄罗斯精神上的荒凉，而不是它的政治不公。

《鲍里斯·戈杜诺夫》的第一版清楚地表明，穆索尔斯基将艺术视作人类现实的各种色彩表现（他对自然世界的兴趣不大，他是一位肖像画家，而不是风景画家）。最重要的是，他没有时间处理形式和程序；《鲍里斯·戈杜诺夫》几乎完全没有这些东西。但穆索尔斯基显然已经通过《婚事》意识到现实也有其艺术形式，仅仅复制人们所听到和看到的东西是不够的，必须以自己特有的技巧方式对其进行提炼。穆索尔斯基生前作为一位质朴的业余爱好者，在他一知半解的音乐领域中笨拙地挣扎，但却闪现出天才的光芒——在他死后，尤其是里姆斯基-科萨科夫在圣彼得堡音乐学院担任教授期间，一直延续了他的这一形象——如果我们以同情和开放的态度来审视他的作品，他的形象将不复存在。相反，他在完善可以说是最困难的一种艺术方面取得了惊人的成功：自成一派的艺术，从其主题中创造出自己的形式和程序。他引用了俄国哲学家马特维·特洛伊茨基关于观察的优点的论述，与所谓的日耳曼人对抽象理论的热爱形成鲜明对比。[1]《鲍里斯·戈杜诺夫》的非凡成就在于，他不仅将这些想法付诸于实践——毕竟，穆索尔斯基在个人歌曲和合唱中已经成功地做了一段时间——而且在尽可能大的规模上做到了这一点，显然是充满了坚定不移的信心。歌剧于1869年12月完成，这绝不是其创作生命的结束，也不是对其艺术作品的评判。环境会迫使作曲家采取行动，并驱使他在许多方面将其转化为不同的东西，无论它是否更优秀。

---

1. 参见1868年8月15日他给里姆斯基-科萨科夫的信件，收录于 MR，第120—121页；也见 Glebov, in Keldïsh and Yakovlev, *M. P. Musorgskiy*, 43。

[第十八章]

上演的歌剧与遗弃的歌剧

1869年2月14日,居伊的《威廉·拉特克里夫》在马林斯基的首次演出,以一种奇怪的方式揭示了所有这些歌剧的内涵。当穆索尔斯基以一种特殊的俄罗斯方式刻画一个纯粹的俄罗斯主题时,里姆斯基-科萨科夫暂时搁置了他自己的俄国历史歌剧,以便为《石客》进行配器,其中有普希金的惯用场景。强力集团凭借这部以苏格兰为背景的德国戏剧改编的血腥浪漫情节剧第一次登上舞台。当然,这是一个相对较旧的作品,但是没有迹象表明强力集团自己否认它或以任何方式、理由试图为它辩解。相反,他们团结起来支持它,仿佛它不仅是他们自己思想和抱负的体现,而且在所有方面都是对世界歌剧的重大贡献。

里姆斯基-科萨科夫在《俄罗斯商业日报》中取代居伊的位置评论了这部作品,也许不可避免地,他对它赞不绝口,他只是略加修饰,毫无疑问,正如塔拉斯金所言,是为了可信度而加的。[1] 他声称,序曲通过设置戏剧性的场景而不仅仅是引入最好的曲调来开辟新天地——好像梅耶贝尔和威尔第(更不用说谢洛夫)的歌剧在圣彼得堡

---

1. *ODR*,第104页。

完全不为人知。最后的爱情二重唱在任何歌剧中都是无与伦比的，里姆斯基-科萨科夫后来试图通过将其与任何"当代音乐文学"相比较来证明这一观点，在瓦格纳的作品《特里斯坦与伊索尔德》的阴影下，这一观点仍然是一个相当高的要求。1869年的圣彼得堡还不知道这部作品，但到1905年，当里姆斯基-科萨科夫在他的回忆录中写下相关章节时，人们对这部作品已经非常熟悉了。[1] 几周后，弗拉基米尔·斯塔索夫在同一家报纸上发表了一篇长篇文章，其中在对媒体对居伊歌剧的反应进行了广泛而有争议的调查之后，他预测《威廉·拉特克里夫》很快就会被公认为俄罗斯学派最杰出的作品之一。

> 诚然，这部歌剧中并不是所有的东西都有其真正的价值，最深刻、最珍贵的细节仍未得到充分认识。因此，例如，即使是最优秀的部分，公众仍然没有完全接受黑石的场景（歌剧第二幕）是音乐中最高级的场景之一；总的来说，在任何歌剧中，从未有过以更惊人的力量、激情和迷人的美感表达出最神秘、最深沉的心弦；道格拉斯的叙述是一个奇妙的画面感的描述；玛丽和玛格丽特的角色蕴含着取之不尽的美感和戏剧效果；拉特克里夫和玛丽的场景是世界上第一个爱情二重唱；最后，《威廉·拉特克里夫》在俄罗斯音乐界的地位可以直接继承格林卡和达尔戈梅日斯基的伟大作品。[2]

毋庸置疑，这不是第四等级（the fourth estate）[3]的普遍意见，也可

---

1. *LMMZ*，第96页；*MML*，第105页。里姆斯基-科萨科夫承认最初的颂文源于"一颗赤子之心，而非一点点批判心"。
2. "Ratklif"，《圣彼得堡公报》（*Sanktpeterburgskiye vedomosti*），1869年5月7日，再版于*SSMII*，第169–184页。
3. 译者注：第四等级多指新闻媒体界。

能不是斯塔索夫不会将其列为最佳公众的那部分人的意见。从观众的角度来看，《威廉·拉特克里夫》是个失败的作品；它只演出了七场，之后（被冒犯的居伊自己要求撤下）从舞台上消失了三十多年。媒体的反应大多是敌对的或更糟的。但这当然必须放在居伊作为一名音乐评论家"血迹斑斑"的职业生涯背景下来看待，他的一些作曲家–评论家同事也是受害者。其中最著名的是在《声音》上对亚历山大·谢洛夫的评判，居伊在两年多前就将他的《罗格涅达》斥为"一系列……相互之间没有丝毫有机联系的场景"。而且他和斯塔索夫一样，在歌剧结束短暂的演出后，带着一篇迟到的评论出现在现场。如果谢洛夫能抵制诱惑，不去报复《威廉·拉特克里夫》的作曲家，那他的精神会比我们想象的要高尚得多。在有点危险地嘲笑他的评论家同行冒充作曲家的努力之后，他开始了对作品本身的研究。"多尼采蒂或威尔第最重要的'抒情'咏叹调，"他提出看法说，"是名副其实的戏剧性巨像——以它自己的方式——除了这种荒谬的切分音和不和谐的杂乱无章的表达，因为他们试图表达的东西太多。"很快，他或多或少地表达了他的观点。"有了斯塔索夫先生和巴拉基列夫先生这样的代表，我们的音乐成熟度不会太高；我们已经可以欣赏他们阵营的一部歌剧作品。从那里，除了怪物，人们不能有任何期待。而现在！怪物就在我们面前！这是一次完全失败的尝试，散发着压倒性的厌倦感，因此在第六次（原文如此）演出之后，最后的垂死挣扎也就不足为奇了。"[1]

总体而言，尽管大部分媒体都持否定态度，但他们避免了谢洛夫的报复性语气，而是将注意力集中在作品本身被感知到的弱点上："被感知到"是因为评论家与大多数人一样保守，有时很难区分深思熟虑的直觉判断。在六十年代的彼得堡，歌剧形式和音乐风格似乎仍然是

---

1. 引自 *ODR*，第395页。

一种令人不安的现代方法。一位评论家称赞居伊的和声与配器，但抱怨"节奏效果占主导地位"。另一个指摘说，这些声音完全被管弦乐队牺牲了。《祖国纪事》的评论家罗斯季斯拉夫（Rostislav，F. M.托尔斯泰的笔名）指责居伊"和声化"，因为他偶尔会使用全音阶等一些特殊音响，以及丰富的和声织体，实际上几乎没有超出舒曼甚至贝多芬等西方作曲家的规范，他们的音乐在俄国已经非常出名。[1]然而，从戏剧的角度批评《威廉·拉特克里夫》是很合理的。它的节奏不规律，戏剧上令人难以置信，整体特征刻画不佳，对管弦乐的写作也不足。毕竟，这是第一部歌剧（至少在公共舞台上）：对比一下《奥贝托》(*Oberto*，威尔第）和《仙女》(*Die Feen*，瓦格纳）。柴科夫斯基自己的第一部完成的歌剧《司令官》(*The Vogevoda*）两周前在莫斯科首演，但完全失败了，仅进行了五场演出。柴科夫斯基很快就撤回了作品并销毁了乐谱。

《威廉·拉特克里夫》的首演是迄今为止巴拉基列夫圈子作品的最大规模的公开展演，但它并不能很好地反映出他们中的其他人在做什么。例如，鲍罗丁在1月份对他的《降E大调交响曲》的演出感到非常兴奋，以至于他几乎立即开始了另一首交响曲的创作，这次是用巴拉基列夫喜欢的B小调。然而，在斯塔索夫丰富的大脑创作出《伊戈尔远征记》(*The Lay of Igor's Host*，这是俄罗斯历史上的另一个歌剧主题）之前，他在拥挤的日程中几乎没有时间为第一乐章勾画轮廓。毫无疑问，这两部作品之间存在某种联系。鲍罗丁去世后，斯塔索夫报告说，鲍罗丁向他解释了《第二交响曲》是对中世纪俄罗斯骑士在战斗中的一种游吟诗人式的描绘。斯塔索夫本人声称，第一乐章让他想到了"勇士们（bogatyrs）的刀剑碰撞"，他承认整个都是鲍罗丁的

---

1. 这些以及其他的观点，参见"Ratklif," *SSMII*, 178–181。

想法。所以有人假设鲍罗丁在那个春天就已经在谈论交响曲了，而且远在交响曲本身出现之前，就已经有一些零碎的创作了，歌剧爱好者斯塔索夫就试图说服他将它搬上舞台。"我在编年史中发现了更多细节（关于弗拉基米尔·加利茨基和孔恰克），"他在4月中旬写道，"所以我不得不修改一处并增加另一处的内容。"[1]他在信中附上了一份冗长的三幕场景脚本。"你的计划非常完整和详细，"鲍罗丁回答说，"一切都像白天一样清晰；可能唯一需要的修改是将其缩短。……这个主题非常符合我的喜好。但我有这个能力吗？我不知道。如果您害怕狼，请不要进入森林。但我会去尝试。"[2]

这绝不是他的第一部歌剧作品。除了他的讽刺作品《勇士》，他还在1867年尝试过另一部有关伊凡雷帝的戏剧《沙皇的新娘》(*The Tsar's Bride*)，甚至还创作了被斯塔索夫称为"一流的场景和合唱"的作品，但似乎这些都未被记录下来。[3]

对于《伊戈尔王》这部作品，他最初的做法完全不同。1869年夏天，他和妻子一起在远房表亲尼古拉·库达舍夫（Nikolay Kudashev）王子的庄园里度过，那里距离库尔斯克几英里，距离现在的乌克兰边境不远。就在（当时不存在的）边境上有一个叫普季夫利（Putivl）的小镇。1185年，基辅王子伊戈尔从这里的城门出发，对南顿河的波洛维茨部落发动了一场不幸的战役。9月在圣彼得堡，鲍罗丁创作并写下了伊戈尔妻子雅罗斯拉夫娜在开场场景中的第一版，她对丈夫离开的焦虑和她对结局的不祥预感，这是一场可怕的噩梦。但鲍罗丁的音乐很快再次成为他生活环境的牺牲品。和以前一样，他的妻子因慢性哮喘而被迫在莫斯科过冬，而他则回到了在医学院的单身生活中，

---

1. 1869年4月18日的信件，见Dianin, *Borodin* (1960), 193。
2. 4月20日的信件，收录于*PB1*，第142页。
3. Dianin, *Borodin* (1960), 53.

从事讲课和行政工作以及自己的化学研究工作，他有空时会参加音乐晚会，每周给妻子写两三封长长的新闻信。迪亚宁声称他也抽出时间"认真地创作歌剧"，而里姆斯基-科萨科夫说他正在研究《伊戈尔远征记》和《希帕提娅纪事》，但几乎没有任何成品可以展示。[1] 他为圈子里的人演奏了一个版本的《雅罗斯拉夫娜的梦》（他是这么叫的），大家都很喜欢。他也可能至少为孔恰克可汗的女儿写了一部短曲草稿。后来在一次莫斯科之行中，他创作了一首生动戏剧性的民谣《大海》（The Sea），讲述了一个年轻人在一艘船上，带着他年轻的妻子和他所有的世俗财富在风暴中被吞噬的故事。但是《伊戈尔王》的创作仍然没有进展，到1870年2月下旬，他已经下定决心完全放弃它。[2] "毕竟，"他反问他的妻子，

> 我和歌剧混在一起有什么意义？大费周章，浪费了大量时间，更不可能取得好成绩。如果它们真的表演了，我哪有时间来处理所有与管理层、演员和排练等等的琐碎麻烦和不愉快？与此同时，这个主题无论多么适合音乐，都不太可能取悦公众。没有太大的戏剧效果，几乎没有舞台动作。最后，做一个既能满足音乐戏剧需求又能满足布景需求的剧本，可不是闹着玩的。我没有这方面的经验，也没有能力或

---

1. Dianin, *Borodin* (1960), 第64页；*MML*，第85页（尽管里姆斯基-科萨科夫给出的是错误的年份）。
2. 对于鲍罗丁第一阶段创作《伊戈尔王》时写了多少仍旧意见不一。例如，A. N. 德米特里耶夫（A. N. Dmitriyev）认为第二幕中伊戈尔咏叹调的第一版于1869—1870年冬天完成草稿，马雷克·博贝斯（Marek Bobéth）在他对这部作品的专业研究中质疑了这一点，缺乏明显的证据。参见 Bobéth, *Borodin and seine Oper "Fürst Igor,"* 28. 也参见 Dmitriyev, "K istorii sozdaniya operï A. P. Borodina *Knyaz' Igor*," in Dmitriyev, *Issledovaniya stat'i nablyudeniya*, 138–139 [这篇文章首次出现在1950年《苏维埃音乐》（Sovetskaya Muzïka）中]；以及 Gaub, *Die kollektive Balett-Oper "Mlada,"* 378–379。

时间……我从准备好的材料中对几个数字进行了多次尝试后得出了这个结论。最后，歌剧对我来说并不是严格意义上的戏剧，在我看来，它似乎是一种不自然的东西。[1]

对斯塔索夫来说，他将自己最新的歌曲献给鲍罗丁来减轻这一打击。也许鲍罗丁自己感觉有点像年轻的水手和他的妻子，迷失在了海上。

巴拉基列夫早就拒绝了［某个叫德米特里·阿韦尔基耶夫（Dmitry Averkiyev）的人］为他的《火鸟》创作剧本的最新尝试，显然，他没有真正打算创作这部歌剧或任何其他歌剧。在所有的强力集团成员中，他是最同情鲍罗丁对舞台突然产生敌意的人——在他的情况下基本上是防御性的敌意。很简单，他不喜欢歌剧，有时发现他的同事们对这种类型的痴迷感到难以接受。但他的创作问题远不止于此。自1867年5月创作《捷克主题序曲》以来，他几乎没有创作过任何作品。《塔玛拉》几乎没有以书面形式存在，尽管在圈子聚会中不断流传一些它的片段，还有其他一些逗人发笑的即兴创作，但似乎从未在纸上发表过。当然，他的效率低下除了有心理原因，还有纯粹的实际原因。1868年初，洛马金辞去俄罗斯音乐协会总监一职，此后他一直单独负责协会及其音乐会，并担任协会的指挥。他要策划节目、组织排练和宣传，又要操心演出材料的可用性，因为这些作品往往与主流相去甚远。事实上，他固执地拒绝编排标准曲目——毕竟在一个很少有机会听到伟大古典杰作的城市里——造成的麻烦不仅仅是不方便。这可能使他丢了一个职位，又大大增加了另一个职位的难度。

确切地说，很难确定为什么俄罗斯音乐协会的叶莲娜·帕夫洛夫娜大公夫人在1868年期间反对他。但他从来都不是她的选择；鲁宾斯

---

1. 1870年3月4日的信件，收录于 *PB1*，第200页。

坦最初成立社团时，巴拉基列夫是反对派，而当巴拉基列夫接替鲁宾斯坦时，这显然是个无奈之举。即便如此，如果他准备以任何方式调整他的节目安排，一切可能还是很顺利的。就他本人而言，他是一位足够出色的指挥，而不是表演者，但在音乐方面具有权威性，受到严肃音乐家和组成俄罗斯音乐协会和自由音乐学校合唱团的业余歌手的尊重，并受到观众的喜爱。然而他对大部分标准德国曲目的强烈厌恶激怒了俄罗斯音乐协会里的保守派音乐家，并最终与他们相对立。而这些保守派音乐家自然而然地得到了大公夫人的支持，其中包括尼古拉·扎伦巴，他是鲁宾斯坦音乐学院院长的继任者，是正统方法的坚持者，也是各种形式的现代主义的坚定敌人，当然也包括俄罗斯的各种形式。批评家亚历山大·法明岑也曾对《萨特阔》进行过严厉的批评，他总体上也厌恶俄罗斯学派，并且可能对巴拉基列夫为他的作品进行编排感到失望。

巴拉基列夫不想写歌剧，但这些阴谋可能会成为一个很好的题材。1868年初夏，他刚离开圣彼得堡前往高加索，叶莲娜·帕夫洛夫娜就告诉俄罗斯音乐协会的董事会，她打算邀请一位名叫马克斯·塞弗里茨（Max Seifriz）的德国指挥家接管俄罗斯音乐协会。巴拉基列夫认为是扎伦巴怂恿她这么做的，但他可能不知道塞弗里茨曾是法明岑在勒文贝格的老师。顺便说一句，塞弗里茨是该镇霍亨索伦管弦乐队（Hohenzollern orchestra）受人尊敬的指挥，被李斯特描述为"德国最聪明、最有创造力的指挥家之一"[1]，而柏辽兹（他于1863年在德国）则称其为"一位技艺精湛的指挥和训导者"[2]。这位大公夫人适时地要求李斯特和柏辽兹为塞弗里茨写推荐信，但也不太委婉地邀请柏辽兹提供巴拉基列夫的负面参考意见，他断然拒绝这样做。瓦西里·科洛格

---

1. 引自 Williams, *Franz Liszt: Selected Letters*, 969。
2. Cairns, *The Memoirs of Hector Berliioz*, 492–493.

里沃夫——其中一位对他有好感的董事——告知巴拉基列夫，发生了一场可怕的争吵，而且董事会的大多数成员都不同意解雇他。邀请塞弗里茨的想法逐渐消失了，叶莲娜·帕夫洛夫娜和她的亲德导演们暂时不得不面对另一季的巴拉基列夫时代：有更多的柏辽兹、李斯特和舒曼的新作品，里姆斯基-科萨科夫、鲍罗丁和柴科夫斯基[他的交响诗《命运》(*Fatum*)]的新作品，再加上格林卡和达尔戈梅日斯基的老作品，而几乎没有莫扎特或海顿的痕迹。

到1869年4月末，在该季最后一场音乐会结束后，大公夫人终于受够了，立即解雇了巴拉基列夫，任命捷克出生的爱德华·纳普拉夫尼克（他在那段时间也成为了马林斯基乐团的首席指挥）代替他。这是巴拉基列夫人生艰难阶段的开始。失去俄罗斯音乐协会的职位对他的财务造成了严重打击，即使在最好的时候也很不稳定；更不幸的是，他的父亲在6月去世了。当1869年10月新的乐季开始时，他被迫上更多的钢琴课以补充收入。与此同时，正如鲍罗丁向妻子报告的那样，他不得不花费时间和精力为正在进行的与叶莲娜·帕夫洛夫娜的"游击战"拉拢支持者。[1] 鲍罗丁兴高采烈地描述了那个秋天在圣彼得堡的情景。俄罗斯音乐协会的开幕音乐会门票售出如此之少以至于不得不推迟，而本乐季的第一场自由音乐学校的音乐会——当然是由巴拉基列夫指挥——吸引了相当多的观众，并取得了相当大的成功。这让大公夫人很生气，她采取了一项政策，通过提供免费的俄罗斯音乐协会门票和免费的茶和三明治课程来吸引组成自由音乐学校合唱团的学生，他们津津有味地接受了所有这些，但仍然忠于自由音乐学校。

与此同时，俄罗斯音乐协会最终举行的第一场音乐会更像是一场沙龙。叶莲娜·帕夫洛夫娜鼓动了一群看守军官和朝臣、律师、女校

---

1. 1870年9月24日的信件，收录于 *PB1*，第234—235页。

长、各种公务员,"以及其他此类音乐鉴赏家"来观看演出,鲍罗丁冷笑道。为了让他们开心,她从莫斯科请来了花腔女高音黛泽雷·阿尔托(Désirée Artot)来演唱一些声乐作品——波林·维奥多尔改编的肖邦玛祖卡,皮埃尔·罗德(Pierre Rode)的《G大调变奏曲》,亨德尔《阿尔契娜》(Alcina)中的咏叹调——对鲍罗丁来说,这是把原本应该是一场严肃的交响音乐会变成了更像《塞维利亚理发师》的东西。他把大公夫人对巴拉基列夫的恶劣行为所花的费用计算了一番,包括给阿尔托的丰厚酬金、更换指挥的更丰厚的报酬、给谢洛夫的贿赂,以及自由音乐学校学生的茶和三明治费用。他不得不承认,纳普拉夫尼克的指挥虽然有点冷酷和机械,但总体上是对鲁宾斯坦指挥的改进。但最引人注目的事件发生在俄罗斯音乐协会的音乐会之后,当观众离去后,大厅被巴拉基列夫接管,进行深夜的自由音乐学校排练,《摩洛哥进行曲》和阿尔托的颤音被"柏辽兹的《莱利奥》(Lélio)的强大声音淹没了"[1]。

经历了所有这些磨难,巴拉基列夫绝非没有公众或专业人士的支持。叶莲娜·帕夫洛夫娜的滑稽动作甚至开始惹恼与强力集团相距甚远的音乐学院教授,他们与强力集团并不是天生的朋友,而安东·鲁宾斯坦甚至禁止他的学生接受大公夫人的施舍。但就职业成功而言,巴拉基列夫显然是他自己最大的敌人。他不愿编写任何类型的普通流行曲目,他断然拒绝在公共场合弹钢琴,他作为作曲家几乎完全沉默,他始终愿意为满足他人的利益牺牲自己的利益。所有这些都让他的朋友们感到恼火,至少与他对朋友们工作的专横态度,以及当朋友们无视他的指示时,他总是闷闷不乐的倾向一样让人恼火。斯塔索夫听说巴拉基列夫打算交出他在马林斯基女子学院的教职,恳求他不要

---

[1] 1869年11月3日,鲍罗丁写给他妻子的信件,收录于 PB1,第161—162页。

这样做，抗议他"对别人做好事的需求永远得不到满足，并且不惜一切代价帮助那些需要帮助的人——无论是物质上的还是智力上的"[1]。

也许他也听说过巴拉基列夫一直在用尽他的创作精力来规划他们的莫斯科朋友柴科夫斯基的未来作品。巴拉基列夫在3月份的一场俄罗斯音乐协会的音乐会上指挥了柴科夫斯基的《命运》，但他对这部作品的评价非常低，并毫不犹豫地将这一事实传达给了作曲家（尽管他在寄出第一封信的时候犹豫了一下，最终以一种更柔和的形式重写并寄了出去）。[2] 然后，当他们8月在莫斯科见面并共度时光时，巴拉基列夫提出了为莎士比亚的《罗密欧与朱丽叶》创作一首交响诗。柴科夫斯基似乎很喜欢这个主意并很快开始工作。但到了10月初，他告诉巴拉基列夫，"我完全累坏了，我的脑海里没有一个可以忍受的音乐想法。我开始担心我的缪斯女神已经飞到了很远的地方（也许是去拜访扎伦巴了）"[3]。对巴拉基列夫来说，这简直是火上浇油，他很快就写了一个冗长的回复，详细描述了他是如何着手创作他的《李尔王序曲》，并建议柴科夫斯基怎样采用同样的方式处理《罗密欧与朱丽叶》——甚至提供了几小节实际音乐作为开场构思。[4]

极具讽刺意味的是，几乎在同一时间，斯塔索夫正在尽最大努力激励巴拉基列夫创作一些他自己的重要新作品，更讽刺的是，这些作品以惨淡的方式失败了。自从他创作《捷克主题序曲》以来，巴拉基列夫只完成了一部作品，即所谓的"东方幻想"《伊斯拉美》。这是一首八分钟的钢琴曲，其技巧精湛，让尼古拉·鲁宾斯坦11月末在自由

---

1. 11月12日的信件，收录于 *BSP1*，第273页。
2. 第一封信并没有寄出，而是由巴拉基列夫所保留，标注的日期为1869年3月18日。后一封他寄出的信件标注为3月31日。参见 Kremlev and Lyapunova, *Miliy Aleksegevich Balakirev*, 127–132。
3. 1869年10月2日的信件，同前，第135页。
4. 10月4日的信件，同前，第136—139页。

音乐学校的音乐会上演奏时，收获了观众的欢呼声。但根据鲍罗丁的说法，观众对此感到困惑并且无法（他似乎暗示）看到技术上的大胆与主题设计之间的联系，这实际上是格林卡的《卡玛林斯卡亚》的本质：多次重复一对在织体和色彩上精心变化的民间主题。在过去的两三年里，巴拉基列夫可能一直在小组聚会上即兴演奏这种类似的变奏曲。这些受到争议的主题是他在一次高加索旅行中所听到的卡巴尔德（Kabardian）曲调，最有可能发生在1863年。但他似乎在1869年8月访问莫斯科之前没有写下任何东西，甚至令人不禁想象他可能是对柴科夫斯基作曲失败的某种反应激起了他的兴趣。那个月的一天，巴拉基列夫在柴科夫斯基那里听到了莫斯科大剧院歌手康斯坦丁·德·拉扎里（Konstantin de Lazari）演唱的鞑靼旋律，不久之后，他以鞑靼主题为基础写出了《伊斯拉美》，并加入了一个新的、较慢的中间部分。

不管怎样看待《伊斯拉美》，斯塔索夫对巴拉基列夫应该写的音乐类型有更雄心勃勃的想法。他提醒巴拉基列夫之前给他的主题。这些主题有《李尔王》，也有起初命名为《俄罗斯主题的第二序曲》的作品，最近首次以响亮的标题《1000年》出版，据说这是他们在1861年阅读赫尔岑在《钟声》上发表的文章《巨人觉醒》后想到的作品。"从我们辽阔祖国的四面八方，"赫尔岑写道，"从顿河到乌拉尔，从伏尔加河到第聂伯河，呻吟声起，隆隆作响——这是潮汐的开始，在可怕的平静之后，它正在沸腾，紧接着是暴风雨。"[1]毫无疑问，斯塔索夫将文章的标题记错了，称之为《骑士英雄觉醒》（The Knight-Hero Awakens）。虽然赫尔岑对俄罗斯命运的认识结合了其对当前政治结构的愤恨以及以绝对人数的优势推翻它的期望，但斯塔索夫的民粹主义在本质上更加浪漫，并且与体现在遥远历史和神话时期的俄罗斯人的

---

1. 引自 Maes, *A History of Russian Music*, 66.

神秘观念有关。他向巴拉基列夫承认:"你是一个斯拉夫主义者,我不同意你的信念。但每个人都有自己的信念,任何人的力量都在于构成他灵魂根基的东西。"他接着提出了可能是四乐章交响曲的主题,该交响曲"饱含着对斯拉夫人民胜利的强烈渴望,饱含着对德意志压迫者的强烈仇恨,最后饱含着一种狂热的放弃爱、和平、生活之美——只为实现最痛苦和最允实的理想巅峰"[1]。

所讨论的主题是十五世纪早期的胡斯派将军扬·杰士卡(Jan Žižka),他在1410年的格伦瓦尔德战役中帮助击败了条顿骑士团,随后带领胡斯党人连续战胜了以德意志为主的神圣罗马帝国军队。当然,关于杰士卡,可以确定他是一名痛击了德意志人的斯拉夫人。斯塔索夫为想象中的交响曲制定了一个详细的计划,有些含糊不清地补充说,该主题"不仅涉及捷克人,而且涉及新欧洲的所有人民,在那里大多数人走向或想要走向自由,伟大的个人放弃一切只是为了将胜利传递给他人"[2]。这个想法告诉我们很多关于斯塔索夫对人民运动极不托尔斯泰的看法。但据我们所知,它没有得到巴拉基列夫的回应。他最底下的抽屉里还放着一首《C大调交响曲》第一乐章的部分曲谱。至于节目单上的音乐,毫无疑问,可爱的《塔玛拉》仍然在与赫尔岑列出的河流截然不同的河岸上发出呼唤。在1870年的一次或两次圈子的聚会上,巴拉基列夫尽可能演奏完已经写好的《塔玛拉》。但要完成任何一项工作都需要很多年,与此同时,巴拉基列夫的创造性或多或少陷入了完全的沉寂。

《鲍里斯·戈杜诺夫》于1869年12月完成,并于次年4月提交给帝国剧院理事会,这让穆索尔斯基处于一种陌生的创作状态,没有任何新的计划。当然,斯塔索夫在这时也很活跃,甚至在《鲍里斯·戈

---

[1] 1869年10月11日的信件,收录于 *BSP1*,第270—272页。
[2] 同前。

杜诺夫》完成之前，他就与穆索尔斯基讨论了根据阿列克谢·皮谢姆斯基的短篇小说《木妖精》（*Leshiy*）改编歌剧的可能性。皮谢姆斯基是极具影响力的小说《一千名农奴》（*A Thousand Souls*）的作者。这个想法没有产生任何结果。斯塔索夫接下来根据德国作家弗里德里希·斯皮尔哈根（Friedrich Spielhagen）的中篇小说《汉斯与格蕾特》（*Hans und Grete*）自由设计了一部完整的剧本，将感伤的原著改编成一部名为《无地农民》（*The Landless Peasant*）的果戈理式喜剧。斯塔索夫在给他的哥哥德米特里［德米特里的妻子波利克塞纳（Polixena）提供了这本书］的一封信中详细描述了这个情节，并补充说："正如你所看到的，整个主题现在变得非常有意义，而且由于穆索尔斯基的才华纯粹是果戈理式的，所以它非常符合他的需求和能力。"[1] 也许有一段时间穆索尔斯基同意他的看法。无论如何，他迅速为第二幕中的场景创作了音乐。在这场戏中，一群人拜访了预言家，预言家安排他们所有人于满月时在森林见面，打算在那里揭开偷猎当地地主的麋鹿的小偷的面具。可没过多久，穆索尔斯基有了别的想法，预言家的音乐被尘封进抽屉里，《无地农民》也被放在一边，再也没人听过。

几个月前，穆索尔斯基被强行且有些痛苦地提醒，虽然他可能刚刚完成了一部巨大的歌剧，但他是作为一名作曲家，才被圣彼得堡的音乐爱好者，特别是圣彼得堡的媒体所熟知的。毕竟，他的任何作品几乎都没有在音乐厅演出过；但他的歌曲开始出版。1870 年 2 月，音乐杂志《音乐季刊》发表了一篇长篇评论，评论约翰森迄今为止出版的他的两套作品共七首歌曲。这篇由坚决反对强力集团的法明岑撰写的评论，对这些歌曲中甚为特殊的元素采用了似乎很刻意的愚蠢态度。法明岑喜欢《犹太之歌》，谨慎地喜欢早期的《告诉我为什么》。

---

1. 1870 年 7 月 29 日的信件，收录于 *SPR*，第 60 页。

此外，值得注意的是，他认为《采蘑菇》的开头"非常优雅和美丽"，但无法接受中间部分的刺耳不和谐，或者，显然，他无法理解为什么"优雅而美丽"的和声会奇怪地放在一个毒害你爷爷的文本中。在其他歌曲中，《美丽的萨薇日娜》《戈帕克》《开斋节》和《公羊》，除了"一种不顾美感，损害音乐美感的过度渴望，或者至少看起来是原创的渴望"之外，他几乎觉察不到什么。他对穆索尔斯基的歌曲的结束习惯感到愤怒。"不是通过属音结束，就像作品通常结束的那样，而是以其他方式结束，只要不是其他作曲家的结束方式。人们通常通过门离开他们的房子，"法明岑继续说道，"这绝不排除从窗户爬出去的可能性……而穆索尔斯基先生在他的歌曲结束时，通常会跳出窗外。"对于法明岑而言这无异于自毁音乐。[1]

可能正是这篇评论，以及其他的挑衅，让穆索尔斯基产生了创作一个讽刺作品的想法，沿袭他早期对法明岑的模仿创作《古典主义者》。斯塔索夫后来声称最初的想法是他的，而且他确实在前一年的《俄罗斯商业日报》中有过法明岑风格的尝试《音乐说谎者》(*Musical Liars*)。关于巴拉基列夫与俄罗斯音乐协会的关系以及他被解雇的原因在《声音》报纸上被报道。这篇文章将各种《声音》的评论家描述为"一个完整的系统；法明岑、谢洛夫和罗斯季斯拉夫先生，还有一个 I 先生围绕在旁，沉思着他们所珍视的一切"。这群人（除了神秘的 I 先生）都是作曲家和评论家，连同音乐学院院长扎伦巴，穆索尔斯基将他们作为其作品《西洋景》(*The Peep Show*) 攻击的目标。[2]

---

[1]. *Muzikal'niy sezon*, no. 13, 引自 *TDM*, 第 182—183 页; *MDW*, 第 194—195 页。
[2]. 斯塔索夫的文章再版于 *SSMII*, 第 186—196 页。西洋景又称瑞约克（Rayok），字面意思是指"小天堂"（"paradise"），指俄国露天市场的窥视秀（西洋景），因此有人也会将穆索尔斯基的这个作品题目翻译为《潘尼的天堂》(*Penny Paradise*)"。露天的西洋景就像神奇的灯笼，一个通过镜片去看各种景象的动态图片盒子，伴着一些下流的喜剧诗歌曲《俏皮话》(*pribaoutki*)。根据维基百科的资料（http://en.wikipedia.org/Rayok），瑞约克中最受欢迎的主题之一是《圣经》中亚当和夏娃的堕落——因此而得名。

《西洋景》写得很长，对于现代表演者和听众来说，很大程度上是对一系列人物的无意义讽刺。这些人物在1870年的圣彼得堡音乐舞台上具有一定的重要性，尽管有些令人讨厌，但现在几乎完全被遗忘了。作品从露天市场叫卖者的"快来看，快来看"的习惯开始（穆索尔斯基称作"我自己"），然后通过亨德尔的《看，英雄凯旋而归了》开始"神秘地"模仿扎伦巴和他的书呆子气。接下来是模仿《声音》的评论家罗斯季斯拉夫，他因沉迷于意大利歌剧而远近闻名，尤其是歌剧天后阿德琳娜·帕蒂（Adelina Patti）。穆索尔斯基对罗斯季斯拉夫的恶搞主要是在"沙龙华尔兹"的部分，在帕蒂动机（"Patti, Patti, O Papa Patti! Wonderful Patti, divine Patti"等）上用力地弹奏，并以写有声乐的华彩乐段结束，这可以在低音谱号乐段中观察到。法明岑是通过一首经过深思熟虑，标有"作品之一"的乏味慢歌来描绘的——据说是他的一首曲子。最后是谢洛夫，"毛茸茸的，可怕的，条顿人的布塞法鲁斯[1]，过度劳累的未来主义者"，以对"著名歌剧"《罗格涅达》主题的扩展恶搞形式出现。

　　穆索尔斯基在6月中旬完成后的几天内首次演唱并演奏了《西洋景》，它很快成为圈内的常规聚会曲目。在这类事上，他是天才的表演者：一个轻松、流畅的钢琴家，以及一个能发出滑稽和严肃声音的歌手。对于那些知道作品目标的人来说，这是一种不可抗拒的展示，细节处处充满诙谐，夸张之处令人捧腹大笑。毫无疑问，这让他们在过道上摇摆，斯塔索夫后来声称"即使是那些被嘲笑的人也笑到哭，如此才华横溢，充满感染力的快乐和有趣，这就是原创的小新奇"。不幸的是，其音乐内容几乎不存在了，而且其讽刺也并不像预期的那样有效或吸引人。也许，它让我们想起了有针对性的和一般性的模仿

---

1. 编者注：布塞法鲁斯（Bucephalus）是亚历山大大帝战马的名字。

之间的区别——关于个人的笑话和关于类型和情境笑话之间的区别，比如《美丽的萨薇日娜》和《神学院学生》。

人们可以很容易地看到一个人的才能与另一个人的才能如何搭配；因此，发现穆索尔斯基将《西洋景》作为跳板，沿着他两年前的儿歌《同保姆一起》的方向，开创了一系列新的流派配乐也就不足为奇了。在1870年的最后二个月，他又创作了四首歌曲，显然是为了完成一个套曲。十八个月后，这五首歌作为《育儿室》的原始版本正式出版。

每一首曲目都与原曲风格一致。在《角落里》(In the Corner) 中，因为孩子解开了保姆的羊毛，拆掉线，把墨水洒在了她正在织补的袜子上，所以她让孩子待在角落里。他一开始很可怜，然后变得怀恨在心（"保姆又老又坏，鼻子脏"）。穆索尔斯基将这首歌分成两部分：粗鲁、愤怒的保姆——快速、简短的乐句，带有大而有力的跳进，和孩子哭泣（钢琴的左手声部），然后复仇，带有更刺耳的乐句（全是八分音符）持续强调最后一个词，就像一个生气的孩子，结尾是"就这样！"。下一首歌曲《甲虫》(Zhuk) 是孩子自己讲述在建造沙堡时被一只大甲虫击中头部，然后睁开眼睛，令他惊讶的是甲虫死了而不是他死了。在这里，穆索尔斯基区分了孩子气喘吁吁的喋喋不休（"姆妈，你觉得发生了什么？"）和他对屋顶上的甲虫的生动描述（"巨大的、黑色的、这么胖的"），情绪变得更加神秘，带些阴险，孩子气地夸大其词。最后两首歌是关于睡前的。《洋娃娃》(With Dolly) 是小女孩为她的娃娃唱的摇篮曲，一个简洁且经济的启示。最后，在《该睡觉了》(Na son gryadushchiy) 中，孩子自己上床睡觉，但首先要说她的祈祷，上帝保佑妈妈和爸爸（真诚地祈祷），奶奶和爷爷（和声表现轻微的不乐意），然后是祈祷阿姨、叔叔和仆人时绝望的声音，直到……"姆妈，还有什么？"然后是一个尖锐的提醒："上帝怜悯我这个罪人！是这样吗？姆妈？"

这些语言细节很重要，因为穆索尔斯基的肖像画与讲话的准确转向（总是针对他自己的文本）和准确的语调息息相关。歌曲制作扎实，旋律悠扬而不张扬。与《西洋景》不同，它们持续的时间不会太长。但是，这些音乐的生命力，也许比任何其他关于童年的音乐都要强，在于它对情绪的穿透力，在于它比随意观察更真实的形象的力量，在于它如此生动和不带感情色彩地勾勒出当下的性格特征，以至于听众发现自己居然在认同中开怀大笑。要理解所涉及的技术，将每首歌曲视为一种讽刺小品或小插曲会有所帮助。歌手以自由混合歌曲和解说的方式演绎故事，而钢琴的任务是将所有东西结合在一起，关注动作，但保持主题和动机。可以想象，如果穆索尔斯基被要求即兴唱歌和演奏一些轶事或其他表演，结果可能是这样的。就音乐风格而言，和声和节奏的某种非正式性的——甚至不规则的——将是演奏过程中很自然的部分。《育儿室》中的歌曲与这种描述的不同之处在于处理"非正式"的艺术精确度。"现实主义"成为一个艺术范畴，与其他任何艺术范畴一样，受制于平衡、连贯性和结构性规则，但又像所有艺术一样依赖（并且没有其他词）灵感。要写出好音乐，你所要做的就是遵循好文本的指示，这种想法已经被《婚事》彻底推翻了。《育儿室》表明，正如车尔尼雪夫斯基所说，真理是相对于表达它的媒介而言。媒介不能被归结为某种从外部强加的真理范畴，而不考虑其自身的特殊性质。

　　经验证明，《育儿室》的表演绝非易事。穆索尔斯基本人作为男中音，是一位才华横溢的声乐演员。他不仅演唱和演奏自己的歌曲，还在《石客》和《威廉·拉特克里夫》等歌剧巡回演出中担任主角。但是《育儿室》这个套曲对于一般的男声来说是有问题的，特别是对于俄罗斯重型男低音来说，他们只能以滑稽的方式模仿儿童。这些歌曲实际上是用高音谱号记谱的，由萨夏·普戈尔德在作曲家之后首次演唱，她自己是一位有天赋的个性化歌手，而不是抒情女高音。她的妹妹纳迪娅在日记中写道："如果没有萨夏，穆索尔斯基的一些作品永远不会被写出来。在他没有意识到的情况下，他仅是为了她写作了他的'孩子们'，因为他很清楚，只有萨夏才能按照作品应该表演的方式表演。"

萨夏在这个时期爱上了穆索尔斯基，纳迪娅认为他已经意识到这一点，并影响了他对她姐姐的行为。她观察到，莫杰斯特本来能够以正常、严肃的方式对她说话，但总是对萨夏采取开玩笑甚至公然粗鲁的态度——这无疑是情绪不安和压抑性格的明确表现。相对于他对年长女性的爱，他面对孩子是轻松的，最重要的是，让他有时以自然和开放的方式与自己圈子里的人相处，是比较困难的，他能够同情虚构或观察到的角色。毫无疑问，这造就了他纨绔子弟般的风格，也造就了他无拘无束、自由松散的态度，因此最终嗜酒成瘾。对他而言，在他的作品中，无法直面现实是一种天才的苦涩。最后将证明，他的悲剧正是来自音乐上的收获。

[第十九章]

共享公寓

1872年7月,穆索尔斯基写信给柳德米拉·谢斯塔科娃:"这个圈子的过去是光明的,现在是乌云密布的,阴郁的日子已经开始。我不指责任何成员,'因为我的心没有恶意',但由于我天生的善良幽默,我忍不住用格里鲍耶陀夫的一句话来向这个圈子致敬——有些人已经退休了,其他人,你看,已经被杀死了。"[1]

被认为是创造力之源的艺术圈子存在时间短暂,尽管它可能在纯粹的社会层面上存在更长时间。作为一个组织,他们在艺术共同不成熟的时候聚集在一起,当关于艺术目的或艺术形式的一般想法占主导地位时,圈子成员一旦沉浸在他们自己的项目中,这个群体的身份会开始模糊,最坏的情况是成为紧张和分歧的根源,指责背叛和不忠。唉,艺术作品像是一头桀骜不驯的野兽,对理论、意识形态甚至友谊的要求充耳不闻;而艺术家本人要么成为它的奴隶,要么成为它的受害者。

对于巴拉基列夫来说,随着1870年逐渐进入到1871年,这个痛

---

1. 1872年7月11日的信件,收录于 *MLN*,第133页;*MR*,第188页。内部的引用来自亚历山大·格里鲍耶陀夫的喜剧《智慧的痛苦》(*Woe from Wit*):斯卡佐鲁布上校向公务员法姆索夫解释为什么他升迁得这么快。

苦的真相越来越难以忽视。十多年来，他以正确的方式指导强力集团，不是靠资历，而是靠一种本能的专制天性所支撑的技术专长。他引导他的追随者沿着他自己作为一名出色的乐器演奏家走过的道路前进。他尽其所能地向他们传授器乐作曲的奥秘和有效的——如果不是教科书上的——形式；在必要时，他为他们写或改写他们作品的一部分，当这看起来不再合适时，他至少向他们表明他同意或不同意他们创作的这个或那个方面。他不喜欢穆索尔斯基的《圣约翰的荒山之夜》并拒绝指挥它。他总体上不赞成里姆斯基-科萨科夫的《安塔尔》，尤其讨厌它的第二乐章，尽管如此，他还是指挥了它，并很有风度地改变了主意。他强迫柴科夫斯基创作和重新创作《罗密欧与朱丽叶》，让这位比他年轻一点，受教育程度比他高得多的同行毫无疑问地知他喜好。所有这些替代活动都消耗了他自己的创造力，又或许它们为他创造力的下降提供了必要的解释。

在巴拉基列夫看来，问题的核心是圣彼得堡音乐会生活的内在薄弱性。他与俄罗斯音乐协会的冲突清楚地表明了这一点。他曾试图利用他作为该机构指挥的职位来推广他的同伴创作的音乐。但是，由于没有足够的音乐会，也没有足够强大的本土曲目，在面对听众想要聆听西方古典传统杰作的合理愿望时，他的政策就显得站不住脚。在失去俄罗斯音乐协会的职位后，他比以往任何时候都更加专注于自由音乐学校。但学校的财政状况如此不稳定，以至于到1869—1870年乐季结束时，金库空空如也，接下来的乐季无法举办任何音乐会。巴拉基列夫自己的处境也好不到哪里去。1870年6月，他在家乡下诺夫哥罗德举办了一场筹款钢琴演奏会，但几乎没有人来，他回到圣彼得堡时几乎一贫如洗。在1871—1872年乐季，自由音乐学校宣布举办五场音乐会，通常是李斯特、柏辽兹、舒曼和各种当代俄罗斯音乐的混合；但它们也很不成功，最后一场音乐会不得不取消。

与此同时，巴拉基列夫的强力集团同伴们已经创作了一段时间的歌剧，他对这种类型的歌剧有点怀疑，而且他很久以前就已将其权威拱手让给了该圈子的官方歌剧作曲家居伊。在1870年初放弃《伊戈尔王》后，鲍罗丁开始创作他的《第二交响曲》，不久之后就注意到巴拉基列夫的态度发生了奇怪的变化。"很长一段时间，"他告诉他的妻子："他对我很随意，公然冷漠，脾气暴躁。当我去柳德米拉家时，米利的态度大转变。他温柔款款，用深情的目光注视着我，最后不知如何表达爱意，小心翼翼地用两指夹住我的鼻子，在我的脸颊上轻轻一吻。我忍不住笑了！你自然猜到了这个变化的原因，科尔辛卡告诉他我正在写一首交响曲……"[1]难怪巴拉基列夫对穆索尔斯基冷淡，因为穆索尔斯基专注于《鲍里斯·戈杜诺夫》，而没有注意听他的话了。但巴拉基列夫的行为有些过分，超出了专制偏好的戏剧性表现。1870年11月的一天，他在谢斯塔科娃家突然用恶意的语气说《鲍里斯·戈杜诺夫》被帝国剧院董事会拒绝了。然而《鲍里斯·戈杜诺夫》并没有被拒绝，事实上，在接下来的三个月中，它并没有被拒绝。巴拉基列夫一定是听到了一些谣言，宁可在这件事上先发恶声，而不是静下来等事情真相大白。

1871年初，事情到了紧要关头。前一年的12月，巴拉基列夫受邀举办一场音乐会，为筹集《石客》的制作基金。但是两个月后，很明显他并没有采取任何行动来组织这次活动。斯塔索夫绝望地写信给他，但巴拉基列夫最终只回复说："我目前忙于自己的事务，完全没有可能组织音乐会。"[2]这是一种逃避。事实是，他对自己存在感的明显减弱、他对自由音乐学校音乐会的失败、他的创作冲动的衰退以及对他的圈子失去信心而感到非常沮丧，以至于差点自杀。3月初，在他母亲的周年纪念日，他坐在家里，沉浸在悲伤的回忆中；就在那一刻，

---

1. 1870年5月6日的信件，*PB1*，第221—222页。
2. 1871年4月24日，收录于*BSP1*，第279页。

他经历了某种宗教体验，他向他的朋友弗拉基米尔·热姆楚日尼科夫（Vladimir Zhemchuzhnikov）描述了这种体验，称其为"皈依"。他恳求热姆楚日尼科夫对这件事保密。"我只会告诉那些我认为有必要的人，其余的我会保持原样。"[1]斯塔索夫是一位坚定的不信教者，起初他并没有"觉得（对话）有必要"。几天后，他们见面了；斯塔索夫仔细观察了他，注意到了一些让他想起死亡的不安的东西。"从他的外表来看，"他告诉里姆斯基-科萨科夫，

> 就好像一切都一样，什么都没有改变：声音、形象、脸庞、言语——都一样，是的——但实际上一切都变了，过去没有一块石头站在另一块石头上……你能想象，寂静时不时降临并持续几分钟……我试图以各种方式重新开始，从一端开始，然后从另一端开始，小心地避开任何可能令人不快的事情，例如《石客》的音乐会——但完全徒劳；他会用几句话回答，然后再次沉默。什么时候发生过这样的事情？为什么，我认识他已经十五年了！不，这是一个完全不同的人；昨天出现在我面前的是某具棺材，而不是以前活泼、精力充沛、焦躁不安的米利……[2]

不知何故，巴拉基列夫让自己振作了起来。他指挥了1871—1872年乐季自由音乐学校的音乐会。但他开始缺席圈子聚会，对圈外人说起圈子里的成员和他们的工作时也不太客气。鲍罗丁在1871年10月罕见地拜访了他，以取回他的《第一交响曲》的手稿，纳迪娅·普戈

---

1. 1871年4月12日未注明日期的注释，见 Kremlev and Lyapunova, *Miliy Aleksegevich Balakirev*, 105.
2. 1871年4月17日的信件，收录于 *RKP*，第34页。

尔德打算将其改编为钢琴曲。但巴拉基列夫不愿放弃，坚持要由他自己安排。当他最终将乐谱交出时，鲍罗丁发现它标有几个月前在巴拉基列夫的建议下所做改动的更正。这是纯粹的专制，他再也无法控制昔日的学生，大师获得了新的助手，他们完全在他的掌控之下，他对待他们就像保姆控制着孩子一样。与此同时，他向任何愿意倾听的人贬低《鲍里斯·戈杜诺夫》和《普斯科夫姑娘》。"如果他继续这样下去，"鲍罗丁告诉他的妻子，"他很容易被孤立，按照他的情况，这将是一种道德上的死亡。"[1]

穆索尔斯基被巴拉基列夫关于《鲍里斯·戈杜诺夫》的言论所伤害。然而，奇怪的是，对于这部歌剧被董事会拒绝，他并没有别人想象的那么沮丧。没有给出任何理由，但人们大多认为，缺少重要的女性角色、沙皇的负面形象、对东正教修士瓦拉姆和米赛尔的讽刺性处理、歌剧的普遍非常规手法和设计，甚至非正统的音乐，都是罪魁祸首。事实上，除了性别问题之外，所有这些问题在修订版中都继续保留，所以看起来似乎只需要一个良好的、可靠的女性角色来调和董事会小组的顽固成员与这个怪异的新奇戏剧之间的关系。当然，艺术委员会不一定总是理性；他们要么接受，要么不接受。下一次，在表明了自己的立场后，他们可能会采取相反的观点。他们可能像本丢·彼拉多一样，受到开明的妻子的影响；他们可能从一些以前被动的来源那里获得了建议或指示。所有形式的审查最引人注目的是它把专断的权力交给了平庸的、没有成效的、有时还愤愤不平的人。与历史学家不同，这些人不一定是出于严格的考虑，或严格遵守公平和一致的原则。

无论歌剧被否决的原因是什么，穆索尔斯基都以一种强烈的能

---

1. 1871年10月14日以及24—25日这些写给他的妻子的信件，收录于 PB1，第305—313页。

量作出反应，清楚地表明他认为有必要对他的原始构想进行哪些改进。毕竟，最初的《鲍里斯·戈杜诺夫》从本质上是在实验性的《婚事》的基础上创作出来的。它以惊人的自信和创造力从那部作品中走了出来。几乎可以肯定的是，随着工作的进行，穆索尔斯基会继续作为作曲家发展，继续以新的方式理解他仍在表现的方法。正如从《婚事》到《鲍里斯·戈杜诺夫》的转变需要一定程度的从教条主义、理论立场退缩一样，他很可能继续恢复以前因教条的纯洁性而禁止的混合或腐败成分。自信的艺术家可以这样行事，正是因为他不再需要教条来论证他的独创性。他不再需要为了证明自己的先进思维而排斥事物。或许他甚至不再需要先进的思想，因为它很容易成为阻碍。

无论如何，穆索尔斯基以一种将《鲍里斯·戈杜诺夫》转变为截然不同的歌剧的方式进行了重新创作，他这样做的热情使许多人认为，在宣布被拒绝之前，他计划进行某种修订已有一段时间了。[1]他几乎立即创作了一场在波兰的桑多米尔城堡，在美丽但肆无忌惮的玛丽娜·姆尼泽克公主的闺房里的第一幕。僭王来到波兰宫廷，希望为他登上沙皇皇位的企图争取支持，而玛丽娜在险恶的神父兰戈尼的怂恿下，计划引诱他成为沙皇，正如兰戈尼所说："向莫斯科异教徒宣扬真正的（即罗马天主教）信仰。"

这个新场景有许多值得注意的地方。首先，它在普希金原作中并无真正的相似之处，尤其是兰戈尼这个角色和他对玛丽娜的拜访都纯属穆索尔斯基的创作。[2]其次，场景立即进入了女仆合唱，这是一种传统的装饰"歌剧"式合唱，与被拒绝版本的乐谱中不加修饰的严肃相

---

[1]. 例如，参见 "Musorgsky versus Musorgsky," in Taruskin, *Musorgsky: Eight Essays*, 201–290。
[2]. 普希金相对应的场景是玛丽娜和她的女仆鲁奇亚之间的简短对话，事实上大多数都是鲁奇亚在说，但在歌剧中她没有出现。耶稣会神父切尔尼科夫斯克在前一幕中对伪德米特里说了一句话，"请让圣伊格纳修斯帮助你"。

去甚远。就好像穆索尔斯基已经下定决心要解决性别问题，并放弃对歌剧固定套路的限制。合唱之后是玛丽娜的一段延长独奏，玛祖卡和克拉科维亚克节奏交替，像格林卡一样。最后兰戈尼出现，并在紧张的二重唱中恐吓公主代表教会追随他的野心。即使在结构上，这也比歌剧原始版本中的任何二重奏都要正式。穆索尔斯基自然会煞费苦心地将腐朽而（他想坚持的）狡诈的波兰宫廷与粗暴的、危险的、诚实的莫斯科街道区分开来。然而，仍然难以避免改变风格视角而发生改变的感觉，这在一定程度上被随后的修改和补充所证实。

写作第一个波兰场景的日期是1871年4月10日，但可能在一周左右后完成。"我正在完成这个场景，"穆索尔斯基在18日写信给斯塔索夫，"神父让我连续两个晚上都没有睡觉。那很好——我喜欢这样，就是我喜欢这样的作曲。"[1]他很快就开始了下一个波兰场景，但由于某种原因，他转而改写现有的克里姆林宫场景，也许是因为他还在思考性别问题，并有为那个场景中的女性角色创作歌曲的想法，鲍里斯的女儿谢尼娅，她的保姆和皇太子费奥多。事实上，谢尼娅并没有演唱唱段，只有她对死去的未婚夫的开场哀歌。因此，当穆索尔斯基为保姆和费奥多添加歌曲的时候，他已经进入了一种新的想象状态，或多或少地致力于重构整个长场景。

最终作品于9月完成，与原作完全不同，尽管它包含了大量相同的文本和剧情，以及一些相同的音乐。不仅有新歌，还有新想法。克里姆林宫现在安装了一个报时的钟，正如费奥多向他姐姐解释的那样，它会在整点和半点时敲响，人们会吹小号和打鼓。这当然是穆索

---

1. 1871年4月18日的信件，收录于*MLN*，第121—122页；*MR*，第162—163页。塔拉斯金认为这与第二个波兰场景有关，但他的理由有待商榷，还包括一个"场"（*stsena*）这个俄语词的复杂问题，然而实际使用的词是*kartina*，这个词几乎肯定指代的是整场——即第三幕第一场。正如我们所见，第二场直到12月还未完成。见*Musorgsky: Eight Essays,* 253–254, note 114。

尔斯基为令人震惊的最后一幕做的铺垫，这一幕中，鲍里斯因舒伊斯基对被谋杀的沙皇继承人德米特里的含沙射影的描述而弄得精神错乱，将机械模型误认为是血迹斑斑的孩子的形象。因此，一种形式平衡的元素被引入到之前纯粹的歌剧对话中。以同样的方式，正如塔拉斯金所说，最初是一个相当轻松的两个部分的设计——风格和场景，然后是鲍里斯的政治和心理策略，与舒伊斯基的对谈——在歌曲和游戏、地图和时钟以及第一幕中（唉）不重要的丧亲之痛和第二幕戏剧性的精神崩溃和道德瓦解之间形成了强烈的对比，然而，这是通过时钟的单线形成的。最重要的是，穆索尔斯基削弱了对话性，通过在鲍里斯的独白中引入更多来自《萨朗波》的寺庙音乐的元素。音乐本质上是抒情的，并且他在有任何语言音乐的概念之前就已经构思好了。

完成新的克里姆林宫场景后，穆索尔斯基对丘多夫修道院的牢房场景做了一些改动；他删掉了皮缅对谋杀案的描述，并新增了修士在台下的合唱。大概在同一时间，他为旅店的女主人创作了一首小民歌，并重写了场景的开头以配合。但他的创作灵感再次开始朝着一个新的构想努力，这一次是关于人群的处理，这当然不是一个涉及性别问题的问题（因为合唱团的女人们总有很多歌要唱），但现在不知何故，有人说他在波兰和修改后的克里姆林宫场景中采用了更壮观的处理方式——也可以说更具歌剧性。这种冲动是如此强烈，以至于他准备放弃原版歌剧中最精彩的场景之一——在圣巴西尔大教堂外的鲍里斯和颠僧——为了适应他在莫斯科南部奥廖尔乡村的革命场景的新想法。这将是一个直接的替换，圣巴西尔大教堂被克罗马森林取代——正如该场景所称——并且歌剧将像以前一样，随着鲍里斯的死亡而结束。

如果说圣巴西尔大教堂场景是直接取自普希金，将对话原则应用于动态人群场景的杰出范例，那么克罗马森林则是一系列大型场景。就像梅耶贝尔歌剧中更壮观的时刻，或者举个更近的例子，威尔第的《唐·卡洛斯》三年前在马林斯基剧院举行了俄国首演。普希金的剧本中没有类似的场景，所以穆索尔斯基不得不自己写文本，结果与原始乐谱中的任何东西都有很大不同，甚至与迄今为止重新组合的乐谱都有很大不同。普希金的场景，无论文字上有多大变化，都保留了单个场景本质上的一致性。快照式的特征，使克罗马在其戏剧结构中变得更加电影化，在动作中具有强大的向前推动力。如果穆索尔斯基没有决定通过将颠僧和他对贫穷、饥饿的俄罗斯人的哀叹从圣巴西尔的结尾转移到这里，来揭露整个流行游戏的空洞，那么它可能会成为一个胜利的谢幕。当穆索尔斯基后来接受了尼科尔斯基关于克罗马场景应该在鲍里斯死后出现的建议时，他有效地将这首哀歌变成了整部歌剧的尾声。

在音乐上，克罗马森林被构建为一系列不断发展的段落，随着骑在马背上、穿着盔甲和白色斗篷的伪德米特里出现，这个段落走向灾难性的高潮。原本如此被动的合唱，突然变成了暴力和破坏性的行动。他们抓住了波雅尔克鲁晓夫（鲍里斯的特使），把他绑在树桩上折磨他，起初用与新圣女贞德和圣巴西尔的场景中相同的合唱对话风格，但后来用的是基于一首关于一只鹰追逐鹌鹑的真实民歌，并以三节诗的形式作为合唱进行模仿颂扬。在这一点上，穆索尔斯基在圣巴西尔场景中插入了第一段颠僧的唱段。从戏剧性方面看，有点让人分心，但在音乐上是有用的，因为它可以从合唱的无情推力中得到喘息，也因为它会"解释"颠僧在最后哀歌处的再次演唱。接下来，进入瓦拉姆和米赛尔的画面，旅店场景中那些饮酒的修士变成了喧闹的煽动者，一直到伪德米特里的进入，他们煽动人们陷入无法控制的合唱音乐的狂热中。这是迄今为止整部歌剧中结构最复杂的部分。人们用一首三声部的合唱（用另一首民歌"演奏吧，我的风笛"——来自巴拉基列夫收藏的民歌集）作为其中心元素，之后两名神父出现，唱着瓦拉姆和米赛尔开场圣歌的拉丁语变奏，从而完成了相当于五个部分的拱形曲式——这在穆索尔斯基的戏剧创作结构中是相当陌生的。然后整个段落毫不费力地（通过一个简短的插曲，人群开始对耶稣会士上私刑）进入伪德米特里及其随从的缓慢行进中——这是修士圣歌的另一个分支，但碰巧也是发展自《萨朗波》的"礼物"，它伴随着向摩洛神献祭后的神父队伍。最后，在颠僧和他对俄罗斯的哀悼中结束了整个复杂的设计。

为什么穆索尔斯基在结束《鲍里斯·戈杜诺夫》的创作时，会用一个在风格和构思上都与前几部作品截然不同的场景呢？（除了完成喷泉场景中的爱情二重唱和编排所有新音乐。）有人认为，从圣巴西尔大教堂到克罗马的转变体现了作品政治方面的变化。它使人民成为歌剧的真正英雄，将他们描绘成将俄罗斯的命运掌握在自己手中，等等。这自然是苏联评论家大为青睐的想法，但它很难在无偏见的分析中幸存下来。穆索尔斯基本人称克罗马的人为一伙布罗迪亚吉，即"流浪者"或"流浪汉"。他们是会抓住任何动乱的顽固分子，例如十四世纪法国扎克雷起义（Jacquerie）等。他们袭击了沙皇的使者克鲁晓夫（正如他们所认为的，尽管普希金让他投奔了伪德米特里）；他们接下来对两名神父（外国天主教徒）处以私刑，但随后又站在伪德米特里和他的外国天主教军队一边。将此解读为政治行为（更不用说是英雄行为）显然是将行为误认为是动机。的确，在普希金的作品中，城市贫民参与了对沙皇及其母亲的谋杀，但并未真正实施。但即使在那里，人们也或多或少被描绘成叛徒波雅尔的工具。没有迹象表明瓦特·泰勒（Wat Tyler）或斯捷潘·拉辛（Stenka Razin）[1]可以为他们的行为提供意识形态指导。

至于场景的音乐设计，塔拉斯金称之为"新的纪念性"……它依赖于谢洛夫所谓的"音乐风景壁画"，特别是对民歌动机的严重依赖。我们似乎可以把修订中的所有新元素看作是穆索尔斯基从《石客》和

---

1. 编者注：瓦特·泰勒和斯捷潘·拉辛分别为英国和俄国历史上的农民起义领袖。

《婚事》顽固的理论立场中撤退的最新阶段。但如果是这样，这种变化并非没有外部的推动力。几乎在穆索尔斯基完成他的第一个波兰场景的4月的同一天，谢洛夫的第三部也是最后一部歌剧《魔鬼的力量》（*The Power of the Fiend*）在马林斯基剧院首演。作品是在作曲家死后上演的。谢洛夫在五十三个月前就去世了，这可能让强力集团成员更容易以开放的心态研究它，尽管在居伊对首演的恶毒评论中并没有太多证据表明任何这种脆弱性。直到后来，他才承认这部作品是"呈现一个民族而不是一个合唱的早期尝试"，无论多么不情愿，他还是承认它的作曲家是新俄罗斯学派的一员。[1]

尽管《魔鬼的力量》标题令人毛骨悚然（可以简称"魔鬼"），但它其实是一种民间歌剧，改编自奥斯特洛夫斯基梦幻般的果戈理式喜剧［《切勿随心所欲》（*Live Hot the Way You'd Like*）］。戏剧讲述了一个风流的年轻商人，他在忏悔节狂欢节期间暂时落入当地一个邪恶的铁匠手中，但在晨钟响起时及时逃脱。由于种种原因，谢洛夫把这个故事变成了一个悲剧，以商人谋杀他的妻子而告终。但他保留了作为该剧关键部分的民间元素，并试图将它们作为作品整体音乐风格的有机组成部分，就像（谢洛夫不知道的）穆索尔斯基在第一版《鲍里斯·戈杜诺夫》中所做的那样。在这两种情况下，对"现实主义"的某种渴望是这个概念的重要组成部分。但它以根本相反的方式出现。对于穆索尔斯基来说，现实主义——至少在最初——意味着放弃传统编号式歌剧的技巧，并根据普通语言的模式和修辞处理音乐，而谢洛夫的想法是将歌剧公式简化为简单和自然地道的民歌，就像古老的俄罗斯杂耍一样，但具有非常丰富的和声和旋律调色板。所以《魔鬼的力量》最终变成了一部由歌曲和一种固定片段所承载的编号式歌剧，

---

1. 参见 *ODR*，第141—239页，对《魔鬼的力量》的全面研究。居伊的这些评论引自第228—238页各处。

这显然是对悲剧主题的忽视，而悲剧主题无疑是在相对较晚的阶段出现的，并且是作曲家和剧作家之间最终分歧的一个因素。在此之前，剧作家也一直担任剧本作者。

我们不能确定穆索尔斯基是否在任何特定方面受到了谢洛夫对这个主题的高度非正统处理的影响。他当然参加了第一场演出，但除了在首映前一天写给斯塔索夫的一封信中对剧本的一些谨慎评论外，我们没有看到他对这部作品发表任何意见。我们只能说，谢洛夫的所有歌剧都有一种构思力量和出人意料的音乐机智，人们本能地知道这种机智给圈子留下了深刻的印象，尽管出于骄傲和政治的原因，他们几乎不可能直接相互承认这一点。例如，无论他们如何看待他以民间诗歌的方式将奥斯特洛夫斯基的押韵联句直接编排有些原始的做法，他们肯定会被他在第四幕的忏悔节庆祝活动中扩展这种方法的独创性所震撼。在那里，他层层叠叠地运用了他的民族材料，清晰地预示了斯特拉文斯基在《彼得鲁什卡》中运用丰富的重叠纹理和快速交错的方式。塔拉斯金称这一场景为"俄罗斯舞台上最能唤起城市民间传说的一幕"，他引用了鲍里斯·阿萨菲耶夫（Boris Asafyev）的生动描述，这几乎可以理解为对《彼得鲁什卡》外部场景的描绘。[1]

我们可以肯定地说，《鲍里斯·戈杜诺夫》的改版受到了另一部歌剧的影响，即来自里姆斯基-科萨科夫的《普斯科夫姑娘》。这不仅是因为两位作曲家在两部歌剧创作的两三年间关系密切，两人在创作过程中经常出现在彼此作品的试演中，而且最重要的是，在两部作品酝酿的关键几个月里，他们在潘特雷莫诺夫斯卡亚街的萨伦巴的房子里共用一套公寓；而这间"公寓"实际上不过是两位作曲家的一间大房间，穆索尔斯基早上在钢琴前作曲，而里姆斯基-科萨科夫则做一

---

1. ODR，第199页。

些诸如抄写或编曲等机械性事务，然后在下午穆索尔斯基去单位工作时，里姆斯基就有了自己的独享空间。

事实上，当两位作曲家于1871年8月合住时，《普斯科夫姑娘》已经创作完成，前两幕也完成了完整的配乐。穆索尔斯基在早上写克罗马的场景，里姆斯基–科萨科夫在下午写维切会议的场景，这是浪漫电影导演喜欢的简洁场景之一，但现实生活中这种现象却并不稀奇。穆索尔斯基在一年多以前，也就是1870年6月，就听过并欣赏过维切的场景。当时里姆斯基–科萨科夫给他演奏了这首曲子，然后动身前往他位于芬兰西部的哥哥家，在那里完成了《石客》的编曲。他们同住的关键在于，《普斯科夫姑娘》的乐谱草稿的任何部分都可以演奏、研究或在晚上谈论。既然讨论彼此的最新作品是他们长期建立的习惯，那当他们真正住在同一个房间时，不这样做才是一件奇怪的事。在这种情况下，人们反倒会认为两部作品之间的相似之处是否太少了。

无论如何，维切会议场景已经显示出与《鲍里斯·戈杜诺夫》第一版中合唱场景的相似程度。至少从象征意义上来说，宣布维切会议胜利的钟声是宣布鲍里斯加冕的钟声；尽管和声和乐谱不同，但在深踏板音符上交替不相关的不协和和弦的想法是相同的。里姆斯基–科萨科夫也从穆索尔斯基的歌剧中的新圣女贞德和圣巴西尔场景中的合唱对话音乐得到启示。人群在召唤维切会议时的激动以及他们对来自诺夫哥罗德的信使消息的反应在几段对话中得到了出色的传达。当伊凡从被蹂躏的城市发出的第一句苦涩的问候时，出现了一段低沉的合唱；当伊凡宣布他正在前往普斯科夫的路上时，又出现了一段悲痛欲绝的谐谑曲。但总的来说，里姆斯基–科萨科夫没有穆索尔斯基那么重视对个人和群体之间的自发交流和群体情感表达之间的区别。在穆索尔斯基1869年的乐谱中，总是将合唱设置在集体活动中：开场场景中对鲍里斯的呼喊、加冕庆祝活动、圣巴西尔教堂外要求面包的呼喊声。在《普斯科夫姑娘》中，在第一次激烈的交流之后，里姆斯基-科萨科夫倾向于对合唱进行清唱剧般的处理，而没有区分所谓的公共和私人。当然，从这个意义上说，戏剧情境本身就是公开的。总的来说，这个十五分钟的场景对于以前没有任何音乐创作经验的作曲家来说是一段极好的作品。从警钟响起，到米哈伊尔·图查闯入开始唱他的革命歌曲（巴拉基列夫收藏合集中的另一首曲子[1]，但当然有一个新的文本，当作曲家于1872年初首次提交歌剧审批时，该文本被审查了），独奏、合奏和合唱的交替有一种不可抗拒的冲动，在穆索尔斯基创作克罗马场景之前，《鲍里斯·戈杜诺夫》是无法与其匹敌的。几乎可以肯定的是，在这种宫廷音乐的印象下，这两个场景具有相同的质量能量积累，最初是碎片化的，逐渐形成了一个可怕的、令人恐惧的完整场景。相比之下，1869年《鲍里斯·戈杜诺夫》中的人群场景在设计上更像画面，呼应了普希金个人场景的动态。为了打破这种模式，穆索尔斯基最终不得不设计出一个自己的场景。

在维切会议之后，《普斯科夫姑娘》也有令人失望的地方。第三幕（保持原版的编号）一开始被恐惧的合唱占据，人群紧张地等待并欢迎沙皇的到来，其主题是里姆斯基-科萨科夫于1868年6月在钢琴上即兴创作的。虽然本质上是静态的，但它们都是很好的合唱作品，由奥尔加和她女佣的一个场景隔开，接着是伊凡本人（最后）和州长托克马科夫王子（奥尔加的假父亲）之间的扩展场景。与第一幕一样，奥尔加基本上是用抒情的方式描绘的：一个充满激情的年轻女孩，爱上了自由斗士，但不确定她的出身。这幅肖像的刻画非常感人，结构优美，风格流畅，像以前一样，在咏叹调和咏叹调之间自由移动。但伊凡的性格仍然模糊不清。毕竟，很难为一个脾气暴躁的疯子找到合适的音乐，因为他一会儿处于一种难得的甜美的理智情绪中，一会儿

---

1. No. 27, "Kak pod lesom, pod lesochkom."

又充满了感伤的情感。人们认为穆索尔斯基会找到合适的音乐。但在里姆斯基-科萨科夫的歌剧中，这个角色是火上浇油；他与托克马科夫的对话以及最终与奥尔加本人的谈话都很长，而且有些平淡无奇（除了伊凡，可能也有些无聊，命令少女们合唱赞美他尚未得到承认的女儿之外，这首歌的民间文本由穆索尔斯基提供）。

同样，在最后一幕中，在奥尔加和图查被马图塔的手下绑架之前，里姆斯基-科萨科夫为奥尔加和图查谱写了一首在森林中的绝妙爱情二重唱，他的抒情本能证明了这是一个可靠的作品。但在奥尔加仍然不知道她是沙皇的女儿时，被带到沙皇的帐篷里，向他恳求饶了图查一命的冗长场景中，他的抒情直觉就不那么有用了。在剧本上，这是一个高度心理戏剧的时刻。伊凡在对这个他现在知道是他女儿的女孩越来越爱和他镇压图查叛乱的决心之间左右为难。奥尔加非常巧妙地面对他，她自己也不乏温情，这源于她对这个历史性怪物的某种模糊的亲近感。但音乐就是没有点燃，因为如果要在音乐上实现梅伊戏剧的悲剧性讽刺，那么图查对营地的失败袭击和奥尔加意外身亡的快速结尾场景就会缺乏必要的高潮力量。里姆斯基-科萨科夫曾两次（在七十年代中期和九十年代初）对这个场景进行了大量修改，但没有真正解决问题。在这里和其他地方，最终修订版将引入他后来的歌剧中的元素，特别是他与成熟的瓦格纳的相遇，而1870年强力集团的成员仍然基本上不知道瓦格纳。但从某种意义上说，原始的乐谱更尖锐、更具个性化的特点，并且作品的基本优势——维切会议、合唱、对奥尔加和图查的描绘——已经呈现出来了。

鲍罗丁夫人叶卡捷琳娜再次因她的肺部疾病在莫斯科度过了1871—1872年的冬天，而她的丈夫则定期向她发送关于他在圣彼得堡单身生活的情况。9月，他去合租公寓拜访了里姆斯基-科萨科夫和穆索尔斯基，在给妻子的信中更新了他们的歌剧作品进度和他们的个人关系情况。他说，他们"对彼此有有益的影响"，并且"在音乐价值观和方法上截然相反,他们实际上是互补的"。他说(不太准确),《普斯科夫姑娘》已经完成了;《鲍里斯·戈杜诺夫》经过了所有变化(他这样描述),现在"简直太棒了",他不无惊讶地指出,它似乎比里姆斯基-科萨科夫歌剧对非音乐家的影响更大。他在普戈尔德家听了完整演出后承认,《普斯科夫姑娘》"美得难以想象,但有点冷淡和缺乏激情,除了在力量、美丽、新颖和冲击力方面都非常出色的维切会议场景之外"。他还报道了居伊刚开始的最新创作:一部基于维克多·雨果的戏剧《安吉洛,帕多瓦的暴君》(Angelo, tyran de Padoue)的歌剧,居伊已经为此创作了完整的一幕。这个场景将成为作品的第四幕也是最后一幕的一部分,因为居伊——即使不符合他特有的习惯,也符合典型的强力集团式的写作方法,或许是出于某种关于结尾的晦涩迷信。鲍罗丁还提到了居伊创作的一组三首"可爱"的合唱。可能它们包括两首1860年创作但之前没有上演的早期作品(Op.4),以及一个引人注目的全新作品,以但丁为背景的《神秘合唱》,为女性合唱团和管弦乐队而作——这是一部在和声上很冒险的作品,在织体上富有想象力的作品,是迄今为止居伊歌剧音乐中所没有的。[1]

对于一位不久就放弃了自己的歌剧野心的作曲家来说,鲍罗丁对他的朋友们在这一体裁上的努力充满了热情。在他的讲话中,没有一丝嫉妒或刻薄,而是对他们的成功感到由衷的高兴。他自己的音乐活动现在牢牢地扎根在交响乐领域。直至10月,他已经完成了他新的《B小调交响曲》的第一乐章,至少完成了钢琴部分。穆索尔斯基、里姆斯基-科萨科夫和洛迪岑斯基都围坐在一起听了还没有完成的终曲

---

[1]. 1871年9月20日和21日的信件,收录于 *PB1*,第291—295页。我的推断是,这些都是居伊的作品。相比之下,鲍罗丁信件的编辑则认为他指的是为安吉洛创作的合唱。但那部歌剧的第四幕除了结尾处的二十小节僧侣合唱外,没有任何合唱音乐,而且没有证据表明居伊在这个阶段正在创作有大量合唱的前几幕。

并给出他们的意见。两三个星期后，当终曲完成时，居伊特意叫鲍罗丁来听，并给他留下了深刻的印象。鲍罗丁提醒他的妻子，只有巴拉基列夫"远离这个共享的团体"。当中还有一个小插曲，巴拉基列夫曾试图不归还《第一交响曲》的乐谱，并在同一次访问中，鲍罗丁向他展示了《第二交响曲》的完成部分。巴拉基列夫似乎在春天看过了第一乐章，坚持要进行修改，但现在——正如《降E大调交响曲》一样——他完全改变了主意，要求鲍罗丁把一切都改回来。鲍罗丁仁慈地将其解释为"怪癖"，但他内心深处知道，这是巴拉基列夫专制本性的极端表现，因为这与其目标的距离越来越远而受到挫败。

鲍罗丁当然仍愿意接受建设性的批评。他此时究竟创作了多少交响曲还不得而知，但可以肯定的是，他杂乱无章的生活方式阻碍了他的创作进程，交响曲本身混乱的开端也影响了他的创作。正如我们所见，他抛弃了《伊戈尔王》，只创作了"雅罗斯拉夫娜的梦"的一个场景。肯定还有其他草稿，毫无疑问是零碎的，但足够让斯塔索夫"哀叹浪费了他已经为《伊戈尔王》创作的美妙音乐'素材'"[1]。当时鲍罗丁向他保证，一切都会用进交响曲中。这部交响曲最重要的是它从歌剧中继承发展而来，它的历史气息、吟游诗人的气氛，它的"俄罗斯战士英雄……在古斯利斯的歌声中，在一大群人的欢呼声中，大快朵颐"。毫无疑问，这种风格在特定的音乐理念中得到了延续，其中包括鲍罗丁以真正的强力集团风格为斯塔索夫的尾声勾勒的一些草稿，它用《伊戈尔远征记》中的语言描述伊戈尔王子的婚宴，但最终没有写成。其他一些想法实际上也同时运用在最终写成的歌剧中，或者确切地说，最终处于无序状态的歌剧。鲍罗丁可能不认为《伊戈尔王》是一部足够戏剧化的歌剧，但舞台画面肯定在他的脑海中留存

---

1. 引自 G. Abraham，奥伊伦堡缩略谱的前言，第11页。

了下来，并毫无保留地为他的交响曲提供了素材。[1]

场景由好斗的主题开场，以粗鲁的齐奏（就像贝多芬的《第五交响曲》），但具有由突出的降调音程提供一种古色古香的色彩——弗里几亚C自然调式，还原D音"修正"为升D音，在最后一个乐句中通过降B音下降到A音。鲍罗丁还设计了弦乐和弦（升F大调、B小调音）和铜管和弦（G大调/E小调）之间的冲突。整个开场以残酷的对比、人物性格和音调的突然变化为标志；即使是关系大调上较为流畅的第二主题，在其抒情性中也具有不安因素，从未在和声上安定下来，且在属音上持续，等待下一次爆发。奇怪而有趣的是，温文尔雅的鲍罗丁被这种动荡的意象所吸引——诚然，这些意象并非没有某种庆祝的热情，在这种激情中，剑对剑，但不流血。

正如我们所见，巴拉基列夫参与了这次创作。他说服鲍罗丁改变重唱中第二个主题的调式，从不规则的G大调向更不规则的降E大调转变（然后试图让他改回来，鲍罗丁拒绝这样做）。这部作品的调号B小调是巴拉基列夫指定的，行板乐章的降D大调也是如此；巴拉基列夫曾同样在《罗密欧与朱丽叶》中胁迫柴科夫斯基做了许多不可能的修改。根据里姆斯基－科萨科夫的说法，巴拉基列夫还负责演奏铜管上的九和弦，它将我们从B小调带到谐谑曲的远关系F大调上。所有这些都表明（正如迪亚宁指出的那样）这些构想是在1871年提出的，当时巴拉基列夫还在现场，并且是在鲍罗丁秋天拜访他之前。大概中间的乐章只是草稿，可能再过两三年才完全写好。相反，鲍罗丁继续末乐章的写作，如果可能的话，这个乐章会写成比开头更加活跃的快板。

难怪他的朋友们对那年10月听到的这首交响曲感到兴奋。按照古典标准，它绝不是一部复杂的作品。它遵循正式的指导方针而不是

---

1. 引自G. Abraham，奥伊伦堡缩略谱的前言，第11页。

过程，并且在分析上看起来像是该圈子相当学术的教科书形式的典型产品。但在如此大的创作动力面前，这些东西显得微不足道。就像在《第一交响曲》中一样，写作的纯粹能量是不可抗拒的，实际上它支撑着音乐构建。此外，这部作品的质量也是一流的。每当他需要一个强烈的抒情主题时，他似乎都能从帽子里拿出一个。的确，这些想法有相似之处，而不似动机。例如，第一乐章优雅的第二主题与行板华丽的主部使用了相同的音：大调的六个音符（没有主音），——在降D调行板中，有一个明显的降B小调的降调，鲍罗丁可能从民歌手法中的"易变性"衍生出这种倾向。从某种意义上说，这些曲调的飘逸、自由节奏的特征也很像民谣，也许是对灵活的长调的微弱记忆。但这不是一部民间作品。它的遥远是古代英雄般的遥远，首先是吟游诗人竖琴作为象征，它引入了缓慢的乐章并贯穿始终。这是格林卡在《鲁斯兰与柳德米拉》中巴扬的古斯里琴演奏，它提醒我们，交响乐是从《伊戈尔王》开始，最终仍会引向它。

[第二十章]

……与共享佣金

巴拉基列夫正在慢慢地将自己从圈子中作为创始人和主持音乐天才的位置上退出，圈子中最年轻的成员却迈出了截然不同的一步，但尽管如此，这一步很可能产生了大致相同的总体效果。1871年7月，刚刚接替扎伦巴担任音乐学院院长的米哈伊尔·阿赞切夫斯基（Mikhail Azanchevsky）邀请里姆斯基–科萨科夫加入音乐学院，担任作曲实践和器乐教授以及管弦乐队指挥。接受这样的邀约似乎与巴拉基列夫或斯塔索夫听到的关于该机构的所有争议背道而驰。厌恶学术教学和教学权威一直是斯塔索夫思考俄罗斯音乐本质的基石之一。十年前鲁宾斯坦创办音乐学院时，斯塔索夫甚至断言"学院和音乐学院只是培养无能者的温床，帮助有害思想和品位的艺术的建立"。现在，根据里姆斯基–科萨科夫本人的说法，他的朋友（大概包括斯塔索夫）都赞成他接受这个职位，尽管他必须向他们指出他是多么不合格。巴拉基列夫"坚持我的肯定回答，主要目的是让他自己的人进入敌人的音乐学院"[1]。

年仅27岁就担任这样的职位，对里姆斯基–科萨科夫来说还太

---

1. *LMMZ*，第103页；*MML*，第116页。里姆斯基–科萨科夫所强调的内容；也见 Campbell, *Russians on Russian Music*, 78。

年轻，但更重要的是，无论好坏，人们一般认为音乐学院的教师会向学生传授的东西，他却完全不懂。他的回忆录在这一点上写得非常坦率。当然，他在自己的作品中表现出了对音乐构思和技法的本能把握。但在向年轻学生解释或演示这些问题时，他因对最基本的理论术语或音乐语法和形式的逻辑结构一无所知而束手无策。"可以肯定的是，"他承认，"听到和识别音程或和弦比知道它们叫什么更重要……创作《安塔尔》或《萨特阔》比知道如何使赞美诗和谐或写出四部对位更有趣……但他不知道这些东西，而是从自己的学生那里获知的，这是可耻的。"[1] 他也承认，在完成《普斯科夫姑娘》之后，他经历了一个创作障碍，他将其归因于自己的技术缺陷，而他坚持认为正是由于他为了领先学生而被迫学习技术，他才最终摆脱了这种障碍。鲍罗丁似乎一下子就明白了这一点。"科尔辛卡，"他向叶卡捷琳娜报告说，"他的新工作让他感到如获至宝。……事实上，他的'管弦课'对他和他的学生一样有用。"[2]

在承担这些新责任的同时，里姆斯基-科萨科夫在那个秋天完成了《普斯科夫姑娘》，这无疑是在他新室友的催促下完成的。那么问题来了：接下来怎么办？ 就在那时，一位名叫特罗菲姆·里亚比宁（Trofim Ryabinin）的史诗吟诵者来到了圣彼得堡并进行了一系列宣讲，其中可能包括勇士多布雷尼亚·尼基季奇的故事，这是一位杀死巨龙并救出公主扎巴瓦·普佳希娜的基辅骑士。穆索尔斯基当然观看了其中一场演出，不久之后就构思了一部基于多布雷尼亚故事的歌剧。但与《普斯科夫姑娘》一样，他似乎并不想把这个新题材占为己有，而是开始为里姆斯基-科萨科夫设计一个场景。与此同时，刚刚与里姆斯基-科萨科夫订婚并特别重视其兴趣的纳迪娅·普戈尔德一直在阅

---

1. *LMMZ*，第105页；*MML*，第117页。
2. 1871年9月21日的信件，收录于*BP1*，第293页。

读果戈理的著作，并在那个更有希望的领域寻找新的主题。她读到《索罗钦集市》，果戈理《狄康卡近乡夜话》(*Evenings on a Farmstead near Dikanka*) 中的一个故事，并认为它"很好，甚至适合创作歌剧，但不适合你，总体上不如《五月之夜》(在同一本小说集中)"。她对创作多布雷尼亚的想法不以为然，并认为："所有这些删改和改编都不会产生任何好的结果。在多布雷尼亚的故事中，艺术价值如此之低……"不过，她还是大方地补充道："这件事情的关键是得遵循你的个人品位。"她反而说服她的姐姐对穆索尔斯基提议创作《索罗钦集市》；但他完全采取了另一种策略。"我很了解果戈理的题材，"他回答说，"我两年前就考虑过，但主题与我选择的方向不符——它没有充分地展现俄罗斯母亲纯朴的胸怀。"[1]

就在这时，弗拉基米尔·斯塔索夫提出了一个想法，这个想法似乎具有所有这些建议的缺点但没有任何优点。这个想法起源于帝国剧院的导演斯捷潘·热杰奥诺夫 (Stepan Gedeonov)，他根据波罗的海斯拉夫古代童话故事中亚罗米尔王子和被谋杀的姆拉达公主设计了一个剧本，这既不是俄罗斯的也不是历史的故事，但其幻想色彩丝毫不亚于多布雷尼亚的故事，而且几乎没有比它更连贯或生动的特征了。热杰奥诺夫设想的是歌剧和芭蕾的混合体，具有壮观的舞台效果、神奇的变身、女巫的安息日，以及黑暗女神莫列娜、黑神切尔诺伯格、匈奴王阿提拉和各种幽灵般的基辅王子在其中穿梭。他最初的意图是委托谢洛夫将《姆拉达》(*Mlada*) 创作为芭蕾舞剧。但是谢洛夫的去世让这个想法付诸东流。热杰奥诺夫现在以歌剧芭蕾的形式向斯塔索夫提出了这个计划，在缺乏——大概是——明显的、可靠的作曲家的情况下，他提议将歌剧芭蕾作为一个联合项目提供给强力集团的

---

[1]. 1872年1月3日的信件，收录于 *MLN*，第126页；*MR*，第187—1771页。纳迪娅·普戈尔德写给里姆斯基-科萨科夫的信件引自 *TDM*，第233页；*MDW*，第251页。

成员。根据热杰奥诺夫的剧本改编剧本的任务交由居伊的老编剧维克多·科里洛夫，他曾为《满大人之子》和《高加索的俘虏》创作脚本，芭蕾音乐由帝国剧院的官方芭蕾舞作曲家路德维希·明库斯（Ludwig Minkus）提供。让人觉得奇怪的是，强力集团的四位成员毫无异议地接受了这个不太可能的项目。会议上分配了剧本的各个部分，然后他们分头开始工作，似乎很少或根本没有作进一步的讨论。

当《姆拉达》计划无疾而终时，没有一个参与过该出版物的人会感到惊讶，尽管它激发了大量的音乐创作，其失败的部分原因至少是热杰奥诺夫找不到上演这种复杂而奢侈的场面所需的资金。里姆斯基-科萨科夫后来将《姆拉达》记为"值得进行音乐处理的最佳主题"。然而，他自己的贡献（与穆索尔斯基共同参与了第二幕和第三幕的一部分）只是为第二幕的节日场景中的合唱和第三幕开始时的死者幻影写了几张草稿，然而场景过于模糊，无法构成作曲的基础。穆索尔斯基通过改编不完整或尚未表演的作品中的现有音乐，取得了更多的成就，在第二幕中，他创作了一个充满活力的市场场景，部分基于商人的叫卖声，以及为王子和（在阴沉的中间部分）神父进入而进行的引人注目的个人行进。在这两个部分之间，以他辛勤创作的合唱《俄狄浦斯王》为基础，他似乎安排了所谓的"首场战斗"。对于第三幕的切尔诺伯格场景，他对其《圣约翰的荒山之夜》的合唱和管弦乐队进行了重大改编，从《萨朗波》中提取了额外的素材。然而，尽管这些音乐形象非常出色，穆索尔斯基很快就厌倦了他所谓的合作中的"雇佣农场工"。"我亲爱的好朋友，"他写信给斯塔索夫，

> 你知道我不能拖着垃圾生活并还要照顾它；因此，我必须切换到主动模式——它更简单、更直接、更好。我向科尔辛卡和鲍罗丁（尽我所能地坦率而巧妙地）解释说，为了挽救圈子的品质，并避免他们堕落，我将在我们正在劳作的问题上

提出意见，而不是倾听，我应代表他们提出问题，而不是给出答案（这当然只有在和鲍罗丁和科尔辛卡许可下），委托者可以去自得其乐。[1]

他正在改编他的《荒山之夜》，承认进展很顺利。但此后他似乎把这个项目搁置一旁，直到5月初在居伊的排演之后的几周才开始创作市场场景，当时他大概不得不忍受一些人对他高傲惰性的嘲笑。

其他两个强力集团成员至少在他们对待合作的方式上更有条理，虽然他们的热情程度各不相同。居伊被分配到第一幕——一个善意但可能是无意的笑话，以他通常无法从头开始任何事情为代价。因此，他在4月中旬完成了《安吉洛》的第四幕，然后专心创作《姆拉达》。主人公是九世纪波拉比亚市雷特拉（易北河畔）的古老异教斯拉夫人；姆斯蒂沃伊王子和他的女儿沃伊斯拉娃在婚礼上谋杀了亚罗米尔王子的新娘姆拉达，意图安排亚罗米尔与沃伊斯拉娃结婚。不幸的是，亚罗米尔仍然爱着姆拉达，所以沃伊斯拉娃将她的灵魂卖给了黑暗女神莫列娜，以获得他的爱。但是姆拉达出现在亚罗米尔梦中并重演了她被谋杀的经过，从而向他揭示了凶手。亚罗米尔被这个异象吓坏了，但在第一幕结束时，他被召去狩猎。

根据里姆斯基–科萨科夫的说法，这是这部作品中最具戏剧性的一幕，因为居伊被认为是戏剧作曲专家，所以这一幕被分配给了他。里姆斯基的观点可能受到这样一个事实的影响：在他写这段时期的回忆录时，居伊已经根据科里洛夫剧本的改编版本创作了整部歌剧，并且从个人经验中知道这一场景的戏剧性要求与其余剧情的关系。但为什么在《普斯科夫姑娘》和《鲍里斯·戈杜诺夫》完成后，居伊仍被视为

---

[1]. 1871年3月31日的信件，收录于 *MLN*，第129—130页；*MR*，第181—182页。

圈子里的戏剧专家呢？更有可能的是，人们认为《威廉·拉特克里夫》的曲作者最有资格为黑暗女神的魔法幻象和亚罗米尔的谋杀幻象找到合适的音乐，他也最有可能及时创作配乐，使歌剧有一个良好的开端。如果说居伊满足了后者的要求，却几乎不能说满足了前者。他的音乐平淡而传统，给人的印象是创作迅速，但没有真正投入其中。最令人失望的是，他对大场面的处理充其量是敷衍了事，音乐刻画也很简陋，无论是邪恶的公主、年迈的女巫，还是饱受折磨的英雄（梦中的姆拉达本身就是以舞蹈而不是以唱歌来刻画的），每个人都或多或少地拥有相同的抒情音乐。

如果不是鲍罗丁的任务是创作第四幕也是最后一幕，而《伊戈尔王》又特别让他兴奋的话，那么考虑到该项目的性质，这一切都不值得特别评论。斯塔索夫曾在那个春天（1872年）不时拜访他，发现他"早上站在他的高写字台前，在创作的那一刻，他的脸上闪耀着灵感，他的眼睛燃烧着，他的面相发生了变化"。有一次，"他有点不舒服，过去两周一直待在家里，整段时间他几乎没有离开钢琴。正是在那些日子里，他首先为《姆拉达》写下了最重要和最令人惊奇的东西"[1]。中间场景一直以集体场面为主：库帕拉节（施洗约翰）和女巫的圣约翰安息日夜（仲夏夜）。但这最后一幕在自然和超自然干预的灾难性场景中解决了戏剧性问题。亚罗米尔前往神殿，请大祭司为他解梦；一连串古代斯拉夫王子的灵魂拜访了他，每个人都宣称姆拉达是被沃伊斯拉娃毒害的，必须为她报仇。沃伊斯拉娃承认她的罪行并恳求亚罗米尔爱她，但他却拔出剑杀死了她。作为回应，黑暗女神莫列娜出现并引发了一场诸神的黄昏（Götterdämmerung）式的高潮，一场暴风雨淹没了寺庙和整座城市，姆拉达和亚罗米尔被看到互相拥抱着升入了光

---

1. Stasov, *Borodin*，引自 Dianin, *Borodin* (1960), 93; *Borodin* (1963), 77。

明的领域。

　　出于某种原因，鲍罗丁受到了这种恶作剧的启发，快速创作了大量出色的音乐，其气氛的完整性和创造的丰富性远远超过了其他任何人的贡献，无论人们如何评价穆索尔斯基的这首或那首曲子。这一次，鲍罗丁从头到尾写了整首乐谱，显然不受他在《伊戈尔王》上感受到的戏剧问题的束缚。毫无疑问，给定的情境和人物对他有很大帮助，想必在前几幕中已经确立和证明这一点了。因此，他可以将幻影的场景，例如，作为一个充满活力的画面，一个自成一体的小插曲，带有神秘的、流浪的和声和一种咒语般的、准仪式性的基调。四个灵魂重复着同样的咒语："沃伊斯拉娃毒害了姆拉达。报仇雪恨！"他可以为沃伊斯拉娃和亚罗米尔谱写一首绝望的、单相思的爱情二重唱，一个洪水泛滥的场景，为真正的恋人姆拉达和亚罗米尔谱写浪漫的神曲，仿佛这是作曲奖中设定的曲目一样，而无需担心这些情况是如何发生的，或者这些角色到底是怎样的人物。当然，他也可以随意使用已经被遗弃的为《伊戈尔王》创作的音乐。他或许至少将雅罗斯拉夫娜的咏叹调的原始版本写到了亚罗米尔与大祭司的场景中，尽管手稿的状态使得这很难确定。[1]

　　具有讽刺意味的是，鲍罗丁的《姆拉达》流产了，部分原因是其他人未能履行他们的职责。但也有好的一面，它为他留下了一流的音乐和许多有价值的主题和动机，当他最终回到《伊戈尔王》的创作时，他得以很好地利用这些主题和动机。[2]

---

1. 这个问题的详尽讨论，见 Gaub, *Die kollektive Balett-Oper "Mlada,"* 376–384。高度质疑1869年的咏叹调（"雅罗斯拉夫娜的梦"）与第一版的相同，甚至是接近的标准假设。不幸的是，原始手稿被鲍罗丁后来的改编抹去了。
2. 鲍罗丁的《姆拉达》，与居伊和穆索尔斯基的作品不同，这部作品从来没有以任何可靠的形式出版过。最后的这些场景，包括淹没和神化，由里姆斯基–科萨科夫在鲍罗丁死后为其配器，并由别利亚耶夫于1892年出版。其他场景都以不同的方式被借用到《伊戈尔王》中。

就在他们纷纷把注意力转向《姆拉达》的时候，《石客》终于登上了马林斯基剧院的舞台，在作曲家去世三年多后，由居伊负责收尾，里姆斯基-科萨科夫完成配器。该剧的成功上演伴随着诸多困难，部分原因是官方限制了将版税作为一次性特许权使用费支付给新歌剧作曲家（或遗产）。《石客》于1872年2月16日上演，这是一流的作品，主要角色均由领唱者担任：费奥多尔·科米萨尔热夫斯基（Fyodor Komissarzhevsky）饰演唐璜，尤利娅·普拉托诺娃饰演唐娜·安娜，原版苏萨宁和鲁斯兰扮演者奥西普·彼得罗夫饰演莱波雷洛。演出得到普遍赞扬，但可以预见的是，这部作品或多或少地沿着派别路线产生了意见分歧。它自然被理解为斯塔索夫倾向的宣言；居伊通过提前将其作为"创造当代歌剧的第一个有意识的实验而没有丝毫让步……将戏剧的真实感带到了极致，结合了智慧、经验和精湛的技艺，以及在许多地方带有达尔戈梅日斯基独创性的独特印记的音乐之美"[1]。事实上，正如我们所看到的，如塔拉斯金所详细论证的那样，《石客》无论其音乐质量如何，它绝不仅仅只是一个枯燥无味的无休止的朗诵实验，它的高级辩护者没有给它带来任何好处，谢洛夫称他们"可笑夸大的宣传更快地伤害了这部尚未为人所知的作品，而不是发挥了它的优势"[2]。《石客》更应该被描述为一个对话作品，其"真正的领域"，正如另一位充满敌意但非常聪明的评论家赫尔曼·拉罗什（Hermann Laroche）所观察到的那样，"是沙龙，是真正的管弦乐队，是钢琴"——里姆斯基-科萨科夫和他的未婚妻（"我们亲爱的乐队"，穆索尔斯基这样称呼她）读到这句话时，一定是百感交集的——"因此，"拉罗什继续说，"没有任何音乐戏剧的伪装"[3]。

---

1. 1868年3月28日的《圣彼得堡公报》，引自 ODR，第298—300页。
2. 引自同前，第337、376页。
3. 引自同前，第303页。

无论如何，从这部不起眼的演讲歌曲杰作（其与另一个世界的唯一联系就是它的活雕像）转向《姆拉达》的幻影、恶魔崇拜和超自然灾难。"这是个震颤谵妄的延续。"穆索尔斯基在恼怒中向斯塔索夫描述。[1]《姆拉达》是斯塔索夫对古代斯拉夫文化热情的一个展现，但还有另一个非常不同的方面越来越引起穆索尔斯基的注意。1872 年初春，为了历史学家尼古拉·科斯托马罗夫的利益，斯塔索夫可能把《鲍里斯·戈杜诺夫》的剧作读了一遍，于是他决定为穆索尔斯基的歌剧寻找新的历史题材。"在我看来，"他随后在他的作曲家传记中写道，"旧俄罗斯与新俄罗斯之间的战斗，前者退出舞台而后者进入舞台，是戏剧和歌剧的肥沃土壤，穆索尔斯基同意我的观点。"[2] 这是轻描淡写的一种说法。穆索尔斯基很快就沉迷于十七世纪晚期莫斯科权力斗争的整个主题，一方是斯塔索夫称之为"古老的、黑暗的、狂热的、坚不可摧的俄罗斯"的老波雅尔家族和"拉斯科尔尼基"（Raskolniki），即所谓的旧信徒，另一方是各种现代化、西化的势力，摄政王索菲亚的追随者和她年轻的同父异母兄弟，即未来的彼得大帝的追随者，他的二百周年诞辰正好在6月。穆索尔斯基不仅热情洋溢，在写给斯塔索夫的一系列长篇忏悔信中，他还开始说方言，用迂回的、准《圣经》的语言表达自己关于"黑土地的力量"和"俄罗斯母亲的雷霆"：

> 我不是第一次开始耕种黑色的土地，我想耕的不是肥沃的土地而是未经开垦的土地。我不渴望了解人民，而渴望成为他们的兄弟：可怕，但很好！……黑土地的力量，当你深耕到底时，就会显现出来。人们可以用外来材料制成的工具

---

1. 1872 年 3 月 31 日写给斯塔索夫的信件，收录于 *MLN*，第 131—130 页；*MR*，第 181—182 页。
2. *MBO*，第 122 页。

犁黑土地。他们确实在十七世纪末用这些工具犁过俄罗斯母亲的土地，以至于她没有立即意识到他们用的是什么，以及黑色的土地是如何扩张并开始呼吸的。[1]

斯塔索夫对"拉斯科尔尼基"的兴趣可以追溯到十多年前他对凯尔西耶夫的阅读，以及凯尔西耶夫关于东正教分裂的想法是"俄罗斯未来发展的伟大承诺"和俄罗斯人民常年为实现渺茫的政治目标而迷茫奋斗的形象。[2]事实上，这场分裂起源于十七世纪中叶，是保守派对尼康牧首教会改革的反应，从表面上看是微不足道的，但却是更广泛的尝试，即通过回溯到希腊东正教起源，将教会等级制度的权力集中起来。但正如十六世纪西欧历届罗马天主教和新教权威所发现的那样，普通民众不太容易改变长期养成的宗教习俗，以至于要对他们宣讲，让他们相信改变这些习俗对他们个人的救赎是必要的；同样，对改革的抵制往往呈现出极端的特征，并迅速与无政府主义和各种千禧一代政治联系在一起。所谓的旧信徒，最能辨认的分裂派群体，对尼康的变革采取了最终的抵抗形式。他们大量逃往俄国的偏远森林，将自己钉在棺材里，甚至以自焚的方式集体自杀。当彼得一世于1696年成为唯一的统治者，并开始采取压制东正教外在表现的政策时，旧信徒将他视为敌基督者，他的到来预示着世界末日。大规模自焚事件增加；"拉斯科尔尼基"作为一个政治上和精神上都持不同政见者的团体，这种感觉愈演愈烈。

对于十九世纪俄国不同的思想运动，"拉斯科尔尼基"为他们自己的各种意识形态提供了一个灵活的模型。斯拉夫主义者同情他们，因为

---

1. 1872年6月16日和22日的信件，收录于 *MLN*，第131—132页；*MR*，第185—186页。
2. 参见1861年3月21日他写给巴拉基列夫的信件，收录于 *BSP1*，第129页。也见本书第三章。Vadim Kels'iyev's *Sbornik pravitel'stvennikh svedenniy o raskolnikakh*（第一部分）已于1860年在伦敦出版。

他们反对彼得大帝及其继任者的西化改革。对于像斯塔索夫这样的自由主义者来说，他们是一个有趣的例子，虽然模棱两可，但却是有系统地、有组织地反对专制政府。对于像穆索尔斯基这样的人类学民族主义者来说，他们是俄罗斯灵魂的一种体现，它的精神本质可能被误导，但没有受到外国价值观的影响。更确切地说，正如在《鲍里斯·戈杜诺夫》中，穆索尔斯基避免偏袒任何一方，而是将他的所有角色都描绘成处于无法控制或被无法理解的力量控制之下的人类，因此，在《霍万斯基之乱》中（这个新作品从一开始就叫这个名字），引起他兴趣的是历史力量的碰撞，而不是这个或那个派系或个人。以他自己的形象来说，正是这些力量将黑土地犁得如此之深，以至于他们再也看不到自己的工具；但在他们耕耘的过程中，俄罗斯的真实本质显露出来，这种本质是那些重申俄罗斯身份的人要去发现和拥抱的任务。

虽然斯塔索夫看到了这个题材的巨大潜力，但他并没有立即想出任何接近细节的东西，甚至没有像《鲍里斯·戈杜诺夫》那样有一个明显的叙述。由于无法在舞台上出现彼得本人或摄政王索菲亚（这两位都是罗曼诺夫王朝的成员）的形象，戏剧问题变得复杂起来。穆索尔斯基没有试图从头开始解决这个困难（简单地假设彼得和索菲亚在场也一样），而是投入到一项研究计划中，汇编了一份关于彼得大帝登基以及随之而来的麻烦的资料清单，并可能开始阅读。"我沉浸在信息中，"他告诉斯塔索夫，"我的脑袋就像一口大锅，不断往里添加东西。热利亚布日斯基、克列克申、马特维耶夫伯爵、梅德韦杰夫、谢巴尔斯基和谢梅夫斯基我已经吸干了；现在我正在向茨冈拉沃夫和阿瓦库姆学习。"他对这个主题的热情使他把它当作一个研究项目而不是戏剧。[1]他花了很多时间在公共图书馆里，阅读彼得大帝的事迹、

---

1. 1872年7月13日的信件，收录于 *MLN*，第134—135页；*MR*，第189页。

维戈夫斯基旧信徒冬宫的历史、大祭司阿瓦库姆，阿瓦库姆因坚持反对尼康改革而于1682年被烧死在火刑柱上，等等。但仍然没有任何连贯情节的迹象，当然也没有任何与剧本相似的东西。穆索尔斯基在他的脑海中似乎有一系列的情节，而不是针对历史背景的个别人物命运的结构化叙事，甚至在某种程度上，《鲍里斯·戈杜诺夫》也是如此。情节来来去去，人物被插入或删除，到目前为止还没有音乐；但是当它开始流动时，它或多或少是随机的，所以即使他在1872年底或1873年初开始作曲时，他似乎对歌剧整体的发展轨迹也没有非常清晰的认识。

　　大型创作显然对穆索尔斯基的大脑产生了离心作用。这是他"狂妄自大"（rasseyannost）的一个方面，也是他偏离轨道的心理倾向。起初，想到《霍万斯基之乱》，为了斯塔索夫的利益，他把对彼得大帝的莫斯科想象为《鲍里斯·戈杜诺夫》结尾处颠僧预言的结果："很快敌人会来，黑暗将降临，黑暗，无法穿透的黑暗。"这座城市是一个儿童的劳改营。无辜的男孩在街上锻炼，"在马尔萨斯理论——战争是控制人口的有效手段——的帮助下，借助精心制作的火枪"。接下来，他在他的一个图书馆资料中找到了关于日耳曼种族的邪恶起源的神话描述和彼得本人的撒旦式诞生。考虑到《霍万斯基之乱》最终写成后会受到媒体的冷遇，他联系了常见的批评家——《声音》评论家赫尔曼·拉罗什、法明岑等人——与"德国音乐协会"一起，从这里开始对技术问题和音乐家在讨论他们艺术时的某种学术迂腐趋势进行研究。"告诉我为什么，"他问道，"当我听到年轻艺术家——画家或雕塑家——的谈话时……我可以跟随他们的思路，他们的想法、目标，并且很少听到关于技术的任何信息，除非必要时。但别告诉我为什么，当我听我们的音乐同胞们讲话时，我很少听到活生生的想法，而大多是来自教室的东西——技巧和音乐词汇？""也许我害怕技术，"他承认道，"因为我不擅长技术。"但毕竟，当你吃馅饼时，你不想被告知配料，更不想知道它是在什么条件下烹饪的。而一个人不介意食物,只介意烹饪。"我不反对交响乐,但只反对交响乐家。"他列出了巡回画派最近的一些绘画和雕塑——伊利亚·列宾、瓦西里·佩罗夫和他们的雕塑家朋友马克·安托科尔斯基(Mark Antokolsky)的作品——并询问为什么这些作品活着,"而且如此生动,以至于你了解他们并感觉到'这就是我想看到的'",而最新的音乐,无论多么好,从来没有那种效果。

> 请给我解释一下,只要不提艺术的界限——我只相信它们是非常相对的,因为在艺术家宗教中的艺术界限相当于惯性。如果某人的大脑没有想出任何东西,但其他人的大脑确实思考并提出了一些东西——那么界限在哪里呢?但相对而言——是的!声音不能是凿子、刷子——嗯,当然,因为每件最好的东西都有它的弱点,反之亦然——即使是孩子们也知道这一点。[1]

正如我们所见,穆索尔斯基与孩子们相处得很好,能了解童年,当然,他自己的心态让人想起一个非常聪明的小学生的任性、偏离甚至顽皮的倾向。碰巧的是,贝塞尔公司刚刚出版了他的《育儿室》套曲,也许正是这个重大事件(迄今为止他最重要的出版物),就像男孩拿起了火枪或孩子能分辨鹰和手锯了,这促使他放弃了他的歌剧研究再创作了两首歌曲。这两首歌曲看起来像是深思熟虑的对出版物的补充,但在他去世很久之后,才被收录到它的扩展版本中。[2]

---

[1]. *MLN*,第137页;*MR*,第93页。穆索尔斯基强调的内容。
[2]. 这两首新歌是为一套将被称为《在乡间别墅》(*Na Dache*)的新曲集作准备的,该歌曲集还没有加入任何歌曲。这两首歌最终被里姆斯基–科萨科夫编入《育儿室》中。穆索尔斯基在他7月13日的信中引用了《哈姆雷特》,哈姆雷特与波洛涅斯关于云朵形状像骆驼、黄鼠狼或鲸鱼的疯狂场景(第三幕第二场,第400行及以下)。哈姆雷特的"当风向偏南时,我知道鹰和手锯的区别"是对吉尔登斯特恩说的,在第二幕第二场,第403行。

两首歌曲中的第一首是《水手猫》(Sailor the Cat)[1]，小女孩的手受伤了，她跑到妈妈那里寻求安慰。当她在找阳伞的时候，透过窗户看到猫试图抓住笼子里的红腹灰雀。她跑出去粗暴地把猫推开，但手被笼子弄伤了。她天真地责怪猫："这是什么猫啊，妈妈？"对于穆索尔斯基来说，问题更像是："这是什么样的孩子啊？"答案是明确无误的：她是快乐的，有那么一点不诚实，受的伤似乎不是很严重。她把这个故事讲得像一首童谣，一开始简单明快，到了宣泄情绪的部分时，又用痛苦的和声堆砌：灰雀在笼子里可怜地唧唧叫着，她踮起脚尖，然后一动不动地站着，假装没有注意到，然后在"水手"即将抓住鸟时对它大喊大叫。穆索尔斯基以他现在熟悉的图画方式处理这些细节，但很谨慎，没有比孩子在讲述时更夸张的地方，并以三段体的形式，加上一个缓慢的结尾，她突然想起了她受伤的手，轻轻地发抖，以钢琴最后的不协和音结束，似乎悬而未决般。[2]

另一首歌曲叫《木马骑士》(He Rode Off on a Broomstick)（也可随性译为"骑在木马上"），一个男孩发疯地假装扫帚是一匹疾驰的骏马，要载着他去镇上处理急事。但是他太兴奋了，从他的"马"上摔下来，弄伤了腿，还有一位大人短暂地安慰了他一会，经过紧急处理后他又起身离开了，这次是赶回家吃晚饭。在这里，穆索尔斯基把钢琴当作扫帚，男孩的声音在美妙的伴奏上没有什么规律，他停下来呼唤他的朋友瓦西娅，然后再次出发，听上去非常失控，并发出"哦，好痛！哦，我的腿！"。就像已出版套曲中的睡前歌曲一样，奶妈的出现分散了他的注意力。这是整个套曲中最优美的一首，似乎是因为就像舒曼的《童年情景》(Kinderszenen)的最后

---

1. 并不常出现的作品《水手猫》展现出一只在玩具船上身着水手服的猫咪。"水手"（Sailor）是猫的名字。
2. 这首歌曲中有时会听到相当平庸的钢琴尾声（回到主调解决），是由里姆斯基-科萨科夫所作，他把这首曲子放在了套曲的最后。

一首《诗人的话》一样，为听者和受伤的孩子提供了急需的安慰，让他在充满英雄事迹和致命灾难的危险又幼稚的世界中获得庇护和安慰。但穆索尔斯基拒绝了可能带来感伤的结局，而是让男孩回到想象中的远方，回到他的扫帚上。穆索尔斯基作品的苏联编辑帕维尔·拉姆将这首歌放在最后，原因很明显：它确实以真诚、快乐的方式结束，不像《水手猫》，它对猫科动物的道德产生了痛苦的怀疑。然而，最能说明问题的是结尾的微妙之处，它完全避免了花言巧语或咄咄逼人的成年感。这是男孩的尾声，而不是里姆斯基-科萨科夫在《水手猫》最后部分为其编排的那种略带居高临下的成人微笑。

所有这些作品——歌曲和围绕《霍万斯基之乱》的思考——揭示了一位热爱人类的艺术家，这是一种混乱且看似不可预测的现象。宣扬理想化、完美的人的形象的古典艺术、文艺复兴时期的艺术及其所借鉴的希腊艺术的整个理念，已经成为一种诅咒。他一直在阅读达尔文的《人类的起源》，沉迷于人类发现自己所在世界的丰富性，并着迷于这样一个想法：看似是决定论的牢笼，实际上是对人类热情、热血的现实的爱与暴力的拥抱。在给斯塔索夫的信中，他将人的处境比作被拥抱在"坚强、热情、充满爱心的女人"的怀抱中。"小人国居民，"他告诉斯塔索夫，"不得不相信意大利绘画的古典学派是绝对的，而在我看来——它是致命的，就像死亡本身一样令人厌恶。"他含蓄地拒绝车尔尼雪夫斯基将艺术视为现实世界之美的低级表现的这一方面。"仅仅是对美的艺术描绘，"他断言，"在物质意义上，是纯粹的幼稚——处于婴儿期的艺术。孜孜不倦地挖掘这些鲜为人知的领域，不断探索人类本性以及大众身上最为高尚的品质并征服它们——这才是艺术家的真正使命。""走向新岸！"他发出怒吼，显然是在呼应赫尔岑的《来自彼岸》(*From the other shore*)，这是一部关于历史非理性和自由性的重要文件，写于《物种起源》之前十年。

"走向新岸！"——无所畏惧地穿过风暴、沙洲和暗礁，"走向新岸！"人是一种社会动物，不能不是这样；在大众中，就像在个人中一样，最优秀的品质总会被人遗忘，而这些特质是任何人都没有接触过的：通过阅读、观察和推测来注意和研究它们，全身心地研究它们，并用它们来喂养人类——这是人类从未尝过的健康佳肴——这是一项任务！喜悦和永恒的喜悦！[1]

我们将在《霍万斯基之乱》中尝试，亲爱的读者，难道不是吗？

---

1. 1872年10月18日的信件，收录于 *MLN*，第141页；*MR*，第198—200页。也参见 Kelly, *Toward Another Shore*, (New Haven and London: Yale University Press, 1998), 10。

[第二十一章]

三位沙皇与一位暴君

帝国剧院董事会最终以谨慎、冷漠的方式取消了对穆索尔斯基《鲍里斯·戈杜诺夫》上演的反对意见。1872年3月发表的相关报告评论了剧本对普希金的"残害"及对他的历史人物的庸俗化。报告补充说,歌剧的结尾(大概指的是鲍里斯死去的场景,这一场景仍是作品的结尾)"不连贯,压缩到了极端的程度"。"但本歌剧,"它用一种无奈的语气承认,"即使是一个糟糕的剧本,在好的音乐面前,也有它的优点。"舞台表演唯一可能的障碍是尼古拉一世1837年颁布的禁止在舞台上表现沙皇的法令,而董事会无权推翻此令,遂把责任推给了内务大臣,如果他认为合适,他可以向沙皇亚历山大请求豁免。4月5日,亚历山大在报告上签上了"同意"——这意味着至少就冒犯君主的问题而言,上演所需的凭证获取进展缓慢。

确切地说,《鲍里斯·戈杜诺夫》什么时候被正式批准上演并不确定。女高音尤利娅·普拉托诺娃在早期表演中扮演玛丽娜的角色,多年后她声称,为了她在剧中的精彩表演,她曾强烈要求热杰奥诺夫上演它;[1]但似乎直到1873年10月,热杰奥诺夫才突然莫名地决定结束

---

1. 引自 *MR*,第253—254页。

他的下属拖后腿的情况，并下令在1873—1874年乐季上演这部作品。无论普拉托诺娃的回忆录（事件发生十多年后写成）的真相如何，几乎可以肯定的是，直到1873年秋天，上演这部歌剧的决定才最终做出。与此同时，各种歌剧选段已经有过上演。1872年2月，纳普拉夫尼克在俄罗斯音乐协会的一场音乐会中指挥了加冕场景，而巴拉基列夫在4月的自由音乐学校音乐会上演了第二场中的波兰舞曲，这也是他的最后一场音乐会。自然有几场私人钢琴演奏会，而且——如果穆索尔斯基自己的自传笔记是可信的——正是由于其中一场，在那年秋天的普戈尔德家，热杰奥诺夫的助手尼古拉·卢卡舍维奇（Nikolay Lukashevich）同意了次年2月在马林斯基剧院上演作品中的三幕。尽管尚未获得完全许可，但可能是因为所表演的场幕——旅店场景和波兰的两个场景——既没有沙皇、人民，也没有任何俄国朝臣或东正教要人出现（瓦拉姆和米赛尔被描述为流浪者，当然神父拉贡尼不算在内）。无论如何，上演这部作品的决定似乎与审查制度或官方许可的问题无关，所有或大部分问题在1872年的2月底就已基本得到解决。[1]

里姆斯基-科萨科夫在《普斯科夫姑娘》的审查方面也遇到了问题，但他在回忆录中告诉我们，多亏了海军大臣尼古拉·克拉博（Nikolay Krabbe）的调解，这些问题已经解决了。克拉博是他哥哥沃恩的长期对手，当沃恩于1871年突然去世时，克拉博可能出于某种悔意，竭尽全力帮助了这位年轻的作曲家。董事会同意沙皇伊凡可以出现在舞台上，作为交换，删除所有直接提及的维切会议、图查和他的自由战士同伴的原始共和主义内容。根据这些条款，《普斯科夫姑娘》原定于1872年秋季演出，但由于男高音德米特里·奥尔洛夫（Dmitry Orlov）生病而被多次推迟。它最终在1873年元旦登上舞台，这是第

---

1. 对这个问题的权威性叙述，参见 Oldani, "Boris Godunov and the Censor," Nineteenth-Century Music 2 (1978-1979), 245-253。

二部强力集团的歌剧,也是迄今为止巴拉基列夫圈子民族主义理想中最雄心勃勃的公开宣示,尤其是它对俄罗斯历史、语言、民间文化、俄罗斯人民的困境以及该国古老政治制度的重要关注。

在回忆录中,里姆斯基-科萨科夫描绘了一幅他歌剧排练的彩色画面:指挥家纳普拉夫尼克,"冷漠……但他不赞成(创作)本身甚至违背了他的意愿",歌手们"认真且和蔼可亲",但经常被作曲家年轻时不愿根据实际情况进行调整而感到恼火。然而演出"非常精彩",据居伊说,里姆斯基-科萨科夫在指挥包厢里鞠了十几次躬,学生们被维切会议场景结束时的自由战士的歌曲所吸引(当然,不是所谓的),他们"在音乐学院的走廊里上下欢呼唱着这首歌"。毋庸置疑,新闻界主要是吹毛求疵和消极评论。即使是在《俄罗斯商业日报》中长期撰写评论的居伊,也设法在他的赞美结构中挑出了漏洞。他发现音乐是半音化的,在歌手和管弦乐队之间排列不恰当的吟诵。在逐场追溯作品时,他像往常一样以巴拉基列夫的方式做了加号和减号的标记。但他发现了很多值得钦佩的地方,尤其是维切会议场景("艺术向前迈进了一步")和整个编排;尽管存在缺点,但他认为《普斯科夫姑娘》"是我们艺术中最令人欣慰的事件,用一部坚实而极具才华的作品(丰富)了我们的作品,(并作为)新的证据,证明了方向的严肃性、信念的力量,以及新俄罗斯歌剧流派的重要未来"。[1]

很少有人同意他的观点。拉罗什甚至在《声音》上撰文提请注意这样一个事实,即里姆斯基-科萨科夫为巴拉基列夫圈子中的成员,这保证了他"在《圣彼得堡公报》中(也就是居伊)对音乐戏剧永恒和热情的赞美"。事实上,拉罗什明确表示,他认为这位年轻的作曲家是这个圈子中迄今为止最有天赋的成员,但他的作品"受到了孕育

---

1. 1873年1月9日的《圣彼得堡公报》,见 Gusin, *Ts. A. Cui: Izbrannïye stat'i*, 215-224;也见 Campbell, *Russians on Russian Music*, 207-217。

他的音乐环境的所有缺陷的影响"。

> 这部新歌剧的音乐在和声上太深奥,太多的不协和音和稀有的调式,对于一部取材于历史生活,人们感情和激情单纯、思想简单的粗糙时代来说,它过于奇特,过于崇高和珍贵了。在极端的和声中,在表现出最尖锐和最突然的不和谐方面,在出人意料的组合和和弦上的曲折中,里姆斯基-科萨科夫比他以前的作品向前迈出了重要的一步,这也赋予了这部歌剧极其病态的特征。在我看来,这样的音乐应该是为一部关于陀思妥耶夫斯基的《罪与罚》的歌剧而写的。[1]

奇怪的是,拉罗什批判的许多段落也被居伊挑出来批判,这一事实充分说明了当时的彼得堡派系。作为第一批音乐学院校友之一的拉罗什,站在一个受过良好教育、训练有素的毕业生的崇高地位上,不愿与在艺术和技术上未受洗礼的人接触。而居伊本人则是一个学术血统极其可疑的音乐家,既急于隐瞒这一事实,同时又对他鼓吹的新俄罗斯学派特征的创新有点不同情。正如我们所看到的,居伊自己的音乐揭示了一种基本的传统思维,如拉罗什所说的那样,由于其自身的技术缺陷,他被扭曲成了不符合常规的人。对于一位防御工事教授来说,要理解他的"激进同僚"作品的真正优点仍然是困难的。

2月5日,在《普斯科夫姑娘》首映后整整五周,穆索尔斯基的《鲍里斯·戈杜诺夫》终于第一次登上了公共舞台。最后,根据斯塔索夫的说法,是马林斯基剧院的首席舞台导演根纳迪·孔德拉季耶夫

---

1. *Golos*, no. 10 (1873), in A. A. Gozenpud (ed.), *G. A. Larosh: Izbrannïye stat'i,* vol. 3 (Leningrad: Muzïka, 1976) 105-112; 也见 Campbell, *Russians on Russian Music 1830-1880,* 217-224.

（Gennadi Kondratyev）说服热杰奥诺夫和卢卡舍维奇将这三个场景作为他的福利表演的一部分，还有《罗恩格林》的第二幕和韦伯《魔弹射手》的第二幕第一场。斯塔索夫玩世不恭地说，他知道这个选择会带来丰厚的回报，因为《鲍里斯·戈杜诺夫》与审查的问题为它的公众形象创造了奇迹，而选择这三个场景是为了避免尽可能重新点燃这些问题。这种选择忽略了台词或叙事连贯性的问题。旅店场景以喜剧、讽刺的形式出现；它引发了肆无忌惮的笑声，当幕布落下时，有人喊道："音乐领域的果戈理。"[1]实际上与随后的波兰场景唯一的共同点是伪德米特里的形象，由费奥多尔·科米萨热夫斯基演唱，他与卢卡舍维奇的友谊可能也是一直选择这个角色的因素。从本质上讲，旅店里的场景是"对话歌剧"的产物，几乎没有改动，而波兰场景至少部分反映了穆索尔斯基为了董事会的利益而规范他的作品的想法，因此明显更接近于流行的"歌剧"概念。

奇怪的是，这些不一致，冷静地看是如此明显，但当晚在马林斯基剧院却几乎没有人感到困扰。在旅店场景结束时，以及整个表演结束时，观众起立欢呼，这是对作品纯粹的戏剧才华的自发反应，而不受音乐中那些激进或拙劣的方面影响，这取决于观众自己的观点。像往常一样，批评家作为正统艺术的守护者，不得不在风格新颖性和在完全不同的支持下发展和编曲的技术之间取得尴尬的平衡。拉罗什以惊人的坦率直面这个问题。考虑到穆索尔斯基少数已发表的作品——歌曲、钢琴小品、合唱和管弦乐队的节选——他出发前往马林斯基剧院，"怀着对我期待听到的新音乐最强烈的偏见"。

在大多数情况下，（他的已发表的作品）多为一连串无

---

1. "City Notes," Peterburgskaya gazeta, 引自 *MDW*, 第297页。

调的叫声，入耳深奥、语调难听，伴随着一些和弦或和声音型，其产生的不协和音，无论是天真的还是恶意和刻意的，都超出了一切描述的范畴。在音乐技巧方面，这种伴奏提供了一种在艺术史上闻所未闻的奇观。最基本的小学生错误——平行八度、平行五度、未解决的不协和音、直接转调出现的新音、升调和降调的拼写错误、错误的停顿，所有这些都跃入了表演者的视线。……在演奏穆索尔斯基的作品时，我一直在想为音乐少年犯开设一所改造学校的必要性。

但是《鲍里斯·戈杜诺夫》的选段迫使他的思想发生了急剧的变化。当然，同样的技术缺陷在每一个转折点都很明显。"但这些缺点和从它们背后爆发出来的精神力量之间的比例，与我在爱情小说中看到的完全不同。"拉罗什觉得第一个波兰场景平淡无奇。"但歌剧中的另外两段——旅店和喷泉旁的场景——让我惊叹他们出色的音乐戏剧天赋。"瓦尔拉姆的"喀山之歌"给他留下了特别深刻的印象。"这首歌的旋律和五花八门的乐器变奏都显示出巨大的力量；和声话语的特点有弹性和色彩性强，这是我对穆索尔斯基最不期望的方面。整首歌的气氛中有一种狂野和可怕的东西，作曲家用诗意的方式传达了这一点。同样的画面也出现在喷泉旁的场景中。"反观刚刚上演新歌剧的两位作曲家，里姆斯基-科萨科夫的作品完成度更高，技术丰富，拉罗什作出了一个判断，其敏锐性似乎打破了学术头脑对本能的偏见。

在坦率地评价穆索尔斯基音乐的优点和缺点时，我丝毫没有给他任何建议的想法。我认为这是既成事实，我想他要从错误的道路上走出来，弥补教育上的不足，比里姆斯基-科萨科夫要难得多……《鲍里斯·戈杜诺夫》的作曲家……具有更大的想象个性和独创性，因此他必须更难以服从任何形式的外部纪律，例如严格的对位风格规则。穆索尔斯基的音乐教育所缺少的东西几乎无法弥补，即使他本人对他的艺术成熟度仍有任何怀疑，但它们一定在2月5日被对他的作品的好评所驱散了。[1]

在这两位作曲家的生活方式中也可以观察到类似的区别。里姆斯基-科萨科夫于1871年成为作曲教授，1872年6月与娜杰日达·普戈尔德结婚，并忙于通过创作《C大调第三交响曲》（没有升降号）来证明他新发现的创作规律，仿佛有意识地拒绝了巴拉基列夫最喜欢的没完没了的升降调式。至于穆索尔斯基，他的生活正面临危机。里姆斯基-科萨科夫结婚后（当时他是伴郎），他自然要找新的住处。那年9月，他搬进了一套公寓，但与居伊和他的妻子马尔维娜住在同一所房子里，靠近涅瓦河。大约在这个时候，他的行为开始引起他的密友关注。斯塔索夫是第一个注意到问题的人，六个月后，他给女儿索菲亚·梅德韦杰娃写了一封信，神秘地暗示穆索尔斯基将遇到麻烦，但没有具体说明其性质。《鲍里斯·戈杜诺夫》的三场戏已经上演了，但还没有上演整部歌剧的计划；瓦西里·贝塞尔计划在秋季出版声乐曲谱，这将会带来收入，但与此同时，其作曲家却束手无策，创作面临停滞，甚至有失去作曲冲动的危险（斯塔索夫似乎在暗示）。

事实是，穆索尔斯基饮酒过量，这对他不利。至少在斯塔索夫家族中，这已成为共识。几周后，德米特里·斯塔索夫写信给他远在萨尔茨堡的妻子波利克塞纳，穆索尔斯基承认最近患有痴呆症——大概是震颤性谵妄——同时强调他没有像德米特里假设的过量饮酒。但穆索尔斯基正在喝酒。他经常光顾布尔沙亚-莫尔斯卡亚大街（Bolshaya

---

[1]. 1873年2月14日，《声音》，见 Gozenpud, *G. A. Larosh: Izbranniye stat'i*, 119-124；也见 Campbell, *Russians on Russian Music*, 224-230。

Morskaya）的一家名为马利·雅罗斯拉维茨（Maly Yaroslavets）的酒吧餐厅，并与一群新交的艺术朋友［包括一位名叫帕维尔·纳乌莫夫（Pavel Naumov）的前海军军官和演员兼说书人伊凡·戈尔布诺夫（Ivan Gorbunov）］喝了大量干邑白兰地直到凌晨。这种影响开始表现在他的外表上，也许还表现在他的举止和谈话中。德米特里注意到他看起来憔悴瘦削，波利克塞纳对她丈夫的描述感到非常担忧，以至于她在萨尔茨堡以母亲的口吻写信给穆索尔斯基，敦促他照顾好自己，不要让任何困扰他的事情——办公室工作、晋升、经济情况、生活的失败——损害他的健康并摧毁他的创造精神。那年夏天的一天，鲍罗丁向他的妻子说，有人看到穆索尔斯基在巴甫洛夫斯克喝醉了，并且闹得沸沸扬扬，不得不叫来警察。"他们告诉我，"他补充道，"他已经喝醉了，开始胡思乱想。……这是非常可悲的！这么有才华的人，道德沦落到如此地步。现在他会不时地消失，又时而会变得忧郁、沉默寡言，完全不像平常的自己。过不多久，他又重新振作起来——和往常一样快活、和蔼可亲、机智。"[1]

毫无疑问，为了打破这种生活方式，弗拉基米尔·斯塔索夫试图说服穆索尔斯基在那个夏天和他一起去维也纳旅行。"这样的人当然应该尽快去欧洲看一看，"他告诉他的女儿索菲亚，

> 除此之外，维也纳将在剧院和音乐会上推出如此多的一流新音乐，而这又是他在其他任何地方都看不到或听不到的。放过这样的机会是不可能的。况且，他已经34岁了；他现在正处于才华的顶峰，正在创作一部新歌剧。[2]

---

1. 1873年10月25日的信件，收录于 *PBII*，第63—64页。
2. 1873年3月17日写给索菲亚·梅德韦杰娃的信件，收录于 *SPR*，第102页；*MDW*，第309页。

很快，斯塔索夫设计了一个更复杂的计划，包括带穆索尔斯基去魏玛拜访李斯特。瓦西里·贝塞尔打算拜访李斯特，向他展示一些俄国的乐谱，这可能已经传到了斯塔索夫的耳朵里，他意识到这将是在新音乐的源头亲自展示他们最有才华的作曲家的好时机。可惜斯塔索夫的计划落空了，穆索尔斯基拒绝一切让他脱离日常生活的可能性。即使在贝塞尔的兄弟在街上追他、截停他的出租马车，告诉他李斯特对《育儿室》的热情回应之后，他仍然坚持认为他在林业部的职责阻止他离开圣彼得堡。当8月初斯塔索夫在维也纳写信给他敦促他无论如何都要来时，他甚至编造了一个看起来非常荒唐的故事，说他的办公室主任眼睛有问题，在这样的时刻抛弃他是不人道的。斯塔索夫愤怒地写信给他的妹妹娜杰日达·斯塔索娃：

> 我向穆索里亚宁发出了要求，让他立即来这里，用我留在圣彼得堡的现金来作旅费。但是在8月16日星期六晚上4点，我收到他的一封电报，称这是"不可能的，因为某个主管生病了，意味着他要独自管理他的部门"。这是什么话！因为一个白痴的部门主任，就取消去拜访李斯特、听他演奏这么美妙的事情！是的，穆索里亚宁是个傻瓜，他不知道如何撒谎、如何创作、如何走自己的路。[1]

而穆索尔斯基大概是在编造，或者至少是夸大其词，以掩饰自己某种不足或自卑感，担心他作为雄心勃勃的大歌剧作曲家，却未受过专业教育，出现在欧洲最著名的音乐家和他毫无疑问非常能干的随从

---

1. 1873年8月9/21日的信件，收录于 *SPR*，第146页。

面前。对于斯塔索夫来说，他仅仅是一位有着丰富作曲经验的旅行者就够了，至于对音乐能力没有特别要求，这是另一回事。他可以在不影响自己专业能力的情况下，以一种聪明且足够恭敬的方式与李斯特讨论音乐。对于从未踏出过国门的穆索尔斯基来说，在圣彼得堡客厅的安全环境中嘲笑德国的音乐特色是一回事，而在德国本土，在某种意义上，在德国最伟大的代表人物面前与之面对面，则是另一回事。如果他知道李斯特特别评论《萨特阔》和《威廉·拉特克里夫》等作品的新鲜感，以及对《育儿室》的评价，他可能会更大胆一些。李斯特把这些作品归结为它们不受外界影响的自由之作，"它们是对外国人的有力抵御"，正如他的助手阿德尔海德·冯·肖恩（Adelheid von Schorn）在向贝塞尔讲述时所表达的。[1] 但是，另有其他的事情或许让穆索尔斯基无论如何都要待在家里。他正徜徉在《霍万斯基之乱》，就像他在下一封写给斯塔索夫的信件中所提的那样。[2] "我意识到，"一个月后他写道，"我必须找到空闲的一分钟时间和你交谈，必须立即回复你在欧洲发出的（关于李斯特）新的急切呼唤。但与此同时，我意识到，随着时机的到来，我最终不得不继续《霍万斯基之乱》的创作。"[3]

如果他说他是溺死在水里的，那也离真相不远了。二十年后，里姆斯基-科萨科夫写道："我们谁都不知道《霍万斯基之乱》的真正主题和计划，从穆索尔斯基的叙述中得知，它极其生动、详尽、复杂（就像他当时表达自己的习惯方式一样），很难把它的主题理解为一个整体和一致的东西。"[4] 情况就是如此。在1873年7月和8月，穆索尔斯基一直在给斯塔索夫家族的各个成员写长篇散文的信，倾诉他对历史上不同情节的痴迷，他希望将这些情节变成一部可行的音乐剧，但最

---

1. 1873年5月19日的信件（NS），收录于 *MR*，第209页。
2. 1873年8月6日的信件，收录于 *MLN*，第164页；*MR*，第239页。
3. 1873年9月6日的信件，*MLN*，第166页；*MR*，第247页。穆索尔斯基强调的内容。
4. *LMMZ*，第127页；*MML*，第144页。

终的形状似乎仍然笼罩在神秘之中。

在这个阶段，我们面临的情况是：一方面是年轻的沙皇彼得的现代化，一方面是以霍万斯基家族的老波雅尔为代表的传统，再一方面是所谓的"射击军"，最初是由伊凡雷帝作为沙皇卫队成立的，但到了十七世纪后期，成为继承权斗争中一方势力的危险因素，射击军长官反对彼得夺权。霍万斯基的角色出现在穆索尔斯基的歌剧中。彼得解除了他同父异母的姐姐索菲亚·阿列克谢耶夫娜的摄政职务，但她仍然与她的前任首席大臣（也许是情人）瓦西里·戈利岑（Vasily Golitsïn）亲王保持通信。瓦西里·戈利岑亲王是一个不择手段的机会主义者，倾向于西方化和现代化，但最重要的是渴望权力。在彼得安排索菲亚去的修道院里，索菲亚密谋对付霍万斯基一家；她的代理人波雅尔夏克罗维蒂捏造了霍万斯基反对皇位的阴谋，后来又策划谋杀了老伊凡·霍万斯基。与此同时，沙皇彼得镇压了暴动的射击军，先将他们全部判处死刑，然后以解散为条件赦免他们。在所有这些事件中，老道西费伊和他的助手玛尔法的复杂形象贯穿着旧信徒的主线，他们不仅反对沙皇彼得对东正教的威胁镇压，还反对教会内部最近的改革。穆索尔斯基的编剧年表，正如它最终出现的那样，是对实际历史的相当大的歪曲。但作为对时代以及塑造时代议题和人物的描绘，它又似乎相当准确。

清楚的叙述目前还没有什么迹象。穆索尔斯基主要谈论歌剧的结局，由强势的道西费伊带领的旧信徒将在火葬堆上集体自杀，而不是等待被沙皇彼得的卫兵屠杀。但他也考虑了第一幕的开场，在这一幕中，阴险的波雅尔夏克罗维蒂强迫抄写员写下对霍万斯基父子的谴责；他向斯塔索夫详细描述了戈利岑亲王和反对者玛尔法之间的场景（最后安排在第二幕）。随后发生了戈利岑、霍万斯基和道西费伊之间的争吵，以及第三幕中玛尔法与分裂派信徒苏桑娜之间的对抗。他声称这些场景的一些音乐"已经准备好了"，但"将其写在纸上还为时过早"。[1] 纸上音乐的唯一暗示体现在他写给斯塔索夫的信中："我准备了玛尔法与苏桑娜修女一起（的场景），我刚刚将（这场戏的）乐器（原文如此）一起呈现给德米特里·瓦西列维奇。我们今天要尝试上述场景……"[2] 第三幕（8月18日）展示玛尔法歌曲的手稿乐谱的日期，以及玛尔法与苏桑娜在道西费伊门口的那一幕（9月5日）证实了这一暗示。尽管奇怪的是，设定的歌词文本在相当多的诗意细节上远没有穆索尔斯基在给斯塔索夫的信中描述的版本那么精致。仿佛这出戏在他的脑海中完全独立于其音乐背景而发展，是一部从他广泛的阅读和深刻的思考中提炼出来的戏剧，不受音乐的强烈要求的束缚。难怪他在纯粹的艺术规律上花费了如此之多的精力，才将这部歌剧在他去世前达到几近完成的程度。"人们如何才能把事情做好，"他对娜杰日达·斯塔索娃说，"我不知道；但我做不到，可能正因为如此，我才试图超越西西弗斯本人。"[3]

他很可能一直将里姆斯基-科萨科夫视为此类人的一个例子：稳定、已婚、全职职业音乐家、自律、有效的时间管理者。对于穆索尔斯基来说，生命是熵增的，趋向于无序。里姆斯基-科萨科夫是一种封闭系统，他的精力总是有效地集中在手头的任务上。1873年初，他名义上仍是俄国海军的一名军官。但那年春天，他被任命为海军军乐队督察的文职职务，这不仅意味着他可以最后一次挂上军装，而且除了他作为音乐学院教授的微薄收入之外，加上他的新收入，他第一次成为了他所谓的"正式且无可争议的音乐家"[4]。他在音乐学院的任命迫使他深入研究和声与对位；他的新职位激发了他去熟悉他要检查的乐

---

1. 1873年8月2日写给娜杰日达·斯塔索娃的信件，收录于 *MLN*，第163页；*MR*，第237页。
2. 9月6日的信件，收录于 *MLN*，第166页；*MR*，第247页。钢琴是有争议的乐器。
3. 1873年8月2日的信件。
4. *MML*，第136页。这一段没有收录于 *LMMZ* 中。

队中的各种乐器，即使并没有要求他这样做。他一直声称自己对管弦乐有敏锐的洞察力，总的来说，他的管弦乐作品证明了这一点。但他也承认对不同乐器的原理、音域、优点和缺点、技术上的可能性和局限性了解不够。他现在开始弥补这一缺陷，就像两年前在理论研究中所做的那样彻底。他甚至计划编写一本关于乐器法的教科书，但很快意识到这超出了他的能力范围，可说是他的封闭系统中的一个罕见的漏洞，他很快就放弃了这个想法。

那年夏天他在编写教科书时创作的《C大调交响曲》，更好地表达了他渴望展示学习的美德和有组织的头脑。例如，第一乐章的创作原则是严格的交响乐写作形式，在各种技术手段的帮助下，少量材料被用来服务于宏大目的的过程：赋格、模仿、自由动机、增加（主题演奏速度较慢）或减少（主题演奏速度较快）。这一切都令人印象深刻，但不幸的是，材料本身是朴素的，处理中却没有任何迹象表明作曲家的灵感受到了这些有价值的材料激发，就像《安塔尔》的异国情调意象或《普斯科夫姑娘》的历史剧一样。听着这首乐曲，以及缓慢的第三乐章和非常快的终乐章，人们会想起里姆斯基-科萨科夫在回忆录中给自己的严厉斥责，因为他曾称《安塔尔》为他的"第二交响曲"。"只有它的四个独立乐章的形式接近于交响乐。柏辽兹的《哈罗尔德在意大利》和《幻想交响曲》，尽管是标题音乐，但无可争议地是交响乐；这些作品的主题和第一乐章奏鸣曲式都是交响乐形式的，消除了人们对其内容与交响形式要求之间对应关系的所有疑虑。"[1]

撇开交响乐的套曲性以及"交响乐形式的要求"这个问题不谈，这种分类法仍然有一些非常不利于教学的东西，就好像音乐流派是一种海军手册或护照申请一样。里姆斯基-科萨科夫的《C大调交响曲》

---

1. *LMMZ*，第85页；*MML*，第92页。也见第十六章，注释17及相关文本。

慢乐章和终乐章顺利地通过了他的考验：它们有效而明显地表达了它们的动机，使用了适当的对位技巧，甚至在乐章之间形成了家族关系（第一乐章的主要主题以最自然的方式出现在终乐章的结尾）。但它们从来没有一刻牵动人们的情绪。里姆斯基-科萨科夫从他1866年放弃的《B小调交响曲》中取材，五四拍的节奏显得更加生动活泼。但他告诉我们，三声中部是他在1872年度蜜月时在意大利湖上的蒸汽轮船上写的，令人失望的是，它缺乏光彩或生活乐趣。有人希望他们是一对比这更快乐的情侣。但是当然，作为交响乐的一个乐章，它与情绪的捕捉无关，它唯一的任务是成为一个三声中部。

纵观这两部作品，《霍万斯基之乱》的第一版犹豫不决的草稿和里姆斯基-科萨科夫交响曲毫不犹豫的第一版，人们很可能会想知道强力集团作为一个创造性的甚至是理论的实体变成了什么样子。肯定没有对强力集团——或可能任何其他主义的解读，可以归纳如此两个根本不同的概念。更重要的是，该组织本身正明显在瓦解。巴拉基列夫完全放弃了作曲和指挥，让斯塔索夫感到非常沮丧的是，他开始信奉宗教，这不仅是因为他的不可知论，斯塔索夫还非常清楚他在圈子活动中的决定性作用。沮丧的斯塔索夫或多或少可以为它写墓志铭了。1874年3月，安东·鲁宾斯坦在他的公寓里举行了一场人数稀少的音乐晚会，在演奏舒曼的《狂欢节》(Carnaval)后，斯塔索夫告诉他的哥哥：

> 尽管组织不完整，鲁宾斯坦还是给我留下了异常深刻的印象……穆索尔斯基和里姆斯基-科萨科夫因为他们的缺席而损失惨重。以他们现在的情况，他们几乎不会收获任何东西！那个没有骨气的生物学者鲍罗丁贡献了什么？几乎没有一个词，几乎没有一个想法，几乎没有生命的征兆——他真的有话要说吗？不，他们在没有鞭子和刺激以及巴拉基列夫

激动人心的声音的情况下走向了糟糕的境地。他们中只有他有精力、精神力量和主动性。[1]

只有居伊没有受到斯塔索夫的蔑视，也许是因为虽然他和穆索尔斯基一样，正在创作一部由斯塔索夫提供主题和场景的歌剧，但与穆索尔斯基不同的是，他表现出有系统地为决定性的最终产品而努力的迹象。《安吉洛》虽然进展缓慢但却是明确的。《霍万斯基之乱》只是热情地离题了。到1873年底，居伊完成了他歌剧的最后（第四）幕、第三幕的重要部分，以及第一幕的至少两个场景，根据穆索尔斯基8月初给斯塔索夫的一封信来看，这封信特别提到了这些场景，并引用其中一个场景的主题。

雨果的戏剧《安吉洛，帕多瓦的暴君》是一部典型的冗长而精致的十六世纪爱情故事，伪装成政治戏剧，在这方面与威尔第二十年前创作《弄臣》的《国王寻欢作乐》有些相似。它已经为梅尔卡丹特（Saverio Mercadante）的歌剧《誓言》（Ilgiuramento）提供了一个主题，并且很快就会成为蓬基耶利（Amilcare Ponchielli）的《歌女乔康达》（La Gioconda）的基础。帕多瓦总督安吉洛有一个妻子卡塔琳娜和一个名叫蒂斯贝的女演员情妇，但他关心的是威尼斯十人委员会对他的威胁，而不是对任何一个女人的热情，因为只有在他们的庇护下，他才能统治着帕多瓦。但蒂斯贝爱上了鲁道夫（艾泽利诺·达·罗曼纳的别名，他是帕多瓦前统治者的后裔，但现在被流放了），而鲁道夫爱上了卡塔琳娜，尽管他有七年没有见她了。所有这一切我们都是通过一个人物角色得知的，一个名叫霍莫迪的威尼斯间谍向鲁道夫证明他有能力帮助他进入总督府并见到卡塔琳娜。事实证明，霍莫迪自己爱上了卡塔琳娜，并设计了她与鲁道夫的会面，以便在安吉洛面前陷害她。但是

---

1. 1874年3月28日写给德米特里·斯塔索夫的信件，收录于SPR，第215—216页。

有关卡塔琳娜的经历中有一个关键的方面，霍莫迪并不知道。多年前，她曾成功为蒂斯贝的母亲请求缓刑，因为一些小失策，蒂斯贝一直在寻找她不知名的恩人，希望能报答她。蒂斯贝在安吉洛的房间里认出卡塔琳娜后，她安排了一个骗局（就像在《罗密欧与朱丽叶》中一样），卡塔琳娜吞下了安吉洛认为是毒药但实际上是安眠药的药片。蒂斯贝还安排马匹等待卡塔琳娜和鲁道夫的逃跑。但是鲁道夫杀死了霍莫迪，并且相信卡塔琳娜已死于蒂斯贝之手，他又刺死了蒂斯贝，而卡塔琳娜复活了。

居伊和斯塔索夫设法在这些场景中加入令人惊讶的复杂情节，甚至以革命场景（第三幕）的形式引入了一些真正的政治行动，鲁道夫被揭露为阴谋家和自由斗士（可能受到《普斯科夫姑娘》中图查的角色启发），但被居伊改名为加利欧法的霍莫迪，在鲁道夫谴责他是告密者之后，不是被鲁道夫杀死，而是被群众杀死。这一幕，以合唱动作为主，显然是仿照里姆斯基-科萨科夫的"维切会议"场景，也许还有穆索尔斯基的"克罗马森林"场景（目前只在客厅里听过钢琴演奏版）。但居伊在对民众骚乱的刻画中无法克服某种胆怯的风格，与原型相比，这场戏显得平庸无奇，措辞呆板，和声传统。

更有趣、更有启发性的是，《鲍里斯·戈杜诺夫》甚至《普斯科夫姑娘》在人物刻画和个人场景中的抒情戏剧写作都被远远抛开了，这两部作品都是居伊在此时非常熟悉的。造成这种情况的确切原因很快就变得显而易见了，因为居伊从未设法克服的基本问题是音乐语言的延展。像许多才华横溢但未经训练的作曲家一样，他有很好的想法，但发现很难将简单的短语扩展为复杂的音乐句子和段落。他可以将丰富的半音阶和弦运用得淋漓尽致；他的和声语言是由这样或那样的高级主导和弦动机构成，但这种技法是酒店钢琴家们信手拈来的，从童谣到勋伯格的十二音。如同酒店钢琴家一样，准备句通常会在常规的音程之后出现预期的解决，结果在戏剧性的背景下，本应是一种复杂的、不断发展的织体,却总是砰的一声落在音乐的完全终止上。这种习惯的一般效果是使人物和戏剧变得无足轻重。应该涉及心理并不断发展的内容被简化为情感话语的拼凑,以他们自己的方式产生影响,影响范围有限,就像青少年的话语一样。有时我们似乎置身于吉尔伯特(William Gilbert)和沙利文(Arthur Sullivan)的国家[1],他们的陪审团审判与《安吉洛》几乎同时进行。但是,当沙利文在浪漫歌剧的陈词滥调中挣扎时,居伊却正认真地对待着它们,并不断面临被它们困住的危险。

奇怪的是,圈子里的其他人,似乎都没有察觉到居伊的态度有什么问题。《安吉洛》基本上没有明显的俄罗斯主义或任何形式的显著个人主义。然而,穆索尔斯基一开始很热情:"居伊(Kvey),"他告诉斯塔索夫,"为鲁道夫和阿纳菲斯托设计了一个非常好的场景,并为蒂斯贝向安吉洛讲述了关于她母亲的精彩故事。"[2]一年后,当鲍罗丁在里姆斯基-科萨科夫处听到前两场演出时,他欣喜若狂:"超越魅力,超越美。"他向妻子描述道。[3]毫无疑问,这样的言论有一厢情愿或单纯忠诚的成分。不过,斯塔索夫本人则更加模棱两可。很多时候,他告诉德米特里的小女儿齐奈达(Zinaida),第一幕"一般般",尽管蒂斯贝本人"非常棒!"[4],另一方面,对于德米特里本人来说,三个月后他观察到穆索尔斯基仍然"愚蠢且盲目地相信居伊"。但是,对《安吉洛》最尖锐的评价是在1871年底萨夏·普戈尔德的日记中写下的那时在她父母家中(可能)在唱完第四幕蒂斯贝的一部分之后。"我对这首作品毫无好感,"她写道,"它非常生硬、复杂,而且不是很有才

---

1. 编者注:吉尔伯特和沙利文是十九世纪英国戏剧创作的搭档,有代表作《陪审团的审判》等。
2. 1873年8月2日的信件,收录于 *MLN*,第160页;*MR*,第233页。
3. 1874年9月25日的信件,收录于 *PB2*,第80—81页。
4. 1873年5月21日写给德米特里·斯塔索夫的女儿齐奈达的信件,收录于 *SPR*,第110页。

华。"[1]

  《安吉洛》的第一阶段排演还得再等两年；但是对于那些耳聪目明的人来说，已经很明显了，如果强力集团主义意味着《鲍里斯·戈杜诺夫》《普斯科夫姑娘》、鲍罗丁的《B小调交响曲》和巴拉基列夫的《塔玛拉》，那么无论这些作品加起来是否可能构成一个连贯的民族性音乐的改革规划，居伊都不再有任何实质性的贡献了。

---

1. 引自 *TDM*，第 233 页；*MDW*，第 251 页。

[第二十二章]

走向新岸

终于,在1874年1月27日,穆索尔斯基的《鲍里斯·戈杜诺夫》作为一部完整的歌剧,由爱德华·纳普拉夫尼克指挥登上了马林斯基剧院的舞台。正如人们所料,这是一部与歌手或管弦乐队所习惯的作品完全不同的歌剧,在第一场演出之前进行了大量的排练,穆索尔斯基本人也参加了全部或者说几乎全部的排练。他的参与很重要,不仅仅有音乐风格和诠释的原因,这也保证了他对作品呈现方式的认可。从头到尾,他都默许了纳普拉夫尼克的建议,包括可以想象地删减或修改一些细节。因为纳普拉夫尼克尽管一如既往地在准备和排练中付出艰辛的努力,但缺乏对音乐的热情,并倾向于以独揽大权的方式尽可能地展示作品。举例来说,斯塔索夫看到穆索尔斯基胆怯地屈服于纳普拉夫尼克,让他大刀阔斧地修改他认为适合这部歌剧的地方,这让斯塔索夫很生气。"我们可怜的莫杰斯特,"他在首演后写信给他的女儿索菲亚,"今年喝得越来越多,现在酒精,还有对歌剧会被撤出剧院的恐惧,让他如此迷茫,以至于卑躬屈膝地听令于纳普拉夫尼克和所有马林斯基剧院的歌唱家这些离我们的圈子半程距离的人,删掉歌剧中他们让删掉的任何内容。总之,他在那就像是一块湿抹布。如果他再是这样一个懦弱、肤浅、目光短浅的人，我肯定下决心与他决裂。"[1]

穆索尔斯基同意完全删掉丘多夫修道院中皮缅和格里戈里的场景，还有一些没那么多实质意义的片段，包括沙皇的鹦鹉之歌、两个大钟报时的片段，还有两个波兰场景和克罗马森林场景中的一些段落。除了丘多夫修道院场景，这些都是在修改中添加进修订版的音乐。长期以来，人们一直认为丘多夫修道院场景是因审查人员实际或预期反对在舞台上刻画修士形象而遭到删减。但是，普希金戏剧中的相应场景在1870年的戏剧演出中已经包含在内了，而且不管怎么说，皮缅之后出现在了鲍里斯之死的场景中。[2] 所以似乎删减是在纳普拉夫尼克的坚持下进行的，要么是出于艺术品位的考虑，要么仅仅是因为作品时间过长。整部作品完全制作下来，音乐加上各幕之间场景变化所需的众多间隙，演绎将超过三个小时。尽管如此，删减的选择似乎异常具有破坏性。特别是格里戈里原始动机的丧失一定会使这部作品已经有些随意的戏剧结构比以往任何时候都更加难以理解。然而，这一幕在穆索尔斯基生前的所有演出中都被剪掉了。1879年，在由里姆斯基-科萨科夫指挥的自由音乐学校的音乐会演出中，这个部分首次被观众听到，但直到1896年这部歌剧的里姆斯基版本首演时，这些内容才正式上演。

无论如何，这部作品在各个方面都取得了惊人的成功，视觉上令人惊叹，音乐上具有说服力。剧中的布景（除了克罗马场景，肯定是全新设计的）都非常奢华和逼真，对于现代读者而言可能很难理解，因为我们已经习惯了平淡无奇、几何式的舞台设计和象征性或与时俱进的戏剧服装。克里姆林宫的两座内部建筑，即特雷姆宫（Terem Palace）和格拉诺威塔亚宫（Granovitaga Palace），被真实而细致地复制，再现了色彩繁复、穹顶交错的十六世纪莫斯科室内建筑；喷

---

1. 1874年2月2日的信件，收录于 *SPR*，第206—209页。
2. 参见 Oldani, "*Boris Godunov* and the Censor," 249。

泉的场景是茂密花园中的一片绿树成荫的林间空地，透过它可以瞥见桑多梅日城堡的台阶和扶壁。当然，歌手们也相应地着装。[1]四幕间的幕间休息时间一定很长。至于音乐和演员阵容几乎不可能更为强大了。五年前在居伊的歌剧中扮演拉特克利夫的伊凡·梅尔尼科夫（Ivan Melnikov）成为了伟大的鲍里斯的第一位扮演者，之后大多数鲍里斯的扮演者都采用了他那戏剧性的念诵风格（伴随着哭声、喘息和呻吟的风格）。正如我们所见，这可能源自谢洛夫的《朱迪斯》中米哈伊尔·萨里奥蒂表达歇斯底里所用的声乐技巧中一个自然而然的要素，这种技巧需要运用到作品伟大的第二幕和第四幕独白中深受负罪感折磨的沙皇那歇斯底里的情绪中。男高音费奥多尔·科米萨热夫斯基（冒名顶替者），令人尊敬的奥西普·彼得罗夫（瓦拉姆）和女高音尤利娅·普拉托诺娃（玛丽娜）都重复演绎了他们在前一年三场戏中的角色。纳普拉夫尼克虽然与音乐格格不入，但还是一如既往地认真地指挥，并因其对作品清晰的把握和管弦乐队的演绎质量赢得了各方的喝彩。

观众很喜欢这部作品。他们喜欢这种宏大壮丽的制作，他们对穆索尔斯基对人物的惊人把握和他对舞台的一以贯之的直觉作出了回应。显然，他们喜欢他的音乐，尽管其中几乎没有那些通常会吸引歌剧观众让其无法戒掉的意大利美声唱法和法式抒情。据斯塔索夫说，他们一遍又一遍地把作曲家叫到舞台上——十八或二十次。他们在欣赏这部大制作的歌剧时吵吵嚷嚷，他们中的大多数人直到一年前才听说这位作曲家，而他以前出现在公众视野中最大的作品是一首时长不到七分钟的合唱。当然，观众是根据自己的意愿作出的直觉反应。他们显然没有注意到穆索尔斯基在技巧上的缺陷，他未能遵循良好的和声、对位进行最基本的规则，也没注意到他的"错音"（正如一位评论家指

---

1. 参见 R.W. Oldani, "Mussorgsky's *Boris* on the Stage of the Maryinsky Theater," *Opera Quarterly*, 4, no. 2 (1986), 75-92。

出），以及他严重缺乏对普希金文本的尊重。但幸运的是，一群博学多才的音乐评论家当场解释了为什么这种观众的反应是不正确的，并指出事实上（正如另一位评论家所说）"在技术方面，……穆索尔斯基先生弱到了荒谬的地步"，即他"缺乏艺术本能，加上无知和总渴望'推陈出新'，导致音乐粗犷丑陋"，再有他的配器像里姆斯基-科萨科夫那样，有时是可以忍受的（即，按照教科书的形式），有时却是"让人反感和骇人听闻的"。总的来说，这位评论家在后来的乐评中坚持认为，这部作品的方方面面都贴着"无能的印记"。但随后，在贬低首演的成功时，他总结道："只有当歌剧在几年内吸引了大量观众时，我们才认为它取得了真正的成功。"或许在这之后，"无能"不再重要了。

即使对《鲍里斯·戈杜诺夫》所吸引到的大量冗长乐评作最粗略的一瞥，也会看出十九世纪七十年代圣彼得堡音乐评论的文化水平非常低。总的来说，评论家们只是困惑于穆索尔斯基风格的独创性，宁愿将其视为他众所周知的缺乏训练的产物，而不是根本不符合他们先入之见的探索天才。这部作品因其戏剧性被四处赞颂，但又因其缺乏"正常"意义上的音乐而受到谴责。"不和谐"一词以单调的规律出现。似乎这些评论者从来没有（其中一些是圣彼得堡音乐学院的教授）想到，他们赖以生存的规则和惯例并不是由摩西自何烈山（Mount Horeb，又作西奈山）带来的，而是由理论家事后从创造性天才的作品中提炼出来的。在许多情况下，这些天才自己制定了规则并打破了它们以适应自己。为这些批评家辩护的唯一说法是，比他们更伟大的音乐人才有时会以类似的方式作出反应。例如，受过音乐学院训练的柴科夫斯基在研究了乐谱后告诉他的兄弟莫杰斯特："我把穆索尔斯基的音乐送给了魔鬼；这是对音乐最粗俗和卑鄙的模仿。"[1]

---

1. 1874 年 10 月 29 日的信件，见 Galina von Meck (ed.), *Pyotr Ilyich Tchaikovsky: Letters to His Family* (London: Dennis Dobson, 1981), 89。

如今唯一值得一读的有关《鲍里斯·戈杜诺夫》首演的评论——即使这些评论不是来源于他们的敏锐判断，而是告诉我们穆索尔斯基创作的音乐背景——是来自柴科夫斯基的朋友和前同学赫尔曼·拉罗什和穆索尔斯基的密友兼强力集团伙伴居伊的评论。正如我们所见，拉罗什前一年于旅馆和波兰的场景中发现了"才华横溢的音乐和戏剧人才"，这让他自己也感到惊讶。如今，在目睹了完整的歌剧之后，他仍然感觉作曲家充满才华；但赞美更加温和和公正了。实际上，他设法将穆索尔斯基的天赋解释为一种进步精神和一种好学方法的产物，穆索尔斯基知道如何机会主义地利用一系列当代资源来满足其艺术抱负，同时努力超越它们。"这样的人，"他纡尊降贵温和地评论道，"对俄罗斯生活有经验的观察者来说是众所周知的。一个人'逐渐地，以某种方式'学会了一些东西，但感觉受到周围环境的束缚，不知不觉地向着光明努力，走向自由，这是一种让人同情的现象。"可以想象，拉罗什可能会想到《战争与和平》中的皮埃尔·别茹科夫，甚至是《罪与罚》中的拉斯科尔尼科夫。他分析了这种他所谓的自由主义是如何影响穆索尔斯基处理普希金的文字的，迫使他粗化和破坏戏剧"飞扬的诗意"，理由是"在这些自由主义者看来，真正的鲍里斯、真正的僭王和真正的玛丽娜，根本不像普希金所说的那样美"。他不仅带有一丝讽刺意味，还暗示着，正是穆索尔斯基风格中的民歌元素使他无法像超现实主义小说家尼古拉·波米亚洛夫斯基（Nikolay Pomyalovsky）和费奥多尔·列舍特尼科夫（Fyodor Reshetnikov）那样写作（顺便说一下，他们都是20多岁的酗酒者）。然后，拉罗什冷笑道，他的语言"本可以变得比现实本身更真实"。他看似在称赞作曲家再现语言特征的天赋。"我们在这里看到了一个人，他可以观察人们的说话方式，并且具有敏锐的洞察力，能够感知当下的特殊口音和每个人的口音。"[1]

---

1. Golos, no.44 (1874)，引自 *TDM*，第365—369页；*MDW*，第388—391页。

在所有这些观察中，拉罗什对音乐表现出了敏锐的智慧，他清楚地认识到音乐的力量，但归根结底是无法理解的。避免陷入这样的困境的一种方法是追溯他所谓的穆索尔斯基从其他作曲家最近创作的歌剧中借用的东西，而这些作曲家的作品有充分的理由被鄙视。例如，穆索尔斯基可能会以他的作品《西洋景》嘲笑谢洛夫，但这并不妨碍他模仿谢洛夫的某些风格和方法。（拉罗什认为）费奥多尔赞赏的歌曲是《魔鬼的力量》第三幕中耶里奥姆卡的唱段，并且通常将该作品和《罗格涅达》中的许多内容进行比较。穆索尔斯基在长长的低音踏板上集聚不协和和弦的习惯是从《魔鬼的力量》的狂欢节场景中学到的，拉罗什补充道，"尽管最粗糙的作品也从未达到我们在这个模仿者身上看到的如此天真的粗糙程度"。如果不是谢洛夫的，那就是达尔戈梅日斯基的，拉罗什在《鲍罗斯·戈杜诺夫》中发现了普遍出现的《卡扎切克》和《芬兰幻想曲》的民歌拼贴元素（他补充说，与其说是格林卡的《卡玛林斯卡亚》，不如说"在这个变化的方法中，达尔戈梅日斯基本人只不过是一个衣衫褴褛的格林卡"）。最后，这位受过音乐学院训练、理论扎实的评论家略带轻蔑地指出穆索尔斯基是用钢琴创作音乐的。"今天拿走他的钢琴，"拉罗什坚持说，"明天他就不再是作曲家了……可以说，这位音乐现实主义者的想象力，很大程度上受到了自己十指在黑键和白键上的位置的影响……这位奇怪的作曲家对调性的选择、转调和配乐（部分写作）采用的都是钢琴化的音响，以至于人们只能将它们解释为大量使用无休止的延音踏板。"

居伊在《圣彼得堡公报》上所写的评论，就像他前一年对《普斯科夫姑娘》的评论一样，本质上是一个精心制作的扩展标记表。这一幕好，那一幕不好；这个细节很讨人喜欢，但那是无效的。他反对这样一个事实，即在波兰场景的开场合唱中，"升 F 音因过于频繁地重复而失效"。他喜欢玛丽娜的玛祖卡，尤其是中间那段"迷人的插曲"，尽管即使在这里"升 D 音也因过于频繁的重复而失败"。和以前一样，人们不由自主地想起里姆斯基-科萨科夫关于巴拉基列夫教学方法的报告。这篇评论绝不是完全负面的，但罗列清单的方法使赞扬和指责同等重要，人们可以合理地期望，在写一位强力集团伙伴的主要作品时，居伊本可以更慷慨地祝贺他取得了惊人的成就，同时将负面因素（例如可能是不可避免的）归结为穆索尔斯基在如此大规模的作曲方面缺乏经验的完全可以理解的表现。但相反的是，他最后强调了这部歌剧的缺陷，他声称，这是"作曲家对自己不够严格或批评不够，以及他不加区分、自满、仓促的作曲方式造成的"[1]。穆索尔斯基被激怒了。"居伊的文章的语气，"他在给斯塔索夫的信中写道，"令人厌恶……这是对作曲家自满的鲁莽攻击！……自满！！！匆忙的作品！不成熟！……谁的？……谁的？……我倒想知道。"[2]

很容易让人以为，居伊只是嫉妒他年轻同事的成功，比他自己的《威廉·拉特克里夫》不温不火的反响要大得多。他可能真的不确定如何回应这种奇怪的音乐戏剧大杂烩，在任何传统意义上都缺乏连贯的叙事或音乐过程。他同时也在创作《安吉洛》，这足以表明他对音乐戏剧的看法。至于这位杰出专栏作曲家这种毫不留情的不偏不倚的态度，这只是圣彼得堡音乐这个危险的音乐小水族馆里标准的新闻腔调，在那里人们总是吃或者被吃，而俄国人用极度责备来补偿极度认可的古老习惯在这里得到了充分展示。

在穆索尔斯基的圈子中，居伊不是唯一一个难以接受他的独创性中古怪方面的人。1873年的某个时候，他与阿尔谢尼·戈列尼什切夫-库图佐夫（Arseny Golenishchev-Kutuzov）伯爵，一位25岁的诗人结下了深厚的友谊。同年6月，他写信给斯塔索夫，推荐这位年轻人作为诗人，在他身上"几乎处处都洋溢着真诚，几乎处处都能闻到一个

1.《圣彼得堡公报》, n. 37, 引自 *TDM*, 第355—360页；*MDW*, 第378—383页。
2. 1874年2月6日的信件，收录于 *MLN*, 第175—176页；*MR*, 第266—267页。

晴朗、温暖的早晨的清新气息，而且有着最高级的与生俱来的技巧"。他接着解释说，库图佐夫根本不是一个六十年代的人，他写的诗歌不是出于社会动机，相反，他是一位内省的作家，"将那些占据他的思想和他的艺术本性所特有的独特的渴望变成了诗篇"。[1]在那个夏天的一个晚上，穆索尔斯基像往常一样无数次在圈子里表演他的《西洋景》，聚集在一起的伙伴爆发出阵阵笑声。然而，库图佐夫感到困惑，不知道任何音乐背景，之后，他和作曲家一起回家，提出了他的困惑。当然，他建议，《西洋景》不能被视为艺术作品。这只是一个私人笑话，"机智、邪恶、有才华，但仍然只是一个笑话，一个恶作剧"。那天晚上他们一直熬到天亮，而穆索尔斯基则演奏了他认为会取悦认真的库图佐夫的所有作品。最终他们分手时，库图佐夫记录说："我们意识到我们的共同点比几个小时前想象的要多得多，而且我们会更频繁地见面。"[2]

从穆索尔斯基的信中可以清楚地看出，两人确实有一段时间变得很亲密，说话滔滔不绝，充满深情，有时会失言失态。有些人至少将它们视为某种同性恋关系或某种冲动的证据，但这肯定是对穆索尔斯基通信中一些地方出现的极端亲密的语气作了过多的解读，这与浪漫主义艺术家模糊情感和艺术的告白之间界限的倾向相吻合。穆索尔斯基对库图佐夫的天赋给予了高度评价，并想鼓励他。大概是在1874年11月，这位年轻的诗人住在西帕勒尔大街（Shpalernaya）穆索尔斯基隔壁的房间里，他在那里住了一年半。在接下来的几个月里他一直住在那里，除了偶尔会去特维尔（Tver）看望他的母亲。他们住得很近，先是西帕勒尔大街，然后1875年夏天库图佐夫在海军部附近的加

---

[1]. 1873年6月19日的信件，收录于 *MLN*，第149页；*MR*，第217—218页。

[2]. A. A. Golenishchev-Kutuzov, "Vospominaniya o M. P. Musorgskom," in Gordeyeva (ed.), *M. P. Musorgsky v vospominaniyakh sovremennikov* (Moscow: Muzïka, 1989), 17.

勒大街（Galernaya）住了一个月左右。[1]1875年8月初，库图佐夫在不明情况下离开了，锁上了公寓，据一种说法，他将穆索尔斯基的财物留在了门口。几个月后，库图佐夫与15岁的奥尔加·古列维奇（Olga Gulevich）结婚，令这位作曲家非常恼火。这位作曲家像许多坚定的单身汉一样不喜欢他的密友喜结连理。

在与穆索尔斯基建立亲密友谊时，库图佐夫参加过圈子聚会，他自己承认完全接受了他们对艺术的想法和偏见。但在穆索尔斯基于1881年去世后不久，他出版了一本冗长的回忆录，对这位作曲家的作品及其与斯塔索夫学说的关系描绘了一幅截然不同的画面。从本质上讲，库图佐夫坚持认为，《鲍里斯·戈杜诺夫》和《美丽的萨薇日娜》《神学院学生》《公羊》等歌曲中的进步倾向实际上是人为的，是为了取悦斯塔索夫和他的圈子，但穆索尔斯基天生就是一位作词家，他最好和最个性化的作品可以在普希金的《夜》、抒情戏剧《扫罗王》等浪漫故事中找到，包括《鲍里斯·戈杜诺夫》的波兰场景中更传统的浪漫场景也是如此。库图佐夫说，当穆索尔斯基坐在钢琴前即兴创作时，其结果总是比他写下时更自然而然地美丽，在这一点上，它具有强力集团圈子所要求的属性。

事实是，艺术家穆索尔斯基是即兴创作的，而写作的穆索尔斯基才是圈子中的一员，是一位音乐创新者，他首先考虑了导师的意见，他了解导师的品位并寻求他们的认可。最

---

1. 苏联学者亚历山德拉·奥尔洛娃（Alexandra Orlova）对他们的同居时间提出了质疑，但她的数据存在着差距。总的来说，似乎没有理由怀疑库图佐夫的说法，即他和穆索尔斯基从1874年秋天开始同居。参见 *Musorgsky Remembered,* 95, and 174, note 20。 至于穆索尔斯基在库图佐夫出国时被关在公寓外的原因，他自己声称（1875年8月7日写给斯塔索夫的信件，收录于 *MR*, 第301页），是库图佐夫无意中带着钥匙走了；但即使库图佐夫留下了钥匙，他又怎么会在凌晨时分进入公寓呢？这个解释就是为了顾全体面。

重要的是，只要有可能，人们就不得不混淆和隐藏主题的美感与和谐，以避免被指责为"甜腻黏甜"，这是他们当时通常的表达方式，与此同时简单会消失，取而代之的是通过"和声的独创"。在最初的创作过程中自然流淌的主题广度和声音的有机一致性也受到了重新加工，因为声音的有机一致性和主题的广度毋庸置疑地代表了某种正确的东西，散发着"音乐学院"的"古典主义"的味道。必须不惜一切代价消灭这种"逆行精神"。[1]

关于《鲍里斯·戈杜诺夫》，库图佐夫有两种想法。正如他居高临下地说，他并不否认它包含"许多好的音乐点"。但总的来说，他觉得很遗憾的是穆索尔斯基选择了接受热情的大众判决，而不是接受"有能力的法官"（即报评者）的普遍否定意见。"穆索尔斯基如此仓促接受的观点是一个巨大而令人遗憾的错误，"他争辩道，"这不仅在很长一段时间内阻碍了他才华的发展，阻碍了他进行艺术自我提升的内在努力，而且使穆索尔斯基与他的作曲家同行疏远了。尽管他们对《鲍里斯·戈杜诺夫》的作曲家深表同情，但他们无法将这部作品归功于导师所要求的完美，并在许多方面坦率而诚实地与评论家达成一致。"[2]

如果不是因为穆索尔斯基本人，至少在短时间内受到这些意见背后的个性的影响，无论这些意见本身在当时是否公开，人们几乎不会考虑这种分析。库图佐夫对强力集团的判断，终究是可以理解的。没有必要像他的编辑所做的那样，指责他有组织地撒谎。[3] 他只是一个视

---

1. A. A. Golenishchev-Kutuzov, "Vospominaniya o M. P. Musorgskom," in Gordeyeva (ed.), *M. P. Musorgsky v vospominaniyakh sovremennikov* (Moscow: Muzïka, 1989), 137.
2. 同前，第142—143页。
3. 例如，参见亚历山德拉·奥尔洛娃为《穆索尔斯基回忆录》所写的前言，xi-xii，引用了阿尔谢尼·戈列尼什切夫 – 库图佐夫伯爵回忆录的编辑 P. Aravin 的话。

野有限的小诗人。他对穆索尔斯基浪漫风格的偏爱是传统的思想，而不是虚伪的头脑。如果他有时记得穆索尔斯基同意他对《鲍里斯·戈杜诺夫》的缺陷的看法，我们可能会记得穆索尔斯基本人曾屈服并适应纳普拉夫尼克的剪辑。后来，当歌剧于1876年10月重新上演时，他甚至同意省略整个克罗马森林场景。斯塔索夫确实提出恳求："啊，不要跟我谈论'同意'！作曲家的同意意味着什么？当一位作曲家被你控制在你的权力范围内，他可能会同意你喜欢的任何事情，他没有辩护，没有抗议；如果他们可以简单地将你的整部歌剧及其所有表演都删掉，你无论愿意与否都会同意。不是每个人都有贝多芬或舒伯特那样的勇气，宁愿撤回他的作品也不愿同意将其肢解。"[1]然而，穆索尔斯基性格似乎有一个方面是在谈话中太容易同意其他人的意见，甚至自己也会表达他认为与对话者相合的意见。因此，虽然他似乎不太可能像库图佐夫所说的"完全同意"，"这最后一幕对整个戏剧进程来说显然是不必要的，并给人以草率添加东西的印象"。但是不可能的是，他对库图佐夫说那么多话，仅仅是为了不让他深爱的艺术家同行失望，不管他对音乐的看法如何。[2]

无论如何，他很快就转向库图佐夫的诗歌，将诗歌创作成音乐，与他自（包括）《鲍里斯·戈杜诺夫》以来的最新作品相比，他所写的音乐无疑标志着他工作的一个新方向——无可否认的是碎片化的一堆乐曲，《霍万斯基之乱》的一些片段（特别是玛尔法在第三幕中的歌曲，其声乐谱实际上是在秋季出版的），以及一个新的中间部分《西拿基立的毁灭》合唱，这是由里姆斯基-科萨科夫在穆索尔斯基的同意下精心编排的，并在《鲍里斯·戈杜诺夫》首演三周后在一场赈灾

---

1. 1876年10月27日写给《新报》编辑的信件，收录于 *SSMII*，第309页。
2. A. A. Golenishchev-Kutuzov, "Vospominaniya o M. P. Musorgskom," in Gordeyeva, *M. P. Musorgsky*, 17.

音乐会上进行了指挥。库图佐夫的歌曲于1874年5月开始，在其他工作中断后于8月完成，是一组六首歌曲的套曲，标题有点令人生畏：《暗无天日》。在音乐上，它们基本上不同于穆索尔斯基以前写过的任何东西。9月，当鲍罗丁在里姆斯基-科萨科夫演出时听到，认为它们是《鲍里斯·戈杜诺夫》的副产品，"或者是纯粹智力创造过程的产物，给人留下了非常不满意的印象"[1]。但这一次，鲍罗丁因同时忙于欣赏《安吉洛》的前两幕，而没有抓住重点。《暗无天日》对《鲍里斯·戈杜诺夫》的贡献相对较少，对脑力创作几乎没有什么帮助。对穆索尔斯基来说不同寻常的是，它不是对视觉印象的直接反应，而是对想象的直接反应。就像舒伯特的《冬之旅》(*Winterreise*)一样，黑暗的心灵召唤出一系列图像来反映自身精神的凄凉。然而，与《冬之旅》不同的是，《暗无天日》大部分图像仍然是无形的，除了少数例外，缺乏早期杰作的风景如画或叙事维度。如果舒伯特的《虚幻的太阳》(*Die Nebensonnen*)中的三重太阳代表他的主人公对生命的控制力逐渐减弱，那么穆索尔斯基消失的太阳就是绝望（accidia）的终极黑暗，这种否定性否定了一切事物的目的，包括死亡。

是什么激发了他以这种方式写作？苏联音乐学家维拉·瓦西娜-格罗斯曼（Vera Vasina-Grossman）认为《暗无天日》是他个人孤独感的直接表现，也是十九世纪六七十年代初期改革所引发的自由主义希望破灭后，有思想的俄罗斯人所感受到的绝望的间接投射。[2] 杰拉尔德·亚伯拉罕辩称，穆索尔斯基受到"对鲍里斯充满敌意和难以理解的批评，以及林业部门乏味工作"的影响。[3] 但伟大的音乐并不是在抑

---

1. 1874年9月25日写给他妻子的信件，*PB2*，第81页。
2. *Russkiy klassicheskiy romans XIX veka*, cited in James Walker, "Mussorgsky's Sunless Cycle in Russian Criticism," *Musical Quarterly* 67 (1981), 382–391.
3. Calvocoressi, *Mussorgsky*, 85. 这本书的名义作者没有完成，而歌曲的相关章节是由杰拉尔德·亚伯拉罕写的。

郁状态下创作的；无论如何，穆索尔斯基在暂停《暗无天日》的谱曲，创作出《图画展览会》这部超有活力的乐谱之后，得以回到歌曲套曲中，重新找回了慵懒的否定氛围，就像舒伯特可以愉快地将欢快、美妙的《绿之歌》(Lied in Grünen)夹在两卷《冬之旅》之间创作一样。有人可能会认为，是与库图佐夫的新友谊促使他去看这位年轻诗人的作品，他的大部分作品风格抒情，规模适中。库图佐夫对穆索尔斯基的人物小品风格不感兴趣，鼓励他将其中一些歌词写成为传统的浪漫爱情故事；而穆索尔斯基不再对浪漫主义这种体裁感兴趣，而是通过将他的语音旋律技巧运用到简单、简洁的诗歌中，来寻找一种方法捕捉库图佐夫诗歌的抒情本质。从这个意义上说，第一首歌《四壁之内》(Within Four Walls)感觉就像是一次实验。这首短诗内韵四音步的规则方案在音乐中得到了严格的呼应，直到最后一行，最后的两音步被短暂地拉长以形成有节奏的韵律。同时，旋律刻意地反映了口语诗句的轮廓和重音模式。但重点不仅仅是技术问题。无情的音乐诗意计划是"狭窄的小房间"和诗人"孤独的夜晚"的封闭黑暗的声音图像。该图像没有通常的夜间画面：在音乐中没有咆哮着的不协和音，只有持续D音在踏板上缓慢而神秘的和弦。在伴奏的内在声部中，时不时出现一些不显眼的四分音符进行——这从任何意义上说，都是"室内音乐"(interior music)。

  穆索尔斯基为这种黑暗的安静定下了基调，非但没有将其抵消，反而持续使用。第二首歌曲《人群中你不认识我》(You Didn't Know Me in the Crowd)也是用的D大调，并且几乎采用相同的行板速度。它的韵律更轻松，虽然仍然有规律，但穆索尔斯基现在使用这种音步来对抗韵律本身，可以这么说，加快了第二和第四行，诗人似乎在指责他冷漠的情人："你的表情没有表达任何意思"（轻蔑的三连音）；"但当我观察它时，我感到奇怪和恐惧"（又是三连音）；然后加重了"no ver'mne"的重音——"但相信我"。但是这首歌的关键在于开场和弦及其与主音的关系。和弦采用的是增六度（德意志增六），就像带有不同解决或存在方式的属七和弦。前一首歌曲以 D 大调结束，新的这首以听起来像是在高半个音的降 E 大调上属和弦的奇异转位开始。但是它看起来又是一个六和弦，解决回到了 D 大调上，持续的 D 音不是作为降 E 大调的导音，而是 D 大调的主音。通过这种方式，穆索尔斯基破坏了任何上行发展的态势，并且在整首歌曲中巧妙地模糊了这两种音响含义，甚至将它们结合在一连串奇妙的、飘忽不定的降和弦中，直到"在它（那一刻）我忍受了我们过去所有的爱的喜悦"这句话，然后以残暴的温柔结束。在开场六和弦上，采用极弱的音量，且没有不协和的升 G 音（原和弦中实际的增六度），但踏板的 D 持续音仍然保持在低声部。

这些技术细节很难用通俗易懂的语言来描述。关键是穆索尔斯基为了追求情感精确而傲慢地无视正常的和声程序，这是他最初在音乐肖像画的背景下发展起来的方法。如果说他没太受过教育而无法理解自己所犯的"错误"简直是荒谬的，但一个聪明的孩子可以在一周内就学会这些东西；然而，可能是因为错过了正式的理论学习，穆索尔斯基受良好实践的美德的灌输较少，而是更愿意相信自己在键盘上的耳朵和手。他在《暗无天日》更长的第三首歌曲《结束了徒劳而喧闹的一天》（*At an End Is the Futile Noisy Day*）中取得了惊人的效果。诗人——似乎仍然在他孤独、昏暗的房间里——为久违的希望和喜悦而失眠，"仿佛又一次吸入了春梦的毒药"；记忆在一系列缓慢振荡的下降和弦中飘过，如此令人难以忘怀，以至于德彪西［在《云》（*Nuages*）中暗示飘浮的云］和斯特拉文斯基［在《夜莺》（*The Nightingale*）中设置夜间森林场景］都复制了它们。后来诗人似乎拒绝了这些回忆，"厌倦了他们死去的人群和他们喋喋不休的喧嚣"，但对作曲家来说，过去爱情的阴影为他带来了短暂的光芒和"在无声的泪水中"对它热情的投降。突然间，这种音乐确实让人想起了《鲍里斯·戈杜诺夫》，尤其是独白中的鲍里斯，尽管它在细节上并不特别接近。

穆索尔斯基又创作了一首《暗无天日》中的歌曲，然后于6月初中断创作《图画展览会》。这是简短的作品《闷》（*Skuchay*——俄语动词的难以翻译的祈使句，意思是"无聊"）。开头两个小节中的古怪和弦序列——主要是简单的三和弦（B小调、D小调、B小调、A大调、E大调、G小调、B小调，但它们的所有降音都写为升音，就好像它们是B小调中转瞬即逝的不协和音一样）——会产生一种奇怪的无精打采、无关紧要、不悲不喜的效果。几乎所有终止都是在主调上的，这可能意味着真正的无聊削弱了痛苦和快乐。但是当他在8月下旬回归时，他以两首更有内涵，在某些方面更传统的歌曲来结束它。《挽歌》（*Elegy*）和《河面上》（*Over the River*）都用钢琴音色来支撑人声，至少在纸面上看起来，好像它可能来自舒伯特以海涅晚期诗作为素材的《天鹅之歌》，尽管每首歌只花了几秒钟的时间就破坏了这种对比。《挽歌》甚至在某些地方屈服于绘画感，而前面的歌曲在很大程度上避免了这种绘画感。我们想象着"在雾中沉睡"的夜晚（摇摆的钢琴和弦）、寂静的闪烁的星星、"无情死亡"的丧钟。但最能说明问题的是夜云飘过诗人的头顶，就像他自己变幻无常且不安的思绪，以钢琴右手八度音中飘忽不定的八分音符旋律的形式（顺便说一句，套曲中唯一的快速音乐），"没有目标或目的"地从记忆到记忆，从一个想法到另一个想法蜿蜒而行：心爱的人的脸、"无序生活的噪音"、"仇恨和世俗琐事的阴险低语"。在这里，钢琴终于有机会为音乐画面增色了。

钢琴对于歌曲《河面上》同样重要，其深邃的、几乎静止的水域隐藏着内心的每一个秘密、每一种激情、每一种黑暗的恐惧。伴奏就像一条缓慢的河流，浑浊和泥泞的底部，紧紧地固定在一个升C持续音上，左手由三连音组成，这些三连音的起伏变化多端，但始终没有固定的位置。在它上方，人声唱出了整个套曲中最纯粹的抒情旋律，不知何故在升C调大调中找到了各种半音，却丝毫没有打破诗稳定的四音步韵律，因为它们是整行交替押韵而不是每半行押韵。最后，诗人想到了自杀，但以一种奇怪的冷静、漫不经心的方式，与舒伯特笔下在《美丽的磨坊女》的小溪中摇晃着入睡的旅人截然不同。就像艾略特笔下的空心人一样，他站在沙滩上，过于被动，无法穿越到死亡的另一个王国。

穆索尔斯基在《暗无天日》的早期阶段创作的另一首库图佐夫歌曲也带有同样的绝望气氛。那年3月，战争艺术家瓦西里·韦列夏金（Vasily Vereshchagin）展出了描述康斯坦丁·冯·考夫曼（Konstantin von Kaufman）前一年在突厥斯坦战役中的一系列画作，其中包括考夫曼将军看到展览时宣称不爱国并坚持将其从展览中移除的一些图像。其中一幅名为《被遗忘的》的作品描绘了一名死去的俄国士兵躺在沙滩上，他的尸体被乌鸦啄食。库图佐夫的同名诗，显然是由考夫曼事件作为实际题材，在悲情方向上过度解读，并添加了一个年轻的寡妇在俄国的家中，照顾她的小儿子，并向他保证"爸爸会回家，我会烤馅饼"。

这首诗可能是应穆索尔斯基的要求写成的，因为库图佐夫的论文中保存着尼古拉·谢尔巴乔夫（Nikolay Shcherbachev，巴拉基列夫圈子的一位小作曲家）写的同一主题的诗，穆索尔斯基用具有讽刺意味的旁注装饰了这首诗。他以库图佐夫的诗为背景的作品是在《四壁之内》之后不久创作的（开头实际上是写在那首歌的手稿背面），但这并没有理由认为它是套曲的一部分，反正作曲家可能还没有想到。尽管《被遗忘的》有着忧郁的E小调音调，但事实证明它并不适合《暗无天日》，而更符合穆索尔斯基的客观现实主义风格，是一首邪恶的死亡进行曲，旋律中增加了秒数，暗示着可怜的士兵在东方的安息之地。此外，《暗无天日》虽然是一部消极的作品，但主要是以大调为主。它似乎在断言，即使是悲伤也不值得点蜡烛来纪念。至于《被遗忘的》，一种舒伯特晚期创作模式［以海涅诗歌为文本创作的《天鹅之歌》中的《她的画像》(*Ihr Bild*)］再一次浮现在我们脑海中，黑暗的齐声开场和犹豫的节奏点缀着失落的形象。

尽管过去在穆索尔斯基的创作来源中，所见所闻占据了重要位置，但《被遗忘的》是他第一部直接受绘画启发的作品。几周之后，又来了一部更雄心勃勃、更直接的钢琴独奏曲，没有任何语言文字。《图画展览会》是为纪念画家和建筑设计师维克托·哈特曼（Viktor Hartmann）的展览。他是穆索尔斯基的密友，于1873年7月突然去世，享年39岁。几年前，斯塔索夫首次将其引入圈子时，他正对哈特曼的作品感兴趣，与其说是因为它的建筑意义，不如说是因为它的设计特征。哈特曼不仅是或者主要是功能性架构师，而且最擅长绘制那些可能永远不会建成的巨大幻想建筑，或者将实用的物品转化为精心制作或怪诞的艺术品。他的作品与英国的威廉·伯吉斯（William Burges）和威廉·莫里斯（William Morris）或德国新天鹅堡的原设计师克里斯蒂安·扬克（Christian Jank）的作品有相似之处。他将展示建筑项目的才能与对农民手工艺品和习语的迷恋相结合，将作品转化为背景或显然与原始目的完全不同的模样。例如，他1873年为维也纳世界博览会上的俄国海军馆设计的作品完全就像一个装饰华丽的农民伊兹巴[1]，以俄国海军标准为框架，皇冠上有一只极其华丽的帝王鹰。他设计的通往基辅市的仪门由一顶农妇帽子（kokoshnik）和一个斯拉夫头盔形状的圆顶组成。他画了一个形状像女巫巴巴-亚嘎小屋的时钟和一个形状像畸形侏儒的胡桃夹子。这些引用预示着一场民族主义运动，与六十年代的具有社会意识的现实主义截然不同，强力集团的成员至少在一定程度上认同这种现实主义。哈特曼的作品在某种程度上

1.译者注：伊兹巴（izba），传统斯拉夫乡村民居。

预示了与艺术赞助人相关的新民族主义，如萨瓦·马蒙托夫（Savva Mamontov）（哈特曼设计了他在阿布拉姆采沃的房子）和新艺术运动——一种专注于设计、乡村艺术和手工艺复兴的民族主义，并且只关心社会问题和农民的困境等外围问题。

从现存的为数不多的展品来看，1874年2月在圣彼得堡建筑协会开幕的纪念展中展出的素描和油画与《鲍里斯·戈杜诺夫》的世界相距甚远，绝不是所有的主题都是俄罗斯的，那些似乎是幻想类型的，没有任何传统意义上的现实主义。尽管如此，它们还是引发了穆索尔斯基的想象，毫无疑问，部分是因为他对哈特曼的悲痛之情，但也肯定是因为他的俄罗斯观念中，有一种对怪诞和异国情调、神奇和迷信以及英雄主义和恐怖形象的本能感觉。从某种程度上说，《图画展览会》同样是一部现实主义作品。它的主要主题是作曲家参观展览。"我的相貌，"他告诉斯塔索夫，"要在间奏曲中看到。"[1] 我们能听到他的声音，看到他，进入画廊，在第一幅画前停下来，沉思，继续看下一幅，然后以此类推，直到形成固定的艺术结构形式，即"漫步"主题，他称之为引子，暗示每个间奏曲应该退回到图画中，并作为主题的一部分重新出现，而不是他的"插曲"。

至于画作本身，它们仍然是很酷的图像，是在墙上挂着的音乐作品：蹒跚、弓着腿的侏儒；古老的城堡（据斯塔索夫说），有一位游吟诗人在门前歌唱；孩子们在巴黎杜伊勒里花园里吵架；波兰的牛车；未出壳小鸡的芭蕾舞；富有和贫穷的犹太人（穆索尔斯基的拼贴来自与哈特曼早年认识时给他的两幅不同的画作）；关于利摩日市场上一头牛的争论；与哈特曼一起参观罗马地下墓穴以及（在神秘的续篇中）作曲家本人的"相貌"；巴巴-亚嘎环绕她的小屋飞驰（用铁

---

1. 1874年6月（12?）日的信件，收录于 MR，第271页；也参见 Rimsky-Korsakov, M. P. Musorgskiy: Pis'ma I dokumenti, 302。

杵作为螺旋桨）；最后是基辅大门，这是哈特曼有点古怪的门面的一个非常宏大的描述。

尽管《图画展览会》表面上看起来很有趣，但它更在表演中给人留下深刻的印象。这在一定程度上要归功于"漫步"主题连接，它出现了五次，每次都有很大不同，然后消失在画面中；《地下墓穴》的第二部分，穆索尔斯基似乎和哈特曼一起检查头骨［副标题写着："与亡者用古老的语言对话"（"Con mortuis in lingua mortua"），如果不是穆索尔斯基写的，那也是别人用糟糕的拉丁语写的］[1]，以及《大门》中的主题是"漫步"主题的一种抽象形式，然后在结尾的钟声中重新显现出来。

然而，同样重要的关键是次序，显然是精心设计的，使用连接或相邻音高的手法。例如，"漫步"主题以降B和弦结束；《侏儒》从降C音开始，升高半音；第二个"漫步主题"，在降A大调中，将降E音作为第二个音符，改写为等音升D，成为了《古堡》的第一个音符；等等。这些不同方法的模型可能是借鉴了舒曼的钢琴组曲，它采用了类似的手法将松散的角色草图组合在一起。在风格上，穆索尔斯基对舒曼的感激之情比他可能愿意承认的还要多，无论圈子对这位德国大师的普遍赞誉如何。其中几幅作品似乎与《狂欢节》或《大卫同盟舞曲》中反复无常的意象和形象相呼应，没有以任何特定的方式模仿它们。无论如何，穆索尔斯基的《杜伊勒里宫》《未出壳小鸡的芭蕾》或《利摩日市场》，并没有什么强烈的俄罗斯色彩——毕竟，为什么应该有呢？

但这些作品的正统和声和规律的乐句，与明显的俄罗斯化的"漫

---

1. 手稿中的副标题只有俄文，拉丁文版本可能是斯塔索夫或里姆斯基-科萨科夫在作品首次出版前添加的。也许是为了回应穆索尔斯基的旁注："如果有拉丁文本就好了。逝去的哈特曼的创造精神将我引向那些头骨，并对它们表示敬意，头骨慢慢开始发光。"拉丁文中的"with"不是"con"，而是"cum"。

步"主题形成鲜明对比,作品开头标记"用俄罗斯的方式"(nel modo russico)清楚地表明了这一点。[1]主要主题是一首穆索尔斯基式的民歌,从本质上讲,它是不划节拍的,但为了方便起见分成了五拍子或者六拍子,在独奏开始后,以《为沙皇献身》开场合唱的方式为其配置和声,和弦呈块状分布好似东正教的礼拜仪式。之后的"漫步"主题改变了这些元素,仅保留了其基本特征。例如,第三和第四间奏曲,适度引入复调及暗示性的小调色彩和声,并且第四间奏曲一反常规节奏,使实际的节拍变得毫无意义。这里没有两个连续的小节有相同的节拍数(顺序是五、六、七、六、五、七、五、六、五、三拍);但从冷静的理性角度来看,这首曲子可以被限制在四四拍中,只除了一个六四拍小节之外。不用说,这并不是一个严肃的建议。穆索尔斯基的小节划分显然正是为了破坏严格的节拍,特别是为了削弱欢快的感觉,他肯定会把这种感觉与德国音乐的高度严谨和定向特征联系起来。在声乐作品《婚事》和《育儿室》中,我们第一次看到过这种特点被削弱;虽然这些作品不是以民歌为基础的,但这种想法无疑是源于民歌的,这一点从巴拉基列夫1866年作品集中的小调就可以看出,这些小调有时难以将旋律融入规则的节拍中。然而,《图画展览会》中不起眼的"漫步"可能是一系列俄罗斯器乐作品中首次将节拍作为一种想象中的语言音节功能的工具,而不是作为从舞蹈、进行曲或劳动歌曲中提炼出来的抽象概念的东西。

总的来说,《图画展览会》是强力集团作曲家将浓郁的俄罗斯元素和浓郁的西方元素有效结合的罕见例子。在这方面,它与哈特曼的作品相呼应,哈特曼大部分作品都具有非俄罗斯主题,并且是在俄国

---

1. 迈克尔-拉斯在他的《剑桥绘画手册》中发现了《杜伊勒里宫》中的八音和声。但是,和声的进行并没有什么特别之处,而且乐句结构也很规则。见Russ, Musorgsky: Pictures at an Exhibition (Cambridge: Cambridge University Press, 1992), 68-9。

以外的国家完成的。作为一个由视觉图像转化为音乐的画廊，它完美地体现了圈子对现实主义的看法。事实上，《图画展览会》展示了穆索尔斯基通过歌曲来描绘肖像的技巧。毕竟，《牛车》或《两个犹太人》是类似于《美丽的萨薇日娜》或《神学院学生》的钢琴肖像，人们可能会把这两部作品想象成哈特曼的画作吗？与此同时，穆索尔斯基一定已经认识到，在如此规模的器乐作品中，结构须经过慎重考虑。即使在听起来很随意的《侏儒》中，作曲家用蒙太奇的手法描绘了一个跌跌撞撞、步履蹒跚、拼命挣扎的侏儒形象，不同的音乐元素也得到了很好的平衡，尽管很少融合在一起。其中有几幅画作是用舒曼式的三段体描绘的。《两个犹太人》主题分别进入，然后主题重叠，在这之后，穆索尔斯基添加了一个忧郁的小结尾——诗人说，也许，这是整个套曲中最美丽的时刻之一。

从结构组成上看，这部作品最令人印象深刻的是最后一个系列，从"利摩日"开始，通过"地下墓穴"的庄严和"与亡友对话"的神秘，通过暴力的"巴巴－亚嘎"到宏伟的"大门"，实现了强有力的连续性。钟声响起，合唱团唱着东正教赞美诗《当你在基督那里受洗》，提醒人们基辅是十世纪俄罗斯基督教的摇篮（不过，正如迈克尔·拉斯（Michael Russ）所指出的，穆索尔斯基的赞美诗式的处理方式有点路德教派的意味）。这些也是最原始的画面。斯塔索夫将《基辅大门》（不太愉快地）与《为沙皇献身》的最后一幕进行了比较，但仍然毫不含糊地称其为"美丽、强大和原创的东西。……以全新的方式"。至于《地下墓穴》中的阴冷和声，若熟悉拉威尔著名的管弦乐配器，就很容易忽略这些缓慢的、带有大量停顿的使用大胆的和弦，因为钢琴这种乐器无法维持长音也无法维持渐强或渐弱的音。当穆索尔斯基坐在钢琴前创作这首乐曲时，他的脑海中可能已经响起了舒伯特的《幻影》（Der Doppelgänger），钢琴的织体和手的伸展是相似的。但是，他怎么能指望哪位倒霉的演奏者在第一行音乐中几乎每个和弦上都演奏出剧烈的渐强和渐弱呢？答案一定是他没有，但他想让演奏者去思考它们，并在思考它们时创造一种缓慢进展的幻觉，因为向导的灯笼是左右摇晃的，随意照亮着骷髅头，让它们闪闪发光。

尽管穆索尔斯基一定在斯塔索夫、鲍罗丁或柳德米拉·谢斯塔科娃的圈子晚会上演奏过《图画展览会》的全部或部分，但他从未在公开场合演奏过，在他的有生之年没有任何演出记录，没有任何其他钢琴家演奏过，也没有出版过这部作品。也许他认为这是一部等待配器的管弦乐曲。这就解释了为什么尽管他是一位流利的钢琴家，但有时在乐器的作曲上很笨拙，他的其他钢琴作品也是如此。斯塔索夫在《地下墓穴》中提到了"纯粹的管弦乐和弦"，但这可能只是描述它们的一种方式。最奇怪的是，如此容易分心的穆索尔斯基在1874年6月的短短三个星期内创作了这部长达半小时的杰作——迄今为止他最大的器乐作品。但他似乎后悔这样轻松地完成了它，并担心它可能经不起那些会演奏它的钢琴家（很可能是鲁宾斯坦兄弟）的审查。如果巴拉基列夫还在的话，事情可能会有所不同；但同样有可能的是，巴拉基列夫会试图让他重写，而这不会有什么好结果。

[第 二 十 三 章]

随境转移

无论斯塔索夫如何评价穆索尔斯基的饮酒习惯，他都不得不承认，这对他的作曲没有很明显的不利影响。对于最专业的作曲家来说，一年创作一部三十分钟的钢琴组曲和一部十五分钟的歌曲套曲就已足够了；而他创作了更多，不仅有戈列尼什切夫-库图佐夫诗作改编的歌曲《被遗忘的》(Forgotten)，还修订了之前的《利比亚人战歌》，重新命名为《耶稣·纳文》(《圣经》中约书亚的东正教名)，加入了一个新的中部，其源自《萨朗波》第四幕马托的哀歌。穆索尔斯基甚至在斯塔索夫的建议下，以《西洋景》的一般套路尝试了一种新的讽刺手法，但这一次针对的是《鲍里斯·戈杜诺夫》的批评者，尤其是拉罗什。奇怪的是，穆索尔斯基的新朋友库图佐夫，《西洋景》的罪魁祸首，似乎为这部作品提供了歌词文本，它有一对神秘的替代标题："荨麻山"(Nettle Mountain)和"螃蟹"(The Crab)。但是几乎没有任何音乐被写出来，当库图佐夫询问这部作品的命运时，穆索尔斯基回答说："我在《西洋景》中玩得很开心，这就够了！我有更严肃的事情要做。"[1]

---

1. Golenishchev-Kutuzov, "Vospominaniya o M. P. Musorgskom," in Gordeyeva, *M. P. Musorgsky v vospominaniyakh sovremennikov*, 27. 斯塔索夫在他1874年7月1日写给里姆斯基-科萨科夫的信中详细介绍了"荨麻山"中预期的内容，后者表示强烈反对。收录于 *MDW*，第420、422页。

至少，这是一个保守的说法。1874年7月，由于《霍万斯基之乱》这部作品支离破碎，在《暗无天日》仍然还有最后两首歌曲未完成时，他开始考虑另一个歌剧主题，正是前一年普戈尔德姐妹向他建议的主题，果戈理的《索罗钦集市》。他在给卡玛琳娜的信中写道，这个喜剧故事将"作为一种创造性力量"，因为"两个重量级人物，鲍里斯和霍万斯基，连续会让我感到沮丧"。[1]与此同时，他正在努力创作一首歌曲，以纪念他心爱的娜杰日达·奥波齐宁娜。她于6月底去世，享年53岁。这封由穆索尔斯基亲自撰写的《告别信》(*Graveside Letter*)，即使不完全是一种忏悔，也是一种强烈的个人内心的呐喊。"哦，但愿那些我知道我的狂叫对他们毫无意义的人能够理解你的灵魂；但愿人们能在谈话中听到你的声音，在激烈的辩论中，也许我可以为他们描绘出你光辉的形象，你对真理的热爱，你的探索精神，你观察人的冷静方式。"这些简单直接的话，就算没有别的意思，也是出自真诚的信念。但穆索尔斯基在放弃这首歌之前创作的部分，尽管有些未知比例，但都远非简单之作。突然间，对于这位图画大师来说，出乎意料的不协和音以及对文字和人物的生动反映，音乐语言变成了一种强烈集中的内心感受表达，旋律及和声连贯，仿佛他对瓦格纳的《特里斯坦与伊索尔德》或李斯特的《旅行岁月》(*Vallée d'Obermann*)进行了一次突击研究。目前，这首歌分为两部分，一部分是黑暗、悲痛欲绝的慢板，以半音阶集聚的降E小调，另一部分是稍微轻一点但仍然缓慢的G大调部分（由"明亮的形象"和"对真理的热爱"引发），在G大调的属音上结束。可能穆索尔斯基打算对慢板进行重演，但他很难设想一个强有力的，而非闷闷不乐的结尾，或者他对文本的忏悔方面感到不安。但即使在不完整的状态下，《告别信》

---

1. 1874年7月23日的信件，收录于 *MR*，第278页；也参见 A. N. Rimsky-Korsakov (ed.), *M. P. Musorgskiy: pis'ma i dokumenti*, 306。

也是他最动人、最投入的歌曲之一，是对尚未完成的《暗无天日》及其令人绝望的无情的有趣补充。

"1874年，"里姆斯基-科萨科夫后来写道，"可以被认为是穆索尔斯基垮台的开始。"[1]尽管如此，相对而言，这对他的音乐来说却是一个奇迹年，他似乎获得了专注力和专心工作的能力。而他的强力集团同胞情况却并非如此。里姆斯基-科萨科夫接受了新职位，检查海军乐队，他在乌克兰南部的尼古拉耶夫度过了一个夏天，重新设计了港口乐队和春秋两季的教学，并继续研究对位法和赋格。在克里米亚的古都巴赫奇萨赖，他"首先了解了自然状态下所谓的东方音乐。……尤其被大鼓明显随意的节拍所震撼，不按鼓点的敲击产生了奇妙的效果"。[2]但他整年几乎没有创作任何作品，直到1874年底或1875年初，他对赋格研究失去了耐心，于是创作了一首弦乐四重奏（F大调），以自得其乐的方式展示了他对模仿对位法新的掌握，这种技巧在四个乐章中的每一个乐章中都占主导地位。

毫不奇怪，这部作品在斯塔索夫和他的伙伴眼中失败了。这恰恰证明了他们对里姆斯基-科萨科夫的各种制度化的最坏担心是有道理的：不仅是他对新发现的对位法的痴迷，而且甚至（正如人们可能认为的）写一首弦乐四重奏的无害决定，这是强力集团成员以前从没有冒险写过的，这正是向音乐学院的日耳曼倾向投降的危险证据。1874年的鲍罗丁也几乎没有创作，当他告诉柳博芙·卡玛琳娜他已经设想了自己的弦乐四重奏，"让斯塔索夫和莫杰斯特（穆索尔斯基）感到恐惧"时，可能只是半开玩笑。[3]但他与里姆斯基不同的是——里姆斯基的四重奏早在1875年11月在俄罗斯音乐协会的音乐会上首次演出之

---

1. *LMMZ*，第130页；*MML*，第147页。
2. *LMMZ*，第132页；*MML*，第149页。
3. 1875年4月15日的信件，收录于 *PB2*，第88—89页。

前就完成了，鲍罗丁在他的《A大调四重奏》中却只取得了断断续续的进展，直到1879年才完成。他的困难和以前一样。1874年化学教授尼古拉·齐宁（Nikolay Zinin）退休后，他在科学院的行政工作比以往任何时候都更加艰巨。他有自己的教学，并不断承担无偿的额外工作，例如组织专门为女性开设的医学课程，这些女性仍未被录取为正式学生。然而，阻碍他作曲的决定性障碍是他的妻子叶卡捷琳娜在1874年整个冬春两季都在圣彼得堡。像往常一样，她让她的丈夫半夜不眠，午夜吃晚饭，一直睡到下午，而他当然必须每天早上正常时间坐在他的学院办公桌前。此外，这个时间表对他的健康几乎没有好处。1875年初，他两次病倒，生病唯一的好处是，正如他告诉卡玛琳娜的，这给了他一些空闲时间来作曲，而作曲的过程让他感觉好多了。[1]

尽管过着这样的生活，他还是在10月突然向斯塔索夫宣布了他打算恢复《伊戈尔王》的作曲，这是在彻底放弃它将近五年之后。斯塔索夫后来说，他是在一个爱好音乐的学院学生劝说下作出这个决定的。[2]但是，这也许因为约一个月前或更早，在听到并喜欢里姆斯基-科萨科夫的《安吉洛》的前两幕之后，他无论如何都处于歌剧情绪中；或者可能10月初已经在马林斯基剧院听过柴科夫斯基的《禁卫军》（Oprichnlk）的重演，也就是在同一剧院首演六个月后。柴科夫斯基在史诗般的历史背景下丰富地融合了抒情咏叹调和俄罗斯民族歌曲，与鲍罗丁最终为《伊戈尔王》创作的斯塔索夫剧本之间存在一些明显的共同点。人们或许可以说，柴科夫斯基有时摇摇欲坠的戏剧结构只会成为鲍罗丁有问题的模板。但遗憾的是，即使在这种特定而全面的意义上，《伊戈尔王》也注定不会取得戏剧成就。

---

1. 1875年4月15日的信件，收录于 *PB2*，第88—89页。
2. 参见 Dianin, *Borodin*, 85。

斯塔索夫在1869年交出的剧本是对《伊戈尔远征记》的详细而合理连贯的提炼，这是一部典型的散漫的吟游诗，包含了兄弟、堂兄弟、祖先、悲伤的妻子、被绑架的少女、血迹斑斑的土壤和河流，以及各式各样的空中飞鸟和森林猛兽。故事的核心是诺夫哥罗德－谢维尔斯克王子斯维亚托斯拉夫的儿子伊戈尔的故事，他从普季夫利出发对抗顿河部落，与他的儿子弗拉基米尔一起被击败并被俘房，但在适当的时候逃跑了（弗拉基米尔没有逃离，他深深地爱上了俘房他们的孔恰克可汗的女儿），并以多少有些胜利的方式回到了他悲伤的妻子雅罗斯拉夫娜身边。雅罗斯拉夫娜在他不在的情况下，不得不忍受她放荡但雄心勃勃的兄弟弗拉基米尔·加利茨基和他的追随者的虐待。

从作曲家的角度来看，这些情节的美妙之处在于它们提供了许多强烈的个人肖像，尤其是雅罗斯拉夫娜和孔恰克——文明、兄弟般的温暖和纯粹血腥野蛮的有趣混合——在俄罗斯历史的广阔背景下，既有史诗风格也有异国情调。它的困难在于一定的叙述模糊性和几乎完全没有戏剧性的舞台动作。平心而论，伊戈尔的失败和逃跑是俄罗斯漫长的历史上诸侯王之间不断来回战斗、屠杀和掠夺，或胜利或失败中的高潮事件。但是在斯塔索夫的剧本中，伊戈尔已经离开了战场，我们第一次见到他时，他已经是一个囚犯，只能低着头拒绝孔恰克提供的自由，条件是他承诺不再攻击波洛维茨人。即使在逃跑中，伊戈尔本质上也是一个被殴打的角色，与穆索尔斯基的鲍里斯不同，他缺乏可能赋予他的失败真正悲剧意义的史前心理。他返回普季夫利的"胜利"是空洞的，尤其是因为他将儿子留在了敌人女儿的怀抱中。为了解决这个问题，斯塔索夫设计了一个结尾，其中弗拉基米尔和孔恰科夫娜在普季夫利举行了盛大的婚礼仪式。鲍罗丁最终放弃了这个想法，但没有它，结局似乎是临时的，显得敷衍了事。弗拉基米尔被遗忘，加利茨基逍遥法外，异教徒波洛维茨人胜利了。鲍罗丁可能会在适当的时候找到解决这些问题的方法。但他的生活方式和工作方式使这不太可能。1887年他在化装舞会上突然离世，使这种可能性最终落空。

与穆索尔斯基谱曲《鲍里斯·戈杜诺夫》不同，鲍罗丁似乎从未将《伊戈尔王》想象成一个整体。随着他创作的推进，他对场景进行了更改。他在普季夫利的场景中创作了一个序曲，其中伊戈尔的出征被日食打断，城市陷入黑暗之中，这立刻被解释为一个神圣的预兆，尽管没有人能分辨出是好是坏（在斯塔索夫看来，该事件只是通过一群商人向雅罗斯拉夫娜来传达伊戈尔失败的消息）。他引入了一种喜剧元素，沿用穆索尔斯基的流浪修士的路线，以古多克演奏家斯库拉和耶罗什卡的形式出现，他们支持加利茨基，但在伊戈尔回归后巧妙地改变了立场。[1] 但他从未写过或委托他人改编剧本，他只是根据需要逐个编排文本。而且由于他作曲的方式是根据某一刻激发他兴趣的个别人物或情境，不考虑叙事顺序，因此他留下了一堆不完整和不连贯的场景，戏剧意图的不确定和无定形也就不足为奇了。值得注意的事实是，尽管存在这些明显无法克服的障碍，但他所写的作品包含在十九世纪歌剧（无论是俄罗斯歌剧还是其他歌剧）构思最精妙、执行最出色、最优美动人、最激动人心的音乐行列。

几乎从一开始就是这样。1869年，他选择创作《雅罗斯拉夫娜的梦》，是从斯塔索夫的剧本开始的：伊戈尔的妻子为他的离去焦虑，为她兄弟的威胁忧伤，又为她刚刚做过的一个可怕的梦而忧心忡忡，梦中伊戈尔在她身边，招手让她跟着他，但随后消失不见。但在此之后，他转向了斯塔索夫在波洛维茨营地的第二幕的开头，并为孔恰科夫娜创作了一首歌曲，这是对她的俄罗斯情人的呼唤，与穆索尔斯基的第二幕波兰场景开始时伪德米特里对玛丽娜的呼唤相似，但风格不

---

1. 古多克（Gudok）是一种三根弦的古俄罗斯弦乐器，用弓弹奏，其方式与中世纪的雷贝克（Rebec）类似。

同。显然，他被这两种完全不同的情景和人物的情感所吸引。雅罗斯拉夫娜的歌曲在1874—1875年的修订版中（基于《姆拉达》中亚罗米尔与大祭司场景的音乐材料，虽然不确定，因为现在无法查找到雅罗斯拉夫娜歌曲原作）是一首自由流畅的抒情咏叹调，但与《石客》或《鲍里斯·戈杜诺夫》的风格截然不同。[1] 它声线轻松、温柔，没有修辞，围绕两三个简单的旋律人物精心构建，这些人物似乎遵循声音的本质，至少语言的轮廓。和声是流畅的、流动的，又是传统的；可以这么说，它与人声交谈，但从不强加于人，从不做手势。

雅罗斯拉夫娜拥有天然而独特的女性气质。相比之下，孔恰科夫娜完全是西方人想象中的东方诱惑者。她的线条感性、多彩、华丽，在木管乐器独奏的伴奏下，像蛇舞者的身体一样扭曲和转动——先是双簧管演奏，再是单簧管，然后是长笛（这里的管弦乐由鲍罗丁自己编排）。这是迄今为止斯塔索夫东方主义最纯粹的形式——当然，比《鲁斯兰与柳德米拉》的任何东西都更纯粹（除了列兹金卡的一些木管乐的旋转织体），甚至比《安塔尔》或（到目前为止还存在的）《塔玛拉》更纯粹。鲍罗丁的即时画面是东西方情感之间的强烈对比，当他在1874年重新开始工作时，他追寻着这个想法。他为孔恰科夫娜随从中的波洛维茨女孩写了一首合唱，曲调曲折如她的卡瓦蒂娜[2]，并且丰富了在西方音乐中作为神秘东方标志的增二度。他还为她们写了一首狂野不羁的舞蹈，就像某种斯基泰人的塔兰泰拉舞曲，然后为女孩和男人勾勒出一系列合唱舞蹈。这些音乐具有如此惊人的独创性和活力，注定会成为也许是斯特拉文斯基的《春之祭》之前最有名的俄罗斯音乐野蛮主义的象征。最后，模仿《鲁斯兰与柳德米拉》中的切尔诺莫尔进行曲，是胜利归来的波洛维茨军队轻快的行进。

---

1. 参见 "Musorgsky versus Musorgsky," in Taruskin, *Musorgsky: Eight Essays*, 201-290。
2. 译者注：卡瓦蒂娜（cavatina）指抒情的短歌或小品。

这都是斯塔索夫计划中的第二幕音乐,但很难确定确切的作曲顺序,尤其是因为鲍罗丁似乎仍然在考虑场景图像和活生生的人物,而不是戏剧性的叙事。他想象着孔恰克可汗本人以粗暴、慷慨的方式谴责伊戈尔,因为他拒绝将自己对他的囚禁作为一种款待;孔恰克的咏叹调(主要基于《姆拉达》的沃伊斯拉娃和亚罗米尔的二重唱)是对被冒犯的男性交往能力的精准描绘。但是,几个月后,作曲家也是基于《姆拉达》,在一段出色的内省独白中想象了伊戈尔沉思自己的囚禁,尤其是灵魂来访的场景[鲍罗丁称之为他的"阴影"或"幻影"(teney)],以其神秘的半音和大胆的声音作宣告。不幸的是,鲍罗丁让自己被斯塔索夫和他的同伴左右,他们告诉他,正如他向妻子报告时说的:"(影子)在新版本中呈现出完全不同的特征,对音乐不利。"[1] 所以他尽职尽责地丢弃了整个独白,并在适当的时候用更出色、更外向的咏叹调取而代之,这首咏叹调最终被收录在出版的乐谱中。

同时,雅罗斯拉夫娜有一首优美的哀歌,鲍罗丁打算放在最后一幕开始,此时伊戈尔意外地重返出现在普季夫利,并首次引入了后来成为序曲第二主题和第二幕中伊戈尔的咏叹调重要组成部分的优雅曲调。虽然这段旋律在作品中出现的时间较早,但在作曲顺序上提前了几年。鲍罗丁在1875年4月给柳博芙·卡玛琳娜的一封信中列出了其中许多项目,作为在正式休病假期间创作或至少起草的作品。"但我不知道什么时候才能完成这一切。夏天是我唯一的希望。但是在夏天,我必须完成《第二交响曲》的配器,我很久以前就承诺要交付,遗憾的是,至今还没有完成。"他还应该为出版商瓦西里·贝塞尔写作交响曲的钢琴缩编版,然后是弦乐四重奏……[2]

---

1. 1875年9月26日的信件,收录于 *PB2*,第101页。正如我们所见,鲍罗丁之后将其中的一些想法运用到了歌剧开场白的日食场景中。独白在马林斯基剧院上演时恢复到原状,瓦莱里·捷杰耶夫(Valery Gergiev)指挥的录音中也有收录。
2. 1874年4月15日的信件。

在所有这些情况下,《伊戈尔王》一直是一部片段式的作品也就不足为奇了。它对情感时刻的描绘栩栩如生,画面色彩斑斓、壮观,但在很大程度上缺乏叙事连贯性和心理发展的过程。伊戈尔是悲伤的酋长,孔恰克是暴虐、豪放的野蛮人,雅罗斯拉夫娜是塔中被遗弃的女王,加利茨基是不可救药的恶棍,等等。诚然,斯库拉和耶罗什卡发生了变化,但可变性是他们固定的性格。即使在单幕中,也可以按各种顺序排列音乐编号,不会明显破坏它们的连续性。鲍罗丁没有深思熟虑,也没有过多的预见性。他对灵感的闪现作出反应,当然,灵感几乎从来没有让他失望过。音乐的质量一以贯之,令人惊讶。一个聪明而有天赋的人,既能在有机化学这样复杂的领域进行原创性研究,又能足够专注于在欧洲重要都城之一管理重要的科学学院,还能创作出规模宏大的音乐作品,而且经常在发明创造和方法上达到最高标准,这怎么可能呢?我们不应该假装认为鲍罗丁的业余爱好扩展到了技术方面。在他所写作品的要求范围内,他写得很好,有风格,有一定的润色,他有敏锐的听力,品位也很好。他似乎明白自己的局限;无论是出于选择还是环境,他都避免了构思音乐方式的复杂性。他的交响乐是直接的、深刻的、姿态强烈的作品,而不是深刻的或任何意义上的"高难度"作品。正如我们将要看到的,他的弦乐四重奏是抒情的、优美的,但从本质上来说是失重的,即使它们像第一首曲子一样冒险进入了赋格的领域。这些作品都没有接受古典主义晚期德意志乐派关于器乐音乐作为一种智力或深刻的精神练习的概念;他的声乐写作也没有像穆索尔斯基那样探索人类经验的边界。其中有一些激进的元素。《波洛维茨舞曲》的暴力刻画可能会让人联想到格林卡的《卡玛林斯卡亚》或《鲁斯兰与柳德米拉》的东方舞会,但它在纯粹的狄俄尼索斯式的力量方面远远超过了它们。《伊戈尔王》的东方主义可能本质上是装饰性的,但只要它们持续存在,就会涉及整个音乐,而不仅仅是其中的一个组成部分。然而,鲍罗丁最终创作的歌剧表明，他的动力不是任何关于俄国作曲家在1874年应该写出什么样的音乐的理论，而是受创造艺术美的简单渴望所驱使。归根结底，这终究是一种古典冲动，与强力集团对真实、怪异、丑陋和真理的热情有些遥远。

与此同时，穆索尔斯基再次将注意力转向《霍万斯基之乱》，并终于开始考虑一个连贯的场景，尽管像鲍罗丁一样，他似乎没有想过在纸上写下任何类似的东西。1873年夏天，他以真正的强力集团风格告诉斯塔索娃："行动的开场时刻已经准备好，但还没有写下来。"同时在写给她和弗拉基米尔·斯塔索夫的信中写下了对最后一幕中自焚现场的反思，并为第三幕中为玛尔法和苏桑娜创作音乐。然而，在1874年，他开始将第一幕作为一个整体来考虑，到1875年夏天，他能够向远在巴黎参加地理学会议的斯塔索夫宣布："我们的《霍万斯基之乱》第一幕已经完成。"[1]如果是这样，那可不是什么小成就。观众一直对这部歌剧的叙事线索感到困惑。但困惑从一开始就存在，并且作曲家清楚地感受到了。

剧中的关键人物是彼得大帝；但是正如我们所知，他不能出现在舞台上，另一个关键的角色也不能（出于同样的原因），即彼得的同父异母姐姐索菲亚，她在七年的双重主权时期（1682—1689）担任摄政王（彼得在1682年时只有10岁），照顾他年长但智力有缺陷的同父异母弟弟伊凡。[2]这就好像亨德尔必须在恺撒大帝不出场的情况下创作《朱利奥·恺撒》，或莫扎特要在唐璜不出场的情况下创作《唐璜》。尽管有法规限制，但有人还是打算将这两位统治者写进剧本，只是最终理性占了上风。

穆索尔斯基歌剧中的主要人物通过皇位或其代理人相互联系，他们的行为在没有君王出现的情况下很难理解。概括地说：在第一幕开

---

1. 1875年8月7日的信件，收录于 MLN，第196页；MR，第300页（穆索尔斯基强调的内容）。
2. 编者注：索菲亚摄政时，彼得与伊凡同为沙皇，称彼得一世和伊凡五世。

始时，我们见到了帝国卫队的各种成员，即所谓的"射击军"，后来我们又看到了他们的指挥官，即野蛮、反叛但受欢迎的伊凡·霍万斯基王子。射击军严格来说是为皇室服务的，在有两位沙皇和一位摄政王的情况下，他们承担了委婉地称为巡查任务的工作。他们支持伊凡和彼得的统治，并拥戴索菲亚为摄政王。但其中有一个潜台词。东正教等级制度希望聪明的彼得成为唯一的统治者，而霍万斯基对伊凡的支持则是从根本上反对尼康牧首的教会改革。霍万斯基并不是那种自我牺牲的旧信徒，相反，他相当于十七世纪俄国版的二十世纪传统拉丁弥撒捍卫者，他们不甘心放弃一生的宗教实践。在穆索尔斯基的第一幕结束时，他温顺地接受了道西费伊长老的权威，就像一个服从校长的小学生，但只要他还在校长的视线范围内。

在霍万斯基之前，我们遇到了波雅尔夏克罗维蒂，他委托官方抄写员写一份公告，谴责霍万斯基（包括伊凡和他的儿子安德烈）是煽动者和叛徒。夏克罗维蒂是穆索尔斯基戏剧中的一个阴暗人物。他似乎代表摄政者行事（就像历史上的他一样），事实上，摄政王在1682年将霍万斯基处死，借口是他寻求皇位并利用射击军来达到这一目的。但夏克罗维蒂也出现在歌剧后期，作为受苦俄罗斯人民的声音，就像《鲍里斯·戈杜诺夫》中的颠僧一样，这表示是对被普遍认为最有希望实现政治稳定的彼得的支持。

在这一切中，与剧作家（穆索尔斯基）相比，历史学家（斯塔索夫）的影响力更能体现出来。大量开放式的事实细节，虽然本身生动而迷人，但不断威胁着叙事。在第一幕结束之前，我们还遇到了安德烈·霍万斯基、一个名叫艾玛的年轻路德教女孩，以及模棱两可的虚构人物玛尔法，她是一位旧信徒，她的虔诚从头到尾都因对安德烈的激情而变得悲凉。穆索尔斯基让玛尔法成为次女高音这一事实有时会导致她被描绘成一个邋遢的中年妇女。但是斯塔索夫认为她是"波提乏的妻子"[1]，年轻而充满激情，而穆索尔斯基则将她想象成一位贵族——西茨卡娅公主，"从'高处'逃走了，也就是逃离了闷热的香炉和细羽绒床"，这个角色让人想起瓦西里·苏里科夫名画中的博亚琳娜·莫罗佐娃。[2] 在写给斯塔索夫的另一封信中，他将她描述为"一个完整、坚强、充满爱心的女人（我们或许还记得穆索尔斯基自己对某个特定女性的偏爱）……非常感性但同时又充满激情的女中音"[3]。斯塔索夫曾抱怨玛尔法和道西费伊"被降级为贵族"：

> 这归根到底是一部王公贵族的歌剧，而你一直说在专门策划一部人民的歌剧。[4] 在你的所有角色中，谁最终不是王子或贵族呢？谁又直接来自人民呢？不，不，我拼尽全力强烈抗议……我恳求你，他们都应该憎恨各种贵族并怀着应有的敌意记住它。让他们都成为真正的人，来自土地、来自伊兹巴、来自村庄和田野、来自犁和纺车、来自艰苦压迫的劳动和长满老茧的手。这样会更有趣，更好！

穆索尔斯基同意了，虽然有些犹豫。但他没有做出任何重大改变，虽然最终没有为玛尔法和道西费伊创作主题，但他们仍让人感觉无用。

尽管第一幕内容丰富且有些分散，但音乐创作终于在1875年初顺利进行。事实上，可能正是出于这个原因，穆索尔斯基在4月之前向卡

---

1. 编者注：波提乏（Potiphar）是《圣经·创世记》中埃及法老的护卫长。
2. 1873 年 8 月 15/27 日斯塔索夫（从维也纳）写给穆索尔斯基的信件，收录于 A. N. Rimsky-Korsakov (ed.), *M. P. Musorgskiy: pis'ma i dokumenti*, 479; 也见 *MR*, 第 244—245 页；1873 年 8 月 6 日穆索尔斯基写给斯塔索夫的信件，收录于 *MLN*, 第 164—165 页；*MR*, 第 247 页。
3. 1873 年 9 月 6 日，收录于 *MLN*, 第 166 页, *MR*, 第 247 页。
4. 穆索尔斯基在 1872 年 7 月 13 日写给斯塔索夫（*MR*, 189）的信中把他的新作品描述为"一部人民的音乐剧"，在出版的乐谱中保留了这个副标题。

玛琳娜宣布他已经放弃创作果戈理歌剧的想法，尽管他告诉她（并且实际上可能已经相信）这是因为"俄罗斯人不可能扮演乌克兰人，因此不可能掌握乌克兰人的宣叙调"。《霍万斯基之乱》在许多方面变得像鲍里斯的克罗马场景的延续。它具有相同的原始风格特征，相同的快速顺序，相同对大小人物的巧妙处理，相同的形象刻画，相同的粗暴暴力。和《鲍里斯·戈杜诺夫》一样，合唱团有时会分成几个小组，互相交谈并讨论行动方案；有时，他们会聚在一起唱歌并扮演一个集体角色。穆索尔斯基对这种对话的处理一如既往地出色。来自莫斯科的新移民胁迫抄写员阅读柱子上的铭文，连同其一连串的谴责，然后有条不紊地拆除他的小房间的整个场景，是穆索尔斯基创作合唱拼贴的杰出范例，穆索尔斯基最先在原版《鲍里斯·戈杜诺夫》的圣巴西尔修道院场景创造了这种形式。在这一幕的高潮时，合唱（此时全是男性）汇聚成齐唱，就像巴赫受难曲一样，抒发俄罗斯母亲在内乱中遭受的苦难，而此时远处传来射击军的号角声，宣告这场冲突的罪魁祸首之一霍万斯基的到来。

尽管这样的时刻，无论是音乐还是戏剧场景都非常精彩，但仍无法完全弥补整个剧本缺乏清晰的叙事线索。夏克罗维蒂与抄写员的场景是一个令人兴奋的小插曲，但由于他们谈话的主题（反对霍万斯基）没有与沙皇或摄政王的角色相联系，在戏剧性上就无法解释。霍万斯基的入场同样是一个激动人心的场景，但要理解他受到民众支持的基础，需要掌握俄国历史的专业知识。当他的儿子登上舞台时，不是作为"霍万斯基乱党"的参与者，而是粗暴地追求年轻的路德教女孩，观众很可能会怀疑这出戏的重点应该在哪里。最后，玛尔法的出现为已经错综复杂的叙事和心理描写更添复杂。她站在安德烈和艾玛之间，斥责他对她的不忠，但用神秘的语言讲述她痛苦的心"预知命运"和"在天堂里看到了光芒四射的奇妙居所"。通过玛尔法，我们明白肉体的激情已经转变为形而上的冲动，但背景又是模棱两可的，因为安德烈被描绘成一个性欲无节制的年轻人，他准备在必要时通过极端暴力来达到自己的目的。这种动机冲突将继续存在到歌剧的最后。在这里，它通过该场景中的第三个男低音独唱（在夏克罗维蒂和霍万斯基之后），道西费伊的平静的影响暂时解决了。但是我们将在第二幕中发现，道西费伊不仅仅是起到调节作用的角色。

到1875年7月末，穆索尔斯基已经完成了第一幕的全部钢琴谱曲（他从未为任何一首进行过配器），很快就开始努力创作第二幕。第二幕带来了全然不同的音调。我们来到了摄政王索菲亚的首席大臣，也是她的情人瓦西里的家中，大幕拉开时他正阅读索菲亚的来信。与第一幕的旧信徒和反对派不同，戈利岑是一位自觉的现代思想家，一位西化论者、社会改革者、农奴制的敌人。温文尔雅的介绍似乎把他描绘成一个具有国际化品位和良好教养的绅士，但剧情很快就暴露了他粗暴的俄国人脾气和不亚于霍万斯基或夏克罗维蒂的傲慢举止。他接待了一系列访客。一位路德教牧师前来抱怨安德烈·霍万斯基对艾玛的骚扰，并要求戈利岑允许在德国区建造一座新教堂。接下来玛尔法出现，莫名其妙地要为戈利岑占卜。她的这段胡言乱语看似与她对基督教的虔诚格格不入，但大概是为了让穆索尔斯基用上他五年前为未完成的果戈理歌剧《无地农民》创作的一段音乐。对于这两个访问者，戈利岑作出了一定程度的暴力反应。"你疯了吗？"他对牧师大喊大叫："你想用你的教堂覆盖整个俄罗斯吗？"而玛尔法对戈利岑未来有点消极的"占卜"引发了更加毒辣的反应；当她离开时，他指示仆人跟随她并将她淹死在沼泽中。因此，当霍万斯基来讨论最新被剧情取消的某些贵族特权时，谈话迅速变成了一场争吵也就不足为奇了，道西费伊本人很快就介入了这场争吵，并抨击戈利岑的"外国教育"，邀请戈利岑"带领你们的条顿人用他们的恶魔军队对抗我们"（这种情绪无疑直接来自穆索尔斯基自己的内心）。最终争吵被打断，玛尔法在沙皇青年卫队的帮助下以某种方式幸存下来，夏克罗维蒂宣布霍万斯基家族在附近的伊兹梅洛沃庄园发动了一次未遂政变。

整个1875年穆索尔斯基给人的印象是紧张的作曲工作，成果是创作出了一个多小时的高质量音乐，无论中途遇到了什么戏剧性的问题——在某种程度上这些问题还没有解决。穆索尔斯基甚至抽出时间重新根据库图佐夫的歌词创作了一首极好的新歌。到年底时，他声称已经完成了歌剧的第二幕（共五幕），并将着手进行第三幕的创作，他告诉斯塔索夫，"（第三幕）正在等待中，（并且）现在很容易了"。但事实证明这过于乐观。的确，这一幕的第一部分，包括玛尔法的情歌和她与苏桑娜的争吵，已经写好了（这首歌甚至已经出版了）。但是，在完成歌曲之前的旧信徒合唱团、道西费伊的干预（再次）——这次是保护玛尔法对抗苏桑娜，以及夏克罗维蒂的咏叹调哀叹俄国在内外敌人手中的命运之后，他发现他的注意力又回到第二幕中某些未解决的困难上。牧师的场景似乎尚未写好或出于某种原因令人不满意。最重要的是，最后一幕没有结局。穆索尔斯基现在希望它成为玛尔法、男高音戈利岑和三个男低音的五重唱，但对难以处理的声音组合犹豫不决。他最终计划"在里姆斯基-科萨科夫的监督下"写这部分，但却根本没有写出来。

不管怎么说，这些问题与斯塔索夫突然在1876年5月写给他年轻同伴的一封又长又细致入微且令人深感沮丧的信中提出的一系列反对意见相比，都显得微不足道。他说，他非常喜欢《霍万斯基之乱》的第一幕，但对第二幕非常不满意。他说，玛尔法的两次出场完全没有意义，戈利岑和霍万斯基之间的争吵与歌剧的其余部分完全无关。说实话，他用近乎虐待狂般的冷漠评论道："这整幕（作为剧本）还不如抛弃，歌剧在情节上不会因此而有任何损失。"他对第三幕提出了同样的异议，他承认那里有"合唱和歌曲……和美妙的音乐，但没有任何形式的动作和趣点"。他补充说："与歌剧的其他部分也没有任何联系。"作为弗拉基米尔·斯塔索夫，他自然有具体的替代方案可以提出。他为这两幕创作了一个全新的剧本，使穆索尔斯基能够重新使用大量现有的音乐，当然得以彻底重组和在相当程度上重新创作的形式。对穆索尔斯基来说，已经快要完成的一幕和计划中的另一幕突然不得不重新考虑了。斯塔索夫的批评当然是正确的（尽管有人可能会争辩说他的替代方案只是略有改进），但他似乎没有想到，虽然他认识穆索尔斯基，但那些欢快摇摆却过于松散的帆很容易被迎风拍下。在长时间的沉默之后，作曲家谦虚地回答，只是微微地撅了撅嘴。"有一段时间，"他承认道，"但足够长的时间，穆索里亚宁一直受到某些怀疑、疑虑，以及受这些闲暇琐事的影响……《霍万斯基之乱》太大了，是太不寻常的任务。我相信，你并不认为我以任何非穆索里亚宁的方式采纳了你的评论和建议。我已经暂停创作了——我已经考虑过了，现在、昨天、几周前和明天都在考虑。"

但不知何故，第三幕的创作仍在进行。斯塔索夫和谢斯塔科娃演奏了片段，提出了建议。但直到穆索尔斯基生命的最后一年，他才再次达到了预期的目标，如果他在1876年继续努力，可能会使这部摇摇欲坠的杰作早日完成。而且，无论他对斯塔索夫说了什么，他都没有采纳斯塔索夫的建议。

最终未能完成的《霍万斯基之乱》几乎与鲍罗丁《伊戈尔王》的失败一样是一场灾难：至少最后穆索尔斯基创作了他的大部分钢琴乐谱，并使作品整体上或多或少地具有可理解性。不需要疯狂地拼凑纸片，不需要对什么音乐配什么动作进行绝望的猜测，不需要回忆剧目，也不需要以特定的风格组成整个场景，这些都是鲍罗丁的作品能够上演所必需的。里姆斯基-科萨科夫确实为《霍万斯基之乱》创作了整段音乐，几乎修改了穆索尔斯基乐谱的每一小节，并完成了配器（或者，不太重要的重新配器）这一重要任务，但这是因为他认为穆索尔斯基虽然是无可置疑的天才，但他的艺术意图经常因缺乏技术而受阻。"很多东西必须重做，缩短或延长，"他在回忆录中写道，"在

第一幕和第二幕中，出现了很多多余的、不好听的音乐，对情节发展来说是拖累。"穆索尔斯基则认为这两幕的音乐始终保持在如此高的水平上，以至于对它们进行任何改动都是一种亵渎。这个观点对这位才华横溢但归根结底思想传统的音乐家来说是无法理解的。

在《暗无天日》中，穆索尔斯基借鉴了《鲍里斯·戈杜诺夫》和《育儿室》的现实主义风格，发展了一种新的抒情风格，但又将其调整为更为内在和反思性而非视觉或戏剧性的诗歌要求。《霍万斯基之乱》以各种不同的方式继续这种探索。"我正在研究人类语言，"他告诉斯塔索夫，"我已经找到了由这种语言创造的旋律，我已经找到了旋律中宣叙调的体现……我想称之为智能的合理旋律。"他引用了第三幕中的一个例子：玛尔法向道西费伊坦白她对安德烈的"罪恶"之爱（"我爱得可怕且折磨"），他声称这是"与古典旋律受人喜爱不同的东西，但每个人都可以立即理解"。从表面上看，这种区别似乎相当精巧。散文文本被置于一首节拍规则的旋律上，借助一些谨慎的诗歌装饰，这有助于将单词拉伸到小节长度，这是一种足够规范的古典手法，但通常适用于诗歌文本。旋律是循序渐进的，而和声首先反映了玛尔法灵魂深处的折磨（紧张的减七和弦在一个非常不稳定的降E小调中），然后放松到降D大调的平静中，玛尔法恳求在死亡中得到解脱，此时二加二结构的乐句扩展为更宽松的三加三。所有这一切都处理得很好，但似乎不太可能导致涅瓦河决堤。事实上，即使在原版朴素的《鲍里斯·戈杜诺夫》中也有类似的东西，尤其是颠僧的歌曲，还有谢尼娅在第一版克里姆林宫场景开始时的哀叹。与此同时，《霍万斯基之乱》仍然有很多采用其前身风格的地方——例如，夏克罗维蒂在第一幕中与抄写员的大部分场景，或者抄写员与莫斯科定居者的争吵之后的一个场景，里姆斯基-科萨科夫认为"非常没有音乐性"，并从他的版本中完全删除。

两者的区别主要在于侧重点的问题。《鲍里斯·戈杜诺夫》主要由一系列相对紧凑的场景组成，而《霍万斯基之乱》一开始更像是一部大歌剧，舞台奇观与个人对抗交织在一起。《鲍里斯·戈杜诺夫》的前三幕的时间大约与《霍万斯基之乱》的第一幕一样长，可能部分是由于这个原因，后者的话语似乎更广泛，更多样化，但这并非总是戏剧上的优势。在音乐上，这种延展感伴随着明显丰富的抒情元素。毕竟，原版《鲍里斯·戈杜诺夫》基本上没有这种元素。在这部歌剧的修订版中，变化已经很明显了，这种变化不是表现在额外的歌曲中，这些歌曲很迷人，但在语言上没有增加太多，而是体现在波兰场景中玛丽娜和伪德米特里的音乐一样。从这个意义上说，克罗马不是抒情的（除了从旧版的圣巴西尔场景借鉴的颠僧一角），但正如我们所见，它确实预示了广泛的、电影化的事件发展顺序，这正是《霍万斯基之乱》的特点，但《鲍里斯·戈杜诺夫》的其余部分却没有达到同样的程度。

然而，这些要素并没有什么不同。《霍万斯基之乱》合唱仍然以复调的方式喋喋不休，然后周期性地转为集体祈祷或哀悼或问候，以和谐的圣歌或民歌的形式出现。将《鲍里斯·戈杜诺夫》中人们在圣巴西尔场景中恳求面包与莫斯科人在《霍万斯基之乱》的第一幕中对俄罗斯母亲的哀悼进行比较，或者将《鲍里斯·戈杜诺夫》序幕中的朝圣者合唱与《霍万斯基之乱》最后的旧信徒合唱进行比较。话语的变化在第一幕霍万斯基的大合唱问候中更为明显，它不仅比克罗马以外的《鲍里斯·戈杜诺夫》的任何素材都具有更广泛的影响，而且还通过明确的主题联系扩展到为霍万斯基本人创作的音乐中，然后是那首音乐隆重的合唱版本。紧随其后的是艾玛、安德烈和玛尔法这个最不像《鲍里斯·戈杜诺夫》的三重唱组合，最后以简短但非常宏大的合唱重现霍万斯基的音乐。我们在克罗马场景中也注意到了这种梅耶贝尔式的风格，这最终也会为《霍万斯基之乱》后面几幕增添色彩。

至于更具对话性的第二幕，从一开始，戈利岑就在阅读摄政王索菲亚的信，以及在对他们过去爱情的回忆时流露出了一种亲密的抒情气息。但这仍然在大歌剧风格的范围内，主要涉及音节词设置和声部在韵律规则的伴奏下自由铺陈。穆索尔斯基对这种风格进行了改编以表现进入戈利岑客厅的不同人物的性格特征，甚至描绘出戈利岑和他们个性的不同方面，由此可见他对这种风格处理的天才之处。这一幕的音乐被认为是乏味的，但作为个人之间冲突的戏剧化，它绝不是乏味的。例如，请注意戈利岑，尽管他自认为是世界主义者，却会爆发出愤怒的爱国主义情绪（这是这幕中经常被删减的音乐元素）；还要注意善变、脾气暴躁的戈利岑和粗鲁、朴实的霍万斯基之间的性格差异，以及穆索尔斯基如何通过完全一致的八度音阶来强调霍万斯基的营房简朴，正如他用宗教式和声凸显道西费伊的平静，至少直到老拉斯科尔尼基被戈利岑以"旧方式"摒弃所激怒之前是如此。

　　这一行为的最大反常之处在于，戈利岑已经被塑造成如此强大的人物，实际上在此之后，他从歌剧中消失了。其次是玛尔法本人。斯塔索夫想让她成为戈利岑的情妇，这无疑与某些想暗示她是道西费伊的情妇的舞台导演想法如出一辙。不过，穆索尔斯基对前者的建议置之不理（也许从未想过后者），我们或许会感到欣慰。尽管如此，玛尔法仍然是整部歌剧中最有趣的人物，也是最难确定的人物。她的音乐确实具有某种悲哀的感性，穆索尔斯基可能正是从这种特质中得出了他的合理旋律的概念，这也可以被认为是诗歌化的语言歌曲。不幸的是，这部作品后来的艰难孕育可能阻止了他将这个有趣的想法发展成一种完全成熟的歌剧语言。就目前情况而言，玛尔法的音乐，也许可以在夏克罗维蒂的第三幕咏叹调中看到，它看起来与自发出现在《鲍罗丁·戈杜诺夫》中的那种结构良好的抒情作品没有太大区别，但有一点也许很重要，就像以前在《婚事》中一样，穆索尔斯基创作的散文文本在当时的歌剧舞台上还是很少见的。

　　关于《霍万斯基之乱》和《伊戈尔王》还有更多要说的，但不会再发生任何事情可以将它们完成为一个完整的或令人满意的实体。两者都是戏剧上无序的作品，人物来来去去，场景毫无意义，对峙悬而未决，没有动机和解决。两者都有可能属于有史以来最伟大歌剧的震撼人心的情节。两者的音乐都如此辉煌，光是想想它们就会感到兴奋中夹杂着痛苦的遗憾。如果《鲍里斯·戈杜诺夫》和《普斯科夫姑娘》展示了强力集团的理想是通向伟大音乐的真实途径，那么这两部继承者则揭示了穆索尔斯基所说的"分散性"的令人沮丧的后果，这种品质在强力集团的心态中根深蒂固。

[第二十四章]

死亡之舞

这个圈子继续在谢斯塔科娃家、鲍罗丁家、斯塔索夫家的城市公寓或他们在帕尔戈洛沃的别墅（位于首都北部的湖泊和低山之间）里聚会。但越来越难以将其视为一个融合的团体。现在的部分麻烦是里姆斯基-科萨科夫叛逃到学院派，他在1875年夏天的大部分时间创作赋格曲来弥补他的技术构成和理论知识的空白。穆索尔斯基尤其严厉批评此类活动。

> 哦，他的墨水已经干透了，
> 在它用羽毛笔写之前！

他恶狠狠地对斯塔索夫说。[1]一个月后，他又对库图佐夫说："艺术的真理不能容忍预定的形式；生活是多变的，而且常常是反复无常的。"[2] "有没有可能，"他最终问斯塔索夫，"只要有一个活生生的想法会滑入（需要它的）小脑并一直下降到（需要它的）脚后跟，回忆过

---

1. 1874年8月7日的信件，收录于 MLN，第197页；MR，第302页。联句直接引自 MR，但穆索尔斯基的版本不押韵。
2. 1875年9月6日的信件，收录于 MLN，第200页；MR，第308页。

去就不会打扰他（里姆斯基-科萨科夫的）木头般的沉睡？忏悔是一件大好事。问题是塔木德主义者无法获得忏悔，他们太过注重法律的死文，太过于被灵魂奴役了。"[1]但是里姆斯基-科萨科夫不再是他唯一的目标。1875年春天，他作为音乐小组成员向帝国剧院董事会报告居伊的歌剧《安吉洛》，（讽刺的是）他的信里热情地描述了这部剧具有"非凡的音乐魅力"，以及第二幕和第三幕结局给人以"惊人印象"。但私下里，当居伊于9月在谢斯塔科娃家演奏第三幕时，他的反应很冷淡。"就这样吧，"他简洁地对库图佐夫和斯塔索夫说，"这些人什么时候才可以不去创造赋格曲和强制性的第三幕，而去看一些有道理的书，在书页中与明智的人交谈？"就连《伊戈尔王》也没有完全幸免。"在鲍罗丁非常富有同情心和戏剧性的作品中，"他向库图佐夫保证，"有一个言论，作为一名艺术家，你会在某种程度上感受到这一点。我希望你理解我的意思，鲍罗丁指导他的英雄们从事实和意外事件的碰撞中得出结论——随你喜欢，都是一样的。不管这首曲子多么讨人喜欢，听者别无选择，只能说，'卷起铺盖来，先生们，去看看野兽吧'。"[2]

在这些晦涩难懂的字眼中，我们发现至少部分是穆索尔斯基自己的问题。在《鲍里斯·戈杜诺夫》之前，他的音乐思想基本上是受强力集团的圈子学说、斯塔索夫的俄罗斯理论和巴拉基列夫对音乐专业和音乐传统的消极态度所左右。创作《鲍里斯·戈杜诺夫》时，他几乎没有注意到，在不知不觉中开始走自己的路，不受他人（或他自己）的理论或论点控制；从《鲍里斯·戈杜诺夫》开始，他走得更远了，朝着一个强力集团的信条几乎无法预测的方向。突然间，他对自己艺

---

[1]. 1875年10月19—20日，收录于MLN，第202—203页；MR，第312页。
[2]. 1875年9月6日，给库图佐夫的信，收录于MLH，第199—200页；MR，第307—309页。给斯塔索夫的信，1875年8月7日，收录于MLN，第197页；MR，第312页。

术推动力的感觉使他敏锐地意识到它与其他人的艺术不同。毕竟，令人难以置信的是，在六十年代，他根本没有注意到居伊是一位受限的、具有基本正统天赋的作曲家，没有注意到里姆斯基-科萨科夫是一位勤奋、有条不紊的工匠，对他而言，生产力先于审美姿态，而且鲍罗丁是一位抒情、旋律性的天才，他的作品取决于对情感和异国情调的反应，几乎不适合穆索尔斯基想要培养的细致入微的心理肖像画。这些作曲家唯一的共同点是，在某个时候，他们作为俄罗斯音乐家彼此依恋，而俄罗斯并未迎合他们。现在他突然明白了这一切，他四处寻找解释，在巴拉基列夫的消失中找到了答案。"在巴拉基列夫的铁手控制下，"他对斯塔索夫幻想，

> 他们开始用他强大的肺呼吸（虽然不像他强壮的胸膛那样），承担起让伟人都感到为难的任务。当巴拉基列夫的铁腕松开时，他们觉得自己累了，需要休息一下。在哪里可以休息呢？当然在传统上。……"万众一心"沦为没有灵魂的叛徒；"鞭子"成了孩子的玩物。在阳光下的任何地方，我想没有人比这些艺术家更对生活的本质漠不关心，或者更漠视当代创造力的了。[1]

然而，这些英勇的任务是什么？一两部歌剧、一首交响曲、一首序曲、几首歌曲、一些钢琴曲。真正的英雄主义当然就在此时此地，在《霍万斯基之乱》，在他正筹划的果戈理歌剧中，在库图佐夫诗歌的配乐中，这些都提出了新的挑战。无论是强力集团还是库图佐夫自己对穆索尔斯基的艺术有些盲目的看法都没有什么指导意义。突然

---

1. 1875年10月19日的信，收录于 *MLH*，第202—203页；*MR*，第311—312页。

间，他似乎被自己艺术的孤独所折磨。这表现在他的抱怨中，也体现在他的行为上。

马利·雅罗斯拉维茨酒吧为他提供了一种逃避方式，但还有其他途径。他开始频繁地出现在音乐会上，尤其是慈善晚会上，作为钢琴伴奏，演奏的音乐往往是在他审美道德化时蔑视的音乐。不幸的是，他是一位出色的钢琴家、快速而熟练的视奏者，并且是一个反应灵敏的伴奏者，似乎能够在瞬间掌握歌手诠释的细微差别。各种各样的故事都表述了他有出色的演奏能力，不用排练，即使在喝酒的时候也能胜任。因此，他不仅备受欢迎，而且似乎很少拒绝演出。"总的来说，"医生瓦西里·贝尔滕松（Vasily Bertenson）回忆说，"没有穆索尔斯基，就没有慈善音乐会。七十年代，所有高等教育机构的学生每年都会举办音乐晚会，为帮助贫困的同学，没有他的参与是不可想象的。穆索尔斯基是一位出色的歌手伴奏者。他自己和约伯一样穷，但在慈善音乐会上，他永远不会为他的工作收钱。"[1]

然后是他在林业部的工作，无论这项工作耗费了他多少精力，它都占据了他每天的大部分时间。1875年3月，他被提升为"第三部门的高级主管"，这是一个非常令人怀疑的身份，这使他承担了在直属上级，一个叫沃卢耶夫（Voluyev）的人（被斯塔索夫迅速贬称为"走狗"）经常缺席的情况下照看办公室的任务，沃卢耶夫似乎是最糟糕的那种循规蹈矩的官僚，也许是穆索尔斯基在年底所称的"在部里针对我的搞小阴谋的幕后黑手"[2]。可以想象，穆索尔斯基每天中午收起手稿，在政府办公室里拿着笔翻阅文件几个小时，那种烦闷、恐惧和解脱的复杂心情。

最后，还有他的住宿问题。在7月底离开库图佐夫的公寓之后，

---

[1]. Gordeyeva, *M.P.Musorgsky*, 154.
[2]. 1875年12月17日给谢斯塔科娃的信，收录于 *MR*，第321页。

他于凌晨五点出现在他的朋友帕维尔·纳乌莫夫位于瓦西列夫斯基岛上的公寓里，并成功地住进了纳乌莫夫和他的同居者玛丽亚·费奥多洛娃的家里。"如你所知，"他对库图佐夫解释说："我害怕一个人待着。""我非常喜欢待在纳乌莫夫家，"他继续说，"尤其是在夏天，有花园、宽阔的街道、附近的涅瓦河。访客……愉快的交谈，有时还有音乐；各种各样的新闻、八卦和闲聊——你的生活、呼吸和工作。"[1]纳乌莫夫是出了名的好伙伴，一个靠海军抚恤金和已故富有的妻子（玛丽亚的姐姐）的财产生活，热爱艺术、热爱音乐的人，而且他的生活方式通常自由自在，这从他在妻子去世后公开与他的小姨子住在一起就能证明。穆索尔斯基和他们俩相处得很好，甚至献给玛丽亚·费奥多洛娃一首歌曲《误会》，这似乎是在为她辩护，为了保护她免受纳乌莫夫那些体面朋友的诽谤甚至排斥。不幸的是，这首歌毫不起眼，对这位女士没有什么特别帮助。

纳乌莫夫本人在许多方面都是令人愉快的消遣对象。出于同样的原因，他对穆索尔斯基的影响无疑被那些看好穆索尔斯基专注于他作曲能力的人所担心。三年后，当他仍然和纳乌莫夫住在一起并让他的音乐朋友们极度焦虑时，柳德米拉·谢斯塔科娃向弗拉基米尔·斯塔索夫吐露了心声："穆索尔斯基的情况太糟糕了，他是一个如此出色的人！如果有什么办法可以把他从纳乌莫夫身边拉开，我想他肯定能获得拯救……"[2]

1875年还很少有人了解这种危险的程度。穆索尔斯基酗酒，这很难让他专心于音乐，这是真的。但他实际创作的音乐似乎掩盖了他生活方式的不良影响。在纳乌莫夫家里，他迅速完成了《霍万斯基之乱》的第一幕，到年底他也完成了第二幕的初稿。直到搬家之前，他还创

---

[1]. 1875年8月17日的信，收录于 MR，第303—304页。
[2]. 1875年8月9日的信，收录于 MR，第371页。

作了一组歌曲，现在回想起来，表明他的音乐正在进入一个新的和强大的阶段，如果他活得更久，可能会创作出比《鲍里斯·戈杜诺夫》影响更广泛和更有力量的歌剧作品。

在这个阶段只有三首最终被命名为《死之歌舞》的作品，但在规模和情感上，它们相当于三首歌曲的两倍。将这些六分钟的袖珍戏剧与穆索尔斯基同僚创作的音乐进行比较是值得的。里姆斯基-科萨科夫花了一年时间学习对位法和创作赋格曲，他在给柴科夫斯基的一封信中描述了他的活动：

> 在冬天，我学习了所有种类的对位，以及模仿和写一些以固定旋律为基础的卡农之后，我开始学习赋格。今年夏天，我写了六十一首赋格（长的和短的，严格的和自由的，两个、三个、四个和五个声部的，带有合唱和没有合唱的），一首带五个卡农变奏的众赞歌，另一首带三个变奏和几个装饰音的合唱。[1]

这与莫扎特、贝多芬或舒伯特在他们职业生涯的某些阶段对巴赫进行的著名研究不太一样，巴赫的影响在他们的音乐中有着有力的显现。里姆斯基-科萨科夫的对位研究似乎严格针对教学。可以理解，他不喜欢自己是一个不懂艺术原理的作曲教授，就像他不喜欢自己是不了解乐器配器教授的想法一样。因此，他着手纠正自己的这两个缺陷。从他允许发表的作品中可以看出，他并不认为这项工作具有艺术意义。例如，《六首钢琴赋格曲》（Op.17），正如他在自传中声称的那样，是"成功的"，但仅限于在赋格方面很完美，从音乐上讲，它们非常没有个性，毫无

---

1. 1875年9月5日，参见 Taruskin, *Stravinsky and the Russian Traditions*, 30.

特点。[1]正如我们所看到的,《F大调弦乐四重奏》几乎可以说是一样的,它充满了模仿对位,听起来可能像一种演示而不是一首音乐作品。

另一方面,居伊自完成《安吉洛》后,一直在写作歌曲。有两套六首歌曲,以海涅、普希金、阿列克谢·托尔斯泰等人的诗歌为文本。但是,尽管其中有些歌曲很吸引人,却几乎没有超出传统会客厅浪漫曲的范围(例如第一套Op.9中的一些作品,有几首甚至没有达到这个水平)。和居伊一样,罕见的大胆使用和声的例子很容易让人觉得是判断力很差,不精确的听觉的产物,而不是冒险精神的产物。看看这些歌曲、里姆斯基-科萨科夫的赋格曲,以及《伊戈尔王》中大部分人物的性格(如果不考虑质量的话),人们可能会想知道强力集团有什么特别之处。那个时候瓦格纳正在完成《诸神的黄昏》,勃拉姆斯正创作《C小调交响曲》,比才正创作《卡门》,威尔第的《阿依达》于1875年11月首次出现在马林斯基剧院的舞台上,穆索尔斯基略带讽刺地赞誉他"(超越)一切、每个人,甚至他自己。他超越了《游吟诗人》、门德尔松、瓦格纳,甚至超越亚美利哥·维斯普奇。这场景精彩绝伦,难以置信的是这是以拟人化的方式表现非洲血统(令人回味无穷!)"[2]。对于创作《鲍里斯·戈杜诺夫》《育儿室》或描述在戈利岑宫室中争吵场面的这位心理学家来说,这是一种无意义的辉煌。但是如果他在《霍万斯基之乱》(第一幕中的三重奏,第二幕中未成谱的五重奏)这种威尔第擅长的风格里苦苦挣扎,他却可以用一种超越最近西方音乐会曲目的歌曲创作形式来展示他的戏剧勇气,这在歌剧舞台上也不会显得格格不入。

事实上,《死之歌舞》在某种程度上借鉴了舒伯特和勒韦等人的早期西方模式:叙事民谣。当然,用音乐讲故事,无论有没有反思

---

1. *MML*,157。
2. 1875年11月23日给斯塔索夫的信,收录于*MR*,第319页。

性的插曲都是一种古老的传统，与公开叙述英雄故事或时事新闻宣传有关。歌谣本质上是作曲家传达信息的渠道。格雷厄姆·约翰逊（Graham Johnson）用同样适用于穆索尔斯基的术语描述了舒伯特处理民谣的方法。"看起来，"他写道，"在创作民谣时，舒伯特喜欢扮演摄影师（同时负责灯光、服装和人群场景），这是有些疏离的角色而不是男主角，就像在他自己的艺术歌曲中一样（诗人当然是联合导演）。"[1]此外，民谣歌唱（ballad）在其最初的形式中经常与舞蹈有关，词根与"芭蕾舞"（ballet）相同。舒伯特的民谣往往很长，杂乱无章，宣叙调中穿插抒情歌曲，情绪和角度经常变化，就像一个人给孩子讲童话时带着不同的情绪和声音。但也有一些紧凑的例子，其中最著名的是《魔王》（Erilkönig），这是一场死亡之舞。1820年，当奥古斯特·冯·吉姆尼奇（August von Gymnich）在维也纳的一场私人音乐会上演唱了《魔王》和其他歌曲时，一位评论家评价道，舒伯特"知道如何用声音作画，这些歌曲在描绘真实性方面超越了世界上任何其他歌曲"[2]。他这话也适用于评价穆索尔斯基。

就像《魔王》一样，穆索尔斯基的每一首民谣（民谣这个说法是作者用的称呼，不是作曲家本人的定义）都讲述了一个以死亡告终的故事，甚至在最后一首歌曲中还歌颂了多重死亡：病中的孩子沉睡不醒；死神以"具有神奇力量的无名骑士"的身份为垂死的少女献上小夜曲；在暴风雪中睡着的醉酒农夫；死神作为军事指挥官巡逻战场，其部队是死去的士兵。与《暗无天日》中的诗歌一样，这些诗是库图佐夫创作的，但想法来自斯塔索夫，至少他在他的作曲家传记中是这

---

1. Graham Johnson, "German Song," in entry Ballad, "The 19th-and 20th-century artform," in Stanley Sadieled, *The New Grave Dictionary of Music and Musicians* (London:Macnillan,2001),2:549.
2. 引自 Fischer-Dieskau, *Schubert:A Biographical Study, 139*。

样写的。[1]当然，这个概念的美妙之处在于它是开放式的。库图佐夫将该系列称为《死亡之舞：俄罗斯生活场景》，你可以想象出一系列以死亡告终的不同场景：僧侣在他的牢房里，远处的钟声响起；返乡的政治流放者在看到家乡的海岸线时溺水身亡；还有许多其他场景。库图佐夫列出了十二个主题的清单，其中穆索尔斯基创作并写下了三个，尽管他肯定至少创作了另外两个主题，但从未将其写在纸上。幸存下来的第四首歌曲，《司令官》(Polkovodets)，于1877年增补，但并不在库图佐夫的主题列表中。

大卫·布朗在对作曲家的宝贵研究中称第一首歌曲《摇篮曲》为"穆索尔斯基最后一首真正的现实主义歌曲"。虽然这在某种意义上是正确的，但在我看来，似乎忽略了一点。《摇篮曲》与其他三首歌曲的明显区别在于它不是舞曲，而是舒伯特风格的叙事曲，有许多部分和多种节奏，歌曲般的摇篮曲与宣叙调交替使用，这不是母亲（她急于将死神推开）的摇篮曲，而是死神自己的。当然，这幅画是生动真实的，就像《育儿室》中的歌曲一样真实。但其他歌曲绝不缺少现实主义。取而代之的是，他们将客观形象定位在与叙事背景高度相关的音乐类型中：献给一位美丽女孩的小夜曲；为在暴风雪中蹒跚回家的醉酒农民而写的粗野的特列帕克；为战场上死神而写的气势汹汹的进行曲。通过这种方式，穆索尔斯基将车尔尼雪夫斯基的"现实"概念导入到一种接近艺术歌曲的形式语言中，远离典型俄罗斯浪漫曲的简单抒情。我们几乎可以说是在见证一种俄罗斯歌曲体裁的诞生，它像舒伯特的作品一样，将早期作品中简单的歌曲风格和描述性风格融合到一种更富有戏剧性和表现力的新形式中。之所以用"几乎"这个词，是因为《死之歌舞》具有悲剧性的讽刺意味，无论是在穆索尔斯基的

---

1. *MBO*, 120.

作品中，或者其他任何人的作品中都没有后继者，直到肖斯塔科维奇的《第十四交响曲》。

《摇篮曲》特别还原了《育儿室》的轶事话语（也许还有织体），只是气氛不再轻松，而是阴沉。引子描述了奄奄一息的孩子和他的母亲，一个冰封的烛光画面；但是，当门小心翼翼地打开，死神进入时，惊恐的母亲和死神之间不平等的对话变得栩栩如生，死神的形象介于医生和殡仪员之间，言语和举止令人毛骨悚然，毫无疑问，他身着黑衣，头戴高帽，手提皮包。对于描述这样的场景，穆索尔斯基可谓驾轻就熟。当死神蹑手蹑脚地走到孩子的床边时，音乐让人想起另一个涉及孩子死亡的叙事情节，皮缅在《鲍里斯·戈杜诺夫》第一幕中对沙皇之子被谋杀的描述。然后它巧妙地——说实话，漂亮地——模仿了摇篮曲风格的传统，每次都以小调和弦结束，最后一个音也是以敷衍、轻蔑的八分音符结束，从而剥夺了摇篮曲的舒缓效果。相比之下，这位母亲越来越激动地恳求医生救她孩子的生命，她恳求医生做点什么——任何事——来拯救他。穆索尔斯基用天生讲故事者的轻松技巧来处理这种快速的节奏和形象蒙太奇。然而，对于演唱者，尤其是那些经常演唱这种音乐的男低音，这项任务并不那么简单，而且很容易因过度刻画而搞砸。角色已经表现在音乐中，只需要细微的帮助就可以产生效果。穆索尔斯基本人在这种表演中是出了名的有天赋，毫无疑问，在他的作品中，思考的能力与表现的能力是相辅相成的。[1]

剩下的三首歌曲放弃了对话方式，而是探索他模仿的体裁所固有的叙事可能性。因此，例如，第二首歌曲《小夜曲》被塑造成一种慵懒的西西里舞曲风格——与莫扎特歌剧《唐璜》第二幕的小夜曲相同

---

[1]. 除了穆索尔斯基本人（男中音）之外，首演这些歌曲的演唱者之一是男高音彼得·洛迪（Pyotr Lodi）。穆索尔斯基在1877年8月8日写给库图佐夫的信中赞扬他演唱《司令官》，并补充说："亲爱的朋友，你不能清楚地想象，当一个男高音演唱你的那一幕场景时，会有多么惊人的区别！"见 *MR*，第361页。

的基本节奏。首先穆索尔斯基用传统的浪漫意象设定了场景：温柔的十六分音符（E小调）描绘了"春天颤抖的黄昏中蓝色夜晚的神奇慵懒"，只是不安的和声和探索性的旋律警告我们，那个可能会——甚至愿意——享受这样一个夜晚的女孩有一个爱人，他的吻将是致命的。死亡的小夜曲在降低半音的降E小调下写作，让她免于腐烂的自由。这种自由就像唐璜承诺与采琳娜结婚一样虚伪，也许在某种程度上同样诱人。这种慢舞的非凡力量，恰恰在于它对心理真相的把握，即毁灭本身具有不可抗拒的美，而这种魅力往往在邪恶的边缘摇摇欲坠，因为它扰乱了心灵的平衡。与往常一样，穆索尔斯基的场景是在音乐中具体化的。女孩从床上起身，眼睛闪闪发亮，轻声呼唤她的爱人；她走下楼梯，走到他身边，死在他的怀抱中。死亡的旋律有一种庄严和高贵，似乎掩盖了它的致命意图，直到我们意识到我们通常理解的高贵的概念与一般月光下和六月浪漫中的大自然形象一样有限。

　　第三首歌《特列帕克舞曲》，以一种不那么阴郁的方式表达了类似的观点（如果人们可以用这样的方式谈论死亡的话）。这个故事中的农民没有生病，而是喝醉了，所以他在暴风雪中的死亡是悲喜剧性的，就如被遗弃的酒瓶一样令人愉快（诗人似乎在争论）。老人"被悲伤、痛苦和放纵所困扰"，但他微笑着死去，或者说正如死神向我们保证的那样，随着里姆斯基-科萨科夫在《萨特阔》中创作的舞蹈节奏死去。这种舞蹈的节奏引起了水下王国的狂热和一场沉船风暴。穆索尔斯基的特列帕克舞曲和他的西西里岛舞曲一样，本质上比民谣模式慢，尽管它在不同的节奏之间有些摇摆不定，而且本身也受天气的影响，钢琴声部生动地描绘了死神召唤暴风雪的情景，以"编织一个白雪皑皑、柔软的裹尸布，把老人像孩子一样裹在里面"。但是这首歌真正的喜剧性，从最丰富的意义上说，在于特列帕克旋律是从忏悔安魂曲赞美诗《震怒之日》中衍生出的。开场舞曲是原曲前三个音符的倒影，而接下来的四个音是原曲中后四个音的逆行。穆索尔斯基版本首先出现在场景设置的引子中，库图佐夫的诗的第二行，关于"哭泣和呻吟"的暴风雪（参见《末日经》中的忏悔者"我罪极深（Ingemisco）"，"有罪，现在我倾吐我的呻吟，我因痛苦而感到羞耻；上帝啊，求你怜悯你恳求者的呻吟！"），然后它几乎构成了整个舞蹈的基础。

作曲家可能也没有注意到他的曲调开头与巴拉基列夫收藏中的一首民歌《在巴特乌什金娜的大门前》（*U vorot, vorot, batyushkinikh*）之间的相似之处，它们具有相同的特列帕克舞曲节奏（这首曲子后来因出现在柴科夫斯基的《1812序曲》中而闻名）。然后，随着雪逐渐盖住熟睡的农民，死神用优美的对旋律使他平静下来，与特列帕克旋律交替出现，整个段落由一个D持续音支撑。最后，钢琴在冰冻的尸体旁奏响庄严的阿门。

《特列帕克舞曲》实际上是这些歌曲中第一首被创作出来的，创作于1875年2月。当时似乎没有一个明确的套曲写作计划，但是当穆索尔斯基在5月完成《小夜曲》时，他将三首歌按照最终顺序归为一组，为其命名，添加了献词，随后向库图佐夫宣布"第二部诗集的第一部分已经完成"。这当然是不真实的，但至少表明了他有添加更多歌曲的明确意图。年底他正在考虑流亡者归来的主题，但可能没有写任何音乐，而接下来的一年，他向斯塔索夫演奏了"修道士"的片段，斯塔索夫在给里姆斯基-科萨科夫的信中称它"非常好"。他还向科萨科夫提到穆索尔斯基开始创作第五首歌曲，主题是传奇勇士安妮卡，她不顾一切地向死神发起决斗但被击败杀害。唉，可惜这两首歌的任何一个音符都没有被记录下来。

直到1877年，他才完全创作了第四首歌曲《司令官》，以完成我们所知的这个系列套曲。战斗一整天都在激烈进行，但随着太阳落山，军队撤退，留下司令官和他的亡灵大军独占战场。与其他歌曲一样，这首曲子从开场设定：战斗的雷霆、落日、撤退。死神出现在他的战马上，借着月光俯瞰这可怕的景象，构成这首歌中"舞蹈"的进行曲逐渐成形。像《小夜曲》一样，这首曲子分为两个不同的部分，有点像宣叙调和咏叹调，只是划分不那么明显。它遵循相同的调性路径，第二部分下降了一个半音（《小夜曲》中的E小调下降到降E小调，《司令官》中的降E小调下降到D小调）。由于D小调也是特列帕克舞曲的基调，而第一首歌《摇篮曲》从升F（即降G）小调变成了A小调，整个套曲有一种调性连贯性，尽管穆索尔斯基的和声通常是非正统的，以至于听者可能更多地将这些联系视为结构而非过程的问题。更值得注意的是，这四首歌的主题和韵律特征在某些方面具有相似性。部分原因可能是风格的偶然。但本质上它必须是经过深思熟虑的。尤其是在舞蹈部分，穆索尔斯基基于旋律的共性创造了引人注目的曲调，通常涉及简单的上升或下降音阶，并以相反方向的四度或五度作为连接：将《小夜曲》中的"你的耳朵被我的小夜曲迷住了"（Slukh tvoy plenilsga moey serenadog）的完整旋律与《特列帕克舞曲》主旋律或《司令官》中的进行曲主题["战斗结束了！"——源于波兰语赞美诗《伴着烽火硝烟》（Z-dymem pozarów）]，然后注意穆索尔斯基是如何规范它们的节拍，使其具有舞蹈风格，尽管每种情况下诗的韵律和节奏都不同。

这种对旋律和节奏定义的天赋再次让人想到舒伯特；的确，《死之歌舞》是穆索尔斯基作品中——也许在任何俄罗斯音乐中——最接近民间朴素与丰富的思想和意象的融合，而这种融合正是德国作曲家创作的德意志艺术歌曲中所特有的标志。大部分艺术歌曲所缺乏的是一种几乎有形的戏剧元素。在舒伯特或舒曼的作品中，除了偶尔的例外（《魔王》就是其中之一），意象是情感反映的载体，有时是隐喻。在穆索尔斯基的作品中，我们仿佛置身于一个活生生的舞台。母亲为儿子的生命恳求死神就是这样：一位恳求的母亲直面死神。她不是一个隐喻，我们也没有被邀请去反思她的感受，就像一个听童话的孩子除了故事和其中的人物之外，不会意识到任何其他东西，不管有多少成年人可能会推测其隐藏的心理或原始意义。毫无疑问，伟大的十九世纪德国艺术歌曲作曲家（施特劳斯晚期作品除外）要么没有为剧院写作，要么没有成功。相比之下，穆索尔斯基是一位戏剧天才，他知道如何将这种才华转移到微型歌曲中，他是天生的说书人，对人物和情境有着敏锐的洞察力。也许是他分散的注意力，不断地把他拉回到歌曲这种紧凑、自成一体的形式。与此同时，他的歌剧作品虽然有同样的风格，但却是散漫和无计划的，不断萌发新元素，摒弃旧元素，很少（如果有的话）被作为一个整体来看待。可惜，他的歌剧作品注定无法完成。

另一方面，里姆斯基-科萨科夫一直在寻找完全避开原创作曲的新方法。到1874年底，他除了音乐学院和海军乐队的职位外，又担任了自由音乐学校的校长。大约一年后，他突然对收集和整理民歌产生热情并痴迷于赋格对位法的创作。

究竟为什么，在那个特定的时刻，他会被一个看似远离他的学术和技术研究的主题所吸引，这有点难以猜测。也许他只是觉得需要新鲜空气。在他的自传中，这个问题出现在他对俄罗斯音乐协会的董事会会议感到有些疲倦的描述中，他厌烦这项活动，而且承认自己在这方面没有天赋。起初，他暗示说，制作自己作品集的想法没有特别的灵感。然后泰尔蒂·菲利波夫（Tyorty Filippov），巴拉基列夫的一位热爱音乐的公务员朋友，对俄罗斯民歌特别了解，并且能够凭记忆唱出不少，建议里姆斯基-科萨科夫根据他唱的歌曲写下旋律，配上钢琴伴奏，并出版。最终作曲家以这种方式记录了四十首歌。但他很失望地发现，有些歌曲被他所谓的"军工厂元素"[1]破坏了，尤其是他特别喜欢的那种已经不复存在的歌曲，即"祭祀仪式和游戏歌曲"，是

---

1. 编者注：概指里姆斯基-科萨科夫的音乐受到其海军背景和军乐队的影响。

"从异教时代传下来的最古老的歌曲,并以最神圣的本质形式保存"。于是,他下定决心制作他自己的歌曲集,部分来自他童年时期从母亲和叔叔口中听过的歌曲的记忆,部分来自穆索尔斯基、叶卡捷琳娜·鲍罗丁娜等密友记住的歌曲,"我对他们的音乐耳朵和记忆充满信任",还有部分来自利沃夫/普拉奇和斯塔霍维奇已出版但已绝版的收藏。他在1875年和1876年编写了这个合集,于1877年由贝塞尔出版社以《100首俄罗斯民歌集》的书名出版。[1]

和十年前的巴拉基列夫一样,里姆斯基-科萨科夫也不遗余力地将歌曲以真实版本记录下来,并创作出符合他们本土性格的伴奏。奇怪的是,他并没有想到用复调思维创作,尽管不久之后,在尤利·梅利古诺夫(Yuliy Melgunov)的作品中,农民丰富民谣的方式正是用歌曲自己的变奏来伴奏的——前面提到的支声复调(podgoloski)。[2]但这项工作与他的学术研究的相关性的真正线索在别处。与他的前辈不同,他以分类学的精神来进行他的收集工作——也就是说,他像一个想要对自己的发现进行分类和编目的科学研究者一样。具体来说,他对每首歌的主题很感兴趣。有俄罗斯民间歌曲(bïlini)、舞曲、游戏以及与异教或民间基督教年的不同节日有关的仪式歌曲,包括忏悔节(Shrovetide)、圣灵降临节(Whitsun)、圣三一(Trinity)、耶稣升天(Ascension)、婚礼、"荣耀"歌曲和许多其他歌曲。在某种程度上,他对这些素材的态度与他对乐队中的乐器或对正在创作的赋格曲手法的态度并没有太大不同。他想要全面的、有组织的知识。他不仅想知道他正在汇编的曲调特征,还想知道它们的历史和文化意义。很快,他就会找到一种方法,以创造性的音乐方式使用这些知识。但就目前

---

1. *LMMZ*, 144-145;*MML*, 164-165.
2. 见第17页,注释1。然而没过多久,里姆斯基-科萨科夫就创作出了梅利古诺夫所用技法的音乐。

而言，他似乎满足于研究本身。

不用说，所有这些不同的活动有效地阻止了严肃的创作。除了几首短小的钢琴曲和一些与对位练习有关的合唱外，他在这段时间里什么也没写，他写的任何东西都没有表现出丝毫的个性。取而代之的是，他在少数空闲时间里，忙于修改和编辑现有的作品。他拿出尚未出版的《安塔尔》手稿，重新配器，用他自己的话来说，"在和声上净化了它"，并在1876年1月的一场俄罗斯音乐协会的音乐会上指挥了新版本。[1]不久之后，他参与了格林卡两部歌剧的编辑出版工作，这个过程涉及一定程度对舞台音乐的配器，格林卡只给出了大致的说明；他还更正了手稿中的大量错误。而这艰巨的劳动似乎激发了他重新审视自己被冷待的歌剧《普斯科夫姑娘》，并对其进行了大幅改写，然后创作了新的序幕和附加音乐。

所有这些编辑工作的细致程度简直令人惊讶，尤其是因为它涉及的不仅仅是对现有文本的规范化。从他自己的音乐开始，年轻的作曲教授里姆斯基-科萨科夫显然将其视为自己的任务，根据他新获得的理论知识重新作曲，抚平他自己未受过专业教育的青年时期的坎坷和缺陷，重新思考音乐，就像他经过多年研究和声、对位和赋格之后可能会思考的那样。这无疑是他对自己作品的特权。当他将注意力转向他人的作品时，他才开始涉足一个他并不擅长的领域，像俄罗斯人所说的"不在自己家里"（u sebya）。

---

1. *LMMZ*, 138；*MML*, 156.

[第二十五章]

歌剧的无序

1876年2月1日,居伊的《安吉洛》在马林斯基剧院首演,对强力集团来说这是一个关键时刻,其意义堪比七年前的《威廉·拉特克里夫》的首演。他们以不同的方式对作曲家在圈子聚会上呈现的各种场景作出了积极甚至热烈的反应。斯塔索夫对这部作品表示了有限的赞赏,尽管他已经不喜欢它的作曲家了。[1] 但面对这部作品的四幕,很难将其视为对他们集体议程的重要贡献,无论这将多么模糊地被定义。首演后几天,穆索尔斯基对斯塔索夫抱怨道:"那些老信徒艺术家真是让人难以忍受,他们在壁橱里工作,被困在梦想中停滞不前。哦,安吉洛!"大约一周后,在谢斯塔科娃家的一个晚上发生了冲突,确切原因不确定,但可能是穆索尔斯基发表了一些类似言论。后来柳德米拉本人一定给他写了一封表示同情的信,在艺术的真假问题上与他站在一起。他痛苦地回答:

> 你说得对,戈卢布什卡(译者注:golubushka,俄语中对亲近之人的昵称,意为"小鸽子。")!人与人之间,总要有真诚的人,当"虚伪"让你不堪重负时,你就会生病。在我

---

[1]. 参见他写给妹妹纳杰日达的信,1876年2月7日,收录于 *SPR*,第279—280页。

们开明的时代，一切（几乎）都是在"虚伪"中进行的，除了人性之外，你喜欢的一切都会进步。在那个曾经沸腾着新生活、新思想的力量被联合起来、新的艺术任务被讨论和评估的地方，公然犯下了对艺术的最好的、最重要的、无所不能的概念的厚颜无耻的背叛。但我们不要为居伊和里姆斯基－科萨科夫烦恼："死者不会感到羞耻。"[1]

里姆斯基－科萨科夫的"死亡"，毋庸置疑，指的是他对技术研究的持续痴迷以及他未能创作出具有创造性价值或兴趣的作品，这或许是从（穆索尔斯基可能认为）《普斯科夫姑娘》的创作之后，也或许是从他结婚之后开始的。就在几周前，穆索尔斯基一直在努力接受库图佐夫的婚姻，而且由于他对娶妻和艺术不相容的坦率看法，很可能会将赋格研究与罗列购物清单以及其他所有可怕的家务活等同起来。他自己设法有效地躲避了家庭生活的恐怖。就在此时，娜杰日达·里姆斯基－科萨科夫在经历第二次痛苦的分娩后（她的第二个孩子索菲亚·尼古拉耶夫娜）卧床不起。当然，这不是她的错，但这正是婚姻容易让人心烦意乱的方面；当新婚的男人表现出要安顿生活的迹象时，这通常是受到了妻子的影响。

鲍罗丁是另一回事。你可以在很多事情上指责他的妻子，但不能指责她试图将秩序强加于他的生活。无论如何，他倾向于同情穆索尔斯基的观点；至少他拒绝站在对立面。"鲍罗丁不能背叛我们，"穆索尔斯基坚持道："太晚了，没有任何理由。哦，要是鲍罗丁能生气就好了。"[2] 但是这位实验室里的伟大化学家是最不教条的人。他会说，感谢上帝，我们都有自己的个性，我们可以按照自己的方式工作而不会像

---

1. 1876年2月28日至29日的信件，收录于 *MLN*，第213—214页；*MR*，第328页。
2. 同上。

普通人那样崩溃。也许对他来说这确实更容易。他有他的科学工作，而音乐对他来说是一件私事，"一种放松、一种消遣，让我从实际工作中解脱出来"，而"对其他人来说，这是人生的目标"。[1]他的主业是从事化学元素的混合和分离以及它们之间的相互作用，所以他喜欢这样的想法，即他的音乐作品已成为强力集团所代表的一切的纽带。"这很奇怪，"他对卡玛琳娜说：

> 在我的《伊戈尔王》这部作品中，我们圈子里的所有成员相聚了：极端创新现实主义的莫杰斯特·彼得洛维奇（穆索尔斯基），抒情戏剧音乐领域的创新者塞萨尔·安东诺维奇（居伊），严格遵守外在形式和音乐传统的尼古拉·安德烈耶维奇（里姆斯基-科萨科夫），还有在一切事物上都主张强硬激进的弗拉基米尔·瓦西里耶维奇·斯塔索夫。目前，他们都对《伊戈尔王》感到满意，尽管在其他方面他们有着强烈的分歧。

他自己从来没有真正接受过所谓的"纯宣叙调风格"。

> 我倾向于歌曲和咏叹调而不是宣叙调，尽管在懂行的人看来，我处理得并不坏。我也倾向于更完整、更圆润、更广阔的形式。我自己处理歌剧材料的方式是不同的。在我看来，歌剧如同设计一样，琐碎的形式、细节、微小的变化，都没有立足之地。一切都必须笔触粗犷、清晰、生动，并尽可能适用于表演，无论是人声还是管弦乐队。声音必须在前

---

1. 写给卡玛琳娜的信，1876年6月1日，收录于 *PB2*，第107—110页。

景,管弦乐队在背景。就我实现我的目标而言——这我无法判断——但我的歌剧将更接近《鲁斯兰与柳德米拉》而不是《石客》,除此之外我无法保证。[1]

事实上,在作曲方面,他几乎无法保证什么。并不是说他对他的科学工作的要求感到不满;相反,他热爱这一切——研究、教学、学生,甚至是文书工作——他甚至有点害怕自己的音乐天赋,因为它会分散他对生活中主要任务的注意力。作为作曲家,他一直想保持低调。但遗憾的是,他原本可能不打算让《伊戈尔王》公之于众,然而他还是默许了在1876年3月由在里姆斯基-科萨科夫指挥的自由音乐学校的音乐会上演出他称为"荣耀合唱"(Khor Slavlenjya)的作品。这首合唱在出版的乐谱中被放在作品的开头,他原本计划将其作为尾声。现在世人都知道他正在写一部歌剧,自然会开始期待它的完成和完整的上演。他顿时觉得自己就像"一个失去了纯真和名誉的少女,从而为自己赢得了一种臭名昭著的自由"。尽管他经常要求完成这部歌剧可能是一种卖弄形式,但这也可能是他想通过这个形式表达更多的含义。因为这种自由显然是一种诱惑,也是一种威胁。和许多不受欢迎的诱惑一样,它可能会迅速成为一种强迫症。

像往常一样,他在圣诞节假期卧病在床(患流感)时创作了合唱曲。但这首歌曲的灵感丝毫没有病态。正如我们所见,斯塔索夫对结尾的最初想法是通过让弗拉基米尔·伊戈列维奇在普季夫利举行的一场壮观的仪式上与孔恰克的女儿结婚,从而将叙事中悬而未决的线索连接起来,他可能将其设想为一个宏伟的场面,类似于《为沙皇献身》的最后一幕。鲍罗丁的合唱曲,有着鲜明的平行和弦和大胆的块

---

1. 写给卡玛琳娜的信,1876年6月1日,收录于 *PB2*,第107—110页。

状节奏，显然是为了唤起一个比动荡时代更粗糙、更原始，甚至更好战的时代。我们是在1185年，那个身披锁子甲和头戴尖刺头盔的波雅尔时代［如维克多·瓦斯涅佐夫（Viktor Vasnetsov）的画作］。主部和中部的旋律都是最基本的民歌类型，有点像巴拉基列夫在十几年前的下诺夫哥罗德收集的《伏尔加船夫之歌》《哎，乌克宁！》。迪亚宁在1872年出版的瓦西里·普罗库宁（Vasily Prokunin）民歌集中提出了长歌（protyazhnaya）与《哦山，我的麻雀山》（*Uzh'vï gorï moy gorï Vorob'evskiya*）的相似之处。但也与《姆拉达》的偶像崇拜者合唱有着重要的联系，那里的背景是异教而不是原始基督教。整首曲子笼罩着《第二交响曲》的影子，在鲍罗丁创作《姆拉达》时，这部交响曲就在他的桌子上。事实上，当他把这么多《姆拉达》中的创作转嫁给《伊戈尔王》时，它仍然在他的桌子上。因此，这个相当短小且直截了当的合唱曲，也是这位无暇作曲的伟大作曲家混乱的创作方法的缩影。我们只能假设他作为化学教授的工作得到了更好的规范。

究竟是什么时候他想到了一个序曲，来先于并解释斯塔索夫剧本的开场场景，同样不清楚。或许就是通常所说的1883年，但有一些间接的理由表明可能是1876年。一方面，他似乎在那一年紧随其后地创作了《G大调合唱曲》，这首合唱最终取代了原来的尾声[1]。然后是日食的问题，当日食像一个不祥之兆一样在伊戈尔和他的随从即将出征反抗波洛维茨人时，舞台开始变暗。在斯塔索夫的剧本中，这个预兆只是由一群目睹战斗和伊戈尔失败的商人向雅罗斯拉夫娜描述的，但鲍罗丁最迟在1879年就删掉了这些商人的片段。为了在序曲中出现日食，他使用了《姆拉达》幻影场景中的材料，这些材料也出现在伊戈尔咏叹调的第一个（"独白"）版本中，但该版本在1875年底又被丢弃

---

1. 参见Dianin, *Borodin,* 96。合唱部分首次在1879年2月的*FMS*音乐会上演出。

了。根据奥卡姆剃刀原理，这些不同的决定似乎都是在同一时间作出的，即使鲍罗丁像往常一样无法同时实施。

我们可以肯定的是，他在1876年创作的另一首作品是雅罗斯拉夫娜和伊戈尔在第四幕中伊戈尔意外返回普季夫利的二重唱，以及雅罗斯拉夫娜之前的优美朗诵调。她痛苦地凝视着被胜利的波洛维茨军队摧毁的城市周围的乡村。叶卡捷琳娜·鲍罗丁娜回忆说，她的丈夫在回到莫斯科以西不远的旧鲁札（Staraya Ruza），在暑假结束时创作了这首作品，因为在回家的路上无法穿越莫斯科河，并且被迫等待在河岸边，观看"奔腾的洪流，灰暗沉闷的波浪翻腾"。[1]"周围的一切都如此凄凉。"雅罗斯拉夫娜唱道，优美的旋律很可能来自巴拉基列夫或普罗库宁的民歌集合。鲍罗丁回到旧鲁札村并在那里的钢琴上即兴创作了这首曲子。[2]其余部分以及随之而来的精彩二重唱——可能是那年秋天在圣彼得堡创作的。就像歌剧中的几乎所有其他部分一样，它们的写作并没有过多关注整个动作的戏剧轨迹，而是有一个生动的场景形象。就像儿童拼图中的碎片一样，它们完美地融入了标有"识别二重奏"的空间。至于相邻的碎片，无疑会适时出现。

仿佛所有这些随意的歌剧作品都不足以填满他几乎不存在的业余时间，鲍罗丁现在遇到了新的烦恼。他的《第二交响曲》原定于1877年2月在俄罗斯音乐协会的音乐会上首次演出，但突然之间，他第一乐章和最后乐章的管弦乐谱无处可寻了。然后，就在他需要在11月底与纳普拉夫尼克会面而收齐材料时，他再次病倒，不得不卧床休息。绝望中，他恳求里姆斯基-科萨科夫帮助他重新制谱。接着，在几天之内，谐谑曲和行板乐谱也消失得无影无踪。幸运的是，斯塔索夫记得在谢斯塔科娃的钢琴上看到过它们，被一张海报掩盖，鲍罗丁派他

---

1. Dianin, Borodin (1960), 110; Borodin (1963), 95.
2. 根据博贝特的说法，这段音乐最初出现在雅罗斯拉夫娜的咏叹调中（No.3）。

的养女女婿亚历山大·迪亚宁去取回它们。他松了一口气，因为它们没有像他担心的那样与香肠和蔬菜的购物袋一起掉在街上。最后，在里姆斯基–科萨科夫的帮助下，他以某种方式设法为丢失的乐章重新制谱，并及时赶上了排练。

这一系列事件是如此杂乱无章，以至于人们不可避免地怀疑这支交响曲某些部分略显笨拙的配乐是否与它诞生时的恐慌感有关。里姆斯基–科萨科夫说，在他们的合作中（他承认是咨询而不是贡献），他们对铜管乐器感到非常兴奋，在里姆斯基的专业知识影响下，鲍罗丁将该部分写得过于复杂。里姆斯基声称，纳普拉夫尼克必须以正确的速度演奏谐谑曲，仅仅是因为铜管乐手无法处理所需的快速和弦变化。整个表演是一个嘈杂的失败，嘈杂不仅是因为繁重的编配，而且因为，正如亚历山大·迪亚宁所说："观众以一种恰当的方式制造了噪音，让人想起猫的音乐会。"[1]另一位朋友记得："第一乐章受到非常冷淡的待遇，当有人开始鼓掌时，您可以听到嘘声。整部作品都是以这种方式进行的，作曲家没有被叫出来。"[2]鲍罗丁为两年后（1879年2月）里姆斯基–科萨科夫亲自指挥的一场自由音乐学校的音乐会修改了配器，这一次的演出很顺利；但问题仍然存在，直到今天这部作品依旧具有如此惊人的独创性和创造力，但在配器上，尤其是节奏和管弦乐细节上，仍存在一些笨拙。

到交响曲首演时，《伊戈尔王》的一部分已经以某种形式存在了。但是，从迄今为止所创作的乐章的简单清单中可以明显看出鲍罗丁工作方法的混乱。就最终乐谱的编号以及大致的创作顺序而言，它们是：第3、9、7、18、15、25、8、2（部分）、17、21（部分）、27、29、1（部分）。甚至这个清单列表也夸大了实际材料的连贯性。只有

---

1. 引自 Dianin, Borodin (1960), 111; Borodin (1963), 97。
2. "Reminiscences of Mariya Vasil'evna Dobroslavina," in *BZ*, 345.

两三首曲子被配器，有些是草稿或其他方式不完整的曲子。除了斯塔索夫的原始版本之外，仍然没有剧本，也没有合适的场景，鲍罗丁明显偏离了原版。雅罗斯拉夫娜的"莫斯科河"朗诵调的创作是一时冲动，显然没有任何事先计划，这种情况完全是典型的。同样，在1877年，他为弗拉基米尔·伊戈列维奇创作了一首朗诵调和抒情短曲（cavatina），以及随后与孔恰科夫娜（第11和12号）的二重唱，据说是在与爱上他的年轻女孩的失败恋情影响下创作的，根据他妻子委婉的说法，他"很难把她……当作女儿对待"。[1] 这样的联系可能是模糊的；但是，它们可以合理地建立，这一事实本身就足够具有启发性。如果没有这些突然的冲动，鲍罗丁可能连他已经创作出的那一点点作品都创作不出来。但它们对创作规划没有帮助。当里姆斯基-科萨科夫和格拉祖诺夫在他去世后开始编辑他的作品时，他们发现他经常添加的段落或声乐部分；他们必须精心编配（这个过程会涉及填充织体），有时他们不得不推测这个或那个乐章在歌剧整体布局中的确切位置。直到今天，《伊戈尔王》还是一个"悬而未决"的作品，一个永无止境正在进行中的工作，肯定不会完全停止。

相比之下，《霍万斯基之乱》的创作过程是秩序井然的典范。到1876年初，穆索尔斯基已经创作了第一幕、第二幕（除了最后的五重奏），还有戈利岑和路德教牧师之间的一个场景，并且已经开始第三幕的创作，因为他很高兴知道它的大部分开场场景，玛尔法和她与苏桑娜的对抗已经存在。他开始为夏克罗维蒂（他对俄罗斯命运的悲歌般的悲叹）创作宣叙调和咏叹调，很快第三幕就完成了一半。然后是被斯塔索夫关于第二幕和第三幕在5月的信中的回复冷水浇头。虽然它的任何建议都没有被采纳，但穆索尔斯基对此感到非常不安，以

---

1. Dianin, *Borodin* (1960), 116; *Borodin* (1963), 102.

至于回到他的第二幕创作并重新考虑某些方面。但是，甚至在这一切发生之前，在6月15日（圣莫德斯图斯节）写下他痛苦的答复仅仅二十四小时后，他就去了斯塔索夫在纳捷丁斯卡娅（Nadezhdinskaya）的公寓，为他和他们的朋友雕塑家马克·安托科尔斯基演奏了一整个晚上，并带来与前述信中完全不同的反应。"我要说的是，"斯塔索夫在给波利克塞纳的信中写道，"他现在正在创作他迄今为止在《霍万斯基之乱》中所作的最好的作品。"他提到了一个场景，其中近卫军的妻子们进入，"对丈夫嚎叫，并躺在行刑木桩和斧头旁边，而在远处，波符什尼（彼得大帝守卫）正在走近"（早期版本结合了夏克罗维蒂在第三幕的咏叹调后的士兵场景和第四幕的近卫军被押上刑场的场景）。但是，对于《霍万斯基之乱》来说，斯塔索夫继续说道："更让我印象深刻的是他对切尔诺伯格《荒山之夜》的开始和结束的处理，他想把这个人物插入他未来的歌剧《索罗钦集市》中，这是他一生中迄今为止所做的最了不起的事情之一。"穆索尔斯基一定让斯塔索夫相信，一旦《霍万斯基之乱》完成，他就会创作果戈理的歌剧。事实上，他一直处于搁置后一项工作而创作前者的过程，这已经不是第一次了。

《索罗钦集市》作为歌剧题材在穆索尔斯基的脑海中徘徊了至少两年，但据悉，他没有为它写过任何曲子。斯塔索夫在他的作曲家传记中写道，他第一次想到它是在1875年（实际上是1874年），作为为奥西普·彼得罗夫创造乌克兰角色的一种方式，奥西普·彼得罗夫本身就是乌克兰人。彼得罗夫和他至少从1870年就认识了，自从在1873年的《鲍里斯·戈杜诺夫》节选中扮演瓦拉姆这个角色以来，俩人就成了亲密的朋友。之后他经常在穆索尔斯基的思考中出现，因为1876年是他的禧年，也就是他作为歌手亮相的五十周年纪念日。作曲家一直在帮助谢斯塔科娃策划在马林斯基的舞台上的庆祝活动，彼得罗夫再次演唱了《为沙皇献身》中的苏萨宁角色，并在幕间进行了一系列盛大的表演。此时穆索尔斯基已经是彼得罗夫和他的妻子安娜的常客，安娜本人是一位颇有名望的歌剧女低音。他有时会陪同"爷爷"（他这样称呼彼得罗夫）参加他的公开和私人演出。

尽管彼得罗夫一直表演到1878年71岁去世，但他出现在穆索尔斯基的新歌剧中的想法毕竟有些不切实际。这位伟大的男低音（他对《鲍里斯·戈杜诺夫》和《霍万斯基之乱》所知甚深）也很可能鼓励穆索尔斯基创作《索罗钦集市》。希望以此促使他完成这两部尚未完成的作品。在七十年代中期，熟悉穆索尔斯基却不了解他的工作方式及其各种原因是不可能的。一个明确的委托可能是让他集中注意力的最好方式。1877年11月，穆索尔斯基对库图佐夫说："小俄罗斯人（彼得罗夫夫妇）热切地急求我尽快将《索罗钦集市》搬上舞台。"事实是他正在《霍万斯基之乱》写作遇到困难的时刻，可能是偶然的，也可能是动机的一部分。无论如何，彼得罗夫夫妇的联系显然是至关重要的。事情发生在1876年4月21日，在两个月内，他初步改编了他的《圣约翰的荒山之夜》，并将《索罗钦集市》与《霍万斯基之乱》相提并论。到年底，《霍万斯基之乱》几乎从他的信件中消失了，直到1878年夏天才重新出现。他开始为新歌剧收集素材（包括女声合唱和各种乌克兰民歌）、拟定了一个场景、随机创作了一些音乐片段。比如他为吉卜赛人策划的"超自然"事件创作了一些音乐，以及中间幕的重要组成部分，从荒山间奏曲（以梦境形式呈现）开始，然后是继母与丈夫和情人的场景。但与他在《霍万斯基之乱》中精心发展的严肃戏剧连续性相比，这些痕迹很少。这个过程更接近《伊戈尔王》的创作过程，结果大体上与《伊戈尔王》相似也就不足为奇了。

从表面上看，果戈理的故事对处于这个职业生涯阶段的穆索尔斯基来说是一个奇怪的选择。这是一个离奇的故事，一个年轻人在乡村集市上爱上了车夫切列维克的女儿，并与一个吉卜赛人达成协议，如果他能说服车夫和他的妻子同意他们的婚事，他就会以低价卖给他一头牛。这个故事与穆索尔斯基之前的任何主题相去甚远——即使是果戈理的《婚事》，正如塔拉斯金指出的那样，它是一部真正的，即使是怪诞的举止喜剧，而《索罗钦集市》也是如此。它是一个奇幻的民间故事，不可否认，其中的幻想元素是假的。集市据说是受到了一件红色夹克的诅咒，这件夹克被魔鬼典当给一个犹太典当商，后者将它卖掉，结果被一群踩高跷的猪袭击了；但是那些从窗户里冲出来吓坏切列维克和他的朋友的猪头是吉卜赛人为了软化车夫并说服他让他的女儿出嫁的把戏。在十九世纪七十年代设定这样一个情节只有一种明智的方式，那就是广泛使用民歌，而穆索尔斯基在很大程度上一直避免使用民歌。

诚然，最近有先例。谢洛夫的《魔鬼的力量》虽然不是基于果戈理，但同样是一个带有恶魔色彩和大量使用民间素材的乡村集市故事。1876年，柴科夫斯基的《铁匠瓦库拉》(Vakula the Smith) 改编自果戈理的另一部《狄康卡近乡夜话》故事中的《圣约翰节前夜》，并自由加入了原汁原味的民歌，在马林斯基剧院首演；但那是在 11 月下旬，也就是穆索尔斯基自己决定写一部果戈理歌剧之后的几个月。无论如何，很难相信他会突然受到这一模式的影响，如果不是他告诉萨夏·普戈尔德："我很了解果戈理这个话题。两年前我就想过，但题材不符合我选择的方向——它不够全面地展现俄罗斯母亲的淳朴和胸怀。"[1] 但是，心理单纯，在《鲍里斯·戈杜诺夫》和《霍万斯基之乱》的历史意义上，几乎没有任何作用；最重要的是，它对于热衷心理学的学生、人类动机和黑暗怪癖的敏锐观察者、《育儿室》的主人、鲍里斯本人、戈利岑和霍万斯基几乎没有提供任何帮助。也许正是这些元素的缺失才吸引了他，正如他告诉卡玛琳娜的那样，这使得它"作

---

1. 1872 年 1 月 3 日的信件，收录于 MLN，第 126 页；MR，第 176 页。

为一种具有创造力的经济体,是非常好的"。[1]

最重要的是,他可能觉得《索罗钦集市》可以写得很快,然后可以精神焕发地回到《霍万斯基之乱》的写作。从一开始他就计划将他修改后的"荒山"加入其中,最初是作为第二幕开始时的梦境间奏曲(尽管它实际上可以适合任何地方,因为与第二幕完全无关);也可能是来自《姆拉达》现有的场景,尽管他似乎一直到1880年才将其完善。在编写剧本后不到三个月的时间里,他创作了第二幕的大部分内容,从切列维克的妻子舍芙里娅设法唤醒丈夫并把他赶出屋子的场景开始,以便在下一个场景中她可以接待她的情人,神父的儿子阿法纳西·伊万诺维奇。在这两个场景之间,她唱了一首长长的充满期待的独唱:"快来,我的宝贝"(Prikhodi skorey, moy milen'kiy)。但是在最后一幕的关键场景中,切列维克和他的酒友回来了,阿法纳西躲在阁楼里,其中一个朋友讲述了红夹克的故事。这个故事给穆索尔斯基带来了麻烦,事实上他从未设法创作它。在这里,猪头砸碎了窗户,把它们的鼻子伸进了切列维克和他的朋友们正在喝酒的小屋里。我们可以想象穆索尔斯基可能出于品位的问题而对这一场景犹豫不决。但真正的问题无疑是它的复杂性,冗长而复杂的叙述,以及暴力但不知何故可笑的高潮,他可能已经感觉到这在舞台上很难让人信服。这个场景在戏剧性的结构上与《鲍里斯·戈杜诺夫》的客栈场景很接近。但其滑稽的基调显然是另一回事。

理查德·塔拉斯金认为,从技术角度来看,第二幕中早期场景的挑战与客栈场景的挑战"完全相同"(他补充说,还有《婚事》场景的挑战)。[2] 所有都是由"不间断的对话"组成的。确实,客栈场景在

---

[1]. 1874年7月23日的信件,收录于 MR,第278页;同样参见 A. N. Rimsky-Korsakov(ed.), *M. P. Musorgskiy: pis'mai dokumentï*, 306。

[2]. *Musorgsky:Eight Essays*, 367.

对话中加入了几首民歌；但它们严格来说是剧情的一部分，是瓦拉姆喝醉后的表现。《索罗钦集市》中舍芙里娅场景的处理方式略有不同，原汁原味的乌克兰民歌在实际对话音乐中占了很大比例。通常的强力集团式想法是，如果情节需要，歌剧中的角色可以唱歌（无论是否是民歌）；所以瓦拉姆的"喀山之歌"，或者他的"他们如何走进喀山城"（Kak yedet yon），或者图查在《普斯科夫姑娘》中的革命歌曲都是合理的，但玛尔法在《霍万斯基之乱》第三幕中的歌曲却不是。舍芙里娅和切列维克在《索罗钦集市》中的音乐更进一步吸收了民歌，仿佛它是这些乡村人物的自然语言，同时保留了其韵律、诗歌化，且有时押韵的正式形式。事实上，这种效果与《婚事》或原始的《鲍里斯·戈杜诺夫》的自然主义意图相去甚远，甚至与修订后的《鲍里斯·戈杜诺夫》中孩子们玩拍手游戏或以歌曲形式讲故事的那些时刻也相去甚远。果戈理的这些情节有一种民间性，有时危险地接近杂耍表演。这种特质是上乘的；穆索尔斯基总能在他的民间材料中发现细微之处，使其与众不同。然而，在这种他对乡村生活方式的城市视角中，仍然有一种无法消除的居高临下的成分，这是他在关于（或由）傻瓜、孩子、分心的神学院学生或死者的歌曲中一直避免的。

　　斯塔索夫非常讨厌这部作品中的大部分音乐，也许不仅仅是因为它在穆索尔斯基不存在的工作计划中取代了《霍万斯基之乱》。他对库图佐夫说："穆索尔斯基……今年夏天为《索罗钦集市》写了很多垃圾。但在所有人（尤其是我）攻击之后，现在决定将其全部扔掉，只留下好东西。"[1]即使是忠实的柳德米拉对此也很冷漠。她告诉斯塔索夫，穆索尔斯基"为舍芙里娅写了一些场景和其他东西，但一切都非常平庸，毫无生气，就像迄今为止这整个不幸的'小俄罗斯'事业一

---

[1]. 1877年11月7日的信件，收录于 *MR*，第362页。

样"。[1]穆索尔斯基本人以不同的措辞向库图佐夫报告了这个圈子的反应，但效果类似：

> 在第一次阅读《索罗钦集市》的第二幕时，我开始确信，摇摇欲坠的"成堆"的音乐们对小俄罗斯的幽默完全缺乏了解，他们的外表和要求都散发着寒意，正如大祭司阿瓦库姆所说"心都变冷了"。尽管如此，我还是停下来思考，不止一次地考验自己。在对自己进行了一番艰苦工作之后，我将恢复在《索罗钦集市》上的创作。我对自己的抱负不可能完全错误，我就是不能……[2]

斯塔索夫对《霍万斯基之乱》的评论使他停下了脚步。现在他的同事们对《索罗钦集市》的看法也产生了同样的效果。一年来，他几乎没有为他的果戈理歌剧写任何东西。当然，还有其他导致他失去创作冲动的原因（其中主要是奥西普·彼得罗夫于1878年3月去世，这让他非常沮丧，这于他等于失去了一位至关重要的父亲形象），但真正的原因肯定是圈子过于自由地表达了的保留意见。有一次穆索尔斯基演奏《霍万斯基之乱》的片段时，指挥家米哈伊尔·伯曼（Mikhail Berman）在场。"真可怜，"他回忆道，"在场的人（尤其是居伊）会不停地缠着他，要求各种删减、改动、缩写等等。……这样去折磨和挑剔一部新生的作品，不仅是面对面的，而且是在公共场合，这不仅是极其缺乏教养的表现，而且是彻头彻尾的残忍行为。但可怜的、谦虚的作曲家却一言不发，同意了这些修改。"[3]毫无疑问，他们对待《索

---

1. 斯塔索夫在1877年8月22日写给库图佐夫的信中提到。
2. 1877年11月10日写给库图佐夫的信件，收录于 MR，第362—363页。
3. 据伊利亚·秋门耶夫（Ilya Tyumenev）所述。引自 Taruskin, *Musorgsky: Eight Essays*, 357（另见 *MDW*, 622—623）。

罗钦集市》的方式大致相同。

然而，如果人们可以同意，乌克兰歌剧在某些方面对穆索尔斯基来说在他工作的那个阶段是个错误的转折，那么还有其他证据表明他的音乐在1877年出现了不确定的转变。年初，在编写果戈理的剧本之前，他写了一系列歌曲，主要是为阿列克谢·托尔斯泰的诗谱曲。托尔斯泰是《伊凡雷帝之死》及其尚未完成的续集的作者，也是虚构的人物科兹玛·普鲁特科夫的共同创作者，普鲁特科夫在政府工作的职业生涯一定与穆索尔斯基产生了共鸣，但遗憾的是，他从未为普鲁特科夫的任何诗谱曲。他所谱写的诗都是一些较为平淡的歌词，其中最辛辣的是《年轻人纺织合适吗？》，其中包括一系列不值得真正男人的活动，有一个非常贴切的形象是"等待他的命令并虚度生命的吟游诗人"。但穆索尔斯基忽略了这些问题的争论倾向，而是将这首诗视为一系列意象，包括为吟游诗人和他的古斯里琴演奏的滚奏和弦和琶音，以及为溪流、夜莺和诗人认为年轻人应该在其中滋养浪漫灵魂的阴凉的花园等幻象营造出的柔和颤音。

不过，总的来说，这些歌曲的音乐意象并不引人注目。穆索尔斯基似乎一直在煞费苦心地以一种平稳、有节制的方式，"朗诵"托尔斯泰的诗句，不像《育儿室》或《死之歌舞》那样对语言事件或叙事作出激动人心的反应。"不是用神圣的雷霆击中悲伤"（"Ne bozheem gromom gore udarilo"）是第一句诗，穆索尔斯基可以说是一种否定：没有雷声，悲伤非常克制。在另一首歌曲《忧郁从我的思绪中散去》（"Rassevayetsya, rasstupayetsya grust' poddumami"）中，"我思绪中的忧郁散去，像阳光穿透云层，闯入我黑暗的灵魂"，但庄严的钢琴和弦既没有关注精神上的变化，也没有注意到气象的变化。语调实际上运用的是《暗无天日》的语调，但没有那种强烈而深刻的体验。这一年，还有另外一首以库图佐夫的诗配乐的作品（除了6月份之后创作的《指挥官》之外），即《幻觉》（*Videniye*）。在这里，黑夜被拟人化为一位穿着黑色衣服的年轻女子，似乎在吸引诗人，召唤他"去爱和快乐"，确实有一定的气氛，然而，穆索尔斯基似乎在探索一种新的音乐表现形式，他未能用他缓慢展开的飘忽不定的钢琴和声来描述这一点。诗人走在"神奇的生物"前面，他的声音被沉重的左手八度颤音强调。毕竟，我们刚刚了解了女孩"轻盈透明的身材"，以及"她无形双唇的诱人低语"。以这样的轶事为由批评一首歌似乎是迂腐的，好似居伊或巴拉基列夫。但穆索尔斯基在这种情况下通常是严谨的，这是他的专长。与其他人相比，人们更能注意到这种不协调。

　　无论如何，他的失败几乎与他的成功一样清楚地表明了圈子内日益扩大的分歧。综上所述，这些歌曲和 1877 年争夺他注意力的两部歌剧是强力集团所代表的一切的虚拟概观。[1] 它们提供了历史、民间传说和歌曲、现实主义和戏剧性的"真相"、自然主义、音节式的歌词设定，离经叛道的和声；最重要的是，它们丝毫没有暗示一种学术性或被教授过的方法。就连鲍罗丁此时也无法像穆索尔斯基那样全面地回避良好的实践。至于里姆斯基–科萨科夫，他似乎完全放弃了斗争。他的理论研究是在莱蒙托夫和普希金（Op. 16）的一些合唱中进行的，主要是各种模仿技巧，包括赋格、卡农和变奏。然后在1876年夏天，他迅速地连续创作了一首弦乐六重奏和一首钢琴和管乐五重奏，并参加了由俄罗斯音乐协会组织的室内乐比赛。历史没有记载斯塔索夫和穆索尔斯基对这些作品的看法，但作曲家本人对它们很满意，并对它们未能

---

1. 如果我们算上斯塔索夫在穆索尔斯基传记中提到的另一部歌剧，那么共有三部歌剧。这是一个基于普希金关于1774年普加乔夫叛乱的小说《上尉的女儿》的歌剧。斯塔索夫声称这个主题被详细讨论过，并且在1878 年 11 月 14 日（也可能是1879年）写给库图佐夫的信中有所回应。穆索尔斯基建议将这部戏剧改编成歌剧——关于所谓的"生命战役者"，即曾经帮助镇压普加乔夫叛乱的普列奥布拉任斯基近卫军。但除了穆索尔斯基手稿中标记为"最后一部歌剧，普加乔夫的部下"的民间曲调被记录之外，似乎没有其他乐谱被创作出来，确实也很难想象音乐是如何被创作出来的。参见 *MR*，第354页和第372—373页。

赢得奖项感到恼火，该奖项由纳普拉夫尼克的钢琴三重奏获得。

这两部作品都充满活力、讨人喜欢、写得巧妙，但在影响力上有限，而且性格上相当没有个性。六重奏共五个乐章，第二乐章是赋格回旋曲，而其谐谑曲三重奏中还有另一个赋格曲。除此之外，它并不复杂，充满了简单、方正的旋律，并且在处理古典形式的曲式结构上明显公式化。它最美妙的时刻是构成行板第四乐章主题旋律的大提琴独奏，这一灵感来自（或许也归功于）舒曼。但它从来没有接近——或尝试过——里姆斯基-科萨科夫肯定研究过的勃拉姆斯两个六重奏的丰富织体或发展的微妙性。问题主要在于有机连续性。里姆斯基有很好的、有吸引力的主题，但它们往往会陷入整齐、对称的乐句，最简单地说，这暗示着童谣的轻快韵律——对于扩展音乐素材来说，这不是好方法。这在五重奏的第一乐章第二主题及其结束的主题尤为明显，由于回旋曲形式的性质，它出现得过于频繁，以至于乐曲一直维持着轻浮的基调。

五重奏的编写非常出色，这些不同乐器的组合展现了里姆斯基-科萨科夫对乐器融合和平衡的敏锐听觉。他聆听的大量管乐作品显然对他产生了影响，尽管人们会好奇，为什么里姆斯基-科萨科夫（他肯定知道莫扎特伟大的降E大调五重奏k.452）用长笛代替了莫扎特的双簧管，从而有效地排除了他的作品在罕见的管乐和钢琴在音乐会上一起演出的机会。在接下来的一年左右里，他又在他的管乐作品中添加了三部：一首长号协奏曲、一组双簧管变奏曲（基于格林卡的歌曲《年轻的树》创作）和一首单簧管协奏曲。所有三部作品都有乐队伴奏，并在海军岛屿克朗施塔特的乐队音乐会上演奏。这些都是为特定场合而作的作品，唯一真正让人感兴趣的是它们被创作出来的事实。它们标志着里姆斯基-科萨科夫作为职业作曲家生涯的到来，并因此有效地标志着他离开了强力集团的精神氛围，尽管正如我们将要看到的，他并没有脱离他们的身体或音乐存在。

[第二十六章]

沉入水中

到二十世纪七十年代末,强力集团在圣彼得堡音乐界的地位已经确立,但在很大程度上是负面的,至少在专业圈子中,他们是被蔑视的,有时甚至是公开敌视。总的来说,媒体对他们的评价褒贬不一,或者最多是含糊其词的赞扬。赫尔曼·拉罗什在 1876 年 6 月发表在《声音》(*Golos*)的一篇文章中,讽刺地感谢强力集团的作曲家"将你们的创作活动与我的批判性优势完美地结合起来",然后继续以音乐学院毕业生的高姿态炮轰穆索尔斯基的《暗无天日》,他知道规则并可以监控他们的违规行为。"这里没有什么特别的,"他对第三首歌曲《最终是徒劳而喧闹的一天》评论道,"但是没有作曲家时,一切都是美好而悦耳的。作曲家出现了,就像拿着魔杖一样,场景发生了变化。从伴奏钢琴的琴键中流出一股音乐的污水,就好像一个寄宿公寓的女孩在尝试一首新作品时没有注意到调号中有多少个降记号。"[1] 他甚至对《鲍里斯·戈杜诺夫》也进行了一次新的抨击,说"只有穆索尔斯基先生才能写出如此杂乱无章、缺乏条理的音乐"。但作品本身一直在重演,门票被销售一空,观众要求作曲家不断上台谢

---

1. *Golos,* 9 June 1876, in *TDM,* 46T; *MDW,* 495.

幕，显然这是在拉罗什的视野之外的。

那些没有背负评论家的理论包袱或职业尊严的人，能够更好地调整他们的批判准则。例如，屠格涅夫曾在《烟》中对格林卡无礼，并在1867年与斯塔索夫一起参加的音乐会上嘲笑所谓的俄罗斯学派。后来他告诉斯塔索夫，"在所有'年轻'的俄罗斯作曲家中，柴科夫斯基和里姆斯基-科萨科夫确实有一些天赋。但其他的人——显然不是作为人（作为人他们很迷人，而是作为艺术家）——都应该装进袋子，扔进水里！就像埃及第二十九王朝的几位法老到现在为止并没有被遗忘，但或许会在未来十五到二十年被忽视一样"[1]。但是在1874年5月参加彼得罗夫的晚会后，他改变了态度。他向波琳·维亚多（Pauline Viardot）提到那个晚上：

> 与彼得罗夫共进晚餐。……他还爱你如从前。他有一尊你戴着桂冠的半身像，很像你。我还看到了他的妻子，她60岁了，上颚没有一颗牙齿。好吧！晚饭后，她演唱了穆索尔斯基先生（《鲍里斯·戈杜诺夫》的作者也在场）的两首浪漫曲，很奇怪但很感人。她的声音仍然很可爱，音色年轻，富有表现力，迷人！我张大了嘴，感动得流下了眼泪，我向你保证。这位穆索尔斯基为我们演奏了音乐，我不能说是唱歌，但哼唱了他的歌剧的一些片段和他正在创作的另一部歌剧，这让我觉得这很有特色，很有趣，我向你们保证！老彼得罗夫把他那醉醺醺、邋遢的老和尚瓦拉姆唱得很完美。我开始相信这一切都有未来。穆索尔斯基让人误以为是格林卡，但鼻子完全红了（不幸的是他是个酒鬼），苍白

---

1. 1872年3月15/17日的信件，收录于 *MDW*，第260—261页。

但漂亮的眼睛，小嘴唇挤在一张双颊松弛的大脸上。我喜欢他；他很自然，不做作。他为我们演奏了他的第二部歌剧的序曲。这有点瓦格纳式的风格，但精致而尖锐。前进，前进，俄罗斯人！[1]

当然，屠格涅夫没有音乐上的偏见，只是被歌剧和音乐传统所束缚，而维亚多以她的方式也让他陷入了这种困境。另一方面，他对寻求地道的俄语表达有一种本能的共鸣，一旦他意识到这一点，他对这种音乐就没有什么难以回应的了，这种音乐与他在维亚多的音乐圈中所接触到的音乐大相径庭。"我主要是一个现实主义者，"他告诉玛利亚·米卢蒂娜（Mariya Milyutina），"最让我感兴趣的是活生生的人类面貌的真实性。"[2]

对于像拉罗什或他的同学柴科夫斯基这样训练有素的音乐家来说，这种事情实在难以接受。但柴科夫斯基的评价虽然严厉，至少没有他昔日同事那种傻乎乎的傲慢。事实上，考虑到受过良好教育的人自然会有的偏见，他为他的赞助人娜杰日达·冯·梅克（Nadezhda von Meck）描绘这个团体的形象时，非常具有洞察力，值得长篇引用：

> 所有最新的彼得堡作曲家都非常有才华，但他们都被最可怕的自尊心以及一种纯粹的业余爱好者的优越感所感染，认为自己在音乐界优于其他人。最近的一个例外是里姆斯基-科萨科夫。和其他人一样，他是自学成才的，但他的

---

1. 1874 年 6 月 3 日的信件，收录于 Zviguilsky, *Ivan Toungénev:Nauvelle Corréspondance inédite*, 211-212。
2. 写给 M.A. 米柳季娜的信，1875 年 2 月 22 日/3 月 6 日，收录于 Turgenev, *Polnoye sobranige sochineniy i pisem*, 31。

情况突然发生了逆转。他非常认真，非常诚实，而且尽职尽责。作为一个非常年轻的人，他与一群人交往，他们首先让他相信自己是天才，然后告诉他没有必要学习，学校会扼杀灵感、枯竭创造力等。起初，他相信了。他最早的作品证明了他的天赋，但没有任何理论发展。在他所属的圈子里，他们都自恋，也互相爱慕。每个人都试图模仿圈子里他们认为很棒的作品。结果，整个圈子很快就陷入了方法的单一、个性的缺失和矫揉造作之中。五年前，科萨科夫是他们中唯一的一个意识到这个圈子所宣扬的思想毫无根据，他们对学校的蔑视，对于古典音乐、对权威和榜样的憎恨不过是无知而已。我保留了他当时的一封信。它深深地触动了我，也震撼了我。看到自己沿着一条毫无益处的道路走了这么多年，他陷入了深深的绝望。他问自己该怎么办。显而易见的答案是他必须学习。他确实开始了学习，且学习热情高涨，学术技术很快成为他必不可少的环境氛围。一个夏天，他就写了无数的对位练习和六十四首赋格曲，他立刻寄给我十首让我审阅。他的赋格曲在形式上似乎完美无缺，但我当时注意到这种反应在他身上产生过于突然的转变。从对学校的蔑视，一下子就转向了对音乐技巧的崇拜。不久之后，他的交响乐和弦乐四重奏出现了。这两部作品都充满了各种技巧，但正如你所看到的那样，它们都充满了干巴巴的学究气。此刻的他显然正在经历一场危机，这场危机将如何结束，还很难预料。他要么成为一位伟大的大师，要么最终陷入对位的泥潭而无法自拔。居伊是个才华横溢的业余音乐家。他的音乐缺乏独创性，但优雅而优美。可以这么说，它过于矫揉造作，过于圆滑，以至于第一次听到它会令人愉悦，但很快就会令人厌倦。这是因为居伊并非专业的音乐家，而是一名防御工事教授,几乎在彼得堡的每一个军事学术机构都有他的讲座。他自己向我承认,他无法在没有钢琴的情况下创作背景和弦的旋律小调。当他遇到一个不错的小想法时,他会立刻记下来,把它拆成碎片,用各种可以想象的方式装饰和润色它,这一切都需要很长时间。例如,他花了十年时间来写他的歌剧《威廉·拉特克里夫》。但我再说一遍,他还是有天赋的;至少他有品位和气质。鲍罗丁是一位50岁的医学科学院化学教授。[1] 同样,他有天赋,甚至是有很大的天赋,但这种天赋因缺乏关注和命运的捉弄而枯竭了,命运使他成为化学领域的佼佼者,而不是投身于富有活力的音乐活动中。另一方面,他的品位不如居伊,而且他的技术太弱了,以至于没有人的帮助,他就无法创作出哪怕一行的乐谱。穆索尔斯基你完全可以说是不可教化的。就天赋而言,他可能优于上述所有人。但他性格狭隘,没有自我提升的欲望,盲目相信圈子里的荒谬理论和自己的天才。此外,他有一种低劣的天性,喜欢粗俗、粗鲁、粗野的东西。他和他的朋友居伊正好相反,居伊在"浅水处游泳",但总是端庄优雅。相比之下,穆索尔斯基喜欢炫耀自己的无知,为自己的无知而自豪,胡乱做事,盲目地相信他的天赋是绝对正确的。但在他的作品中,也有真正的才华,也有原创的才华。圈内的杰出人物是巴拉基列夫。但他沉寂了,作品寥寥无几。他拥有巨大的才能,但由于某种致命的情况而消亡,这使他在长期以完全无神论为荣之后变得虔诚。如今,他从不离开教堂,他为圣餐而禁食,向圣物行礼,除此之外,他什么也不做。

---

1. 鲍罗丁当时44岁。

尽管他有很大的天赋，但他也造成了很多伤害。例如，他说服科萨科夫学习会造成伤害，从而毁了他。总的来说，他是这个奇怪圈子的所有理论的缔造者，这个圈子汇集了许多未被触及的、被误导的或过早枯萎的力量。[1]

事实上，在柴科夫斯基写这封信之前的一段时间，巴拉基列夫已经开始重新出现在人们的视野中了。确实，他已经成为了一个宗教隐士，已经接受了素食主义和各种形式的严格东正教习俗，甚至还掺杂了一些神秘的胡言乱语。他为数不多的朋友拜访他时发现他情绪低落，反应迟钝。他似乎遭受了后来被称为神经衰弱的疾病折磨。正如我们所看到的，他放弃了指挥职位，完全放弃了作曲和参加圈子聚会。为了补贴微薄的教学收入，他找了一份中央铁路公司货物部的文员工作，但很快也因某种不明原因放弃了这份工作。圈子里唯一一个对他仍有影响力的是柳德米拉·谢斯塔科娃，她说服他把音乐手稿交给她保管，同时确保她哥哥的钢琴（当时被巴拉基列夫拥有）被转移到音乐学院保存。《李尔王》的作曲家在某些方面变成了他的莎士比亚式英雄的可怜复制品，抛弃他的世俗物品并放弃了他的家庭和头衔。但就他而言，这种情况是暂时的。

早在1876年，他已经有了摆脱清规戒律的迹象。那年3月，他在自由音乐学校音乐会上指挥了《李尔王》序曲之后，里姆斯基-科萨科夫不厌其烦地给作曲家写了一封感谢信，并附上了鲍罗丁和斯塔索夫的问候。巴拉基列夫被感动了，他告诉了柳德米拉，并加了一个明确的承诺，他一定要写出他深思熟虑、期待已久的《塔玛拉》。"这意味着，"斯塔索夫告诉鲍罗丁，"他还不是一具完整的尸体，我还没有

---

1. 1876年12月24日/1877年1月5日，来自圣雷莫的信，收录于 *MR*，第364—367页。

完全放弃他复活的希望。"[1] 几周后，鲍罗丁告诉卡玛琳娜："在永远充满活力和热情的柳德米拉·伊万诺夫娜的坚持下，巴拉基列夫开始创作他未完成的《塔玛拉》。"[2] 但到1877年1月，情况变得更加清晰。"巴拉基列夫，"他对歌手说，"亲爱的，天才的巴拉基列夫，再次为音乐而崛起！他几乎又是原来的米利·阿列克谢耶维奇，热情地争论降D大调还是B小调以及争论音乐作品中最细微的细节，而这些都是他以前不想听到的。"[3] 他现在再次出现在谢斯塔科娃和斯塔索夫家中。1877年圣诞节的一天，他向德米特里·斯塔索夫演奏了《塔玛拉》的片段，不久之后，他试图拜访弗拉基米尔·斯塔索夫，祝他生日快乐（1月2日），但并没有成功。这促使弗拉基米尔给巴拉基列夫写了近五年来的第一封信。"所以你并没有完全忘记我，"他写道，"也没有完全把我拒之门外。"在巴拉基列夫不在的时候，他一直在听他的音乐：《伊斯拉美》（娜杰日达·里姆斯基-科萨科夫一直在学习）、《格鲁吉亚之歌》（*Georgian Song*）和由新男高音彼得·格里戈里耶夫（Pyotr Grigoryev）演唱的《梦》（*The Dream*）。"但昨天我再一次想到，我有多久没有听到你那美妙的《塔玛拉》了，这让我特别痛苦。你看，我不仅可以而且必须听到它。没有人比我更爱你和它。如果今天别人能听到，那我就更有千万倍的理由听到它。"[4]

这样一来，他们的通信又开始了，就好像从未中断过一样。《塔玛拉》不时被提到。"如果你没有听到《塔玛拉》，"巴拉基列夫写道，"那只是因为我不想象现在一样把它分成几部分零碎地呈现给你，更不用想象我为你兄弟演奏的那样，演奏一些东拼西凑的几小节或乐

---

1. 1876年3月30日的信件，收录于 *BZ*，第203页。
2. 1876年6月1日的信件，收录于 *PB2*，第108页。
3. 1877年1月19日的信件，收录于 *PB2*，第123页。
4. 1878年1月3日的信件，收录于 *BSP*1，第288—289页。

句。"[1]斯塔索夫从里姆斯基-科萨科夫那里听说"《塔玛拉》正在创作中，甚至整页都是新写的！"[2]最后，在3月，他听到了巴拉基列夫的演奏，大概是片段。但不知何故，创作仍然没有完成。在里姆斯基-科萨科夫的帮助下，巴拉基列夫专注于编辑《鲁斯兰与柳德米拉》。他为两架钢琴改编了柏辽兹的《哈罗尔德在意大利》，斯塔索夫在巴黎参加1878年世界博览会时，充当他与布兰德斯出版商的中间人。与此同时，不知疲倦的斯塔索夫开始提出新作品的主题，就像过去一样。他向巴拉基列夫送去了"以赛亚书"第六章的伟大幻想诗（"乌西雅王死的那一年，我也看到主坐在宝座上"），连同普希金的自由释义（《先知》）。"谁知道，"他沉思道，"也许你会在这个美妙的、无与伦比的主题上做点什么，在我看来，没有人比你更适合这个主题了！"[3]后来他提出了拉斐尔伟大的梵蒂冈壁画《利奥一世与阿提拉的会面》的主题。[4]但巴拉基列夫专注于校对《鲁斯兰与柳德米拉》，忽略了"以赛亚书"的想法，然后拒绝了拉斐尔画作的建议，认为这幅画"甚至不是一幅严肃的画，而是一幅罗马天主教的谐谑小品——适合作为一本关于拉文纳神父的教育书籍的一部分，装订精美，插图丰富，可以作为参考书放在（尼古拉）谢尔巴乔夫母亲闺房的一张漂亮的小桌子上，给人留下合适的印象"。[5]而《塔玛拉》仍未完成。

如果说柴科夫斯基对巴拉基列夫的评价是错误的，那么他对居伊的评价倒是相当准确。居伊在他的作品Op.9和Op.10中添加了更多歌曲，但显然没有任何超越其平淡魅力的更大愿望。他的《十三幅音乐图画》(*Trinadtsat' muz.kal'n.kh' kartinok'*) 完全符合柴科夫斯基对这位

---

1. 1878年1月6日的信，收录于*BSP*1，第289—290页。
2. 1878年2月23日的信，收录于*BSP*1，第291—292页。
3. 1878年7月4日的信，收录于*BSP*1，第299—300页。
4. 1878年8月18日/30日从巴黎发出的信，收录于*BSP*1，第307—309页。
5. 1878年10月8日的信，收录于*BSP*1，第315—316页。

作曲家的印象：忙于处理一些小巧思，装饰和美化它们，但从未打破自己诗歌中体现的童稚意象所强加的模式：在冷杉树上跳来跳去的小兔子，作为春天的使者到来的燕子，戴着金色鸡冠的公鸡。即使诗歌具有真正的民间特质，音乐也没有，仍坚定地保持在主调和声和两小节或四小节乐句的范围内。在 Op. 11 中，他尝试更具挑战性的事情。最引人注目的是阿列克谢·托尔斯泰的"迎着钟声，安详地打盹"（To the Bell, Peacefully Dozing），这首诗短暂地让人想起《普斯科夫姑娘》中的公民大会场景，钟声喧嚣，召唤人们战斗。在他的极限范围内，居伊通过回应诗人笔下的轰鸣炸弹和响亮的钟声，达到了某种声音上的生动性，即使场景中的潜在恐怖并未完全传达出来。密茨凯维奇和海涅的诗作被他谱曲后，立刻展现出柴科夫斯基所认为的居伊特有的魅力；但正如他也指出的那样，这些作品缺乏个性，而且大部分听起来就像是舒曼在稍微不在状态的日子里创作的。

至于穆索尔斯基，柴科夫斯基的评价与拉罗什评价的不同之处只是在于避免了使用丰富多彩的意象。即使他知道1878 年的头几个月穆索尔斯基个人生活和健康状况的糟糕情况，似乎也不太可能以任何方式缓和他的评价。自从前八月为《索罗钦集市》的第二幕写作以来，穆索尔斯基没有创作任何新的作品。在一场又一场的音乐会上，他以伴奏者的身份出现，通常没有报酬，且很少演奏他自己的音乐。这些多为帮助女工、贫困学生、受伤士兵或贫困艺术家的音乐会。4月，他为达利娅·列昂诺娃（Darya Leonova）（1873 年《鲍里斯·戈杜诺夫》的女主角扮演者）伴奏了两三次，并在她位于彼得霍夫（Peterhof）的别墅度过了几个星期的夏天，没有创作出任何比《无地农民》草稿中占卜场景的声乐总谱更为复杂的作品，这来自他为《霍万斯基之乱》的第二幕所作的更旧的草稿。

彼得罗夫3月去世无疑给他带来了沉重的打击——可以说，这比正常情况更为严重。他一生都对父亲和母亲的形象异常依赖，而这种依赖似乎随着他心理状况的恶化而变得更加明显。与列昂诺娃的新亲密关系,无论是否在性方面,都表明他特别需要一位年长女性的精神支持(他当时39岁;她49岁,显然是已婚人士)。这种需要有时会以一种令人不快的成人方式出现,只能被描述为幼稚。自前一年秋天以来,他的饮酒及其影响越来越严重。他会谈论"奇怪的疾病"或——古老的委婉说法——"神经性发烧"。这种情况会分阶段出现。彼得罗夫的葬礼结束后,他冷静了一段时间,柳德米拉向斯塔索夫报告说,他曾去看她,"完全恢复正常,几乎像一个体面的人"[1]。7月底,他和巴拉基列夫在柳德米拉家第一次见面。这是自巴拉基列夫复出以来的首次碰面,巴拉基列夫"对他的为人感到惊喜。没有任何自我宣传或任何形式的自我崇拜,相反,他很谦虚,认真听取别人对他说的话,并且对了解和声的必要性完全没有异议,甚至不反对与科尔辛卡(里姆斯基-科萨科夫的昵称)合作"[2]。但几天之内,这种顺从的表象就瓦解了。连续几天,他出现在柳德米拉的面前,"看起来很糟糕,待了很长时间;眼看情况越来越糟,我觉得我必须做点什么,为了救他并保护我自己,我给他写了一封信,请他在所谓的'神经性烦躁'(他是这么称呼的)的时候不要来找我"[3]。这个来自他爱慕的女人的最后通牒让他清醒了过来,第二天他完全以正常状态出现在她的公寓里。但是,听她讲述了这一切的斯塔索夫并不相信事情已经得到解决。

(他告诉巴拉基列夫)在我们的眼前,我们最优秀、最

---

[1]. 斯塔索夫向库图佐夫报告,1878年4月1日的信,收录于 *MR*,第368页。
[2]. 穆索尔斯基、巴拉基列夫和谢斯塔科娃于1878年7月28日联名写给在巴黎的斯塔索夫的信件。参见 *MR*,第369—370页;*BSP*1,第301—302页。
[3]. 1878年8月9日写给斯塔索夫的信件,收录于 *MR*,第371页。

有才华的同志和兄弟之一——穆索尔斯基——正在悄悄地沉入水中，不断下沉，沉入海底，就像一艘被该死的蠕虫日夜啃噬出洞的船只。也许一切都还不算太晚，他可以被拯救。他的身边围绕着一些极其恶劣的酒鬼和最坏的恶棍：他在马利·雅罗斯拉维茨那边的所有酒友——正是他们拖累了他，毁了他，因为他的软弱和易受影响的天性。但是你对包括穆索里亚宁在内的所有最优秀的人都有强烈的吸引力。……在我看来，如果你愿意，米利，你可以做，即使不能做到一切，也可以做到很多。所需要的是将他从他的低级饮酒人群和他们整个空虚的圈子中分离出来。经常邀请他过来，经常看望他，用工作和任务淹没他，用你的善良和温柔，父亲般的保护和帮助，不要让他一个人待着——这对你来说将是一种自我牺牲，但你也许正在做你一生中最伟大和最高尚的行为之一，你将拯救一个人的灵魂。[1]

巴拉基列夫尽力了。穆索尔斯基带来了他的"女巫"，因为巴拉基列夫仍称其为《圣约翰的荒山之夜》，让他的老导师过目，巴拉基列夫则像往常一样给出了关于如何修正缺陷的指示。至于他是否看到修订后的《姆拉达》和《索罗钦集市》的版本及其带有美丽钟声和破晓的新结局，并不完全清楚，尽管人们怀疑他并没有看到，因为他在谈话中没有提到这一惊人而重要的变化。后来，他们有几次会面来讨论进展情况。但在10月的一个晚上，穆索尔斯基没有出现，这让巴拉基列夫感到愤怒："你谈论我的有益影响就这么多了，"他对斯塔索夫抱怨道，"总的来说，我对把穆索尔斯基变成一个充满活力、精力充

---

1. 1878年8月18日/30日的信件。

沛的人和作曲家已经不抱希望了。他的身体受到了太大的伤害，除了现在这样像具尸体外，不可能成为其他样子。"[1]

巴拉基列夫也一直试图说服鲍罗丁更多地关注作曲，但得出的结论是，柳德米拉应该为她的晚上邀请太多不相关的人而分散他的注意力负责，她不应该将聚会视为一种夜校。在这里，"重生"的巴拉基列夫可以给他以前的圈子中迷失方向的成员提供指导。但是鲍罗丁不需要任何帮助来进行自我分心的艺术创作。1877年初，他向卡玛琳娜表达了在1877年乐季完成《伊戈尔王》的微弱希望。但随后他开始用夏天的大部分时间——理论上是他作曲的最佳时间——去德国旅行，陪同两名即将在耶拿大学完成学业的学生，并在魏玛拜访了李斯特。这些访问产生了一堆精彩的信件和一系列回忆，极大地增强了鲍罗丁的信心，但似乎并没有集中他的创造力。后来，他和叶卡捷琳娜在莫斯科东部弗拉基米尔省的达维多沃村度假，修改了他两三年前草拟的弦乐四重奏，但大部分时间都在松树林里散步，呼吸清新的树脂味的空气。据我们所知，他没有创作过任何关于《伊戈尔王》的音符。

接下来的冬天，正如我们已经看到的那样，他在弗拉基米尔创作了第二幕卡瓦蒂娜和扎恰科夫娜的二重唱，除此之外，还创作了四首短小的钢琴作品，将它们命名为《释义曲》。他和叶卡捷琳娜再次在达维多沃度假，这一次让他分心的事更加多了。一天晚上，整个村子都着火了，他们不得不逃命，在田野里过夜，神经质的叶卡捷琳娜当即就患上了广场恐惧症。可怜的鲍罗丁！就像他爱他的妻子一样，他有时可能希望她在某个遥远的星球上，在那里她可以成为一个他深情凝视的对象，而不是他日夜宁静生活的破坏者。根据迪亚宁的说法，叶卡捷琳娜此后永远不会在黎明前睡觉，并且坚持让其他人熬夜到她

---

1. 1878年10月13日的信件，收录于 *BSP* 1，第317页。

睡觉的时间。不过，火灾发生后不久，鲍罗丁去了莫斯科，买了一架钢琴，把它安装在他们很快搬去的未受影响的达维多沃房子里。在那架钢琴上，他创作了《伊戈尔王》第一幕场景的重要部分，其中一个一群年轻女孩恳求雅罗斯拉夫娜的兄弟弗拉基米尔·加利茨基释放其中一名被他的随从绑架的人，但未成功，随从们自己——包括喜剧恶棍斯库拉和叶罗什卡——唱着一首醉酒歌赞美加利茨基。作曲家似乎毫不费力地将自己融入到这个令人眼花缭乱的混乱画面中，音乐中流畅的动作和对肖像描写的光彩完全嘲弄了柴科夫斯基对鲍罗丁所谓的技术无能的评论。李斯特更敏锐。"请不要听，"他在演奏完鲍罗丁的《B小调交响曲》后敦促道，"那些阻碍你前进的人的话；相信我，你走在一条正确的道路上，你有如此多的艺术天赋，你不必害怕创作；请记住，贝多芬和莫扎特等人在他们那个时代得到了完全相同的建议，如果他们听从了这些建议，他们将永远不会成为伟大的大师。"[1]

至于《释义曲》，这是一首真正得以写作和发表的与他人合作的作品。几年前，鲍罗丁为一个要求与他演奏钢琴二重奏的小女孩（他未来的养女甘雅）创作了一首《波尔卡舞曲》。事实证明，她所能演奏的只是俄国人称为"塔蒂–塔蒂"（"Tati-tati"，《筷子》，即模仿敲出筷子的声音）的运用两根手指的乐曲，鲍罗丁简单地创作了一首《波尔卡舞曲》，使这段旋律作为一种固定低音，在成人演奏的部分带有巧妙的和声变化。后来里姆斯基–科萨科夫建议创作一系列以同样方式写成的作品。所以鲍罗丁在最初表现出不情愿之后，添加了《葬礼进行曲》和《安魂曲》（带有模拟管风琴的引子和幻影般的声部），此外，还有居伊、年轻的阿纳托利·里亚多夫和里姆斯基–科萨科夫本人的其他作品，不出所料，科萨科夫的贡献包括一首《怪诞赋格》和《B-A-C-H上的小

---

1. 1877年7月3日鲍罗丁写给他妻子的信件，收录于 *PB2*，第133页。

赋格》。这位年轻的钢琴家只需要在整个过程中重复"Tati-tati",就像自从尤菲米娅·艾伦(Euphemia Allen)在构思《释义曲》的时候第一次提出这个令人愤怒的想法以来,孩子们就一直在叽叽喳喳地演奏《筷子》一样。该集于1879年出版,一份副本寄给了李斯特,李斯特非常喜欢它,以至于他写了自己的一个小曲。这部作品的影印本被正式收录在1893年第二版的曲集中——连同谢尔巴乔夫的一段作品和鲍罗丁的新玛祖卡。[1]

与此同时,里姆斯基–科萨科夫与巴拉基列夫一起编辑格林卡的作品,促使他重新审视了《普斯科夫姑娘》,不久之后,这激发了他创作一部新歌剧的灵感。他似乎很早就意识到这是他职业生涯中的决定性时刻。"研究格林卡的乐谱,"十五年后他写道,"对我来说是一次意想不到的学习。"他曾让自己陷入传统的课堂学习中,现在突然之间,他面对的是一个天才的纯粹新鲜感,这个天才从未进过讲堂,通过直接接触音乐和音乐家,学到了他需要知道的一切,并只接受了德国理论家几个月的速成教学,就将所有这些不同的影响转化为某种有凝聚力的风格。"我贪婪地吸收了他的所有方法,"勤奋好学的里姆斯基–科萨科夫报告说,"我研究了他如何处理自然铜管乐器,这使他的配器具有难以言喻的透明度和轻盈感;我研究了他优雅自然的声部写作。这对我来说是一门有益的训练,带领我走上当代音乐的道路,在我经历了复调和严格对位的波折之后。"[2]

首先,他重新审视了《普斯科夫姑娘》,发现它有很多不足之处。它太不平衡了,和声过于夸张,对位太少,结构粗糙,显然是一部未

---

1. 巴拉基列夫不愿意参与该项目。穆索尔斯基创作了"一首加洛普舞曲或类似的乐曲",但他随意更改了固定音型,又拒绝修改。他所写的东西显然没有被保存下来,乐谱也遗失了。
2. *LMMZ*, 152; *MML*, 175。

经打磨的作品。他以一贯的彻底性着手进行了全面的修订工作。他将现有的部分进行逐小节重写，丰富了织体，规范了和声，扩大了一些场景，收缩了另一些，增加了对位，整体上把可怜的女仆变成了一个受人尊敬的女人。最重要的是，他创作了一个全新的序曲，取自梅伊的原作（包括他十一年前创作的摇篮曲），讲述了奥尔加的母亲维拉·谢洛加的故事，她对姐姐娜杰日达坦白自己如何爱上了一位在森林中救了她的人，并生下了他的孩子，而这位波雅尔原来是沙皇伊凡本人。在序曲结束时，维拉的丈夫从战争中归来，娜杰日达为了救她的妹妹，声称孩子奥尔加是自己的。除了这个三十分钟的场景外，里姆斯基-科萨科夫还增加了一些新的情节，包括沙皇和一个名叫尼古拉的傻瓜的颠僧之间的对抗，显然是模仿了《鲍里斯·戈杜诺夫》中圣巴西尔的场景。还有一个（部分是赋格）流浪朝圣者的合唱，是基于一首名为《关于阿列克谢，上帝之子的诗》的民间曲调改编的，里姆斯基说，加入这首合唱是因为巴拉基列夫的坚持，"鉴于优美的曲调，以及他对圣徒和宗教信仰元素的偏爱"[1]。

这部 1877 年的《普斯科夫姑娘》在各方面都比原作写得更好，也更充实。但可惜，没有人喜欢它。圈子给了它例行的认可，但没有热情；甚至作曲家的妻子也反应冷淡，说实话作曲家自己也很难喜欢这个版本。"我也觉得新形式的歌剧变得冗长、枯燥且沉重，尽管在设计和技术上有进步。"[2] 他将它交给帝国剧院制作，但纳普拉夫尼克就像其他人一样不热情，因此事情并没有进展。歌剧的第二个版本既没有演出也没有出版，最终里姆斯基-科萨科夫不得不从中提取素材用于其他作品。他将"阿列克谢"合唱单独出版，把序曲的短小部分和四个幕间曲改编成了用于梅伊戏剧作品的配乐，同样既没有表演也

---

1. *LMMZ*, 153；*MML*, 175。
2. *LMMZ*, 156；*MML*, 179。

没有出版。多年后，他又制作了这部歌剧的最终版本——没有序曲，而是将其加工作为独幕剧出版，名为《贵族妇女维拉·谢洛加》(*The Boyarina Vera Sheloga*)。[1] 突然间，对于一个很少完成单个作品的作曲家来说，他已经成为一位魔术师，可以毫不费力地将一部作品变成五首作品。这个能力可能在一定程度上解释了他对曾经是强力集团典范作品的冷淡接受。这当然也解释了柴科夫斯基对他的含蓄赞赏，包括对里姆斯基-科萨科夫是否会"成为一位伟大的大师"或"被对位复杂性完全吞没"的不确定性。

实际上，正是通过创作一部全新的歌剧，他才得以摆脱这种命运。这部歌剧基于果戈理的故事，故事是在六年多前他的未婚妻娜杰日达·普戈尔德介绍给他的。这个故事就是《五月之夜》(*Mayskaya Noch*)，它与《索罗钦集市》都收录在《狄康卡近乡夜话》中。当他和娜杰日达一起读到这个故事时，他刚刚被任命为音乐学院的教员，他的思绪正在转向技术要求，而这些要求从那时起就一直困扰着他。但到了1878年，当他的《五月之夜》几乎全部完成时，他的学习有了新的转变。在整理民歌集的过程中，他不仅对曲调和歌词感兴趣，还对它们特定的仪式或季节关联产生了兴趣。《五月之夜》提供了将这种材料融入实际戏剧的可能性，确保在故事的特定时刻演唱的歌曲是合适的，并且在正确的地点和正确的时间演唱。

果戈理本人只告诉我们他的故事发生的月份，但这足以让里姆斯基-科萨科夫描绘出在乌克兰农村一年中那个时候发生的仪式，所有狄康卡故事都发生在那里。对于果戈理来说，春天是在温暖的夜晚里绽放爱情的最佳时节。"大地……泛着银光；奇妙的空气凉爽而令人

---

1. 原始版本的序幕包括序曲、摇篮曲、维拉的叙述和王子的归来。为了作为一部独幕剧，里姆斯基-科萨科夫为娜杰日达和乳娘弗拉斯耶芙娜创作了开场场景，以及维拉和娜杰日达之间的对话，从而引出叙述部分。参见《全集》第八卷的导言。

陶醉，充满甜蜜，洋溢着芬芳的海洋。"[1]这是一个吟唱小夜曲的时间，也是各种奇怪和险恶显现的时刻，这里有真正的魔法，而不仅仅是《索罗钦集市》中吉卜赛人的假巫术。果戈理的英雄列夫科爱上了美丽的汉娜，但他的父亲，村长，也对她有企图，禁止他们结婚。列夫科告诉汉娜附近湖边一栋奇怪的房子的故事，它的主人在第一任妻子去世后娶了一个女巫，他们两人把前妻生的女儿赶出了房子。女孩帕诺奇卡投身湖中，变成了水仙女，把她邪恶的继母也拖进了水里。那天晚上，列夫科在老房子附近散步，唱歌和弹奏他的班杜拉琴（乌克兰乐器）。突然，溺水的女孩出现时，水仙女们玩起了乌鸦游戏，不幸的女孩恳求列夫科认出那个继续以水仙女形象骚扰她的继母。当他这样做时，她奖励了他一封警察署长给村长的信，要求村长立即促成列夫科与汉娜的婚事。果戈理清楚地将这种魔幻情节定位在真实的乡村生活中——不受欢迎的市长和他的小姨子、醉酒的烧炭工、现在住在老房子里的酿酒商、村里的男男女女——他强烈要求把整件事改编成一部歌剧，它的音乐意象是如此丰富。[2] 27岁的列夫科和他的班杜拉，年轻的村民们"用歌声倾诉他们快乐的灵魂"，喝醉的烧炭工如他欢快的舞蹈，小伙子们唱着村长的歌，水仙女们的圆舞曲。作曲家只需要跟随果戈理的指引，他的歌词、歌曲、对话等自然而然就形成了。

无论他是否受到穆索尔斯基以及与《索罗钦集市》断断续续的接触的影响，两部歌剧之间有明显的共同点。当然，首先是果戈理自己独特的叙事风格，他出色的地域描述能力和人物塑造能力，以及他将脚踏实地的现实与魔法和巫术相结合的特殊方式。两部作品都带有民俗气息，源于对地道民歌的不加掩饰的运用；两者都使用民谣作为咏

---

1. Gogol, "A Night in May", trans. Christopher English, Wold's Classics edition (Oxford and New York: Oxford University Press,1994), 57.
2. 塔拉斯金称其为"一部寻找作曲家的歌剧"。参见 *Musorgsky: Eight Essays*,331。

叹调甚至宣叙调的基本材料。但两者现在似乎都体现了塔拉斯金所说的"不是进步而是倒退的趋势"[1]，即使我们仅限于讨论音乐和叙事风格的问题，而避免讨论动荡的十九世纪七十年代与越来越右翼和反进步的《死魂灵》作者某些模棱两可的政治立场，他于1852年去世。相反，它们属于某个前强力集团时代的民间杂耍剧，或者韦伯、罗尔津的早期歌剧，或者（在《五月之夜》的情况下）众多早期浪漫的水仙女歌剧，从霍夫曼的《温蒂尼》（Undine）到瓦格纳的《仙女》，当然还有达尔戈梅日斯基的《水仙女》。它们在很大程度上缺乏像《鲍里斯·戈杜诺夫》或《普斯科夫姑娘》那样新颖的元素。《五月之夜》是一部非常有气氛的漂亮的歌剧，有着有效的管弦乐编配，但从角色的安排来说，他们大多是常规的角色。一个明显（并且被广泛引用）的类比是斯美塔那的《被出卖的新嫁娘》，创作于六十年代初，并于1871年首次在圣彼得堡上演。斯美塔那的作品比里姆斯基-科萨科夫的作品传达出更深的心理层次，甚至一度转向悲剧，而《五月之夜》没有真正体现出悲剧的痕迹。

除了迷人的魅力外，《五月之夜》的主要吸引力在于对民间材料的精心配置，以及它们的精确应用。《索罗钦集市》中有许多原汁原味的曲调，但它们的使用与仪式或礼仪无关。相比之下，里姆斯基-科萨科夫的方法倾向于一种民族志的纯粹性，民间材料完全取自一个无可挑剔的来源，亚历山大·鲁别茨（Alexander Rubets）于1871年出版的《216首乌克兰民歌集》。他的歌剧在序曲之后开始由两个关于民间播种的游戏的双合唱开始；后来他将两首圣三一主日的合唱歌曲结合（在合唱《我在每个节日都绕花环》（*Oy！Zav'yu venki na vsye svyatki* 中的 svyatki 是指圣诞季，但这里指的是圣三一，即所谓的"绿色圣诞节"）；

---

[1]. 塔拉斯金称其为"一部寻找作曲家的歌剧"。参见 *Musorgsky: Eight Essays*, 332。

在最后一幕中，台下合唱团唱了一首鲁萨尔卡歌曲（与圣灵降临节和施洗者圣约翰节之间的斋戒日有关）和另一首《绿色圣诞节》(*zeloniye svyatki*)。还有其他不那么具体的民歌，以及一些纯粹的里姆斯基–科萨科夫式的优美旋律，例如列夫科的第一首咏叹调是一首用鲁别茨的作品改编的乌克兰民歌，但他在第三幕的湖边歌曲是原创的，虽然确实是运用了五声音阶（你可以在钢琴的黑键上弹奏它的主旋律，并进行移调），但过于自由，不能算作民歌。总的来说，男高音列夫科在整部作品中拥有最好的独唱作品。但最感人的时刻是民歌合唱，尤其是台下的鲁萨尔卡歌曲，它与对读"警察署长"的信的喜剧场景形成对比，并以"路上有灰尘，橡树林中有骚动，父亲正在谋杀女儿"来责备父亲。里姆斯基–科萨科夫对《五月之夜》中的对位感到自豪，他觉得这种对位终于摆脱了教室的束缚，成为复杂的作曲技巧中的一个元素。他还声称，他在梅利古诺夫在1879年出版的民歌合集中描述这种现象的前一年就已经在《五月之夜》第一幕的圣三一歌曲中写了俄罗斯民间支声复调（podgoloski）。[1] 合唱团女高音和女中音用不同变体唱同一旋律，有时是二部和声，有时不是。毫无疑问，在原生态下的民间支声复调不如这里优雅，但这个想法是对的。[2]

因此，这部引人入胜但不起眼的歌剧标志着这位34岁作曲家创作生涯中的一个重要阶段。就在民歌收集变得科学化，分类学开始取代美化的时候，里姆斯基–科萨科夫证明，艺术也可以精确地描绘它所依据的现实。至少在他作品的一个方面，他表现得像一个摄影师，记录下了生活环境，即使他的戏剧是通过从未走过真正的街道或森林小

---

1. V.V.Yastrebtsev, *Reminiscences of Rimsky-Korsakov*, Florence Jonas(trans.and ed.)(New York:Columbia University Press, 1985), 69.
2. 正如塔拉斯金所评论的："里姆斯基的'民间支声复调'几乎不需要补充说明，遵循的是学院派的和声规则。" *Stravinsky and the Russian Trditions*, 725,n.136.

径的纸板人物表演的。从现在开始，对他来说，歌剧将是基于情境的现实主义而不是叙事，是对古老习俗和仪式及其相关故事、诗歌和音乐的深入挖掘，这些通常与别林斯基或斯塔索夫所拥护的那种历史或当代的真实性相去甚远。日常现实主义不再对他具有吸引力。"不知何故，"他后来向瓦西里·亚斯特列布采夫（Vasily Yastrebtsev）抱怨说，"听这些蠢货——市长、抄写员和其他人——在听过鲁萨尔卡和帕诺奇卡的歌之后，我觉得真是令人厌烦，我永远爱他们，就像我爱雪姑娘、姆拉达和海女王一样。"[1]

《五月之夜》在1880年1月迅速登上舞台，旋律优美且易于掌握，因此深受观众欢迎，但却遭到了媒体的猛烈抨击。居伊在《俄罗斯商业日报》的评论中抱怨说，歌剧中唯一像样的想法是借用的民歌曲调，而里姆斯基-科萨科夫说，不久之后，当他遇到马尔维娜·居伊时，她对他冷嘲热讽："现在你已经学会了如何写歌剧了。"[2]他理解这句话是因歌剧受欢迎而发出的讽刺。但也许这也是在批评里姆斯基-科萨科夫通过学习掌握了圈子实践所排斥的技术；但如果是这样的话，那么对《五月之夜》提出这样的批评就有些奇怪了，因为无论它的缺点是什么，都很难说它的问题在于学术性太强。

---

1. Yastrebtsev, Reminiscences of Rimsky-Korsa-Rov, 118.
2. *LMMZ*, 194; *MML*, 222-3.

[第二十七章]

化学家在他的实验室

在1879年初的几个月里,突然有可能听到强力集团的一些最新的和一些不那么新的音乐。《鲍里斯·戈杜诺夫》仍在马林斯基大剧院演出,尽管现在删减得比第一次上演时更严重。另一方面,自由音乐学校因为缺乏资金沉寂近两年之后,又一次能够在1月和2月举办系列音乐会,而里姆斯基-科萨科夫抓住了这个机会,将《鲍里斯·戈杜诺夫》里的"囚室场景"编成单独的节目,这个场景仍然被排除在歌剧的舞台表演之外,实际上从未以任何形式在公共场合让公众听到过。他还指挥了《伊戈尔王》和《五月之夜》的节选(当然,这是全新的作品),巴拉基列夫的《捷克主题序曲》和鲍罗丁的《B小调交响曲》及其修订后的乐谱。对于一个不熟悉这些作品历史的偶然访客来说,很可能会形成这是一群过度活跃的作曲家的印象,他可能会被交响曲的力量、囚室场景的戏剧张力、波洛维茨舞曲和里姆斯基-科萨科夫合唱团的纯粹光彩所打动。不过,斯塔索夫有他自己稍微古怪的偏好,也许是受到了重新建立友谊需求的影响。他写信给巴拉基列夫:"你的《捷克主题序曲》让我欣喜若狂。而且我不是唯一一个……它简直是美丽、力量、能量和幻想的杰作。"[1]即使巴拉基列夫没有参加音乐会，听到这样的赞美，也一定会脸红。"他们说《捷克主题序曲》非常精彩，"他谦虚地对里姆斯基－科萨科夫说道，但很快又转而谈到李斯特的《哈姆雷特》，里姆斯基称之为"头痛、机械化、配器繁重"。"即使是李斯特最弱的作品也应该至少演奏一次，"巴拉基列夫坚持说，"因为聆听它们对俄罗斯作曲家来说非常有启发性，对公众来说同样必要。"[2]

参加马林斯基剧院《鲍里斯·戈杜诺夫》排练的穆索尔斯基也出现在里姆斯基－科萨科夫"囚室场景"的现场排练中。但他的用处非常有限。他要么喝醉了，要么装得醉醺醺的，而且"经常发表一些晦涩难懂的话"，里姆斯基回忆说。

> 在那次排练中，他非常认真地聆听正在演奏的音乐，大部分时间都被个别乐器的演奏所吸引，通常是最普通和平淡无奇的乐句。他时而沉思地垂下头，时而傲慢地抬起头摇着他的头发，时而又抬起手做出他过去经常做的戏剧性手势。当场景结束，代表修道院钟声的锣极弱地响起时，穆索尔斯基双臂交叉放在胸前，深深恭敬地鞠了一躬。[3]

但是，批评者当然有自己的讽刺方式。"我一点也不夸张，"一位评论家写道，"如果我说这首音乐中最好的地方是敲击那面漂亮的锣的声音。试想一下，穆索尔斯基先生找不到比乐队演奏一个日常的五指练习更有创意的东西了"[4]，他沉思道，仿佛皮缅正在练习钢琴。拉罗什更为直接："必须要非常温柔的爱，"他断言，"才能在韦伯和贝多芬

---

1. 1879年1月24日的信件，收录于 *BSP1*，第320页。
2. 1879年1月26日的信件，收录于 *RKP*，第125页。
3. *LMM*，第185页；*MML*，第211页。
4. Nikolay Solovyev, quoted in *TDM*, 525; *MDW*, 557.

的音乐会节目中给（穆索尔斯基）的灵感以一席之地。……我在这被作曲家的支持者如此称赞的宣叙调中没有听到任何诗意的火花。"[1]

作曲家本人仍然在各种慈善音乐会上无偿担任伴奏，而他自己几乎没有创作什么新的作品。在6月底之前，即在他创作《霍万斯基之乱》的第四幕第二场玛尔法与安德烈在圣巴西尔大教堂前的场景片段之前，他显然没有写过任何音乐。关于他何时创作了这一幕的其余部分也是未知的，在这部分中，道西费伊和玛尔法决定自焚，这是旧信徒唯一的出路，而当近卫军带着自己的刑具进入广场时，才知道沙皇彼得已经赦免了他们。与此同时，在3月，他与列昂诺娃一起参加了一场俄罗斯音乐的混合音乐会，其中包括一些他自己的音乐（歌曲《霍帕克》(*Hopak*)和玛尔法在《霍万斯基之乱》第三幕中的歌曲）；三周后，他参加了一个"艺术之夜"，其中包括费奥多尔·陀思妥耶夫斯基的《卡拉马佐夫兄弟》的朗诵以及费奥多尔·斯特拉文斯基（Fyodor Stravinsky）对穆索尔斯基的歌曲《扫罗王》的表演。7月初，他再次搬进列昂诺娃在彼得霍夫的别墅，并在那里谱写了女主人公帕拉莎的歌曲（她所谓的杜姆卡），这是《索罗钦集市》的最后一幕。可能还创作了《霍万斯基之乱》最后一幕中玛尔法和安德烈在自焚前的场景。[2]

但这只是一个短暂的插曲。两周后，他和列昂诺娃启程前往俄国南部进行为期三个月的巡回音乐会，这将使他远离圣彼得堡，去到比他以前去过的都远的地方，这使他的身体更为虚弱，而财务状况几乎没有任何改善，并使得两部歌剧的工作在年底前完全停滞。

---

1. 引自 *TDM*，第526页；*MDW*，第558—559页。1月16日的节目单包括贝多芬的《"田园"交响曲》和韦伯为钢琴和管弦乐队所作的《华丽波兰舞曲》（李斯特改编）。钢琴和管弦乐队。
2. 1879年11月末写给库图佐夫的信件，收录于 *MR*，第400页。

不用说，斯塔索夫对这次巡演感到绝望。"我们可怜的穆索里亚宁，"他对鲍罗丁抱怨道，"你的原创性已经完全丢失了。"

7月21日，他去俄罗斯巡演，你猜和谁一起去的——和列昂诺娃一起，伪装成她的伴奏者！！与他争论或试图劝阻他不要扮演我们吉卜赛人帕蒂的跟班角色是没有用的。不，他固执己见，无法理解。他说："鲁宾斯坦也担任伴奏，他也去开音乐会！"有什么可比性！！！！！当然，他原本希望得到1 000卢布来偿还债务，结果却几乎只得到几个戈比，而且他会比以往任何时候都喝得更醉，招待那些商人和副总督。可怜的前普罗米修斯！[1]

吉卜赛人和她的前普罗米修斯在波尔塔瓦和伊丽莎白格勒、尼古拉耶夫和赫尔松、敖德萨、塞瓦斯托波尔、雅尔塔、顿河畔罗斯托夫、新切尔卡斯克、沃罗涅日、坦波夫和特维尔等地演出。他们的节目是混合的。音乐会有舒伯特的一首歌，穆索尔斯基本人的一两首歌，一些达尔戈梅日斯基或谢洛夫或格林卡的作品，也许还有一些民歌。在声乐节目之间，穆索尔斯基会演奏一两首钢琴曲。尽管他以前是一位出色的钢琴家，但如今他只不过是一名键盘演奏者。里姆斯基-科萨科夫指出，他"没有任何曲目"。无论喝醉还是清醒，他都可以以专业音乐家的水准视奏你放在他面前的任何乐谱，但他无法以音乐会的标准为你演奏贝多芬奏鸣曲或肖邦练习曲。因此，他在音乐会上的独奏主要从他自己的音乐作品中仓促拼凑而成，甚至是一时心血来潮即兴创作而成。他会演奏《霍万斯基之乱》或《索罗钦集市》（包括最近创作

---

1. 1879年8月8日的信件，见Dianin: *Borodin* (1960), 230-231。

的"戈帕克舞曲")钢琴缩减版,或来自《鲍里斯·戈杜诺夫》的加冕场景("伴随着巨大的钟声")或《耶稣·纳文》的钢琴改编。毫无疑问,他修改了这些乐曲以适应他的演奏技巧,甚至会根据自己当下的心情修改这些曲目,因为这些音乐对他的听众来说大部分都是全新的。有时他会从头开始即兴创作。在敖德萨,他演奏了当天在当地犹太教堂听到的犹太旋律幻想曲,但从来没有一首这样的音乐被记录下来。他最终设法在纸上写下了两部稍显幼稚的作品——《在克里米亚南岸》(*Na yuzhom beregu Kr.ma*)和《在克里米亚南岸附近》(*Bliz yuzhogo berega Kr .ma*)——显然是以同样的方式开始的;还有另一首曲子,"一部相当长且极其混乱的幻想曲,意在描绘黑海的风暴",他在里姆斯基–科萨科夫晚会上演奏,但也从未被记录。[1]任何曾经在钢琴上即兴演奏的人(而不在教堂中的风琴上演奏)都会立刻认出这些迹象:幼稚的主题、简单重复的结构、基本的和声、完全没有对位。

观众对这种表演的看法,没有任何客观观察者记录。从穆索尔斯基自己写给持怀疑态度的读者的信中看,他自然倾向于以最乐观的方式呈现一切。受众不大,但有"代表性的"或"精选的";收入"不错,但低于我们的预期";艺术上的成功是"毋庸置疑的""巨大的";列昂诺娃本人是"无与伦比"的,她的声音"不仅没有失去活力和新鲜感,反而变得更有力量"。他谈到了他们的巡演是为艺术的服务。"乌克兰男人和女人,"他告诉斯塔索夫(他不喜欢《索罗钦集市》的整个想法),"已经认识到《索罗钦集市》的音乐性格完全是民族的。""生活需要新的音乐劳动,广泛的音乐工作。"他对柳德米拉·谢斯塔科娃充满热情地说:"继续前进,在通往美好的道路上继续前进。我的所作所为被理解;以巨大的活力走向艺术的新海岸,而这领域迄今为止

---

1. *LMMZ*,第199页;*MML*,第227—228页。

是无限的！"

很难将这样宏大的宣言与列昂诺娃拼凑而成的、杂乱无章的节目或她的听众可能的性格联系起来。这些听众主要由地方公务员及其妻子组成，再加上来自当地驻军的军人家庭。地主大部分时间都在他们的庄园里。在尼古拉耶夫的尤尔科夫斯基上尉的家里，他们受到了"诚挚的热情款待"，穆索尔斯基为上尉的孩子们唱了他的《育儿室》套曲。在列昂诺娃的公开音乐会中，没有什么实质性的内容。他们的表演也不总是那么受欢迎。他们乘坐没有弹簧的马车从塞瓦斯托波尔到达雅尔塔后，被安排在"一些泥屋里（实际上是一栋维护不善的私人住宅），里面有咬人的蜈蚣和甲虫，以及其他一些昆虫，它们以让人们的生活变得痛苦为理想而存在"。奇迹般地，弗拉基米尔·斯塔索夫的女儿索菲亚·福图纳托（Sofia Fortunato）住在雅尔塔，更令人惊奇的是，她拥有并管理着一家干净、舒适、经营良好的旅馆（罗西娅酒店："一座大房子，有浴室和花园，位于港口"），[1]她迅速将他们当作客人安置进了那里。但她对当时情况的描述颇耐人寻味：

> 当我到音乐厅时，我很沮丧地看到音乐会观众很少，尽管当时最高层的社会人士和其他城镇的名流都聚集在雅尔塔……在第一个中场休息时，我急忙赶到会议室。穆索尔斯基坐在扶手椅上，心灰意冷，像一只受伤的鸟。观众的缺乏和音乐会的失败显然对他产生了严重的影响。[2]

但是，在这种特殊情况下，还是可以采取一些措施的。罗西娅酒店

---

1. Karl Baedeker, La Russie (Leipzig: Karl Baedeker, 1902), 364. 具体的通信及保留曲列于 MR, 376–95。
2. Gordeyeva, E. (ed.), *M. P. Musorgsky v vospominaniyakh sovremennikov*, 181.

"有一个宏伟的大厅,有一架像样的三角钢琴,此外,酒店里挤满了对即将举行的音乐会感兴趣的人。这一次的音乐会取得了巨大的成功"。

但就像在尼古拉耶夫一样,最好的音乐创作是在私人场合。"我们设法,"福图纳托夫人解释说,"听了许多由作曲家本人和列昂诺娃演唱的穆索尔斯基美妙的歌曲,但最重要的是来自《鲍里斯·戈杜诺夫》和《霍万斯基之乱》的几个场景。对于那些几乎从未听过或根本没有听过音乐的年轻人和老年人来说,这种体验是多么伟大和强大,这还有说的必要吗?"[1]这些是巡回演出中最好的时光;但雅尔塔(也许在其他地方)也见证了一些最糟糕的情况。我们可以从斯塔索夫在旅行者们返回圣彼得堡前一两天写给他女儿的一封信中清楚地想象其中的细节。

> 我从你的信中了解到的只有一件事让我感到恼火,那就是他继续表现出了像在这里一样的无耻行为。我们以前不可能从任何人那里发现这一点——而这正是我们感兴趣的。我们都希望,也许环境和伙伴的变化以及旅行的意外新奇会给他带来某种变化,使他走上正轨。然而这是徒劳的希望——一切照旧。[2]

一切正如斯塔索夫可能已经知道的那样。

在穆索尔斯基生活中这段奇怪阴郁的经历中,有一束微光照耀着。在巡演的某个时刻,他以歌德《浮士德》中梅菲斯特在奥尔巴赫的地窖为素材谱曲,即所谓的《跳蚤之歌》。很难确定他创作这首歌

---

1. Gordeyeva, E. (ed.), *M. P. Musorgsky v vospominaniyakh sovremennikov*, 181.
2. 1879年10月19日写给索菲亚·福图纳托的信件,收录于 *SPR*,第352—353页。未见索菲亚的信件。

的确切时间和原因。这首歌当然是为列昂诺娃写的,也是献给她的,但她似乎直到他们回到圣彼得堡才表演了这首歌。

乍一看,这首曲子出现在穆索尔斯基的现实主义歌曲中显得格格不入,当然不属于他的浪漫曲。[1]梅菲斯特讲述了一个荒谬的故事:国王非常喜欢他的跳蚤,以至于给他穿上昂贵的衣服,任命他为国务大臣,并禁止他的朝臣在被叮咬时抓挠。这是一个讽刺,不是对皇室的讽刺,而是针对酒馆生活的粗鲁和徒劳。酒馆生活由布兰德那首稍微不那么愚蠢的歌曲所象征,歌曲中一只中毒的老鼠相信自己的痛苦是由于单相思。正是这种极度的荒谬才是穆索尔斯基这首歌曲的真正主题。当然,从夏里亚宾开始的俄罗斯和俄罗斯主义男低音倾向于测试自我嘲讽的极限,他们用恶魔般的笑声以及对重复词 blokha("跳蚤":该生物出于某种原因在俄语中是阴性的)的强烈暗示来做到这一点。但这与穆索尔斯基的梅菲斯特形象并不完全背离,梅菲斯特向浮士德展示了无论娱乐多么粗俗或愚蠢,它都会受到无知和醉酒的人欢迎。人们希望作曲家对这个小场景的精彩再创作并非源于他自身的状况。这首歌完美无瑕的工艺似乎表明事实确实并非如此。

当穆索尔斯基在乌克兰四处巡演时,鲍罗丁已经回到了达维多沃过夏天。尽管他对前一年的火灾有不愉快的回忆,尽管他将要住的房子里还有其他住户,没有床,破烂的炉子和椅子,椅子一坐就塌。[2]不过,他的钢琴和各种文件都被搬进来了,其中(令人担心的是典型的)包括他忘记了的《伊戈尔王》的草稿。然而,他创作的第一首作品是他五年前开始创作但仍缺少谐谑曲部分的弦乐四重奏。事实上,这部作品可以追溯到1874—1875年的冬天,当时里姆斯基-科萨科夫也在

---

1. 例如,大卫-布朗把这首诗称为"讽刺皇室徇私"的诗。参见 David Brown, *Musorgsky*, 307。
2. Dianin, *Borodin*, 108.

376　写弦乐四重奏以逃避他的赋格研究，但最终还是用赋格曲填满了四重奏。鲍罗丁的《A 大调四重奏》也大量使用了赋格手法，很可能最初是与里姆斯基讨论关于在巴拉基列夫圈子不太受欢迎的那种室内乐中证明自己能力的结果。但毫无疑问，这两部作品中哪一部更成功、更有特色显而易见。里姆斯基-科萨科夫的创作显然是应用技术的实验；鲍罗丁的则是一部小杰作。

也许作为四个乐章中赋格元素的真正范例（除谐谑曲之外的每一乐章），实际上并不是里姆斯基-科萨科夫，而是晚期的贝多芬。在 1884 年于汉堡出版的原版的扉页上，鲍罗丁添加了一个注释："受贝多芬的主题启发"（angeregt durch ein Thema von Beethoven），该主题是指降 E 大调弦乐四重奏替代终曲的第二主题。这实际上被引用为鲍罗丁第一乐章的快板第一主题。罗杰·菲斯克（Roger Fiske）曾表示，这样的引用是偶然的，而事后是为了挽回面子而承认的。但如果是这样，这个发现却很早就有了，因为鲍罗丁在他的展开部中刻意地重复了贝多芬降 A 大调中的主题，这在 A 大调乐章中如果没有有意识地引用是不太可能的。而鲍罗丁之前曾在他的早期大提琴奏鸣曲中使用过这种起始方式，它基于从海德堡隔壁公寓偷听到的巴赫主题曲。他似乎对这样的借用并不感到抱歉。事实上，有人怀疑他甚至为此感到骄傲。

无论如何，他的四重奏作品从根本上不同于贝多芬。贝多芬使用四种乐器的平等作为主题和动机强烈发展的前提，而鲍罗丁的方法本质上仍然是抒情的，将赋格段落作为形式上的对位的有意识侵入。当他想使织体复杂化时，他只是丰富了伴奏，有时非常华丽，例如展开部的第二个主题和再现部的第一个主题的琶音分解和弦织体。作为一名大提琴手，他似乎在这样的段落中冒险，这在表演中听起来会很费力，尽管在纸面的技术上没有问题。但是，即使在贝多芬的作品中，也没有什么比谐谑曲的三声中部更精致的了，这段美妙的如织锦般的旋律由高音小提琴和大提琴的泛音组成，辅以中音区加了弱音器演奏的十六分音符音色。这可能会让人隐约想起贝多芬《A小调四重奏》（Op.132）谐谑曲中三声中部的缪赛特舞曲。但鲍罗丁的作品确实是一个完全原创的发现，也许是用手中的大提琴创作的。事实上，整首谐谑曲主要是1879年在达维多沃创作的，是他最辉煌、最有风格的创作之一，它驳斥了他在没有帮助的情况下无法作曲的无稽之谈。鲍罗丁的问题不在于技术，而在于时间和精神空间。有了这些稀有品，他就能流畅地写作。

诚然，这部作品的结果属于直接的古典四重奏传统。作品中几乎没有任何东西可以将其标识为俄罗斯风格的，除了可能是升F小调（伊奥尼亚调式）的行板主题，迪亚宁追溯到同一首《麻雀山》的民歌，该民歌构成了他几乎是四年前创作的《荣耀合唱》的基础，而合唱是在四重奏初稿完成十二个月后写的。[1] 不过，这种俄罗斯风格与1871年柴科夫斯基第一部四重奏的慢乐章相似，鲍罗丁肯定知道这部作品：一首用民间调式写成的旋律像任何普通的音调旋律一样的和声，然后用半音头饰扭曲成赋格主题。除此之外，鲍罗丁的A大调四重奏比柴科夫斯基的D大调四重奏要平淡一些，民间色彩性更少。它的俄罗斯性必须从某些和声和旋律的小手法中挑出来，而这些手法是强力集团成员之间相互模仿或从他们的导师格林卡那里借鉴的。

这段行板值得与鲍罗丁在同一时期达维多沃创作的歌剧《伊戈尔王》中插入的美丽合唱比较。这首合唱出现在第三幕伊戈尔王的女儿雅罗斯拉夫娜的哀歌和她与伊戈尔王子的重逢二重唱之间。这里再次是升F大调，调式是伊奥尼亚调式（即从A音开始钢琴白键上的音阶）；但现在音乐具有真正的调式性，几乎没有音阶之外的音符。此外，合唱部分以支声复调风格创作，类似里姆斯基-科萨科夫在《五

---

1. 参见 Dianin, *Borodin*, 第237—241页。

月之夜》的圣三一歌曲，以及转调倾向（peremennost'）[从升F大调转换到"这让（我们）感到悲伤"中E大调的倾向]。就好像在弦乐四重奏中，鲍罗丁特别注重遵循西方传统写作，而在描绘俄罗斯歌剧中的农民时，他同样有意识地将自己定位在民族主义传统中，这种民族主义传统是由斯塔索夫这样的浪漫主义思想家和民歌收集者如巴拉基列夫、普罗库宁甚至梅利古诺夫的创作中得以定义，梅利古诺夫的民歌集正是在1879年问世的。

然而，在夏天，他为歌剧的第一幕创作了一系列音乐，表明他在更广阔的平台上采用了民间曲调，以此来描绘各种人和群体，甚至——在特定情况下——个人。正如我们所见，1878年在达维多沃，他创作了一个场景，其中女孩们徒劳地恳求加利茨基释放她们被绑架的朋友，之后加利茨基的随从（包括斯库拉和耶罗什卡）赞美他并呼吁他接管统治权。现在他用加利茨基自己对娱乐、饮酒和性爱的颂扬来完成这个场景，作为他有能力治理的秘诀（就在女孩们来恳求之前，所以我们知道她们成功的机会不高），然后继续完成整幕剩下的部分，雅罗斯拉夫娜（在她的咏叹调之后）听到女孩们向加利茨基抱怨，与他对质，然后接待了报告俄罗斯军队失败和伊戈尔及其儿子被俘的男爵。整一幕形成了一个完整的戏剧实体，充满了动作和色彩，人物形象丰富，并具有饱满的心理描写。如果鲍罗丁能够在这个水平上继续他的创作，《伊戈尔王》将是一部多么精彩的歌剧！但事实是，在这个阶段，他仍然没有完成剧本，仍在靠即兴来进行创作。这种情况将会持续下去。

这一幕最显著的特点是强大的连续性，它能够包含如此多的角色和情节，以及如此广泛的音乐材料。对于在如此断断续续的时间内创作的这一幕，其节奏却掌握得如此令人惊讶地自信。基调由开场的《荣耀合唱》（1875年创作）定下，然后迅速被加利茨基本人在他的宣叙调和歌曲（1879年创作）中采用。气氛是粗暴和混乱的。显然，男人们都喝醉了，他们唱的基本上是街头音乐：粗俗、吵闹且充满暗示。作为一个群体，他们就是如今警察有时所说的"本性善良"者，也就是要避开的人群。加利茨基和其他人一样糟糕，用一首粗鲁且直率的饮酒歌表达了最令人讨厌的情绪，这让人想起瓦拉姆在《鲍里斯·戈杜诺夫》中的喀山之歌，但没有瓦拉姆在英雄主义方面的伪装。当女孩们出现时，她们以民间哀歌的风格恳求加利茨基（带有色彩的变化，节奏仍然暗示着某种紧迫性，创作于1878年）；但他的回答是懒惰的，嘲讽地安抚："你们女人在嚎什么？你的姐妹会得到很好的照顾……"这出现了两次，以诗句和副歌的方式出现，最后加利茨基把女孩们赶走了。然后所谓的古多克演奏者，斯库拉和耶罗什卡登场，他们作为加利茨基的随从在鲍罗丁所谓的《王子之歌》[或《关于王子的歌》（*Knyazhaya pesnya*），1878年创作]中出现。这首歌本质上也是一场狂野的饮酒合唱，以男高音耶罗什卡和男低音斯库拉的独唱对答形式进行，就像一种押韵游戏："给我们带来苦味——让我们陶醉（navari）；给我们带来甜蜜——填满它（nasïti）；给我们来点伏特加——还是它（nakuri）。"等等。最后，在一场醉酒的狂欢中，男人们宣布加利茨基为他们的领导者，随后在音乐恰到好处的渐弱中踉跄离去，渐渐消失。

现在场景切换到雅罗斯拉夫娜的房间，疯狂的情绪被焦虑的平静所取代（1869年）。前一幕的粗犷民间风格被灵活自如的咏叹调所取代，既优雅又克制，符合王室公主的身份。但是当女孩们进来时（1879年），她们又回到了与加利茨基在一起的场景中的民间性格，尽管语气更温和、更尊重（直到她们转向描述我们自己刚刚目睹的行为，这时用一种急促的五四拍闲聊式对话来表达，这与穆索尔斯基的《美丽的萨薇日娜》没什么不同；这段可能直到1880年才写成）。雅罗斯拉夫娜和加利茨基之间的对话（1879年）是一段精彩的对抗性音乐戏剧，两个完全不同的性格彼此对立，而他们的争执进展则通过音乐节奏精心地描绘出来。雅罗斯拉夫娜首先是责备但有尊严的（咏叹调，适中的快板）；但是加利茨基的语气从一开始就很轻蔑，将他第一次出场的动机（"隐藏自己讨厌无聊是一种罪过"）改编成了现在一种傲慢、懒散的敷衍态度："这不关你的事，当你和我说话时请行屈膝礼。"他甚至借用了耶罗什卡的游戏中的一句音乐短语："我抓住我想要的，而我抓住的东西，我既不知道也不希望知道。"雅罗斯拉夫娜向他飞扑过来——激动但克制——以伊戈尔的回归相威胁，这段音乐运用了咏叹调的主题，但加利茨基只是重复了他的嘲讽歌曲"伊戈尔对我来说算什么？"当她斥责他以报复威胁她时，他再次重复了一遍，降低了半音，带着男性特有的讥笑："我只是在开玩笑，我想看你生气的样子。"于是，鲍罗丁将他们的争论变成了一种叠句形式，从中很难看出性格高贵的雅罗斯拉夫娜如何能够战胜这个无情而放荡的哥哥。最后，她将他赶出了她的视线，但情绪激动，内心疲惫不堪。音乐随着她而颤抖并静止。

复杂的终场（1879年）开始于的波雅尔人的到来，他们带来了伊戈尔战败和被俘的消息，伴随着庄严的音乐，与雅罗斯拉夫娜恢复了尊严的咏叹调相匹配。就像他们在《鲍里斯·戈杜诺夫》的莫斯科同伴一样，普季夫利的波雅尔是一群强壮但愚蠢的家伙，鲍罗丁通过令人印象深刻的，笨重而稳重的齐声合唱捕捉到了这些特质，这使得雅罗斯拉夫娜不断增长的焦虑和随意的介入因其温暖和直接的情感而显得格外突出。这样的对比，在浪漫主义歌剧中经常被视为刻板印象，鲍罗丁似乎已经能够以生动的人性化的方式来想象它们，这个场景中的一切都是真实而感人的。

在第二部分，波雅尔告诉雅罗斯拉夫娜军队已经被摧毁，她的丈夫和儿子被一群无神论的野蛮人俘虏，他们愉快地安慰她城墙是完好的，从未被攻破过。当警钟轰鸣，警告说这座城市确实受到攻击、堡垒着火、人们正在逃离时，她正在尽最大努力对这个消息感到高兴。这是里姆斯基-科萨科夫在整理鲍罗丁杂乱无章的手稿时留下的一系列事件。但在警钟响起之前，还有一个简短但极具戏剧性的场景（1879 年），其中加利茨基和他的随从闯入，大喊波洛维茨人已在城门口，并威胁要立即夺取政权。为什么里姆斯基-科萨科夫（或鲍罗丁）排除了这段情节尚不清楚。音乐当然很粗糙，就像参与者一样：暴力的五四拍独唱和合唱被波雅尔以强硬单一的风格斥责打断，并坚持他们对缺席的伊戈尔王的忠诚。但从戏剧性的角度来看，这一部分很重要，因为它证实加利茨基不仅是一个令人厌恶的无赖，而且是一个严重的政治威胁。

可惜的是，鲍罗丁从来没有能够进一步探索这精彩一幕的含义，其中大部分都在后来的普季夫利场景中留下了悬念。在此时显得非常有威胁性的加利茨基在剧情中再无进一步的表现。斯库拉和耶罗什卡在最后时刻再次出现，以表明他们对王位的不朽忠诚。我们目睹了一位伟大的音乐戏剧作家的创作过程，但却没有看到他的劳动成果，这让我们感到沮丧。《伊戈尔王》的残篇可能缺乏穆索尔斯基最佳作品一贯的力量和独创性，但在思想质量、人物感和舞台画面方面，它毫不逊色。它的现实主义是聪明的、有人文关怀的剧作家的本能，而不是来自前理论家苦心经营的真实性。它的野蛮必须是无拘无束的，但在十九世纪的歌剧中却很少如此。如果鲍罗丁完成了这部作品，它肯定会与《鲍里斯·戈杜诺夫》一起跻身那个时代的伟大音乐戏剧之列。事实上，就像《霍万斯基之乱》一样，它仍然是一部有潜力的作品，有时是生动的，有时是笼罩在神秘的面纱之下的，但永远令人兴奋：它如歌剧中的断臂维纳斯一般，因缺失的部分而引人遐想，亦因其真实的美丽而迷人。

1879年12月的一天，穆索尔斯基向库图佐夫报告说，在过去的几个月里，他一直患有"某种奇怪的疾病，这种疾病在11月突然发作，以至于熟悉我的医生说我只剩下两个小时的生命了"。[1]毫无疑问，这是老问题了，医生列夫·贝尔滕松（Lev Bertensson）非常了解穆索尔斯基，知道只有最严厉的警告才会影响他的行为。即使如此，在这种情况下这些警告是否起作用似乎也值得商榷。一年多前，穆索尔斯基实际上已经失去了林业部门的工作，因为巴拉基列夫的朋友泰尔蒂·菲利波夫的帮助，才使他没有完全陷入贫困，后者在政府审计办公室担任高级公务员职位，并安排穆索尔斯基转职到这里担任初级检查员。该职位几乎没有任何职责，据另一位密友尼古拉·拉夫罗夫（Nikolai Lavrov）说，作曲家唯一的义务是领取月薪。他"在工作中什么也没做，并一夜未眠后醉醺醺地到了办公室"，但菲利波夫"从未因他的这种行为而责备他，并允许穆索尔斯基如此放纵。他说：'我是艺术家的仆人。'"[2]然而最终，即使是热心肠、热爱音乐的管理者也无法再继续这种掩饰，1879年底，穆索尔斯基最终无可挽回地被政府部门开除。

新年刚过三天，斯塔索夫焦急地写信给巴拉基列夫。他宣布，穆索尔斯基"正走向末路——从1月1日起，他就没有工作，也没有任何收入！！！他会喝得更凶！你不能做点什么吗？如果可能的话，尽快。没有时间可以浪费了"[3]。斯塔索夫似乎相信巴拉基列夫对这个浪子仍然有某种父系影响。但又一次，菲利波夫提出了最好的主意。他们共同出资，每月向穆索尔斯基支付一百卢布的聘用费，作为他完成《霍万斯基之乱》的佣金。巴拉基列夫本人几乎身无分文，不愿出资。但是斯塔索夫、菲利波夫本人和另外两三个朋友会共同凑足这笔钱。

---

1. 1879年12月的信件，收录于*MLN*, 241; *MR*, 398-400。这封信没有日期，*MLN*和其他来源提供的是1878年12月。然而，库图佐夫的剧本《舒伊斯基》的出版支持了这一较晚的日期，该剧本在1879年1月才被审查员通过。
2. *Musorgsky Remembered,* 116 (reminiscences of Nikolai Lavrov).
3. 1880年1月3日的信件，收录于*BSP1*，第332页；节选于*MR*，第401页。

幸运的话,《霍万斯基之乱》很快就会完成。斯塔索夫还不知道的是,穆索尔斯基的另一群朋友,由他在普列奥布拉任斯基的老同事费奥多·凡利亚斯基领导,已经有类似的想法,但目标不同。2月中旬,斯塔索夫再次写信给巴拉基列夫:"米利,似乎另一个团体正在以每月八十卢布的价格向穆索尔斯基提供帮助,但唯一的条件是他在一年左右的时间内完成歌剧《索罗钦集市》。这就是为什么他现在如此坚决地抵制写作《霍万斯基之乱》。"这种巧合令人惊讶,考虑到这位严重成瘾者的狡猾倾向,人们不禁怀疑是穆索尔斯基自己在操纵这一切。1月,他用他那夸张的方式写信感谢斯塔索夫的"好消息"。"尽管有一些小不幸,我没有也不会变得胆怯。你知道我的座右铭:'大胆!走向新岸!'如果命运允许我拓宽通往艺术重要目标的常走之路,我会欣喜若狂:今天的艺术对实践者的要求是如此之大,以至于可以吞噬整个人。"[1]毕竟,如果可以是《霍万斯基之乱》,为什么不可以是《索罗钦集市》呢?总有人对他的乌克兰歌剧情有独钟,尤其是安娜·彼得罗娃,从一开始这部歌剧就是为她的丈夫[2]创作的。穆索尔斯基可以放心地依靠自己的能力完成这两部歌剧,因为他不再需要每天向政府部门报到了,这让他松了一口气。为什么不以这种实际的方式拓宽已经踏平的道路呢?

这些小的不幸并非完全可以忽略不计。有些是行为上的,有些是环境造成的。在与列昂诺娃巡演回家后不久,他就接到通知,为里姆斯基-科萨科夫于11月底指挥的自由音乐学校的音乐会编排《霍万斯基之乱》第三幕中玛尔法的歌曲和近卫军合唱的第一部分。(里姆斯基还指挥了第四幕的波斯舞曲,但必须自己配器,时间很短,他声称自己"纠正"了和声和声部写作,而穆索尔斯基没有注

---

[1]. 1880年1月16日的信件,收录于 *MLN*,第259页;*MR*,第401—402页。
[2]. 编者注:即男低音歌唱家奥西普·彼得罗夫。

意到。)¹ 下一个"不幸"是受委托为在圣彼得堡大剧院举办的沙皇亚历山大二世庆典盛会提供作品。演出将于2月19日进行，将采用一系列生动形象来展示亚历山大二世统治时期的各种胜利。例如，鲍罗丁会创作一首简短的交响诗《在中亚细亚草原上》，描绘俄罗斯向东方扩张的场景；里姆斯基-科萨科夫将为著名的"荣耀合唱"曲调（如《鲍里斯·戈杜诺夫》的加冕场景）提供合唱管弦乐配器；柴科夫斯基会写一篇关于"黑山"的作品；等等。穆索尔斯基的主题是攻占土耳其东部库尔德人的卡尔斯市，这是在1855年亚历山大即位后不久发生的克里米亚战争中一次罕见的胜利。

塔拉斯金将这整个事件（由于潜在的组织者失踪，事件并未发生）视为强力集团"毫无疑问地被纳入主流"的又一个迹象。但这对于一个刚刚失去或即将失去固定薪资工作的作曲家来说，只是一个次要的付费委托。穆索尔斯基并没有在他的《夺取卡尔斯》中花费太多精力。相反，他只是简单地从他的《姆拉达》音乐中提取了未使用的"王子和祭司的行列"，取消了中间（祭司）部分，并创作了一个新的所谓土耳其风格三重奏。这首三重奏改编自巴拉基列夫收集的一首俄罗斯民歌，充满增二度和减四度音程，但与民歌的主旋律几乎没有联系。完成此创作后，他可以回到同时应付两部歌剧及其各自赞助人的状态中去了。

起初，他似乎专注于《索罗钦集市》，正如斯塔索夫所担心的那样。主要原因是他与凡利亚斯基的协议要求他边创作边发表各个乐章，这让他在没有实际创作时，很难假装在工作。当然，这也意味着他必须花时间制作供印刷用的整洁抄本。有时出版商尼古拉·伯纳德（Nikolay Bernard）会丢失这些书本，因此穆索尔斯基不得不重新制

---

1. *MML*，第223页。

作。在这种强迫下，他表面上是在改编"荒山"的音乐，以适应英雄格里茨科的黑神梦（切尔诺伯格）和女巫安息日的不太可能的场景。但是当里姆斯基-科萨科夫5月初去看望他时，他发现那是同一份原始版的《姆拉达》的交响诗，甚至没有重新抄写。他还发现穆索尔斯基中午仍在床上，时不时地呕吐，好像这是一种完全正常的情况。他试图说服穆索尔斯基与他的家人一起在乡下度过夏天，但无济于事。与此同时，《霍万斯基之乱》被推迟到1881年。

事实上，当穆索尔斯基在8月初告诉斯塔索夫"关于《霍万斯基之乱》剩下的只有一点点自焚场景了"的时候，他并不是完全捏造的。在位于奥拉宁鲍姆的列昂诺娃的别墅里度过了夏天之后，他终于完成了《霍万斯基之乱》第四幕在霍万斯基家中激烈的第一场场景，伴随着波斯舞蹈和痛苦而美丽的"欢呼，欢呼"民歌（基于他从马林斯基剧院灯光师那里得到的白俄罗斯旋律）。这一场景最终导致霍万斯基被谋杀。他还完成了第三幕，其中包括近卫军和他们的妻子的场景、库兹卡的巴拉莱卡歌曲以及霍万斯基临终前对近卫军的指示：不要去对付沙皇彼得的卫兵。他还写了第五幕的一部分，但不包括旧信徒的最终合唱，他写了主题但没有创作更多内容。第二幕结尾的五重奏，他曾希望得到里姆斯基-科萨科夫的帮助，但仍没有写出来。整部作品，除了他为1879年11月的音乐会谱写的场景外，仍然需要精心的配器。"至于《霍万斯基之乱》，"他在1880年8月末写信给斯塔索夫，"现在正处于完工前夕。但是——天哪！——时间。"[1] 这是他最后一次提到这部作品，似乎此后再也没有为它创作出任何音符。

---

1. 1880年8月27—28日的信件，收录于 *MLN*，第259页；*MR*，第401—402页。

[第二十八章]

随日光而至的消亡

鲍罗丁为这场不幸的晚会贡献了一首六分钟的音诗,描绘了东方商队的马群和骆驼在俄国士兵的护送下穿越中亚沙漠的场景。作品描绘的景象意在表现爱国主义情怀和以俄国为中心的视角。鲍罗丁在首演(1880年4月列昂诺娃举办的一场音乐会)节目单中谈到这支商队是"在征服者强大的军事力量的保护下"前行,而在1882年8月莫斯科举办的俄罗斯音乐协会演出中,这一说法被谨慎地改为"在俄罗斯军事力量的保护下",并提到"俄罗斯人和当地人的优美的歌声融汇成一种共同的和谐"[1]。毫无疑问,征服的说法与赞誉亚历山大二世的盛会密切相关。然而,在1882年8月,这位征服者沙皇已经不幸地如历代许多想要进行自由化改革的统治者那样走向了灭亡,他于1881年3月1日在前往米哈伊洛夫斯基庄园的途中被革命者的炸弹炸亡。

鲍罗丁的视觉概念是对穆索尔斯基《图画展览会》中"波兰牛车"构想的延伸,在那部作品中,牛车从前景出发,然后逐渐退到远处。[2]而鲍罗丁作品中的商队则是从远处出现,突然靠近,然后又逐

---

1. Dianin, *Borodin* (1960), 180, 185; *Borodin* (1963), 114, n.1, 129, n. 3.
2. 众所周知的管弦乐版本中的"趋近与后退"模式是拉威尔的想法。1886年由里姆斯基-科萨科夫编辑的首版在乐章开始时没有任何力度标记。

渐后退。这种效果呈现出一种夸张的透视感，就像现实主义流派的某些画作（例如列宾的《伏尔加河上的纤夫》或佩罗夫的《三套车》），已成为圣彼得堡冬末的特色。鲍罗丁在作品中运用的音乐手法很简单。独奏单簧管最先出现，演奏A大调的俄罗斯民歌，随后它就被C大调的独奏圆号所替代，音色变得更加明晰。接着，伴随低音提琴沉重缓慢的拨奏，我们瞥见了商队的身影，紧接着是一段由英国管演奏的忧郁的A小调曲调。这段旋律体现了东方元素，犹如《伊戈尔王》第二幕开始时的波洛维茨女孩们优雅地在草原上穿行。但正如迪亚宁指出的那样，这里的旋律与歌剧版本相比少了一些"东方"色彩。它缺乏半音和增二度，同时也缺少了女高音声部特有的暧昧感，部分原因是鲍罗丁特意将旋律与俄罗斯曲调相结合，以便在商队退去时两者能和谐交融。或许，人们可以将其解释为俄罗斯与其东部省份亲密关系的象征，或者它可能表明斯塔索夫认为的"东方"只是裸露着肚子、穿着尖头鞋的俄罗斯。无论如何，鲍罗丁的《在中亚细亚草原上》仍然是一部自成一格的小杰作，它与格林卡的《卡玛林斯卡亚》在创作上有相似之处。

在创作完这首优雅的作品后，鲍罗丁回到了他的科学研究中，沉浸其中达数月之久。夏天，他完成了《伊戈尔王》第一幕的终曲，包括叛乱的插曲和一些后来被丢弃的片段，此外，还可能创作了简短的五四拍合唱，合唱中的女孩们描述了加利茨基随从的可怕行为。然而，世俗的事务占据了他大部分的时间。5月，他告诉巴拉基列夫自己比以往任何时候都更忙。他在给另一位朋友的信中写道，"我从没有像现在这样有这么多紧迫而重要的工作。我经常在凌晨两三点才睡觉，四五点又起床"[1]。

---

1. Dianin, *Borodin* (1960), 125; *Borodin* (1963), 115. 另见1880年5月19日致巴拉基列夫的信，收录于迪亚宁编辑的《鲍罗丁书信集》（第3卷），莫斯科和列宁格勒：国家音乐出版社，1949年，第100页。

因此，强力集团的成员们继续在古老的观念上创作，或者说在做一些缺乏意义的事情。从《安吉洛》开始，居伊只写了歌曲、《变奏曲》，以及一部六乐章的《小提琴和钢琴组曲》（Op. 14），尽管这部作品对于寻求曲目的小提琴家来说可能仍然有用，但作品本身缺乏创新。巴拉基列夫则一直在创作《塔玛拉》，但他仍以编辑格林卡的作品为借口推迟了作品的最终完成。只有里姆斯基-科萨科夫像往常一样，稳定地创作大量的作品，尽管他也一直忙于编辑格林卡的作品并为穆索尔斯基编曲，还提出愿意帮助鲍罗丁"修改"《伊戈尔王》（尽管这个提议最终被拒绝了）。此外，里姆斯基-科萨科夫还从事教学和指挥工作。巴拉基列夫并没有忘记他在年轻同事面前作为顾问的重要角色。有一次，他出现在自由音乐学校排练他的《三首俄罗斯民歌主题序曲》，并开始指导里姆斯基-科萨科夫如何指挥，"这种做法在全体乐队成员的排练中显得很不恰当"[1]。但在音乐理论的教学方面，巴拉基列夫承认里姆斯基-科萨科夫的能力更强，并将自己的学生托付给他学习这门学科。1879年1月，巴拉基列夫请里姆斯基-科萨科夫教授一个名叫亚历山大（萨沙）·格拉祖诺夫的13岁的体育学生，他说这个男孩"非常有才华，对管弦乐非常感兴趣，总是在抄写乐谱，并不断让他的母亲问我如何为三角铁或低音提琴作曲"[2]。由于种种原因，里姆斯基-科萨科夫隔了一年才认识萨沙，但他立刻承认了他的天赋、超凡的耳朵（这使他无需学习基础理论或视唱练耳），以及他对自学的热情。里姆斯基-科萨科夫曾说，"他在音乐上的进步不是以天，而是以一小时为单位在提升"[3]。

或许正是里姆斯基-科萨科夫与年轻的格拉祖诺夫的相识激起了

---

1. *LMMZ*, 第196页; *MML*, 第224—225页。
2. 1879年1月22日的信件, 收录于 *RKP*, 第123—124页。
3. *LMMZ*, 第202页; *MML*, 第231页。

他对强力集团成员的尖锐评价，在写给谢苗·克鲁格利科夫（Semyon Kruglikov）的一封信中，他说："由于技术不足，巴拉基列夫写得很少，鲍罗丁勉强写作，居伊散漫地写，穆索尔斯基写得马虎而且常常荒谬。……相信我，坦率地说，我认为他们的才能远超我，但我丝毫不羡慕。"[1]格拉祖诺夫是一个活生生的证明，天才如果经过恰当和系统的引导，会迅速超越即使是最有才华的业余爱好者。里姆斯基-科萨科夫可能会将自己视为一个中间人：自学成才，即使不算出众，也是一个从一开始就快速进步的人，而在这一过程中他受到了一群未受过教育的理论家的蒙昧主义态度的阻碍。这种论点的危险在于它过多地依赖于作品质量。如果这个经过系统化培养的天才最终并未成为大师，而只是一个重复前人所做的事，缺乏创新风格的作曲家呢？这能证明斯塔索夫的主张是正确的吗，即音乐学院的教学扼杀了想象力？或者这仅仅是对个人才能的初步评估过于乐观？在如此少的证据上作出这样的判断是否明智？

里姆斯基-科萨科夫每天都在证明条理清晰的方法的优点。在完成《五月之夜》后，他对民间神话和异教仪式的热情越来越高。1879年夏天他开始创作一首名为《童话》的管弦乐音诗。这首作品受到了普希金的叙事诗《鲁斯兰与柳德米拉》序言的启发，他之所以在脑海中浮现这一内容，可能与他当时参与格林卡的歌剧创作有关。此外，他还创作了一首以俄罗斯民歌为主题的四乐章弦乐四重奏。不幸的是，当里姆斯基-科萨科夫在那年秋天向巴拉基列夫展示《童话》的手稿后，巴拉基列夫立即提出了批评。至于四重奏，当大卫多夫四重奏的成员〔包括列奥波德·奥尔（Leopold Auer）〕为了他的利益而演奏时，反响也很糟糕。于是，他迅速放弃了四重奏和《童话》，着手

---

1. 1880年11月9日的信件，收录于 *MML*，第242页。

修订昔日的俄罗斯主题序曲。1880年春末，他开始创作一部新的歌剧，这部歌剧改编自奥斯特洛夫斯基的戏剧《雪姑娘》。他在三个月内完成了这部长歌剧的完整草稿，并在不到一年的时间里，即1881年3月下旬定稿，并做好了上演的准备。1880年7月下旬，他又重新开始了《童话》的创作，并在几个月内对其完善，包括配器（这是一部十九分钟的作品）。与此同时，他开始将弦乐四重奏改编为一部二十分钟的管弦乐小交响曲。很难想象他在为《雪姑娘》配乐时对克鲁格利科夫的评论有更生动的说明。

里姆斯基-科萨科夫并没有说明巴拉基列夫对《童话》的具体批评意见，他可能不喜欢的是它缺乏明确的标题与构思。普希金的序言（刊印在乐谱上的题词）是一个略带讽刺意味的童话主题名单，他想象这些主题是由一只被金链子拴在海边绿色橡树上的"博学的猫"讲述的。普希金从中选择了《鲁斯兰与柳德米拉》，而里姆斯基-科萨科夫则选择创作一个音乐故事，其情节纯粹而简单，就是音乐本身。里姆斯基-科萨科夫说，听众试图在他的作品中寻找序言所描绘的自然元素，这让他很恼火。人们想在音乐中听到猫在链子末端的上下徘徊，听到树枝上的美人鱼，听到小屋里的巴巴-亚嘎，以及听到从清澈的水中浮现的三十个美丽的骑士。然而，《童话》本身便是一部童话。

诚然，里姆斯基-科萨科夫在给克鲁格利科夫的一封信中将1879年的草稿称为"音画《巴巴-亚嘎》"[1]，作品高度片段化的结构似乎意在邀请听众进行视觉化解读：它以神秘的半音阶和颤动的小提琴作为引子；D小调快板，沉重而不安，独奏长笛编织着魔法咒语，快板主题首先由独奏单簧管演奏，尽管它的节拍标记为三拍子，但作曲家出于特别的考量使之在两拍子中交替。虽然作品采用了奏鸣曲形式，所

---

1. 1879年10月6日的信件，收录于 *MML*，第216页。

有主题都经过了重述，并以缩短的引子素材结束，但作曲家并没有真正尝试将它们整合到一个有机体中。它们保留了自己独有的特征，就像儿童故事书中的插图一样。这本身并不是一个弱点，《童话》的主要问题是它的和声稍显单调，旋律材料也不引人注目。尽管配器充满色彩，器乐音色对比鲜明，但这些还不足以使之成为一部杰作。

《小交响曲》最终于1884年完成，是一部更简单、更坦诚的作品，作品源于此前被遗弃的弦乐四重奏的前三乐章，根据作曲家自己的描述，《小交响曲》在四重奏的基础上进行了一些扩展。总的来说，它类似于巴拉基列夫和里姆斯基-科萨科夫本人的早期序曲，采用了一系列民间歌曲，并以准交响乐风格进行创作，包含动机发展和一些次要主题的交叉运用，甚至在慢乐章中还出现了赋格段。旋律几乎全部取自里姆斯基-科萨科夫在1877年所作的歌曲集，其中一首后来被里姆斯基最杰出的学生伊戈尔·斯特拉文斯基在《火鸟》中以改编的形式而闻名，即"公主圆舞曲"。事实上，斯特拉文斯基不仅从他的老师那里学到了主题，作品的配器手法也暗示了他对《小交响曲》的熟悉，但这并非盗用，他知道，无论如何，这件作品在西方是鲜为人知的，因此可以安全地借用。但是，通常情况下，斯特拉文斯基的版本比原作更为出色。总的来说，《小交响曲》是一部制作精良但稍显乏味的作品，它充其量只是一系列借用曲调的简单拼凑。

《雪姑娘》则完全是另外一回事。从《五月之夜》开始，尽管有其局限性，但里姆斯基-科萨科夫已显露出歌剧创作将是他摆脱枯燥乏味的对位研究的最佳途径，这些对位研究一直在消耗他对器乐和合唱音乐的活力。即使在《童话》中，由于缺乏主题，人们也能感受到将故事强加于一首严肃音乐作品时的拘谨。而在歌剧中，显然没有这样的限制。1879年至1880年的冬天，他重读奥斯特洛夫斯基剧本的原因我们并不知晓，因为在1873年作品出版后不久他就已经读过了，但当时并没有太多留意，可能是他对民间神话日益增长的兴趣唤醒了他对这部剧的一些记忆。事实上，与奥斯特洛夫斯基的现实主义作品（如《暴风雨》或《切勿随心所欲》）相比，这部作品在戏剧性上显得相当平淡，它的力量在于氛围的营造和创造世界的诗意魅力，而氛围正是里姆斯基-科萨科夫此刻所寻找的。突然间，他告诉我们，他"对古老的俄罗斯习俗和异教泛神论的热情正逐渐积累，现在猛然爆发成耀眼的火焰"。他开始痴迷于奥斯特洛夫斯基的角色：雪姑娘本人、牧羊人莱尔、国王贝伦迪，以及各种拟人化的形象——春天、节前狂欢和弗罗斯特祖父。第二年，他和家人在一个名为斯特利沃的庄园度过了夏天，这个村庄位于卢加南部，土地平坦、树木繁茂，这里的环境和风景滋养了他的痴迷："不知何故，一切都与我当时的泛神论情绪相和谐……一些粗壮扭曲的树枝或长满苔藓的树桩，在我看来仿佛是森林精灵或它的居所；沃尔钦涅茨森林，正是歌剧第三幕中所描述的禁忌森林；裸露的科皮提耶茨山丘是太阳神亚里洛的山；在阳台上听到的三重回声似乎是森林精灵或其他神迹的声音。"[1]

以现代思维方式来看，这样的兴奋似乎本质上是儿童的感受，而对于像里姆斯基-科萨科夫这样的现实主义者来说确实非常独特，他的思想后来被斯特拉文斯基描述为"对任何宗教或形而上学的想法都持保留意见"[2]。然而，人们必须考虑到，对于他那一代的俄罗斯人来说，无论是异教仪式和魔法童话之间，还是俄罗斯民族主义和民族意识之间，都存在着紧密的联系。另一方面，斯塔索夫对萨特阔的故事赞不绝口，把它称为"海王岛上的俄罗斯自然场景，古代崇拜以及我们祖辈的生活"[3]。此外，这些返祖之谜还能成为学术和分类研究的

---

1. *LMMZ*，第203—204页；*MML*，第233页。
2. Igor Stravinsky and Robert Craft, *Memories and Commentaries* (London: Faber and Faber, 1960), 55.
3. 1861年2月13日写给巴拉基列夫的信件，收录于*BSP1*，第121—124页。

对象。在里姆斯基－科萨科夫的自传中，他将尤利·梅利古诺夫描述为"一个枯燥的理论家和编纂者"，他的第一部民歌集于1879年问世，这部作品"直接用记谱的方式记写了人民的歌声"[1]。但正如我们在《五月之夜》中看到的那样，里姆斯基本人也开始对他所创作曲目中的旋律分类和应用产生兴趣。你可以对森林、鸟类生活和四季的异教奇观感到惊讶，同时又能仔细记录与这些现象相关的仪式、时间和目的。你既可以成为原始人也可以成为现代人类学家。这种结合似乎吸引了里姆斯基－科萨科夫（尽管他在音乐归属方面的看法是否正确还有待讨论）。[2]

在这样的解读中，《雪姑娘》被看作是一个童话故事，并在一些关于俄罗斯前基督教的季节性习俗的宏大论著中占有一席之地。故事发生在贝伦迪王国，国王是一位睿智且和善的统治者。在附近的森林里，冬天即将结束，春天正在从霜爷爷的手中获得自由；但他们——波比尔·巴库拉和他的妻子波比利夫——的争吵是每年都要上演的，他们有一个女儿叫雪姑娘，他们计划（就像理想中的中产阶级父母一样）今年夏天为雪姑娘找一个好人家。他们生活在贝伦迪王国，但膝下无子。雪姑娘美丽温柔，性情温和，但性格略显冷淡。她与村民友好相处，尤其是与牧羊人莱尔建立了深厚的友谊，她喜欢莱尔的歌声却无法回应他的感情。当她的好朋友库巴娃的未婚夫米兹基尔看到她时，他被雪姑娘的美貌迷住，立刻抛弃了库巴娃，同样的事情发生在贝伦迪王国每一对订婚的夫妇身上，以至于国王打算在太阳神节为他们举行集体婚礼来讨好太阳神亚里洛的计划岌岌可危。但是，如果谁赢得了雪姑娘的芳心，太阳神亚里洛的怒气就能平息。在太阳神节的前夜，

---

1. *LMMZ*，第225页；*MML*，第257页。
2. 例如，参见 Taruskin, *Stravinsky and the Russian Traditions*, 698，他在《雪姑娘》中对某个用法进行了更正。

米兹基尔热情地向雪姑娘告白，她却受到了惊吓，直到在最后一幕中，春天回应了雪姑娘的祈祷，让她爱上了米兹基尔。只可惜，在第二天的集体婚礼上，炽热的阳光融化了雪姑娘，米兹基尔在绝望中投湖自尽。然而，贝伦迪王国的人民却为冬天的逝去而欢欣鼓舞，唱起了赞颂太阳神的颂歌。

这个故事蕴含了各种共鸣，有的显而易见，有的可能没那么明显。他们属于这样的一片土地，那里的冬天令人生畏，而春天也同样猛烈，他们既具破坏性也具创造性，但无论如何都不会回应人类的关切。人类所能做的就是通过仪式活动来安抚自然，以此来提醒他们人类的存在和需求，并让人类自身感到心安，认为自己也是自然循环的参与者，像鸟儿和树木一样，尽管人类作为个体最终也会消亡。对里姆斯基-科萨科夫来说，这样的主题有极大的吸引力。他的乐谱充满了标志着冬、春和夏的自然循环的歌曲和合唱。甚至连鸟儿也能通过一种音乐游戏的形式进行仪式舞蹈，这些有羽毛的生物按等级做了分类，"我们鸟儿中谁最大，谁最小？鹰是首领，鹌鹑是文士，猫头鹰是副首领"等等。在森林的序幕结束之际，自然的场景被村民们打破，他们正在举行谢肉节仪式，这在异教神话中是冬天的最后一周。在一段精彩的民歌组合中，里姆斯基-科萨科夫构建了自己的仪式，从那首粗暴的、几乎带有嘲弄色彩的歌曲《嘿，神圣的谢肉节！》（引用了他自己的旋律片段，作品第32号）开始，经过欢快的《公鸡很早就打鸣》，再到庄严并具宗教性质的《很高兴见到你，向你致意》（取自里姆斯基的第42号作品，实际上与等待谢肉节有关），最后以安静的《三天后回到我们身边》结尾，这显然是指复活。里姆斯基-科萨科夫解释道，此时插入的短小、类似圣歌的片段《湿尾巴的谢肉节》，是"对东正教亡灵弥撒的轻蔑亵渎的提醒"，这似乎证实了整个合唱的基督教潜在意涵。

以下做法在舞台上可以呈现出华丽的景象。在第三幕开始时，伴随着闪耀的格林卡式的民歌《嘿，田野里有一棵菩提树》（里姆斯基歌曲集第54号作品），人们在太阳神节的前夜庆祝，这首歌曲柴科夫斯基也在该剧最初制作的插曲中使用过。在最后一个场景中，在雪姑娘消失之前，新娘和新郎走近国王贝伦迪，唱着巴拉基列夫歌曲集（第8号）中的两首磨坊播种歌的变体。这里的舞台指示明确规定"在唱歌的过程中，双方（女孩和男孩）应随着歌曲的节拍缓慢地靠近"。这种画面具有芭蕾舞般的氛围。场景设置庄重而富有仪式感，框架中的动作通常是装饰性的而非戏剧性的。例如，序幕中包含了许多诸如"森林低语"类型的美妙片段（尽管里姆斯基-科萨科夫对瓦格纳的了解可能仍然停留在《罗恩格林》）。[1] 管弦乐织体，尤其是木管的编配，始终给人一种愉悦感，此处以及在贝伦迪场景中的和声语言都运用得恰到好处，色彩斑斓的和声营造了魔法般的童话世界，这种尝试并未背离里姆斯基的创作原则。在这样的时刻，格林卡在《鲁斯兰与柳德米拉》中的影响从未远离，有时还非常接近，例如在第二幕开始时的吟游诗人合唱，或是随后贝伦迪游行时的音乐。

作为戏剧，《雪姑娘》与《鲁斯兰与柳德米拉》也有很多共同之处。就像在童话故事中一样，其角色在很大程度上具有象征意义。这些角色缺乏心理深度，除非借用魔法，否则他们很少改变，比如雪姑娘是在她的母亲美丽的春天的允许下才爱上米兹基尔的。在童话世界中，勉强给予的变化通常会带来急速的灾难。除了国王贝伦迪和牧羊人莱尔（他们演唱了三首迷人的带有民谣风格的咏叹调）之外，其他角色都是无足轻重的符号。我们对米兹基尔或库巴卡一无所知，只知道他们刚刚陷入爱河。米兹基尔变心于雪姑娘（她惊艳的容貌在童话中可

---

[1]. 人们会记得，1863年瓦格纳在圣彼得堡举行音乐会时，里姆斯基-科萨科夫正随海军出海巡航，那是《尼伯龙根的指环》首次在圣彼得堡上演，当然，这部作品的声乐乐谱早已问世。

以算作理由，但在现实中并不成立）。库巴卡向国王诉苦，但当我们下次见到她时，她已投入莱尔的怀里。当雪姑娘融化时，米兹基尔跳入了湖中，但没有人在意。正如国王贝伦迪所解释的那样："雪姑娘的悲惨死亡和米兹基尔的可怕结局不会使我们感到震惊。冰霜之女，寒冷的雪姑娘，已经陨落。十五年来，太阳一直在生我们的气，现在随着她奇迹般的死亡，寒霜的妨扰也结束了。"换句话说，雪姑娘和她的爱人只是季节化的象征。人类的牺牲战胜了寒冷，所有人共同赞美太阳神亚里洛。

歌剧的时长超过三个小时，尽管它在音乐上充满魅力，但它在戏剧性和心理层面上较为平淡，这可能使其难以在非俄罗斯舞台上获得广泛的接受。然而，它仍然是一部具有历史意义的作品。当穆索尔斯基在《霍万斯基之乱》的最后创作阶段苦苦挣扎时，鲍罗丁成功地为《伊戈尔王》中史诗般的人物赋予了情感，现实主义作为一种艺术潮流正在悄然消退。相反，人们可能会将奥斯特洛夫斯基的戏剧和里姆斯基-科萨科夫的歌剧视为民族艺术追求的一个新方向：其真实性不再体现在俄罗斯的历史和语言中，而在他们的思想和艺术中。《雪姑娘》有独特的魅力，但它不属于现实主义作品。尽管有些刻意，但作品回溯到了古代神话，将穿着罩衫和演唱民歌的俄罗斯农民从历史中抽离，带领他们进入了充满魔法和仪式的永恒古代。值得注意的是，在1882年2月的马林斯基剧院首演之后，这部作品后来成为了1885年在阿布拉姆采沃的私人歌剧院上演的首批歌剧之一。萨瓦·马蒙托夫在那里召集了一批艺术家，致力于复兴俄罗斯民间设计，包括服装、家具、建筑、陶瓷和书籍插图等。童话的装饰风格是其中的重要要素之一，这与英国工艺美术运动和"拉斐尔前派"的相似之处是显而易见的，这种比较经常被提及。然而，在俄罗斯的艺术表现中，社会因素（在解放前的现实主义中占据重要地位，并且是英国农村复兴的强大动机）则不那么显著。相反，马蒙托夫最著名的继承者们，如

《艺术世界》杂志和谢尔盖·佳吉列夫的"俄罗斯芭蕾舞团",则选择对社会问题保持距离,专注于纯粹的设计、美学或幻想,以及创造奇特的效果,这种艺术追求强调"艺术为艺术而存在"。因此,巧合的是,那位温柔的雪姑娘成了"被选之人"的直系祖先,在里姆斯基-科萨科夫最著名的学生斯特拉文斯基最著名的芭蕾舞剧《春之祭》中,她跳舞至死以安抚春神。

1880年夏天,穆索尔斯基在奥拉宁鲍姆创作了许多优秀的作品。如果没有《索罗钦集市》的干扰,他甚至可能会完成《霍万斯基之乱》,但即使没有《霍万斯基之乱》,他那年完成果戈理歌剧的可能性也很小。由于材料太零碎,不成体系,他的头脑似乎难以再为这样一部大规模的作品构建一个连贯的结构。在一处乡间度假别墅中,一个与父母同住的11岁男孩在看到了穆索尔斯基后做了这样的描述:

> 列昂诺娃每周举行一次招待会,会后是晚餐。晚餐通常由穆辛卡负责准备。从后面的房间里,可以听到盘碟的碰撞声和开瓶的声音。每当穆索尔斯基出来时,他都酩酊大醉。晚餐后,音乐会正式开始,穆索尔斯基担任钢琴伴奏和独奏,并进入了"良好"的演奏状态。他完美地演绎了自己的作品,给听众带来了"震撼的效果"。[1]

列昂诺娃决定在她位于圣彼得堡克留科夫运河的公寓里开设声乐课程,并邀请穆索尔斯基担任她的助手。她为自己"全新的教学方法"感到自豪,这些方法包括让穆索尔斯基写作二声部、三声部和四声部的练习,作为视唱练耳的练习内容。里姆斯基-科萨科夫对此感到失

---

[1] 罗兹季斯彭斯基的回忆,收录于 Ivan Lapshin, *Musorgsky Remembered*, 119。

望，称这些练习是"可怕的声部写作"，并对穆索尔斯基教授基本理论的想法感到震惊，但最重要的是，他对穆索尔斯基把时间花在这种他视为卑贱且无效的合作上表示遗憾。列昂诺娃是一位年长的歌剧明星，她对自己经久不衰的声音品质的认知远远超过了现实，虽然她声称"穆索尔斯基对我在声音训练方面的成功感到惊讶"，但里姆斯基记得她并未受过专业的训练，"几乎无法教授声乐技巧"[1]。至于穆索尔斯基，他整日沉醉于葡萄酒和蘑菇，这让列昂诺娃感到绝望，并将其视为衰落的征兆。

1880年的某一天，穆索尔斯基离开了纳乌莫夫一家，搬进了位于军官村的一处住所，离列昂诺娃家和马林斯基剧院不远。那年秋天，他以散漫的方式创作了一系列简短而平淡的钢琴曲：《沉思》（*Razdum'e*），一首充满童趣的作品，主要由两部分组成，左手伴有踏板延音；《村里》（*V derevne*），一首内容丰富的幻想曲，出于某种原因，穆索尔斯基将其称为"流行歌曲"；最后一首是《眼泪》（*Sleza*），可以推测是为了他那早逝的创作天赋而流下的泪水。1881年2月3日，里姆斯基-科萨科夫在自由音乐学校的一场音乐会上指挥了《塞纳赫里布的毁灭》，费奥多尔·斯特拉文斯基演唱了穆索尔斯基的歌曲《遗忘》。这是穆索尔斯基在世时最后一首公开演出的作品。不过在第二天晚上，他还亲自主持了一个文学晚会，纪念一周前去世的费奥多尔·陀思妥耶夫斯基。当这位伟大小说家的黑框肖像被带到大厅时，穆索尔斯基即兴演奏了"像《鲍里斯·戈杜诺夫》最后一幕的丧钟曲调"。那是一个无法重现的历史性时刻，就像贝多芬对幼年李斯特的神圣之吻，只不过在这种情况下没有火焰的传递，只有垂死的闪烁，并且火焰很快就会熄灭。

一周后，穆索尔斯基以一贯"紧张而易怒的状态"来到列昂诺娃

---

1. Gordeyeva, M. P. *Musorgsky v vospominaniyakh sovremennikov*, 183; *LMMZ*, 196, *MML*. 225.

家，并突然宣布自己无家可归，也没有任何收入。显然，这并不完全属实。后来，列昂诺娃解释说，她决定给穆索尔斯基一个房间，因为她知道"如果再让他独自一人住在公寓里，发生紧急情况时，他会因得不到帮助而去世"[1]。正如我们所知，穆索尔斯基害怕独处，但这一次不仅仅是一种情绪上的问题。那天晚上，他和列昂诺娃在索汉斯基将军家里参加了一个聚会。索汉斯基是列昂诺娃一位声乐学生的父亲。在聚会上，穆索尔斯基为列昂诺娃的学生伴奏，但之后，在跳舞和打牌时，他似乎中风了。那天晚上，他睡在了列昂诺娃公寓的椅子上。第二天早上，他先是看起来好多了，但是当列昂诺娃关心他怎么样时，他先是回答说自己很好，随后却突然转身摔倒在了地板上。"我的担忧并非毫无根据，"列昂诺娃感叹道，"如果他当时独自一人待在寓所，肯定会窒息，但好在我们马上把他翻转了过来，照顾他并请来了医生。傍晚之前，类似的情况又发生了两次……"[2]

在贝尔滕松医生的帮助下，穆索尔斯基被送进了苏沃洛夫大街（靠近斯莫尔尼修道院）的尼古拉耶夫军事医院。由于他当时只是一名平民，这样的安排非同寻常，因此他必须被登记为"贝尔滕松医生的雇佣人员"。他有一个安静、宽敞、阳光充足的房间，有自己的护士和护理设施，有美味的食物，也有人经常来看望他。当然，饮酒是被禁止的，但在其他方面，斯塔索夫认为，"他就好像在自己的家里，周围是自己的家人和最亲切的关怀"。然而，正如他所知，现实情况十分严峻。在穆索尔斯基入院两天后，贝尔滕松告诉巴拉基列夫，"医生们现在说他不是中风，而是癫痫发作"。

昨天和今天我都在他身边（鲍罗丁和科萨科夫昨天和前

---

1. Gordeyeva, M. P. *Musorgsky v vospominaniyakh sovremennikov*.
2. Gordeyeva, M. P. *Musorgsky v vospominaniyakh sovreminnikov*, 126.

天也在这里,还有很多其他朋友),他现在看起来没什么问题,认得出每个人,但总会胡言乱语,讲述一堆荒唐的故事。他们也说,除了癫痫和中风,他的精神状态也有些失常。作为一个人,他已经完了,尽管医生们说他可能会活下去,也许是一年,也许只有一天。[1]

事实上,穆索尔斯基又活了一个月。在严格而有益的医院管理下,他似乎在逐渐康复。他写信给谢斯塔科娃说自己感觉很好,甚至想出院去看望她。在他生病的最后阶段,就像《茶花女》中的维奥莱塔一样,他告诉所有人,他感到自己的元气正在恢复。他的外表貌似有所改善,情绪也随之好转。在沙皇亚历山大遇刺(3月1日)后的第二天,伊利亚·列宾来为他画肖像时,发现他"身体格外精神,头脑也很清醒",而最终的肖像可能暗示了相反的情况。[2] 当阿尔谢尼·库图佐夫探望他时,他们还一起谈论了创作。"你知道,"穆索尔斯基说,"我想要一些全新的东西,是我还没有触及的东西。我想从历史中挣脱出来,事实上,在生活中,任何形式的平庸都会让我喘不过气……我再告诉你一件事,到目前为止,你和我只不过忙于琐事。让我们来创造一些伟大的东西,你写一部精彩的戏剧,我用音乐为它赋形。"或许,穆索尔斯基不是第一次告诉库图佐夫他想听的话,又或许正如苏联批评者所声称的那样,库图佐夫只是在编造。但对穆索尔斯基来说,幻想是很容易的。只不过在他的内心深处,他也一定知道这不会发生。

3月9日星期一,他庆祝了自己的42岁生日。不久之后,他的病情急剧恶化,四肢逐渐麻木,这种麻木又蔓延到他的整个身体。到了周

---

1. 1881年2月15日的信件,收录于 *BSPII*,第10页;摘录于 *MR*,第411页。
2. 引自 *MR*,第412—413页。

末，他的病情已经无望了。据音乐评论家米哈伊尔·伊万诺夫（Mikhail Ivanov）称，穆索尔斯基的病情在周日有所改善。他被扶到一把扶手椅上，说："我必须有礼貌，女士们来拜访我，她们会怎么看我？"但是，当伊万诺夫第二天早上，也就是3月16日来敲门时，库图佐夫在门口迎接了他，并说道："你想见穆索尔斯基吗？他死了。"[1]

---

1. 参见亚历山大·戈连尼谢夫-库图佐夫：《穆索尔斯基回忆录》，载于叶卡捷琳娜·戈尔德耶娃编撰的《当代人记忆中的穆索尔斯基》，莫斯科：音乐出版社，1989年，第29页。

[第二十九章]

继承与反叛

在穆索尔斯基去世后不久,弗拉基米尔·斯塔索夫就开始积极地撰写相关文章。第二天,《声音》杂志刊登了一篇简短的讣告,主要讲述了穆索尔斯基最后几天的健康状况,概括了他的生平和重要作品,提及了列宾为其绘制的肖像,以及对于穆索尔斯基的简要评价。讣告上写道:"穆索尔斯基是为数不多的那些努力开拓无与伦比的'新领域'的人之一,人们对此深有感触。尽管学院派和保守派用打压的方式反衬出对穆索尔斯基的敬意,但与此同时,许多充满活力的青年也用爱来支持他。"[1]斯塔索夫对3月18日葬礼的报道发表于19日的《声音》上,描述了从医院到亚历山大·涅夫斯基公墓的送葬队,高耸的花圈及其挽联;参加葬礼的人令人印象深刻,包括其余的强力集团成员,音乐学院院长卡尔·大卫多夫(Karl Davïdov),纳普拉夫尼克,马林斯基剧院首席歌唱家(伊凡·梅尔尼科夫、费奥多尔·斯特拉文斯基等),管弦乐团成员以及许多"被穆索尔斯基的原创和民族主义天赋所感染"的音乐爱好者。[2]《欧洲信使》在5月和6月刊上刊载了斯塔索夫篇幅更长、更为深思熟虑的传记,这成为关于穆索尔

---

1. "Nekrolog M. P. Musorgskogo," *Golos*,1881年3月17日,收录于 *SSMII*,第45—47页。
2. "Zametka o pokhoronakh Musorgskogo," *Golos*,1881年3月,收录于 *SSMII*,第47—48页。

斯基生平和作品的一个重要的资料来源。[1]1882年底，斯塔索夫开始在报纸上连载他的巨著《俄罗斯艺术二十五年》(Twenty-Five Years of Russian Art)，其中关于音乐的部分，名为"过去二十五年我们的音乐"，这是一份长达六十页的研究报告，这份报告显然是为纪念格林卡逝世二十五周年而撰写的。[2]

斯塔索夫对俄罗斯音乐的整体看法，长期以来建立在他所谓的"新俄罗斯学派"的核心传统之上，这一传统源自格林卡，经过达尔戈梅日斯基和巴拉基列夫领导的强力集团，最终延续到了年轻一代的作曲家身上，但具有讽刺意味的是，这些作曲家都是里姆斯基-科萨科夫在音乐学院教授过的学生。斯塔索夫坚称："这些'同伴们'的崇高活动一直持续到今天。他们中只有一个人已经不在了——英年早逝的穆索尔斯基。其他所有人都已成熟，并在不断完善自己，沿着他们年轻时开辟的道路前行。"[3]这句话充分体现了斯塔索夫如同霍斯曼[4]般深邃和敏锐的洞察力，他以不同的眼光看待世界。然而，在当下强力集团其余四位主要成员中，里姆斯基-科萨科夫显然偏离了年轻时的道路，如今成为令集团成员讨厌的，却在音乐学院里受人尊敬的教授；巴拉基列夫在过去的十几年里没有创作过任何作品；鲍罗丁仍在为一部陈年旧歌剧苦苦挣扎；居伊自七年前完成自己最新的歌剧后，仅创作了一些沙龙作品。事实上，作为一个功能性的，甚至可以说是历史性的团体，强力集团早就不复存在了。

---

1. "Modest Petrovich Musorgskiy: Biographicheskiy ocherk," *Vestnik Evropï*，1881年5月，第285—316页；1881年6月，第506—545页；重印于版收录*SSMII*，第51—113页。
2. "过去二十五年我们的音乐"，收录于*SSMII*，第143—197页。
3. 直接译自*SSMII*,第193—194页。考虑到鲍罗丁于1887年去世，《斯塔索夫文选》提供了一个更新的文本。
4. 译者注，阿尔弗雷德·爱德华·霍斯曼（1859—1936）是一位英国学者和诗人。他被认为是那个时代最重要的古典主义者和古典学者之一。他的主要贡献是以丰富的智慧和敏锐的观察校订了以拉丁语流传下来的重要古典文本。

至于十九世纪八十年代的"自我完善",这些作曲家的作品既平淡无奇,又缺乏连贯性。巴拉基列夫终于完成了《塔玛拉》,但随后他又退缩了,十年间,除了修改早期作品,他仅创作了几首模仿肖邦风格的钢琴曲和合唱曲。[1]相较之下,里姆斯基-科萨科夫在创作方面显得更加活跃。在1882年1月《雪姑娘》首演后,他创作了一部具有李斯特风格的钢琴协奏曲,一些歌曲、合唱曲以及器乐作品,但这些作品在艺术上都稍显逊色。直到八十年代末,他创作了一系列出色的管弦乐作品,如《西班牙随想曲》《舍赫拉查德》和《俄罗斯复活节序曲》,这些作品被后来的观众,尤其是那些对俄国的辉煌感兴趣的人所推崇,但却与斯塔索夫所提出的"崇高活动"的愿景相去甚远。据斯塔索夫所说,这一时期居伊的特质是"诗意和激情,加上一种不寻常的和发自内心最深处的真诚"[2]。他创作了一些沙龙作品,虽然其中的一些不乏魅力,但它们缺乏个性和俄罗斯音乐的特征;小提琴与管弦乐队的协奏曲组曲和几部纯器乐套曲尽管在技巧或美学上仍有局限,但至少在规模上超出了沙龙音乐的范畴。在强力集团现存的四位作曲家中,只有鲍罗丁持续创作一流的新作。直到1888年,里姆斯基的《舍赫拉查德》问世,才达到了同一水平。

　　鲍罗丁的《D大调第二弦乐四重奏》完成于1881年夏天,作品在抒情性上与前作一脉相承,但在音乐素材的表现上更为强烈和独特,其中第三乐章《夜曲》的旋律是作曲家迄今为止最著名的音乐片段之一。在这类风格的音乐中,鲍罗丁的创作技法简单而有效。他突出了各乐章的织体和节奏对比,在对位或动机发展手法上没有过多运用,

---

1. 他的《C大调交响曲》的创作始于1864年,1866年被搁置,当时作曲家仅完成了第一乐章的一半以及一首谐谑曲和末乐章的雏形。直到十九世纪九十年代,这部作品才被重新拾起,最终于1897年完成。然而,此时作品的俄罗斯风格(如半音和声、东方色彩、竖琴装饰、塔兰泰拉节奏等)已略显自我讽刺的意味。
2. "过去二十五年我们的音乐",收录于 *SSMII*,第177页。

他为器乐创作时显得游刃有余，毕竟器乐语言的特性与其创作天赋完美契合。与舒伯特一样，鲍罗丁的室内乐作品听起来像是心灵和身体情感的自然流露，在室内乐领域，鲍罗丁确如斯塔索夫所描述的那样，是居伊的化身，他后期的作品也进一步验证了这种比较。从表面上看，为钢琴独奏创作的七乐章《小组曲》与居伊在八十年代中期创作的沙龙音乐没有太大区别，但是对于鲍罗丁来说，他在创作中总会显现独特的想法，即使是最传统的意象，他也能赋予其个性。对于他而言，作品的主要问题往往在于缺乏连贯性，而在这首组曲中，他试图通过设定的标题来掩盖这一点 [标题之所以是人为设定的，是因为其中的三首曲子实际上是在十九世纪七十年代创作的，而整部套曲则是在1885年才作为礼物送给他的新赞助人比利时伯爵夫人露易丝·梅西–阿让托（Louise de Mercy-Argenteau）]。这部作品的副标题是"妙龄少女的爱情小诗"，迪亚宁推测这可能与伯爵夫人年轻时的一些经历有关。[1]这个副标题与音乐没有直接关联，作品大部分表现的情绪是感伤的，但缺乏像舒曼的《妇女的爱情与生活》那样的叙事结构。唯一的例外是第一首作品《在修道院中》（Au couvent），它试验性地运用不同寻常的钟声和弦作为吟唱圣歌的框架。这是一幅引人注目的音乐画像，但它与恋爱中的年轻女孩的联系只能说是间接的。

在八十年代，鲍罗丁断断续续地创作《伊戈尔王》，却未曾完成这部作品，甚至未能将其像《霍万斯基之乱》那样以清晰的形式呈现。在创作完《D大调第二弦乐四重奏》之后不久，他为"伊戈尔"重新创作了一首咏叹调，以取代1875年在强力集团成员的施压下被弃用的"影子"独白。后来，他终于确定了序曲的形式和内容，并对之前创作的许多部分进行了修改。但是他创作的新材料很少，仅有第三幕终

---

1. Dianin, *Borodin* (1963), 250.

曲的一个合唱以及在波洛维茨舞之前的孔恰克和伊戈尔的宣叙调。从某种程度上说，这部歌剧成了他的负担，让他感到既无法逃避也无法直面。1887年初的一天，他与他的医生朋友亚历山大·多布罗斯拉温（Alexander Dobroslavin）及其妻子共进晚餐，他们谈到了《伊戈尔王》。但是，"像往常一样，这个话题对他来说是不愉快的，他开始发脾气。'听着，'他说，'我本打算给你们演奏些音乐，但你们一直纠缠我谈论《伊戈尔王》，所以我就不演奏了'"[1]。

但是他最终还是演奏了《第三交响曲》慢乐章的变奏曲，这部作品是他在过去三年间断断续续创作的。这是一首激烈的C小调乐曲，基于他在1884年夏天在莫斯科附近的巴甫洛夫斯基村发现的一首赞美诗曲调。虽然这一乐章已经完成，但鲍罗丁从未抽出时间把它写下来，他也没有写下交响曲的第一乐章。在这种情况下，格拉祖诺夫却能凭借作曲家本人的演奏重构音乐，并且保存了记谱草稿。他还从鲍罗丁在1882年为弦乐四重奏创作的A大调、五八拍的谐谑曲中拼凑出一个谐谑曲乐章，并添加了一个原本用于歌剧第一幕中被删减的商人场景的三重奏片段。这一切似乎都符合鲍罗丁的创作意图。然而，尽管这首A小调交响曲的两个乐章很有吸引力，但我们很难将其视为纯粹的鲍罗丁本人的作品，因为其中涉及了太多格拉祖诺夫本人的记忆。相较之下，《伊戈尔王》中有大量鲍罗丁真实创作的音乐，很多时候我们依然能清晰地听到鲍罗丁的声音。尽管这部歌剧的未完成状态是一个悲剧，但它也是一个充满慰藉的悲剧。

鲍罗丁于1887年2月去世。在去世前的几年里，他的生活依然过得杂乱无章。他妻子的健康状况持续恶化，他本人也在1885年患上了被他的传记作者谢尔盖·迪亚宁称为"轻症霍乱"的疾病，讽

---

1. 玛利亚·多布罗斯拉娃的回忆录，引自Dianin, *Borodin* (1960), 153; *Borodin* (1963), 第150–151页。

刺的是，这种病"严重到患者只能通过注射生理盐水才能得救"[1]。他整体的健康状况显然是由于精神和身体的极度疲惫所导致的。教学工作的压力，对心爱的叶卡捷琳娜的担忧，尤其是对她破坏性的、以自我为中心的生活方式的担忧，以及他无法拒绝他人请求的性格和他对两个要求高且相互敌对的职业的奉献，最终摧毁了他的健康，也在一定程度上影响了他的音乐创作。去世前，他在学院的一间教室里组织了一场化装舞会，把自己打扮成穿着宽松的裤子、高筒靴和红色毛衫的俄罗斯农民。在与玛利亚·多布罗斯拉维纳和他的一位同事交谈时，他说话突然变得模糊不清，身体开始摇晃，然后摔倒在地，头撞到了炉子。尸检显示，他的主动脉破裂了；他的动脉壁非常薄，上述情况随时都会发生。去世这年，鲍罗丁53岁。

1882年3月17日，在穆索尔斯基去世一年后，时年16岁的格拉祖诺夫在巴拉基列夫指挥的自由音乐学校上演了他的《E大调交响曲》，这是该作品首次在音乐会上亮相。巴拉基列夫在前任指挥里姆斯基-科萨科夫于前一年的9月辞职后，重新担任了学校的领导。这部交响曲在观众、评论家和其他作曲家中引发了强烈反响。居伊感慨道，这部作品让他回到了1865年，那既是格拉祖诺夫出生的年份，也是里姆斯基-科萨科夫《第一交响曲》首演的年份。"那时和现在一样，一位年轻的俄罗斯艺术新秀开启了他的音乐生涯，评论家们热情地欢迎一位杰出的新兴才俊，并祝愿他不断成长、成熟和成功。"但格拉祖诺夫比里姆斯基-科萨科夫当年还要年轻，居伊认为他的交响曲更成熟，更具天赋。作品在技术上是很强大也很成熟的。它富有创造性，甚至具有独特性。当然，居伊也对作品持有保留意见，他认为格拉祖诺夫过于依赖重复的四小节乐句，导致作品

---

[1] 玛利亚·多布罗斯拉娃的回忆录，引自 Dianin, *Borodin* (1960), 153; *Borodin* (1963), 第142、145页。

在形式上稍显冗长。尽管慢乐章既迷人又富有诗意，但有时也显得意图不明。总体而言，这部交响曲仍然是"一部优秀且极具天赋的作品，尽管格拉祖诺夫还很年轻，但他的作品已展现出深刻的音乐价值。考虑到这位作曲家年仅17岁，这绝对是一个非凡的现象"[1]。

那天晚上，观众中还有一位不同于圣彼得堡音乐会普通赞助人的音乐爱好者——一位名叫米特罗凡·别利亚耶夫（Mitrofan Belyayev）的木材大亨。表面上，别利亚耶夫属于俄国社会的商人阶层，但与当时西欧的商人阶层相比，其身份更加独特。由于俄国社会的僵化及其贸易的落后，即使到了十九世纪中叶，俄国商人阶级仍保留着自己的特征，这种特征源于他们的农民背景，并在文化上形成一种极其保守和内向的生活观，这在他们的衣着、语言和教育上都有体现。到了十九世五十年代，资本主义在俄国逐渐成熟，并在商业界创造出巨大的财富。这些被塔拉斯金称为"新贵"的商人们逐渐走出自己的商业空间，开始追求教育，并体验奢华生活，感受各种高低文化的娱乐和生活方式，表现出一种炫耀的倾向。他们购买和建造房屋，赞助艺术，但他们从未完全摆脱旧俄国的气质，仍然保持着对斯拉夫文化的热爱和东正教的宗教信仰。因此，塔拉斯金解释说，"商人赞助者比贵族更倾向于支持本土艺术人才"。例如，波罗的海铁路大亨的遗孀娜杰日达·冯·梅克对柴科夫斯基的支持；纺织业富翁帕维尔·特列季亚科夫（Pavel Tretyakov）收藏并售卖俄国绘画作品，并在莫斯科建造了一座童话风格的画廊来展示它们；另一位铁路大亨萨瓦·马蒙托夫在阿布拉姆采沃建立了一个艺术家聚集地，他的家中摆满了农民的手工艺品，它们成为了艺术家们创作的元素或灵感来源。别利亚耶夫的财富源于家族的木材生意（在某种程度上也和铁路有关），但他

---

1. "Poslednyaya kontsertnaya nedelya," in Cui: *Izbrannïye stat'i*, 306–309.

在教育层面明显高于大多数工业同僚，尤其体现在他比其他人更懂音乐。他是一位出色的小提琴手，参加过室内乐演奏，并在优秀的业余管弦乐队中表现活跃，每周五，他都会在圣彼得堡的家中举办弦乐四重奏音乐会。鲍罗丁很可能是在1882年别利亚耶夫举办的"星期五音乐会"上创作了后来被收入其《A小调交响曲》的谐谑曲。[1]

别利亚耶夫对格拉祖诺夫的交响曲印象深刻，同年8月这部作品在莫斯科首演时，他特地前往现场再次聆听。在音乐会上，他向里姆斯基-科萨科夫进行了自我介绍，并在不久后提出了出资赞助这首交响曲出版的想法。这个想法的影响远远超出人们的预想。实际上，别利亚耶夫正在创办一家出版社，他这样做是出于一个商人的本能。通过在莱比锡建立业务，他避开了俄国缺乏版权保护的问题，同时确保了乐谱在德国出版的制作质量，他的目标是出版精美的乐谱，这些乐谱需经过严谨的编辑，出版时还应包括所有乐器的分谱和作品改编的钢琴四手联弹版本。同样，本着真正的俄国商人的阶级精神，他提议从格拉祖诺夫和里姆斯基-科萨科夫开始，只出版俄国作曲家的作品，他始终坚持这个决定。两年后，他为格拉祖诺夫的交响曲和《D大调管弦乐组曲》支付了彩排演出的费用，这一举措进一步促成了1885年俄罗斯交响音乐会的启动，这是一个类似于俄罗斯音乐协会的年度音乐会系列，与出版物一样，它致力于宣扬俄罗斯音乐，并且其中大部分是新创作的作品。

理查德·塔拉斯金在对伊戈尔·斯特拉文斯基成长环境详尽和引人入胜的描述中，揭示了别利亚耶夫的倡议是如何在圣彼得堡的音乐界施加了严格的标准，并以此来区分哪些作品符合格拉祖诺夫早期创作背后的训练和审美观念。格拉祖诺夫像是一位受过系统教育的强力

---

1. Dianin, *Borodin* (1963), 130. 本段和以下两段文字中的大部分信息都援引自 Taruskin, *Stravinsky and Russian Traditions*, 41–71。

集团成员，虽然他能够创作出听起来不再像是为满足巴拉基列夫的要求而写的习作式交响曲，但他的音乐风格依旧受到这个圈子的影响。这些作品反映出里姆斯基-科萨科夫对强力集团作品缺乏技术的日益不满，同时也显示出他对穆索尔斯基作品中充满狂野的想象力的厌恶。当时，他正努力对这些作品进行修改，以此来削减他认为在艺术上荒唐的部分。考虑到别利亚耶夫总是向里姆斯基-科萨科夫征求关于作品出版或表演的建议，并最终将他和他的两位杰出的学生——格拉祖诺夫和阿纳托利·里亚多夫组成一个委员会处理这些事宜，我们不难想象，在十九世纪八十年代或九十年代的圣彼得堡，对于任何特立独行的作曲家（无论是俄国的"德彪西""雨果·沃尔夫"，还是"勋伯格"）而言，想要取得进展将变得多么困难。虽然将别利亚耶夫和里姆斯基建立的规范化体系与后来苏联时期的体制化相提并论，认为它最终演变成了社会主义的现实主义的观念不免有些夸张，但事实上，苏联早期几十年最有影响力的几位作曲教师都是里姆斯基-科萨科夫的学生，其中包括与斯特拉文斯基同时代的马克西米利安·斯坦伯格（Maximilian Steinberg），他曾在教学中给他的学生德米特里·肖斯塔科维奇不断灌输里姆斯基-科萨科夫的"神圣传统"。[1]

因此，就在斯塔索夫发布一份关于巴拉基列夫领导的强力集团的工作进展报告时，该团体的余留部分正在被一股高度专业化的潮流所裹挟，这种潮流虽然借鉴了强力集团已有的一些成果，但几乎没有传承其精神。格拉祖诺夫和里亚多夫只是不断扩大的学院派培养模式中最具才华的代表，他们是里姆斯基-科萨科夫本人或其学生的学生，这些年轻的作曲家们毫无疑问遵循了大师的权威，坚持他任教时所强调的价值观。他们所追求的无非是作品由别利亚耶夫出版，在他

---

1. Laurel E. Fay, *Shostakovich: A Life* (Oxford: Oxford University Press, 2000), 24.

的俄罗斯交响乐音乐会中演出，或者在他1903年去世后，获得根据他的遗嘱设立并由里姆斯基-科萨科夫直接管理的格林卡奖。斯塔索夫在1882年写道："自格林卡以来，所有最优秀的俄罗斯音乐家都对学术缺乏信任，他们并没有像许多欧洲的音乐家那样对学术抱有崇拜和迷信。"[1]这一论断乃不实之词，十多年来，里姆斯基-科萨科夫一直在向他的学生灌输完全相反的观点。至于斯塔索夫的民族主义思想，也没有被完全淹没，只是失去了激进的力量。他坚持认为："为了具有民族性，为了表达一个民族的精神和灵魂，音乐必须扎根于人民生活的根本。"[2]另外，他所谓的"东方元素"指的是"新俄罗斯音乐家们……与俄罗斯人一样对东方的一切事物都感兴趣，这并不奇怪，因为东方的许多元素一直是俄罗斯生活及其多样形式不可或缺的一部分，并赋予了其独特而鲜明的色彩"[3]。那些东方音乐的标志，例如充满蛇魅元素、曲折华丽的旋律和富有色彩的和声，但它们不再散发《安塔尔》或《伊戈尔王》中的异域芬芳。民歌、民间传说、仪式、神话时常涌现，古老的调式、奇异的音阶也时有出现，但这些元素的危险性已经消失，变成了受过良好训练的作曲家随意使用的风格资源。一个典型的例子是"伽马音阶"，即半音音阶或八音音阶，里姆斯基-科萨科夫在1867年的交响音画《萨特阔》中首次使用它来暗示当萨特阔下沉到海洋王国时自然法则的悬置。到了十九世纪九十年代，这种音阶已经成为里姆斯基和他的学生们在创作中使用的典型手法，几乎演变为一种信物和一个团体归属的标志。它不再被视为是具有破坏性的力量，而是让我们注意到了一个我们原本不会注意到的创作特征。

里姆斯基-科萨科夫是一位足够伟大的艺术家，能够在这种普遍

---

1. "Nasha muzika za posledniye 25 let"，收录于 *SSMIII*，第146—147页。
2. 同上，第149页。
3. 同上，第150页。

向学术化倾斜的趋势中幸存下来。尽管如此，他在《舍赫拉查德》之后创作的十几部歌剧，在俄国以外的地方从未被纳入保留剧目，除了最后一部《金鸡》。总体而言，里姆斯基-科萨科夫在《舍赫拉查德》之后创作的歌剧作品质量参差不齐，但它们是斯特拉文斯基早期芭蕾舞剧之前最重要的坚持强力集团创作观念的作品，而作为舞蹈作品（这是他所鄙视的一种体裁），它们是为一个由艺术家而非音乐家主导的团体在国外表演而写的。因此，里姆斯基的权威性在其中被大大削弱了。从音乐上看，里姆斯基的歌剧充满趣味，色彩丰富、富有创造力、诙谐幽默，甚至还体现出别林斯基关于艺术作品社会意义的看法。尽管《沙皇萨尔坦的故事》和《金鸡》（均基于普希金的叙事诗）等作品的政治意味有时很复杂，难以与舞台上发生的荒谬情节区分开来，但作为戏剧，这些作品有时节奏缓慢，内容晦涩，人物刻画扁平化，配乐质量也参差不齐，有时旋律优美而充满活力令人惊艳，有时则又显得常规而刻板。斯特拉文斯基认为里姆斯基完美无缺，但对他没有更具"被批判性"而感到遗憾，也就是说缺乏在艺术上的冒险精神。[1]的确，里姆斯基的作品似乎有些过于稳重，在音乐表现上显示出一种轻微的自满与保守，这是他作品的局限。听着里姆斯基倒数第二部歌剧《隐城基特日的传说》优美又稍显安逸的开场，让人联想到J.阿尔弗雷德·普鲁弗洛克用咖啡勺丈量生活的情景，[2]令人不禁思考这是否正与穆索尔斯基呼唤的"走向新岸！"的理想相符。

斯塔索夫对《隐城基特日的传说》的看法充满了悬念。因为他于1906年10月去世，距离首演仅有四个月。他很喜欢《雪姑娘》，这部作品蕴含了更为含蓄的同类元素。越是深入分析斯塔索夫的音乐评

---

1. Stravinsky and Craft, *Memories and Commentaries*, 57. 克拉夫特的话恰好颠覆了悖论，但其观点仍很清晰。.
2. 编者注：J. 阿尔弗雷德·普鲁弗洛克为英国诗人艾略特笔下的人物，年轻敏感而又懦弱，是无力挣脱现实并趋向忍受的形象代表。

价，就越能感觉到他的判断不仅仅是基于良好的品位，而且更多地受到整体观念的影响，换言之，这些评价总能将截然不同的标准进行调和。他究竟是基于什么理由，可以如此高度赞扬巴拉基列夫那些迷人但无可挽回的小序曲以及他的《李尔王序曲》，或赞扬像穆索尔斯基的"荨麻山"这样无望的作品，却又顽固地拒绝承认威尔第或瓦格纳的任何优点呢？这种等级制度的背后有着明确的动机。斯塔索夫希望俄罗斯音乐能以自己独特的方式取得成功，就像一位母亲希望她的孩子能闪耀着自己的光芒，而她会忠诚地、温暖地拒绝承认他们在世人眼中的形象。每一只鹅在他眼中都是天鹅，但这背后也存在意识形态的问题。正如我所提到的，斯塔索夫将俄罗斯音乐视为多种类别，包括历史题材、传说、民歌、地域（东方与西方）以及对学院派的拒绝。然而，他有时也带有个人偏见，可能会在他不喜欢的作曲家的作品中忽视这些类别。显然，这并没有为长久的艺术批评提供良好的基础。而在所有巴拉基列夫的朋友圈中，斯塔索夫被认为是最开明的人，因为他在面对新事物或激进思想时，从不依赖于传统，但他是否对他因意识形态原因而赞美的各种作品之间持久的艺术差异有清晰的认识，似乎让人怀疑。

从我们的视角来看，可以更清楚地区分出一些重要的作品。《鲍里斯·戈杜诺夫》无疑是一部杰作，而穆索尔斯基的其他几部作品也证实了他的天才品质，但这些作品还不足以构成一位伟大作曲家的创作全貌。鲍罗丁虽然很有天赋，但几乎没有完成任何一部一流的作品，他仅创作了一首交响曲，一首短小的音诗，两首弦乐四重奏和一些歌曲。尽管巴拉基列夫最终完成的作品更多，但也只有一首大型作品《塔玛拉》和几首出色的歌曲。居伊创作了一些歌剧和沙龙音乐，但这些作品大多也已淡出人们的视野。唯有里姆斯基-科萨科夫创作了许多从乐谱上看质量上乘的作品，其中大部分至今仍然在俄罗斯频繁上演，但在西方却鲜为人知。当然，强力集团的作品在国外很少上演是有间接原因的。他们最具特色的音乐是声乐作品，但非俄语歌手往往会受困于陌生的语言和西里尔字母。鲍罗丁和穆索尔斯基的一些精彩的音乐大多存在于未完成的歌剧中，演出因而会受到许多制约。归根结底，事实是这些有趣的作曲家虽然谈论了很多，但创作的却相对较少，而且他们创作的作品也往往不如他们所说的那样优秀。

尽管这些作曲家的作品数量不多，但其中的杰作仍熠熠生辉，例如《鲍里斯·戈杜诺夫》和《伊戈尔王》（即使未完成），它们都是音乐史上的重要里程碑，即便作曲家没有创作其他作品，这些作品本身也足以使后人铭记。然而，这种孤立的看法并不符合历史实际。穆索尔斯基、鲍罗丁等人由于在创作过程中受到了特定环境的影响，因此进展缓慢。格林卡创作了两部截然不同的歌剧和许多平庸的作品，他巨大的才能与那些鼓励懒惰和贬低技术的环境之间进行了艰难的战斗。达尔戈梅日斯基在经历了长时间的创作沉寂后，最终勉强完成了一部以理论为主要推动力的作品，因为他几乎没有实际的创作动力。如果没有受到斯塔索夫意识形态的影响和巴拉基列夫的强势推动，这些年轻的作曲家们很可能会默默无闻。即使他们的作品并不完全反映这个圈子的核心理念，但他们仍然自认为在追随这些理念，并在灵感枯竭、技术难以支撑创作的困难时期寻求支持。然而，这些作曲家在创作上面临的核心问题恰恰在于缺乏外部压力，无论你创作什么，或是否创作，外界都并不在意，只有你的小圈子会期待你的下一部作品。只需将他们在六十和七十年代的创作与由音乐学院培养的柴科夫斯基或里姆斯基－科萨科夫在担任音乐学院教授期间的稳定创作力进行比较，就能理解准备和期待在艺术创作中的重要性。

但是，如果强力集团的创作节奏放缓，它的关注点就会像悠闲的旅行者，随意在各个方向游荡，因为他们不急于在夜幕降临之前抵达任何特定的城镇。这些旅行者会观察到那些被普通游客或商人忽视的事物。巴拉基列夫圈中的许多作品常常缺乏精湛的技巧，但正如我之前所说的，缺乏技巧并不足以降低艺术的独创性。更合理的解释是，缺乏外部的压力（既包括学院派教育所带来的规范，也包括他人对他们的期望），他们才得以自由地探索那些不受传统理论约束的领域，这反过来又促使他们发展出自己的创作方法来应对各种情况。但是，在这一点上需要有所区分。居伊虽然对强力集团的思想有一定的兴趣，但在创作上几乎没有受其影响，他的音乐反映了其思维的局限。巴拉基列夫最初的创作充满了才华，但很快就失去了动力，他的隐退期以及后来漫长的"晚年"，都在修改早期作品和创作钢琴小品，这表明他在心理上无法面对绝对自由所带来的挑战。而正是在其他三位作曲家的作品中，人们发现了具有独创性的瑰宝，这些作品不仅证明了关于俄罗斯历史和人民的所有理论探讨，所有对音乐学院和德意志教授的抨击，以及对谢洛夫、鲁宾斯坦、柴科夫斯基等人的非议，也像穆索尔斯基所梦想的那样，在继承者的作品中引导人们"走向新岸"。

这些受益者中也有一些是非俄国人。穆索尔斯基因其所谓的民粹主义而成为了苏联的政治英雄，但他音乐的影响力似乎时断时续，这也许是因为他的前卫风格很难在不违反苏联艺术政策狭隘标准的情况下进一步发展。这一点在肖斯塔科维奇的声乐作品，尤其是《犹太民谣》以及第十三、第十四交响曲中表现得最为明显。在社会主义现实主义的框架下，里姆斯基-科萨科夫的创作理念成为了一条更易遵循的路径。在教学中，他自然地影响了他的学生，虽然这种影响并不总是积极的。从里亚多夫和格拉祖诺夫开始，许多学生都受到他对创作规范过度强调的影响，但与此同时，几乎所有人都从他对管弦乐的非凡理解中获益。普罗科菲耶夫是里姆斯基最后的学生之一，虽然他对里姆斯基的教学感到不耐烦，但却十分欣赏他晚期的歌剧，并从中汲取了经验，这些经验在他早期的钢琴作品中难以察觉，但在他较为华丽的习作歌剧《马达莱纳》中则颇为明显。然而，在二十世纪俄罗斯音乐的一个暗淡时期中，这些都不会使里姆斯基-科萨科夫获得更大的影响力。他影响力的扩大得益于一位学生的作品，这位学生并没有在音乐学校学习，而是里姆斯基-科萨科夫的私人学生。里姆斯基并没有给予他正式的理论教学，而是通过指导和参与他自己和这位学生的音乐作品来进行教学。

这位学生就是伊戈尔·斯特拉文斯基。斯特拉文斯基的幸运在于他从未经历过音乐学校的繁重课业或考试，也未被那些在各国音乐学院中占主导地位的，他后来称之为"那些短暂的、获奖的、登上头条的人"所包围或被压垮。从某种意义上说，斯特拉文斯基恰好证明了斯塔索夫的理论，即音乐学校会扼杀创造性才能。里姆斯基以一种类似巴拉基列夫的方式指导他，给他设置任务，和他一起分析乐谱，对乐谱进行修改，并亲自补充细节。然而，强力集团给人的印象有时是具有误导性的，里姆斯基-科萨科夫晚年是一位全面而有条理的教师，他并不鼓励学生养成业余的创作习惯。

里姆斯基在音乐上对斯特拉文斯基的影响从一开始就显而易见。年轻的斯特拉文斯基在仔细研究里姆斯基的晚期歌剧《总督》和《隐城基特日的传说》后，便开始模仿他的管弦乐法。他的第一批成熟的管弦乐作品《谐谑幻想曲》（1907—1908）和《烟火》（1908年）明显受到了里姆斯基晚期风格的影响，绚丽的配器与里姆斯基当时在《金鸡》中所展现的几乎一致。更重要的是，这些华丽的和声语言同样具有很强的模仿性。两部作品都大量使用了八音音阶（ton-poluton），这是里姆斯基在过去四十年中用于描绘魔法或超自然事件的典型手法。此外，这两部作品还采用了里姆斯基另一部歌剧《不死的卡谢》中用于描绘邪恶巫术的滑音手法以及在《金鸡》中呈现的怪诞而疯狂的多顿国王的宫廷风格。在里姆斯基-科萨科夫去世后不久，斯特拉文斯基为俄罗斯芭蕾舞团创作的芭蕾舞剧《火鸟》，也在很大程度上汲取了这些作品的灵感，当然，《火鸟》也从其他的俄罗斯文化中获得了养分，无论如何，《火鸟》的音乐风格可以追溯到格林卡，尤其是《鲁斯兰与柳德米拉》中那种魔幻的写作手法以及《卡玛林斯卡亚》中对民歌的变奏处理。

如果里姆斯基–科萨科夫对斯特拉文斯基的影响仅限于其早期作品，那么这些内容都不会引起人们特别的关注。尽管里姆斯基的音响很快从斯特拉文斯基的音乐中消失了，但他的创作方法仍然对斯特拉文斯基产生了深远的影响。斯特拉文斯基在他的创作生涯中以不同方式延续了对八音音阶的运用，特别是（但绝不是唯一的）在与俄国相关的作品中。《彼特鲁什卡》中有一个很长的段落持续运用了八音音阶，与里姆斯基《萨特阔》中的描绘一样，它是故事中具有魔幻色彩的木偶复活的象征。在《春之祭》中，八音音阶复杂的内部结构构成了乐谱特有的层次感（无论在乐谱上还是在演奏中都能清晰地感受到）。后来，在诸如《诗篇交响曲》和《三乐章交响曲》之类的作品中，八音音阶完全失去了魔幻的色彩，反而成为体现作曲家俄罗斯血统的表现手法。与此同时，这种最初作为具有特殊戏剧象征意义的色彩性手法，逐渐演变为具有深远影响的资源，为现代和声语言带来了广泛的可能性。

然而，斯特拉文斯基的和声，像任何一位出色的作曲家一样，不能孤立地理解，必须与音乐的旋律线条和节奏特征结合起来。作为一名擅长写作旋律的作曲家，斯特拉文斯基最初是一位真正的强力集团继承者。在《彼得鲁什卡》中，他运用了许多民歌，涵盖城市和乡村音乐，以至于俄国的音乐家甚至观众都倾向于将其视为一套改编曲，并对西方将其视为原创杰作的观点感到惊讶。斯特拉文斯基在《春之祭》中同样大量运用了民歌，但运用时更加隐蔽和碎片化，而且伴随着不规则的节奏变化，这也许是这部作品最著名的特征。斯特拉文斯基很快就在更小规模和更接地气的体裁中，如歌曲、合唱以及带有歌词的舞蹈作品中探索了这些不规则性。他告诉我们，他发现"俄罗斯民间诗歌的一个重要特征是当人们在演唱时会忽略口语的重音"，而

"认识到这一点所蕴含的音乐上的可能性是我一生中最令人欣喜的发现之一"[1]。但是，将对歌词重音的处理与有趣的音乐效果联系起来的想法并非斯特拉文斯基的首创，而是强力集团的一种创作思路，早在穆索尔斯基的歌曲和歌剧中就已显现。

在强力集团中，穆索尔斯基是最不拘泥于传统作曲规则的一位作曲家。里姆斯基–科萨科夫总是有条不紊地创作，尽可能遵循正确的方法，他自己也承认，在他成为音乐学院教授并开始深入研究作曲理论之前，他的作品并不十分完美。鲍罗丁既不是固执的学究，也不是天生的创新者，而是一位有才华和有教养的音乐家，他喜欢在传统框架内探索不寻常的音乐色彩。然而，穆索尔斯基天生具有创新精神，不拘泥于常规的做法。尤其是他的歌曲，经常以独特的方式表现和探寻他认为的真实。他的歌曲有时会模仿日常语言的节奏和轮廓，有时会模仿孩童、傻瓜、醉汉或精神涣散者的特点。他的歌曲甚至在情感表达上也异常地一致，如《美丽的萨薇日娜》或《神学院学生》，或者是无政府主义般的自由，如《我和护士》，歌曲中的小节线是根据语言重音进行划分的。他的和声总是与情绪或语境相呼应，它可以是标准的、教科书式的，也可以是多变的、出人意料的，或是两者兼而有之，美妙却又令人不安。

斯特拉文斯基在他的俄罗斯歌曲作品和芭蕾舞剧《婚礼》(Les Noces)，以及其他作品中使用的移动重音，早在《鲍里斯·戈杜诺夫》的民间合唱中就有所体现。在第一首合唱中，穆索尔斯基有时会将语言重音移到小节的弱拍上，并配以某种旋律重音，同时又将小节线设置在非重音的音节上，例如：

---

1. Igor Stravinsky and Robert Craft, *Expositions and Developments* (London: Faber and Faber, 1962), 121.

[乐谱：Mï da vse tvoi siroti bez-za-shchit-nï-ye, akh, da mï teb-ya]

  实际的小节划分反映出民歌实则没有固定的结构，而是根据自身的旋律和语言模式自由移动。[1]然而，这些旋律和歌词之间常常不完全一致，这也许是因为多年来同一个曲调被配以不同的歌词，而韵律或节奏的准确性并未被过多关注。总体而言，穆索尔斯基的处理方式显得十分自然和随意，而斯特拉文斯基则更刻意地运用这种技巧，他用不同的方式强调一个词，同时在器乐伴奏中添加了多种节奏模式。事实上，人们甚至认为《春之祭》中所谓的多重节奏部分即源于这种移动重音，尽管它们的直接起源在于民歌旋律中对单个乐句缩短或拉长的习惯。这背后还蕴藏着一种无尽重复的观念，这在民间音乐中尤为明显，体现在歌唱游戏、故事讲述，以及跳舞至精疲力竭的小提琴曲调中。机械性的重复是所有民间音乐的一个共同特点，俄罗斯音乐也不例外。从格林卡的《鲁斯兰与柳德米拉》中的婚礼合唱、费英的咏叹调，以及《卡玛林斯卡亚》，到《波洛维茨舞曲》《图画展览会》《塔玛拉》《舍赫拉查德》的终曲和柴科夫斯基的《第二交响曲》，再到斯特拉文斯基《火鸟》的最后一幕，这种手法可以说是司空见惯。斯特拉文斯基通过他在俄罗斯民间诗歌中发现的移动重音和缩短或延长音

---

1. 将穆索尔斯基的乐谱与里姆斯基-科萨科夫版的乐谱进行比较是很有意义的。里姆斯基对所有不规则的节拍进行了调整，甚至有一两处段落采用了错误的词语重音，这在总体上破坏了原作的流畅性。

符的方式，发展了一种新的节奏话语形式并创作出《神圣舞曲》《狐狸》和《婚礼》等作品，甚至进一步拓展到他的其他音乐创作中，虽然它们与民族文化没有直接的关联，但依旧没有摆脱俄罗斯文化的影响。[1]

强力集团的三位主要成员在俄国境内外都有不少崇拜者和模仿者。然而，作为明确与学院派路线对立的作曲家，穆索尔斯基获得了最多的赞誉，他的作品受到了广泛的研究，其中，德彪西显然是最具代表性的。十九世纪八十年代初，年轻的德彪西曾连续几个夏季在俄国担任柴科夫斯基的赞助人娜杰日达·冯·梅克的钢琴师，几年后，他从圣-桑那里借来了其从圣彼得堡带回的《鲍里斯·戈杜诺夫》的声乐谱，但他可能没有做深入研究。德彪西对穆索尔斯基音乐的深入了解可以追溯到十九世纪九十年代。或许，他在 1896 年 2 月在巴黎听到了包括《育儿室》在内的几首歌曲的首次法语演出，并在五年后发表了一篇关于《育儿室》的短文。文中写道：

> 这是一部杰作……没有人像他那样，以如此温柔和深邃的方式诉说我们内心最美好的部分，他是独一无二的，并且只因创造了一种不受乏味的规则或人为束缚的艺术而声名显赫。在此之前，从未有人能将如此精致的感性以如此简单的方式表达出来，他就像是一个充满好奇心的野蛮人，第一次发现了音乐，每一步都被内心的情感所引导。这里根本没有所谓的"形式"，或者说，如果存在形式，那么其复杂性是难以与公认的"标准"形式相提并论的。尽管他以一系列大胆的笔触进行创作，但他也凭借惊人的预见能力使每一笔之间都保持神秘的关联。有时，他能强有力地唤醒一种令人不

---

1. 有关此议题的更多信息，请参见 Taruskin, *Defining Russia Musically*, 117 et seq., and *Stravinsky and the Russian Traditions*, 669 and 923。

安的黑暗印象，以至于让人泪流满面。[1]

想要探究穆索尔斯基对德彪西音乐的影响绝非易事，因为他们在音乐风格上差异显著。有人说，德彪西在《佩利亚斯与梅丽桑德》（*Pelléas et Mélisande*）中的自由独白风格受到了《鲍里斯·戈杜诺夫》的影响，但法语和俄语在重音结构上有本质差异。法语的重音轻柔且均匀，而俄语的重音则十分明显，并常有省略音节的堆叠，使这两部作品的风格截然不同。此外，需要注意的是，直到 1902 年《佩利亚斯与梅丽桑德》首演时，德彪西还没有听过《鲍里斯·戈杜诺夫》，无论他是否看过乐谱。

但终究可以说德彪西在某些方面明显受到了穆索尔斯基的影响，尽管他并未将穆索尔斯基视为模范，而更像是对他音乐的借鉴。他在关于《育儿室》的短文中的一些观点正是如此：穆索尔斯基拒绝采用"标准"的音乐形式，以一种看似零散和碎片化的方式进行创作，但这种方式却能形成独特而复杂的音乐结构。这一特点在德彪西的钢琴作品中尤为突出，例如，《意象集》（*Images*）第一集中的《致敬拉莫》（*Hommage à Rameau*），或第二集中的《月落古刹》（*Et la lune descend*），或其他几首前奏曲。在这篇文章中，德彪西还对和声进行了仔细的研究。他认为，"对穆索尔斯基来说，通常只需要一个和弦就足够了（尽管对于某些人来说，这可能显得过于简单）。或者说他的转调手法是如此独特，以至于在一些音乐理论书籍中都找不到类似的例子"。这些看法不仅反映了德彪西自己的和声实践，也让人想起了他在八十年代末与音乐学院教授欧内斯特·吉罗（Ernest Guiraud）之间的几次对话，那时他对穆索尔斯基的音乐还几乎没有了解。有一

---

1. *La Revue blanche*, 1901 年 4 月 15 日，英文翻译版见 R. Langham-Smith(ed.), *Debussy on Music*.(London: Seclser & Warburg, 1977), 20-21.

次，德彪西走到钢琴前演奏了一系列音程，吉罗问："那是什么？"德彪西回答："是不完整的和弦，它们飘浮在空中，弥散了调性；人们应该随心所欲地去往他们想去的任何地方。"吉罗反驳道："但是当我演奏这个（他演奏了不和谐的法兰西增六和弦）时，它必须要解决。"德彪西回答："我不认为应该这样做，为什么一定要解决呢？"之后，吉罗尝试弹了一串平行三和弦（仿佛预料到了德彪西创作的《海妖》和《沉没的教堂》），他问："你觉得这样好听吗？"德彪西热切地回应："是的，是的，是的！"最后，心胸宽广的吉罗承认："我同意你的观点，特别是对于那些找到自己独特表达方式并能驾驭它的特殊人才。但是，你会如何教授别人呢？"[1]这段对话作为对穆索尔斯基和他的和声手法的描述，出自一位可能从未听过穆索尔斯基音乐的音乐家，实在令人赞叹。

在德彪西的早期歌曲中，一些元素表明他的影响不是来自穆索尔斯基，而是鲍罗丁。例如，八十年代后期，德彪西在声乐套曲《波德莱尔诗五首》之三《喷泉》（*Le Jet d'eau*）的开头运用的全音音阶，让人想起鲍罗丁的《睡美人》，而这首歌德彪西可能曾在夏季为冯·梅克夫人伴奏过。在与德彪西同时代的年轻作曲家莫里斯·拉威尔的音乐中，人们发现了更多的俄罗斯风格元素。拉威尔和德彪西一样，受到《育儿室》中自然主义词句的影响，这对他的声乐套曲《自然界的故事》（1906年）和歌剧《西班牙时代》（1907—1909）产生了明显的影响。与德彪西的作品类似，这种影响也因法语的流畅性而显得有所削弱，穆索尔斯基粗暴且不和谐的和声也在法兰西音乐风格下变得更柔和与含蓄。拉威尔因对穆索尔斯基的《图画展览会》进行了出色的管弦乐配器（1922年）而广受赞誉，他还在1913年为佳吉列夫在巴

---

[1] 英文版的完整对话收录于 Edward Lockspeiser, *Debussy: His Life and Mind*, vol. 1 (London: Cassell, 1962), 204-208.

黎排演《霍万斯基之乱》编排了两个部分。然而，在这些作品中，拉威尔的技巧更多受到了里姆斯基-科萨科夫而非穆索尔斯基的影响，因为当时拉威尔对穆索尔斯基的音乐风格还很陌生。总的来说，拉威尔比德彪西更倾向于直接吸收他所欣赏的风格或技巧。例如，他于1907—1908年创作的《西班牙狂想曲》就大胆地借用了里姆斯基-科萨科夫歌剧《圣诞夜》的管弦乐手法，在《达芙妮与克罗埃》的"总舞"中可以明显看到《吉林拉查德》的终曲对其的影响，甚至可以说达到了抄袭的程度。然而，拉威尔总能将这些"借用"的元素融入到他自己的风格中，展现出独特的创作能力，虽然拉威尔并不是真正的"环球旅行者"，但这些被"借用"的音乐元素仿佛是他音乐世界中的"现成品"，自然地融入了他的创作。

强力集团的影响在二十世纪的许多音乐作品中都有所体现。雅纳切克常被认为受到了穆索尔斯基的影响，不仅体现在他歌剧中富有对话特征的词曲关系上，也体现在他通过对民间语言的研究发展出的创作技巧上。但是，尽管雅纳切克是俄罗斯文学的狂热崇拜者，并且创作了两部与俄罗斯相关的歌剧，但他在1910年之前似乎对穆索尔斯基一无所知，直到1923年（也就是他去世前五年）才首次听到《鲍里斯·戈杜诺夫》。次年，他在接受《纽约时报》评论家奥林·唐斯（Olin Downes）的采访时表示自己"非常欣赏"这部作品，但同时否认自己受到了作品的影响。[1]奇怪的是，他一直对强力集团最不欣赏的俄国作曲家表现出更多的热情，特别是柴科夫斯基和安东·鲁宾斯坦。他的传记作者约翰·泰瑞尔（John Tyrrell）认为，雅纳切克在九十年代后期形成的个人风格与他1896年夏天的俄国之行有直接关联，但并没有明显受到强力集团的影响。至于强力集团对英国音乐的

---

1. John Tyrrell, *JanáDek: Years of a Life*, vol.2(London:Faber and Faber, 2007),485.

影响，我注意到巴拉基列夫的早期管弦乐（特别是他的《李尔王序曲》）与一些英国的民族主义作曲家，如沃恩·威廉姆斯的某些作品之间存在相似之处。但是，沃恩·威廉姆斯在接触到强力集团运用民歌的作品之前就已经采用了这种风格进行创作，因此这种相似性在很大程度上只是巧合。

无论如何，凭借影响力来评判一门艺术，无论是假设的还是已知的，都是徒劳的。人们可察觉到的影响往往是表面的，而艺术家如何处理那些对他们产生深刻触动的经历，则是一个复杂难解的创作心理学问题。我们最多只能了解到艺术家想让我们知道的内容，这与任何关于内心的自白一样，或许并不是全部的真相，即便是艺术家本人也未必完全理解是什么在驱动他们创作。

这群非凡的业余天才的创作，尽管他们的作品常常不稳定、不完整且令人失望，但其内在力量的最佳外在表现无疑体现在他们的崇拜者身上，这与崇拜者如何解读他们的崇拜同样重要。支持像斯特拉文斯基那样的作曲家（就像里姆斯基-科萨科夫做的那样，其他人同样以身作则），被德彪西或拉威尔称赞和模仿，这些殊荣足以使强力集团的作曲家们欣慰地步入天国。

然而，他们真正的纪念碑依然是他们自己的音乐，在那些零散、不成熟或略显平庸的作品中，依旧存在一些十九世纪作曲家最具原创性的杰作。如前所述，假如穆索尔斯基只创作了《鲍里斯·戈杜诺夫》，他仍然是一位伟大的作曲家，但事实上，他还创作了六十多首歌曲，其丰富的创造性几乎还没有得到认可，因为这些歌曲中的歌词采用了西方歌唱家和观众陌生的语言。无独有偶，里姆斯基-科萨科夫的十五部歌剧在西方也鲜为人知，尽管它们的音乐性和戏剧性与一些常演剧目相当。自二战以来，没有任何一家专业的英国公司上演过《普斯科夫的姑娘》或《隐城基特日的传说》，这确实反映了剧目策划者视野的局限。当然，很少有人会以同样的方式为居伊的《威廉·拉特克里夫》或《安吉洛》辩护。然而，许多糟糕的作品却曾被一些旨在复兴和推广那些被遗忘的歌剧作品的音乐公司上演，结果证实这些作品的糟糕程度与长期以来的忽视是相符的。《伊戈尔王》和《霍万斯基之乱》这两部作品自身当然是有问题的，但即使在不成熟的状态下，它们仍受到剧院观众的喜爱。巴拉基列夫的《塔玛拉》是一部杰作，但很少被上演。他和鲍罗丁的歌曲数量并不多，却体现了十九世纪作曲家最优美和最精致的抒情表达。

毫无疑问，弗拉基米尔·斯塔索夫因夸大其词而削弱了自己的立场，但他所进行的斗争却是我们可以理解的。他在1882年一篇文章的结尾提道："谁知道也许在几年后，公众以及音乐评论家的思想、品味和情感会发生根本性的变化，从而改变他们对我们这一新流派——格林卡的继承者的态度。"[1]他所抱怨的是一种充满敌意的态度，而如今这种态度变成了冷漠或轻蔑，这在"俄罗斯庆典"或"白夜音乐节"等活动中尤为明显，反映出一种更注重表面娱乐而非探寻深层艺术价值的思维方式。

---

1. "过去二十五年我们的音乐"，收录于 *SSMIII*，第197页。

[后记]

继承者们

斯塔索夫于1906年去世,享年82岁,临终前他仍在圣彼得堡公共图书馆工作,继续为他所热爱的艺术事业而奋斗。俄罗斯艺术早已进入一个新的阶段,《艺术世界》杂志已逐渐淡出人们的视野,象征主义和"为艺术而艺术"的理念取代了斯塔索夫所钟爱的现实主义,成为创新和反对学术主义的手段。尽管斯塔索夫对亚历山大·斯克里亚宾的音乐和年轻的马克西姆·高尔基的著作表示欣赏,但他对大多数的新艺术形式深感厌恶。他认为佳吉列夫于1898年1月举办的"第二届艺术世界展"是"愚蠢、离谱、反艺术和令人反感的"。他曾对艺术家叶利扎维塔·波姆(Yelizaveta Boehm)吐露心声:"总体来说,我对我们艺术界的现状感到非常沮丧,虚假、肮脏和愚蠢正占尽上风。看来我还是保持沉默,不再干涉任何事情比较好。去对抗几只蚊子、臭虫或虱子(即使有成百上千只),在这样普遍肮脏的环境下,它们不断滋生,那我们的战斗又有什么意义呢?!"[1]尽管如此,他依然坚持写作。他的最后一篇文章是为他昔日的挚爱舒曼辩护,以回应媒体在舒曼去世五十周年时对他的抨击。这篇文章发表于9月28日,两

---

1. 1900年8月5日的信件,引自 Olkhovsky, *Vladimir Stasov and Russian National Culture*, 128。

周之后，斯塔索夫去世。

里姆斯基-科萨科夫虽然比斯塔索夫小二十岁，但只比他多活了不到两年的时间，他的失望是以另一种方式呈现的。在阅读完斯塔索夫的文章《俄罗斯艺术二十五年》之后，里姆斯基-科萨科夫建议评论家亚历山大·奥索夫斯基（Alexander Ossovsky）写"一篇名为《新俄罗斯学派的事实与虚构》的文章"[1]。1904年，在别利亚耶夫纪念音乐会结束后的晚宴上，他面露悲伤，转向斯塔索夫，脱口而出：

> 你知道在所有这些庆祝活动、祝酒词、祝贺词和演讲中，深藏在我心底，不断折磨我，让我感到痛苦的是什么吗？你知道吗？今天我就告诉你。看那儿，那个坐在我们对面，餐巾夹在领口，正在发表精彩、睿智、精辟的演讲的人（格拉祖诺夫），他是我们中的最后一个。在他之后，俄罗斯音乐和整个新俄罗斯时代就结束了！！！这太可怕了！[2]

斯塔索夫回答说，他早已对此有同样的看法。但他可能忽略了里姆斯基-科萨科夫对格拉祖诺夫的隐晦批评，暗示问题不仅在于缺乏接班人，也在于格拉祖诺夫自身的局限性。里姆斯基-科萨科夫的性格中带有悲观主义的色彩，甚至是宿命论。在强力集团的所有成员中，他（而不是斯塔索夫）是最有政治头脑的人，他也最能感受到新世纪初俄国社会生活的惰性和无望。1905年，学生示威活动频繁，由于1月和2月的动乱，所有学术机构被迫关闭，里姆斯基-科萨科夫因公开支持学生而被解除了音乐学校的职务。三年后，他因心绞痛病入

---

1. 引自 Taruskin, *Stravinsky and the Russian Traditions*, 28。
2. 正如斯塔索夫在1904年2月27日写给他的哥哥德米特里的信中所说的那样，引自 Taruskin, *Stravinsky and the Russian Traditions*, 70–71。

膏肓，他向他的朋友瓦西里·亚斯特列布采夫倾诉，称自己的心脏很虚弱，身体也疲惫不堪。他坚韧地说："如你所见，一切都在正常地进行，所有的一切都朝着同一个结局发展。"[1]三个月之后，也就是1908年6月，他在柳本斯克的别墅里去世，没能见证他最后一部歌剧《金鸡》在莫斯科的首演（1909年）。正如占星师在结尾中所言，剧中可笑的沙皇多顿和他无能的将军们，只是"谵妄、虚无和苍白的幽灵"。里姆斯基-科萨科夫也没能预见到他最特立独行的学生伊戈尔·斯特拉文斯基会在两年后凭借《火鸟》取得的惊人成功，尽管这份成功来自另一个国家和另一个舞台。

巴拉基列夫去世时也不知道斯特拉文斯基凭借他曾长期考虑作为歌剧题材的内容取得了成功。巴拉基列夫于1910年5月因胸膜炎去世，距离《火鸟》在巴黎的成功首演仅有四周。然而，在此之前他在圣彼得堡的音乐界已是一个边缘人物。1906年，人们几乎忘记了他的70岁生日，1909年2月，他的一场作品音乐会也因票房惨淡而被取消。1910年，强力集团唯一一位在世的成员居伊在《俄罗斯商业日报》上发表了一篇简短的讣告，提醒世人巴拉基列夫在半个世纪前为强力集团的诞生所起的关键作用。[2]在与一位记者的交谈中，他回想起了他们在1855年首次见面的场景，回忆起巴拉基列夫在强力集团中的主导地位以及他的批评方法和独特见解：

> 天呐，我们对莫扎特和门德尔松是多么不敬，对舒曼、李斯特和柏辽兹是多么痴迷，但最让我们崇拜的还是肖邦和格林卡。巴拉基列夫像孵蛋的母鸡一样悉心照料我们，他严格地审查了我们早期的所有作品，在他审阅并认可之后，这

---

1. Yastrebtsev, *Reminiscenes of Rimsky-Korsakov*, 445.
2. 1910年5月18日，收录于Gusin, Ts. *A. Cui: Izbranniye stat'i*, 548–550。

些作品才得以出版。很快，我们每个人都离开了这个圈子，但巴拉基列夫直到去世都坚持认为，只有在他的羽翼下创作的作品才有价值。

"俄罗斯音乐的历史，"居伊继续说道：

> 将赋予巴拉基列夫最崇高和最受尊敬的地位。我深知，他本可以取得更大的成就。曾几何时，所有与音乐有关的事项都掌握在他手中。他本可以成为音乐学院或帝国歌剧院的院长。他指挥交响音乐会，建立自由音乐学校，当时的权贵们都愿意支持他，但米利·阿列克谢耶维奇的性格与公众生活格格不入。他性格独立，不善于社交，而且很固执。他所创作的音乐非常精美、优雅且技艺精湛，我甚至认为他写得完美无缺。毫无疑问，他本可以创作更多的作品，留下丰富的音乐遗产，但他的性格阻止了这一切。

最后，居伊反思了他自己的处境：

> 所以，我成了我们之中最后一个留下的人。这个事实让人感到害怕，但我还没有失去理智。我坐着翻找自己积累的主题材料，正在构思一些东西并打算将它们呈现于世人眼前。如你所见，我仍然是新音乐学派的守护者。

居伊的守护又持续了八年，其间，他创作了儿童歌剧、歌曲和钢琴作品，这些音乐的魅力与俄国历史上最动荡的岁月显得格格不入，甚至近乎荒谬。居伊的最后一场演出上演了由他完成的穆索尔斯基的《索罗钦集市》，这场演出于1917年10月13日在彼得格勒音乐戏剧剧院上演。十二天后，布尔什维克夺取了政权。[1]次年3月，居伊去世时，新成立的苏俄已经脱离战火三个星期了。[2]然而，国内的内战几乎还没有开始。[3]

---

1. 译者注：这里指十月革命（1917年11月7日），建立了俄罗斯苏维埃联邦社会主义共和国，简称"苏俄"。
2. 译者注：1918年11月第一次世界大战结束。
3. 译者注：1918—1920年苏俄陷入内战。

参考文献

主要文献来源

BSPI	A. S. Lyapunova (ed.). *M. A. Balakirev-V. V. Stasov: Perepiska*, vol. 1, 1858-1880 (Moscow: Muzïka, 1969).
BSPII	A. S. Lyapunova (ed.). *M. A. Balakirev-V. V. Stasov: Perepiska*, vol. 2, 1881-1906 (Moscow: Muzïka, 1971)
LMMZ	N. A. Rimsky-Korsakov. *Letopis' moey muzikal'noy zhizni* 1844-1906 (St. Petersburg. Tipografiya Glazunova, 1909). English translation as *My Music Life*, trans. Judah A. Joffe (London: Eulenburg, 1974)（MML）.
MBO	V. V. Stasov. *Modest Petrovich Musorgsky: Biographicheskiy ocherk*, in A. S. Ogolevets (ed.). *V. V. Stasov: Izbranniye stat'i o Musorgskom* (Moscow: GMI, 1952).
MDW	A. Orlova (ed.). *Musorgsky' Days and Works*, trans. R. J. Guenther (Ann Arbor, Michigan: UMI Research Press, 1983).
MLN	A. A. Orlova (ed.). *Modest Petrovich Musorgsky: Literaturnoye naslediye: pis'ma, biograficheskiye materialï i dokumenti* (Moscow: Muzika, 1971).
MML	N. Rimsky-Korsakov. *My Musical Life*, trans. Judah A. Joffe (London: Eulenburg, 1974).
MR	J. Leyda and Sergei Bertensson (eds. and trans.). *The Musorgsky Reader* (New York: Da Capo Press, 1970).
ODR	R. Taruskin. *Opera and Drama in Russia as Preached and Practiced in the 1860s* (Ann Arbor, Michigan: UMI Research Press, 1981).
PBI	S. A. Dianin (ed.). *Pis'ma A. P. Borodina*, vol. 1 (Moscow: GMI, 1927-8).
PBII	S. A. Dianin (ed.). *Pis'ma A. P. Borodina*, vol. 2 (Moscow: GMI, 1936); also vol. 3 (1949).
RKP	A. S. Lyapunova (ed.). *N. Rimsky-Korsakov: Polnoye sobrianiye sochinenniy,*

	vol. 5: *Literaturnïye proizvedeniya i perepiska* (Moscow: GMI, 1963).
SPR	Yu. V. Keldish and M. O. Yankovsky (eds.). *V. V. Stasov: Pis'ma k rodnm*, vol. 1, part 2 (Moscow: GMI, 1954).
SSMI	V. Protopopova (ed.). *V. V. Stasov: Stat'i o muzïke*, vol. 1 (Moscow: Muzïka, 1974).
SSMII	V. Protopopova (ed.). *V. V. Stasov: Stat'i o muzïke*, vol. 2 (Moscow: Muzïka, 1976).
SSMIII	V. Protopopova (ed.). *V. V. Stasov: Stat'i o muzïke*, vol. 3 (Moscow: Muzïka, 1976).
TDM	A. Orlova, *Trudi i dni M. P. Musorgskogo* (Moscow: GMI, 1963).

次要文献来源

Abraham, G. *Borodin: The Man and His Music* [London: William Reeves, (1927)].
——. "*Pskovityanka*: The original version of Rimsky-Korsakov's first opera," *Musical Quarterly* 54, no, 1 (January 1968), 59-73.
——. *Rimsky-Korsakov: A short biography* (London: Duckworth, 1945).
——. *Slavonic and Romantic Music* (London: Faber and Faber, 1968).
——. Preface to miniature score of Borodin, Symphony no. 2 [London: Eulenburg, (n.d.)].
Antipova, Ye. "Dva variant *Zheni'bi*" *Sovetskaya muzïka* 28, no. 3 (March 1964), 77-85.
Bartlett, *R. Wagner and Russia* (Cambridge: Cambridge University Press, 1995).
Belinsky. V. G. *Selected Philosophical Works* (Moscow: Foreign Languages Publishing House, 1948).
Bobeth, M. *Borodin und seine Oper "Fürst Igor"* (Munich and Salzburg: Berliner musikwissenschaftliche Arbeiten, 1982).
Brown, D. *Mikhail Glinka* (London: Oxford University Press, 1974).
——. *Musorgsky: His Life and Works* (Oxford: Oxford University Press, 2002).
Brown, M. H. (ed.). *Musorgsky in Memoriam, 1881-1981* (Ann Arbor, Michigan: UMI Reaserch Press, 1982).
Cairns, D. (ed.). *The Memoirs of Hector Berlioz* (London: Gollancz, 1999).
——. *Berlioz: Servitude and Greatness* (London: Allen Lane, 1999).
Calvocoressi, M. D. *Musorgsky* (London: Dent, 1946).
Campbell, S. (ed.). *Russians on Russian Music, 1830-1880* (Cambridge: Cambridge University Press, 1994).
Chernishevsky, N. G. *Selected Philosophical Essays* (Moscow: Foreign Languages Publishing House, 1953).
Clapham, J. *Smetana* (London: Dent, 1972).
Cui, Cesar. *La Musique en Russie* (Paris: Librairie Sandoz et Fischbacher, 1880).

参考文献 529

del Mar, N. *Anatomy of the Orchestra* (London and Boston: Faber and Faber, 1981).
Dianin, S. A. (ed.). *Borodin: Zhizneopisaniye, materialï i dokumentï* (Moscow: GMI, 1960).
———. *Borodin*, trans. R. Lloyd (London: Oxford University Press, 1963).
Dmitriyev, A. N. *Issledovaniya stat'i nablyudeniya* (Leningrad: Sovetskiy Kompozitor, 1989).
Dunning, C., et al. *The Uncensored "Boris Godunov"* (Madison: University of Wisconsin Press, 2006).
Emerson, C. *The Life of Musorgsky* (Cambridge: Cambridge University Press, 1999).
Emerson, C., and R. Oldani. *Modest Musorgsky and "Boris Godunov": Myths, Realities, Reconsiderations* (Cambridge: Cambridge University Press, 1994).
Fay, L. E. *Shostakovich: A Life* (Oxford: Oxford University Press, 2000).
Figes, O. *Natasha' Dance: A Cultural History of Russia* (London: Allen Lane, 2003).
Fischer-Dieskau, D. *Schubert: A Biographical Study of His Songs*, trans. Kenneth S. Whitton (London: Cassell, 1976).
Garden, E. *Balakirev: A Critical Study of His Life and Music* (London: Faber and Faber, 1967).
Gaub, A. *Die kollektive Balett-Oper "Mlada"* (Berlin: Ernst Kuhn, 1998).
Glinka, M. I. *Memoirs*, trans. R. B. Mudge (Norman: University of Oklahoma Press, 1963).
Golovinskiy, G. L. *M. P. Musorgskiy i muzïka XX veka* (Muscow: Muzïka, 1990).
Gordeyeva, E. M. (ed.). *M. P. Musorgskiy v vospominaniyakh sovremennikov* (Moscow: Muzïka, 1989).
Gozenpud, A. A. (ed.). *A. Larosh: Izbrannïye stat'i*, vol. 3 (Leningrad: Muzïka, 1976).
Granjard, H. (ed.). *Quelques Letters d'Ivan Tourgenev à Pauline Viardot* ［Paris: Mouton,（1974）］.
Gusin, I. L. (ed.). *Ts. A. Cui: Izbrannïye stat'i* (Leningrad: GMI, 1952).
———. *Ts. A. Cui: Izbrannïye pis'ma* (Leningrad: GMI, 1955).
Herzen, A. *My Past and Thoughts*, trans. C. Garnett, vol. 5 (London: Chatto & Windus, 1926).
———. *My Past and Thoughts*, abridged edition, trans. C. Garnett (Berkeley: University of California Press, 1982).
Jonas, F. (ed.). *Vladimir Stasov: Selected Essays on Music* (London: Barrie & Rockliff, 1998).
Karenin, V. *Vladimir Stasov: Ocherk ego zhizni i deyatel'nosti* (Leningrad: Misl', 1927).
Keldysh, Yu, and V. Yakovlev (eds.). *M. P. Musorgakiy k pyatidesyatiletiyu so dnya smerti* (Moscow: GMI, 1932).
Kelly, A. *Toward Another Shore* (New Haven and London: Yale University Press, 1998).

Knight, N. *The Empire on Display* (Washington DC; National Council for Eurasian and East European Research, 2001).

Korovin, V. (trans. and ed.). *Russian 19th-Century Gothic Tales* (Moscow: Raduga, 1990).

Kremlev, Y. A., and A. S. Lyapunova (eds.). *Miliy Alekseyevich Balakirev: Vospominaniya i pis'ma* (Leningrad: GMI, 1962).

Lakond, W. (ed. and trans.). *The Diaries of Tchaikovsky* (New York: W. W. Norton, 1945).

Lamm. P. *Preface to Zhenit'ba*, in Musorgsky, *Complete Works*, vol. 23 [New York: Edwin F. Kalmus, (n.d.)].

Lang, P. H. *Music in Western Civilization* (London: Dent, 1963).

Lebedev, A. K., and A. V. Solodovnikov. *Vladimir Vasil'yevich Stasov: Zhizn i tvorchestvo* (Moscow: Iskusstvo, 1976).

Lloyd-Jones, D. Preface to Borodin, Symphony no. 1 [London: Eulenburg, (n.d.)].

Lockspeiser, E. *Debussy: His Life and Mind*, vol. 1 (London: Cassell, 1962).

Maes, F. *A History of Russian Music*, trans. A. J. and E. Pomerans (Berkeley: University of California Press, 2006).

Montagu-Nathan, M. (ed.). "Balakirev's Letters to Calvocoressi," *Music and Letters* 35 (1954), 347-60.

Neef, S. *Die Russischen Fünf* (Berlin: Verlag Ernst Kuhn, 1992).

Novikov, N. *U istokov velikoy muzïki* (Leningrad: Lenizdat, 1989).

Obraztsova, I. "Faktï k biografii Musorgskogo," *Sovetskaya Muzïka* 1982, no. 4, 83-88.

Ogolevets, A. S. (ed.). *V. V. Stasov: Izbranniye stat'i o Musorgskom* (Moscow: GMI, 1952).

Oldani. R. W. "*Boris Godunov* and the Censor," *Nineteenth-Century Music* 2 (1978-9), 245-53.

——. "Mussorgsky's *Boris* on the Stage of the Maryinsky Theater," *Opera Quarterly* 4, no. 2 (1986), 75-92.

Olkhovsky, Y. *Vladimir Stasov and Russian National Culture* (Ann Arbor, Michigan: UMI Research Press, 1983).

Orlova, A. *A. Glinka v Peterburge* (Leningrad: Lenizdat, 1970).

——. (ed.). *Musorgsky Remembered*, trans. V. Zaytseff and F. Morrison (Bloomington and Indianapolis: Indiana University Press, 1991).

Pekelis, M. S. (ed.). *A. S. Dargomizhskiy: Izbrannïye pis'ma* (Moscow: 1952).

Petrova, S. M., and V. G. Fridlyand (ed.). *I. S. Turgenev v vospominanyakh sovremennikov*, vol. 2 (Moscow: Izdatel'stvo Khudozhestvennaya Literatura, 1969).

Raeff, M. (ed.). *Russian Intellectual History* (New York: Humanity Books, 1999).

Ridenour, R. C. *Nationalism, Modernism and Personal Rivalry in Nineteenth-Century Russian Music* (Ann Arbor, Michigan: UMI Research Press, 1981).

Rimsky-Korsakov, A. N. (ed.). *M. P. Musorgskiy: pis'ma i dokumentï*, (Moscow and

Leningrad: GMI, 1932).

——. "O muzïke v Rossii," *Vek*, 1861, no. 1.

Russ, M. *Musorgsky: Pictures at an Exhibition* (Cambridge: Cambridge University Press, 1992).

Sam, E. *The Songs of Robert Schumann* (London: Methuen, 1969).

Sargeant, L. M. *Harmony and Discord: Music and the Transformation of Russian Cultural Life* (Oxford: Oxford University Press, 2011).

Serov, A. N. *Izbranniye stat'i*, vol. 1 (Moscow, 1950).

Sharp, E. A. (ed. and trans.). *Heine in Art and Letters* ［London: Walter Scott, n.d. (1895)］.

Stasov, V. V. *L'Abbé Santini et sa collection musicale à Rome* (Florence: private publication, 1854).

Stravinsky, I., and R. Craft. *Memories and Commentaries* (London: Faber and Faber, 1960).

——. *Expositions and Developments* (London: Faber and Faber, 1962).

Swan, A. J. *Russian Music and Its Sources in Chant and Folk-Song* (London: John Baker, 1973).

Taruskin, R. *Musorgsky: Eight Essays and an Epilogue* (Princeton: Princeton University Press, 1993).

——. *Stravinsky and the Russian Traditions* (Oxford: Oxford University Press, 1996).

——. *Defining Russia Musically* (Princeton and Oxford: Princeton University Press, 1997).

Taylor, P. S. *Anton Rubinstein: A Life in Music* (Bloomington and Indianapolis: Indiana University Press, 2007).

Turgenev, I. S. *Polnoye sobraniye sochineniy i pisem* (Moscow and Leningrad: Izdatel'stvo Akademii Nauk SSSR, 1961).

——. *Smoke*, trans. N. Duddington (London: Dent, 1970).

——. *"First Love" and Other Stories*, trans. R. Freeborn (Oxford and New York: Oxford University Press, 1989).

Turner, J. "Musorgsky," *Music Review* 47 (1986-7).

Tyrrell, J. *Janáček: Year of a Life*, vol. 2 (London: Faber and Faber, 2007).

Walicki, A. *A History of Russian Thought from the Englishtenment to Marxism* (Oxford: Clarendon Press, 1980).

Walker, J. "Musorgsky's *Sunless* Cycle in Russian Criticism," *Musical Quarterly* 67 (1981).

Westrup, J. (ed.). *Essays Presented to Egon Wellesz* (Oxford: Clarendon Press, 1966).

Williams, A. (trans. and ed.). *Franz Liszt: Selected Letters* (Oxford: Clarendon Press, 1998).

Yastrebtsev, V. V. *Reminiscences of Rimsky-Korsakov*, trans. and ed. F. Jonas (New

York: Columbia University Press, 1985).
Zorizna, A. P. (ed.). *A. P. Borodin v vospominaniyakh sovremennikov* (Moscow: Muzika, 1985).
Zviguilsky, A. (ed.). *Ivan Tourgénev: Nouvelle Corréspondance inédited*, vol. 1 (Paris: Librairie des Cinq Continents, 1971

索 引*

Abraham, Gerald 亚拉伯罕，杰拉尔德 36, 79, 88, 302
Abramtsevo, arts colony 阿布拉姆采沃，艺术家聚集地 393, 403
Aeolian mode 伊奥尼亚调式 377
Afanas'yev, Nikolay 阿法纳西耶夫，尼古拉 166
Affekt 情感风格 187
Aksakov, Konstantin 阿卡沙科夫，康斯坦丁 98
Alexander II, Tsar 沙皇亚历山大二世 4, 13, 47, 68, 279, 382, 385, 396
All-Russian Ethnographic Exhibition 全俄罗斯民族志展 163
Alyabyev, Alexander 阿勒亚布耶夫，亚历山大 5, 9, 40, 42, 71, 82, 151
Ammosov, Alexander 阿蒙索夫，亚历山大 91
Antokolsky, Mark 安托科利斯基，马克 275, 347
Arseniev, Alexander 阿尔谢尼耶夫，亚历山大 96
art 艺术
    for art's sake 为艺术而艺术 394, 417
    and beauty 艺术与美 277
    boundaries of 其界限 276
    patrons of 其赞助者 403
    and reality, see Chernïshevsky, Nikolay 艺术与现实，见车尔尼雪夫斯基，尼古拉
    social significance of 社会意义 406
    truth and falsehood in 艺术中的真理和谎言 341
Artot, Désirée 阿尔托，黛泽雷 241-242
Arts and Crafts Movement 工艺美术运动 393
Asafyev, Boris 阿萨菲耶夫，鲍里斯 259

---

* 此表所附均为原著页码，即中译本的页边码。

Auber, Daniel François Esprit　奥柏，丹尼尔·弗朗索瓦·埃斯普利特　84
　　L'Enfant prodigue　《浪子》　114
　　La Muette de Portici　《波尔蒂契的哑女》　125
Auer, Leopold　奥尔，利奥波德　338
Austro-Prussian War　普奥战争　161
Averkiyev, Dmitry　阿韦尔基耶夫，德米特里　239
Azanchevsky, Mikhail　阿赞切夫斯基，米哈伊尔　266

Bach, Johann Sebastian　巴赫，约翰·塞巴斯蒂安　30, 48, 321
　　influence of　影响　106, 128, 376
　　Mass in B minor　《B小调弥撒》　56
　　octatonic scales in work of　作品中的八声音阶　178
　　study of work of　巴赫作品研究　14, 47, 54, 332
　　Violin Sonata in G minor　《G小调小提琴奏鸣曲》　106
Bakhturin, Konstantin　巴赫图林，康斯坦丁　18, 19
Balakirev, Alexey Konstantinovich　巴拉基列夫，阿列克谢·康斯坦丁诺维奇　3-4
Balakirev, Mily Alexeyevich　巴拉基列夫，米利·阿列克谢耶维奇
　　arrival in St. Petersburg　到达圣彼得堡　3-4, 9-11
　　and Borodin　与鲍罗丁　167-168, 243, 251-252, 253, 263, 264, 363
　　and Chernïshevsky　与车尔尼雪夫斯基　55
　　as composer　作为作曲家　102, 105, 203, 242, 244, 290, 387, 399, 407
　　and conservatory　音乐学院　182
　　death of　去世　418
　　depression/ fading influence of　影响衰退　252-253, 290, 329, 356-359, 418-419
　　and FMS　自由音乐学校　73, 76, 139, 166, 180, 240, 241, 251, 252, 253, 280, 359, 402, 419
　　folk-song collecting trips　民歌采风　95, 96-97, 118-119, 147, 243
　　and *kuchka*　与强力集团　46, 67, 83, 101, 102, 103, 104, 110, 133, 140, 146, 189-190, 193, 210, 239, 243, 250-253, 266, 290, 329-330, 358-360, 362, 363, 399, 404, 408, 419
　　as mentor　作为导师　36, 46, 48, 50, 87, 102-103, 107, 134, 170, 298, 386, 409, 419
　　in Moscow　在莫斯科　93
　　musical prejudices of　音乐偏见　48, 102, 167, 183, 241, 242, 251-252, 284, 371, 4-19
　　musical talent of　音乐天赋　4, 24, 36, 46
　　and Musorgsky　与穆索尔斯基　46-50, 78-81, 86-89, 91, 101, 124, 154, 171, 173-174, 362-363, 381, 396
　　overbearing personality of　傲慢的个性　46-47, 222, 242-243, 250-252, 263, 264, 290, 310, 329-330, 358, 362, 404, 408, 419

in Prague 在布拉格 160-163
and religion 宗教信仰 252, 290, 358
and Rimsky-Korsakov 与里姆斯基-科萨科夫 102-103, 107, 124, 138-139, 163, 208, 213, 215, 222, 252, 264, 266, 298, 360
and RMS 与俄罗斯音乐协会 77, 179, 180-181, 182-183, 184, 209, 215, 225, 240-242, 246, 251
and Rubinstein 与鲁宾斯坦 73, 76
and Serov 与谢洛夫 10, 112, 118, 148
and Stasov 与斯塔索夫 10, 33, 35, 36, 46, 60, 79, 81 82, 112, 242, 243-244, 252-253, 290, 339, 360
and Tchaikovsky 与柴科夫斯基 209-210, 242-243
and Wagner 与瓦格纳 110, 216-217
Balakirev, Mily Alexeyevich, works by 巴拉基列夫，米利·阿列克谢耶维奇，其作品
"The Dream," "梦想" 359
Firebird opera 歌剧《火鸟》 124, 146, 167, 216, 239-244
"Georgian Song"（"Gruzinskaya pesnya"）"格鲁吉亚歌曲" 118, 359
"If I Hear Your Voice"（"Slïshu li golos tvoy"）"如果我听见你的声音" 118
Islamey 《伊斯拉美》 170-171, 243, 359
King Lear incidental music 《李尔王》配乐 79, 80-83, 85, 87, 94, 166, 243, 406, 415
"My Soul Is Dark" 《我的灵魂是黑暗的》 118
Overture on a Spanish March Theme 《西班牙进行曲主题序曲》 82
Overture on Czech Themes 《捷克主题序曲》 183, 184, 214, 239, 243, 370
Overture on Three Russian Themes 《三首俄罗斯民歌主题序曲》 47, 82, 94, 97, 129, 214, 386-387
in performance 在表演中 8, 10, 83, 166, 183, 184, 359, 370
piano music 钢琴音乐 xiii, 82, 105, 170
Russian National Songs 《俄罗斯民歌集》 96-97, 129-130, 147-148, 225, 257, 308, 336, 339, 344, 345, 359, 377, 383, 392
Second Overture on Russian Themes (*1000 years*) 《俄罗斯主题第二序曲》（《1000年》） 129, 243
"Song of the Golden Fish"（Pesnya zolotoy rïbki）《金鱼之歌》 118, 146, 151, 178
Songs 歌曲 82-83, 86, 94, 118-119, 154, 183, 407, 416
Symphony no.1 in C major 《C大调第一交响曲》 102, 135, 146, 167, 244
Symphony no.2 《第二交响曲》 102
Tamara 《塔玛拉》 xiii, 167, 169-171, 214, 239, 244, 292, 316, 359, 360, 383, 399, 407, 412, 416
transcriptions 改编 97
"Why?"（"Otchego?"）《为什么？》 118

Ballets Russes　俄罗斯芭蕾舞团　394, 410, 414
Balzac, Honoré　巴尔扎克，奥诺雷　56
Bamberg, Malvina　班贝格，玛尔维娜　83
Battle of Grunwald　格伦瓦尔德战役　244
Beethoven, Ludwig van　贝多芬，路德维希·凡　9, 30, 54, 63, 129, 301, 364
　　and Bach　与巴赫　332
　　influence of　影响　102, 128, 237, 376
Beethoven, Ludwig van, works by　贝多芬，路德维希·凡，其作品
　　An die ferne Geliebte　《致远方的爱人》　158
　　Egmont Overture　《爱格蒙特序曲》　168
　　Fidelio　《菲岱里奥》　14, 17
　　in performance　在表演中　109, 181, 183, 371
　　Piano Concerto no.5 in E-flat major ("Emperor")　《降E大调第五钢琴协奏曲》（"皇帝"）47, 48
　　piano sonatas op.27 "Quasi una fantasia"　钢琴奏鸣曲（Op.27）"幻想曲一般的"　50
　　Scottish folk song arrangements　苏格兰民歌改编曲　148
　　String Quartet no.9 in C major (Razumovsky)　《C大调第九号弦乐四重奏》（"拉祖莫夫斯基"）　87
　　String Quartet no.13 in B-flat major (op.130)　《降B大调第十三号弦乐四重奏》（Op.130）89, 130, 376
　　String Quartet no.15 in A minor (op.132)　《A小调第十五号弦乐四重奏》（Op.132）376
　　string quartets, late　晚期弦乐四重奏　35
　　Symphony no.2 in D major　《D大调第二交响曲》　47
　　Symphony no.3 in E-flat major ("Eroica")《降E大调第三交响曲》（"英雄"）47, 48
　　Symphony no.5 in C minor　《C小调第五交响曲》　264
　　Symphony no.6 in F major ("Pastoral")《F大调第六交响曲》（"田园"）57, 197
　　Symphony no.9 in D minor ("Choral")《D小调第九交响曲》（"合唱"）21
　　Weihekuss　《神圣之吻》　395
Beggar's Opera, The　《乞丐歌剧》　14
Belinsky, Vissarion　别林斯基，维萨里昂　27-30, 61, 111-112,
　　death of　去世　27
　　influence of　影响　26, 32, 36, 54, 55, 56, 57, 159, 406
　　on Russian nationalism　论俄罗斯民族主义　59-60
Bell, the (Kolokol)　《钟声（沙皇钟）》　98
Belini, Vincenzo　贝里尼，文森佐　12, 17, 19, 30
　　La sonnambula　《梦游女》　14
Belyayev, Mitrofan　别利亚耶夫，米特罗凡　402-404, 418
Béranger, Pierre-Jean de　贝朗德，皮埃尔-让·德　146

Berlioz, Hector　柏辽兹，埃克托尔　35, 47, 48, 58, 72, 118, 147, 419
  and RMS　与俄罗斯音乐协会　181-182, 209, 241
Berlioz, Hector, works by　柏辽兹，埃克托尔，其作品
  Carnaval romain Overture　《罗马狂欢节》序曲　166
  Harold in Italy《哈罗尔德在意大利》　207, 289, 360
  Lélio　《莱利奥》　242
  "March to the Scaffold"　"赴刑进行曲"　197
  "Queen Mab"　《麦布女王》　169
  Roméo et Juliette　《罗密欧与朱丽叶》　57, 169
  Symphonie fantastique《幻想交响曲》　21, 57, 88, 173, 197, 207, 289
Berman, Mikhail　珀曼，米哈伊尔　351
Bernard, Nikolay　伯纳德，尼古拉　282
Bertenson, Vasily　贝尔滕松，瓦西里　330
Bertensson, Lev　贝尔滕松，列夫　381, 396
Berthold, Karl Friedrich　贝托尔德，卡尔·弗里德里希　67
Bessel, Vasily (publisher)　贝塞尔，瓦西里（出版商）　126, 276, 284
Birzheviye vedomosti　《俄罗斯商业日报》　419
Bizet, Georges, *Carmen*　比才，乔治，《卡门》　332
Blatter fur Music, Theater und Kunst　《音乐、戏剧及艺术报》　4, 64, 67
Boehm, Yelizaveta　波姆，叶丽扎维塔　417
Boito, Arrigo　博伊托，阿里戈　18
Borodin, Alexander Porfiryevich　鲍罗丁，亚历山大·波菲里耶维奇
  and Balakirev　与巴拉基列夫　167-168, 243, 251-252, 253, 263, 264, 363
  as composer　作为作曲家　xii, xiii, 40, 104-106, 141, 263-265, 271, 290, 317, 326-327, 342-343, 345-346, 353, 387, 399, 400, 407, 411
  and Cui　与居伊　262, 263, 292, 342
  death of　去世　315, 347, 401-402
  distractions of　分心之事　363-364
  health problems of　健康问题　313, 345
  influence of　影响　414
  and *kuchka*　与强力集团　8, 104, 140, 146, 208, 263, 292, 309, 328, 376
  and Musorgsky　与穆索尔斯基　37-38, 40, 41, 205, 263, 301, 313, 342, 372, 396
  professorship of　教授职位　104, 140, 313, 358, 401
  as research chemist　作为化学研究员　xii, 41, 141, 238, 342, 343, 386
  and Rimsky-Korsakov　与里姆斯基-科萨科夫　140-141, 224, 263, 267, 342, 345-347, 380
  and RMS　与俄罗斯音乐协会　241-242
Borodin, Alexander Porfiryevich, works by　鲍罗丁，亚历山大·波菲里耶维奇，其作品
  Bogatyrs　《勇士》　144-145, 238

Cello sonata in B minor 《B小调大提琴奏鸣曲》 105-106, 376
"Chorus of Glorification" 《荣耀合唱》 377
"The False Note" ("Fal'shivaya nota") 《错音》211, 212-213
In Central Asia (*V sredney Azii*) 《在中亚细亚草原上》382, 385-386
Little Suite (*Malenkaya syuitai*) 《小组曲》 200
Mlada project 《姆拉达》计划 270-271, 315, 316, 344
"My Songs Are Full of Poison" ("Otravoy polnï moi pensi") 《我的歌声充满毒药》 212-213
paraphrases 《释义曲》 363, 364
Piano quintet in C minor 《C小调钢琴五重奏》 105
Piano trio in D major 《D大调钢琴三重奏》 105
Polovtsian Dances 《波洛维茨舞曲》 315, 316, 318, 370, 386, 401, 412
Prince Igor 《伊戈尔王》 xiii, 216, 238, 239, 251, 263-264, 265, 270, 271, 313-318, 324, 327, 329, 332, 342-346, 348, 363-364, 370, 375, 377-380, 386, 393, 399, 400-401, 405, 407, 416
"Princely Song" ("Knyazhaya pesnya") "王子之歌" 378
"The Sea" ("Morey") "大海" 329
"Sea Princess" (Morskaya tsarevna) "海公主" 211, 212
String quartet in A major 《A大调弦乐四重奏》 313, 318, 363, 375-377
String quartet in D major 《D大调弦乐四重奏》 400
String quartet in F minor 《F小调弦乐四重奏》 105
String trio in G major 《G大调弦乐三重奏》 105
"Slava" chorus 《"荣耀"合唱》 378, 382
"Sleeping Princess" ("Spyashchaya knyazhna") 《睡美人》 211, 212, 414
"Song of the Dark Forest" ("Pesnya tyomnogo lesa") 《黑森林之歌》 213
songs 歌曲40, 105, 211-213, 239, 416
Symphony no.1 in E-flat major 《降E大调第一交响曲》 107, 140, 146, 167-169, 184, 225, 237, 253, 263, 264, 317-318
Symphony no.2 in B minor 《B小调第二交响曲》 237, 238, 251-252, 263-265, 292, 317-318, 344, 345-346, 364, 370
Symphony no.3 in A minor 《A小调第三交响曲》 401, 403
The Tsar's Bride (*Tsarskaya nevesta*) 《沙皇的新娘》 238
"Under God" ("Au couvent") 《在修道院》 400
Borodina, Yekaterina Sergeyevna, née Protopopova 鲍罗丁娜，叶卡捷琳娜·谢尔盖耶夫娜（父姓普罗托普洛娃） 144, 212, 339
  health problems of 健康问题 104, 238, 262, 401
  and her husband's work 其丈夫的作品 313, 342, 345, 363
Borozdin, Nikolay 博罗兹金，尼古拉 35, 93
Bortnyansky, Dmitry 博尔特尼扬斯基，德米特里 5, 9, 65, 90
Botkin, Sergey 博特金，谢尔盖 104

Botkin, Vasily 博特金，瓦西里 28
Boulez, Pierre 布列兹，皮埃尔 xii
Brahms, Johannes, C-minor symphony 勃拉姆斯，约翰内斯《C小调交响曲》 332
Brandus & Cie 布兰德斯出版商 360
Brendel, Franz 布伦德尔，弗兰兹 33
　　History of Music in Italy, Germany and France 《意大利、德国与法国音乐史》57-58
Brown, David 布朗，大卫 209, 334
Bruckner, Anton 布鲁克纳，安东 72
Bryullov, Karl 布鲁洛夫，卡尔 31
　　Last Day of Pompeii 《庞贝的最后一天》 56
Burges, William 伯吉斯，威廉 306
Byron, George Gordon, Lord 拜伦，乔治·戈登勋爵
　　"The Destruction of Sennacherib"《西拿基立的毁灭》 166
　　Manfred 《曼弗雷德》 50
　　"My Soul Is Dark"《我的灵魂是黑暗的》 118, 119, 120

Cairns, David 凯恩斯，大卫 181
Calvocoressi, M. D. 卡沃科雷希，M. D. 48
Canille, Théodore 卡尼勒，西奥多 101, 102, 140
Catherine the Great, Tsarina 叶卡捷琳娜大帝 31, 65
Cavos, Catterino 卡沃斯，卡特利诺 9
Chaliapin, Feodor 夏里亚宾，费奥多 121, 375
Chamisso, Adalbert von 沙米索，阿达尔贝特·冯 211
Chastnaya Opera (Private Opera) 私人歌剧院 393
Chernïshevsky, Nikolay 车尔尼雪夫斯基，尼古拉 32, 151, 159
　　The Aesthetic Relations of Art to Reality 《艺术与现实的审美关系》51, 52-54, 64, 87, 150, 192, 199, 277, 334
　　"Sketches of the Gogol Period in Russian Literature" 果戈理时期《俄罗斯文学概览》概述" 55-56
　　What Is to Be Done? (Shto delat'?) 《怎么办？》 55, 122-123
Cherubini, Luigi 凯鲁比尼，路易吉 118
　　Les Deux Journées 《两天》 14, 17
　　Medée 《美狄亚》 14
Chopin, Frédéric 肖邦，弗雷德里克 30, 48, 64, 399, 419
Clapham, John 克拉彭，约翰 161
Clementi, Muzio 克莱门第，穆奇奥 9
Constanitine, Grand Duke 康斯坦丁大公 47
Constantinople, fall of 君士坦丁堡的陷落 93
Crimean War 克里米亚战争 68, 382

Cui, César Antonovich　居伊，塞扎尔·安东诺维奇　10, 49, 108, 119, 156, 201
　　Balakirev's obituary by　为巴拉基列夫所写的讣告　419
　　and Borodin　与鲍罗丁　262, 263, 292, 342
　　as composer　作为作曲家　46, 71, 86, 116, 251, 270, 282, 291-2, 357-358，360-361, 387, 399, 400, 407, 408
　　critical reviews by　批评性乐评　110, 131-132, 134, 139, 143, 145, 148, 149, 166, 175, 182-183, 209, 215-216, 217, 218, 236, 258, 281-282, 297-298, 369, 402
　　and Dargomïzhsky　与达尔戈梅日斯基　199, 200, 225
　　and Dargomïzhsky's *Stone Guest*　达尔戈梅日斯基的《石客》　225, 271, 272
　　death of　去世　420
　　and *kuchka*　与强力集团　8, 46, 83, 104, 110, 146, 171, 205, 224, 269, 292, 329, 241-242, 351
　　marriage of　婚姻　152
　　and Musorgsky　与穆索尔斯基　49, 108, 119, 156, 166, 175, 201, 292, 297-298, 328-329, 341, 351
　　and Rimsky-Korsakov　与里姆斯基-科萨科夫　215-216, 281-282, 329, 402
　　and Wagner　与瓦格纳　110, 217, 218
Cui, César Antonovich, works by　居伊，塞扎尔·安东诺维奇，其作品
Angelo, tyran de Padoue　《安吉洛，帕多瓦的暴君》　262, 290-292, 298, 301, 313, 328-329, 332, 341, 386, 416
　　"Chorus mysticus"　"神秘合唱"　262
　　Mlada project　《姆拉达》计划　269-270
　　A Prisoner of the Caucasus　《高加索的俘虏》　83, 84-86, 268
　　Scherzo in F, op.1　《F大调谐谑曲》（op.1）69, 94
　　Sin' Mandarina (The Mandarin's Son)　《满大人之子》　83, 84, 268
　　song　歌曲　86, 94, 332, 386
　　Suite concertante for violin and orchestra　《小提琴与管弦乐协奏组曲》　399
　　Suite in six movements for violin and piano (Op.14)　《小提琴与钢琴六乐章组曲》（Op.14）386
　　Thirteen Musical Pictures (Trinadtsat's muzïkal'nïkh' kartinok')　《十三幅音乐图画》360-361
　　"To the Bell, Peacefully Dozing" ("V kolokol', mirno dremavshiy")　"迎着钟声，安详地打盹"　361
　　William Ratcliff　《威廉·拉特克里夫》　124, 131, 132-134, 146, 147, 167, 216, 224, 226, 235-237, 248, 270, 286, 294, 298, 341, 358, 399, 416
Cui, Malvina　居伊，马尔维娜　284, 369

Danilov, Kirsha　丹尼诺夫，基尔沙　59, 147
Dargomïzhskaya, Sophia　达尔戈梅日斯卡娅，索菲亚　10
Dargomïzhsky, Alexander Sergeyevich　达尔戈梅日斯基，亚历山大·谢尔盖耶维奇

44-46, 71, 201
    circle of　其圈子　10, 35, 44, 47, 58, 89, 145, 189, 193
    as composer　作为作曲家　44-45, 155, 225, 407-408
    death of　去世　225-226
    health problems of　健康问题　189
    influence of　影响　46, 224, 399
    and kuchka　与强力集团　146, 189-190, 193, 209, 215, 233
    and Musorgsky　与穆索尔斯基　45-46, 190, 195, 199, 200, 205
    and RMS　与俄罗斯音乐协会　180
    and Wagner　与瓦格纳　216
Dargomïzhsky, Alexander Sergeyevich, works by　达尔戈梅日斯基，亚历山大·谢尔盖耶维奇，其作品
    Baba-Yaga　《巴巴-亚嘎》　146, 297
    Esmeralda　《埃斯梅拉达》　95
    Finnish Fantasy　《芬兰幻想曲》　146, 297
    "Heavenly Clouds"（"Tuchki nebesniya"）《乌云》　6
    Kazachok　《卡扎切克》　146, 163, 297
    "The Old Corporal"（"Starïy kapral'"）"老兵"　146
    "Paladin"　"圣骑士"　146
    in performance　在表演中　8, 69, 166, 183, 372
    Rogdana　《罗格达娜》　166
    Rusalka　《水仙女》　44-45, 84, 95, 116, 133, 145-146, 148, 159, 178, 183, 190, 192, 368
    songs　歌曲　5-6, 146, 155, 372
    The Stone Guest, also *Don Juan*　《石客》（也作《唐璜》）　146, 149-150, 151, 159, 189-192, 194-195, 199, 202, 209, 222, 225-226, 233, 248, 252, 258, 260, 271-272, 315, 343
    The Triumph of Bacchus (Torzhestvo Vakkha)　《巴克斯的胜利》　190
Darwin, Charles：查尔斯·达尔文：
    Descent of Man　《人类的由来》　90-91, 277
    The Origin of Species　《物种起源》　278
David, Félicien　大卫，费里西安　61
Davïdov, Karl　大卫多夫，卡尔　398
Davïdov Quartet　大卫多夫四重奏　388
Debussy, Claude　克洛德·德彪西　xii, 72, 404, 413-414, 416
    "La Cathédrale engloutie"　《沉没的教堂》　414
    Ibéria　《伊贝利亚》　23
    Images　《意象集》　413
    "Le Jet d'eau"　《喷泉》　414
    "Nuages"　《云》　304

Pelléas et Mélisande 《佩利亚斯与梅丽桑德》 413
　　"Sirènes" 《海妖》 414
Dehn, Siegfried 德恩，齐格弗里德 7, 14, 15, 58, 64, 76
Delacroix, Eugène, *Liberty Leading the People* 德拉克罗瓦，欧根，《自由引导人民》 26-27
Demidov, Prince Anatoly 杰米多夫，阿纳托利王子 31-33, 34
Der Salon 《沙龙》 26
Diaghilev, Serge 佳吉列夫，谢尔盖 394, 414, 417
Dianin, Alexander 迪亚宁，亚历山大 345, 346
Dianin, Serge 迪亚宁，谢尔盖：
　　on Borodin 论鲍罗丁 140, 145, 167, 212, 238-239, 264, 401
　　on Borodin's music 论鲍罗丁的音乐 344, 377, 386, 400
　　on Borodin's wife Yekaterina 论鲍罗丁的妻子叶卡捷琳娜 141, 363
Dickens, Charles 狄更斯，查尔斯 56
Dies Irae 《末日经》 336
Dobrolyubov, Nikolay 杜勃罗留波夫，尼古拉 52
Dobroslavin, Alexander 多布罗斯拉温，亚历山大 401
Dobroslavina, Marya 多布罗斯拉维纳，玛利亚 402
Donizetti, Gaetano 多尼采蒂，加埃塔尼 12, 30, 220, 236
　　Anna Bolena 《安娜·博莱娜》 14
Dorian mode 多利亚调式 138, 155
Dostoyevsky, Fyodor 陀思妥耶夫斯基，费奥多尔 52, 234
　　The Brothers Karamazov 《卡拉马佐夫兄弟》 372
　　Crime and Punishment 《罪与罚》 123, 281, 296
　　The House of the Dead 《死屋手记》 123
Downes, Olin 唐斯，奥林 415
drama per musica 音乐戏剧 231
Dresden rising (1849) 德累斯顿革命（1849） 109
Dubuque, Alexander 杜布克，亚历山大 3

Eckstedt, Fitztum von 艾克斯泰德，菲茨图姆·冯 10
Eliot, T. S. 艾略特，T. S. 305
　　"The Love Song of J. Alfred Prufrock" "丁·阿尔弗雷德·普鲁弗洛克的情歌" 406
Engelhardt, Vasily 恩格尔哈特，瓦西里 67

Famintsïn, Alexander 法明岑，亚历山大 183-184, 240, 245-246, 275
Feuerbach, Ludwig von 费尔巴哈，路德维希·冯 51
Fichte, Johann Gottlieb 费希特，约翰·戈特利布 30, 40
Field John 菲尔德，约翰 3, 39
Filippov, Tyorty 菲利波夫，泰尔蒂 338, 381

Fiske, Roger 菲斯克，罗杰 376
Fitingof-Shel, Boris, *The Demon* 菲京戈夫-谢尔，鲍里斯，《恶魔》 166
Five, the 五人团 146-150
    name of 其命名 146, 164
    see also *kuchka* 另见强力集团
Flaubert, Gustave, *Salammbô* 福楼拜，古斯塔夫，《萨朗波》 123-124, 125
Florentine Camerata 佛罗伦萨的卡梅拉塔 91-92
Fomin, Yevstigney 福明，叶夫斯季格涅伊 9
Fortunato, Sofia 福图纳托，索菲亚 78, 293, 371
Fourier, Charles 傅立叶，查尔斯 51
Free Music School [FMS] 自由音乐学校 73-74, 139, 251,
and Balakirev 巴拉基列夫 73, 76, 129, 139, 166, 180, 240, 241, 251, 252, 253, 280, 359, 402, 419
concerts of 音乐会 74, 129, 139, 165-166, 180, 243, 252, 253, 280, 343, 370, 382, 402
    opening of 开端 73-74, 76
    "Pan-Slav" concert "泛斯拉夫"音乐会 163-164
Rimsky-Korsakov as director of 里姆斯基-科萨科夫任其指挥 338, 343, 346, 359, 370, 382, 387, 395
    Rimsky-Korsakov's resignation from 里姆斯基-科萨科夫辞去指挥一职 402
    and RMS 与俄罗斯音乐协会 240, 241-242, 251
Fyodorova, Maria 费奥多洛娃，玛利亚 331

Garden, Edward 加登，爱德华 50, 119
Gedeonov, Stepan 热杰奥诺夫，斯捷潘 268, 279, 280, 282
German musical culture, influence of 德国音乐文化的影响 59, 86, 87, 113, 115, 128, 132, 214, 216, 234, 240, 275, 313, 318
Gervinus, Georg Gottfried, *Händel und Shakespeare: Zur Aesthetik der Tonkunst* 热尔维努斯，格奥尔格·戈特弗里德，《亨德尔与莎士比亚：从美学到音乐》 202
Giacometti, Paolo 贾科梅蒂，保罗 113
Gilbert and Sullivan, *Trial by Jury* 吉尔伯特与沙利文，《陪审团的审判》 292
Glazunov, Alexander 格拉祖诺夫，亚历山大 418
    and Borodin's work 与鲍罗丁的作品 347, 401
    D-major orchestral suite 《D大调管弦乐组曲》 404
    as pupil of Rimsky-Korsakov 作为里姆斯基-科萨科夫的学生 xii, 387, 404, 409
    Symphony in E major 《E大调交响曲》 402, 403, 404
Glinka, Mikhail Ivanovich 格林卡，米哈伊尔·伊万诺维奇 12-23, 71,
    biographies of 传记 94
    circle of 其圈子 10, 18, 34-35, 46
    as composer 作为作曲家 7, 9, 60, 76, 85, 175, 176, 178, 212, 214, 407

  death of　去世　35, 110, 398
  early years of　早年经历　6-7, 12
  editing the works of　编订作品　364-365, 386
  fading energy of　其精力减退　22-23
  as icon　作为偶像　9
  influence of　影响　7, 8, 9, 15, 23, 41, 42, 45, 47, 81, 85, 95, 102, 113, 134, 139, 151, 224, 255, 265, 297, 308, 318, 343, 365, 377, 386, 392, 398-399, 410, 412, 419
  influences on　所受影响　15, 19
  Memoirs of　《回忆录》　6, 18, 58
  as starting point　作为起点　7, 8, 9, 35, 66, 142, 144, 165, 405, 416
  variation technique of　变奏技法　175
Glinka, Mikhail Ivanovich, works by　格林卡，米哈伊尔·伊万诺维奇，其作品
 Jota aragonesa　《阿拉贡霍塔舞曲》　9
Kamarinskaya　《卡玛林斯卡亚》　9, 23, 66, 129, 142-143, 154, 163, 174, 243, 297, 318, 386, 410, 412
A Life for the Tsar　《为沙皇献身》　6, 8, 9, 12-18, 19, 22, 60, 66-67, 90, 110-111, 112, 161-162, 220, 223, 224, 308, 309, 344, 348
  orchestration of　配器　21-22
  "Oriental" manner in　"东方"风格　42, 62, 66, 318
  in performance　在表演中　8, 69, 183, 372
  Recuerdos de Castilla　《卡斯蒂利亚的回忆》　23
Ruslan and Lyudmila　《鲁斯兰与柳德米拉》　6, 8-9, 18-22, 35, 41, 42, 45, 49, 60, 62, 66, 90, 110-111, 112, 114, 116, 128, 134, 142, 162, 170, 183, 201, 233, 265, 316, 318, 343, 388, 392, 410, 412
  Songs　歌曲　66, 183, 354, 372
Souvenir d'une nuit d'été à Madrid　《马德里之夜》（《纪念马德里的夏夜》）　9, 23, 49
Glinka, Prize　格林卡奖　405
Gluck, Christoph Willibald　格鲁克，克里斯托弗·威利巴尔德　50, 114, 181, 191
 Orfeo　《奥菲欧》　61
Godunov, Boris　戈杜诺夫，鲍里斯　98
Goethe, Johann Wolfgang von　歌德，约翰·沃尔夫冈·冯　138, 157
 Faust　《浮士德》　375
 Wilhelm Meister　《威廉·麦斯特》　119-120
Gogol, Nikolay　果戈理，尼古拉　258, 282, 320
 "Christmas Eve"　《圣诞夜》　349
 Dead Souls　《死魂灵》　26, 56, 100, 368
  death of　逝世　368
 Evenings on a Farmstead near Dikanka　《狄康卡近乡夜话》　267, 349, 366-367
 Government Inspector (Revizor)《钦差大臣》　200

The Landless Peasant 《无地农民》 322
Marriage (Zhenit'ba) 《婚事》 199-205, 226, 228, 229, 230, 231, 349, 350
"May Night" ("Mayskaya noch'") 《五月之夜》 113, 267, 366, 368
"Sorochintsï Fair" 《索罗钦集市》 267-268, 311, 347, 349, 351, 366, 367
"St. John's Eve" 《圣约翰节前夜》 88
Taras Bulba 《塔拉斯·布尔巴》 23, 74-75
Tyazhbe (The Lawsuit) 《官司》 83
Golenishchev-Kutuzov, Count Arseny 戈列尼什切夫-库图佐夫，阿尔谢尼伯爵 298-301, 329, 331, 336, 351
 and *kuchka* 与强力集团 299, 300
 marriage of 婚姻 299, 342
 and Musorgsky: friendship 与穆索尔斯基的友谊 298-299, 300, 302
 and Musorgsky's illness and death 穆索尔斯基的病情与去世 381, 396-397
 and Musorgsky's music 与穆索尔斯基的音乐 299-301, 311
 poetry by 诗歌 298, 301, 302, 305, 311, 322, 330, 334, 398
Golos 《声音》 134, 183, 184, 236, 275, 281, 355, 398
Goncharov, Ivan, *Ovlomov* 冈察洛夫，伊凡，《奥勃洛莫夫》 56
Gorbunov, Ivan 戈尔布诺夫，伊凡 284
Gorky, Maxim 高尔基，马克西姆 417
Gounod, Charles, *Faust* 古诺，查尔斯《浮士德》 84
Gozzi, Carlo 戈齐，卡洛 20
Griboyedov, Alexander 格里鲍耶陀夫，亚历山大 250
 Woe from Wit (Gore ot uma) 《智慧的痛苦》 199
Grigoryev, Pyotr 格里戈里耶夫，彼得 359
Guiraud, Ernest 吉罗，欧内斯特 414
Gulevich, Olga 古列维奇，奥尔加 299
Gurilyov, Alexander 古里廖夫，亚历山大 5, 9, 40, 42, 44, 49, 71, 82
 "A Maiden's Sorrow" ("Grust' devushki") 《少女的悲伤》 49
Gusakovsky, Apollon 古萨科夫斯基，阿波隆 8
Gymnich, August von 吉姆尼奇，奥古斯特·冯 333

Halévy, Jacques François 哈勒维，雅克·弗朗索瓦 118
Händel, George Friderich 亨德尔，乔治·弗里德里希 27, 47, 118
 Alcina 《阿尔契娜》 242
 Giulio Cesare 《朱利奥·恺撒》 318
 "See, the conquering hero comes" 《看，英雄凯旋而归》 246
harmony 和声 178
Hartmann, Viktor 哈特曼，维克托 306-307, 308-309
Haydn, Franz Joseph 海顿，弗朗兹·约瑟夫 40, 47, 61, 148, 183
Hebbel, Christian Friedrich 黑贝尔，克里斯蒂安·弗里德里希 114

Hegel, Georg Wilhelm Friedrich　黑格尔，格奥尔格·威廉·弗里德里希　28, 40, 51, 53
Heine, Heinrich　海涅，海因里希　26-27, 211, 332, 361
　　"Aus meinen Tränen"《从我的眼泪中》151, 154
　　"Ihr Bild"《她的肖像》305
　　"Meines Herzens Sehnsucht"《我心中的向往》49
　　"Otratov, polnï moi pesni"（"My songs Are Full of Poison"）《我的歌声充满毒药》212, 214
　　Schwanengesang《天鹅之歌》304, 305
　　William Ratcliff《威廉·拉特克里夫》124, 131, 132
　　"Zhelaniye"（"Desire"）《渴望》152
Henselt, Adolf von　亨泽尔特，阿道夫·冯　25, 38
Herder, Johann Gottfried von　赫尔德，约翰·戈德弗里德·冯　40
Herke, Anton　赫克，安东　38, 39, 153, 190
Herzen, Alexander　赫尔岑，亚历山大　59, 98-99
　　on Belinsky　论别林斯基　111-112
　　From the Other Shore (S togo berega)《彼岸书》178
　　"The Giant Awakens"（"Ispolin prosïpayetsya"）"巨人觉醒"243-244
　　Who Is to Blame? (Kto vinovat?)《谁之罪?》50, 56, 152
heterophony (podgoloski) 支声复调　16, 213, 339, 368, 377
Hoffmann, E. T. A. 霍夫曼，E. T. A. 26, 27, 368
Hofmannsthal, Hugo von　霍夫曼斯塔尔，胡戈·冯　18
Holz-Miller, Ivan　霍尔兹-米勒，伊凡　137
Hoops, Richard　霍普斯，理查德　160
Hugo, Victor　雨果，维克多　220
　　Angelo, tyran de Padoue《安吉洛，帕多瓦的暴君》290-291
　　Le Roi, s'amuse《国王寻欢作乐》201, 290
Hummel, Johan Nepomuk　胡梅尔，约翰·尼波默克　9

idealism　理想主义　28
individualism　个人主义　40
Ivan III, Tsar　沙皇伊凡三世　98, 223
Ivanov, Mikhail　伊万诺夫，米哈伊尔　397
Ivan the Terrible (Ivan IV)　伊凡雷帝（伊凡四世）222-223, 287

Janáček, Leoš　雅纳切克，莱奥什　415
Johansen, August　约翰森，奥古斯特　147, 245
Johnson, Graham　约翰逊，格雷厄姆　333
Journal de St. Pétersbourg《圣彼得堡报》217

Kalinina, Anna 加里宁娜，安娜 212
kant (choral style) 坎特（一种十七世纪的合唱风格） 17
Karamzin, Nikolay 卡拉姆津，尼古拉 95-96, 227
Karel (teacher) 卡雷尔（老师） 25
Karenin, Vladimir (nom de plume of Varvara Komara-Stasova) 卡列宁，弗拉基米尔（瓦拉瓦拉·科玛洛娃-斯塔索娃的笔名） 99
Karmalina, Lyubov 卡玛琳娜，柳博芙 45
   and Borodin's work 与鲍罗丁的作品 313, 317, 363
   and Dargomïzhsky's work 与达尔戈梅日斯基的作品 149, 189, 191
   and *kuchka* 与强力集团 146
   and Musorgsky's work 与穆索尔斯基的作品 311, 320, 349
Kashin, Daniyil 147 卡申，丹尼尔
Kavelin, Konstantin 卡维林，康斯坦丁 96
Kelly, Aileen 凯莉，艾琳 99
Kel'siyev, Vadim 凯尔西耶夫，瓦迪姆 32, 273
Khomyakov, Alexis 霍米亚科夫，阿列克谢 94, 98
Kiev, ceremonial gate to the city 基辅大门 307
Kologriviv, Vasily 科洛格里沃夫，瓦西里 69, 180, 241
Kolokol'《钟声（沙皇钟）》243
Koltsov, Alexey 科利佐夫，阿列克谢 82
   "Along the Don a Garden Is in Bloom" ("Po-nad Donom sad tsvetyot")《沿着顿河花园盛开》188
     "Eastern Romance" ("Vostochniy romans")《东方浪漫曲》151
     "The Happy Hour" ("Veselïy chas")《欢乐时光》87
     "Little Feast" ("Pirushka")《开斋节》186
   "Winds are Blowing, Wild Winds" ("Duyut vetrï, vetrï buynïye")《狂风呼啸》125
Komarova-Stasova, Varvara 科玛洛娃-斯塔索娃，瓦尔瓦拉 99
Komissarzhevsky, Fyodor 科米萨热夫斯基，费奥多尔 272, 282, 295
Kompaneysky, Nikolay 库姆拉涅耶夫，尼古拉 39
Kondratyev, Gennadi 孔德拉季耶夫，根纳迪 282
Korff, Baron Modest 科尔夫，莫杰斯特男爵 34, 35
Kostomarov, Nikolay 科斯托马罗夫，尼古拉 96, 220, 272
Kozlov, Pavel 科兹洛夫，帕维尔 119, 120
Krabbe, Nikolay 克拉博，尼古拉 280
Krestovsky, Vsevolod 克列斯托夫斯基，弗谢沃洛德 222, 223
Krïlov, Viktor 科里洛夫，维克多 84, 86, 144, 268
Kruglikov, Semyon 克鲁格利科夫，谢苗 387, 399
kuchka 强力集团
   amateurism of 业余性 xii, xiii, 132, 135, 190, 210, 216, 237, 262, 272, 286, 327, 387, 408

as authentic group　作为真实小组 xii, 8, 147, 289, 328, 370, 399
　　and Berlioz　与柏辽兹　147, 181-182, 419
　　decline of　衰落　250-253, 266, 289-290, 328-330, 332, 351, 353, 354, 355, 399, 419
　　disagreements among　成员间的分歧　8, 110-112, 143, 208, 213-214, 216, 289,351, 353
　　emergence of　出现　146-147, 149-150, 163-164, 419
　　and historical operas　历史歌剧　220-224, 235, 237-239, 224, 272, 280-281,292, 314, 323, 341, 350, 353, 393
　　identifiable Russian style sought by　寻求可辨认的俄罗斯风格　133, 141, 143, 147, 216, 280, 318, 327, 341, 353, 377, 393
　　influence of　影响　xii, 292, 399, 404-406
　　influences on; see also Glinka, Mikhail Ivanovich　所受影响 170; 另见格林卡
　　lack of discipline in　缺乏专业训练 xii, 147, 167, 268, 271, 366, 382, 386, 408
　　legacy of　强力集团的遗产　xii, 292, 399, 404-406
　　and Liszt　与李斯特　419
　　mature phase of　成熟阶段　134-135, 250
　　and *Mlada* project　与《姆拉达》计划　268-272, 315, 316, 344, 350
　　moguchaya kuchka (Mighty Little Heap: Mighty Handful)　《强力集团》　7-9
　　name of　其命名　164
　　and nationalism　民族主义　306, 399
　　and "Oriental" style　东方风格　118, 170, 405
　　origins and membership of　起源与成员　7-8
　　prejudices among　其中的偏见　147, 209, 214, 216-219, 266, 298-299, 376, 387, 407-409, 419
　　and realism　现实主义　353
　　and relationship of words to music　词乐关系　133
　　and RMS　与俄罗斯音乐协会　181
　　and Wagner　与瓦格纳　109-110, 216-217, 262
　　writings about　关于强力集团的著作　xi, 147, 183, 235, 237, 355-358
Kudashev, Prince Nikolay　库达舍夫，尼古拉王子　238
Kurochkin, Vasily　库罗奇金，瓦西里 119, 146
Kushelova, Natalya 库谢洛娃，娜塔莉亚108
Kutuzov, Count Arseny Golenishchev-, see Golenishchev-Kutuzov, Count Arseny　阿尔谢尼·戈列尼什切夫-库图佐夫伯爵；见戈列尼什切夫-库图佐夫，阿尔谢尼伯爵

Lamm, Pavel　拉姆，帕维尔　127, 277
Lang, Paul Henry　朗，保罗·亨利　192
Laroche, Hermann　拉罗什，赫尔曼　272, 275, 281-282, 283, 296-297, 355, 356,371
Lavrov, Nikolay　拉夫罗夫，尼古拉　381
Lay of Igor's Campaign, The (literaray epic)　《伊戈尔远征记》（文学史诗）　216,

263, 314
Lazari, Konstantin de　拉扎里，康斯坦丁·德　243
Lebedev, A. K.　列别捷夫，A. K. 99
Lenin, V. I.　列宁，V. I. 54, 55
Leonova, Darya　列昂诺娃，达利娅　361, 371-375, 382, 383, 385, 394-395
Lermontov, Mikhail 莱蒙托夫，米哈伊尔　26, 76
　　A Hero of Our Time　《当代英雄》 62
　　Mtsyri《姆齐力》 167
　　settings for songs　歌曲配乐　82, 86, 118, 136, 188, 353
　　Tamara　《塔玛拉》 167, 169, 170, 207
　　"Tuchki nebesnïya" (Heavenly Clouds)《乌云》 6
Levashov, Nikolay　列瓦绍夫，尼古拉　122
Liszt, Franz　李斯特，弗朗兹　30-31, 33, 39, 47, 48, 183, 419
　　and Beethoven　与贝多芬　395
　　Borodin's visit to　鲍罗丁的拜访　363, 364
　　as composer　作为作曲家　57-58
　　and Glinka's work　与格林卡的作品　35
　　influence of　影响　9, 82, 171, 178
　　and RMS　与俄罗斯音乐协会　181, 240-241
　　and Rubinstein　与鲁宾斯坦　64, 72, 184
　　Stasov's visit to　斯塔索夫的拜访　285-286
Liszt, Franz, works by　李斯特，弗朗兹，其作品
　　Ce qu'on entend sur la montagne　《山间所闻》 178
　　First Mephisto Waltz　《第一梅菲斯特圆舞曲》 178
　　Hamlet　《哈姆雷特》 370-371
　　Hungarian Fantasy　《匈牙利幻想曲》 163
　　"St. Francis of Paola Walking on the Waves《保罗圣方济在水面上行走》 178
　　Totentanz　《死之舞》 153, 174
　　"Vallée d' Obermann"　《旅行岁月》 312
Lobanov, D. I. 洛班诺夫，D. I. 114
Lobkovsky, Nikolay　洛巴科夫斯基，尼古拉　122
Lodïzhensky, Ivan　洛迪岑斯基，伊凡　211
Lodïzhensky, Nikolay　洛迪岑斯基，尼古拉　8, 135, 211, 224, 263
Loewe, Carl　勒韦，卡尔　333
Loginov, Vyacheslav　罗基诺夫，维雅切斯拉夫　137
Loginov brothers　罗基诺夫兄弟　122-123
Lomakin, Gavriyil　洛马金，加夫林　73
　　Fantasy on Russian Folk Themes《俄罗斯民歌主题幻想曲》 166
　　and FMS　与自由音乐学校　73-74, 76, 240
London, Great Exhibition　伦敦万国工业博览会　32

Lortzing, Gustav Albert　罗尔津，古斯塔夫·阿尔贝特　368
Lukashevich, Nikolay　卢卡舍维奇，尼古拉　280, 282
Lvov, Alexey, *Undine*　利沃夫，阿列克谢，《温蒂尼》　125
Lvov, Fyodor　利沃夫，费奥多　65
Lvov, Nikolay　利沃夫，尼古拉　13, 147, 339
Lyadov, Anatoly　里亚多夫，阿纳托利　364, 404, 409
Lyadov, Konstantin　里亚多夫，康斯坦丁　90, 162, 216

Mahler, Gustav　马勒，古斯塔夫　72
Malthus, theory　马尔萨斯理论　275
Mamontov, Savva　马蒙托夫，萨瓦　306, 393, 394, 403
Marschner, Heinrich　马施纳，海因里希　132
Marx, A. B.　马克斯，A. B.　57
Marxism　马克思主义　54, 55
Mayr, Jan Nepomuk　迈尔，扬·内波穆克　161
Meck, Nadezhda von　梅克，娜捷日达·冯　403, 414
Méhul, Etienne Nicolas　梅于尔，艾蒂安·尼古拉斯　118
　　Joseph　《约瑟夫》　14
Melgunov, Nikolay　梅利古诺夫，尼古拉　18, 369, 377, 390
Melnikov, Ivan　梅尔尼科夫，伊凡　294, 398
Mendelssohn, Felix　门德尔松，菲利克斯　333
　　detractors of　批评者们　47, 48, 76, 147, 183, 419
　　influence of　影响　5, 40, 81, 105
　　and Rubinstein　与鲁宾斯坦　5, 64, 76
　　Symphony no.3 in A-minor　《A小调第三交响曲》　41
Mengden, *The Witch*　门登《女巫》　88, 91, 153
Mercadante, Saverio, *Il giuramento*　梅尔卡丹特，萨维里奥，《誓言》　299
Mercy-Argenteau, Comtesse Louise de　梅西-阿让托伯爵夫人，露易丝·德　400
Messiaen, Olivier　梅西安，奥利维尔　xii
metric modulation　转换节拍　171
Mey, Lev　梅伊，列夫
　　"Children's Song"　《儿童之歌》　195
　　Maid of Pskov (Pskovityanka)　《普斯科夫姑娘》　151, 221, 223-224, 226, 262, 365, 366
　　"Mushrooming"　《采蘑菇》　185, 186
　　The Tsar's Bride (Tsarskaya nevesta)《沙皇的新娘》　238
Meyerbeer, Giacomo　梅耶贝尔，贾科莫　30, 64, 117, 218
　　grand operas of　大歌剧　220, 235, 256
　　Les Huguenots　《清教徒》　125
　　influence of　影响　95, 144, 326

and Italian bel canto　意大利美声　115
　　　Le Prophète　《先知》　114
　　　and Stasov　与斯塔索夫　118，220
Mickiewicz, Adam　密茨凯维奇，亚当　361
Mikhail Fyodorovich, Tsar　米哈伊尔·费奥多罗维奇沙皇　13, 15, 16, 17, 208
Milyutina, Mariya　米卢蒂娜，玛利亚　356
Minkus, Ludwig　明库斯，路德维希　268
Mir iskusstva (World of Art)　《艺术世界》　394, 417
modernism　现代主义　184, 240
Moniuszko, Stanisław　莫纽什科，斯坦尼斯拉夫　163
monometrics　单音部　155
Morris, William　莫里斯，威廉　306
Moscow:　莫斯科　Bolshoi, Theatre　莫斯科大剧院　144
　　　as third Rome　作为第三罗马　93-94, 95
Moscow Conservatory　莫斯科音乐学院　209
Mozart, Wolfgang Amadeus　莫扎特，沃尔夫冈·阿玛多伊斯　9, 47, 63, 105, 364
　　　and Bach　与巴赫　332
　　　Cosi fan tutte　《女人心》　200
　　　Don Giovanni　《唐璜》　149, 200, 319, 335
　　　kuchka prejudice against　强力集团对莫扎特的偏见　183, 216, 419
　　　Marriage of Figaro　《费加罗的婚礼》　27, 200
　　　Quintet in E-flat major K. 452　《降E大调五重奏》（K. 452）　354
　　　Requiem　《安魂曲》　59
Musorgsky, Filaret　穆索尔斯基，菲拉尔特　38, 88, 100, 171
Musorgsky, Modest Petrovich　穆索尔斯基，莫杰斯特·彼得洛维奇
　　　and Balakirev　与巴拉基列夫　46-50, 78-81, 86-89, 91, 101, 124, 154, 171, 173-174, 262-263, 381, 396
　　　barriers to personal relationships　人际关系障碍　89-890, 193-194, 195, 248-249
　　　biographies of　其传记　334, 347, 398
　　　and Borodin　与鲍罗丁　37-38, 40, 41, 205, 263, 301, 313, 342, 372, 396
　　　civil service jobs of　公职　xii, 38, 101, 124, 125, 171-172, 260, 285, 302, 330-331, 381
　　　concert tour　音乐会巡演　372-375, 382
　　　and Cui　与居伊　46, 108, 119, 156, 166, 175, 201, 292, 297-298, 328-329, 341, 351
　　　and Dargomïzhsky　与达尔戈梅日斯基　45-46, 190, 195, 199, 200, 205
　　　death of　去世　299, 395-397, 398, 399
　　　distractedness of　忧虑之事　49, 327, 330, 331, 338, 348-350, 353, 363
　　　early years of　早年经历　38-40, 50
　　　financial concerns of　财务问题　xii, 99, 100, 171, 284, 330, 372, 381
　　　health problems of　健康问题　42-43, 89, 91-92, 108-109, 125, 136, 171, 249, 284-285, 293, 311, 361-363, 371, 372, 381-382, 395-397

and Imperial Theatres panel　帝国剧院审查组　328-329
influence of　其影响　xii, 260, 291, 365, 409-416
influences on　所受影响　8, 45, 121, 174, 259, 300
interest in people　对人的关注　160, 233-234, 318
and *kuchka*　与强力集团　8, 45-46, 83, 104, 135, 146, 233, 236, 250, 299-300, 309, 323, 329-330, 341, 351, 353, 373
and land reform　土地改革　xii, 99-101, 119, 160
living accommodations of　其居住处所　122-123, 136, 171, 185, 204, 259-260, 262, 267, 284, 299, 331, 395
memoirs of　回忆录　280
musical talent of　其音乐才能　39, 83, 109, 138, 153, 138-139, 174, 175, 190, 232, 234, 248, 254, 283-284, 295-296, 298, 303-305, 310, 312, 324, 327, 337-338, 356, 358, 387, 395, 398, 404, 407, 411, 416
personal traits of　其个人品性　193-194, 249, 288, 301
as pianist　作为钢琴家　109, 310, 330, 361, 371, 372-375, 394, 395
and Purgold sisters　与普戈尔德姐妹　193-194, 209, 248-249, 268, 311
and Rimsky-Korsakov, see Rimsky-Korsakov, Nikolay Andreyevich　与里姆斯基-科萨科夫（参见里姆斯基-科萨科夫，尼古拉·安德烈耶维奇）
and Rubinstein　与鲁宾斯坦　73, 76, 89
and Serov　与谢洛夫　116-118, 143
"Toward new shores!"　"走向新岸！"　278, 382, 406, 409
Musorgsky, Modest Petrovich, works by　穆索尔斯基，莫杰斯特·彼得洛维奇，其作品
"Along the Don a Garden Is in Bloom" ("Po-nad Donom sad tsvetyot")《沿着顿河花园盛开》　188
"At an End is the Futile, Noisy Day"　"结束了徒劳而喧闹的一天"　303-304
"Be Bored"《闷》　304
"The BeetleZhuk"《甲虫》　247
"The Billy Goat"《公羊》　188, 245, 299
"*Boris Godunov*"《鲍里斯·戈杜诺夫》　xi, xii, 79, 101, 127, 156-157, 167, 205, 219, 226-234, 244, 252, 253-259, 260-261, 262, 270, 272-276, 279-280, 282-284, 291, 292, 293-302, 304, 311, 314, 315, 320-321, 324-327, 329, 331, 333, 335, 348-350, 355, 365, 370, 373, 378, 379-380, 395, 407, 411-412, 413, 415, 416
"But If I Could Only Meet You" ("No yesil bï s toboyu ya vstretitsya mogla")《但如果我能遇见你》　119
"Bydlo"《牛车》　109
"Capture of Kars"《夺取卡尔斯》　382-383
"Chattering Magpie"《喜鹊》　185-186
"Children's Song" or "Nursery Song" ("Detskaya pesenka")　"儿童之歌"或"幼儿之歌"　195, 196

"The Classicist" 《古典主义者》 184, 187, 246
"The Commander" 《司令官》 334, 337, 352
"The Crab" 《螃蟹》 311
"Darling Savishna" ("Svetik Savishna") 《美丽的萨薇日娜》 137, 154-155, 157, 160, 184, 185, 187, 230, 245, 247, 299, 308, 379, 411
"Desire" ("Zhelaniye") 《欲望》 152
"The Destruction of Sennacherib" ("Porazheniye Sennakcheriba") 《西拿基立的毁灭》 166-167, 172, 395
Elegy 《挽歌》 304
"Forgotten" 《遗忘》 305, 311, 395
"Gopak" 《戈帕克》 154, 175, 245, 371
"Graveside Letter" 《告别信》 312
"He Rode Off on a Broomstick" or "Ride on a Hobbyhorse" ("Poexal na palochke") 《木马骑士》 276-277
"The Heart's Desire" ("Zhelaniye serdtsa") 《心中的渴望》 49
"Impromptu passionn 《热情即兴曲》 87, 152
intelligent justified melody in 巧妙的旋律 324-325, 326
"In the Corner" ("V uglu") 《角落里》 247
"In the Village" ("V derevne") 《村里》 395
"Intermezzo in modo classico" 《古典风格间奏曲》 107-109, 176, 232
"Is It Right for a Young Man to Spin Flax? 《年轻人纺织合适吗？》 352
Jesus Navin 《耶稣·纳文》 127, 311, 373
"Jewish Song" ("Yevreyskaya pesnya") 《犹太之歌》 184-185, 245
"Kalistratushka" 《卡利斯特拉图斯卡》 130
Khovanshchina 《霍万斯基之乱》 xii, 79, 167, 272-276, 277, 278, 286-288, 289, 290, 301, 311, 312, 318-327, 330, 331, 333, 347-351, 361, 371, 372, 373, 380, 381-382, 393-394, 393, 394, 414, 416
"Ein Kinderscherz" 《孩子的恶作剧》 87
"King Saul" 《扫罗王》 125, 126, 299, 372
"Ladu, Ladu" 《欢呼，欢呼》 383
The Landless Peasant (Bobïl') 《无地农民》 245, 361
"The Leaves Rustled Sadly" ("List'ya shumeli unïlo") 《树叶悲伤地沙沙作响》 87
"Little Bells Are Ringing" 《晨钟在响》 185
"Little Feast or Peasant Feast" ("Pirushka") 《小盛宴》或《农民盛宴》(《盛宴》) 186-187, 213, 245
"Lord of My Days" 《我主之日》 88
lost works 丢失的作品 87-89, 336-337
"Lullaby" ("Kolïbel'naya") 《摇篮曲》 137-138, 334-335, 337
Marriage (Zhenit'ba) 《婚事》 199-205, 214, 216, 219, 224, 226, 230, 231, 233, 234, 254, 258, 308, 327, 350

"Meditation" ("Razdum'e") 《沉思》 395
"Misunderstood" ("Neponyatnaya") 《误会》 331
Mlada project 《姆拉达》计划 268-269, 272, 350, 362, 383
"Molitva"《祈祷》 136
"The Monk" 《僧侣》 336
"Mushrooming" ("Po gribï") 《采蘑菇》 185, 186, 191, 245
"Nanny and Me" ("Nyanya i ya") 《保姆与我》 136
"Near the Southern Shore of the Crimea" ("Bliz yuzhogo berega krïma") 《在克里米亚南岸附近》 373
"Nettle Mountain" ("Krapivnaya gora") "荨麻山" 311, 406
"Night" ("Noch'")《夜》 126, 135, 299
Night on Bald Mountain 《荒山之夜》 xii, 88, 153, 154, 172-177, 179, 185, 208, 232, 251, 269, 347, 348, 349, 362, 383
    The Nursery (Detskaya) cycle 《育儿室》套曲 196-198, 247-248, 276, 285, 286, 308, 324, 333, 334, 349, 352, 374, 413, 414
    Oedipus incidental music 《俄狄浦斯王》配乐 78-80, 83, 88, 89, 91, 125, 172, 269
    "Oh, You Drunken Sot!" ("Akh tï, p'yanaya teterya!") 《哦，你喝醉了》 155-157, 160, 184
    "The old Castle" 《古堡》 109
    "On the River" 《河面上》 304-305
    "On the Southern Shore of the Crimea" ("Na yuzhom beregu krïma") 《在克里米亚南岸》 373
    "The Orphan" ("Sirotka") 《孤儿》 187, 191, 194
    "The Outcast Woman" 《弃妇》 137
    "The Peep Show" 《西洋景》 246-247, 297, 298-299, 311
    in performance 在表演中 71, 166, 280, 282, 294, 370-371, 372-373
    piano transcriptions 钢琴改编 107, 152, 295
    Pictures from an Exhibition 《图画展览会》 xii, 109, 302, 304, 306-10, 385, 412, 414
    "Porte-Enseigne" Polka 《步兵团骑手》波尔卡 39
    portraiture through songs 用歌曲描绘 308-309
    primacy of music in 其中的重要音乐 228, 229-230, 231-233
    "The Ragamuffin" ("Ozornik") 《被驱逐者》 187, 194
    relationship of words to music in 词乐关系 87, 191, 194-196, 197-198, 199, 200-201, 202-203, 205, 230-231, 233, 247-248, 256, 259, 297, 302, 308, 324-326, 352, 411-412
    "Rêverie" 《遐想》 137
    "Sailor the Cat" 《水手猫》 276, 277
    Salammbô《萨朗波》 79, 88, 124-125, 126-129, 131, 146, 147, 152, 153, 172, 232, 256, 257, 269, 311
    Scherzo in A minor ("La Capricieuse") 《A小调谐谑曲》 137

Scherzo in B-flat major 《降B大调谐谑曲》 41, 49, 69, 94, 172
Scherzo in C-sharp minor 《升C小调谐谑曲》 49-50, 94
"The Seminarian" ("Seminarist") 《神学院学生》 155, 157, 158, 159, 160, 184, 191, 194, 230, 247, 299, 411
"Serenade" 《小夜曲》 335, 336, 337
"Slava" folk song 《斯拉夫》民歌 229, 232
"Songs of Saul Before His Last Battle" 《最后战役前的索尔之歌》 119
"Song of the Balearic Islander" 《巴利阿里群岛居民之歌》 126-127
"Song of the Flea" 《跳蚤之歌》 375
"Song of the Old Man" ("Pesn' startsa") 《老人之歌》 119, 125, 138
songs 歌曲 xii, 42, 49, 86-87, 119-120, 125-127, 130, 137-138, 147, 152, 153-160, 184-188, 190, 195-199, 203, 232, 234, 245-248, 276-277, 302-305, 311-312, 322, 333-338, 352-353, 411, 416
Songs and Dances of Death 《死之歌舞》 331-332, 333-338, 352
Sorochintsï Fair 《索罗钦集市》 173, 311, 347-351, 361, 362, 367, 368, 372, 373, 382, 383, 394, 420
"Souvenir d'enfance" 《童年的回忆》 42
storytelling 讲故事 333-338
Symphony in D major 《D大调交响曲》 88, 89, 107
"A Tear" 《眼泪》 395
"Tell Me Why, Dearest Maiden" ("Otchego, skazhi, dusha devitsa") 《亲爱的姑娘，告诉我为什么》 49, 245
"Time for Bed" 《该睡觉了》 247
"Trepak" 《特列帕克舞》 335-336, 337
variation technique in 变奏技法 174, 175
"The Vision" ("Videniye") 《幻觉》 352
"War Song of the Libyans" ("Voyevaya pesn' liviytsev") 《利比亚人战歌》 126, 127, 129, 153, 172, 311
"Where Art Thou, Little Star?" 《你在哪，小星星？》 42, 49, 172
"Winds Are Blowing, Wild Winds" ("Duyut vetrï, vetrï buynïye") 《狂风呼啸》 125-126
"With Dolly" 《洋娃娃》 247
"With Nyanya" ("S nyaney") 《同保姆一起》 195, 196, 197-199, 202, 247, 411
"Within Four Walls" 《四壁之内》 302, 305
Without Sun or Sunless (Bez Solntsa) 《暗无天日》 301-305, 311, 312, 324, 334, 352, 355
"Yeryomushka's Lullaby" ("Kolïbel'naya Yeryomushki") 《埃雷莫什卡摇篮曲》 195, 196
"You Didn't Know Me in the Crowd" 《人群中你不认识我》 303
Musorgsky Reader, The 《解读穆索尔斯基》 90

Muzïkal'nïy i teatral'nïy vestnik 《音乐与戏剧的关系》 44
Muzïkal'nïy sezon 《音乐季刊》148, 245

Nápoleon Bonaparte 拿破仑，波拿巴 13, 94, 95
Nápravník, Eduard 纳普拉夫尼克，爱德华 132, 280-281, 293-295, 301, 345-346, 353, 366
 and *Boris Godunov* 与《鲍里斯·戈杜诺夫》 293-294, 295, 301
 and Imperial Theatres 与帝国剧院 366
 and *Maid of Pskov* 与《普斯科夫姑娘》 366
 and Maryinsky Theatre 马林斯基剧院 132, 293
 and Musorgsky's funeral 穆索尔斯基的葬礼 398
 and *Prince Igor* 与《伊戈尔王》 345, 346
 and RMS 与俄罗斯音乐协会 241, 242, 280, 345, 353
 and *Willian Ratcliff* 与《威廉·拉特克里夫》 132
Naumov, Pavel 纳乌莫夫，帕维尔 284, 331
Nekrasov, Nikolay 涅克拉索夫，尼古拉 130, 195
Neue Zeitschrift fur Musik 《新音乐杂志》 33
Neuschwanstein, Germany 德国新天鹅堡 306
New German School 新德国学派 57, 184
New Musical School 新音乐学派 419
New Russian School 新俄罗斯学派 166, 181, 184, 258, 282, 356, 399, 418
Nicholas I, Tsar 尼古拉一世沙皇 4, 13, 24, 29, 68, 69, 96, 208, 279
Nikolsky, Vladimir 尼科尔斯基，弗拉基米尔 147, 156, 203-204, 219, 226, 279
Nikon, Patriarch 尼康牧首 273, 274
Notes of the Fatherland 《祖国纪事》 26, 28, 31, 123, 237
Novoye vremya 《新报》 217

Obolensky, Prince Dmitri 奥博伦斯基，德米特里亲王 180
octatonic scale (tone-semitone) (gamma ton-poluton) 八声音阶 405, 410
Odoyevsky, Prince Vladimir 奥德耶夫斯基，弗拉基米尔亲王 17
Offenbach, Jacques 奥芬巴赫，雅克 144
Old Believers (Raskolniki) （俄国东正教的）顽固派 32, 96, 118, 273-274, 287, 321, 322, 325, 341, 371
Olkhovsky, Yuri 奥尔霍夫斯基，尤里 55
Onomatopoeia 拟声词 56
Opéra dialogué 歌剧对话 231, 255, 256, 282
Opochini, Alexander 奥波齐宁，亚历山大 204
Opochinina, Nadezhda Petrovna 奥波齐宁娜，娜杰日达·彼得罗夫娜 135, 152, 153, 204, 312
Orlov, Dmitry 奥尔洛夫，德米特里 280

Orthodox Church　东正教会 93-94, 97, 403
　　music　音乐　5, 14, 17, 60, 65, 128, 157, 232, 308, 309
　　schism in　分裂　273, 274, 287
Ossovky, Alexander　奥索夫斯基，亚历山大　418
Ostrovsky, Alexander　奥斯特洛夫斯基，亚历山大 210
　　Dmitry the Pretender and Vasily Shuisky　《僭主德米特里与瓦西里·舒伊斯基》　221
　　Live Not the Way You'd Like (Ne tak zhivi, kak khochetsya)　《切勿随心所欲》　258, 259, 290
　　The Snow Maiden　《雪姑娘》　389-390, 393
　　The Storm　《暴风雨》　389
　　The Voyevoda　《司令官》　137-138
Otechestvenniye zapiski (Notes of the Fatherland)　《祖国纪事》　26, 28, 31, 123, 237
Ozerov, Vladislav　奥泽洛夫，弗拉季斯拉夫　79

Paris, opera ballets in　巴黎歌剧院芭蕾舞团　144
Paris Conservatory　巴黎音乐学院　72
Paris Opéra　巴黎歌剧院　415
Patti, Adelina　帕蒂，阿德琳娜　246
Pavlovna, Tatyana　帕夫洛夫娜，塔蒂亚娜　136
Pavlovna, Yelena　帕夫洛夫娜，叶莲娜　68, 69, 180, 240-242
peremennost'　"易变性"　130-131, 265, 377
Perov, Vasily　佩罗夫，瓦西里　160, 275
　　Troika　《三套车》　385
Peter of Oldenburg, Prince　奥尔登堡的彼得王子　25
Petersburg Concert Society　彼得堡音乐会协会　47
Peter the Great, Tsar　沙皇彼得大帝　29, 59, 61, 93, 97, 98, 273-275, 287, 318-319
Petrashevsky circle　彼得拉舍夫斯基小组　87
Petrograd Music Drama Theatre　彼得格勒音乐戏剧剧院　421
Petrov, Osip　彼得罗夫，奥西普　121, 272
　　and *Boris Godunov*　与《鲍里斯·戈杜诺夫》　295, 356
　　death of　去世　348, 351, 361
　　and *A Life for the Tsar*　与《为沙皇献身》　348
　　Musorgsky's esteem for　穆索尔斯基的敬重　348, 351, 361
　　soirées of　晚会　187, 356
　　and *Sorochintsï Fair*　与《索罗钦集市》　348, 382
Petrova, Anna　彼得罗娃，安娜　187, 348, 382
Pisarev, Dmitry　皮萨列夫，德米特里　54
Pisemsky, Alexey　皮谢姆斯基，阿列克谢　56
　　Leshiy The Wood Goblin　"木妖精"　244
　　A Thousand Souls (Tisyacha Dush)　《一千名农奴》56, 244-245

Platonova, Yulia 普拉托诺娃，尤利娅 189, 272, 279-280, 295
Pleshcheyev, Alexey 普列谢耶夫，阿列克谢 87, 132, 133, 152
polyphony 复调 16, 231, 339
Pomyalovsky, Nikolay 波米亚洛夫斯基，尼古拉 296
Ponchielli, Amilcare, *La gioconda* 蓬基耶利，阿米尔卡雷，《歌女乔康达》 290
Poshman, Semyon 普什曼，谢苗 25
Prach, Ivan 普拉奇，伊凡 13, 147, 339
Pre-Raphaelites 前拉斐尔派 393
Prokofiev, Sergey 普罗科菲耶夫，谢尔盖 409
Prokunin, Vasily 普罗库宁，瓦西里 344, 345, 377
Protyazhnaya pesnya (extended song) 长歌 16, 42, 83, 130, 169, 229, 265, 344
Proudhon, Pierre-Joseph 普鲁东，皮埃尔-约瑟夫 51
Purgold, Alexandra (Sasha) 普戈尔德，亚历山德拉（萨夏）
  and *kuchka* 与强力集团 189, 190, 193, 205, 209
  and Musorgsky 与穆索尔斯基 193-194, 248-249
  and Musorgsky's work 与穆索尔斯基的作品 248, 267, 268, 311, 349
  and Rimsky-Korsakov 与里姆斯基-科萨科夫 209, 210-211
  as singer 作为歌唱家 190, 205, 233, 248, 292
Purgold, Nadezhda (Nadya) 普戈尔德，娜杰日达（纳迪娅）
  and *kushka* 与强力集团 189, 190, 193, 205, 209
  and Musorgsky 与穆索尔斯基 193-194, 248-249, 267, 311
  as pianist 作为钢琴家 190, 205, 253
  and Rimsky-Korsakov 与里姆斯基-科萨科夫 209, 210-211, 267, 272, 284, 342, 349
Pushkin, Alexander 普希金，亚历山大 26, 94, 199, 210, 332, 353
  Boris Godunov 《鲍里斯·戈杜诺夫》 219, 221, 226-232, 254, 256, 258, 261, 279, 294, 295, 296
  "Eastern Romance" ("Vostochnïy romans'") "东方浪漫曲" 6
  as founding father of Russian literature 作为俄罗斯文学之父 28, 59, 76
  "Georgian Song" ("Gruzinskaya pesnya") "格鲁吉亚之歌" 118
  The Golden Cockerel 《金鸡》 62, 406
  "Little Bells Are Ringing"《晨钟在响》185
  "My Voice for You Is Sweet and Languorou" (Moy golos dlya tebya) 我对你说话的声音甜美而慵懒 188
  "Night" ("Noch'") "夜" 126, 229
  A Prisoner of the Caucasus (Kavkazskiy Plennik') 《高加索的俘虏》 46,62, 83, 84-86
  "The Prophet" ("Prorok") 《先知》 360
  Rusalka 《水仙女》 44, 84, 133
  "Ruslan and Lyudmila"《鲁斯兰与柳德米拉》 18-20, 201, 388

The Stone Guest (Kamennïy gost') 《石客》 146, 149, 189, 190, 191, 194-195, 235
Tsar Saltan 《沙皇萨尔坦》 62, 406
Yevgeny Onegin 《叶甫盖尼·奥涅金》 18

Raphael 拉斐尔 360
Raskolniki (Old Believers) （俄国东正教的）顽固派 273-274
Ravel, Maurice 拉威尔，莫里斯 xii, 309, 414-415, 416
   Daphnis et Chlo 《达芙妮与克罗伊》 415
   L'Heure espagnole 《西班牙时刻》 414
   Histoires naturelles 《大自然的历史》 414
   Orchestrations 配器 414
   Rapsodie espagnole 《西班牙狂想曲》 415
realism 现实主义
   abstraction vs. 与抽象的对立 57
   in art and music 艺术与音乐中的现实主义 56, 248, 393
   Chernïshevsky on art and reality 车尔尼雪夫斯基论艺术与现实 51, 52-54, 64, 87, 150, 192, 199, 277, 334
   Kuchka quest for 强力集团对现实主义的追求 202, 220, 353
   in Musorgsky's work 穆索尔斯基作品中的现实主义 87, 159-160, 188, 199, 202, 258-259, 324, 334, 353, 375
   in program music 标题音乐中的现实主义 56-57
   social realism in opera 歌剧中的社会现实主义 56, 200, 220, 369, 393
recitativo stromentato 乐队伴奏的宣叙调 230
Rembrandt van Rijn 伦勃朗·凡·莱茵 54
Renaissance 文艺复兴 32, 277
Repin, Ilya 列宾，伊利亚 275, 396, 398
   Barge Haulers on the Volga 《伏尔加河上的纤夫》 385
Reshetnikov, Fyodor 列舍特尼科夫，费奥多尔 296
Rimsky-Korsakov, Andrey 里姆斯基-科萨科夫，安德烈 156
Rimsky-Korsakov, Nikolay Andreyevich 里姆斯基-科萨科夫，尼古拉·安德烈耶维奇 138-141
   and Balakirev 与巴拉基列夫 102-103, 107, 124, 138-139, 163, 208, 213, 215, 222, 252, 264, 266, 298, 360
   and Borodin 与鲍罗丁 140-141, 224, 263, 267, 342, 345-347, 380
   as composer 作为作曲家 xii, xiii, 101-103, 104, 139, 179, 214-215, 262, 267, 283, 339, 354, 356, 387, 405-406, 407
   as conservatory professor 作为音乐学院教授 xii, 135, 177, 234, 266-267, 288, 328, 332, 338, 340, 399, 405-406, 407
   Cui's work reviewed by 对居伊作品的评论 235
   death of 去世 418

disillusionment of　幻想破灭　417-418
family background of　家庭背景　103
as FMS director　作为自由音乐学校校长　294, 338, 343, 346, 359, 370, 382, 387, 395
and Glazunov　与格拉祖诺夫　xii, 387, 404, 409
and Glinka prize　格林卡奖　405
influence of　影响　226, 291, 387, 404-405, 409-410, 414
influence on　所受影响　8, 102, 143-144, 260, 262, 365, 387
as inspector of navy bands　作为海军督察员　288, 312-313, 338, 339
and *kuchka*　与强力集团　101, 102, 103, 140, 143, 146, 189-190, 208, 209, 213, 222, 224, 292, 328, 354, 366, 387, 404
memoirs of　回忆录　48, 179, 181, 215, 222, 236, 267, 270, 280, 289, 324, 332, 338
and music theory　音乐理论　267, 288, 289, 312-313, 328, 332, 339, 342, 353, 387, 389, 411
and Musorgsky　与穆索尔斯基　213, 222, 226, 262, 267, 312, 372, 394, 395
and Musorgsky's work　与穆索尔斯基的作品　129, 172, 173, 174-178, 186, 188, 201, 205, 214-215, 234, 259-261, 277, 286, 324, 325, 404
and Nadya Purgold　与纳迪娅·普戈尔德　267, 272, 284, 342, 359
naval career of　海军生涯　103-104
personal traits of　个人品性　194, 288
and Purgold sisters　与普戈尔德姐妹　209, 210-211, 267
and RMS　与俄罗斯音乐协会　340
and Stravinsky　与斯特拉文斯基　xii, 390, 394, 405-406, 409-410, 418

Rimsky-Korsakov, Nikolay Andreyevich, works by　里姆斯基-科萨科夫，尼古拉·安德烈耶维奇，其作品

　　Antar《安塔尔》　144, 206-208, 213-216, 222, 224, 251, 267, 289, 316, 340, 405
　　"Aus meinen Tränen" (Iz slyoz moikh)　"从我的眼泪中"　151, 154
　　Boris Godunov《鲍里斯·戈杜诺夫》　294
　　The Boyarina Vera Sheloga《波亚莉娜·维拉·谢罗加》　366
　　Capriccio espagnol《西班牙随想曲》　399
　　Christmas Eve《圣诞之夜》　415
　　"Cradle Song" ("Kolïbel'naya pesnya")　"摇篮曲"　151
　　"Estern Romance" ("Vostochniy romans")　"东方浪漫曲"　151
　　Fairy Tale (Skazka)《童话》　387-388
　　Fantasia on Serbian Themes《塞尔维亚主题幻想曲》　163, 183
　　folk song collection and arrangement　民歌收集与改编　338-339, 366, 369, 387-388, 389, 392
　　The Golden Cockerel (Zolotoy petushok)《金鸡》　405, 406, 410, 418
　　Kashchey the Immortal《不死的卡谢》　410
　　Konzertstuck for clarinet《单簧管音乐会曲》　354

The Legend of the Invisible City of Kitezh 《隐城基特日的传说》 406, 409-410, 416
"Like the Sky Your Glance Shines" ("Kak nebesa, tvoy vzor blistayet") "你的目光像天空一样闪耀" 188
The Maid of Pskov (Pskovityanka) 《普斯科夫姑娘》 222-225, 226, 253, 259-262, 267, 270, 280-282, 289, 291, 292, 297, 327, 340, 342, 350, 361, 364, 365-366, 416
May Night 《五月之夜》 366-369, 370, 377, 387, 389, 390
"My Voice for You Is Sweet and Languorous" ("Moy golos lya tebya"), opus7 《我对你说话的声音甜美而慵懒》 188
"Noch'" ("Night") "夜" 210-211
orchestrations of others' works 为他人作品配器 208-209, 225-226, 235, 260, 271, 301, 324, 347, 382
Overture on Russian Themes 《俄罗斯主题序曲》 148, 388
in performance 在表演中 8, 139, 179, 183, 215, 241, 340
publication of 作品的发表 403-404, 405
quintet for piano and wind 钢琴与木管五重奏 353
Russian Easter Festival Overture 《俄罗斯东方节日序曲》 399
Sadko 《萨特阔》 144, 177-179, 183, 184, 206, 240, 267, 286, 336, 390, 405, 410
Sheherazade 《舍赫拉查德》 170, 215, 399, 405, 412, 415
Sinfonietta for orchestra 《管弦乐小交响曲》 388, 389
Six Piano Fugues, op.17 《六首钢琴赋格》（Op. 17） 332
The Snow Maiden (Snegurochka) 《雪姑娘》 388, 389-394, 399, 406
Songs 歌曲 151-152, 154, 188, 210-211
"Southern Night" ("Yuzhnaya noch'") 《南方之夜》 151
String quartet in F major 《F大调弦乐四重奏》 313, 332, 353-354, 375-376, 389
Symphony no.1 in E-flat minor 《降E小调第一交响曲》 101-102, 103, 104, 138, 140, 146, 209, 402
Symphony no.2 in B minor 《B小调第二交响曲》 167, 289
Symphony no.3 in C major 《C大调第三交响曲》 284, 288-289
The Tale of Tsar Saltan 《沙皇萨尔坦的故事》 406
"TaynaThe Secretr 《秘密》 211
trombone concerto 长号协奏曲 354
variations for oboe 双簧管变奏曲 354

Rimsky-Korsakov, Nikolay Petrovich (uncle) 里姆斯基-科萨科夫，尼古拉·彼得洛维奇 103
Rimsky-Korsakov, Voyin (brother) 里姆斯基-科萨科夫，沃恩 103-104, 143, 177, 280
Rimskaya-Korsakova, Nadezhda Purgold (Nadya) (wife); see also Purgold, Nadezhda 里姆斯卡娅-科萨科娃，娜杰日达·普戈尔德（纳迪娅）342, 359; 另见普戈尔德，娜杰日达

Rimskaya-Korsakova, Sofia Nikolayevna (Sasha) (daughter) 里姆斯卡娅-科萨科娃，索菲亚·尼古拉耶夫娜（萨夏） 342
Rode, Pierre 罗德，皮埃尔 241
Romanov tsars 罗曼诺夫王朝 13, 16, 222, 274
romanticism 浪漫主义 27, 134
Rosen, Baron Georgy 罗森，乔治男爵 13
Rossini, Gioachino 罗西尼，贾科莫 20, 30, 33, 144, 230
   William Tell 《威廉·退尔》 15
Rostislav (F. M. Tolstoy) 罗斯季斯拉夫（F. M. 托尔斯泰） 327, 246
Rubets, Alexander 鲁别茨，亚历山大 368
Rubinstein, Anton 鲁宾斯坦，安东 290, 310, 372
   as child prodigy 少年奇才 5, 64, 222
   "Die Componisten Russland's" ("The Composers of Russia") "俄罗斯作曲家" 4-5, 6, 64, 65-74
   as composer 作为作曲家 65
   and conservatory 音乐学院 68, 69-72, 74-75, 76-77, 147, 180, 242, 266
   early years of 早年经历 64-65
   family background of 家庭背景 64
   influence of 影响 415
   and modernism 现代主义 76, 184
   and musical society 音乐协会 68-69
   as "outsider"/Jew 作为"外来者"/犹太人 8, 71-73, 75-76, 408
   Piano Concerto no.3 in G major 《G大调第三钢琴协奏曲》 69
   reputation of 名声 65, 68
   as RMS conductor 作为俄罗斯音乐协会的指挥 76, 89, 94, 124
   Symphony no.2 in C major ("Ocean") 《C大调第二交响曲》（"海洋"） 65
Rubinstein, Nikolay 鲁宾斯坦，尼古拉 209, 243, 310
Russian 俄国
   All-Russian Ethnographic Exhibition 全俄罗斯民族展 163
   authoritarianism in 独裁统治 28
   Bolshevik Revolution 十月革命 420
   bureaucracy of 官僚主义 68, 69, 75, 97-98, 404
   capitalism in 资本主义 403
   censorship in 审查制度 24, 26, 156, 221, 253-254, 261, 280, 282, 294
   choral style in 合唱风格 17
   folk music and folklore of, see Russian folk songs 民间音乐与民间传说，参见俄罗斯民间歌曲
   Free Artist status in 自由艺术家的地位 67-68, 70, 72
   histories of 历史 95-96, 147, 274, 280, 314, 408
   kupechestvo (merchant class) in 商人阶级 402-403

lack of musical training in　缺乏音乐训练　73, 75-76, 106, 116, 132
　　land reform in　土地改革　xii, 68, 99-101, 160
　　language of　语言 62-63, 119, 202, 231, 407, 413, 416
　　Music of the Future 未来音乐 113, 165, 167
　　narodnost' vs. *natsional'nost* 民族 59-63, 94-99, 163, 183, 218, 274, 280, 306, 377, 393, 399, 405
　　and nationalism　民族主义　59-63, 94-99, 163, 183, 218, 274, 280, 306, 377, 393, 399, 405
　　New Russian School 新俄罗斯学派　166, 181, 184, 258, 202, 336, 399, 418
　　not permitted to represent the tsar onstage in　禁止舞台上出现沙皇形象17, 221-222, 274, 279, 318-319
　　Official Nationality doctrine in　官方民族教义 13
　　Old Believers in　顽固派　32, 96, 118, 273-274, 287, 321, 322, 325, 341, 371
　　old Russia　古俄罗斯　94, 97, 220-221, 403
　　Pale of Settlement in　栅栏区　64
　　Rubinstein's "Composers of Russia"　鲁宾斯坦的"俄罗斯作曲家们"　4-5, 6, 64, 65-74
　　sixties reforms in　六十年代改革　302
　　village-commune (obshchina) 村社制度　94, 98
Russian folk songs　俄罗斯民歌　6, 39, 405
　　authenticity of　其真实性　53, 59,
　　"Ay, vo pole lipen'ka" ("Hey, in the Field a Lime Tree")《嘿，田野里一棵菩提树》392
　　Balakirev's *Russian National Songs*　巴拉基列夫的《俄罗斯民歌集》96-97, 129-130, 147-148, 225, 257, 308, 336, 339, 344, 345, 359, 377, 383, 392
　　Bessel *Collection of 100 Russian National Songs (Sbornik 100 russkikh narodnikh pesen)* 贝塞尔的《100首俄罗斯民歌集》339
　　and Glinka's work　格林卡的作品　13-14, 16, 23, 60, 66-67, 76, 144
　　"Ladu, ladu" "欢呼，欢呼" 383
　　Lvov/Prach collection　利沃夫/普拉奇的民歌收集　13-14, 147, 339
　　"Maslenitsa mokrokhvostka" ("Soggy-tailed Maslenitsa")《谢肉节》392
　　Melganov collection　梅尔加诺夫的民歌收集　369, 377, 390
　　and Musorgsky's songs　穆索尔斯基的歌曲　185-186, 199；see also Musorgsky, Modest Petrovich, works by　另见穆索尔斯基，莫杰斯特·彼得洛维奇，其作品
　　"Ne Bïlo vetru"《未曾起风》130
　　"Oy, chestnaya Maslentsa!" ("Hey, holy Maslenitsa")《嘿，神圣的谢肉节》392
　　"Poem About Alexey, Man of God"《关于阿列克谢，上帝之子的诗》365
　　"Poydu, poydu"《去吧，去吧》130
　　Prokunin collection　普罗库宁的民歌收集　344, 345, 377
　　protyazhnaya pesnya《长歌》16, 42, 83, 130, 169, 229, 265, 344

"Ramïn-rano kurï zapeliThe cocks crowed very early《公鸡很早就打鸣了》 392
realism in 现实主义 199, 259
Rimsky-Korsakov collection 里姆斯基-科萨科夫的民歌收集 338-339, 366, 369, 387-388, 389, 392
 Rubets, *216 Ukrainian Folk Songs* 鲁别茨的《216首乌克兰民歌集》 368
 "Tatarski polon" ("The Tartar Captivity") 《鞑靼俘虏》 107, 138
 "Tati-tati" (Chopsticks)《筷子》 364
 "U vorot, vorot, batyushkinïkh,"《在巴特乌什金娜的大门前》 336
 "Uzh tï, pole moyo,"《哦，我的田野》 225
 "Uzh'vï gorï moy gorï Vorob'evskiya" ("You Hills, My Sparrow Hills") 《哦山，我的麻雀山》 344, 377
 "Veselen'ko tebya vstrechat', privechat'" ("Happy to meet you, greet you") 《很高兴见到你，向你致意》 392
 "Zaigray, moya volïnka" ("Play on, my bagpipes") 《演奏吧，我的风笛》 257
Russian Musical Sociey (RMS) 俄罗斯音乐协会（RMS） 73-74, 76
 Balakirev as conductor of 巴拉基列夫担任指挥 77, 179, 180-181, 182-183, 184, 209, 215, 225, 240-242, 246, 251
 Berlioz as conductor of 柏辽兹担任指挥 181-182
 concerts of 音乐会 89, 153, 209, 241-242, 280, 294, 340, 345
 founding of 建立 69
 Nápravník as conductor of 纳普拉夫尼克担任指挥 241, 242, 280, 345, 353
 Rubinstein as conductor of 鲁宾斯坦担任指挥 76, 89, 94, 124, 130, 153, 180, 180-181, 242
 Rubinstein's resignation from 鲁宾斯坦辞职 180-181, 240
Russian Naval Pavilion, Vienna World Exhibition (1873) 俄罗斯海军馆，维也纳世界博览会（1873） 306
Russian Symphony Concerts 俄罗斯交响音乐会 404, 405
Russkiy vestnik 《俄罗斯公报》 60, 110-111
Ryabinin, Trofim 里亚比宁，特罗菲姆 267

Sainte-Beuve, Charles-Augustin 圣伯夫，沙尔-奥古斯丁 26
St. Petersburg 圣彼得堡
 Alexandrinsky Theatre 亚历山德林斯基剧院 79
 Berlioz's visit to 柏辽兹的访问 181-182, 209, 241
 Bolshoi Theatre 莫斯科大剧院 17, 22, 382
 Conservatory 音乐学院 xii, 69-71, 73-74, 76-77, 134, 147, 182, 209, 240, 242, 266, 282, 296, 313
 FMS in, see Free Music School 圣彼得堡的自由音乐学校（见自由音乐学校）
 Hermitage Museum 冬宫博物馆 31
 Imperial Public Library 帝国公共图书馆 31, 34

  Imperial Theatres　帝国剧院　69, 83, 113, 221, 244, 252, 253, 268, 279, 328-329
  Maryinsky Institute for Girls　马林斯基女子学校　242
  Maryinsky Theatre　马林斯基剧院　132, 145, 216, 241, 256, 271, 280, 282, 293, 332, 348, 398
  musical community in　音乐社团　5, 14, 111, 133, 180-181, 251, 295, 298, 404
  Nikolayevsky Military Hospital　尼古拉耶夫斯基军事医院　396
  Petersburg Concert Society　彼得堡音乐会协会　47
  RMS in, see Russian Musical Society　圣彼得堡的俄罗斯音乐协会（见俄罗斯音乐协会）
  Symphonic Society　交响乐协会　69
  Wagner's visit to　瓦格纳的拜访　109-110, 133
St. Petersburg Architectural Association　圣彼得堡建筑协会　306
St. Petersburger Zeitung　《圣彼得堡报》　66-67
Saint-Simon, Claude Henri de Rouvroy, comte de　圣西门，克劳德·亨利·德·鲁夫洛伊，伯爵　51
Sanktpeterburgskiye vedomosti (St. Petersburg Gazette)　《圣彼得堡公报》　131-132, 143, 145, 149, 163, 182, 217, 235, 236, 258, 281, 369
Santini, Abbé Francesco　萨迪尼，亚伯·弗朗西斯科　33, 36
Sargeant, Lynn　萨金特，林恩　7
Sariotti, Mikhail　萨里奥蒂，米哈伊尔　121, 294
Scarlatti, Domenico　斯卡拉蒂，多梅尼科　178
Schelling, Friedrich　谢林，弗里德里希　30, 40, 51
Schiller, Friedrich　席勒，弗里德里希
  "Ode to Joy"《欢乐颂》　209
  William Tell　《威廉·退尔》　184
Schoenberg, Arnold　勋伯格，阿诺德　291, 404
Schorn, Adelheid von　肖恩·阿德尔海德·冯　286
Schubert, Franz　舒伯特，弗朗兹　20, 47, 66, 87, 105, 183, 197, 301, 372, 400
  and Bach　与巴赫　332
  influence of　影响　226, 304, 305, 333
Schubert, Franz, works by　舒伯特，弗朗兹，其作品
  "Der Doppelgänger"《幻影》　309
  "Erilkönig"《魔王》　333, 338
  Grande Marche héroïque, D. 885　《大型英雄进行曲》（D.885）　208
  "Lied im Grünen"　《乡村歌曲》　302
  lieder　艺术歌曲　302, 333, 334, 337-338
  Moment musical　《音乐瞬间》　49
  "Die Nebensonnen"《虚幻的太阳》　302
  Die schöne Müllerin　《美丽的磨坊女》　56, 158, 305
  Winterreise　《冬之旅》　302

Schumann, Robert 舒曼，罗伯特 47, 361
    Influence of 影响 48, 81, 102, 119-120, 139, 144, 154, 168, 237, 307-308, 309
    kuchka bias toward 强力集团的偏见 147, 417, 419
Schumann, Robert, works by 舒曼，罗伯特，其作品
    Carnaval 《狂欢节》 290, 308
    Davidsbündlertänze 《大卫同盟舞曲》 309
    Dichterliebe 《诗人之恋》 154
    Frauenliebe und-leben 《妇女的爱情与生活》 211, 400
    Kinderszenen 《童年情景》 277
    lieder 艺术歌曲 86, 118, 338
    "Die Lotosblume"《莲花》 91
    Piano Quintet in E-flat 《降E大调钢琴五重奏》 57, 81
    Symphony no.3 in E-flat ("Rhenish")《降E大调第三交响曲"莱茵"》 41, 48
Scott, Sir Walter 司各特，沃尔特爵士
    The Bride of Lammermoor 《拉美莫尔的新娘》 132
    Waverly novels 《威弗利小说》 132
Seifriz, Max 塞弗里茨，马克斯 240-241
Senkovsky, Osip (Baron Brambeus) 先科夫斯基，奥西普（布拉姆伯斯男爵） 206, 207-208
Serov, Alexander 谢洛夫，亚历山大 8, 45, 221, 235, 372
    and Balakirev 与巴拉基列夫 10, 112, 118, 148
    as composer 作为作曲家 73, 75, 113, 116, 128, 144, 145, 258
    critical reviews by 批判性乐评 10, 44, 73-74, 75-76, 159, 183, 236, 272
    death of 去世 111, 258, 268
    and FMS opening 自由音乐学校开课 73-74, 76
    and Glinka's circle 与格林卡的圈子 35
    influences on 所受影响 113, 115-116
    and *kuchka* 与强力集团 110-113, 143, 144, 219, 408
    personal traits of 个性 75-76, 112
    and Rubinstein 与鲁宾斯坦 73, 74-76
    and Stasov 与斯塔索夫 30, 34, 44, 110-113, 117-118, 142-143, 217-218
    and Wagner 与瓦格纳 109, 112, 113-114, 217-218
Serov, Alexander, works by 谢洛夫，亚历山大，其作品
    Judith 《朱迪斯》 76, 110, 112-118, 120-121, 124, 127, 129, 134, 142, 149, 166, 183, 294
    May Night 《五月之夜》 113
    The Power of the Fiend (Vrazh'ya sila) 《魔鬼的力量》 258-259, 297, 349
    Rogneda 《罗格涅达》141-145, 147, 218, 236, 246, 297
Serova, Sophia Nikolayevna 谢洛娃，索菲亚·尼古拉耶夫娜 112
Severnaya pchela (Northern Bee)《北方蜜蜂》 17, 71-73

Shakespeare, William 莎士比亚，威廉 226
    All's Well That Ends Well 《终成眷属》 230
    As You Like It 《皆大欢喜》 81
    Julius Caesar 《尤利乌斯·恺撒》 203
    King Lear 《李尔王》 79, 85
    A Midsummer Night's Dream 《仲夏夜之梦》 81
Shcherbachev, Nikolay 谢尔巴乔夫，尼古拉 305, 360
Shcherbina, Nikolay 舍尔比纳，尼古拉 151
Sheremetev, Count Dmitry 舍列梅捷夫，伯爵德米特里 73
Shestakova, Lyudmila 谢斯塔科娃，柳德米拉 348
    and Balakirev 与巴拉基列夫 160, 161, 171, 359, 363
    and Glinka's music 与格林卡的音乐 10, 160
    as Glinka's sister 作为格林卡的妹妹 10, 146, 359
    and *kuchka* meetings 与强力集团的聚会 146, 147, 156, 158, 171, 189,
    and Musorgsky's health 与穆索尔斯基的健康 361-362, 373, 396
    and Musorgsky's music 与穆索尔斯基的音乐 80, 200-201, 203, 219, 226, 331, 341-342
Shestakova, Olga 谢斯塔科娃，奥尔加 146
Shevchenko, Taras, *Haydamaki* 舍甫琴科，塔拉斯，《哈恰达玛基》 153-154, 159, 175
Shilovskaya, Maria 希洛夫斯卡亚，玛利亚 89-91
Shilovsky, Stepan 希洛夫斯基，斯捷潘 89-90
Shostakovich, Dmitri 肖斯塔科维奇，德米特里 404
    From Jewish Folk Poetry 《犹太民谣》 409
    Symphony no. 13 in B-flat minor 《降B小调第十三交响曲》 409
    Symphony no. 14 《第十四交响曲》 334, 409
Singspiels 德国歌唱剧 84
Skryabin, Alexander 斯克里亚宾，亚历山大 417
Slavophiles 斯拉夫派 60, 94, 97-98, 99, 142, 186, 244, 274, 403
Smetana, Bedřich 斯美塔那，贝德里赫 161-162
    The Bartered Bride 《被出卖的新嫁娘》 83, 368
Sobol'shchikov, Vasily 索波什奇科夫，瓦西里 35
socialism 社会主义 28, 29
socialist realism 社会主义的现实主义 56, 123, 404, 409
Sokhansky, General 索汉斯基将军 395
Solodovnikov, A. V. 索洛多夫尼科夫，A. V. 99
Solovyov, Sergey 索洛维约夫，谢尔盖
    History of Russia from the Most Ancient Time 《最古老的俄罗斯历史》 95, 220
    "The Manners, Customs, and Religion of the Slavs, Especially in the East, in Pagan Times" 《东方异教徒时期斯拉夫人的礼仪、风俗与宗教》 95, 96, 97

"Song of the Volga Boatmen"《伏尔加船夫之歌》 108, 344
Sophocles, *Oedipus the King* 索福克勒斯,《俄狄浦斯王》 49, 79-80
Soviet Union 苏联
   collapse of 解体 1223
   see also Russia 另见俄国
Sovremennik (The Contemporary)《现代人》 52, 55
Spielhagen, Friedrich, *Hans und Grete* 施皮尔哈根,弗里德里希,《汉斯与格蕾特》 245
Spohr, Louis 施波尔,路易斯 9, 15
   Faust《浮士德》 14
Spontini, Gaspare 斯蓬蒂尼,加斯帕雷 113, 115, 116
Stakhovich (folk song collector) 斯塔霍维奇(民歌收集者) 339
Stalin, Joseph 斯大林,约瑟夫 99
Stasov, Dimitry 斯塔索夫,德米特里
   and Balakirev's music 与巴拉基列夫的音乐 359, 360
   and Glinka circle 与格林卡圈子 35
   marriage of 婚姻 33-34, 153
   and Musorgsky 与穆索尔斯基 245, 284, 285
   on RMS board 俄罗斯音乐协会理事会 69, 89, 180
Stasov, Vasily 斯塔索夫,瓦西里 25
Stasov, Vladimir 斯塔索夫,弗拉基米尔 25-28, 29-36, 44, 55-62
   and Balakirev 与巴拉基列夫 10, 33, 35, 36, 46, 60, 79, 81-82, 112, 242, 243-244, 252-253, 290, 359, 360
   and Belinsky 与别林斯基 29-30, 32, 36, 54, 56, 59, 61
   and Berlioz 与柏辽兹 182
   biographies of 传记 54-55, 272
   birthday party of 生日派对 145-146
   and Borodin's music 与鲍罗丁的音乐 216, 238, 239, 263, 313-317, 343-347
   and Chernishevsky 与车尔尼雪夫斯基 32, 54, 55-56
   concerts reviewed by 音乐会评论 8, 31, 163-164, 236
   critical exegesis as interest of 批判性诠释 26-27, 36, 56-57, 417
   and Cui's music 与居伊的音乐 291, 292, 341, 399, 400
   and Dargomïzhsky 与达尔戈梅日斯基 35, 189, 190, 272
   death of 去世 406, 417
   and Demidov 与杰米多夫 31-33, 34
   early years of 早年经历 25-26
   and free form 自由形态(自由曲式) 58
   and Glinka 与格林卡 34-35, 60, 94-95
   and Herzen 与赫尔岑 98-99
   influences on 所受影响 25, 26-27, 28, 29, 32, 36, 54, 56

 and *kuchka* 与强力集团 8, 67, 83, 104, 110-112, 146, 147, 189-190, 205, 223, 252, 290, 299, 306, 309, 323, 328-329, 341, 359, 407-408
 literacy of 文化水平 26, 31, 35-36
 and *Mlada* project 与《姆拉达》计划 268-269, 272
 "Musical Liars" ("Muzïkal'nïye lgunï") "音乐说谎者" 246
 musical prejudices of 音乐偏见 33, 58-59, 62, 72, 266, 299, 313, 329, 351, 370-371, 387, 399, 405, 406-407, 408, 409, 416
 and Musorgsky 与穆索尔斯基 152-153, 160, 277, 285-288, 311, 331, 362, 372, 374-375, 396, 398
 and Musorgsky's music 与穆索尔斯基的音乐 108-109, 152, 158, 205, 233, 244-246, 272-275, 287-288, 293, 295, 244-246, 272-275, 287-288, 293, 295, 298, 301, 309, 318, 319-320, 322-324, 326, 334, 336, 347, 351, 373, 381-382, 383, 384
 and nationalism 民族乐派 59-63, 399, 405
 and New Russian School 新俄罗斯乐派 418
 and old Russia 旧俄罗斯 94, 220-221, 223, 273
 and Oriental connection 与东方的联系 62-63, 316
 personal traits of 个人品质 36, 112
 and program music 标题音乐 56-57
 at the public library 在公共图书馆 31, 34
 and Purgold sisters 与普戈尔德姐妹 190
 and Rimsky-Korsakov 与里姆斯基-科萨科夫 313, 390, 417-418
 and Rubinstein 与鲁宾斯坦 71-73, 75, 76, 266, 290
 and Serov 与谢洛夫 30, 34, 44, 110-113, 117-118, 142-143, 217-218
 travels of 旅行 31-33, 36
 and Turgenev 与屠格涅夫 165-166
 Twenty-five Years of Russian Art 《俄罗斯艺术二十五年》 398-399, 404-405, 417
 and Wagner 与瓦格纳 33, 110
Stasova, Nadezhda 斯塔索娃，娜杰日达 112, 285, 288
Stasova, Polixena 斯塔索娃，波利克塞纳 245, 284, 285, 318, 347
Stasova, Varvara 斯塔索娃，瓦尔瓦拉 195-196
Steinberg, Maximilian 斯坦伯格，马克西米利安 404
Stellovsky, Fyodor 斯捷洛夫斯基，费奥多尔 166
Strauss, Richard 施特劳斯，理查德 338
Stravinsky, Fyodor 斯特拉文斯基，费奥多尔 372, 395, 398
Stravinsky, Igor 斯特拉文斯基，伊戈尔 409-412, 414, 415, 416
 emergence of 出现 404
 Firebird (Zhar ptitsa) 《火鸟》 389, 410, 412, 418
 Fireworks 《烟火》 410
 on monometrics 论单音部诗行 155
 The Nightingale 《夜莺》 304

  Les Noces 《婚礼》 411-412
  Petrushka 《彼得鲁什卡》 259, 410-411
  as pupil of Rimsky-Korsakov 作为里姆斯基-科萨科夫的学生 xii, 390, 394, 405-406, 409-410, 418
  Renard 《狐狸》 412
  The Rite of Spring 《春之祭》 170, 316, 410, 411, 412
  Scherzo fantasique 《幻想谐谑曲》 410
  Symphony in Three Movements 《三乐章交响曲》 139, 410
  Symphony of Psalms 《诗篇交响乐》 410
Suchkova, Anna 苏什科娃，安娜 32
Sullivan, Arthur 沙利文，亚瑟 292
Sutgof, Alexander 苏特戈夫，亚历山大 38
Swan, Alfred 斯旺，阿尔弗雷德 20

Taruskin, Richard 塔拉斯金，理查德
  on Cui's music 论居伊的音乐 133-134, 235
  on Dargomïzhsky's music 论达尔戈梅日斯基的音乐 192, 272
  on Glinka's music 论格林卡的音乐 60, 114
  on *kuchka* working habits 论强力集团作曲习惯 131-132, 282-283
  on Liszt's music 论李斯特的音乐 178
  on Musorgsky's music 论穆索尔斯基的音乐 49, 203, 255, 258, 259, 349, 350, 367
  on nouveaux riches 论暴发户们 403
  on Russian style 论俄罗斯风格 15, 42
  on Serov's work 论谢洛夫的作品 114, 142
  on Stravinsky's emergence 论斯特拉文斯基的出现 404
Tchaikovsky, Modest Ilyich 柴科夫斯基，莫杰斯特·伊里奇 296
Tchaikovsky, Pyotr Ilyich 柴科夫斯基，彼得·伊里奇 8, 133, 296, 382
  on Cui's work 论居伊的作品 133, 357-358, 360, 361
  on Glinka's influence 论格林卡的影响 21, 23
  and *kuchka* 与强力集团 209-210, 356-358, 360, 361, 364, 366, 408, 415
  patroness of 女赞助人 403
  and Rimsky-Korsakov 与里姆斯基-科萨科夫 209, 222, 332, 357, 358, 366
Tchaikovsky, Pyotr Ilyich, works by 柴科夫斯基，彼得·伊里奇，其作品
  1812 Overture 《1812序曲》 336
  "Dances of the Hay Maidens" ("Tantsï sennïkh devushek") 《干草少女之舞》 209
  Fatum 《命运》 241, 242
  K radosti (setting of Schiller's "Ode to Joy") 《为席勒〈欢乐颂〉配乐》 209
  Oprichnik 《禁卫军》 313-314
  Romeo and Juliet 《罗密欧与朱丽叶》 242-243, 251, 264, 291
  The Snow Maiden 《雪姑娘》 392

String Quartet no.1 in D major 《D大调第一弦乐四重奏》 377
Symphony no.1 in G minor 《G小调第一交响曲》 209-210
Symphony no.6 in B minor ("Pathétique")《B小调第六交响曲（"悲怆"）》 139
The Voyevoda 《司令官》 237
Vakula the Smith 《铁匠瓦库拉》 349
tempo transitions 转换节拍 171
Thomson, George 汤姆森，乔治 148
Tolstoy, Alexey 托尔斯泰，阿列克谢 234, 332
   Death of Ivan the Terrible 《伊凡雷帝之死》 221, 352
   Tsar Boris 《沙皇鲍里斯》 221
   Tsar Fyodor Ioannovich 《沙皇费奥多尔·伊凡诺夫维奇》 221
Tolstoy, F. M. (Rostislav) 托尔斯泰，F. M.（罗斯季斯拉夫） 237
Tolstoy, Leo 托尔斯泰，列夫
   Sevastopol Sketches 《塞瓦斯托波尔纪事》 62
   War and Peace 《战争与和平》 204, 296
Tretyakov, Pavel 特列季亚科夫，帕维尔 403
Troitsky, Matvey 特罗伊茨基，马特维 234
Turgenev, Ivan 屠格涅夫，伊凡 53-54, 165-167, 187
   "The Diary of a Superfluous Man" 《多余人日记》 6, 43
   Nest of Gentlefolk 《贵族之家》 56
   on Russian music 论俄罗斯音乐 165-166, 167, 183, 356
   Smoke (Dim) 《烟》 165, 166
   Sportsman's Sketches 《猎人笔记》 103
Tyrrell, John 泰瑞尔，约翰 415

Ukraine, and nationalism 乌克兰与民族主义 96
Ulïbïshev, Alexander 乌利比谢夫，亚历山大 3, 9-10, 46
utilitarianism 实用主义 28
Utkin, Nikolay 乌特金，尼古拉 31, 34
Uvarov, Sergey 乌瓦洛夫，谢尔盖 13

Vanlyarsky, Fyodor 凡利亚斯基，费奥多 44, 381, 383
Vasina-Grossman, Vera 瓦西娜-格罗斯曼，维拉 302
Vaughan Williams, Ralph 沃恩·威廉斯，拉尔夫 82, 415
Vek 《世纪报》 69, 73
Velyaminov, Konstantin 维利亚米诺夫，康斯坦丁 189, 190
Venetsianov, Alexey, *Threshing Floor* 维涅齐昂诺夫，阿列克谢，《打谷场》 56
Verdi, Giuseppe 威尔第，朱塞佩 144, 220, 235, 236, 406
   Aida 《阿依达》 332-335
   Don Carlos 《唐·卡洛斯》 256

    La Forza del destino 《命运之力》133
    Nabucco 《纳布科》80
    Oberto 《奥博托》237
    Rigoletto 《弄臣》201, 290
    La traviata 《茶花女》16, 396
    Il trovatore 《游吟诗人》333
Vereshchagin, Vasily, *Forgotten (Zabïtiy)* 韦列夏金，瓦西里，《遗忘》305
Verstovsky, Alexey 维尔斯托夫斯基，阿列克谢 9
    Askold's Tomb (Askol'dova molgiva) 《阿斯科尔德之墓》15, 44, 141-143
    Gromoboy 《格罗莫比》44
Vestinik Evropï 《欧洲先驱报》398
Viardot, Pauline 维奥多尔，波林 165, 187, 241, 356
Vienna Conservatory 维也纳音乐学院 72
Vienna World Exhibition (1873) 维也纳世界博览会（1873）306
Vigel, Filipp 维格尔，菲利普 94
Villebois, Constant 维勒步瓦，康斯坦特 35
Villoinig, Alexander 维卢安，亚历山大 64
Voluyev (Musorgsky's supervisor) 沃卢耶夫（穆索尔斯基的管理者）330

Wagner, Richard 瓦格纳，理查德 19, 20, 61, 128, 333
    detractors of 反对者 33, 72, 110, 147, 184, 216-217, 406
    and Dresden rising (1849) 德累斯顿革命（1849）109
    influence of 影响 113-114, 115, 226, 262, 356
    and Music of the Future 未来音乐 57, 113
    as theorist 作为理论家 116, 159, 191, 203
    visit to St. Petersburg 访问圣彼得堡 109-110, 133
Wagner, Richard, works by 瓦格纳，理查德，其作品
    The Artwork of the Future 《未来的艺术品》109
    Faust Overture 《浮士德》序曲 183
    Die Feen 《仙女》237, 368
    Götterdämmerung 《诸神的黄昏》271, 332
    Judaism in Music 《音乐中的犹太性》71
    Lohengrin 《罗恩格林》32-33, 58, 109, 110, 144, 216-219, 226, 282, 392
    Opera and Drama 《歌剧与戏剧》44, 109, 114, 230
    Das Rheingold 《莱茵的黄金》109
    The Ring 《指环》192, 199, 230
    Tannhäuser 《汤豪瑟》58, 109, 115, 116, 144
    Tristan und Isolde 《特里斯坦与伊索尔德》133, 235, 312
Wanderers school (Peredvizhniki) 巡回展览画派 275, 385, 393
Weber, Carl Maria von 韦伯，卡尔·玛利亚·冯 30, 132, 368, 371

Abu Hassan 《阿布·哈桑》 84
Euryanthe 《欧利安特》 144
Der Freischütz 《魔弹射手》 14, 15, 114, 115, 282
West 西方
  influence of 影响 94, 97-98, 223, 237, 251, 273-274, 295, 333, 377
  religious practices of 其宗教活动 273
Wolf, Hugo 沃尔夫，雨果 72, 404
words and music, relationship of 词乐关系 44, 114, 116, 149-150, 191-192
World Exhibition (1878) 世界博览会（1878） 360
World of Art movement 世界艺术运动 306

Yaroslavet, Maly 雅罗斯拉维茨，马利 362
Yastrebtsev, Vasily 亚斯特列布采夫，瓦西里 418

Zagoskin, Mikhail, *Askold's Tomb* 扎格斯金，米哈伊尔，《阿斯科尔德之墓》 141-142
Zakharina, Avdotya 扎克海日娜，阿夫多京 87
Zaremba, Nikolay 扎伦巴，尼古拉 77, 240, 243, 246, 266
"Z dymem pozarów" (Polish hymn) 《伴着烽火硝烟》（波兰赞美诗） 337
Zetlin, Mikhail 泽特林，米哈伊尔 xi
Zhemchuzhnikov, Vladimir 热姆楚日尼科夫，弗拉基米尔 252
Zhukovsky, Vasily 茹科夫斯基，瓦西里
  "Mar'ina Roshcha"《小树林里的玛丽》 13
  "Paladin" 《圣骑士》 146
Zinin, Nikolay 齐宁，尼古拉 313
Žižka, Jan 杰士卡，扬 244
znamenny (chant) 兹那门尼圣歌（圣咏） 17
Zotova, S. I. 左托娃，S. I. 146, 151
Zukunftsmusik (Music of the Future) 未来音乐 113
Zvantsev, Konstantin 兹万采夫，康斯坦丁 217

图字：09-2017-972 号

图书在版编目（CIP）数据

穆索尔斯基传 / [英]斯蒂芬·沃尔什著；秦瑞澜，薛阳译.
－上海：上海音乐出版社，2025.7
（古典音乐大师传记译丛）
ISBN 978-7-5523-2787-8
Ⅰ.K835.125.76
中国国家版本馆 CIP 数据核字第 2025WQ9786 号

©Stephen Walsh, 2013

Simplified Chinese translation copyright © 2025 by Shanghai Music Publishing House Co.,Ltd.

书　　名：穆索尔斯基传
著　　者：[英]斯蒂芬·沃尔什
译　　者：秦瑞澜　薛　阳

责任编辑：王嘉珮
封面设计：翟晓峰

出版：上海世纪出版集团　上海市闵行区号景路 159 弄　201101
　　　上海音乐出版社　上海市闵行区号景路 159 弄 A 座 6F　201101
网址：www.ewen.co
　　　www.smph.cn
发行：上海音乐出版社
印订：上海普顺印刷包装有限公司
开本：640×935　1/16　印张：37.25　字数：418 千字
2025 年 7 月第 1 版　2025 年 7 月第 1 次印刷
ISBN 978-7-5523-2787-8/J · 2577
定价：160.00 元

读者服务热线：（021）53201888　印装质量热线：（021）64310542
反盗版热线：（021）64734302　（021）53203663
郑重声明：版权所有　翻印必究